图书在版编目（CIP）数据

金融科技监管的目标、原则和实践：全球视野下加密货币的监管 / 赵炳昊著. -- 北京：法律出版社，2024(2024.12 重印). -- ISBN 978-7-5197-9429-3

Ⅰ. F830.2

中国国家版本馆 CIP 数据核字第 2024YZ0960 号

金融科技监管的目标、原则和实践
——全球视野下加密货币的监管
JINRONG KEJI JIANGUAN DE MUBIAO、YUANZE HE SHIJIAN
—QUANQIU SHIYE XIA JIAMI HUOBI DE JIANGUAN

赵炳昊 著

责任编辑 王 珊
装帧设计 鲍龙卉

出版发行 法律出版社
编辑统筹 学术·对外出版分社
责任校对 王晓萍
责任印制 胡晓雅 宋万春
经　　销 新华书店

开本 710 毫米×1000 毫米 1/16
印张 27.25 **字数** 471 千
版本 2024 年 8 月第 1 版
印次 2024 年 12 月第 2 次印刷
印刷 永清县金鑫印刷有限公司

地址：北京市丰台区莲花池西里 7 号(100073)
网址：www.lawpress.com.cn
投稿邮箱：info@lawpress.com.cn
举报盗版邮箱：jbwq@lawpress.com.cn

销售电话：010-83938349
客服电话：010-83938350
咨询电话：010-63939796

书号：ISBN 978-7-5197-9429-3　**定价**：99.00 元

凡购买本社图书，如有印装错误，我社负责退换。电话：010-83938349

自　序

写作这本书的计划开始于六年前，那时我刚刚接触比特币，也许是基于法律学者的直觉，我强烈地预感比特币及区块链技术将对世界现行的法律制度和法学知识体系构成前所未有的挑战，甚至颠覆并重构之。近来金融科技的发展果然势如破竹，特别是加密货币领域的创新更是层出不穷。在这样一个前所未有的变革时代，金融科技和加密货币的迅猛发展不仅潜移默化地改变了我们的社会生活，更对全球各国的社会治理、法律政策和经济格局产生了广泛而深远的影响。作为一名长期致力于金融科技法治研究的学者，我有幸见证了这一领域的诸多变迁，并深感其中蕴含的巨大挑战与无限机遇。面对数字时代的日新月异和金融科技的高歌猛进，构建一个既符合创新精神又能有效防范风险的监管机制，显得尤为重要。基于这样的时代背景，经过长期积淀和精心筹备，在此为各位读者奉上《金融科技监管的目标、原则和实践——全球视野下加密货币的监管》一书，以期为金融科技及加密货币的法律规制和整个行业的健康可持续发展尽自己的绵薄之力。借此机会，我想向各位读者阐述一下本书的核心内容和创作初衷等。

首先，在过去的几年里，我持续探究全球各地的监管实践，力求从中提炼出最有价值的经验和教训。本书以法律确定性、技术中立性以及比例原则等基本原则为基础，构建了一个综合的监管视角，系统阐述金融科技监管的现状、目标与核心原则，探讨如何在促进技术创新和保障金融稳定之间找到平衡。同时，本书不仅详细阐述了加密货币法律规制的各个方面，如知识产权保护、投资基金监管、反洗钱合规等，还深入分析了 DeFi、

NFT、GameFi、SocialFi、DePIN、央行数字货币、稳定币、DAO 等 Web3 细分领域的合规风险和监管趋势。通过丰富的案例和翔实的数据,为读者呈现这一领域的发展前景和监管挑战,提供全面而深入的认知框架。

在持续探究和创作的过程中,我深刻感受到金融科技与加密货币监管的复杂性和多样性。要真正理解与之相关的复杂性和多样性,拥有全球视野至关重要。本书进一步通过比较分析美国、欧盟、英国、新加坡、马来西亚、日本、韩国及中国等主要经济体的监管政策,展示了不同法域监管路径的差异与共性。我相信这些比较研究不仅能帮助读者深入理解国际上的监管实践和经验教训,更能为我国制定加密货币监管政策提供有益参考,助力构建更科学、更有效的监管体系。

其次,在此我想对本书的各位读者表达一些真挚的期望,希望本书能够成为你们学习、研究和工作中的有力工具,帮助你们更好地理解和应对金融科技和加密货币领域的复杂监管环境。我也希望你们在阅读本书时,带着批判的思维和开放的态度,积极思考书中的观点和案例,并结合自身的实践经验,探索出适合自己和所在机构的最佳实践。

我深信,只有通过不断地学习和探索,我们才能在这个充满变革和挑战的时代,构建更完善的监管体系,制定更有效的合规策略,推动技术创新与金融稳定的协调发展。从 1994 年 4 月 20 日中国全功能接入国际互联网算起,中国已经迈入网络时代整整三十年了。我国金融科技产业从当初的蹒跚学步到异军突起,从简单的信息分享到大数据、人工智能、移动互联网、云计算、区块链等技术的齐头并进,我们没有理由不在方兴未艾的数字经济和加密资产浪潮中继续独领风骚,也没有理由与开放、包容和积极融入全球化进程背道而驰。我真诚地希望本书能够为你们带来启发和帮助,也期待在未来能与你们深入交流,激发更多的思维碰撞。如果各位读者对本书有任何意见和建议,欢迎随时与我联系。

最后,作为金融科技法治领域的深耕者,我深知法律、金融与技术之间的交互关系既复杂又充满挑战。在撰写这本书的过程中,我与来自法律、金融、科技等领域的专家学者和行业领袖进行了广泛且深入的探讨,从中获得了不少启示。正是他们的无私分享,使得本书既有理论深度,又兼具实践指导意义。

我想借此机会感谢刘红、张恩硕、张紫琪、范昕悦、梅仲钰、陈文倩、何炜俊、李梦竹等同学,他们或为本书收集了丰富的素材,或审读了本书的部分章节。同时,特别感谢本书的责任编辑王珊老师以及法律出版社团队,正是他们的专业与努力,促成了本书的顺利出版。最后,再次感谢每一位读者的支持和信任。

愿我们在金融科技和加密货币的征途上,携手并肩,共创辉煌。我衷心希望,本书能够为金融科技领域的健康发展及法治建设提供有益参考,助力我国在全球金融科技与加密货币浪潮中占据一席之地!

中国政法大学金融科技法治研究院院长　赵炳昊

Binghao. zhao@ cupl. edu. cn

2024 年 8 月

目　录

第一章　金融科技与加密货币监管的原则论

第一节　金融科技监管综述

在过去二十年中，有两件大事重塑了金融体系：国际金融危机的不期而遇和数字金融生态的方兴未艾，人们将后者称为“金融科技”（Fintech）。两者都对如何监管金融提出了不同维度的诘问。世界各国广泛地讨论各自在金融危机中汲取的经验教训，并就如何在全球监管中积极回应这些挑战取得了广泛共识。这种共识尽管尚未完全落地，但已经在《巴塞尔协议Ⅲ》中得到了体现。[①] 然而，是否以及应该如何监管金融科技，对于全球的监管者而言，仍处于早期探索阶段。现在这已经成为一个极富政策和学术争论色彩的话题。

在金融科技发展的背景下，本章首先回顾了金融监管的目标，金融科技监管涵盖监管机构遵循的主要指导原则，并对当前监管实践提出了系统性建议。鉴于监管对象的多样化和金融科技领域的快速发展，这一部分不求面面俱到。本章是金融科技的监管概述，并在每个部分的讨论中聚焦一些关键监管要素的介绍与讨论，包括金融科技监管的三个核心目标、三个指导原则和来自监管实践的三个方面的经验，并就多年来加密货币监管的发展做了一个回顾。

---

① See Stefan Hoh et al., *The Basel Framework in 100 Jurisdictions: Implementation Status and Proportionality Practices*, Bank for International Settlements (Nov. 23, 2018), https://www.bis.org/fsi/publ/insights11.htm.

第二节　金融科技的监管目标

良好监管的先决条件是明确监管需求与监管目标。卷帙浩繁的金融论著通常给出至少三种形式的市场失灵以说明监管的必要性：信息不对称、外部因素的重要性（道德风险），以及权力垄断。其中监管的核心目标包括投资者和消费者保护、金融稳定和促进市场诚信。[①] 每个司法区的监管目标各不相同，大多数监管机构在某些方面通过不同监管手段致力于实现这些核心目标。本节将讨论在金融科技的背景下，如何实现这些监管目标。在金融科技带来新的挑战和机遇的同时，监管的核心目标或许能为是否以及如何监管数字金融提供适当的指导。

一、减少信息不对称：投资者和消费者保护

减少信息不对称促进了投资者保护，或者在更广泛的意义上说，促进了对金融服务消费者的权益保护。数字金融既可以增加也可以减少信息不对称的程度。

（一）信息不对称加剧的风险

信息不对称的一个关键风险在于支撑数字金融的代码。虽然充分理解免责声明需要一定的财务和法律知识，但理解公开或以其他形式呈现的代码是否忠实实现了代码设计者的承诺，对任何金融服务消费者来说都是一个额外的理解障碍。代码替代传统可信第三方给金融服务消费者带来的认知障碍尤为明显。这似乎不仅仅是首次代币发行（Initial Coin Offering，ICO）所说明的理论上的风险，项目方所承诺的社区治理和投资者保护由提前编好的智能合约控制和执行，而非传统首次公开募股（Initial Public Offerings，IPO）所需的法律机制。据一项调查了 2017 年排名前 50 的首次代币发行项目发起人作出的承诺，[②]守则和披露通常不匹配。

金融科技与传统金融相比的关键特征之一是它的运作机制大不相同。特

---

① 虽然还有一些其他目标，如对金融部门竞争力的贡献，但在多数情况下，这些目标可以通过成功实施上述投资者保护、金融稳定和促进市场诚信性而间接实现。

② 具体而言，作者检查了首次代币发行白皮书中是否承诺通过代码实际限制其加密资产的供应，以及是否根据归属或锁定计划限制内部人员分配的加密资产的转让。此外，他们还调查了首次代币发行发起人是否通过代码保留了修改智能合约的权力，以及是否用自然语言披露了这一点。

别是区块链技术的去中心化特质对传统金融监管来说,是极具争议的。一方面,去中心化可能会增加信息不对称。例如,当我们将首次代币发行与首次公开募股进行比较时,至少在两者早期的发展中,首次代币发行通常对发行人而言仅需要管治程度极低的信息披露规则,而且那些可能减少信息不对称的承销商也不会在首次代币发行中出现。相比之下,首次公开募股通常强制要求发行人向监管机构提交公开招股说明书,以及向监管机构提交其他不公开文件。① 另一方面,随着时间的推移,去中心化可能会降低信息不对称(传统的哈耶克论证),即分散的市场可以比中央计划经济更好地促进信息传递,从而更好地有效率分配资源。现在判断区块链技术的出现是否会影响并最终促进无摩擦的去中心化价值社会的建立、深化各个市场主体之间的合作还为时过早,但是金融科技实践已经为监管和法律规制提出了新的要求和问题。

（二）降低信息不对称的机会

数字金融还可以通过多种方式降低信息不对称,尤其是从金融包容性角度来看,数字金融在这方面的优势更加明显。一些金融科技创新的出发点不仅仅在于降低成本,也是为了让更广泛的受众接触金融产品,以达到降低金融产品信息不对称的目的。众所周知,信息不对称可能会同时挫伤金融服务的供给侧和需求侧。

在需求侧方面,靠近成熟、发达的商业地区曾是金融产品/服务的广度、价格竞争力的决定因素。但数字金融改变了这一点,使消费者在偏远和欠发达地区也可以平等获得金融产品和服务以及信息。消费者在线上即可获得商家的信用记录,让其可以对比产品的性价比。在银行的触角尚未覆盖的地区,数字金融的发展非常快速并极具影响力,在某些方面甚至超越了传统市场。从全世界范围来看,我国是这方面的绝佳范例。

在供给侧方面,银行可能更愿意为他们认识的客户提供信贷,以便通过数据收集和调整服务更好地满足客户诉求。与此同时,技术的前景远不止于此,而且可能会降低地区、性别、收入和年龄之间的差异。然而,世界银行指出,金融科技也造成了许多与技术相关的障碍,包括教育机会有限、缺乏基本的社会安全网络和薄弱的基础设施。这些障碍会阻碍金融包容性的增长,克服这些障碍的一个最著名的例子是 2007 年在肯尼亚推出的 M-Pesa。② 它基于现有基础设施进行创新,使用 SIM 卡,允许基础款手机(即使没有应用程序)提供金融服

---

① 这些文件提供了公司的财务报表、管理层的背景、内部持股情况、公司面临的法律问题等。

② M-Pesa 是肯尼亚最大的移动金融服务平台之一。

务,即“手机银行业务”。[①]

二、金融稳定

除保证个别金融机构的偿付能力和流动性外,监管旨在确保整个金融体系的稳健性。稳定风险通常针对与金融市场的相对规模或连通性有关联的参与者,即要么“太大而不能倒”,要么“相互关联太大而不能倒”。

就规模带来的威胁而言,全球金融体系委员会(Committee on the Global Financial System,CGFS)和金融稳定委员会(Financial Stability Board,FSB)等机构得出的结论是:在金融科技时代,许多司法区的信贷规模仍然很小,尚不足以构成系统性影响。大型科技公司加入金融科技布局,在金融稳定、行业竞争和数据保护等方面需要更审慎地权衡。一系列利益和风险,也可能让金融科技进一步发展。

就与连通性相关的风险而言,网络安全成为监管机构面临的一个主要挑战,这与金融稳定和市场完整性同样相关(将在下一节中介绍)。[②] 然而,众所周知,网络风险的总体影响很难被量化,因为缺乏共同的衡量标准和公司报告的动机,相关数据非常少。早期被广泛引用的数据预估每年网络风险的损失为375 亿~5750 亿美元,网络犯罪是第二大经济犯罪,全世界范围内 32% 的商业组织曾受其影响。

根据多个行业的分析报告,金融部门是网络犯罪分子最偏好的目标。网络犯罪有不同的形式,包括数据盗窃[③]、资产盗窃[④]和分散式阻断服务攻击(Distributed Denial-of-Service Attack,DDoS Attack)。[⑤] 攻击远不仅限于银行,也越来越多地涉及证券交易商,特别是在金融科技领域。自 2013 年到 2023

---

① 肯尼亚中央银行、肯尼亚国家统计局和肯尼亚金融服务局于 2019 年开展的家庭调查发现,83% 的肯尼亚人能够获得正规金融服务,而 2006 年这一比例仅为 29%。这些积极的进步主要归功于移动支付和金融服务平台 M-Pesa 的增长。

② See Lisa Young & James Cebula,*A Taxonomy of Operational Cyber Security Risks Version* 2,ResearchGate (May 2014), https://www.researchgate.net/publication/307855392_A_Taxonomy_of_Operational_Cyber_Security_Risks_Version_2.

③ 例如,2014 年,摩根大通遭遇了历史上最大的数据泄露事件之一,超过 8000 万个账户受到影响。这次攻击暴露了 7600 万个家庭账户和 700 万个小企业账户的信息。

④ 2016 年,印度联合银行在 7 月、孟加拉国中央银行在 2 月,以及远东国际银行(中国台北)在 10 月,先后遭到至少 10 次利用欺诈性 SWIFT 信息的攻击,造成的初步损失达 1.71 亿美元。

⑤ 2012 年,美国银行、PNC 金融服务集团、摩根大通、富国银行、BB&T 公司、第一资本金融公司(Capital One Financial Corp.)、地区金融公司(Regions Financial Corporation)和太阳信托银行(SunTrust Banks)的网站遭到攻击和破坏。2013 年,捷克共和国中央银行、三家大型银行和证券交易所遭到破坏,预估损失达 50 万美元。2014 年 7 月 8 日,挪威七家主要金融机构遭到袭击,导致服务在白天中断。2014 年,芬兰的三家银行(波赫尤拉银行集团、丹斯克银行和北欧联合银行)遭受分布式拒绝服务攻击,导致其在线服务不可用,其中一家银行无法使客户提取现金和进行刷卡付款。

年，金融科技公司遭到的网络攻击（主要是允许加密货币交易所提供加密货币和钱包服务）造成了超100亿美元的亏损。[①]

鉴于网络安全的全球性，它引发了二十国集团（G20）、金融稳定委员会、支付与市场基础设施委员会（Committee on Payments and Market Infrastructures，CPMI）以及国际证监会组织（International Organization of Securities Commissions，IOSCO）发起的一系列全球性的倡议，所有这些行动倡议都提出有必要监控金融科技带来的网络风险，并发布监管对策指南。正如一项调查所表明的那样，业界也有同样的担忧，只有42%的受访者认为他们的机构在管理网络风险方面非常有效。然而，在2019年对首席风险官和运营从业者进行的一项全球调查（risk. net 2019）中，前十大运营风险中的第一、第二和第五大风险[②]均与网络安全相关。根据安永会计师事务所（Ernst & Young）与国际金融协会（IIF）的一项调查，2023年，72%的银行首席风险官（CRO）认为网络安全是他们未来12个月的首要风险；其他主要风险包括信用风险（36%）和环境风险（34%）。[③]

三、市场诚信

监管的第三个核心目标是维护市场诚信。无论是否数字化，市场诚信都是金融交易的基础，强调需要保护系统免受非法活动和欺诈行为的入侵。新技术有可能激活金融创新、效率和包容性，同时也会给市场诚信带来新的风险。因此，只有使新技术领域的利益相关方在面对非法行为时能达到与监督者、监管者一样的零容忍，才能符合创新行业的真正利益。

在金融科技对市场诚信造成的诸多风险中，洗钱尤为突出。独立政府间机构——反洗钱金融行动特别工作组（Financial Action Task Force on Money Laundering，FATF）的建议被公认为全球反洗钱和反恐怖主义融资的标准。2014年，反洗钱金融行动特别工作组发布了以虚拟货币为重点的建议。随着匿名增强型虚拟货币的兴起以及包括首次代币发行在内的其他虚拟资产生态系统的出现，2015年以来，这一方法得到了扩展。特别是在2018年10月和2019年6月，反洗钱金融行动特别工作组修订了关于新技术的建议15，以澄清定义，

---

① Coincheck在2018年1月和MT Gox在2014年1月分别出现了5.34亿美元和4.7亿美元的最大初始损失。

② 第一大风险为数据泄露；第二大风险为IT中断；第五大风险为盗窃和欺诈。

③ See American Bankers Association, *Survey: Cybersecurity Top Risk Priority for Banks Worldwide*, American Bankers Association (Jan. 11, 2023), https://bankingjournal.aba.com/2023/01/survey-cybersecurity-top-risk-priority-for-banks-worldwide/.

并具体说明各国和有义务的实体如何防止滥用虚拟资产进行洗钱和恐怖主义融资以及扩散融资(FATF 2019),这一举措受到了二十国集团和金融稳定委员会的欢迎,后者进一步探讨了去中心化金融科技的可能影响,以及监管机构如何与其他利益相关方接洽。

对市场诚信的现有和新兴风险保持警惕,还有其他原因。随着数据重要性的增加,隐私保护的风险也随之加剧,且往往表现出典型的隐私悖论:人们声称非常关心自己的隐私,却在很大程度上忽视了他们在“线上冲浪”时潜在的隐私泄露的风险。

2018 年 5 月,欧盟是最早通过《通用数据保护条例》(General Data Protection Regulation,GDPR)对数据披露实施严格消费者保护措施的司法管辖区之一。该条例要求企业在 72 小时内报告数据泄露,并为客户提供访问自己数据的权限,在某些情况下使他们能够更正或删除数据。未能遵守这些要求的企业,可能被处以高达 2000 万欧元或全球年营业额 4% 的罚款,以较高者为准。由于数字技术既是问题的一部分,也是解决方案的一部分(如通过加密技术保护个人隐私),监管部门必须特别警惕,以达到技术创新与个人隐私的平衡,以便更好地保护金融市场参与者的隐私。

第三节　以原则为本的监管理念

为了实现上一节所述的目标,许多监管机构使用一系列广泛的原则和注重结果的规则,而不是将事无巨细的规定作为监管原则(“基于规则的监管”)。总体而言,基于原则的监管方法似乎在金融科技发展的背景下变得越来越重要。其中一个原因可能是,其立法调整的频率和数量要求较低,因此它更容易、更经济高效地适应快速发展的新商业模式。

虽然这些原则、实施情况和具体层级各不相同,但至少有以下三个原则已在不同的司法区出现,并被监管机构广泛接受:法律确定性、技术中立性和比例原则(通常也称为基于风险的方法,Risk Based Approach,RBA)。在下文中,我们将在金融科技的背景下介绍这些原则。所有原则都旨在为市场参与者提供一个公平的竞争环境:确保法律对每个人而言有确定性和可期待性,平等对待技术,并在科技创新和合规监管之间找到平衡。这三条原则在数字金融的背景下保持甚至增强了它们的相关性。

一、法律确定性

任何法规的关键原则都是提供法律确定性。有研究表明，开发早期的编码监管方法是具有开创性和规范性的，这其实可能有意或无意地引导公共部门进行创新。这包括对监管范围的明确定义，以及对法律的透明应用。术语和分类不明确会鼓励监管套利，并最终阻碍健全的法律框架和金融创新。因此，毫无疑问，许多金融科技项目渴望受到监管，因为这能够为吸引投资者注入必要的法律确定性。

在金融科技的背景下，至少出现了三个对法律确定性的挑战。首先，就不同的商业模式而言，金融科技的发展速度很快，在短短 10 年内从基本为零发展成为金融生态的焦点，这与通常耗时的新监管规则程序形成了鲜明对比，新监管规则通常被嵌入最重要的利益相关方的公共咨询系统中。其次，挑战所涉政府机构的广度大为拓展。许多司法管辖区的金融监管涉及各种机构（包括中央银行、金融监管机构、税务管理机构、立法机构和反洗钱监管机构等其他政府部门）。在数字时代之前，不同监管机构的监管范围存在显著差异，但在监管数字资产活动时，可能会出现更多重叠。调查结果表明，每个司法区平均有三个不同的国家机构发布了关于数字资产的官方声明，包括谈话、警告、立场书、禁令和颇具我国特色的通知。在金融科技领域，监管机构和市场参与者除了需要掌握法律和金融知识外，还需要掌握计算机科学和编码知识。

应对这三大挑战的一个可能答案是监管沙箱。尽管不同司法管辖区的沙箱格式差异很大，但它们通常允许在没有立即制定全面立法的情况下测试新的商业模式。此外，多个司法管辖区已经采取了进一步的尝试，以金融科技许可证的形式（通常针对专用业务模式，或在少数情况下，以同时涵盖多家金融服务银行、保险和资产管理公司以及金融基础设施的横向许可证的形式）或涵盖分布式账本技术（DLT）的立法形式来提供法律确定性。

二、技术中立性

技术中立要求监管者审核技术，并聚焦金融服务提供的功能，这是金融服务的一个关键要素。例如，随着新客户凭借新的技术获得金融服务，一项技术中立的法规定义的反洗钱的具体要求，无论是对在传统银行柜台以非数字方式还是通过专门的在线解决方案获取金融服务的客户，其标准应当一致。

有几个原因支持将“技术中立性”作为一项关键的监管原则。技术变革速度日趋加快，因此不断审查和更新法规既不可能也毫无效率。截至 2024 年年中,已存在240万余种不同的加密货币,[①]分布式账本只是一组不同功能和参数的占位符。[②]

如果监管机构只偏向一种技术,这种偏袒就会引发潜在的问题。虽然监管机构可能并非有意偏袒,但这种行为会被视为对某种技术的隐性担保,其中的风险可能会降低业界识别监管机构所青睐的技术中所蕴含的缺陷的能力。在极端情况下,官方背书的技术具有独特的竞争和资源优势,甚至可能会阻碍行业创新。

三、比例原则

巴塞尔框架在传统框架中为国际活跃银行设定了最低监管要求。在这些限制范围内,它允许国家当局按比例以公司规模、系统重要性、复杂性和风险状况等因素而为具有有限风险的金融服务制定较低的监管要求。比例原则旨在限制以监管职责形式进行的公共干预,尤其是避免给小型银行增加过度合规成本或监管负担。

金融科技的一些新商业模式仅涉及银行业务(如支付)、保险(如处理保费退费)或资产管理(如咨询)的一个特定方面。到目前为止,金融科技的系统重要性有限。这就提出了一个问题,即金融科技应该在多大程度上符合成熟的银行、保险或基础设施许可证的要求,或者能否只对其业务模式的特定功能进行监管。金融科技是否构成风险的关键标准:它是否参与到期转换,存款是否体现在资产负债表上,以及金融科技公司是否可以直接访问。在这种情况下,数字金融已经模糊了单纯提供技术解决方案和实际提供金融服务之间的界限。

第四节　金融科技与加密货币监管实践概述

在传统监管框架下,行为监管和反洗钱的法律法规一般适用于整个金融领域。然而,在大多数情况下,监管框架因金融工具、机构和基础设施的监管对象而异(见图1-1)。金融科技在现有金融监管框架中的地位如何?答案并非显

---

① See CoinMarketCap, *Number of Cryptocurrencies*, CoinMarketCap (June 6, 2024), https://coinmarketcap.com/.

② See Michel Rauchs et al., *Distributed Ledger Technology Systems—A Conceptual Framework*, Cambridge Judge Business School (Aug. 2020), https://www.jbs.cam.ac.uk/wp-content/uploads/2020/08/2018-10-26-conceptualising-dlt-systems.pdf.

而易见。由于金融科技涉及各种各样的活动，一刀切的监管方法可能会扼杀创新并阻碍新市场进入者。因此，当代金融监管因金融科技活动类型和司法管辖区的不同而迥异。纵观全球，尽管存在这些差异，但监管机构在监管金融科技方面基本有三种选择：保持观望、鸭子类型或代码即法律（code is law）。

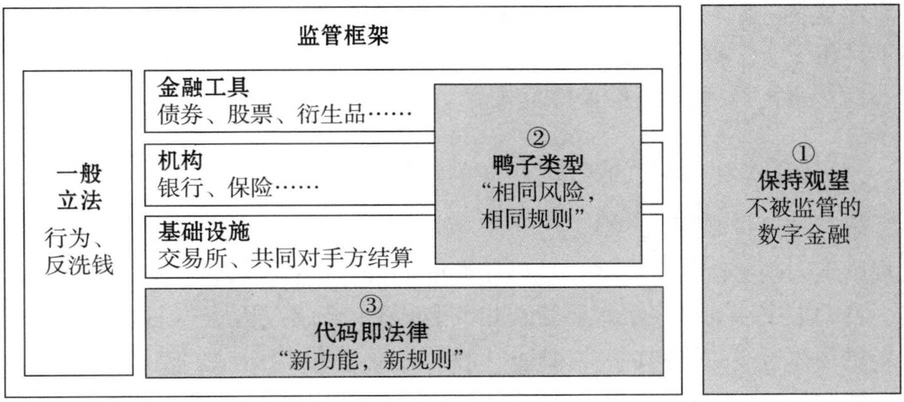

图1-1　金融科技监管类别

一、保持观望：让金融科技自由生长

第一种选择是让金融科技在很大程度上不受监管。在金融科技发展的早期，大多司法区的监管机构选择“保持观望”。比特币作为金融科技生态系统的催化剂，始于2008年中本聪（Satoshi Nakamoto）的开创性论文——《比特币：一种点对点式的电子现金系统》（*Bitcoin: A Peer-to-Peer Electronic Cash System*）。然而，许多司法管辖区仅在2013年发布了初始声明。[①] 当时，一些金融科技公司感到自己的活动受到阻碍，因为它们无法从监管的法律确定性中获益，这与一些金融科技活动有时采取的反政府做法形成了鲜明对比。

2018年1月初，加密资产的总市值从300亿美元飙升至8000多亿美元，之后又回落至2000亿美元左右。但截至2024年6月6日，加密资产市场的总市值已经高达约2.63万亿美元。[②] 随着金融科技交易量的增加，欺诈、不当市场行为和庞氏骗局的数量也在增加。尽管对过度监管犹豫不决，但越来越多的司

① See Michel Rauchs et al., *Distributed Ledger Technology Systems—A Conceptual Framework*, Cambridge Judge Business School (Aug. 2020), https://www.jbs.cam.ac.uk/wp-content/uploads/2020/08/2018-10-26-conceptualising-dlt-systems.pdf.

② See CoinMarketCap, *Cryptocurrency Prices*, CoinMarketCap (June 6, 2024), https://coinmarketcap.com/.

法管辖区认为有必要作出回应,以确保投资者和消费者保护以及市场完整性。因此,一些司法管辖区向市场发出警告。有学者在详述首次代币发行的案例时,认为发布警告可能是所有监管选项中干预最少的。

只要金融科技的市场占有率保持在低位,保持观望就是绝大多数监管机构的主要选择。然而,在金融科技可能进一步增长的情况下,便利和风险并存。这就产生了一个根本问题,即金融科技的风险和回报是否可以整合到现有框架中,或者是否需要创造新的监管范式。

二、鸭子类型:相同的风险,相同的规则

第二种选择是"鸭子类型"[①]监管,即将与现有金融规管制度相似的金融科技规则纳入现有法规。一些金融科技模型本质上是对工具、机构或金融基础设施平台的数字或加密表示。监管这些模型的一个简单方法是关注其经济功能,或者更具体地说,关注其潜在风险。同时,无论是数字化还是非数字化,都需要相同的监管策略,即报告要求、许可证或禁令。这一策略参考了著名的豪威测试(Howey Test)[②],通常被简化为"鸭子测试",即"如果它看起来像鸭子,游起来像鸭子,呱呱叫起来像鸭子,那么它很可能就是鸭子"。

鸭子类型的监管方式适用于两种广泛使用的监管原则:第一种是基于原则的监管原则,它用相同的规则监管相同的风险;第二种是技术中立的监管原则,它侧重于经济功能。例如,瑞士金融市场监管局(Swiss Financial Market Supervisory Authority,FINMA)的首次代币发行指南:"在评估首次代币发行时,瑞士金融市场监管局将重点关注首次代币发行组织者发行的代币的经济功能和用途。"目前,首次代币发行的代币主要分为支付型代币、实用型代币和资产型代币,其必须遵守各自的现行法规,并在所有情况下遵守反洗钱法律。鸭子类型的监管规范的是功能,而不是工具、机构或基础设施平台。然而,金融科技创新也可能带来新的功能。监管机构需要识别这些新功能,如果有必要,则需将其编码为专门针对这些新功能的新法规。

三、代码即法律:新技术冲击旧规则

第三种选择是使用专门针对技术创新实现的新功能而定制的法规对金融

---

① 引用计算机编程中的术语"鸭子类型"(duck typing)。

② 豪威测试:1946 年美国最高法院在美国证券交易委员会诉豪威公司案(SEC v. W. J. Howey Co.)中创建了这一测试,用于判断某项投资是否构成证券。该测试关注投资的实质内容而非其形式,以确定其是否应受到证券法的监管。

科技进行编码。只要金融科技以与传统金融相同的方式运作,鸭子类型的监管就能发挥作用。尽管技术发生了变革,但金融市场的潜在核心风险,如市场风险、信贷风险、流动性风险和运营风险,基本保持不变。

然而,随着金融创新的持续发展,可能会出现新的风险组合,或者核心风险可能仅以通过使用新技术才可能实现的形式表现出来。这些情况都可能需要额外的具体规定。同样,在国际金融危机期间,来自相互关联的金融市场的新风险也被推到了最前线。虽然潜在的风险将保持不变,但很明确,保护单个金融机构是不够的,额外的宏观审慎政策是必要的。

事实上,目前的研究表明,金融科技将会催生新的功能和监管挑战。首先,区块链对共识生成、产业组织、智能合约设计和反垄断政策具有深远的经济影响。具体而言,在传统的交易场景中,每个环节都需要中介机构来验证和记录交易,这使交易的效率较低,且存在欺诈和错误的风险,买卖双方很难达成共识,完成交易。相比之下,区块链通过智能合约,使交易能够自动化管理和执行。这种新功能可以通过增强市场进入性和竞争来提供更高的社会福利和消费者剩余,但也可能导致更大的共谋。因此,有专家就提出了一个经常被忽视的监管解决方案,将区块链上的使用和共识生成分离,这样卖家就无法使用共识生成信息来达成和维系共谋。同时,比特币和以太币此前都经历过分叉,并出现了执行不同规定的新币种,这引起了广泛关注。比特币和以太币的分叉源于社区理念和共识机制的分歧。实际上,分叉可能是区块链应用程序的一个组成部分,导致孤立的区块和链之间的持续分歧。关于如何使用当前的法规来处理特定的分叉问题,也是需要慎重考虑的。

其次,区块链技术去中心化的特质,使参与方更易于从监管套利中获益。加密货币的价格变动在很大程度上不是由交易成本或差异治理风险驱动的,而是由规避监管驱动的。

再次,区块链技术将推动新的商业模式的诞生。金融科技的特点是强大且不断增长的跨领域扩张,而不是局限于传统银行或保险公司的价值链。57%的加密资产服务提供商在至少两个细分市场开展业务,为其客户提供综合服务。这导致一些人宣布金融科技产品其实构成了新的资产类别。的确有研究结果支持这一观点,表明加密货币之间高度关联,这可能是由比特币作为加密货币空间中的主导货币驱动的。但在很大程度上,加密货币与传统资产之间也呈现正相关的趋势。因此,现在就断定加密货币因其先天特质而可以成为一种新资产类别,且其自我监管具有合理性,还为时过早。

最后,数字金融服务和市场价值链可能会出现新的数字运营风险。数字技术还可以生成和分析大量的客户和交易数据,即“大数据”,它引入了自己的一系列应管理的利益和风险。此外,有些数字契约仍需要在物理世界中强制执行,因此可能需要额外的专门监管。尽管区块链可以跟踪所有权转移,但除了合法加密货币外,仍需要确保执法机关有能力执行加密货币。金融科技领域内权利和义务的执行可能不同于传统资产领域。

四、艰难抉择:在技术创新与金融稳定、消费者保护的十字路口

为了衡量上述三个监管策略各自的重要性,可以借用剑桥大学在 2019 年的一项调查的结论。该调查包括 108 个司法管辖区。该分类适用于二级市场活动。

每个类别的重要性因辖区内金融科技行为的活跃程度而异。加密货币行为的活跃度的“高”和“低”级别之间的分类基于运营的加密资产公司数量、推出的首次代币发行代币数量和记录的“挖矿”活动级别。在金融科技行为活跃度较低的司法管辖区中,监管部门的主要策略是“保持观望”,占 47% 。如果“保持观望”不是其策略选项,那么采取鸭子类型监管占的 42% ,而只有 11% 的司法管辖区会对的金融科技监管策略制定明确规则。

与此同时,在金融科技行为活跃度较高的司法管辖区中,只有 24% 的监管部门选择“保持观望”;57% 的监管机构会选择鸭子类型监管;19% 的监管机构会通过编写定制法规来进行调整(见图 1 - 2)。

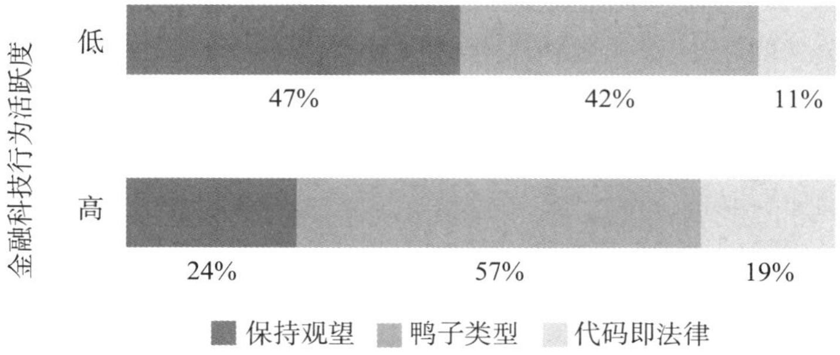

图 1 - 2　监管回应

资料来源:剑桥大学 2019 年全球加密资产基准调查报告。

表 1 - 1 概述了 2015 年以来引入的多国新法规和许可证(“立法”)。这进一步说明,截至 2019 年,公共政策平衡风险和收益的方式差异较大,迄今尚未达成共识。

表1-1　金融科技信贷政策框架选定特征

司法区	税务鼓励	监管[a]	许可/批准[a]	投资者保护[a]	风险管理需求[a]
澳大利亚					
巴西		√	√	√	
加拿大					
智利		√	√	√	√
中国	√	√	√	√	√
爱沙尼亚				√	
芬兰		√	√		
法国	√	√	√	√	√
德国					
日本	√				
韩国		√	√	√	
墨西哥		√	√		√
荷兰				√	
新西兰		√	√		√
新加坡	√	√	√	√	√
西班牙		√	√		√
瑞士[b]		√	√	√	√
英国	√	√	√	√	√
美国	√	√	√	√	

注：a 针对金融科技信贷的具体规则，以区别于针对其他金融中介机构的现有规则。

b 新政策自2019年生效。

资料来源：剑桥大学2019年全球加密资产基准调查报告。

第五节　加密货币的监管发展

一、非法使用技术

自比特币和其他加密货币得到更广泛的认可和使用以来，加密资产行业经历了巨大的变化。然而，有关非法使用加密货币和其他类型加密资产的问题依然存在。事实上,伴随着技术的每一次飞跃,这些问题似乎都会重新浮出水面。从根本上讲,加密货币有可能改变金融服务行业,从而提供比以往任何阶段都更强大的功能,并为更广泛的人群提供服务。无论如何,加密行业和政府部门必须齐心协力,以遏制相关技术的非法使用。

目前,当人们想到比特币或其他加密货币时,依然会联想到种种犯罪活动。从门头沟(Mt. Gox)黑客盗币到非法交易网站,再到在勒索软件攻击中使用加密货币,加密货币滋生的技术犯罪使整个加密行业负重前行。然而,对于那些将时间、精力和金钱投入加密货币相关产业的企业家、工程师、风投机构和银行家来说,这项技术所带来的金融普惠性、产业创新性以及改善人类社会生活的潜力,是毋庸置疑的。行业参与者、共建者的认知与大众恰恰相反:在绝大多数情况下,相较于违法者而言,这种技术对执法者更友好。

人们常说,加密货币只是区块链技术的第一个应用,实际上这项技术还有无数的应用场景:从证券、商品交易到供应链管理、防伪溯源、知识产权保护、智慧政务,再到非同质化代币(Non-Fungible Token, NFT)、去中心化金融(Decentralized Finance, DeFi)等。寥寥数例就能表明:区块链将改变世界的运行模式,如同互联网那样。

事实上,执法部门发现罪犯总是最早采用高效新技术的那批人。就新技术的适应力而言,执法部门的光辉记录悠久而令人骄傲,世界各国执法部门纷纷投入追捕使用新技术实施犯罪活动的行动中来,正可谓魔高一尺,道高一丈。从寻呼机到电子邮件,再到在线聊天、讯佳普(Skype,一款即时通信应用软件)和社交网络等,新技术的合法开发使犯罪活动更加便利,而执法部门也在不断发展进步。加密货币就是最新的案例。

当然,通过互联网进行的犯罪活动数量巨大,但没有人认为互联网是“罪犯的互联网”。互联网上的绝大多数商业活动都是合法的,因互联网促成的非法活动仅占互联网行为的一小部分。同样,加密货币亦不应被视为“罪犯的货币”,虽然部分非法交易因其而存在,但在涉及这项新技术的活动中仅占相当小的一部分。此外,相较助长犯罪而言,区块链技术在协助打击犯罪行为方面的潜力其实更大。

二、行业主动参与

六年前,区块链和加密货币行业的从业者就意识到其在打击区块链和加密货币犯罪方面与执法部门、监管机构有着共同的利益,便主动伸出橄榄枝,帮助这些机构了解加密货币的工作原理、提供技术支持、剖析行业最佳案例,并就各方共同关心的议题开展友好对话。在美国数字商会和加密智库 Coin Center[①]的领导下,该行业成立了区块链联盟(Blockchain Alliance)。[②] 这是一个由斯特普托·约翰逊(Steptoe & Johnson)(2023 年 12 月更名为 Steptoe LLP)律师事务所管理的非营利性组织,为区块链行业与执法部门、监管机构提供交流论坛。2015 年成立以来,区块链联盟成员已包括世界各地的 150 多家区块链及加密货币公司,执法部门和监管机构,欧洲刑警组织、国际刑警组织,以及欧洲、拉丁美洲、非洲、亚洲和澳大利亚的部分政府当局。2020 年,区块链联盟开发了专门针对全球最大银行合规人员的项目,包括现有功能及合规解决方案,将这些机构引入或重新引入区块链及加密货币行业,帮助他们以安全、高效和合规的方式利用加密货币进行交易。通过区块链联盟,业内专家正积极与执法部门和监管机构开展合作,以打击涉及这项新技术的犯罪活动,并营造公共安全和有利于创新的监管环境。区块链联盟定期召开虚拟会议探讨行业趋势和打击犯罪活动的工具。截至 2024 年,区块链联盟已为超过 35 个国家的 1500 多名执法人员和监管人员提供了培训,其内容涵盖了一系列主题:从追踪加密货币交易、混币器洗钱、隐私币洗钱,到利用区块链技术防止和打击针对儿童的暴力行为。同时,该联盟为执法部门和监管机构提供了相关机制,以便就各方共同关心的议题与业内人士直接联系。目前,该联盟仍在扩大其成员基础,涵盖更多区块链技术公司、金融机构和执法部门,并与国际刑警组织和欧洲刑警组织加强合作,打击跨国加密货币犯罪,推动全球统一的加密货币监管框架。[③]

三、追踪资金流向

区块链联盟成员致力于纠正的一个主要误解是加密货币交易是匿名的。事实上,这项技术对“追踪(数字)资产”的调查人员有着巨大的便利。拥有这样一个公开的、可追踪的、不可逆的、无边界的分布式账本,执法部门就可以在世界上的任何角落追踪涉及调查目标的资金流,而现金或许多其他类型的金融工具都无法做到这一点。业界还开发了将加密资产地址链接到特定用户的软件工具,这与执法部门多年来试图识别匿名黑客和其他网络犯罪分子所面临的挑战类似。因加密货币犯罪通常涉及多种货币,追踪者需要对每种货币所在的

---

① Coin Center 是一家位于美国的非营利性研究和倡导机构,专注于区块链技术和去中心化加密货币政策的研究,旨在推动和维护加密货币领域的公共政策,促进技术的合理监管和发展。

② See Blockchain Alliance, *Blockchain Alliance Official Website*, Blockchain Alliance (June 18, 2024), https://blockchainalliance.org/.

③ See Blockchain Alliance, *Blockchain Alliance Official Website*, Blockchain Alliance (June 18, 2024), https://blockchainalliance.org/.

区块链进行大量分析工作。纽约初创公司链分析(Chainalysis)是最早提供加密货币追踪业务的公司之一。Chainalysis 开发的软件可以自动完成这些耗时的工作,为执法部门提供 IP 地址、软件版本等与用户钱包相关的各种信息,并可以对任何已知的 IP 地址进行反向追踪。Chainalysis 曾经与美国联邦政府密切合作。根据跟踪合同的非营利性机构科技调查(Tech Inquiry)的分析,Chainalysis 与美国司法部、财政部等联邦机构签订的合同总价值约为 6500 万美元。这些工具正在不断改进,并扩展到其他涉及加密货币的应用场景。这些相同类型的工具使加密货币交易所和其他平台能够更好地识别可疑行为及交易,帮助其更好地实现反洗钱合规计划。在这样的技术监管环境中,区块链联盟期待犯罪分子能够闻风而逃,放弃利用比特币和其他加密货币实施犯罪行为。

四、监管制度发展

虽然人们经常提到加密货币和区块链技术是不受监管的,但事实并非如此。美国的许多联邦和州机构以及其他国家的机构都以某种方式监管这项技术的应用。但不同国家甚至美国的不同机构采取了不同监管策略,导致区块链及加密企业对旗下产品和服务可能触犯的监管法规感到困惑。

不同司法管辖区对加密货币行为的监管方式也有所不同。譬如将加密货币兑换成法币,或兑换成不同类型的加密货币,面临不同的监管规则。欧洲目前已通过法规,将交易所等加密货币公司纳入《第六号反洗钱指令》(The 6th Anti-Money Laundering Directive,6AMLD)的范围,欧洲理事会正在对欧盟委员会提议的加密资产市场监管进行解读,该监管将构成其数字金融战略的一部分。一些明显不符合当前监管制度的交易所自愿制定了健全的程序,以核实用户身份及资金来源。通过审查这些加密货币经济的“入口”和“出口”以及检查、监控加密货币和法币的交易场所,执法部门、监管机构和传统金融机构获得了一窥加密经济的机会。事实上,关键趋势表明,犯罪分子仍在寻找逃避反洗钱措施的方法,但这些措施正趋于严格并开始生效。例如,区块链取证和加密货币分析服务商 CipherTrace(区块链联盟成员)评估,加密资产涉案金额已从 2019 年的 45 亿美元下降到 2020 年的 19 亿美元,即数据下降了 57%。[①] 2021 年,加密资产涉案金额约为 30 亿美元,2022 年约为 32 亿美元,这表明尽管反洗

---

① See CipherTrace, *Cryptocurrency Crime and Anti-Money Laundering Report*, CipherTrace (May 2021), https://ciphertrace.com/wp-content/uploads/2021/05/CipherTrace-Cryptocurrency-Crime-and-Anti-Money-Laundering-Report-May-2021-051221b.pdf.

钱措施有所加强，但加密货币犯罪活动在这两年有所反弹，显示出监管措施需要进一步加强和完善。2023 年，涉案金额进一步下降至 20 亿美元，这一显著下降主要源于两方面因素的共同作用：一方面，全球范围内的监管力度持续加大，尤其是在反洗钱和打击恐怖融资方面取得了显著成效；另一方面，加密货币市场本身的成熟和安全性增强，也对减少加密资产涉案金额起到了关键作用。通过这些趋势，我们可以看到反洗钱措施在逐步生效，但仍需持续关注和改进，以应对不断演变的加密货币犯罪活动。①

五、政企合力改革

明确的"道路规则"至关重要——这不仅能促进公司遵纪守法，监管机构有效执法，更能促进行业和政府共同守护公共安全。显而易见，这些监管规则的制定及发展都离不开业内专家学者的关注和洞见。为了确保区块链行业的发展，保护用户和防止洗钱，采取有利于创新的监管方法势在必行。迄今为止，行业通过区块链联盟等方式，积极主动地与执法部门和监管机构开展合作。随着行业持续寻求积极鼓励而非扼杀创新的立法和规则制定方法，行业和政府间的持续交流在未来将更加重要。只有这样，区块链技术的全部潜力才能得以释放。

在加密货币发展的历程中，监管者面临很多挑战。监管者需要平衡科技创新与金融稳定、投资者保护之间的关系。同时，监管者在监管中也要对犯罪行为表现出零容忍。与之前的非数字金融一样，金融科技监管需要一套明确的目标作为其指导原则。传统非数字金融监管的核心目标包括：投资者和消费者保护、市场诚信和维护金融稳定。现如今看来，这些监管目标在金融科技时代依然适用。在金融科技发展的早期，保持观望的监管方法占主导地位。在监管适当的情况下，类似的金融活动监管路径和方式也应当相似，以更好地遏制监管套利。同时，监管机构需对鸭子型监管路径的局限性有清醒认识，并尽早储备金融科技的监管手段。在发挥金融创新积极因素的同时，监管机构也要控制风险。此外，所有利益相关方如行业从业者、监管机构、学术界等应当进行公开对话，以期各方达成关于金融科技合规与监管的共识。

---

① See Chainalysis Team, *Money Laundering Activity Spread Across More Service Deposit Addresses in 2023, Plus New Tactics from Lazarus Group*, Chainalysis (Feb. 15, 2024), https://www.chainalysis.com/blog/2024-crypto-money-laundering/.

第二章　金融科技与加密货币法律规制论

第一节　区块链与知识产权保护

正如本书其他部分所讨论的，区块链具有成为革命性技术的潜力。与大多数革命性技术一样，区块链的开发和应用涵盖知识产权（Intellectual Property，IP）相关问题和监管策略。此外，鉴于区块链技术的广泛影响，其应用的泛公私属性，以及开源软件的普遍使用，该技术也引发了一些特殊的知识产权问题。

本章旨在帮助从业者识别一些可能影响区块链开发和采用的各类问题，包括某公司创造自身知识产权，或他人基于其知识产权，针对某公司的技术、产品提出侵权指控的风险等。本章将在以下预设的金融交易情景中讨论这些问题。

一、金融交易情景

尽管众多行业都可以从区块链技术的使用中受益，但金融和供应链管理领域可能是最先受益的。本章侧重于金融行业，特别是基于以下金融交易场景：

假设一家美国公司正在为其银团贷款交易业务构建一个基于区块链技术的新平台。该平台涵盖了借款人、贷款人、贷款管理机构、次级债持有者和信用评级服务商等众多参与者在内的全方位交易服务，通过在一个拥有数百个节点的许可区块链（Permissioned Blockchain）上运用智能合约来实现各类功能。

如前所述，本章假设的公司选择通过许可区块链部署其解决方案。区块链开发人员在这方面有两种选择。第一种是开发者可以将其平台部署在公有链（Public Blockchain）上。在公有链上，每个节点都包含所有交易信息，节点是匿名的，参与者之间互不认识。第二种是开发者可将平台部署在许可区块链上(正如前文提及的假设一样)。在许可区块链上,网络所有者能审查并只接受信任的成员,且可利用访问控制层来阻止或限制外部访问。与公有链上的节点不同,许可区块链上的节点并不是匿名的。此外,许可区块链上的交易信息和数据可以仅存储在已识别的特定节点上,而非所有链上节点。[①] 在特定的商业交易场景中,为满足反洗钱等监管要求,参与者之间必须是彼此了解的。在该场景下,节点匿名的公有链是不合规的。

可以想象,本章假设的公司选择许可区块链正是为了符合监管要求。然而这种选择也意味着该公司将失去公有链的相应优势,如利用其众多分布式节点验证交易,来确保交易的不可篡改性。

二、区块链专利的格局

2008 年中本聪发布比特币白皮书以来,[②]世界范围内区块链的专利申请数量稳步上升(见表 2-1)。

表 2-1 世界范围内区块链的专利申请数量

单位:项

年份	专利申请数量(世界范围)
2016	895
2017	1631
2018	4673
2019	5800
2020	9415
2021	16,796
2022	20,201
2023	11,700

资料来源:通过世界知识产权组织(WIPO)专利搜索平台 Patentscope 进行统计。

值得注意的是,2020 年两家中国实体(蚂蚁集团和平安集团)提交了数量最多的区块链专利申请,占到总申请量的近 20%。[③] 2020 年申请区块链专利数

① See Ian Allison, *Enterprise Ethereum Alliance Is Back-and It's Got a Roadmap to Prove It*, CoinDesk (May 2, 2018), https://www.coindesk.com/enterprise-ethereum-alliance-isnt-dead-got-roadmap-prove/.

② See Satoshi Nakamoto, *Bitcoin: A Peer-to-Peer Electronic Cash System*, Bitcoin.org (Oct. 31, 2008), https://bitcoin.org/bitcoin.pdf.

③ See Helen Partz, *Chinese Holding Firm Ping an Overtakes Tencent in Blockchain Patents Race*, Cointelegraph (Mar. 15, 2021), https://cointelegraph.com/news/chinese-holding-firm-ping-an-overtakes-tencent-in-blockchain-patents-race.

量最多的前四个企业均来自中国。①

随着时间的推移,美国专利授权数量也在逐步增加。2015 年,美国仅授权了 2 项与区块链相关的专利;2018 年,其区块链专利授权增长至 170 项;2019 年,其区块链专利授权有 659 项;2020 年,飙升至 1442 项。图 2 - 1 和表 2 - 2 描绘了美国区块链专利授权的快速增长以及主要公司的申请专利数量。

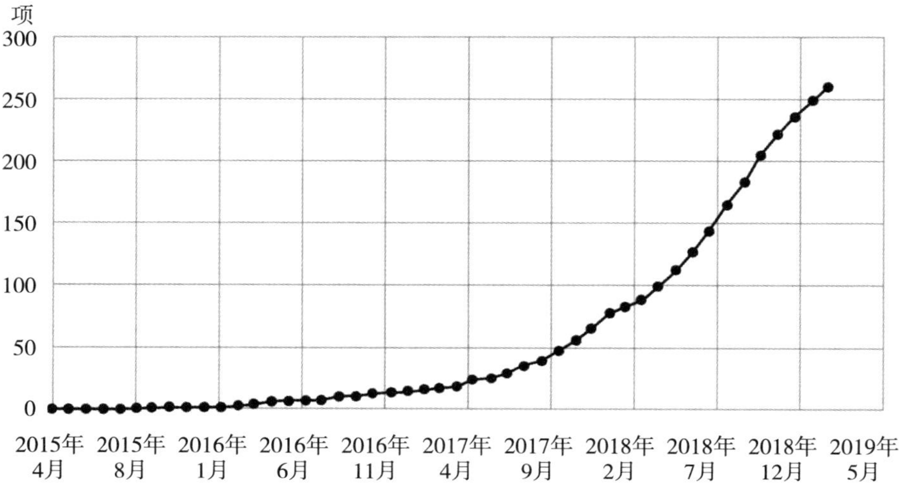

图 2 - 1　美国区块链专利授权数量(按月累计)

资料来源:通过世界知识产权组织(WIPO)专利搜索平台 Patentscope 进行统计。

表 2 - 2　截至 2021 第 3 季度,美国拥有最多的区块链专利授权的公司

单位:项

实体	行业	美国区块链专利数量
先进新技术公司(Advanced New Technologies)	科技	453
国际商业机器公司(IBM)	科技	341
美国银行	金融	89
戴尔科技	科技	57
第一资本	金融	54
埃森哲	咨询	49
万事达	金融	45

① See Helen Partz, *Chinese Holding Firm Ping an Overtakes Tencent in Blockchain Patents Race*, Cointelegraph (Mar. 15, 2021), https://cointelegraph.com/news/chinese-holding-firm-ping-an-overtakes-tencent-in-blockchain-patents-race.

续表

实体	行业	美国区块链专利数量
州立农业	金融	36
美国汽车协会	金融	33
微软	科技	33
代币插件公司(Coinplug)	科技	31

资料来源:通过世界知识产权组织(WIPO)专利搜索平台 Patentscope 进行统计。

区块链技术有助于数字资产的高效安全流转,因此金融和科技行业目前在区块链专利领域占据主导地位。IBM① 和戴尔②等科技公司也在采用区块链来改进现有的技术和流程,包括产业供应链和数字版权管理等领域。与此同时,一些知识产权控股公司(IP Holding Companies)寻求获取专利,则可能只是为了谋利。

三、专利保护的客体

(一)只有具备新颖性的发明才可被授予专利

存在于公共领域的理念不能被授予专利,而大部分区块链技术都属于这一范畴。正如本书其他部分所讨论的,区块链是分布式账本技术的一种形式,它以一种不易伪造、可自我认证、固有安全属性的方式记录交易。区块链的基本理念可能难以被专利化,因为区块链系统中的交易记录被保存在多个独立实体的分布式账本副本中,这可能很难具备新颖性并被授予专利。与此同时,区块链中也使用了大量的密码学技术。但已知的密码学技术即使是第一次与区块链结合使用,也不太可能被授予专利,除非这种结合具有独特的创新或用于解决特定的技术问题。

因此,任何人都可以自由使用的区块链理念和技术,是很难被专利化的。其只有具备新颖性(Novelty)和非显而易见性(Non-Obviousness),才可能受到专利保护。例如,与传统银行依赖中央银行和清算所不同,区块链能够加速实体间的资金转移,满足在全球物流和即时通信高度发达的今天,消费者对快速高效的金融交易的期待。

因此,许多公司及实体正在投入大量时间与资源,尝试利用区块链技术来

---

① See IBM, *IBM Blockchain*, IBM (June 21, 2024), https://www.ibm.com/blockchain.

② See Dell Technologies, *Blockchain*, Dell Technologies (June 21, 2024), https://www.delltechnologies.com/en-us/perspectives/tags/blockchain.

完善和优化传统银行业的资金移转方式,以提高整个金融系统的效率和安全性。创业公司正在开发独特而新颖的系统,通过区块链分布式账本实现银行间资产转移,并扩展账本的实用性。这些改进通常基于基础区块链技术,如部署在超级账本(Hyperledger)平台上的应用,用于验证网络参与者身份或创建交易审计跟踪。正是这些渐进式改进有可能使区块链理念和技术获得专利,这也正是本章假设的公司应该专注发展的专利。

(二)爱丽丝案(The Alice Decision)

区块链技术公司获得专利也面临另一个障碍。正如美国最高法院在爱丽丝公司诉CLS国际银行(Alice Corp. v. CLS Bank Int'l)申请专利一案中提出的,要求被保护的发明不应仅为一个抽象的概念。[①] 相反,它应该涉及解决某一特定问题或解决某一领域技术受限的问题。例如,在爱丽丝案中,计算机系统充当交易各方之间的第三方中介,其创建了影子信贷(Shadow Credit)和影子借贷(Shadow Debit)记录(账户分类账,Accounting Ledger),反映了交易各方在交易机构(如银行)的真实账户余额,真实展示交易双方的账户余额和履行交易的能力。

美国最高法院解释认为,即便抽象概念(如中立中介概念)以软件或其他具体方式实施,也不能获得专利,因为这将严重限制和抑制创新。

图2-2展示了用于分析爱丽丝案中主要技术是否符合专利申请的要求。

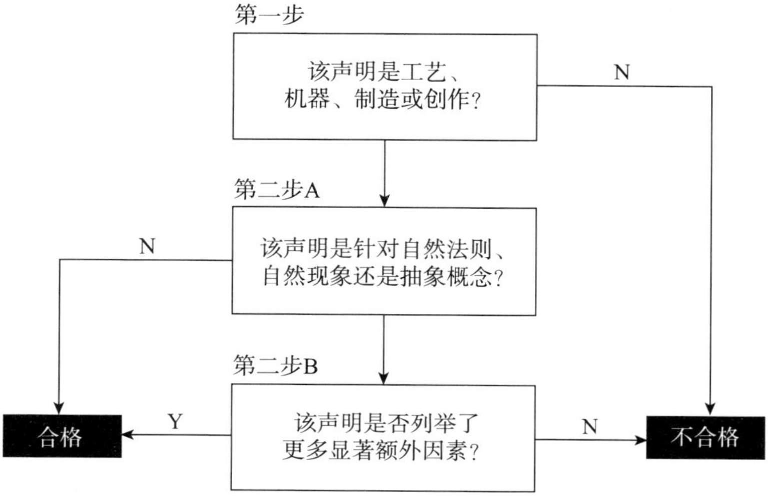

图2-2 用于分析爱丽丝案中主要技术是否符合专利申请的要求

① See Supreme Court of United States, *Alice Corp. v. CLS Bank International*, Casetext (June 19, 2014), https://casetext.com/case/alice-corp-v-cls-bank-intl.

步骤1:主张独立评估还是组合评估处理过程、存储介质、生产企业。

步骤2A:主张明确自然法则、自然现象和抽象概念。

步骤2B:关于抽象概念是否有更多的补充要素。

因此,与区块链相关的基本概念难以申请专利。所以为了获得专利,本章假设的公司必须提供的不仅仅是基础的、公开的、显而易见的技术和理念,还必须对相关的产品技术进行显著的性能优化。比如,使用一种不为人知的创新模式,来实现某一特定物品向另一种状态或事物转化,或者增加非常规步骤,将权利要求限制在某一特定应用领域内。

图2－3展示了与爱丽丝案有关的主题事项的专利性评估过程:

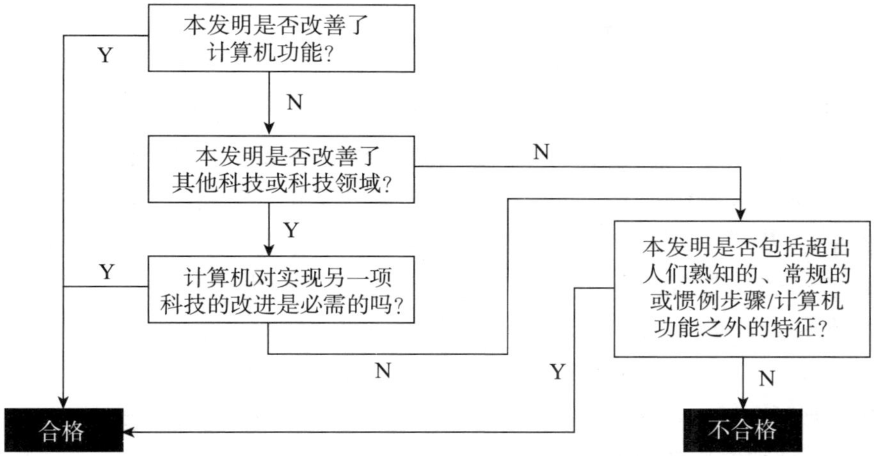

图2－3　与爱丽丝案有关的主题事项的专利性评估过程

爱丽丝案的判决让从业者深刻认识到:知识产权法正在持续变化。因此,正如健全的投资计划需要一个多样化的证券投资组合一样,健全的知识产权战略也需要多样化的知识产权组合。因此,公司不应该把所有的鸡蛋放在一个知识产权篮子里,需要学会有效分散风险。例如,如果一家公司仅聚焦"中介结算"领域,其所拥有的只是美国的公用事业专利,那么爱丽丝案件将对其造成毁灭性打击。

因此,公司应将实用专利(Utility Patent)纳入其知识产权组合。然而,更谨慎的公司会将以下专利囊括在其知识产权组合中:外观设计专利(Design Patent,其主要用于保护产品的外观或外形设计,而非产品的功能或技术);商业秘密(Trade Secret,通常用于保护不希望被公开的信息,如后端算法、客户列表、制造过程等);商标(Trademark,用于保护与公司生产的产品相关的商誉,确保其他公司不会在类似的产品或服务上使用相似的标志,以避免误导消费者);服务标志(Service Mark,与商标类似,服务标志用于保护与公司提供的服务相关的商誉);版权(Copyright,用于保护软件代码和/或某一概念或想法的表达);各种知识产权协议(Intellectual Property Agreements,用于规定知识产权的所有权和使用条件,如就业协议、开发协议和许可协议等)。因此,对于区块链公司来说,最佳的知识产权组合应该由各类多元化的专利组件(比如,实用专利、外观设计专利、商业秘密、商标、服务标记、版权和知识产权协议等)构成,为该公司提供所需的知识产权覆盖率(Intellectual Property Coverage)。

四、专利诉讼的主张与辩护

(一)专利诉讼的威胁

在过去的很长一段时间里,专利诉讼一度无处不在。找出一个独特的市场机会,非专利实施实体(Non-Practicing Entities,NPEs)又称“专利流氓”(Patent Troll)如雨后春笋般涌现,其聚焦特定领域的专利,积累了大量与该领域相关的专利,并通过诉讼威胁或实际诉讼将这些专利货币化。受到严重冲击的领域就是电信业。除了一些竞争者对竞争者的诉讼(如苹果诉三星),还出现了一些大型的、复杂的非营利实体,它们既不生产产品,也不销售服务。相反,他们购买专利,创建投资组合,并大兴诉讼,迫使其他公司支付这些专利的使用费。通常情况下,如果一个非专利实施实体拥有足够大的投资组合,就可能会与其他公司签订专利许可协议,以允许这些公司在规定的时间内使用相应专利。相关协议也会包括特定的条款和时间限制。

近年来,专利诉讼的数量已经明显减少。这主要归因美国法律确立的当事人之间的审查程序(“知识产权”程序);加强对证明损害赔偿的要求;成立了专门为企业提供专利许可的组织;对专利诉讼地点的限制增多;新的辩护策略使专利在诉讼初期更容易被宣告无效。由于这些变化,专利诉讼不再像以往一样被视为重要的经济利益来源。虽然竞争者仍将进行专利诉讼以维护或争夺其在市场中的地位,但非营利实体发现,这种持续变化的法律环境使专利诉讼的财务回报日趋减少。当然,这样的专利诉讼仍然存在。事实上,每天都有新的诉讼,但专利诉讼的数量已经大大减少,威胁也明显减轻,专利的整体价值也相应下降。

当然,市场的变化可以为专利诉讼创造新的激励,而区块链技术的逐渐发展也可能成为推动这种变化的重要因素。区块链技术的广泛应用可能会催生更多的专利诉讼,特别是在竞争对手、非营利组织与商业实体之间。这种潜在变化背后有以下几个主要原因:

(1)在竞争环境中,某些公司——特别是那些完全致力于创造区块链产品的技术公司——必须使用专利将竞争对手挤出市场。

(2)区块链技术正在催生一批基于新技术尚未获得授权的新专利。

(3)区块链技术将应用于利润丰厚的领域,这将使区块链专利更有价值。

(4)区块链技术可能将被用作基本构建块,使该技术更有价值,但其潜在的侵权风险也会相应增大。

(5)持有专利的区块链公司一旦失败,其持有的专利可能会落入新的专利实体手中,从而改变专利原本的应用价值。

当然,非专利实施实体察觉到了这个机会。知名的非专利实施实体创始人埃里克·斯潘根伯格(Erich Spangenberg)已创立了 IPwe 来收集和利用区块链专利。同样,作为一个著名且资金充裕的非专利实施实体,高智发明公司(Intellectual Ventures)也在积极寻求并尝试利用这个领域的机遇。[①] 本章所假设的交易平台正是基于这样的机会。如果本章假设的公司将区块链技术作为其交易的基本组成部分以及业务的核心组成部分,那么该公司自然会认为支撑这些活动的技术具有重大价值。

(二)专利权的进攻性和防御性使用

在探索进入这一新的技术领域时,了解并准确评估专利前景是至关重要的。对于本章所提及的假设公司来说,需要考虑的问题包括:市场上是否存在过多的专利,且已成为进入该领域的障碍?其他公司是否在积极申请相关专利?如果是的话,他们这样做的目的是阻止他人进入、索取许可费,还是仅仅作为一种防御策略?正确洞察和预测这些方面的问题,可能会成为公司努力后能否成功的决定性因素。

从广义上来讲,专利权的战略运用可以分为进攻性和防御性使用(或两者的混合)。下面将更详细地讨论这些战略。

五、专利权的进攻性使用

从进攻策略看,专利持有人拥有排他权,可以阻止他人未经许可制造、使用或销售其专利保护的发明。[②] 因此,进攻性专利持有人有权阻止他人利用其专

---

① See Michael del Castillo, *Patent Trolls Beware*: 40 *Firms Join Fight Against Blockchain IP Abuse*, CoinDesk (Mar. 16, 2017), https://www.coindesk.com/40-blockchain-firms-unite-in-fight-against-patent-trolls/.

② See United States Congress, 35 *U. S. Code* § 154 - *Contents and Term of Patent*; *Provisional Rights*, Cornell Law School (July 19, 1952), https://www.law.cornell.edu/uscode/text/35/154.

利进行其他发明创造。在区块链这样的新兴技术领域,专利申请者通常能发现并提出更多创新和开放的解决方案。由于专利持有人拥有排他权,其可以确保竞争对手无法在未经许可的情况下在自己的产品或服务中应用这些专利保护的解决方案。这也意味着专利持有人可以通过其专利策略有效地限制竞争和保护其市场地位。

对本章假设的公司来说,如果其专利技术能使其交易更高效和安全,该公司就可能会考虑利用专利排他权,以阻止其他公司使用该专利技术,从而在市场上获得更有利的竞争优势。如果该公司不希望完全排除竞争,它就可以允许其他公司使用其专利技术,并为此支付合理的使用费。这样的授权和使用费收入,可以用来补偿其研究和开发的投入,或者作为一种额外的收入来源,增加公司的盈利渠道。

然而,进攻性专利持有者仅仅通过申请和获得专利权是不足以保障其利益的。他们还必须积极地维护和实施其专利权,确保这些专利权既不受开源许可的约束(如下文“开源软件的影响”所述),也不受公平、合理和非歧视性(Fair, Reasonable, and Non-Discriminatory, FRAND)条款许可义务的束缚(如下文“八、行业标准的作用”所述)。为了维护专利权,持有人需要监测可能侵犯其专利权的活动,并采取必要的法律行动。这包括要求侵权方停止侵权活动,在必要时可提起诉讼,以制止这些活动,并争取获得合理的侵权赔偿。

本章假设的公司也可能尝试通过其专利组合,开发新的收入来源。通过实施其专利权,进攻性专利持有人可以迫使竞争对手接受其专利许可,并支付相应费用。这些专利许可能够为进攻性专利持有者提供多元化的收入来源:一方面,可以通过许可人预先支付的许可费获取收入;另一方面,也可以通过动态的使用费获取收入,即以许可人的产品市场销售收入的一部分作为许可使用费。这种模式有助于充分实现专利的经济价值。

六、专利权的防御性使用

防御性专利持有者的主要目的是利用其专利进行风险对冲,以抵御其他可能出现的侵权索赔。在这种情况下,如果假设的公司正在建立一个平台,并且希望该平台的运作不被中断,那么该公司就需要建立更完善的防御策略来抵御可能的专利侵权指控。通过建立和完善自己的专利组合,该公司可以减少竞争对手提起诉讼的风险。因为该竞争对手会意识到,在提起专利侵权诉讼的情况下,他们也可能面临来自被告公司的反诉,这样的双方索赔可能会增加其诉讼的风险和成本。

及时采取防御性策略，还可以预防他人获取可能未来用于对该公司提出索赔的专利。事实上，加密货币交易所 Coinbase 申请专利的策略就是一个典型案例。Coinbase 通过在区块链领域申请尽可能多的专利，意图从非专利实施实体手中夺取专利权，这样可以减少这些实体未来对 Coinbase 提出专利侵权指控的可能性。①

最终，随着区块链行业的日趋成熟，该领域的参与者将倾向于采取多种策略。专利领导者为了避免相互破坏，将相互签订交叉许可协议。其他公司将试图在没有完备专利组合的支持下进入这个行业。如果现有的专利领导者试图维护自己的权益，并阻止其他公司使用其专利技术，那么这些新进入者可能会遭遇很大的进入障碍。还有一些公司可能主要是以持有和收购专利为目的，他们会为了维护专利权而收购专利。这类公司的策略往往会增加市场的交易成本，并可能构成其他公司进入和竞争的实质性障碍。

然后，本章假设的公司必须考虑一个长期战略。它是否创造了一个至关重要的平台，但在竞争对手面前可能不堪一击？它是否已经充分保护了自己创造的独特、新颖的理念和技术，以充分利用其辛勤工作和创新成果？它是否发现自己被那些垄断了大量重要专利的咄咄逼人的竞争对手所阻挡？所有这些问题的解决都依赖本章假设的公司对于其技术创新的大力投入和专利策略的持续完善。同时，该公司还需要寻求吸引更多的企业和开发人员的共同参与，通过群策群力推进解决，共同推动技术的进步和解决可能出现的问题。

区块链领域专利诉讼的威胁是真实的。那么，本章假设的公司应如何降低潜在的法律风险呢？以下是一些可能的降低专利诉讼风险的策略：

1. 利用开源代码作为防线：当面临他人的专利索赔时，本章假设的公司需要评估这些索赔请求是否指向开源技术，因此请求权人的请求应当归于无效。此外，该公司还应该仔细考虑自己的开源战略，以及开源软件的使用方式如何影响其在潜在诉讼中的防御策略和权益主张。

2. 积极寻求交叉许可协议：如果本章假设的公司已经拥有了完善的专利组合，那么其可以考虑主动联系区块链领域的其他主要参与者，并寻求与这些公司达成交叉许可协议。这种方法使公司能够基于其产品或服务的实际性能进行竞争，而非陷入消耗资源、破坏力大的专利战之中。

3. 加入专利池：在某些行业，特别是电信业，出现了专利池，以帮助抵御非

---

① See Coinbase, *How We Think About Patents at Coinbase*, Coinbase (Sept. 24, 2015), https://www.coinbase.com/blog/how-we-think-about-patents-at-coinbase.

专利实施实体带来的威胁。这些专利池是以会员制为基础的组织,参与的公司需要支付一定的会费,以获得专利池内所有专利的许可权。专利池通常会代表会员的利益,购买非专利实施实体或获得相关专利的许可,其目标是为广大会员提供全面且费用合理的专利许可方案。

4. 监控专利申请和授权情况:虽然区块链领域的专利和相关申请众多,但通过投入一定的资源和精力,本章假设的公司可以在专利申请公布时(申请后18个月)和专利授权时(平均申请后3~4年)对其进行审查。这样的策略可以让公司发现存在潜在风险的专利。然而,这种方法的弊端是,这种监控活动可能会在未来的专利诉讼中被揭示,并可能成为有意侵权(Willful Infringement)的证据。

5. 考虑采取绕过设计:如果本章的假设公司发现有潜在风险的专利或申请,就可以考虑采取绕过策略,即通过修改产品设计,规避掉有可能存在争议的产品要素。换句话说,该公司可以分析有争议专利的各个要素,并尝试在其产品中去除或修改相关要素,以避免侵犯该专利。

6. 积极准备提交无效申请:本章的假设公司一旦发现有问题的专利,可以主动向专利局提交无效申请,尝试推翻该专利。即便没有面临他人的诉讼威胁,该公司也可以采取此策略。公司决定是否这样做之前,需要充分评估该专利被宣告无效的可能性以及所需投入的成本,通常这样做的成本会远低于参与专利诉讼的成本。

7. 做好基于爱丽丝案的抗辩准备:如果本章假设的公司最终陷入诉讼,它仍然可以基于爱丽丝案作为一个可能的抗辩策略,试图在诉讼初期终止诉讼(这一点在上文"专利权的进攻性使用""专利权的防御性使用"部分有更充分的讨论)。区块链本身作为一个抽象概念,不能申请成为专利。为了获得有效的区块链专利,申请的专利必须解决特定的技术问题,并提供具体的技术解决方案。如果专利申请没有提供足够具体的实施方式,该公司就可能会在诉讼初期试图使其所主张的专利无效。

8. 主张反诉:如上所述,构建自身的专利组合是非常重要的。区块链公司如果成功地做到这一点,在面临其他公司的诉讼时,其就可以考虑提出反诉,指控对方侵犯自身的专利。这种策略通常会使争端在诉讼初期阶段被解决。

七、开源软件的影响

开源软件(Open Source Software,OSS)是指以源代码形式发布的软件,其允许除原开发者以外的其他人员进行测试、修改和优化。相对应地,专有软件

(Proprietary Software)仅以目标代码形式发布,开发者将其源代码作为商业机密加以保护,不允许他人进行修改、维护或查看其软件代码库。开源软件的拥护者认为,开源结构促进了充满活力和价值的开发者社区的建立。这不仅有助于创建一套经过充分测试、透明且具有互操作性的软件模块,而且推动了技术标准的统一和标准化,并最终推动软件技术的快速迭代发展。

开源软件在区块链平台中无处不在。比特币、[①]以太坊[②]和超级账本的软件代码库,[③]以及企业以太坊(Enterprise Ethereum)[④]和 Corda[⑤] 的部分软件代码库,均深度依赖开源软件。其中,比特币和以太坊是领先的公有链平台,而超级账本、Corda 和企业以太坊则被视为商业许可区块链平台的"三巨头"。[⑥] 因此,如果本章假设的区块链公司计划采用基于这些领先平台的软件解决方案,它必须认真考虑如何管理与这些软件相关的许可证,以充分发挥其潜在价值并保护自己的利益。

开源社区已经开发了许多许可证,这些许可证的范围包括:(1)允许性许可证,其允许用户免费且几乎不受限制地使用、修改和分发相关软件及其源代码;[⑦](2)限制性许可证(所谓的"Copyleft"许可证),其对软件及其源代码的修改和分发设置了严格的条件和限制。与本章假设的公司特别相关的开源许可证有两个:通用公共许可证第 3 版(GPLv3),因为该许可证(和其变种)涵盖以太坊代码库的大部分代码资源;[⑧]Apache2. 0 许可证(Apache License, Version 2. 0),[⑨]因为该许可证涵盖超级账本、Corda 和企业以太坊平台上提供的开源软件。这些许可证中的每一个都体现了"互惠"这个核心理念。

GPLv3 被认为是一个"强制性"较强的著作权许可证。其运作方式如下:当开发者在其专有软件中集成了受 GPLv3 许可的软件模块时,开发者将默认接受

---

① See Wikipedia, *Bitcoin*, Wikipedia (June 17, 2024), https://en. wikipedia. org/wiki/Bitcoin.

② See Wikipedia, *Ethereum*, Wikipedia (June 7, 2024), https://en. wikipedia. org/wiki/Ethereum.

③ See Wikipedia, *Hyperledger*, Wikipedia (Apr. 14, 2024), https://en. wikipedia. org/wiki/Hyperledger.

④ See Enterprise Ethereum Alliance, *Enterprise Ethereum Alliance Specification Clears the Path to a Global Blockchain Ecosystem*, Enterprise Ethereum Alliance (May 16, 2018), https://entethalliance. org/enterprise-ethereum-alliance-specification-clears-path-global-blockchain-ecosystem/.

⑤ Corda 是一个分布式账本技术平台,由 R3 公司开发,用于记录、管理和同步受监管的经济活动。See Github, *Contributing to Corda*, Github (June 18, 2024), https://github. com/corda/corda/blob/5be80254e86f41ce486582fa2ad1247b73a265c1/CONTRIBUTING. md.

⑥ See Richard Brown, *Corda: Open Source Community Update*, Medium (May 14, 2018), https://medium. com/corda/corda-open-source-community-update-f332386b4038.

⑦ See Open Source Initiative, *The MIT License*, Open Source (June 22, 2024), https://opensource. org/licenses/MIT.

⑧ See GNU Operating System, *GNU General Public License (Version 3)*, GNU Operating System (June 29, 2007), https://www. gnu. org/licenses/gpl - 3. 0. en. html.

⑨ See Apache, *Apache License*, *Version* 2. 0, Apache (Jan. 2004), https://www. apache. org/licenses/LICENSE - 2. 0.

并遵守 GPLv3 的相关约束和规定。由于开发者的专有软件是基于 GPLv3 代码开发的,[①]所以其被要求必须以源代码形式公开和免费提供自己的专有代码。这在一定程度上会削弱其专有代码的商业秘密保护,以及开发者基于著作权法对专有软件的复制、修改、分配、开发等行为的控制能力。因此,这一许可证对开发者的商业秘密和一系列著作权组合(Copyright Portfolios)具有重大影响。

GPLv3 还对开发者的一系列专利组合有重大影响。该许可证要求开发者授予他人在制造、使用或销售派生代码(Derivative Code)时所需的"专利免版税许可"(Patent Royalty-Free License)。[②] 而且,仅通过分发 GPLv3 代码,即使没有进行修改,开发者也同意放弃对任何使用 GPLv3 代码的其他人提起"专利侵权诉讼"(Patent Infringement Litigation)的权利。[③] 总之,GPLv3 体现了鲜明的"互惠原则"(Principle of Reciprocity):如果开发者希望将开源软件包含进自己的代码库,其必须通过共享自己的代码库(及其他所需的 IP 权利)来回馈社区。如上所述,以太坊代码库主要在 GPLv3 许可下被授权的。因此,依赖以太坊代码的公司应该谨慎行事。

本章假设的公司也需仔细考虑依赖超级账本、Corda 和企业以太坊代码对其专利组合的影响。Apache 证书(或其他类似的许可证)覆盖了这些代码库中的大部分资源。对于区块链公司而言,尽管 Apache 许可证具有互惠特质,但相较 GPLv3,它提供了更灵活的选择。Apache 证书以一种与 GPLv3 相似的方式在专利、商业秘密和版权法的环境下大大影响了开发者的权利。然而,这些影响主要体现在开发者确定要将其软件分发给 Apache 项目时。在专利方面,该许可证的机制如下:如果一个专利持有者分发软件给 Apache 项目,那么 Apache 许可证将限制所有者对任何基于被分发软件使用的实体提起专利侵权诉讼。如果所有者确实提起了诉讼,那么其在 Apache 代码下的许可证将会被终止。[④] 这样,许可证实际上建立了一种互惠机制:专利所有者不能一边从 Apache 许可证下的软件中获利,一边又通过起诉来保护其分发给 Apache 软件社区的专利。然而,如果开发者决定不分发其代码给 Apache 项目,他们就可以保持将 Apache

---

① See United States Court of Appeals, Ninth Circuit, *Columbia Pictures v. Krypton Broadcasting*, Casetext (July 9, 2001), https://casetext.com/case/columbia-pictures-v-krypton-broadcasting; Jack Newell, JD, *Lewis Galoob Toys, Inc. v. Nintendo of America, Inc.*, Quimbee (Sept. 30, 2016), https://www.quimbee.com/cases/lewis-galoob-toys-inc-v-nintendo-of-america-inc.

② See Free Software Foundation Europe, *Patents and GPLv3*, Free Software Foundation Europe (2006), https://fsfe.org/activities/gplv3/patents-and-gplv3.en.pdf.

③ See Free Software Foundation Europe, *Patents and GPLv3*, Free Software Foundation Europe (2006), https://fsfe.org/activities/gplv3/patents-and-gplv3.en.pdf.

④ See Apache, *Apache License*, *Version* 2.0, Apache (Jan. 2004), https://www.apache.org/licenses/LICENSE-2.0.

代码整合进其专有代码库,并拥有商业化代码的自由,且不需要对 Apache 开源社区承担任何义务。因此,Apache 许可证为开发者提供了相当大的灵活性。

灵活性可能对区块链公司呈现较高的价值。例如,它将允许公司对现有的 Apache 证书下的超级账本、Corda 和企业以太坊软件库中的软件施加杠杆作用,并能够让公司在是否以及如何开放源代码方面,拥有充分的自主权,确保其专利组合策略不会受到影响。这种灵活性使公司能够根据自身需要和市场变化,做出最符合其利益的决策和调整。

基于此,区块链公司可能会采取激进的措施来避免使用 GPLv3 代码(或其他具有强制性的著作权许可),并可能不会将代码贡献给 Apache 项目。然而,实际情况可能并非如此。例如,为了鼓励开发者和其他使用者在允许的商业网络中实施该代码,一些实体已经在 Apache 许可下发布了代码。[①] 本章假设的公司也可能会考虑类似的策略,寻求创造一个充满生机的开发者和用户社区,通过开放的方式使用其专利组合,并考虑在合适的开源软件许可下发布代码,以实现潜在利益。无论采取何种策略,开源软件的许可和授权在区块链技术中都发挥着关键作用,而本章假设的公司需要仔细考虑其专利组合策略中这些许可和技术的应用。

八、行业标准的作用

行业标准是指在某个行业中,广大参与者共同遵循的技术规范和准则。这些技术规范通常是在标准制定组织(Standards Setting Organization,SSO)中协作开发的。标准制定组织会定期召开会议,会议的参与者通常是代表各行业参与方的科学家和工程师,他们会针对某项技术的操作方式进行提议和讨论。通过参与者之间的协商和一致同意,各种提议会被审议和决策,最终形成统一的技术规范。这种基于共识的标准制定方式,有助于确保行业标准的权威性和广泛接受度。

(一)区块链的标准化进程

一些组织已经开始推动区块链的标准化进程:

1. 国际标准组织(International Standards Organization,ISO)已经建立技术委员会 307(Technical Committee 307,ISO/TC 307),专注于区块链和分布式账本技术的标准化。

---

① See IBM Blockchain, *The Founder's Handbook: Your Guide to Getting Started with Blockchain* (*Edition* 2.0), Scribd (Sept. 30, 2016), https://www.scribd.com/document/430378952/BLOCKCHAIN-IBM-HANDBOOK-pdf; Mike Finley, *Getting Started with Ethereum Using Azure Blockchain*, Microsoft (Jan. 24, 2018), https://devblogs.microsoft.com/premier-developer/getting-started-with-ethereum-using-azure-blockchain/.

2. 电气和电子工程师学会(Institute of Electrical and Electronics Engineers,IEEE)建立了两个区块链工作组:(1)项目2418旨在开发一个适用于物联网(Internet of Things,IoT)的标准化区块链框架;(2)项目825则致力于制定能源交易(Energy Transaction)中区块链互通性的指导原则。①

3. 交通运输区块链联盟(Blockchain in Transportation Alliance,BiTA)专注于将区块链技术应用于货运支付(Freight Payment)、资产历史记录(Asset History)、监管链(Chain of Custody)、智能合约(Smart Contract)等领域。②

4. 超级账本(Hyperledger)是由Linux基金会(Linux Foundation)发起的项目,它是一个区块链标准的关联代码库(Associated Code Base),专注于金融、银行、物联网和制造业。③

5. 企业以太坊联盟(Enterprise Ethereum Alliance,EEA)最近发布了一个新的架构栈(Architecture Stack),旨在为基于标准规范的开源代码提供基础,进而促进企业以太坊的商业许可网络对以太坊解决方案的采用。④

(二)标准的优点和缺点

1. 采用并推行行业标准的优点如下:

(1)确保产品兼容性:凭借标准的引导,商家可以开发出与行业中其他产品兼容的产品。

(2)强化技术质量:由多方行业参与者共同参与并提供意见的技术规范,能够孕育出更优秀的综合技术水平。理论上,最好的想法会从协作过程中产生,并且成为使商家和消费者都受益的行业标准。

(3)将竞争焦点从标准化技术转向实施优化:标准化使行业参与者能避免在标准化技术方面的竞争,转而聚焦基于现有技术的实施优化上。参与标准制定的实体有义务披露实施标准所必要的专利,并以公平、合理和非歧视性条款提供相关的专利授权。这些公平、合理和非歧视性条款确保了所有实施者在获

---

① See IEEE Standards Association, *IEEE Standards*, IEEE Standards Association (June 22, 2024), https://standards.ieee.org/.

② See Blockchain in Transport Alliance, *About BiTA*, Blockchain in Transport Alliance (June 23, 2024), https://bita.studio/.

③ See Wikipedia, *Hyperledger*, Wikipedia(Apr. 14, 2024), https://en.wikipedia.org/wiki/Hyperledger.

④ See Enterprise Ethereum Alliance, *Enterprise Ethereum Alliance Advances Web 3.0 Era with Public Release of the Enterprise Ethereum Architecture Stack*, Enterprise Ethereum Alliance (May 2, 2018), https://entethalliance.org/enterprise-ethereum-alliance-advances-web-3-0-era-public-release-enterprise-ethereum-architecture-stack/; Enterprise Ethereum Alliance, *Enterprise Ethereum Alliance (EEA) – Enterprise Ethereum Client Specification*, Enterprise Ethereum Alliance (May 2, 2018), https://entethalliance.org/wp-content/uploads/2018/05/EEA-TS-0001-0-v1.00-EEA-Enterprise-Ethereum-Specification-R1.pdf.

得所需标准的专利授权时,承担的义务是一样的。

(4)更安全可靠的选择:得到众多行业参与者认可的标准,对于潜在的采用者和投资者而言,往往是一个"更安全的基准"。

(5)参与标准制定组织的诸多益处:首先,参与公司可以更好地预见接下来行业的发展动态。比如,一个涉及辛迪加贷款(Syndicated Loan)区块链平台的软件商家,可以通过观察区块链智能合约的模式,逐渐探索更高效的技术模型。其次,参与的公司有机会指导标准化的进程,其可以指导标准制定组织优先考虑那些有利于企业的解决方案的研发和实施。

2. 采用行业标准也存在一些缺点:第一,公司可能会失去对技术某些方面的控制权。如果没有独立开发技术,那么区块链公司可能会被行业中的其他竞争者牵制。第二,公司可以自行开发超越市场的创新技术,但在标准制定组织中,公司需以良好信誉参与(Good Faith Participation),这意味着他们需要分享最好的、最有价值的创意,而不是仅将其用于自己的产品。第三,由于行业标准的制定和修改需要多方共识,因此相较单一公司的灵活性,标准制定组织的决策和执行过程可能会较缓慢和烦琐。第四,参与标准制定组织的公司还将承担公平、合理和非歧视性条款中的义务,将其适用于实施标准所必需的所有专利,这也增加了公司的负担。

(三)无线电信通信(Wireless Telecommunications)行业标准的启示

区块链技术相对较新,标准制定组织正开始构建和发展区块链标准。许多公司正在决定是否加入区块链标准制定组织,或依旧追求他们自己的解决方案。无线电信通信行业的技术发展和标准化历史为区块链从业者提供了宝贵经验,有助于其评估追求行业标准的利弊。以手机技术为例,为了使手机能接入运营商的无线网络,它必须具备与运营商网络交互的能力。在这里,通信标准起到了关键作用,它规定了通信应如何进行。只要生产商严格遵守通信标准,就可以确保其生产的手机可以在所有同样遵守这个标准的运营商的无线网络中正常运行。

在20世纪80年代,欧洲"第一代"无线电信通信市场被一些国家国内和区域性的标准打破。斯堪的纳维亚采用了名为"NMT"的标准;英国采用了"TACS";意大利采用了"RTMS"和"TACS";法国采用了"RC2000"和"NMT";德国采用了"C-Netz"。[①] 这些混杂的通信标准,导致一个德国人在法国度假时,

---

① See Jeffrey L. Funk, *Global Competition Between and Within Standards: The Case of Mobile Phones*, Palgrave Macmillan, 2002, p. 39; Garry A. Garrard, *Cellular Communications: Worldwide Market Development*, Artech House, 1997.

手机无法使用。同样,一个英国人在斯堪的纳维亚,其手机也无法使用。[①] 手机设备和网络设施的制造商都被地理位置所束缚。这些制造商通常只为特定的欧洲地区研究和开发产品。结果是这些制造商在各自的区域内形成了地区垄断,但由于技术兼容性差,其用户使用率很低,在其他地区的市场竞争力极低。[②]

考虑到第一代无线电信通信标准存在的问题,欧洲(乃至全球)的手机和网络基础设施的制造商走到了一起,依托欧洲电信标准协会(European Telecommunications Standards Institute,ETSI)的标准制定组织共同制定了泛欧洲的“第二代”标准。这些制造商向 ETSI 派遣了他们最优秀的科学家和工程师,以确保新标准能够满足无线通信用户和运营商的需求。他们的努力最终促成了全球移动通信系统(Global System for Mobile Communications,GSM),1992 年至 2002 年,GSM 成为整个欧洲和美国部分地区的实际无线通信标准。其间,制造商竞相开发更好的手机或网络设备,同时遵守 GSM 标准。基于此,瑞典或芬兰开发的设备可以销往整个欧洲。这种开放的市场降低了无线技术的价格,增加了用户基础。受到这种成功经验的启发,美国也采用了类似的方法,进一步推动了智能手机和无线网络的普及和发展。

本章旨在借鉴当前区块链标准化的发展趋势进行类比分析。区块链依赖庞大且节点众多的网络来保障其可靠性。因此,互操作性和可扩容性非常重要。区块链的标准化可以成为实现这些目标的重要工具,但标准化过程往往包含种种相互竞争的意图和策略。不同的公司可能会推崇和支持各自不同的方法和路径。不同的选择通常基于公司的善意信念和对自身技术的投资考虑。对本章中的区块链公司来说,一个有意义的标准化过程既包含风险,也包含机遇。没有公司愿意押错宝,成为区块链技术领域的“贝塔录像带”(Betamax)或“高清 DVD”(HD DVD)。因此,公司需要认真权衡正在创建的涉及竞争的各种标准,并明确它们希望在创建标准时扮演的角色。完全被动的角色可能导致其他意见领袖抢占市场,但过于激进的角色可能导致无法被整个市场接受。因此,企业需要根据自身的长期战略和市场定位,审慎考虑自己在区块链技术标准化过程中的角色和定位。

---

① See Harald Gruber, *The Economics of Mobile Telecommunications*, Cambridge University Press, 2005, p. 35.

② See Harald Gruber, *The Economics of Mobile Telecommunications*, Cambridge University Press, 2005, p. 35.

第二节　加密货币与投资基金

2008 年，一位化名为中本聪（Satoshi Nakamoto）的神秘作者发布了一份描述比特币的白皮书——《比特币：一种点对点的电子现金系统》（*Bitcoin：A Peer-to-Peer Electronic Cash System*），该创新促进了交易双方的点对点（P2P）在线支付，而无须第三方金融中介。在随后的十几年里，比特币和无数受比特币启发的开源、去中心化协议（例如，以太币和莱特币等）已经代表了一个超过 2 万亿美元的替代型资产（Ahernative Asset）/另类资产（Alternative Asset）市场，其通常被称为“数字资产”，它们在互联网上使用加密货币交易所进行在线交易。

数字资产可以服务多种应用场景。虽然下文对加密资产的分类并非严格地遵循主流法律规范，但这种区分有助于理解和制定涉及这些资产的各种投资策略。由于某些支持这些功能的共同经济特征，一些加密资产，如比特币或莱特币，被广泛认为是去中心化的价值存储或交换媒介，这些数字资产有时被称为“纯加密货币”；其他数字资产，如门罗币（Monero）或大零币（Zcash），是纯加密货币的一个子集，也拥有某些旨在增强交易隐私性和保密性的特征，即“隐私币”（Privacy Coins）。

除了纯加密货币和注重隐私的加密货币，还存在广泛的通用加密资产（“平台币”），如 ETH、SOL 等，它们旨在促进各种点对点（P2P）活动，并且能够创造新的数字资产，即“代币”，其通常为特定的目的或应用而开发，典型的代币有以下几种。（1）实用型/功能型代币（Utility Token），通常是为参与者提供特定服务或商品的访问权限（类似于代金券），并对维护生态网络、验证和记录交易的贡献者进行有效激励；（2）证券型代币（Security Token），旨在代表更多的传统资产，如股权、债务和房地产，并兼具数字资产某些特有的优势和益处，如增强价值流转、提高结算速度、提升利益分配的公开透明度等；（3）非同质化代币（NFT），这是拥有独特标识符的数字资产，能够实现创造性应用，如稀缺的数字艺术品、活动门票、品牌 VIP 权益等。

此外，还有一类数字资产是稳定币（Stablecoin），顾名思义它们旨在通过将其市场价值与外部参考资产（最常见的是美元）挂钩来提供 1∶1 的价格稳定性。平台币和稳定币为迅速发展的去中心化金融领域的许多协议提供了价值基础。

加密资产市场的范围超出了资产本身。其他参与者包括交易所、支付处理商和矿企构成了更广泛的数字资产行业。随着这个行业的持续增长,它吸引了零售和机构投资者的注意,包括寻求开发涉及这些新兴资产、新型公司的投资策略及产品的投资经理。一些策略主要服务于早期阶段的增长战略,以长期投资于某些数字资产或为该行业持续研发商品和服务的初创企业为特色。其他策略包括对冲基金策略,如经常使用衍生品或套利策略的长/短基金,寻求利用全球数百个交易所的价格差异来获利。此外,在加密货币市场表现疲软的时期(如在 2018 年和 2019 年这两年所谓的“加密货币之冬”),基金经理开始尝试新的创收策略,如押注加密货币、采用信贷基金型策略(如不良债务)、参与做市和执行风险资本投资。

本节概述了适用于向美国投资者提供的加密货币和其他数字资产投资基金(“数字资产基金”)的现行美国监管和税收框架,以及这些监管和税收考虑如何影响基金结构的决策。

一、美国的总体监管框架

在美国经营或向美国投资者提供的数字资产基金必须应对和遵守一系列复杂的联邦法规和条例(此外还有州法律,这不属于本节讨论的范围)。这些法规包括:《1933 年证券法》(Securities Act of 1933),针对证券的发售和销售进行监管;《1936 年商品交易法》(Commodity Exchange Act of 1936,CEA),针对从事期货合约、期货合约期权、商品期权和掉期交易的基金和顾问进行监管;《1940 年投资公司法》(Investment Company Act of 1940),针对投资于证券的集合投资工具进行监管;《1940 年投资顾问法》(Investment Advisers Act of 1940),针对此类基金的投资顾问进行管理。此外,许多关于基金结构的决策是由税收因素驱动的。我们首先介绍适用于美国管理或向美国投资者提供的数字资产基金的现行美国联邦监管框架,并探讨这些监管考量因素是如何影响基金结构调整决策的。

(一)基金权益的发售

投资基金的权益属于证券。根据美国《1933 年证券法》,证券的发售必须在美国证券交易委员会(United States Securities and Exchange Commission,SEC)登记,或根据豁免规定进行。虽然有一些可能的豁免,但私人基金最常依赖的豁免是 D 条例,它提供了两种可供选择的注册豁免:规则 504 和规则 506。由于大多数私人投资基金打算筹集超过 500 万美元的资金,规则 506 对可能出售或提供的证券数额没有限制，是此类基金最常依赖的 D 条例下的豁免。[①] 因此，本节对 D 条例的讨论仅限于根据规则 506 进行的发行。为了依据 D 条例规则 506 发售或出售证券，投资基金必须满足如下条件：

(1)将其证券的销售限制在不超过 35 名非认可投资者[除非是根据规则 506(c)进行的发行，在这种情况下，所有购买者必须是认可投资者]，尽管证券可以出售给数量不限的认可投资者。

(2)确保所有非认可投资者满足成熟度要求，在金融和商业事务方面具有一定的知识和经验，有能力评估潜在投资的优点和风险。

(3)在发售或销售证券时，避免进行一般的招揽或广告宣传[除非是根据第 506(c)条进行的发售]。

(4)遵守第 502(b)条关于向非认可投资者发售的信息披露要求。对经认可的投资者的发行没有具体的信息要求。

(5)实施发行限制，以防止依靠 D 条例销售的任何证券被转售。

(6)在根据 D 条例首次出售证券的 15 个日历日内向美国证券交易委员会提交 D 表格通知。

对 D 条例的豁免范围也有一些重要的限制。例如，D 条例只豁免最初的交易本身(在根据 D 条例进行的发售中获得的证券的转售必须登记或根据另一项豁免登记进行转售)。此外，D 条例不适用于虽然在技术上符合 D 条例，但被认为是“规避证券法注册规定的计划或方案”的一部分的任何交易或一系列交易。

(二)加密货币和其他数字资产的定性

如上所述，投资基金的权益本身就是证券。然而，这些基金在执行各自的战略时可能持有各种不同的资产：从数字资产(如比特币和以太币)到衍生品(如比特币期货合约)再到证券(如新兴增长公司的股权或另一数字资产基金的权益)。本节概述了此类资产的定性，特别是美国证券法规定的“证券”和《商品交易法》(CEA)规定的“商品权益”的定义，然后解释这些特征是如何影响基金结构调整决策的。虽然可以根据共同特征和事实模式推断出某些资产的可能处理方式，但在与律师密切磋商的情况下，对每项资产进行仔细的逐案分析是至关重要的。

---

① 从历史角度来看，发行者和任何代表他们行事的人员被禁止参与规则 506 中的任何形式的劝诱或一般性的广告行为。然而，2013 年 7 月，在新规则 506(c)的发行框架下，SEC 采用了最后规则来准许规则 506 中的一般性的劝诱和一般性的广告行为。应用于规则 506(c)发行中的额外的要求，包括对采取合理步骤验证投资者的被承认的投资者地位的要求。在规则 506(b)之下，一个投资基金可以根据规则 506 的要求提供证券而不需要符合其他额外的要求(如果其不采用一般的劝诱)。目前，大多数在美国被提供的私人基金选择不采用一般劝诱。

2017 年 7 月,在一份通常被称为 The DAO[①] 报告的新闻稿中(报告标题为“Report of Investigation Pursuant to Section 21(a) of the Securities Exchange Act of 1934: The DAO”)[②],美国证券交易委员会确定某些数字资产是美国联邦证券法中的证券。The DAO 报告是针对 2016 年的一个事件发布的,在该事件中,一个名为 The DAO 的非法人加密组织的发起人进行了首次代币发行,即用区块链把使用权限和加密货币合二为一,来为开发、维护、交换相关产品或者服务的项目进行融资。The DAO 由一家名为 Slock. it 的德国公司创建,旨在让 The DAO 代币持有人有权对其将资助的项目进行集体投票和共同决策,相关收益也将流向代币持有人。Slock. it 将 The DAO 推销为第一个去中心化自治组织(Decentralized Autonomous Organizations, DAO),由区块链平台上的智能合约驱动。The DAO 借助首次代币发行筹集了大约 1.5 亿美元的以太币。

在 The DAO 报告中,美国证券交易委员会指出,该项目代币是未注册的证券,因为它们是投资合同,这是美国证券法中的一种证券。尽管美国证券交易委员会拒绝对 DAO 采取执法行动,但其试图利用这个机会警告其他从事类似首次代币发行活动的人,根据事实和情况,未经注册的数字资产销售可能是非法的证券公开发售。美国证券交易委员会在随后对代币发行者采取的行动中也依据了类似的推理,其认为在首次代币发行中出售的某些其他数字资产是证券。[③]

许多 DAO 组织代币被其发起人称为“实用型/功能型代币”,以表明这种代币在更广泛的平台或服务中具有一些消耗性效用。然而,如上所述,根据美国证券法,这一术语并不具有任何法律后果。相反,适当的调查必须审查围绕资产发行和销售的事实和情况,包括交易的经济现实。[④] 需要考虑的关键因素包括:(1)第三方(无论是个人、实体还是协调的行为者群体)是否推动了对回报的期望;(2)数字资产是否通过合同或其他技术手段,其功能更像消费品而不像证券。[⑤] 此外,2019 年 4 月,美国证券交易委员会工作人员以两份文件的形式发

---

① The DAO 是一个基于区块链技术的去中心化自治组织,成立于 2016 年,旨在通过首次代币发行(ICO)为区块链项目筹集资金,但由于安全漏洞导致大量资金被盗,最终引发了重大争议和法律讨论。

② See Securities and Exchange Commission, *Report of Investigation Pursuant to Section* 21(*a*) *of the Securities Exchange Act of* 1934: *The DAO*, Securities and Exchange Commission (July 25, 2017), https://www.sec.gov/files/litigation/investreport/34-81207.pdf.

③ See Securities and Exchange Commission, *In the Matter of Munchee*, *Inc.*, Securities and Exchange Commission (Dec. 11, 2017), https://www.sec.gov/files/litigation/admin/2017/33-10445.pdf.

④ See U. S. Supreme Court, *SEC v. W. J. Howey Co.*, 328 *U. S.* 293 (1946), Justia (Sept. 30, 2016), https://supreme.justia.com/cases/federal/us/328/293/.

⑤ See Securities and Exchange Commission, *Digital Asset Transactions*: *When Howey Met Gary* (*Plastic*), Securities and Exchange Commission (June 14, 2018), https://www.sec.gov/news/speech/speech-hinman-061418.

布了关于数字资产何时可被视为证券的新的详细指南：美国证券交易委员会创新和金融技术战略中心发布的框架——数字资产“投资合同”分析框架（Statement on“Framework for‘Investment Contract’Analysis of Digital Assets”，以下简称美国证券交易委员会框架）以及美国证券交易委员会公司财务部的无行动函。该框架重申了工作人员的立场，即为筹集资金而出售给投资者的数字资产通常是证券，无论其潜在效用如何，并为工作人员认为不属于证券的各种数字资产规划了一条狭窄的道路。同时，不采取行动的救济是狭隘的，不太可能为目前许多类型的数字资产或考虑发行数字资产的公司提供有意义的指导或实际效用。[①] 最后，虽然这超出了本节的范围，但美国证券交易委员会已经对首次代币发行发行人采取了许多执法行动，它认为有关特定代币的发售和销售相当于未注册的证券发行行为。[②]

除了 DAO 组织代币，一些数字资产从一开始就被明确设计为证券，意在代表股权和债务等传统利益，同时还具有数字资产市场的某些特征，如可以 24/7 交易、允许部分所有权，且能实现快速结算。因此，这些数字资产是证券，尽管它们代表了证券交易、清算和结算方式方面的创新，但它们不一定是新的资产类别。

根据美国证券法，任何不被视为证券的加密货币或其他数字资产都可能被视为《商品交易法》下的“商品”，这是因为该术语的定义很宽泛。[③] 例如，美国商品期货交易委员会（Commodity Futures Trading Commission，CFTC）似乎将比特币视为《商品交易法》下的豁免商品，该类别包括金属和能源产品，[④]但不包括货币或证券，后者被归类为排除在外的商品。[⑤] 此外，在 2017 年 12 月，美国商品期货交易委员会允许期货交易所根据其普通期货合约的上市规则对比特币

---

① See Securities and Exchange Commission, *Framework for "Investment Contract" Analysis of Digital Assets*, Securities and Exchange Commission (Apr. 3, 2019), https://www.sec.gov/corpfin/framework-investment-contract-analysis-digital-assets; Securities and Exchange Commission, *Response of the Division of Corporation Finance*, Securities and Exchange Commission (Apr. 3, 2019), https://www.sec.gov/divisions/corpfin/cf-noaction/2019/turnkey-jet-040219-2a1.htm.

② See Securities and Exchange Commission, *Telegram to Return $ 1.2 Billion to Investors and Pay $ 18.5 Million Penalty to Settle SEC Charges*, Securities and Exchange Commission (June 26, 2020), https://www.sec.gov/news/press-release/2020-146#:~:text=and%20its%20wholly%20owned%20subsidiary,an%20%2418.5%20million%20civil%20penalty.

③ See United States Congress, *7 U.S. Code § 1a-Definitions*, Cornell Law School (July 21, 2010), https://www.law.cornell.edu/uscode/text/7/1a.

④ See United States Congress, *7 U.S. Code § 1a-Definitions*, Cornell Law School (July 21, 2010), https://www.law.cornell.edu/uscode/text/7/1a.

⑤ See Commodity Futures Trading Commission, *In the Matter of: Coinflip, Inc., d/b/a Derivabit, and Francisco Riordan*, Commodity Futures Trading Commission (Sept. 17, 2015), https://www.cftc.gov/sites/default/files/idc/groups/public/@lrenforcementactions/documents/legalpleading/enfcoinfliprorder09172015.pdf.

的期货合约和二元期权进行自我认证。[①] 虽然美国证券交易委员会没有对比特币采取任何具体行动,但美国证券交易委员会已经非正式地承认,并似乎接受了美国商品期货交易委员会将比特币指定为美国商品期货交易委员会拥有反欺诈管辖权的商品的说法。[②] 最后,如果数字资产是一种商品,那么在该商品上提供的任何衍生品(例如,比特币期货合约和二元期权)完全属于《商品交易法》规定的商品权益的定义。

(三)管理人在《1940 年投资顾问法》或《商品交易法》下主要承担的义务

数字资产基金管理人是否必须遵守《1940 年投资顾问法》和《商品交易法》的额外规定,主要取决于其基金所持资产的特征。首先,根据《1940 年投资顾问法》第 202(a)(11)条规定,如果管理人"为了获得报酬,直接或通过出版物或著作,就证券的价值或投资、购买或出售证券的可取性向他人提供建议",或"为了获得报酬,作为常规业务的一部分,发布或公布有关证券的分析或报告",则被视为"投资顾问",从而受到该条规定的监管。因此,如果加密货币或其他数字资产基金的经理就"证券"提供建议(例如,该基金持有 DAO 组织代币或证券代币),其就必须作为投资顾问向美国证券交易委员会注册,除非该个人或实体符合该定义的豁免或注册要求的豁免条件。[③]

根据《1940 年投资顾问法》的注册要求,顾问必须遵守一系列的规则和条例,包括管理广告、保管、代理投票、记录保存、顾问合同内容和费用的规则和条例。例如,《1940 年投资顾问法》的保管规则[④](Custody Rule)有详细的规定,适用于任何在美国证券交易委员会注册的投资顾问,根据该规则的定义被认为有保管权。除其他事项外,它要求使用"合格保管人"(Qualified Custodian)来持有客户的资金或证券,向客户发出通知,详细说明他们的资产是如何被持有的,为客户提供详细的账户报表,每年进行突击检查,以及在使用相关合格保管人

---

① See Commodity Futures Trading Commission, *CFTC Statement on Self-Certification of Bitcoin Products by CME, CFE and Cantor Exchange*, Commodity Futures Trading Commission (Dec. 1, 2017), https://www.cftc.gov/PressRoom/PressReleases/7654-17; Commodity Futures Trading Commission, *CFTC Backgrounder on Oversight of and Approach to Virtual Currency Futures Markets*, Commodity Futures Trading Commission (Jan. 4, 2018), https://www.cftc.gov/sites/default/files/idc/groups/public/@newsroom/documents/file/backgrounder_virtualcurrency01.pdf.

② See Securities and Exchange Commission, *Statement on Cryptocurrencies and Initial Coin Offerings*, Securities and Exchange Commission (Dec. 11, 2017), https://www.sec.gov/news/public-statement/statement-clayton-2017-12-11#:~:text=I%20believe%20that%20initial%20coin, funding%2C%20including%20for%20innovative%20projects; Kate Rooney, *SEC Chief Says Agency Won't Change Securities Laws to Cater to Cryptocurrencies*, CNBC (June 6, 2018), https://www.cnbc.com/2018/06/06/sec-chairman-clayton-says-agency-wont-change-definition-of-a-security.html.

③ 若投资顾问未在美国证券交易委员会注册,则其必须满足所在州的注册要求。

④ See U.S. Securities and Exchange Commission, 17 *CFR* § 275.206(4)-2-*Custody of Funds or Securities of Clients by Investment Advisers*, Cornell Law School (Dec. 24, 2003), https://www.law.cornell.edu/cfr/text/17/275.206(4)-2.

时提供额外保护。例如,处理数字资产的投资顾问可能需要考虑是否有银行、注册经纪商或其他符合合格保管人定义的公司愿意保管数字资产。

除此之外,投资或交易"商品权益"的私人基金经理,无论是作为其投资策略的一个组成部分,还是仅以有限的身份,为对冲目的或其他目的,都要受到《商品交易法》和美国商品期货交易委员会相关规则的监管。商品权益一般包括:(1)期货合约和期货合约的期权;(2)掉期;(3)某些零售外汇和商品交易;以及(4)商品期权和某些杠杆交易。因此,如果加密货币或其他数字资产基金经理的活动包括商品权益交易(例如,它持有比特币期货合约或二元期权),它将作为商品池运营商(Commodity Pool Operator, CPO)或商品交易顾问(Commodity Trading Advisor, CTA)受到注册和监管,除非它符合《商品交易法》或美国商品期货交易委员会规则的豁免或排除条件。

如果投资基金的活动使其符合《商品交易法》规定的"商品池"的定义,管理人必须向美国商品期货交易委员会注册为商品池运营商,除非该人有资格获得商品池运营商定义的豁免或注册要求的豁免。《商品交易法》还规定了商品交易顾问的注册,这在某些方面类似于《1940 年投资顾问法》规定的投资顾问的相关规范。然而,应该注意的是,《商品交易法》和美国商品期货交易委员会规则的许多要求适用于所有商品池运营商和商品交易顾问,即使是那些免于注册的商品池运营商和商品交易顾问。

(四)基金根据《1940 年投资公司法》或《商品交易法》主要承担的义务

同样,基金本身也可能受到《1940 年投资公司法》和《商品交易法》的额外监管,这种分析也主要取决于基金持有的资产。根据《1940 年投资公司法》第3(a)(1)(A)条规定,投资公司被定义为任何"主要从事或拟主要从事证券投资、再投资或交易业务的发行人"。这个主观的测试一般是基于公司如何向公众展示自己以及追求其商业目标的方式,旨在捕捉那些故意以这种身份行事的传统投资公司。此外,《1940 年投资公司法》第3(a)(1)(C)条规定了一个客观的数字测试,适用于那些在投资证券中持有很大一部分资产的公司,即使它们不把自己当作传统投资公司。

符合这些投资公司定义之一的公司必须满足《1940 年投资公司法》的豁免或根据该法案注册。该法案是一个全面的法定制度,对注册投资公司的治理、杠杆、资本结构和运作都有严格的要求。因此,大多数私募股权基金、对冲基金和其他替代性投资工具,完全属于"投资公司"的定义范围,其结构是为了满足《1940 年投资公司法》的豁免。

《1940年投资公司法》为私人提供的投资基金和某些其他类型的公司提供了对“投资公司”定义的具体豁免。例如,其第3(c)(1)条规定,如果私人投资基金的流通证券(短期票据除外)有不超过100个实益拥有人(Beneficial Owners),并且该基金目前不打算公开发售其证券,则该基金免于注册。此外,其第3(c)(7)条规定,如果一个实体的所有流通证券的实益拥有人都是“合格的购买者”(Qualified Purchases),并且该实体没有进行或建议进行其证券的公开发售,并且没有限制实益拥有人的数量,则该实体不需要注册为投资公司。

《商品交易法》将“商品池”定义为任何投资信托、辛迪加或类似形式的企业,以商品权益交易为目的而运作。美国商品期货交易委员会对“目的”进行了广泛的解释,并拒绝了关于商品权益交易必须是一个工具的主要或首要目的的建议。因此,私人基金在掉期、期货合约或其他商品权益方面的任何交易,无论范围多么有限,也无论是否出于对冲或投机目的,通常都会使私人基金符合商品池的定义。

根据美国商品期货交易委员会的说法,一个不直接交易商品权益但投资于另一个交易商品权益的基金本身就是一个商品池。因此,在主基金(Master Fund)结构中,如果主基金是一个商品池,那么联接基金(Feeder Fund)也将被视为一个商品池。同样地,投资于商品池的基金中的基金本身也可能被视为商品池。

最后,一个投资工具既可以是《1940年投资公司法》规定的“投资公司”,也可以是《商品交易法》规定的“商品池”,豁免《1940年投资公司法》的注册要求通常并不意味着豁免《商品交易法》规定的商品池运营商注册(反之亦然)。同样,根据《1940年投资顾问法》豁免注册一般不意味着豁免商品交易顾问注册(反之亦然)。此外,根据美国《证券法》规定,商品池的权益属于“证券”,因此美国《证券法》适用于商品池权益的发售和销售,其程度与适用于任何其他类型的证券相同。因此,作为商品池的私人基金的权益的发售,一般会在结构上满足美国《证券法》豁免的要求(例如,上文讨论的D条例)。

(五)数字资产基金框架

鉴于上述的监管雷区,管理人在构思和推出面向美国投资者的数字资产基金时,面临众多的结构性决定。这些决定往往会影响管理人的投资策略,尤其是与基金应被允许持有的资产类型息息相关。本节探讨了一些常见的结构和它们支持的战略。数字资产基金本身的权益是证券必须根据豁免规定(如D条例)发售和销售。但除了注册公共基金的情况,这些基金是在完全注册的证券发行中提供和销售的。

首先,管理人可以决定基金应该有投资证券的灵活性。它可能想投资于

"传统"证券,如数字资产行业内公司的股权或债务(包括通过代币化证券),或DAO组织代币和其他有可能被视为投资合同的数字资产。在这种情况下,顾问很可能需要根据《1940年投资顾问法》注册,并遵守其中的一系列规则和条例,包括管理广告、托管、代理投票、记录保存、顾问合同的内容和费用的规则和条例。然而,非美国顾问有可能根据《1940年投资顾问法》第203(m)-1条规则——私人基金顾问规则(Private Fund Adviser Exemption)获得注册豁免[①]。

托管(Custody)在数字资产方面提出了独特的问题,而且并不清楚在所有情况下数字资产是否会被视为基金或证券,从而适用托管规则(Custody Rules)。目前,大多数合格的托管人不提供数字资产的托管服务。在任何情况下,托管人都应该熟悉数字资产托管的操作。

对非实物资产,甚至是数字形式的资产进行托管,不存在于集中的数据库中,而是存在于一个分布式的数据库中,这意味着比特币网络是去中心化的,由全球数以万计的节点组成,这些节点都保有比特币区块链的完整副本。即使某些节点尝试篡改交易记录,也必须获得网络中大部分节点的共识,即实施51%攻击(51% Attack),这在实际操作中几乎是不可能的。同时,在比特币系统中,通常用椭圆曲线数字签名算法(Elliptic Curve Digital Signature Algorithm, ECDSA)来生成密钥对,来实现自己对比特币的控制。密钥对包括一个私钥和由其衍生出来的公钥,公钥用于接收比特币,而私钥用于比特币支付时的交易签名。当私钥丢失或被盗时,根本无法找回比特币,所以管理者的一个关键操作点是安全、可靠地保存私钥,如通过"深度冷存储"(Deep Cold Storage)[②]保存。

如果管理人认为数字资产基金可能会投资于证券,那么基金本身的结构可能会符合《1940年投资公司法》中对实体的各种注册豁免,否则会被归类为"投资公司"。[③] 对于离岸基金,上文讨论的第3(c)(1)条和第3(c)(7)条的要求一般只适用于美国投资者。

另外,管理人可以考虑将基金构建为注册投资公司。截至2024年6月,美

---

① 根据《1940年投资顾问法》规定,在美国境外拥有主要办公场所和营业地的顾问,如果满足以下条件,就可以根据私人基金顾问规则获得注册豁免:(1)除了"满足私人基金"之外,顾问没有美国客户(通常在美国《证券法》第S规则中被定义);(2)在美国境内的营业地所有由顾问管理的资产仅投入私人基金,且金额少于1.5亿美元。即使享有这些豁免,顾问也需向SEC披露一定的信息,以确保SEC能够有效监督其活动,保护投资者利益并维护市场秩序。

② 冷存储(Cold Storage)指将数字资产(如比特币)离线存储的过程,即在不连接互联网的设备上存储私人密钥。然而,私人密钥在生成或签署交易过程中,可能会在某个阶段暴露于网络。而深度冷存储则进一步提升了安全性。这种方法不仅能够离线存储数字资产,还确保与这些资产相关的密钥在离线系统中生成,且交易签署过程也在离线系统中完成。在这种存储方式中,所使用的系统从未连接互联网,它们在完全离线的环境中被创建、存储,并用于签署交易。

③ See Securities and Exchange Commission, *Investment Company Act of* 1940, Securities and Exchange Commission (Dec. 23, 2022), https://www.govinfo.gov/content/pkg/COMPS-1879/pdf/COMPS-1879.pdf.

国证券交易委员会尚未批准任何直接投资于数字资产的基金;然而,美国证券交易委员会工作人员承认,这种非交易所交易的基金可以投资于某些类型的比特币期货合约(Bitcoin Futures Contract)。[①] 正如在《美国公共加密货币基金的现状》一文中所讨论的,已经有许多人要求将直接投资于数字资产或数字资产衍生品的交易所交易基金的股票在全国性证券交易所(National Securities Exchange)上市。[②] 美国证券交易委员会曾多次拒绝这些请求。2018 年 1 月,美国证券交易委员会投资管理司概述了几个问题,在考虑批准持有"大量加密货币"或"加密货币相关产品"的基金之前,希望发起人能够解决这些问题。[③] 这些问题集中在《1940 年投资公司法》的具体要求上,一般属于五个关键领域之一:估值、流动性、托管、套利、潜在的操纵。尽管根据美国《证券法》,这类基金有可能作为非投资公司向公众提供(只要它们不持有大量的证券),但美国证券交易委员会表示,那里也存在重大的类似问题。[④]

其次,经理可能会决定基金应该在商品利率上有灵活性而值得投资,比如期货合约或二元期权,无论是对冲还是投机目的。任何由私人基金进行的这种交易,无论范围多么广泛,以及不论目的,将普遍会使这种基金成为一种"商品池"。在这种情况下,经理会被要求作为商品池运营商或商品交易顾问在美国商品期货交易委员会注册,即使存在一些对非美国籍经理和对仅投资于有限数量商品利率的基金的豁免。即使经理决定这种基金应仅投资于商品利率而不是证券,这些商品池的利润在证券法的语境下也是"证券",因此基金也将通常被设计以满足证券法豁免(如 D 条例,如上文所述)的要求。

最后,经理可能会决定基金应该不持有证券也不持有商品利率。换言之,一个基金只持有商品或纯粹的加密货币(如比特币),而不是商品利率。因为这个分类在美国法的环境下没有独立的法律重要性。这种关于数字资产就美国证券法而言可能被视为一种"证券"的风险决定,应该与法律意见一起被谨慎作

---

① See Division of Investment Management Staff, *Staff Statement on Funds Registered Under the Investment Company Act Investing in the Bitcoin Futures Market*, Securities and Exchange Commission (May 11, 2021), https://www.sec.gov/news/public-statement/staff-statement-investing-bitcoin-futures-market; Gary Gensler, *Remarks Before the Aspen Security Form*, Securities and Exchange Commission (Aug. 3, 2021), https://www.sec.gov/news/speech/gensler-aspen-security-forum-2021-08-03.

② See Trevor Kiviat & Gregory Rowland, *The Current State of U.S. Public Cryptocurrency Funds*, ICLG-Public Investment Funds 2021 (Oct. 1, 2021), https://www.davispolk.com/sites/default/files/2021-10/public_investment_funds.pdf.

③ See Securities and Exchange Commission, *Staff Letter: Engaging on Fund Innovation and Cryptocurrency-Related Holdings*, Securities and Exchange Commission (Jan. 18, 2018), https://www.sec.gov/divisions/investment/noaction/2018/cryptocurrency-011818.htm.

④ See Securities and Exchange Commission, *Staff Letter: Engaging on Fund Innovation and Cryptocurrency-Related Holdings*, Securities and Exchange Commission (Jan. 18, 2018), https://www.sec.gov/divisions/investment/noaction/2018/cryptocurrency-011818.htm.

出。在这种情况下,基金不会被《1940 年投资公司法》调控,经理对于基金的活动也将不会被《1940 年投资顾问法》调控,如上所述,这两种体系都是被预设调控持有证券的基金的。此外,因为基金不持有商品利润,其可能不会被认为是"商品池",而且经理可能不会被要求作为商品池运营商或商品交易顾问在美国商品期货交易委员会注册。然而,这种情况下,商品和经理不会处于完全无监管的状态。如上所述,基金中的利润是证券(不管其背后基金投资的资产是什么),对其的要约和出售必须遵守美国证券法。除此之外,美国商品期货交易委员会凭借其反欺诈和反市场操纵的权力,对商品现货市场拥有有限的裁量权。[①]而且,这种基金的经理有可能被认为在普通法中对该基金有信义义务(Fiduciary Duty),因此在其管理基金的过程中受到信义义务的约束。

二、美国联邦收入税收框架

税收通常是经理决定如何构造投资基金的主要考虑因素。对于投资或交易数字资产的基金经理而言,这些构造性的决定是特别复杂的,考虑到有限的指引以及美国联邦现存收入税收框架之于数字资产存在的不确定性。

(一)美国联邦收入税收对加密货币和其他数字资产的处理

通过三项已公布的指引,美国国税局(Internal Revenue Service,IRS)建立了一个分析基于数字资产交易的美国联邦税收结果的有限框架。在通知 2014 - 21 中,[②]美国国税局确立了"虚拟货币",将其定义为"对价值的数字化表达,一种价值尺度,或者一种价值载体",其被视为"财产"而非"货币",也因此通常适用于使用虚拟货币进行财产交易的税收规则。因此,比如,认为一个纳税人持有一组作为资本资产(这包括了基于投资目的而持有的财产)的虚拟货币,对于虚拟资产的处置将会导致纳税人的资本增加或减少。在 2019 年,美国国税局同时发布了一个税务规则[③]以及一系列"常见问题解答"[④](规则及常用问题解

---

① See Commodity Futures Trading Commission, 17 *CFR* § 180. 1 – *Prohibition on the Employment, or Attempted Employment, of Manipulative and Deceptive Devices.*, Cornell Law School (July 14, 2011), https://www.law.cornell.edu/cfr/text/17/180.1.

② See Internal Revenue Service, *Notice* 2014 – 21, Internal Revenue Service (Mar. 25, 2014), https://www.irs.gov/pub/irs-drop/n-14-21.pdf.

③ See Internal Revenue Service, *Rev. Rul.* 2019 – 24, Internal Revenue Service (Oct. 9, 2019), https://www.irs.gov/pub/irs-drop/rr-19-24.pdf; Internal Revenue Service, *Rev. Rul.* 2019 – 44, Internal Revenue Service (Oct. 28, 2019), https://www.irs.gov/pub/irs-drop/rp-19-44.pdf; Internal Revenue Service, *Bulletin No.* 2022 – 25, Internal Revenue Service (June 21, 2022), https://www.irs.gov/pub/irs-irbs/irb22-25.pdf.

④ See Internal Revenue Service, *Frequently Asked Questions on Virtual Currency Transactions*, Internal Revenue Service (Mar. 2, 2023), https://www.irs.gov/individuals/international-taxpayers/frequently-asked-questions-on-virtual-currency-transactions.

答,Ruling & FAQs),提供了对于虚拟货币税收的额外指引。比如,虚拟货币的硬分叉(Hard Fork)将会产生可征税的原始收入,计入的应税收入(Taxable Income)应为投资者收到新的分叉加密货币时的公允市场价值(Fair Market Value)。该规则及常用问题解答能够让纳税人对新型虚拟资产(New Virtual Currency)进行更好地"支配和控制"(Dominion and Control),并且对一系列其他的与虚拟货币税收有关的辅助性事项提供了指引(包括一些基础问题,比如持有期计算和一些其他的税务会计问题)。

虽然有这种指引,仍然有许多虚拟资产税收相关问题尚不明确。这些不确定的领域包括:(1)虚拟资产相关收入是否构成在公开交易合伙份额的规则下的"合格营业收入"(Qualified Business Income)或在"被动外国投资公司"(Passive Foreign Investment Company,PFIC)规则下的"被动收入"(Passive Income);(2)分叉、空投(Airdrops)等类似事件是否对美国税务豁免投资者(Tax-Exempt Investors)构成"不相关的业务应税收入"(Unrelated Business Taxable Income,UBTI);(3)分叉型收入(Fork-Type Income 或 Fork-Derived Income)是否服从于非居民外国人税收预扣(Non-Resident Alien Tax Withholding);(4)虚拟资产相关贷款是否为可征税项目。

(二)将这一框架应用于数字资产基金

许多私人投资基金构造由至少两个载体组成:一个被美国联邦收入税收当作合伙企业(主基金);还有一个在非美国法域内[①]架构,并被美国联邦收入税收当作公司(离岸基金)。一般情况下,要在美国纳税的投资者通常会投资(直接或通过其他合伙基金载体)主基金,由于合伙企业在美国享有"透明税收"(Tax Transparency)待遇,投资者直接承担其在主基金中份额对应的税务责任,包括应税收入、收益、损失和扣除。非美国和美国的税收豁免投资者通常投资离岸基金,以"屏蔽"某些类型的收入,避免直接接收这些收入时可能面临的不利税务后果。其他投资基金结构使用了简单的合伙或其他公司性的工具。经理的投资策略和投资者基础可能会影响为数字资产投资而设计的基金结构。如上所述,许多私人投资基金包括被设计为出于税务目的而被视作合伙的主基金。

根据修正后的1986年美国《税法》"公开交易的合伙企业"(Publicly Traded Partnership,PTP)规则,如果合伙份额在成熟的证券市场进行交易或准备在二级

① 经理们通常寻求在税收优惠的司法管辖区内设立离岸基金或其他非美国的公司载体,如开曼群岛或英属维尔京群岛。

市场交易,那么该合伙通常会被视为公司进行联邦收入税务处理,除非至少90%的年度收入是"符合要求的收入"(Qualifying Income)。[①] 基于1986年美国《税法》第7704条法律条文及相关税收政策,由于在数字资产投资所得收益是否为"符合要求的收入"这一问题上存在争议且缺乏指引,基金经理需要在"直通"型载体的税收优势和投资者资产流动性之间进行权衡。为了确保主基金不会受制于公司层面的美国税收,经理通常会限制投资者数量和资产流动频率。

当合伙企业被用来作为数字资产的投资载体,如果基金活动在美国不构成交易或经营,那么采用离岸"阻断公司"(Blocker Corporation)可能是吸引税收豁免投资者的必要策略。特别是由于分叉型收入是否构成UBTI存在不确定性,美国税收豁免投资者可能更青睐通过"阻断公司"来进行数字资产投资。[②]

除了使用非美国的公司作为"阻断公司",经理们也追求在非美国公司框架下,为数字资产基金提供比通过合伙企业载体而言更高的资产流动性,并有时向美国的纳税投资者提供利润。然而,美国纳税投资者投资于此类载体存在不确定性,特别是数字货币的硬分叉可能导致应税收入。美国国税局的规则及常见问题引发了这种基金是否被视为被动外国投资公司的问题。[③] 被视为被动外国投资公司可能会给公司及其股东带来重大的行政和报告负担,且在未进行特定选举,如"合格选择基金"(Qualifying Electing Fund,QEF)选举或"按市值计价"(Mark to Market,MTM)选举的情况下,被动外国投资公司的美国股东可能面临不利的税收后果。

以下讨论将处理数字资产投资中隐含的众多结构(Myriad Structuring)和税收考量,投资中的其他问题均受制于新兴领域相关指引存在的不确定性。由于税法在数字资产投资应用上仍在发展中,经理和顾问们必须谨慎考虑,并为此作出合理规划。

---

① See United States Congress, 26 *U. S. Code* § 7704 – *Certain Publicly Traded Partnerships Treated As Corporations*, Cornell Law School (Nov. 10, 1987), https://www.law.cornell.edu/uscode/text/26/7704; Internal Revenue Service & Department of the Treasury, 26 *CFR* § 1.7704 – 3 – *Qualifying Income*, Cornell Law School (Dec. 17, 1998), https://www.law.cornell.edu/cfr/text/26/1.7704 – 3.

② 根据美国《国内税收法典》第511条规定,美国免税实体收到的不相关的业务应税收入(UBTI)需按适用于公司的税率或信托的税率征税,这取决于相关实体的税务分类。

③ See United States Congress, 26 *U. S. Code* § 1297 – *Passive Foreign Investment Company*, Cornell Law School (Oct. 22, 1986), https://www.law.cornell.edu/uscode/text/26/1297; United States Congress, 26 *U. S. Code* § 954 – *Foreign Base Company Income*, Cornell Law School (Aug. 16, 1954), https://www.law.cornell.edu/uscode/text/26/954.

在过去的十几年内,数字资产走过了很长的路——从最开始中本聪发布比特币白皮书到如今遍布全球数以百计的数字资产交易所的繁荣市场。随着市场和关联产业的发展成熟,经理和顾问们可能会继续创新投资策略。如前所述,他们在为美国投资者提供数字资产基金服务并优化税收策略时,面临着复杂的法律法规。这些法律法规和相应的投资策略共同影响着基金的构造,最好由经理和顾问共同商讨和处理。

第三节 从美国货币转移法的角度探究加密货币监管

虚拟货币为个人提供了一种实现快速、低成本、无缝且安全的跨境交易方式。然而,对于监管机构而言,虚拟货币和其交易量的激增也带来了更多潜在的洗钱、恐怖主义融资和消费者保护问题。本节将探讨在何种情况下,从事虚拟货币业务的企业需要遵守美国联邦和州的货币转移法律和法规。

在联邦层面,《银行保密法》(Bank Secrecy Act, BSA)要求银行、经纪人、货币服务企业和许多其他类型的金融机构提交特定报告(尤其是可疑活动报告,Suspicious Activity Reports, SARs)来保存特定记录,并建立反洗钱(Anti-Money Laundering, AML)程序,以防止该机构被用于金融犯罪。金融犯罪执法局(FinCEN)作为美国财政部的一个部门,负责执行和管理《银行保密法》,旨在保护美国金融体系、打击洗钱和恐怖主义融资。金融犯罪执法局执行《银行保密法》规定的民事规则,并针对受监管的金融机构颁布附加的反洗钱规则和指南。金融犯罪执法局维护了一个包含来自受监管金融机构的报告和其他执法信息的数据库,以实现这一目标。金融犯罪执法局将这些信息提供给联邦、州和地方执法部门以及金融监管机构,以支持他们的执法任务。此外,金融犯罪执法局还会对这些数据进行分析,识别与洗钱、恐怖主义融资和其他对金融系统造成威胁的相关信息,并将其提供给执法部门。作为美国的金融情报机构(Financial Intelligence Unit, FIU),金融犯罪执法局与140多家外国金融情报机构合作,共享有关此类威胁事件的信息。[①] 值得注意的是,许多涉及虚拟货币的公司作为货币转移服务商(Money Transmitters),按照《银行保密法》的规定受到监管,被归类为货币服务业务(MSBs)的一种类型。

---

① 金融犯罪执法局没有刑事执行权。

除了联邦法规之外，美国几乎每个州都设立了相关法律来管理货币转移服务商。这些法律的设置有一些重叠之处，但也有许多差异，需要根据每个州的具体情况来单独考量。在许多情况下，这些法律起草的内容含混不清，或是在尚未充分考虑虚拟货币的前提下制定的。与联邦反洗钱规则不同，各州的货币转移法律通常更侧重于消费者保护，旨在确保货币转移服务商的操作不会导致消费者资金的丢失、被窃取或被误导。

事实证明，虚拟货币企业不仅要遵守联邦法律，还需顾及美国各州不同的货币转移法规，这是该类企业面临的最大监管挑战之一。企业必须认真考虑和应对各州错综复杂的许可法规以及金融犯罪执法局的联邦规定，确保涉及虚拟货币行业运营的所有个人或企业都严格符合法律合规要求。

一、联邦虚拟货币转移相关法律

《银行保密法》由多个法规组成，首先是1970年颁布的《货币和金融交易报告法》，经2001年《美国爱国者法案》第三篇和其他立法修订。[①]

《银行保密法》要求金融机构监控其客户及相关交易，识别可疑活动，并以可疑活动报告（SAR）的形式向金融犯罪执法局汇报。[②] 当金融机构发现可能涉及洗钱或恐怖主义融资的风险信号，应对相关客户或交易进行深入调查，以明确是否存在合法解释。如无合法解释，相关机构必须提交可疑活动报告。[③] 金融犯罪执法局还会定期发布相关咨询和警示，提供更具有针对性的指导，帮助金融机构识别与特定行业或非法活动类型相关的风险。例如，2020年7月，金融犯罪执法局发布了涉及社交媒体服务商推特（Twitter，现更名为“X”）的虚拟货币诈骗警示，并要求可兑换虚拟货币（Convertible Virtual Currency，CVC）的交易所和其他金融机构向金融犯罪执法局报告类似的可疑交易。

除了向金融犯罪执法局提交可疑行为报告和其他报告外，银行和经纪人还需要开展客户尽职调查（Customer Due Diligence，CDD），以了解其客户与该机构的关系性质和目的，并实施客户识别计划，包括获取和验证其客户的特定识

---

① See United States Congress, 31 *U. S. Code* § 5311 – *Declaration of Purpose*, Cornell Law School (Sept. 13, 1982), https://www.law.cornell.edu/uscode/text/31/5311.

② See Financial Crimes Enforcement Network & Department of the Treasury, 31 *CFR* § 1020.320 – *Reports by Banks of Suspicious Transactions*, Cornell Law School (Oct. 26, 2010), https://www.law.cornell.edu/cfr/text/31/1020.320; Financial Crimes Enforcement Network & Department of the Treasury, 31 *CFR* § 1022.320 – *Reports by Money Services Businesses of Suspicious Transactions*, Cornell Law School (Jan. 3, 2011), https://www.law.cornell.edu/cfr/text/31/1022.320.

③ See Financial Crimes Enforcement Network & Department of the Treasury, 31 *CFR* § 1020.320 – *Reports by Banks of Suspicious Transactions*, Cornell Law School (Oct. 26, 2010), https://www.law.cornell.edu/cfr/text/31/1020.320.

别信息，如全名、出生日期、地址和纳税人识别号（社会保险号）。[①] 关于货币服务业务，特别是汇款人，其要求略有不同：他们没有明确的义务来识别所有客户，但在处理价值3000美元或更高金额的交易时，必须识别和验证客户的身份。此外，汇款人必须在金融犯罪执法局[②]注册，并定期更新信息。就虚拟货币企业受《银行保密法》的约束而言，这通常是因为它们有资格成为货币转移服务商，所以有资格被称为货币服务业务。

实体或个人是否有资格成为货币转移服务商，取决于该个人或实体所从事的活动类型。货币转移服务商的定义并不局限于地理位置，而基于其是否"完全或主要在美国"从事货币转移[③]服务（Money Transmission Services）。"货币转移服务"被定义为包括"接受一个人的货币、资金或其他替代货币的价值，以及以任何方式将货币、资金或其他替代货币的价值传输到另一个地点或个人"[④]。"任何方式"包括"通过金融中介或机构"，如使用银行账户进行操作。这个定义涵盖了广泛的交易类型，并且实际上也包括了那些向美国境内的人提供汇款服务的外国实体。[⑤]

二、金融犯罪执法局虚拟货币指南

货币转移服务商的监管法规并未专门针对虚拟货币而制定，但其起草范围非常广泛，旨在覆盖各类行为和活动。为了在虚拟货币的特定背景下提供更明确的指导，金融犯罪执法局发布了相关指南，特别是于2013年3月和2019年5月发布了两项实质性指导，意图填补其在虚拟货币领域的监管空白。

在2013年发布的指南中，金融犯罪执法局在货币转移标准下将"替代货币

---

① See Financial Crimes Enforcement Network & Department of the Treasury, 31 *CFR* § 1020. 210 – *Anti-Money Laundering Program Requirements for Banks*, Cornell Law School (Sept. 15, 2020), https://www.law.cornell.edu/cfr/text/31/1020.210; United States Congress, 31 *CFR* § 1020. 220 – *Customer Identification Program Requirements for Banks*, Cornell Law School (May 9, 2003), https://www.law.cornell.edu/cfr/text/31/1020.220.

② See Financial Crimes Enforcement Network & Department of the Treasury, 31 *CFR* § 1022. 380 – *Registration of Money Services Businesses*, Cornell Law School (July 1, 2011), https://www.law.cornell.edu/cfr/text/31/1022.380.

③ See Financial Crimes Enforcement Network & Department of the Treasury, 31 *CFR* § 1010. 100 – *General Definitions*, Cornell Law School (Oct. 26, 2010), https://www.law.cornell.edu/cfr/text/31/1010.100.

④ See Financial Crimes Enforcement Network & Department of the Treasury, 31 *CFR* § 1010. 100 – *General Definitions*, Cornell Law School (Oct. 26, 2010), https://www.law.cornell.edu/cfr/text/31/1010.100.

⑤ See Financial Crimes Enforcement Network & Department of the Treasury, *Bank Secrecy Act Regulations; Definitions and Other Regulations Relating to Money Services Businesses*, Federal Register (July 21, 2011), https://www.federalregister.gov/documents/2011/07/21/2011-18309/bank-secrecy-act-regulations-definitions-and-other-regulations-relating-to-money-services-businesses.

的价值”定义为包括“可兑换虚拟货币”。[①] 该指南将虚拟货币定义为“在特定情况下能作为货币运作的交换媒介，但不具备法定货币的所有属性”[②]。可兑换虚拟货币“具有与法定货币同等的价值，或为法定货币的替代”。[③] 最重要的是，金融犯罪执法局将从一个地址（如购买者的虚拟货币钱包）到另一个地址（如新的虚拟货币钱包）的虚拟货币转移，视为“货币或可替代货币的价值”的转移，即“货币转移”。[④] 该指南还认定了虚拟货币生态系统中的三类参与者：用户、兑换商和管理商。[⑤]

用户被定义为“获取虚拟货币以购买商品或服务”的个体或实体。[⑥] 这包括只为自用账户投资可兑换虚拟货币，而非为他人投资的企业或个体。[⑦] 根据现行指南，投资虚拟货币的机构，如混合型基金（Blend Fund / Hybrid Fund），很可能被视为用户。获得虚拟货币的方式（如发行、“挖矿”或购买等）并不能决定个体或实体被归类为“用户”、“管理商”或“兑换商”。[⑧]

兑换商是指“从事虚拟货币与法定货币、基金或其他虚拟货币交易的企业或个体”。[⑨] 重要的是，个体必须以企业身份进行交易，故仅出于个人投资目的的交易并不符合交易者的资格。此外，个体必须可以接收虚拟货币并能够将其转移给另一个人或另一个位置，这包括法币与可兑换虚拟货币之间的交易，以及

---

① See Financial Crimes Enforcement Network, *Application of FinCEN's Regulations to Persons Administering, Exchanging, or Using Virtual Currencies*, FinCEN (Mar. 18, 2013), https://fincen.gov/statutes_regs/guidance/pdf/FIN-2013-G001.pdf.

② See Financial Crimes Enforcement Network, *Application of FinCEN's Regulations to Persons Administering, Exchanging, or Using Virtual Currencies*, FinCEN (Mar. 18, 2013), https://fincen.gov/statutes_regs/guidance/pdf/FIN-2013-G001.pdf.

③ See Financial Crimes Enforcement Network, *Application of FinCEN's Regulations to Persons Administering, Exchanging, or Using Virtual Currencies*, FinCEN (Mar. 18, 2013), https://fincen.gov/statutes_regs/guidance/pdf/FIN-2013-G001.pdf.

④ See Financial Crimes Enforcement Network, *Application of FinCEN's Regulations to Persons Administering, Exchanging, or Using Virtual Currencies*, FinCEN (Mar. 18, 2013), https://fincen.gov/statutes_regs/guidance/pdf/FIN-2013-G001.pdf.

⑤ See Financial Crimes Enforcement Network, *Application of FinCEN's Regulations to Persons Administering, Exchanging, or Using Virtual Currencies*, FinCEN (Mar. 18, 2013), https://fincen.gov/statutes_regs/guidance/pdf/FIN-2013-G001.pdf.

⑥ See Financial Crimes Enforcement Network, *Application of FinCEN's Regulations to Persons Administering, Exchanging, or Using Virtual Currencies*, FinCEN (Mar. 18, 2013), https://fincen.gov/statutes_regs/guidance/pdf/FIN-2013-G001.pdf.

⑦ See Financial Crimes Enforcement Network, *Application of FinCEN's Regulations to Virtual Currency Software Development and Certain Investment Activity*, FinCEN (Jan. 30, 2014), https://www.fincen.gov/sites/default/files/shared/FIN-2014-R002.pdf.

⑧ See Financial Crimes Enforcement Network, *Application of FinCEN's Regulations to Virtual Currency Mining Operations*, FinCEN (Jan. 30, 2014), https://www.fincen.gov/sites/default/files/shared/FIN-2014-R001.pdf.

⑨ See Financial Crimes Enforcement Network, *Application of FinCEN's Regulations to Virtual Currency Mining Operations*, FinCEN (Jan. 30, 2014), https://www.fincen.gov/sites/default/files/shared/FIN-2014-R001.pdf.

将一种虚拟货币兑换为另一种虚拟货币的交易。无论如何,仅仅因为提供商品或服务而接收虚拟货币的个体,并不能被归类为货币转移者。

管理商是指作为企业从事发行(投入流通)虚拟货币,并有权赎回(退出流通)该虚拟货币的个体或实体。①

用户不被视为货币转移者,因此不需要在金融犯罪执法局注册,也不需要遵守《银行保密法》规定。相较之下,兑换商或管理商可能会被视为货币转移者,可能需要在金融犯罪执法局注册并遵守《银行保密法》规定,这取决于其实体业务模式的具体事实和情况。

三、出于汇款目的进行虚拟货币业务活动的个人及实体分类

自2013年3月,金融犯罪执法局发布了有关虚拟货币的后续指南,进一步说明了将现有货币交易法规应用于虚拟货币领域的各种商业模式,包括以下内容。

(一)指南

金融犯罪执法局法规在某些涉及可兑换虚拟货币的商业模式中的应用(2019年5月9日)。

涉及可兑换虚拟货币非法活动的咨询,FIN－2019－A003(2019年5月9日)。

(二)行政裁决

金融犯罪执法局法规在虚拟货币软件开发和特定投资活动中的应用,FIN－2014－R002(2014年1月30日)("2014年软件和投资规定")。

金融犯罪执法局法规在虚拟货币"挖矿"活动中的应用,FIN－2014－R001(2014年1月30日)("2014年'挖矿'裁决")。

关于将金融犯罪执法局规定应用于虚拟货币支付系统的行政裁决请求,FIN－2014－R012(2014年10月27日)("2014年支付系统裁决")。

以下是金融犯罪执法局指南和2014年支付系统规则如何应用于各类虚拟货币市场参与者的摘要。

匿名服务:企业在接收和转移可兑换虚拟货币时提供匿名服务[也称为试图隐瞒虚拟货币转移来源的链上"混币器"(Mixers/Tumblers)],故根据《银行

① See Financial Crimes Enforcement Network, *Application of FinCEN's Regulations to Persons Administering, Exchanging, or Using Virtual Currencies*, FinCEN (Mar. 18, 2013), https://fincen.gov/statutes_regs/guidance/pdf/FIN－2013－G001.pdf.

保密法》负有监管义务。[①]

交易平台和去中心化交易所：点对点（P2P）交易平台是可兑换虚拟货币（CVC）买卖双方可联络的网站。有时这些平台也作为中介促进交易。根据金融犯罪执法局的规定，如果某个实体仅提供必要的货币转移所需的交付、通信或网络访问服务，则该实体可豁免，不被视为货币转移服务商。[②] 因此，如果可兑换虚拟货币交易平台仅提供论坛服务，供可兑换虚拟货币买家和卖家发布他们的买入/卖出报价，双方自己通过外部渠道（通过个人钱包或其他非平台托管的钱包）自行完成交易结算，那么交易平台可能不符合金融犯罪执法局规定的货币转移服务商的资格。相反，如果可兑换虚拟货币交易平台介入交易过程，如其从卖方买入可兑换虚拟货币，然后将其出售给买方，即交易平台作为可兑换虚拟货币的交易中介，这将符合货币转移服务商的定义，那么交易平台应承担相应《银行保密法》义务。[③]

软件开发商：促进购买或出售虚拟货币的软件是否有资格成为货币转移服务商，取决于该软件的具体功能。若软件被设计并用于促进第三方之间的虚拟货币交易，则其开发商或运营商很可能被视为货币转移服务商。但如果软件仅被用户用于其自身账户的虚拟货币购买活动，并未涉及第三方交易的促成，则这类软件可能不会被视为货币转移服务商。在这种情况下，软件更像是个人工具，而非交易的中介或促成者。[④]

"矿工"："矿工"在许多基于区块链的去中心化虚拟货币系统中扮演着至关重要的角色，确保其正常运行。与各国法币不同，去中心化虚拟货币（Decentralized Virtual Currency，DVC）并非由各国中央政府来发行。"挖矿"作为一种分布式且受控的代币分配方式，为"矿工"进入市场创造了真正的动力。此外，"矿工"还扮演着类似于传统银行的角色。在传统的银行系统中，银行负责维护和更新所有账户的准确记录和交易详情。但因去中心化虚拟货币不设置中央监管机构，故由"矿工"担任这个角色。

---

① See Kenneth A. Blanco, *Prepared Remarks of FinCEN Director Kenneth A. Blanco, Delivered at the* 2018 *Chicago-Kent Block (Legal) Tech Conference*, FinCEN (Aug. 9, 2018), https://www.fincen.gov/news/speeches/prepared-remarks-fincen-director-kenneth-blanco-delivered-2018-chicago-kent-block.

② See Financial Crimes Enforcement Network & Department of the Treasury, 31 *CFR* § 1010.100 – *General Definitions*, Cornell Law School (Oct. 26, 2010), https://www.law.cornell.edu/cfr/text/31/1010.100.

③ See Financial Crimes Enforcement Network, *Request for Administrative Ruling on the Application of FinCEN's Regulations to a Virtual Currency Trading Platform*, FinCEN (Oct. 27, 2014), https://www.fincen.gov/sites/default/files/administrative_ruling/FIN-2014-R011.pdf.

④ See Financial Crimes Enforcement Network, *Application of FinCEN's Regulations to Virtual Currency Software Development and Certain Investment Activity*, FinCEN (Jan. 30, 2014), https://www.fincen.gov/sites/default/files/shared/FIN-2014-R002.pdf.

那些通过“挖矿”来获得虚拟货币的人通常被归类为用户,而不是货币转移服务商。这是因为他们通过“挖矿”获取代币,而非通过购买或其他方式获取。然而,“矿工”在获得虚拟货币后如何使用这些货币,可能会影响其是否会成为货币转移服务商。[①] 这是因为“矿工”通过“挖矿”获得代币,而不是通过购买或其他方式获得代币,所以不影响其用户身份。作为用户,“矿工”可以使用他们“挖矿”获得的代币购买商品、服务或用于投资。但如果“矿工”将“挖矿”得到的虚拟货币用于交易,如与法定货币进行交换或作为可兑换虚拟货币的一种交易媒介,就可能会被认定为货币转移服务商而受到监管。

中心化虚拟货币:具备中央存储库的虚拟货币是中心化虚拟货币。这样的存储库是一种货币传输工具,在某种程度上它允许用户间或不同地址间转移价值(例如,从用户在纽约的账户转移到同一用户在加利福尼亚的账户)。此外,如果中心化虚拟货币存储库从用户那里接收货币或等价物,并在存储库中为用户账户记录相应的虚拟货币额度,然后按照用户指示将该价值转移给第三方,则中心化虚拟货币存储库就被认定为货币转移服务商。[②]

去中心化虚拟货币:去中心化虚拟货币没有中央存储库,也没有人有能力发行或赎回虚拟货币。人们可以通过“挖矿”,或直接购买的方式来获得虚拟货币。创建去中心化虚拟货币单位,并将其用于购买真实/虚拟商品或服务的人是去中心化虚拟货币的“用户”,不被作为货币转移服务商而受到监管。相比之下,个体以企业身份发行新的去中心化虚拟货币,并将其出售给其他人以换取法定货币或等价物,从事该交易的个体,会被定义为货币转移服务商。

提供中心化虚拟货币转移的自然人(点对点交易所,P2P 交易所):金融犯罪执法局将“货币转移服务商”定义为包括“无论是否定期或作为有组织的企业”从事货币转移业务的自然人和法人。[③] 点对点交易所通常是指从事买卖可兑换虚拟货币业务的自然人。点对点交易所便于一种类型到不同类型可兑换虚拟货币的交易,以及可兑换虚拟货币和其他类型价值的交换。点对点交易所可以在线或面对面提供服务。如上所述,从事涉及法定货币或虚拟货币的营利性货币转移服务的点对点交易所自然人被定义为货币转移服务商,并必须遵循

---

① See Financial Crimes Enforcement Network, *Application of FinCEN's Regulations to Virtual Currency Mining Operations*, FinCEN (Jan. 30, 2014), https://www.fincen.gov/sites/default/files/shared/FIN-2014-R001.pdf.

② See Financial Crimes Enforcement Network, *Application of FinCEN's Regulations to Persons Administering, Exchanging, or Using Virtual Currencies*, FinCEN (Mar. 18, 2013), https://fincen.gov/statutes_regs/guidance/pdf/FIN-2013-G001.pdf.

③ See Financial Crimes Enforcement Network & Department of the Treasury, 31 *CFR* § 1010.100 - *General Definitions*, Cornell Law School (Oct. 26, 2010), https://www.law.cornell.edu/cfr/text/31/1010.100.

《银行保密法》规定,即使该人员不认为自己运营"真正的"业务。金融犯罪执法局曾对未注册为货币转移服务商就经营此类交易所的个人采取了执法行动。[①] 对于"不经常且不以营利为目的",但是产生营利行为的自然人存在有限豁免。[②] 作为货币转移服务商,点对点交易所必须遵守适用于货币转移服务商的《银行保密法》义务,包括在金融犯罪执法局注册为货币服务企业并遵守相关的反洗钱计划、数据存档和报告要求(包括提交可疑活动报告和货币交易报告)。[③]

钱包:钱包是用于持有、支付或接收虚拟货币的虚拟货币存储系统。钱包包含每个虚拟货币地址的公钥和私钥。私钥是一串保密的数字代码,用于授权虚拟货币的交易。公钥则是基于私钥通过一系列的数学运算生成的,用于验证钱包持有者的身份,并确保他们可以接收到发送至其钱包地址的资金。钱包供应商是否被视为货币转移服务商,取决于其是否持有虚拟货币的私钥。持有私钥意味着钱包提供商有能力控制和管理与私钥相关联的资金。如果钱包提供商保管用户的私钥,他们就可能会被视为货币转移服务商。

托管交易所:托管交易所是虚拟货币交易平台,用户可在其上买卖虚拟货币。该类交易所的特点在于交易所会控制和保管用户资金。换言之,交易所拥有对用户资金的管理权限,交易所是虚拟货币/代币私钥的保管人。托管交易所被认定为典型的货币转移服务商,因其购买、出售、接收和转移虚拟货币。

非托管"交易所":仅充当连接虚拟货币买卖双方的平台,但不直接接收客户资金或管理客户虚拟货币私钥的公司,通常不被定义为货币转移服务商。此类服务的行为可能更类似于信息发布平台或分类广告板,因其从不直接接收客户资金或管理客户的虚拟货币私钥,所以不太会被认定为货币转移活动,即接收、转移、购买或出售虚拟货币。

代币发行方:金融犯罪执法局表示通过首次代币发行筹集资金的实体,如接收法币或其他形式的价值,来交易即将或随后发行的虚拟货币,将符合货币转移

---

① 2019年4月,金融犯罪执法局对埃里克·鲍尔斯提起执法行动,指控其未在金融犯罪执法局注册为货币服务业务(MSB),就作为点对点虚拟货币交易商进行经营。鲍尔斯在互联网上宣传其买卖比特币的意图,并通过面对面交易、邮寄或在线协调完成交易。其中许多交易被认为是可疑的。金融犯罪执法局对鲍尔斯处以35,000美元的罚款,鲍尔斯同意接受行业禁令。该禁令禁止其提供货币转移服务或从事其他货币服务业务活动,以符合金融犯罪执法局的监管目的。

② See Financial Crimes Enforcement Network & Department of the Treasury, 31 *CFR* § 1010. 100 – *General Definitions*, Cornell Law School (Oct. 26, 2010), https://www.law.cornell.edu/cfr/text/31/1010.100.

③ See Financial Crimes Enforcement Network, *Application of FinCEN's Regulations to Virtual Currency Software Development and Certain Investment Activity*, FinCEN (Jan. 30, 2014), https://www.fincen.gov/sites/default/files/shared/FIN-2014-R002.pdf.

服务商的资格。相比之下,如果实体仅是赠送或空投代币,并未与接收方进行实质性的价值交换,则可能不受监管约束,因为代币并未兑换成另一种形式的价值。

支付处理系统:虚拟货币支付处理系统通常通过接收、存储买方的法币,然后按照虚拟货币当时的市场价格向买方支付同等价值的虚拟货币,来处理付款并协助执行交易,反之亦然。通过始终持有大量虚拟货币储备,支付处理系统能够充当客户的货币交易商,以提供等价的虚拟货币来换取买方提供的法定货币。金融犯罪执法局表明,接收、交易、转移法定货币和虚拟货币的支付处理系统被认定为货币转移服务商,故必须注册。① 根据金融犯罪执法局规定,支付处理系统要承担相应的责任和义务,无论其是作为一个试图匹配两项同时发生且相互抵消的交易的经纪商,还是作为一个直接使用其储备进行虚拟货币或法定货币交易的交易商。②

但是,当满足以下四个条件时,支付处理系统可被豁免注册为货币转移服务商:①企业提供服务促进商品/服务购买,或商品/服务的账单支付(货币转移本身除外);②企业通过只认可《银行保密法》监管的金融机构的清算和结算系统运作;③企业根据正式协议提供服务;④企业必须至少与提供商品或服务并接收资金的卖方或债权人达成协议。③

比特币自动取款机(ATMs):一般情况下,法币自动取款机不作为货币服务方或货币转移服务商受金融犯罪执法局监管。④ 法币自动取款机只允许用户访问和操作自己的账户和法币。大多数法币自动取款机无法将资金转移到第三方或其他金融机构的账户,因此不支持资金的交易或转移。⑤ 然而,比特币自动取款机不仅仅是用户与其个人银行账户之间的中介。比特币自动取款机可用作单向(将法币兑换为比特币)或双向(将法币兑换为比特币;将比特币兑换为

---

① See Financial Crimes Enforcement Network, *Request for Administrative Ruling on the Application of FinCEN's Regulations to a Virtual Currency Trading Platform*, FinCEN (Oct. 27, 2014), https://www.fincen.gov/sites/default/files/administrative_ruling/FIN-2014-R011.pdf.

② See Financial Crimes Enforcement Network, *Request for Administrative Ruling on the Application of FinCEN's Regulations to a Virtual Currency Trading Platform*, FinCEN (Oct. 27, 2014), https://www.fincen.gov/sites/default/files/administrative_ruling/FIN-2014-R011.pdf.

③ See Financial Crimes Enforcement Network, *Request for Administrative Ruling on the Application of FinCEN's Regulations to a Virtual Currency Trading Platform*, FinCEN (Oct. 27, 2014), https://www.fincen.gov/sites/default/files/administrative_ruling/FIN-2014-R011.pdf.

④ See Financial Crimes Enforcement Network, *Application of the Definition of Money Services Business to Certain Owner-Operators of Automated Teller Machines Offering Limited Services*, FinCEN (Apr. 29, 2014), https://www.fincen.gov/sites/default/files/2020-06/MSB-ATM-Guidance.pdf.

⑤ See Financial Crimes Enforcement Network, *Application of the Definition of Money Services Business to Certain Owner-Operators of Automated Teller Machines Offering Limited Services*, FinCEN (Apr. 29, 2014), https://www.fincen.gov/sites/default/files/2020-06/MSB-ATM-Guidance.pdf.

法币）机器。在这两种情况下，这些机器可充当买卖双方之间的中介，这更像是经纪商而非出纳员。因此，比特币自动取款机运营商必须在金融犯罪执法局注册为货币转移服务商。

互联网赌场：互联网赌场是虚拟平台，通常接受投注，并以可兑换虚拟货币计价支付。任何接受和转移以可兑换虚拟货币计价出价值的互联网赌场都可以作为货币转移服务商，也可能作为赌场受到《银行保密法》的监管。除了任何适用于赌博的法律法规外，赌场是另一种形式的"金融机构"，并接受《银行保密法》的监管。[①]

（三）注册为货币服务企业

从事货币转移的个人或企业，必须在 180 天内在金融犯罪执法局完成注册。[②] 任何提供货币服务业务的公司或个人必须提交金融犯罪执法局表格 107、对来年业务量的预估、与企业所有权和控制权相关的信息，以及其授权代理人名单。[③] 金融犯罪执法局表格 107 要求货币服务业务明确：在哪些州设有代理和分支机构、计划开展的货币服务业务类型（如汇款服务、货币交易或兑换、支票兑付等）、授权开展每项业务的代理人数量，以及主要交易账户的位置（金融机构和账号）等。[④] 注册完成并被接受后，每两年需更新注册。如果所有权或控制权发生变化，如转让 10% 的投票权或股权，或授权代理人增加超过 50%，则企业必须重新注册。[⑤]

故意违反货币转移的报告要求（包括提交可疑活动报告和货币交易报告）、数据存档和反洗钱计划，将导致高达 236, 071. 42 美元的罚款。[⑥] 未能坚持适当的反洗钱计划可能会导致每天高达 57, 317 美元的民事罚款。美国司法部对蓄意违反《银行保密法》的行为提起刑事诉讼，此类违规行为将导致每次最高

---

① See Financial Crimes Enforcement Network & Department of the Treasury, 31 *CFR* § 1010. 100 – *General Definitions*, Cornell Law School (Oct. 26, 2010), https://www. law. cornell. edu/cfr/text/31/1010. 100.

② See Financial Crimes Enforcement Network & Department of the Treasury, 31 *CFR* § 1022. 380 – *Registration of Money Services Businesses*, Cornell Law School (July 1, 2011), https://www. law. cornell. edu/cfr/text/31/1022. 380.

③ See Financial Crimes Enforcement Network & Department of the Treasury, 31 *CFR* § 1022. 380 – *Registration of Money Services Businesses*, Cornell Law School (July 1, 2011), https://www. law. cornell. edu/cfr/text/31/1022. 380.

④ See Financial Crimes Enforcement Network, *FinCEN Form* 107: *Registration of Money Services Business*, FinCEN (Mar. 1, 2007), https://www. irs. gov/pub/irs-tege/fin107_msbreg. pdf.

⑤ See Financial Crimes Enforcement Network & Department of the Treasury, 31 *CFR* § 1022. 380 – *Registration of Money Services Businesses*, Cornell Law School (July 1, 2011), https://www. law. cornell. edu/cfr/text/31/1022. 380.

⑥ See United States Congress, 31 *U. S. Code* § 5321 – *Civil Penalties*, Cornell Law School (Oct. 26, 1970), https://www. law. cornell. edu/uscode/text/31/5321; Financial Crimes Enforcement Network & Department of the Treasury, *Financial Crimes Enforcement Network*; *Inflation Adjustment of Civil Monetary Penalties*, Federal Register (Jan. 28, 2021), https://www. federalregister. gov/documents/2021/01/28/2021 – 01919/financial-crimes-enforcement-network-inflation-adjustment-of-civil-monetary-penalties.

250,000 美元的刑事罚款、最长 5 年的监禁,或两者兼施。[①] 没有在联邦或州注册执照的情况,经营货币转移业务也是重罪。[②] 虽然联邦注册相对容易,但一旦注册,持续履行《银行保密法》合规义务将至关重要。

(四)没有向联邦或州监管机构提出裁决的行动信函/请求

如果个人或企业显然是货币转移服务商,则需要在金融犯罪执法局进行联邦注册,以及获得潜在的州许可,相关内容将在下文探讨。但在某些情况下,可能存在不确定个人或企业是否必须注册为货币转移服务商的情况。这种情况下,个人可能会要求金融犯罪执法局做出行政裁决。[③] 特定商业模式不受《银行保密法》监管的积极决定可能是一项重要资产。但金融犯罪执法局需要相当长的时间才能做出这样的决定,还可能产生与企业预期诉求不符的结果。

四、州虚拟货币转移许可证

与联邦货币转移不同,州货币转移需要许可证,而不仅仅是注册。作为获得许可和/或维持许可的先决条件,各州通常包括以下综合规定:支付相应的许可费用;提供必要的保证金;满足最低净资产的要求;披露申请人的职业背景和工作经验;提交可供审查或调查的相关材料;接受财务审计并定期提交财务报告;提供先前的货币转移或其他金融服务领域的从业经验、披露任何与申请人相关的诉讼和破产程序,以及提交指纹和接受背景调查。

重要的是,即使个人或企业不是受《银行保密法》监管的货币转移服务商,他们也可能被归为任何州的货币转移服务商,反之亦然。

在个人或公司开展业务或招聘公民的任何州都需要许可证,无论其是否在该州有实体存在。因此,任何计划在全球或全国范围内推出其虚拟货币业务的实体都必须满足州许可规定,无论该实体位于何处。由于虚拟货币是一种无国界的交易媒介,这通常需要对美国所有的 50 个州及华盛顿哥伦比亚特区进行详细分析,并获得相应许可。

特定实体是否需要在各个州获得许可证,很大程度上取决于该实体商业模式的具体情况。以下分析旨在概述在特定州从事某些虚拟货币活动的实体是否需要许可证。在大多数情况下,某一特定州并没有对其货币转移法规是否适

---

① See United States Congress, 18 *U. S. Code* § 1960 – *Prohibition of Unlicensed Money Transmitting Businesses*, Cornell Law School (Oct. 28, 1992), https://www.law.cornell.edu/uscode/text/18/1960.

② See United States Congress, 18 *U. S. Code* § 1960 – *Prohibition of Unlicensed Money Transmitting Businesses*, Cornell Law School (Oct. 28, 1992), https://www.law.cornell.edu/uscode/text/18/1960.

③ See Financial Crimes Enforcement Network & Department of the Treasury, 31 *CFR* § 1010.711 – *Submitting Requests*, Cornell Law School (Oct. 26, 2010), https://www.law.cornell.edu/cfr/text/31/1010.711.

用于虚拟货币业务有明确立场。然而,许多州对货币的定义(不仅限于法定货币)、货币的价值(通常定义为交换媒介,无论是否可用于货币兑换)、存储价值(通常定义为"通过电子记录证明的货币价值")、支付工具(通常包括"用于转移或支付货币的电子工具或订单,无论该工具是否可转让")的保守解读,将要求虚拟货币企业必须取得许可证。鉴于此,某些虚拟货币企业在某些州取得了传统的货币转移服务商的许可证。分析适用的许可证要求基本上是基于具体事实的,因此必须根据特定法规和指导,将企业商业模式的详细应用提供给相关州。由于州货币转移法规的复杂性以及这些法律对虚拟货币活动应用的不明确,本书建议货币转移服务商在决定是否需要州许可证时,咨询法律顾问。

1. 亚拉巴马州:要求取得虚拟货币转移许可证,因虚拟货币被视为有"货币价值",故受监管。[①]

2. 阿拉斯加州:要求虚拟货币转移企业与阿拉斯加州商业、社区和经济发展部下属的银行和证券部签署有限许可协议。[②]

3. 亚利桑那州:截至 2024 年 6 月,该州尚未对虚拟货币转移表明任何立场。[③] 2018 年,亚利桑那州建立了监管沙箱,目的是"允许用户在没有获得许可证或其他可能需要的授权的情况下,有限度地进入该州市场,以测试创新金融产品或服务"。

4. 阿肯色州:2021 年,该州立法机构通过了对《货币转移法》的修订,其中包括对虚拟货币的定义和监管要求。这些修订明确了虚拟货币转移活动需要获得许可证,并对涉及虚拟货币的交易进行了详细的记录保存和报告要求。[④]

5. 加利福尼亚州:加利福尼亚州金融保护与创新部(Department of Financial Protection and Innovation,DFPI;其前身为加利福尼亚州商业监督部,California Department of Business Oversight,CDBO)于 2019 年和 2020 年发布了几封涉及

---

① See Alabama Securities Commission, 2023 *Code of Alabama Title* 8 – *Commercial Law and Consumer Protection. Chapter 7A-Alabama Monetary Transmission Act*, Justia (Aug. 1, 2017), https://law. justia. com/codes/alabama/title – 8/chapter – 7a/.

② See Department of Commerce, Community, and Economic Development, *Alaska Administrative Code – Title* 3 – *Department of Commerce, Community, and Economic Development Regulations Re: Virtual Currency*, Online Public Notices (Dec. 1, 2022), https://aws. state. ak. us/OnlinePublicNotices/Notices/View. aspx? id = 209027.

③ See Arizona State Legislature, *Title* 6 – *Banks and Financial Institutions*, Arizona State Legislature (Sept. 30, 2016), https://www. azleg. gov/arsDetail/? title = 6; Center for Economic Integrity, *Brief on Arizona Regulatory Sandbox Program*, Center for Economic Integrity (Nov. 2018), https://consumerfed. org/wp-content/uploads/2018/11/brief-on-arizona-regulatory-sandbox-program. pdf.

④ See Cooley Alert, *Virtual Currency Activity Subject to Money Transmission Licensing in Florida and Arkansas*, Cooley (Sept. 15, 2021), https://www. cooley. com/news/insight/2021/2021 – 09 – 15 – virtual-currency-activity-money-transmission-licensing-florida-arkansas.

虚拟货币的意见函。① 意见函表明DFPI尚未确定虚拟货币是否是触发《加利福尼亚货币转移法案》应用的一种货币形式，以及虚拟货币交易公司是否需要取得许可并接受监管。这些意见函适用于各种虚拟货币业务，包括虚拟货币托管账户和交易所、虚拟货币自动取款机、虚拟货币交易平台、寻求接受虚拟货币捐赠的公司，以及允许消费者使用虚拟货币支付加利福尼亚州商品和服务的移动支付网络。意见函针对具体事实，在参考意见函时应谨慎。加利福尼亚州议会1489号法案——《虚拟货币企业统一监管法案》由立法机构提出，但尚未通过。

6. 科罗拉多州：如果虚拟货币交易还涉及法定货币的转让，则需要许可证才能转移虚拟货币。②

7. 康涅狄格州：需要许可证才能转移虚拟货币。③

8. 特拉华州：需要许可证才能转移虚拟货币。④

9. 华盛顿哥伦比亚特区：截至2024年6月，华盛顿哥伦比亚特区尚未对虚拟货币转移采取任何立场。然而，判例法表明货币转移法适用于加密货币，因其符合“货币”的条件。⑤

10. 佛罗里达州：如果虚拟货币交易还涉及法定货币的转让，则需要许可证才能转移虚拟货币。⑥ 此外，2019年1月，佛罗里达州上诉法院裁定，该州的货

---

① See Department of Financial Protection & Innovation, *Financial Institutions Law Final Opinions Letters*, Department of Financial Protection & Innovation (Oct. 27, 2023), https://dbo.ca.gov/dfi-opinion-letters/.

② See Thomson West, 2017 *Colorado Revised Statutes*, Justia (June 17, 2024), https://law.justia.com/codes/colorado/2017/.

③ See Connecticut Legislature, *Connecticut House Bill* 5761 (*Prior Session Legislation*), LegiScan (Mar. 30, 2021), https://legiscan.com/CT/bill/HB05761/2021; Connecticut Legislature, *Connecticut House Bill* 5210 (*Prior Session Legislation*), LegiScan (Jan. 22, 2021), https://legiscan.com/CT/text/HB05210/id/2252521; Ballotpedia, 2020 *Connecticut Legislative Session*, Ballotpedia (June 17, 2024), https://ballotpedia.org/2020_Connecticut_legislative_session.

④ See The Delaware Code Online, *Title 5 Banking Other Businesses Under Jurisdiction of State Banking Department Chapter 23. Sale of Checks and Transmission of Money*, The Delaware Code Online (June 30, 2024), https://delcode.delaware.gov/title5/c023/index.html; Nationwide Multistate Licensing System & Registry, *CT Money Transmission License New Application Checklist*, Nationwide Multistate Licensing System & Registry (Oct. 1, 2023), https://mortgage.nationwidelicensingsystem.org/slr/PublishedStateDocuments/CT_Money_Transmission_License-New-App-Checklist.pdf.

⑤ See District of Columbia, *District of Columbia Municipal Regulations and District of Columbia Register*, District of Columbia (Sept. 30, 2016), https://www.dcregs.dc.gov/Common/DCMR/SubTitleList.aspx? TitleNum = 26; United States District Court for the District of Columbia, *United States v. Harmon*, Casetext (July 24, 2020), https://casetext.com/case/united-states-v-harmon-98.

⑥ See Online Sunshine, *The* 2023 *Florida Statutes* (*Including Special Session C*), Online Sunshine (June 17, 2024), http://www.leg.state.fl.us/statutes/index.cfm? App_mode = Display_Statute&Search_String = &URL = 0800-0899/0896/Sections/0896.101.html; Online Sunshine, *The* 2018 *Florida Statutes*, Online Sunshine (Nov. 19, 2018), http://www.leg.state.fl.us/statutes/index.cfm? App_mode = Display_Statute&URL = 0500-0599/0538/0538ContentsIndex.html&StatuteYear = 2018&Title = %2D%3E2018%2D%3EChapter%20538; Casetext, *Chapter* 559 - *Regulation of Trade, Commerce, and Investments, Generally*, Casetext (June 17, 2024), https://casetext.com/statute/florida-statutes/title-xxxiii-regulation-of-trade-commerce-investments-and-solicitations/chapter-559-regulation-of-trade-commerce-and-investments-generally.

币转移法适用于从事比特币销售的企业，因为比特币是一种“支付工具”。2020年，佛罗里达州在金融监管办公室创建了金融技术沙箱，允许金融技术创新者在灵活的监管沙箱中测试新产品和服务，使用特定一般法律的例外情况，并在规定条件下放弃相应的规则要求。

11. 佐治亚州：需要许可证才能转移虚拟货币。①

12. 夏威夷：需要许可证才能转移虚拟货币。② SB2594 于 2020 年 1 月在美国两党支持下提交立法机构，这使夏威夷银行为其客户持有“数字证券”、“虚拟货币”、“数字消费者资产”和其他“去中心化代币”合法化。它将进一步授权夏威夷法院审理数字资产索赔。2020 年 8 月，夏威夷宣布选择 12 家虚拟货币公司试参与夏威夷数字货币监管沙箱，该沙箱允许虚拟资产服务供应商在 2 年内无需取得货币转移许可证即可在该州开展业务。该试点项目由数字货币创新实验室提供，该实验室是夏威夷金融机构部和夏威夷技术开发公司的合作伙伴。

13. 爱达荷州：运营交易所或交易平台的企业允许用户将一种数字货币兑换成另一种数字货币，无需许可证，但不允许以法定货币进行交易或存款。出售自身虚拟货币库存的实体无需许可证，但在与第三方安排交易并在双方之间转移虚拟货币时，持有客户资金的实体需要许可证。③

14. 伊利诺伊州：如果虚拟货币交易还涉及法定货币的转让，则需要许可证才能转移虚拟货币。④

15. 印第安纳州：如果虚拟货币交易还涉及法定货币的转让，则需要许可证才能转移虚拟货币。⑤

16. 艾奥瓦州：截至 2024 年 6 月，该州尚未对虚拟货币转移表明任何

---

① See Georgia State Legislature, 2020 *Georgia Code Title* 7 – *Banking and Finance*, Justia (June 19, 2024), https://law.justia.com/codes/georgia/2020/title-7/.

② See Hawaii Department of Commerce and Consumer Affairs, *New Release: State Warns Consumers on Potential Bitcoin Issues*, Hawaii Department of Commerce and Consumer Affairs (Feb. 26, 2014), https://cca.hawaii.gov/dfi/news-releases/news-release-state-warns-consumers-on-potential-bitcoin-issues/.

③ See Department of Finance, *Who Is Required to Have an Idaho Money Transmitter License?*, IDAHO (Sept. 25, 2023), https://www.finance.idaho.gov/securities-bureau/money-transmitters/.

④ See Illinois Department of Financial & Professional Regulation, *Currency Exchange and Money Transmitters*, Illinois Department of Financial & Professional Regulation (Sept. 30, 2016), https://idfpr.illinois.gov/.

⑤ See Casetext, *Ind. Code* § 28-8-4-1, Casetext (Sept. 30, 2016), https://casetext.com/statute/indiana-code/title-28-financial-institutions/article-8-financial-services/chapter-4-money-transmitters/section-28-8-4-1-repealed; Nationwide Multistate Licensing System & Registry, *UT-DFI Money Transmitter License New Application Checklist (Company)*, Nationwide Multistate Licensing System & Registry (Mar. 10, 2024), https://mortgage.nationwidelicensingsystem.org/slr/PublishedStateDocuments/UT-DFI-MONEY-TRANSMITTER-LICENSE-New-App-Checklist.pdf.

立场。[①]

17. 堪萨斯州：如果虚拟货币交易还涉及法定货币的转让，则需要许可证才能转移虚拟货币。[②]

18. 肯塔基州：截至 2024 年 6 月，政府尚未对虚拟货币转移表明任何立场。[③]

19. 路易斯安那州：2020 年 6 月 13 日，路易斯安那州州长签署了 HB 701，规定了该州虚拟货币业务的许可和监管。除某些例外情况外，该法案规定了许可和注册要求：(1)授权与其他州互惠许可；(2)规定被许可人的申请必须通过全国性的多州许可制度提交；(3)增加与持牌考试相关的规定；(4)概述"基于申请人虚拟货币商业模式中的风险性质和程度"的被许可方担保债券要求；(5)向州金融机构办公室提供执法权；(6)禁止被许可人从事不公平、欺骗或欺诈行为。该法案于 2020 年 8 月 1 日生效。[④]

20. 缅因州：截至 2024 年 6 月，该州尚未对虚拟货币转移表明任何立场。[⑤]

21. 马里兰州：该州表示，当前通常不监管虚拟货币。[⑥]

22. 马萨诸塞州：联邦政府通常不监管国内货币转移。该州还将比特币自动取款机从"金融机构"中豁免、将比特币从外汇转移法规中豁免。[⑦] 涉及在互联网上传播虚拟货币的企业是"市场促进者"，需要征收销售税或使用税。[⑧]

23. 密歇根州：截至 2024 年 6 月，该州尚未对虚拟货币转移表明任何立场。

---

① See Lowa Legislature, *Chapter* 533*C Uniform Money Transmission Modernization Act*, Lowa Legislature (Dec. 22, 2023), https://www.legis.iowa.gov/docs/ico/chapter/533C.pdf.

② See Kansas Office of Revisor of Statutes, 9 – 508. *Kansas Money Transmitter Act*, Kansas Office of Revisor of Statutes (June 17, 2024), https://www.ksrevisor.org/statutes/chapters/ch09/009_005_0008.html; Kansas Office of the State Bank Commissioner, *Regulatory Treatment of Virtual Currencies Under the KansAs Money Transmitter Act*, Kansas Office of the State Bank Commissioner (May 18, 2021), https://www.osbckansas.org/cml/mt_2014_01.pdf.

③ See Casetext, *Ky. Rev. Stat.* § 286.11 – 001, Casetext (Apr. 24, 2024), https://casetext.com/statute/kentucky-revised-statutes/title – 25 – business-and-financial-institutions/chapter – 286 – kentucky-financial-services-code/subtitle – 28611 – money-transmitters/section – 28611 – 001 – short-title.

④ See Louisiana State Legislature, *HB*701 *by Representative Mark Wright*, Louisiana State Legislature (June 17, 2024), https://www.legis.la.gov/legis/BillInfo.aspx? s = 20rs&b = HB701&sbi = y.

⑤ See Maine State Legislature, § 6101. *Short Title*, Maine State Legislature (Nov. 17, 2023), https://legislature.maine.gov/statutes/32/title32sec6101.html.

⑥ See Justia, 2023 *Maryland Statutes Financial Institutions Title* 12 – *Miscellaneous Institutions and Activities Subtitle* 4 – *Maryland Money Transmission Act Section* 12 – 401 – *Definitions*, Justia (June 18, 2024), https://law.justia.com/codes/maryland/financial-institutions/title – 12/subtitle – 4/section – 12 – 401/#: ~ :text = (n)%20(1)%20%E2%80%9C, or%20a%20location%20within%20or.

⑦ See Commonwealth of Massachusetts, *Selected Opinion* 14 – 004, Mass. gov (Aug. 27, 2017), https://www.mass.gov/doc/selected-opinion – 14 – 004.

⑧ See Commonwealth of Massachusetts, *Chapter* 169, Commonwealth of Massachusetts (June 18, 2024), https://malegislature.gov/Laws/GeneralLaws/PartI/TitleXXII/Chapter169; Division of Banks, *Opinion* 18 – 003, Mass. gov (June 14, 2018), https://www.mass.gov/decision/opinion – 18 – 003.

虚拟货币交易免征销售税,零售商需要在交易当天交易时间内立即将虚拟货币兑换为美元。[①]

24. 明尼苏达州:根据《明尼苏达州货币转移现代化法案》(Minnesota Money Transmission Modernization Act,MTMA,该州要求从事虚拟货币转移业务的实体必须获得货币转移许可证,并符合相应的披露和消费者保护要求。这些规定包括对虚拟货币自动取款机和终端设备的使用进行管理,以确保交易的透明度和安全性。[②]

25. 密西西比州:截至 2024 年 6 月,该州尚未对虚拟货币转移表明任何立场。[③]

26. 密苏里州:截至 2024 年 6 月,该州尚未对虚拟货币转移表明任何立场,但它免除比特币自动取款机交易的销售税。[④]

27. 蒙大拿州:该州是美国唯一一个不监管货币转移的司法管辖区。

28. 内布拉斯加州:截至 2024 年 6 月,该州尚未对虚拟货币转移表明任何立场。

29. 内华达州:比特币自动取款机必须获得该州的许可,并将要求提供担保。某些其他虚拟货币交易可能需要在内华达州获得许可。内华达州还创建了沙箱计划,"帮助企业测试创新金融产品或服务,而无须首先满足某些州的许可或监管要求"。[⑤]

30. 新罕布什尔州:该州免除"仅以可兑换虚拟货币的形式销售或发行支付工具或存储价值,或接收可兑换虚拟货币用于其他地点交易的人员"许可。[⑥]

---

① See The Tax Policy Division of the Michigan Department of Treasury, *Offer-in-Compromise Program*, State of Michigan (Nov. 2015), https://www.michigan.gov/-/media/Project/Websites/treasury/Newsletters/TaxPolicyNovember2015Newsletter.pdf?rev=50f3d33da9614c9cadb8b1f7bca5767e.

② See Minnesota State Legislature, 2023 *Minnesota Statutes*, Minnesota State Legislature (June 18, 2024), https://www.revisor.mn.gov/statutes/cite/53B.01.

③ See Mississippi Department of Banking and Consumer Finance, *Mississippi Money Transmitters Act Miss. Code Ann. § 75-15-1 (2015)*, Mississippi Department of Banking and Consumer Finance (June 2020), https://dbcf.ms.gov/wp-content/uploads/2020/06/Mississippi-Money-Transmitter-Act-PDF.pdf.

④ Missouri Department of Revenue, *Sales Tax Taxability and Exemptions*, Missouri Department of Revenue (July 1, 2024), https://dor.mo.gov/faq/taxation/business/sales-use-tax-exemptions.html.

⑤ See State of Nevada Department of Business & Industry, *Nevada Financial Institutions Division Statement on Regulation of Cryptocurrency in Nevada*, the Official State of Nevada Website (Aug. 19, 2019), https://business.nv.gov/News_Media/Press_Releases/2019/Financial_Institutions/Nevada_Financial_Institutions_Division_statement_on_regulation_of_cryptocurrency_in_Nevada/.

⑥ See Justia, 2017 *New Hampshire Revised Statutes Title XXXVI-Pawnbrokers and Moneylends Chapter* 399-*G-Licensing of Money Transmitters Section* 399-*G*:3-*Exemptions*, Justia (June 21, 2024), https://law.justia.com/codes/new-hampshire/2017/title-xxxvi/chapter-399-g/section-399-g-3/.

31. 新泽西州:截至 2024 年 6 月,该州尚未对虚拟货币转移表明任何立场。[①]

32. 新墨西哥州:如果虚拟货币交易还涉及法定货币的转让,则需要许可证才能转移虚拟货币。[②]

33. 纽约州:纽约州金融服务部(NYDFS)要求获得名为 BitLicense[③] 的许可证才能从事任何"虚拟货币业务活动",该活动在条例中有广泛的定义,但有某些重要的豁免。[④] 2020 年 6 月 24 日,纽约州金融服务部推出了一个拟议的条件许可框架,即关于被许可人自我认证新的虚拟货币使用能力的最终指导,以及旨在帮助虚拟货币市场参与者的额外资源。纽约州金融服务部还要求就拟议的有条件许可框架发表意见,该框架允许实体在有条件许可期限内与现有纽约州金融服务部授权实体合作从事虚拟货币业务活动时申请有条件许可。

34. 北卡罗来纳州:需要许可证才能转移虚拟货币。[⑤]

35. 北达科他州:如果虚拟货币交易还涉及法定货币的转让,则需要许可证才能转移虚拟货币。[⑥]

36. 俄亥俄州:该州没有在其货币转移法规中明确规定"虚拟货币"或"货币价值",该州商务部也没有发布关于虚拟货币监管的指导意见。然而,如果申请人将在货币转移活动过程中参与虚拟货币交易,那么俄亥俄州货币转移许可证新申请清单将要求进行第三方安全审计。[⑦]

---

① See New Jersey Department of Banking & Insurance, *Foreign Money Transmitter/Money Transmitter*, New Jersey Department of Banking & Insurance (June 26,2024), https://www.nj.gov/dobi/banklicensing/formontrans.html.

② See New Mexico Regulation and Licensing Department, *New Mexico Uniform Money Services Act*, New Mexico Regulation and Licensing Department (Jan. 1,2017), https://www.rld.nm.gov/uploads/files/New%20Mexico%20Uniform%20Money%20Services%20Act.pdf; Nationwide Multistate Licensing System & Registry, *NY Money Transmitter License New Application Checklist (Company)*, Nationwide Multistate Licensing System & Registry (Apr. 29,2024), https://mortgage.nationwidelicensingsystem.org/slr/PublishedStateDocuments/NY_Money_Transmitter-Company-New-App-Checklist.pdf.

③ BitLicense 是由纽约州金融服务部(NYDFS)颁发的许可证,用于规范和监管在纽约州内从事虚拟货币业务的企业,以确保其合规性和安全性。

④ See Casetext, *Part 200 – Virtual Currencies*, Casetext (June 27,2024), https://casetext.com/regulation/new-york-codes-rules-and-regulations/title-23-financial-services/chapter-i-regulations-of-the-superintendent-of-financial-services/part-200-virtual-currencies; Department of Financial Services, *DFS Superintendent Lacewell Launches Series of Virtual Currency Initiatives*, Department of Financial Services (June 24, 2020), https://www.dfs.ny.gov/reports_and_publications/press_releases/pr202006241.

⑤ See North Carolina General Assembly, *NC General Statutes-Chapter 53 Article 16B*, North Carolina General Assembly (June 28,2024), https://www.ncleg.net/EnactedLegislation/Statutes/PDF/ByArticle/Chapter_53/Article_16B.pdf.

⑥ See North Dakota Department of Financial Institutions, *Frequently Asked Questions-Non-Depository*, Official Website of North Dakota (June 28, 2024), https://www.nd.gov/dfi/about-dfi/non-depository/frequently-asked-questions-non-depository.

⑦ See Nationwide Multistate Licensing System & Registry, *OH Money Transmitter License New Application Checklist (Company)*, Nationwide Multistate Licensing System & Registry (Apr. 5,2024), https://nationwidelicensingsystem.org/slr/PublishedStateDocuments/OH-Money-Transmitter-Company-New-App-Checklist.pdf.

37. 俄克拉何马州：该州的 HB 3594 法案已于 2024 年 5 月 13 日由州长签署，并将于 2024 年 11 月 1 日正式生效。该法案为虚拟货币的使用、转移以及相关的商业活动提供了法律保障，旨在为虚拟货币的发展营造友好的环境。

38. 俄勒冈州：需要许可证才能转移虚拟货币。①

39. 宾夕法尼亚州：宾夕法尼亚州银行和证券部发布了指导意见，指出根据该州的《货币转移法案》（MTA），包括比特币在内的虚拟货币不被视为"货币"。根据《货币转移法案》，只有法定货币或美国政府发行的货币才被视为"货币"，并要根据《货币转移法案》规定转移货币，法定货币必须由个人或个人代表转移给第三方，以及货币转移方必须收取转移费用。由于虚拟货币交易平台（以及虚拟货币机、自动取款机和自动售货机）从未直接处理法定货币，也没有用户向第三方转账，它们不是《货币转移法案》下的货币转移服务商，无需许可证就能在该州运营。②

40. 罗得岛州：HB 5847 于 2020 年 1 月 1 日签署成为法律，在现有的《电子货币转移和支票销售许可法》中增加了虚拟货币，并增加了澄清许可流程的其他规定。该法案将《罗得岛州普通法》第 19－14.3 章"支票销售和电子货币转移"改名为"货币转移"，并将虚拟货币纳入货币转移的定义中。该法案将虚拟货币定义为"价值的数字表示：(1) 用作交换媒介、记账单位或价值存储；(2) 不是法定货币，无论是否以法定货币计价"。除此之外，该法案将"专有区块链服务平台中使用的原生数字代币"排除在虚拟货币的定义之外。除某些例外情况外，法案要求从事货币转移业务活动的人员必须获得州许可。此外，该法案：(1) 要求虚拟货币许可证持有人向居民用户提供其服务的特定披露；(2) 使申请人和被许可人接受强制性合规计划和监控；(3) 禁止被许可人从事不公平、欺骗或欺诈的行为。③

41. 南卡罗来纳州：如果虚拟货币交易也涉及法定货币转让，则可能需要遵

---

① See The Oregon Legislature, 2021 *Oregon Revised Statutes Volume*: 18 – *Financial Institutions, Insurance Chapter* 717 – *Money Transmission Section* 717.205 – *License Required to Conduct Money Transmission Business*; *Relationship to Banking*; *Licensing Program*, Justia (May 20, 2015), https://law.justia.com/codes/oregon/2021/volume-18/chapter-717/section-717-205/.

② See Dechert LLP, *Pennsylvania Regulator Deems Virtual Currency Trading Platforms Are Not Money Transmitters*, Dechert LLP (Feb. 4, 2019), https://www.dechert.com/knowledge/onpoint/2019/2/pennsylvania-regulator-deems-virtual-currency-trading-platforms-.html.

③ See Representatives Shekarchi et al., *An Act Relating to Financial Institutions-Licensed Activities-Currency Transmissions*, Rhode Island General Assembly (Mar. 14, 2019), http://webserver.rilin.state.ri.us/BillText/BillText19/HouseText19/H5847A.pdf.

守法案中的货币转移规定。①

42. 南达科他州:2019年5月,该州银行部门发布了指导意见,认为虚拟货币是该州货币转移规则适用的"货币价值"。此外,其货币转移许可证在NMLS的新应用程序上授权虚拟货币交换和交易服务。

43. 田纳西州:田纳西州指南规定,仅涉及加密货币之间的交易,通常不被视为田纳西州《货币转移法案》所规定的货币转移。当涉及加密货币与法定货币(主权货币)之间的兑换,特别是通过第三方交易所进行兑换时,这种行为通常被视为货币转移,且需要获得相应的许可证。此外,如果加密货币自动取款机允许用户将加密货币兑换为法定货币,或进行类似的转换操作,这类活动通常会被视为货币转移。②

44. 得克萨斯州:该州采取的立场是,某些虚拟货币转移活动不需要许可证,而其他交易——包括涉及虚拟货币自动取款机的交易——可能需要许可证。③

45. 犹他州:"区块链代币"不在犹他州货币转移法规的范围内。2019年年末,犹他州州长签署了HB 378法案,该法案为该州提供"创新金融产品或服务"的公司创建了沙箱计划。犹他州沙箱允许参与者"在有限的基础上临时测试创新金融产品或服务,而无须根据该州法律获得许可或授权"。该项目由犹他州商务部管理。重要的是,HB 378在其范围内特别强调"区块链技术"。④

46. 佛蒙特州:需要许可证才能转移虚拟货币。⑤

47. 弗吉尼亚州:如果虚拟货币交易还涉及法定货币的转让,则需要许可证才能转移虚拟货币。⑥

48. 华盛顿州:需要许可证才能转移虚拟货币。⑦

---

① See South Carolina Attorney General's Office, *Money Services FAQs*, South Carolina Attorney General's Office (July 14, 2021), http://www.scag.gov/money-services-frequently-asked-questions.

② See Tennessee Department of Financial Institutions, *Virtual Currency Guidance*, Tennessee Department of Financial Institutions (June 27, 2024), https://www.tn.gov/tdfi/mortgage-consumer-lending/money-transmitter/virtual-currency-guidance-.html.

③ See Charles G. Cooper & Banking Commissioner, *Supervisory Memorandum* – 1037, Texas Department of Banking (Apr. 1, 2019), https://www.dob.texas.gov/public/uploads/files/consumer-information/sm1037.pdf.

④ See State of Utah, *Regulatory Sandbox H. B.* 378, Wyoming Legislature (May 6, 2019), https://wyoleg.gov/InterimCommittee/2019/S3-20190506UtahBill.pdf.

⑤ See State of Vermont, *The Vermont Statutes Online*, Vermont General Assembly (June 29, 2024), https://legislature.vermont.gov/statutes/section/08/079/02500.

⑥ See Commonwealth of Virginia, *Code of Virginia* § 6.2 – 1900, Virginia Law (June 30, 2024), https://law.lis.virginia.gov/vacode/title6.2/chapter19/section6.2-1900/#:~:text=Definitions.,on%20behalf%20of%20the%20licensee.

⑦ See Washington State Legislature, *Chapter* 19.230 *RCW Uniform Money Services Act*, Washington State Legislature (July 2, 2024), https://app.leg.wa.gov/rcw/default.aspx?cite=19.230.

49. 西弗吉尼亚州:截至 2024 年 6 月,该州尚未对虚拟货币转移表明任何立场。在 2020 年立法会议期间,西弗吉尼亚州立法机构通过并由州长签署了 HB 4621,该法案实施监管沙箱,使通常需要西弗吉尼亚州许可证的实体能够在 24 个月的有限期限内测试创新金融产品或服务。①

50. 威斯康星州:要求获得转移虚拟货币的许可证,前提是虚拟货币交易在某些情况下还涉及法定货币的转让。②

51. 怀俄明州:该州免除购买、出售、发行、托管以虚拟货币形式存在的支付工具或存储价值,或接收从怀俄明州货币转移许可证要求转移的虚拟货币。③此外,怀俄明州立法机构于 2019 年颁布了 HB 57,该法案创建了金融技术沙箱,用于测试怀俄明州的创新金融产品和服务。"创新金融产品或服务"被定义为使用"新的或新兴的技术,或现有技术的新用途,向公众提供产品、服务、商业模式或交付机制,并且在怀俄明州没有实质上可比的、广泛可用的类似物,包括区块链技术"的产品或服务。怀俄明州的沙箱专门为具有新想法的个人和公司量身定制,使他们能够在有利于协作、消费者保护和创新的支持性环境中将其产品或服务推向市场。④

五、标准化许可措施的尝试

《虚拟货币业务统一监管法》(URVCBA)为从事或向该国居民提供某些虚拟货币交易、兑换或托管服务的企业建立了监管结构。《虚拟货币业务统一监管法》提供确定性和保护,使此类企业能够为每个人的利益运营。它包括一些条款,使提供虚拟货币服务的初创公司能够在取得完全许可之前测试产品和运营,而不会违反州"货币转移"或"货币服务"法律,也不会因未获得《美国法典》第 18 章第 1960 条规定的许可,而面临联邦起诉的风险。⑤ 尽管如上所述,《虚

---

① See West Virginia Code, *Chapter* 61. *Crimes and Their Punishment*, West Virginia Code (June 22, 2024), https://code.wvlegislature.gov/61-15/; https://dfi.wv.gov/fintech/Pages/default.aspx.

② See Wisconsin State Legislature, *Chapter* 217 *Seller of Checks*, Wisconsin State Legislature (May30, 2024), https://docs.legis.wisconsin.gov/statutes/statutes/217; Department of Financial Institutions, *Seller of Checks*, State of Wisconsin (June 21, 2024), https://dfi.wi.gov/Pages/FinancialServices/LicensedFinancial/SellerofChecks.aspx.

③ See Wyoming Legislature, *Title* 40 – *Trade and Commerce*, Wyoming Legislature (June 19, 2024), https://wyoleg.gov/statutes/compress/title40.pdf; Wyoming Secretary of State's Office, *Financial Technology Sandbox Resource Center*, Wyoming Secretary of State's Office (Jun. 30, 2024), https://sos.wyo.gov/Investing/FTSResources.aspx.

④ See Wyoming Legislature, *Title* 40 – *Trade and Commerce*, Wyoming Legislature (June 19, 2024), https://wyoleg.gov/statutes/compress/title40.pdf; Wyoming Secretary of State's Office, *Financial Technology Sandbox Resource Center*, Wyoming Secretary of State's Office (Jun. 30, 2024), https://sos.wyo.gov/Investing/FTSResources.aspx.

⑤ See Uniform Law Commission, *Uniform Regulation of Virtual-Currency Businesses Act*, Uniform Law Commission (Oct. 9, 2017), https://www.uniformlaws.org/viewdocument/enactment-kit-45? CommunityKey=e104aaa8-c10f-45a7-a34a-0423c2106778.

拟货币业务统一监管法》尚未被采用,但一些州正在考虑通过这项法案。

2018 年 7 月,美国货币监理署(Office of the Comptroller of the Currency, OCC)宣布,从事核心银行业务的非存款金融科技公司可申请特殊目的国家银行章程(Fintech Charter)。持有本章程的企业可以在没有州许可证的情况下开展一些金融服务活动,但将接受货币监理署的监督和检查。不过该章程很快就遭到了纽约和华盛顿特区州和地方政府监管机构的诉讼,每一次诉讼都提出了类似的法律挑战。[①] 华盛顿特区的案件被驳回,而在上诉中,纽约第二巡回法院推翻了该案,并将其发回地区法院,指示以有偏见的理由驳回该案。迄今为止,尚未有公司申请特许经营权,可能是这些未决的法律挑战造成的不确定性所致。

2020 年 7 月,货币监理署代理主计长布莱恩·布鲁克斯(Brian Brooks)告诉各媒体,货币监理署计划推出一项特殊目的国家银行章程,该章程将为支付公司提供一个全国性的服务平台,并使联邦优先考虑有关货币转移和支付服务供应商许可和监管的州法律。支付章程将分两个阶段推出:第一,推出基本的国家货币转移许可证;第二,实现支付公司直接访问美联储支付系统,从而使支付公司能够通过美联储系统进行清算支付。

为了简化审批流程,并提高各州间的统一性和效率,乔治亚州、伊利诺伊州、堪萨斯州、马萨诸塞州、田纳西州、得克萨斯州和华盛顿州七州已经就互惠层面达成共识。[②] 2018 年年初,这些州同意:如果一个缔约州审查货币转移申请人所在州许可的核心诉求,包括网络安全、背景检查和遵守《银行保密法》,那么其他州将在许可过程中认可这些结果。这是朝着 50 个州的综合许可和监管体系迈出的实质性的重要一步。

2020 年 9 月 15 日,州银行监管协会(Conference of State Bank Supervisors, CSBS)宣布启动一项全国性的新计划,即全国性支付公司将通过一次综合考试,以满足所有州的监管要求。新的监管制度将简化在 40 多个州运营的货币服务业务的许可和持续合规性,要求货币服务业务接受州监管机构联合小组的统一考核。州银行监管协会的新监管制度旨在使货币服务业务更易于在多个

---

① See United States District Court Southern District of New York, *Linda A. Lacewell, Superintendent of the New York State Department of Financial Services vs. Office of the Comptroller of the Currency and Joseph M. Otting*, Conference of State Bank Supervisors (Oct. 21, 2019), https://www.csbs.org/sites/default/files/external-link-files/Marrero%20Final%20Judgment.pdf; United States District Court for the District of Columbia, *Conference of State Bank Supervisors vs. Office of the Comptroller of the Currency*, United States Courts (Sept. 3, 2019), https://ecf.dcd.uscourts.gov/cgi-bin/show_public_doc?2018cv2449-24.

② See Conference of State Bank Supervisors, *State Regulators Take First Step to Standardize Licensing Practices for Fintech Payments*, Division of Banks (Feb. 6, 2018), https://www.mass.gov/news/state-regulators-take-first-step-to-standardize-licensing-practices-for-fintech-payments.

州运营。[①]

第四节　去中心化金融(DeFi)的监管与合规

一、不可阻挡的代码

一旦部署到稳定运转的区块链网络上，智能合约代码就是不可阻挡的。DeFi 协议由一套智能合约构成，这些可执行代码对任何具备与之交互的技术和实践能力的用户开放，它们允许用户在线与他人进行价值交易，确保交易的确定性，且无须一个或多个中介的介入。只要部署这些智能合约的区块链网络保持运行，相关的 DeFi 协议就始终可用。

截至 2021 年 9 月 16 日，"锁定"(用户将其数字资产存放在 DeFi 协议中，以参与借贷、"挖矿"、流动性提供或其他 DeFi 服务)在 DeFi 协议的数字资产总价值超过 920 亿美元。[②] 这一巨大的资产价值，结合用户能够在不经过中间人识别的情况下进行匿名金融交易的能力，正在促使世界各地的监管机构审查 DeFi 领域。全球正在努力将 DeFi 纳入(或至少使其更接近)传统金融的监管框架。然而，在不可阻挡的代码环境中是否以及如何实现这一目标，仍然是一个悬而未决的问题。

虽然基于区块链的智能合约代码的执行可能势不可挡，但开发这些代码并为用户提供友好访问方式的个人和企业却并非如此。本节的传统监管框架侧重于人，通常是发行人和中介机构，并有一种趋势是将那些开发、提供访问或从运营中获得经济利益的人纳入现有的监管定义范畴。

DeFi 的发展迫使监管机构和市场参与者面临一些具有挑战性的问题：参与开发 DeFi 协议智能合约的个人或实体在什么情况下应对该代码的结果负责，尤其是当代码中的漏洞被利用，导致财务损失时？是否应该要求智能合约的开发者或为项目开发提供资金并通过相关数字资产所有权获得经济利益的投资者对协议的监管合规性负责？如果一个人或实体仅通过网站或应用程序提供对此类协议的访问权限，该如何处理？监管机构是否应该试图将开发人员和其

---

① See Conference of State Bank Supervisors, *State Regulators Roll Out One Company, One Exam for Nationwide Payments Firms*, Conference of State Bank Supervisors (Sept. 15, 2020), https://www.csbs.org/regulators-announce-one-company-one-exam-for-payments-companies#:~:text=The%20Conference%20of%20State%20Bank, satisfy%20all%20state%20examination%20requirements.

② See DEFI Pulse, *DEFI Pulse Official Website*, DEFI Pulse (Sept. 16, 2021), https://defipulse.com/.

他人强行纳入可能并不完全适用的现有监管定义中，以便将他们纳入现有监管框架的范围内，特别是在 DeFi 协议旨在消除传统中介的情况下？或者，是否应该制定全新的监管框架以应对 DeFi 的挑战？这些棘手的问题都说明了监管机构在应对 DeFi 这种新生业态时所面临的挑战。

越来越多的人开始认同：DeFi 需要适当监管，才能持续进步和发展。并非所有的 DeFi 协议用户都有足够的能力去全面评估底层智能合约代码，而更多的是会依赖其他人来完成这项工作。显然，这些用户应该受到一定的保护。此外，开放允许匿名访问的点对点（Peer-to-Peer）协议很容易被不良行为者用于作恶，这是我们所有人都应关注的问题。也就是说，政策制定者应该与时俱进，过往的监管解决方案不足以应对当今的技术创新挑战，应当鼓励其制定适应该技术独特性质的监管措施，以促进负责任的增长和发展。新的监管方法将为 DeFi 的用户提供更有效的保护，并明确这些协议参与者的监管责任。

二、相关方的法律风险

传统金融领域的监管侧重于发行人和中介机构。在证券法体系中，监管重点放在涉及证券交易的发行人和中介机构上。而在商品交易法中，其重点监管对象是参与商品衍生品交易的中介机构以及提供商品衍生品合约的实体。另外，例如《银行保密法》等金融监管法律，广泛适用于金融机构，并要求在各种情况下进行交易监控、数据存档和相关报告提交（包括提交可疑活动报告和货币交易报告）。所有这些框架都与 DeFi 的发展密切相关。

（一）证券法

证券法主要对证券发行人和参与证券交易的中介机构进行监管。证券发行人通常需要披露关于其意向出售的证券及其财务状况的重要信息，以便潜在投资者能够做出明智的投资决定。[①] 这些信息必须准确和完整。[②] 具体的披露详情要求取决于证券是否注册并公开[③]销售，或是否免于注册而仅限于特定数量或特定类别的人群销售。[④] 除了与首次证券销售相关的披露要求外，拥有 300

---

① See United States Congress, 15 *U. S. Code § 77j-Information Required in Prospectus*, Cornell Law School (May 27, 1933), https://www.law.cornell.edu/uscode/text/15/77j.

② See United States Congress, 15 *U. S. Code § 78j-Manipulative and Deceptive Devices*, Cornell Law School (June 6, 1934), https://www.law.cornell.edu/uscode/text/15/78j.

③ See United States Congress, 15 *U. S. Code § 77e-Prohibitions Relating to Interstate Commerce and the Mails*, Cornell Law School (May 27, 1933), https://www.law.cornell.edu/uscode/text/15/77e.

④ See United States Congress, 15 *U. S. Code § 77d-Exempted Transactions*, Cornell Law School (May 27, 1933), https://www.law.cornell.edu/uscode/text/15/77d.

名或更多股东的公开证券发行人，以及拥有超过 1000 万美元资产且拥有 500 名或更多股东的证券发行人，还必须提交年度报告和其他定期报告。[①]

证券法还对经纪商、转让代理、清算机构、全国性证券交易所和投资顾问等中介机构进行监管。一般来说，这些中介机构都必须在美国证券交易委员会注册，并遵守适用于其中介活动的相关法律和法规。[②] 作为上述中介机构的实体在美国证券交易委员会注册的义务因从事证券相关的受规制活动而触发。例如，若交易的资产属于证券，经纪商则需要注册为证券经纪商。

（二）商品交易法

《商品交易法》（CEA）和相关法规监管了商品衍生品的交易活动。[③] 该监管计划的重要一环就是对那些代表他人进行商品衍生品交易的中介机构施行相应的注册和监管要求。《商品交易法》覆盖了对多种中介机构的监管，包括商品池运营商、商品交易顾问、期货佣金商、介绍经纪人、主要掉期参与者和掉期交易商。[④] 此外，《商品交易法》通常要求许多商品衍生品在指定合约市场（Designated Contract Market，DCM）交易。[⑤] 指定合约市场还获得美国商品期货交易委员会的许可和监管，同时美国商品期货交易委员会也有权监督向零售市场参与者开放的商品衍生品交易活动。[⑥]

（三）银行保密法

银行保密法要求金融机构以及代表他人参与金融交易的中介机构收集和保留关于其客户及其交易的信息，并与金融犯罪执法局共享该信息。[⑦] 根据《银行保密法》及其实施条例，货币服务业务需在开始运营后的 180 天内完成注册，并每两年更新一次注册信息。[⑧] 同时，《银行保密法》要求货币服务业务制定、实

---

① See United States Congress, 15 *U. S. Code § 78l-Registration Requirements for Securities*, Cornell Law School (June 6, 1934), https://www.law.cornell.edu/uscode/text/15/78l.

② 例如，证券经纪商（Broker-Dealers）必须根据《15 U. S. C. § 78o》向美国证券交易委员会注册。

③ See United States Congress, 7 *U. S. Code Chapter 1 – Commodity Exchanges*, Cornell Law School (Sept. 21, 1922), https://www.law.cornell.edu/uscode/text/7/chapter-1.

④ See Commodity Futures Trading Commission, *Intermediaries*, Commodity Futures Trading Commission (June 25, 2024), https://www.cftc.gov/IndustryOversight/Intermediaries/index.htm.

⑤ See United States Congress, *Commodity Exchange Act & Regulations*, Commodity Futures Trading Commission (June 15, 1936), https://www.cftc.gov/LawRegulation/CommodityExchangeAct/index.htm.

⑥ See United States Congress, 7 *U. S. Code § 1a-Definitions*, Cornell Law School (Sept. 21, 1922), https://www.law.cornell.edu/uscode/text/7/1a.

⑦ See United States Congress, 31 *U. S. Code § 5321 – Civil Penalties*, Cornell Law School (Oct. 26, 1970), https://www.law.cornell.edu/uscode/text/31/5321.

⑧ See United States Congress, 31 *U. S. Code § 5330 – Registration of Money Transmitting Businesses*, Cornell Law School (Oct. 26, 1970), https://www.law.cornell.edu/uscode/text/31/5330; Financial Crimes Enforcement Network & Department of the Treasury, 31 *CFR § 1022.380 – Registration of Money Services Businesses.*, Cornell Law School (July 1, 2011), https://www.law.cornell.edu/cfr/text/31/1022.380.

施和维护有效的书面反洗钱计划，以防止货币服务业务被用于促进洗钱和资助恐怖主义活动。[①] 货币服务业务必须实施书面反洗钱计划，该计划至少包含：(1)合理设计的政策、程序和内部控制，以确保持续合规；(2)指定负责确保日常遵守计划和《银行保密法》规定的个人；(3)为相关人员提供培训，特别是在侦查可疑交易方面的培训；(4)设置独立审查机制以监测和保持计划的适当性。[②]

特别是在处理涉及"货币转移"的交易时，货币转移规则适用于这些交易。[③] 根据在《银行保密法》下建立的监管框架，货币转移由"转移指令"发起，该指令旨在指示向收款人支付资金。[④] 货币转移规则要求每个金融机构在涉及由客户和非客户发起的3000美元或更多货币转移订单时，保留与货币转移有关的准确记录，并验证发起货币转移订单的非客户的身份。[⑤] 需要保留的信息取决于金融机构在支付链中的角色，即发起人、中介机构或受益机构。[⑥] 作为发起人或中介机构的金融机构必须确保相关信息"传递"到下一个金融机构。[⑦]

(四)金融犯罪执法局2019指南

2019年5月9日，美国财政部下属部门金融犯罪执法局发布了题为"将金融犯罪执法局的法规应用于涉及可兑换虚拟货币的相关商业模式"的指南。[⑧]

---

① See United States Congress, 31 *U. S. Code* § 5318 – *Compliance, Exemptions, and Summons Authority*, Cornell Law School (Oct. 26, 1970), https://www.law.cornell.edu/uscode/text/31/5318; Financial Crimes Enforcement Network & Department of the Treasury, 31 *CFR* § 1022.210 – *Anti-Money Laundering Programs for Money Services Businesses*, Cornell Law School (July 1, 2011), https://www.law.cornell.edu/cfr/text/31/1022.210.

② See United States Congress, 31 *U. S. Code* § 5318 – *Compliance, Exemptions, and Summons Authority*, Cornell Law School (Oct. 26, 1970), https://www.law.cornell.edu/uscode/text/31/5318; Financial Crimes Enforcement Network & Department of the Treasury, 31 *CFR* § 1022.210 – *Anti-Money Laundering Programs for Money Services Businesses*, Cornell Law School (July 1, 2011), https://www.law.cornell.edu/cfr/text/31/1022.210.

③ See Financial Crimes Enforcement Network & Department of the Treasury, 31 *CFR* § 1010.100 – *General Definitions*, Cornell Law School (July 1, 2011), https://www.law.cornell.edu/cfr/text/31/1010.100.

④ See Financial Crimes Enforcement Network & Department of the Treasury, 31 *CFR* § 1010.410 – *Records to Be Made and Retained by Financial Institutions*, Cornell Law School (July 1, 2011), https://www.law.cornell.edu/cfr/text/31/1010.410.

⑤ See Financial Crimes Enforcement Network & Department of the Treasury, 31 *CFR* § 1010.410 – *Records to Be Made and Retained by Financial Institutions*, Cornell Law School (July 1, 2011), https://www.law.cornell.edu/cfr/text/31/1010.410.

⑥ See Financial Crimes Enforcement Network & Department of the Treasury, 31 *CFR* § 1010.410 – *Records to Be Made and Retained by Financial Institutions*, Cornell Law School (July 1, 2011), https://www.law.cornell.edu/cfr/text/31/1010.410.

⑦ See Financial Crimes Enforcement Network & Department of the Treasury, 31 *CFR* § 1010.410 – *Records to Be Made and Retained by Financial Institutions*, Cornell Law School (July 1, 2011), https://www.law.cornell.edu/cfr/text/31/1010.410.

⑧ See Financial Crimes Enforcement Network & Department of the Treasury, *Application of FinCEN's Regulations to Certain Business Models Involving Convertible Virtual Currencies*, FinCEN (May 9, 2019), https://www.fincen.gov/sites/default/files/2019-05/Fin-CEN%20Guidance%20CVC%20FINAL%20508.pdf.

金融犯罪执法局是财政部首先负责执行与货币转移有关的美国联邦法律和法规的机构，包括《银行保密法》，经常与其他联邦机构和部门合作，包括联邦调查局（Federal Bureau of Investigation，FBI）和国土安全部（United States Department of Homeland Security，DHS）。该指南旨在整合与货币服务业务相关的现行法规、行政裁决和早期指南，重点关注涉及可兑换虚拟货币的货币转移领域。

尽管该指南涉及多个不同领域，但两个关键领域包括：（1）货币转移规则如何适用于涉及可兑换虚拟货币的特定交易，以及此类交易是否会触发美国联邦法律下可能被视为“货币转移服务商”的相关监管义务；（2）美国相关法律法规对“去中心化”系统的适用。[①] 关于前者，该指南指出，货币转移规则适用于可兑换虚拟货币的交易。[②] 因此，参与货币转移的任何中介机构都必须向接收货币的金融机构提供特定信息，但他们没有义务获取未参与转移过程的金融机构提供的信息。[③] 接受货币的金融机构必须接收、评估和存储作为货币转移服务商的金融机构或中介机构的信息。[④]

关键问题是特定交易中是否存在符合金融机构定义并受货币转移规则约束的中介机构。在中心化中介机构的情境下，分析该问题很简单。在去中心化系统自动交易的情境下，确定一个负责合规的中介机构变得更为困难。该指南解决了开发者/贡献者对去中心化系统的责任。[⑤] 根据该指南的第 5.2.2 节，去中心化应用程序（DApp）开发者不会因为“仅仅创建应用程序的行为，即使 DApp 的目的是发行可兑换虚拟货币或以其他方式促进以可兑换虚拟货币计价的金融活动”而被监管，但如果他们“使用”或“部署”它“从事货币转移”活动，

---

① See Financial Crimes Enforcement Network & Department of the Treasury, *Application of FinCEN's Regulations to Certain Business Models Involving Convertible Virtual Currencies*, FinCEN (May 9, 2019), https://www.fincen.gov/sites/default/files/2019-05/Fin-CEN%20Guidance%20CVC%20FINAL%20508.pdf.

② See Financial Crimes Enforcement Network & Department of the Treasury, *Application of FinCEN's Regulations to Certain Business Models Involving Convertible Virtual Currencies*, FinCEN (May 9, 2019), https://www.fincen.gov/sites/default/files/2019-05/Fin-CEN%20Guidance%20CVC%20FINAL%20508.pdf.

③ See Financial Crimes Enforcement Network & Department of the Treasury, *Application of FinCEN's Regulations to Certain Business Models Involving Convertible Virtual Currencies*, FinCEN (May 9, 2019), https://www.fincen.gov/sites/default/files/2019-05/Fin-CEN%20Guidance%20CVC%20FINAL%20508.pdf.

④ See Financial Crimes Enforcement Network & Department of the Treasury, *Application of FinCEN's Regulations to Certain Business Models Involving Convertible Virtual Currencies*, FinCEN (May 9, 2019), https://www.fincen.gov/sites/default/files/2019-05/Fin-CEN%20Guidance%20CVC%20FINAL%20508.pdf.

⑤ See Financial Crimes Enforcement Network & Department of the Treasury, *Application of FinCEN's Regulations to Certain Business Models Involving Convertible Virtual Currencies*, FinCEN (May 9, 2019), https://www.fincen.gov/sites/default/files/2019-05/Fin-CEN%20Guidance%20CVC%20FINAL%20508.pdf.

则可能被视为货币转移服务商。该指南关于去中心化系统的应用很明确，[①]并多次提到《银行保密法》范围内涉及去中心化系统的非法人组织。该指南在讨论涉及可兑换虚拟货币的货币转移商业模式时，专门针对 DApp，重申相同的规则也适用于这种情况。[②]

（五）作为发行人或中介机构的 DeFi 贡献者

越来越多的监管机构试图通过将 DeFi 参与者标记为中介机构，将其硬塞到上述现有监管框架内。在美国的证券、商品和金融监管法范畴内，情况确实如此。

（六）反洗钱金融行动特别工作组虚拟资产指南

与虚拟资产转移有关的信息报告问题在国际监管框架中，占据重要地位。2018 年秋季，负责制定全球反洗钱标准的多国政府组织反洗钱金融行动特别工作组提出了修订建议 15，该建议涉及新技术，以阐明反洗钱金融行动特别工作组标准如何适用于涉及虚拟资产的活动或运营。[③] 随后，反洗钱金融行动特别工作组发布了关于建议 15 的解释性说明。[④] 该解释性说明的第 7（b）段旨在对处理虚拟资产转移的虚拟资产服务提供商（Virtual Asset Service Provider, VASP）的资金转移规则施加一个推论。[⑤] 在与私营企业进行咨询后，解释性说明于 2019 年 6 月定稿。[⑥]

2021 年，反洗钱金融行动特别工作组发布了关于虚拟资产和虚拟资产服务提供商的新版建议更新指南。[⑦] 虚拟资产服务提供商是指在建议下未涵盖的任何其他自然人或法人，并且作为或代表另一自然人或法人进行以下一项或多项活动或经营：（1）虚拟资产与法定货币之间的兑换；（2）一种或多种形式的虚拟

---

① See Financial Crimes Enforcement Network & Department of the Treasury, *Application of FinCEN's Regulations to Certain Business Models Involving Convertible Virtual Currencies*, FinCEN (May 9, 2019), https://www.fincen.gov/sites/default/files/2019-05/Fin-CEN%20Guidance%20CVC%20FINAL%20508.pdf.

② See Financial Crimes Enforcement Network & Department of the Treasury, *Application of FinCEN's Regulations to Certain Business Models Involving Convertible Virtual Currencies*, FinCEN (May 9, 2019), https://www.fincen.gov/sites/default/files/2019-05/Fin-CEN%20Guidance%20CVC%20FINAL%20508.pdf.

③ See Financial Action Task Force, *The FATF Recommendations*, Financial Action Task Force (Nov. 2023), https://www.fatf-gafi.org/en/publications/Fatfrecommendations/Fatf-recommendations.html.

④ See Financial Action Task Force, *The FATF Recommendations*, Financial Action Task Force (Nov. 2023), https://www.fatf-gafi.org/en/publications/Fatfrecommendations/Fatf-recommendations.html.

⑤ See Financial Action Task Force, *The FATF Recommendations*, Financial Action Task Force (Nov. 2023), https://www.fatf-gafi.org/en/publications/Fatfrecommendations/Fatf-recommendations.html.

⑥ See Financial Action Task Force, *The FATF Recommendations*, Financial Action Task Force (Nov. 2023), https://www.fatf-gafi.org/en/publications/Fatfrecommendations/Fatf-recommendations.html.

⑦ See Financial Action Task Force, *Updated Guidance for a Risk-Based Approach to Virtual Assets and Virtual Asset Service Providers*, Financial Action Task Force (Oct. 28, 2021), https://www.fatf-gafi.org/en/publications/Fatfrecommendations/Guidance-rba-virtual-assets-2021.html.

资产之间的互换;(3)虚拟资产的转移;(4)保管和/或管理能够控制虚拟资产的密钥或工具;(5)参与和提供与发行人的要约和/或出售虚拟资产相关的金融服务。[①]

值得注意的是,更新后的反洗钱金融行动特别工作组指南旨在明确“虚拟资产”和“虚拟资产服务提供商”的定义具有广泛性,[②]并将虚拟资产服务提供商的定义解释为包括 DApp 中“具有一定参与程度的中心化实体”。[③] 这种参与可能包括“创建和启动资产、设置参数(用于 DApp 的操作)、持有管理密钥或收取费用”。[④] 这种广泛的解释可能会将各种 DeFi 参与者纳入虚拟资产服务提供商的定义范围内,并使他们受制于实施虚拟资产服务提供商定义的此项解释的司法管辖区的反洗钱和反恐怖主义融资法规。

更新后的反洗钱金融行动特别工作组指南还明确指出,DApp 本身不是虚拟资产服务提供商,因为标准不适用于底层软件或技术。[⑤] 事实上,“反洗钱金融行动特别工作组标准旨在保持技术中立性”[⑥]这一立场强调了以下观点:部署到功能性区块链网络的代码是不可阻挡的——它是不可变更的,实际上是无法受到监管的。相反,反洗钱金融行动特别工作组和其他监管机构试图扩大现有定义的范围。例如,虚拟资产服务提供商通过将 DApp 的某些参与者纳入现有监管框架的范畴内,来填补已察觉到的监管空白。

更新后的反洗钱金融行动特别工作组指南也旨在明确,其并不寻求将虚拟资产用户作为虚拟资产服务提供商进行监管。[⑦] 相反,而是将某些虚拟资产活

---

① See Financial Action Task Force, *Updated Guidance for a Risk-Based Approach to Virtual Assets and Virtual Asset Service Providers*, Financial Action Task Force (Oct. 28, 2021), https://www. fatf-gafi. org/en/publications/Fatfrecommendations/Guidance-rba-virtual-assets - 2021. html.

② See Financial Action Task Force, *Updated Guidance for a Risk-Based Approach to Virtual Assets and Virtual Asset Service Providers*, Financial Action Task Force (Oct. 28, 2021), https://www. fatf-gafi. org/en/publications/Fatfrecommendations/Guidance-rba-virtual-assets - 2021. html.

③ See Financial Action Task Force, *Updated Guidance for a Risk-Based Approach to Virtual Assets and Virtual Asset Service Providers*, Financial Action Task Force (Oct. 28, 2021), https://www. fatf-gafi. org/en/publications/Fatfrecommendations/Guidance-rba-virtual-assets - 2021. html.

④ See Financial Action Task Force, *Updated Guidance for a Risk-Based Approach to Virtual Assets and Virtual Asset Service Providers*, Financial Action Task Force (Oct. 28, 2021), https://www. fatf-gafi. org/en/publications/Fatfrecommendations/Guidance-rba-virtual-assets - 2021. html.

⑤ See Financial Action Task Force, *Updated Guidance for a Risk-Based Approach to Virtual Assets and Virtual Asset Service Providers*, Financial Action Task Force (Oct. 28, 2021), https://www. fatf-gafi. org/en/publications/Fatfrecommendations/Guidance-rba-virtual-assets - 2021. html.

⑥ See Financial Action Task Force, *Updated Guidance for a Risk-Based Approach to Virtual Assets and Virtual Asset Service Providers*, Financial Action Task Force (Oct. 28, 2021), https://www. fatf-gafi. org/en/publications/Fatfrecommendations/Guidance-rba-virtual-assets - 2021. html.

⑦ See Financial Action Task Force, *Updated Guidance for a Risk-Based Approach to Virtual Assets and Virtual Asset Service Providers*, Financial Action Task Force (Oct. 28, 2021), https://www. fatf-gafi. org/en/publications/Fatfrecommendations/Guidance-rba-virtual-assets - 2021. html.

动的推动者作为虚拟资产服务提供商进行监管。

（七）金融犯罪执法局“涉及可兑换虚拟货币或数字资产的相关交易要求”

2020 年 12 月，金融犯罪执法局发布了关于“涉及可兑换虚拟货币或数字资产的相关交易要求”（Notice of Proposed Rulemaking，NPRM）的拟议规则制定通知。[①] “涉及可兑换虚拟货币或数字资产的相关交易要求”的既定目标是帮助执法部门减少非法使用存储在“非托管钱包”中的可兑换虚拟货币或存储在金融犯罪执法局确定的司法管辖区的钱包中的可兑换虚拟货币。最初，72 页“涉及可兑换虚拟货币或数字资产的相关交易要求”的评论期为 15 天。该评论期后来被延长，但在“涉及可兑换虚拟货币或数字资产的相关交易要求”的评论期结束后尚未制定最终规则。

尽管“涉及可兑换虚拟货币或数字资产的相关交易要求”尚未进入最终规则制定阶段，但其致力于将可兑换虚拟货币交易完全纳入《银行保密法》的监管框架内。它将通过对金融机构，主要针对中心化可兑换虚拟货币交易所，执行严格的可兑换虚拟货币交易报告和记录保存要求，以促进执法执行。拟议规则通过要求金融机构需了解“其客户交易中的每个对手方的名称和实际地址，以及根据 § 1010. 316（b）可能在报告表上规定的其他交易对手方信息”[②]，从而在表面上允许识别选择与受此规则约束的金融机构交易的非托管钱包用户。

除已提出的现实和技术上的合规难题外，关于可兑换虚拟货币转移的拟议严格记录保存要求超过了目前适用于金融机构客户转移美元或其他法定货币的更灵活、宽松的规则。如果“涉及可兑换虚拟货币或数字资产的相关交易要求”以当前形式最终确定，那么金融机构可能会意识到与非托管钱包开展业务不值得承担额外的合规成本。这将导致非托管钱包活动力图绕过受《银行保密法》和相关法规约束的金融机构，这与“涉及可兑换虚拟货币或数字资产的相关交易要求”试图实现的目标完全相悖。

如果这些规则最终确定，则可能会刺激数字资产用户寻找替代方案。不由任何一个或多个可识别的个人或企业拥有或控制的 DeFi 协议，包括基于“智能合约”的点对点交易工具，是可能的替代方案。对不受监管的存储解决方案和

---

① See Financial Crimes Enforcement Network, *Requirements for Certain Transactions Involving Convertible Virtual Currency or Digital Assets*, Federal Register (Dec. 23, 2020), https://www.federalregister.gov/documents/2020/12/23/2020-28437/requirements-for-certain-transactions-involving-convertible-virtual-currency-or-digital-assets.

② See Financial Crimes Enforcement Network & Department of the Treasury, 31 *CFR § 1010. 410 – Records to Be Made and Retained by Financial Institutions*, Cornell Law School (Oct. 26, 2010), https://www.law.cornell.edu/cfr/text/31/1010.410.

点对点交易服务的使用增加将导致执法部门无法获取由中心化和受监管的交易平台生成的信息，而这些平台是“涉及可兑换虚拟货币或数字资产的相关交易要求”的主要监管对象，也是执法部门最有价值的合作伙伴之一。若没有新的法律或法规，或对现有法律法规的新解释，保留在自托管钱包上，且仅在去中心化协议中进行交易的可兑换虚拟货币，更难跟踪和监管。因此，监管 DeFi 协议的新挑战正在成为关注的焦点。

最后，“涉及可兑换虚拟货币或数字资产的相关交易要求”对可兑换虚拟货币的定义过于宽泛，并没有考虑到可兑换虚拟货币通常除了支付外还有其他用途，如作为抵押品参与权益证明（Proof of Stake，PoS）网络的维护和保护。为了促进区块链技术和可兑换虚拟货币的应用，并扩大潜在收益，应该重新审视提议的法规。可兑换虚拟货币交易被用于多种目的，并非所有交易都涉及支付或价值转移。相较仅用于单一目的法定货币交易，关于多目的可兑换虚拟货币交易的规定应该更审慎和合理。

（八）总检察长办公室报告

总检察长办公室网络数字工作组编写的一份报告强调了中心化交易和点对点交易之间的区别，并明确指出，尽管点对点交易可能在无中介机构的情况下进行，但仍需遵守反洗钱和反恐怖主义融资的合规要求：①

> 不同于中心化虚拟资产交易所，点对点交易平台可能不借助中介机构而独立运行。这些中介机构通常负责接收和转移虚拟资产以换取法币或其他类型的虚拟资产，或者负责收集客户身份信息。未能收集和维护客户或交易数据，或未能维护有效的反洗钱和反恐怖主义融资计划的个人交易所、平台和网站可能会面临民事和刑事处罚。②

网络数字工作组报告指出，未能收集某些信息的平台或网站可能会违法，并受到处罚。

同时，该网络数字工作组报告强调了对数字资产制裁合规性的关注。为避

---

① See United States Department of Justice, *Report of the Attorney General's Cyber-Digital Task Force*, United States Department of Justice (Oct. 2020), https://www.justice.gov/d9/pages/attachments/2021/01/20/cryptocurrency_white_paper.final_.pdf.

② United States Department of Justice, *Report of the Attorney General's Cyber-Digital Task Force*, United States Department of Justice (Oct. 2020), https://www.justice.gov/d9/pages/attachments/2021/01/20/cryptocurrency_white_paper.final_.pdf.

免制裁而使用数字资产来掩盖金融交易的行为，在报告中被确定为非法使用数字资产。[①] 美国公民和受美国财政部外国资产控制办公室（Office of Foreign Assets Control，OFAC）管辖的其他实体“应负责确保他们不参与外国资产控制办公室制裁禁止的交易（例如与被封锁的个人或财产的交易）或其他被禁止的贸易或投资相关交易。被禁止的交易通常还包括那些以逃避或避免为目的，导致违反或试图违反外国资产控制办公室根据各种制裁政策实施的禁令的交易”。[②]

（九）美国证券交易委员会的指导意见

美国证券交易委员会还试图将涉及数字资产和 DeFi 的活动纳入其监管范畴。这项工作的核心目标是保护投资者，并确保在区块链和数字资产领域实现这一公共政策目标。在新任美国证券交易委员会主席加里·盖斯勒（Gary Gensler）看来，“目前，在加密领域没有足够的投资者保护。坦率地说，此时，它更像是狂野西部”。[③]

事实上，美国证券交易委员会是最早提起诉讼，要求去中心化交易所的开发者对违反证券法的行为负责的监管机构之一。[④] 2018 年 11 月，美国证券交易委员会解决了一起涉及去中心化交易所以德（EtherDelta）的执法行动。[⑤] 美国证券交易委员会与 EtherDelta 的创始人扎卡里·科伯恩（Zachary Coburn）签订了一项同意令（Consent Order），以解决调查。[⑥] 该命令称 EtherDelta 是一家未注册的交易所，原因在于至少有一部分在 EtherDelta 上交易的代币是未注册证券。[⑦] 此外，扎卡里·科伯恩被指控是因为他导致 EtherDelta“交易系统”违反了《证券交易法》的某些规定。扎卡里·科伯恩通过以下方式导致这些违规行为：创建 EtherDelta；编码和部署智能合约；对 EtherDelta 智能合约的管理密钥拥有

---

① See United States Department of Justice, *Report of the Attorney General's Cyber-Digital Task Force*, United States Department of Justice (Oct. 2020), https://www.justice.gov/d9/pages/attachments/2021/01/20/cryptocurrency_white_paper.final_.pdf.

② See United States Department of Justice, *Report of the Attorney General's Cyber-Digital Task Force*, United States Department of Justice (Oct. 2020), https://www.justice.gov/d9/pages/attachments/2021/01/20/cryptocurrency_white_paper.final_.pdf.

③ See Gary Gensler, *Remarks Before the Aspen Security Forum*, Securities and Exchange Commission (Aug. 3, 2021), https://www.sec.gov/news/speech/gensler-aspen-security-forum-2021-08-03.

④ See Securities and Exchange Commission, *In the Matter of Zachary Coburn*, Securities and Exchange Commission (Nov. 8, 2018), https://www.sec.gov/files/litigation/admin/2018/34-84553.pdf.

⑤ See Securities and Exchange Commission, *In the Matter of Zachary Coburn*, Securities and Exchange Commission (Nov. 8, 2018), https://www.sec.gov/files/litigation/admin/2018/34-84553.pdf.

⑥ See Securities and Exchange Commission, *In the Matter of Zachary Coburn*, Securities and Exchange Commission (Nov. 8, 2018), https://www.sec.gov/files/litigation/admin/2018/34-84553.pdf.

⑦ See Securities and Exchange Commission, *In the Matter of Zachary Coburn*, Securities and Exchange Commission (Nov. 8, 2018), https://www.sec.gov/files/litigation/admin/2018/34-84553.pdf.

独家控制权(允许他更改交易所收取的费用);并在推特和 Reddit 上推广 EtherDelta。[①] 鉴于扎卡里·科伯恩在该项目中的主导作用,美国证券交易委员会认为扎卡里·科伯恩应对此项目的合规性负责。

证券法的管辖范围主要取决于活动是否涉及符合证券定义的资产。不涉及证券的活动,则不受美国证券交易委员会的管辖。在扎卡里·科伯恩同意令中,美国证券交易委员会没有具体指明在 EtherDelta 上交易的资产是否属于证券,也未明确是否会触发注册为交易所或在适用的注册豁免条件下运营的要求。[②] 除了扎卡里·科伯恩同意令外,美国证券交易委员会已对各种其他中介机构采取行动,因为他们在从事涉及数字资产的活动或数字资产交易时未按要求进行注册,而这些数字资产被美国证券交易委员会视为证券。[③] 在每种情况下,美国证券交易委员会都未明确指明哪些数字资产或数字资产交易构成证券,从而触发注册为证券中介的义务。

新任命的美国证券交易委员会主席加里·盖斯勒最近发表的声明采取了类似的策略,表明许多代币(数字资产)可能属于证券类别,并且大规模经营数字资产交易的交易所很可能涉及未注册交易所的活动。[④] 换句话说,根据证券法,确定中介机构是否触发监管义务的关键,不是当中介机构认为特定资产是证券时,通知那些从事数字资产交易的人,而是告诉那些推动数字资产交易的人去做他们自己的研究,如果他们涉及大量交易活动,则应假设至少有一部分交易会涉及被美国证券交易委员会视为证券的数字资产。

同时,美国证券交易委员会向数字资产市场参与者发出警告,强调他们认为许多数字资产应被归类为证券。"切勿搞错:无论是证券代币、证券支持的稳定币,或任何其他提供对基础证券风险敞口的虚拟产品。[⑤] 这些产品受证券法

---

① See Securities and Exchange Commission, *In the Matter of Zachary Coburn*, Securities and Exchange Commission (Nov. 8, 2018), https://www.sec.gov/files/litigation/admin/2018/34-84553.pdf.

② See Securities and Exchange Commission, *In the Matter of Zachary Coburn*, Securities and Exchange Commission (Nov. 8, 2018), https://www.sec.gov/files/litigation/admin/2018/34-84553.pdf.

③ See Securities and Exchange Commission, *In the Matter of TokenLot, LLC, Lenny Kugel, and Elil. Lewitt*, Securities and Exchange Commission (Sept. 11, 2018), https://www.sec.gov/files/litigation/admin/2018/33-10543.pdf; Securities and Exchange Commission, *In the Matter of ICO Rating*, Morrison Cohen LLP (Aug. 20, 2019), https://www.morrisoncohen.com/siteFiles/files/2018_08_20% 20-% 20In% 20the% 20Matter% 20of% 20ICO% 20Rating.pdf; Securities and Exchange Commission, *In the Matter of Blotics Ltd. f/d/b/a Coinschedule Ltd.*, Securities and Exchange Commission (July 14, 2021), https://www.sec.gov/files/litigation/admin/2021/33-10956.pdf; Securities and Exchange Commission, *In the Matter of Poloniex*, Securities and Exchange Commission (Aug. 9, 2021), https://www.sec.gov/enforcement/information-for-harmed-investors/poloniex.

④ See Gary Gensler, *Remarks Before the Aspen Security Forum*, Securities and Exchange Commission (Aug. 3, 2021), https://www.sec.gov/news/speech/gensler-aspen-security-forum-2021-08-03.

⑤ See Gary Gensler, *Remarks Before the Aspen Security Forum*, Securities and Exchange Commission (Aug. 3, 2021), https://www.sec.gov/news/speech/gensler-aspen-security-forum-2021-08-03.

的约束,并必须在证券制度框架内运作。”①

加里·盖斯勒主席在谈及 DeFi 时,曾指出:

> 美国公众在这些 DeFi 平台上进行加密货币的买卖和借贷活动,但在投资者保护方面存在显著缺口。
>
> 切勿搞错:就这些交易平台上的证券而言,根据我们的法律,除非它们符合豁免条件,否则必须向委员会注册。
>
> 务必理解:如果一个借贷平台提供证券,它也属于美国证券交易委员会的管辖范围。②

美国证券交易委员会已经认识到在数字资产方面存在监管缺口,并表示希望填补这些缺口。③ 美国证券交易委员会正在持续尝试将尽可能多的数字资产和数字资产交易纳入证券的定义范围内,以便对这些资产的发行人以及推动相关资产交易的中介机构行使管辖权,以填补现有的监管空白。

(十)美国商品期货交易委员会

美国商品期货交易委员会对在其监管框架之外发生的涉及数字资产的商品衍生品活动表达了类似的担忧。在 2021 年 6 月的一次演讲中,时任专员丹尼尔·伯科维茨(Daniel Berkovitz)④表达了对 DeFi 削减传统中介机构的担忧,这些受监管的中介机构为金融市场提供了重要的服务,以及金融市场所需的稳定性和安全性。⑤ 对这些有利于点对点市场的中介机构的削减,还意味着削减了中介机构为市场参与者提供的重要利益和保护。⑥ Berkovitz 专员继续指出,根据《商品交易法》未经许可的 DeFi 市场的衍生品工具是非法的,因为这些工

---

① See Gary Gensler, *Remarks Before the Aspen Security Forum*, Securities and Exchange Commission (Aug. 3, 2021), https://www.sec.gov/news/speech/gensler-aspen-security-forum-2021-08-03.

② See Gary Gensler, *Remarks Before the Aspen Security Forum*, Securities and Exchange Commission (Aug. 3, 2021), https://www.sec.gov/news/speech/gensler-aspen-security-forum-2021-08-03.

③ See Gary Gensler, *Remarks Before the Aspen Security Forum*, Securities and Exchange Commission (Aug. 3, 2021), https://www.sec.gov/news/speech/gensler-aspen-security-forum-2021-08-03.

④ See Dan M. Berkovitz, *Address of Commissioner Dan M. Berkovitz Before FIA and SIFMA-AMG, Asset Management Derivatives Forum* 2021, Commodity Futures Trading Commission (June 8, 2021), https://www.cftc.gov/PressRoom/SpeechesTestimony/opaberkovitz7.

⑤ See Dan M. Berkovitz, *Address of Commissioner Dan M. Berkovitz Before FIA and SIFMA-AMG, Asset Management Derivatives Forum* 2021, Commodity Futures Trading Commission (June 8, 2021), https://www.cftc.gov/PressRoom/SpeechesTestimony/opaberkovitz7.

⑥ See Dan M. Berkovitz, *Address of Commissioner Dan M. Berkovitz Before FIA and SIFMA-AMG, Asset Management Derivatives Forum* 2021, Commodity Futures Trading Commission (June 8, 2021), https://www.cftc.gov/PressRoom/SpeechesTestimony/opaberkovitz7.

具通常需要在指定合约市场（Designated Contract Market，DCM）或互换执行设施（Swap Execution Facility，SEF）进行交易。他指出，DeFi市场、平台或网站并未注册为指定合约市场或互换执行设施，智能合约或数字资产的注册也不例外。[1] 因此，我们可能会看到基于区块链系统的监管审查正在增加，这些交易可能被视为商品衍生品交易。

三、填补DeFi的监管空白

Aave和Compound是DeFi行业知名的无许可流动性协议。Aave提供了一个开源且非托管的流动性协议，用于赚取存款和借贷资产的利息。[2] 而Compound是一种算法驱动、自主的利率协议，为开发者构建，旨在推动一系列DeFi应用的创新。[3] 从根本上说，这两个协议允许个人向贷方或流动性提供者借出或借入数字资产，从他们提供的资产中赚取利息或为借入的资产支付利息。Aave和Compound等DeFi协议产生的高额回报引发了机构的兴趣，但金融机构需要遵守反洗钱（Anti-Money Laundering，AML）、了解你的客户（Know Your Customer，KYC）和了解你的交易（Know Your Transaction，KYT）的规则和法规。为了解决该问题，Aave和Compound都推出了许可版本的DeFi协议，以允许机构与已知参与者在受控环境中参与。

（一）Compound Treasury

Compound协议的创建者Compound Labs于2021年6月末推出了一个名为Compound Treasury的类似协议。除了注重合规性之外，Treasury旨在通过消除（诸如私钥管理、加密货币—法定货币的互换、利率波动等）协议的复杂性来优化客户体验。企业可以将美元汇入他们的Treasury账户，然后将其兑换为USDC[4] 并部署到协议中。他们将能够从此类部署的资产中获得有保证的固定利率，并且可以随时自由提取资金。与Aave Arc协议类似，该产品也是一个获得监管机构许可的产品，因此机构必须注册才能使用该协议。

Compound是一种无需许可的协议，它允许用户直接向流动性池贡献ERC-20代币。用户通常会寻找提供最高回报的流动性池进行投资，这种策略被称为

---

① See Dan M. Berkovitz, *Address of Commissioner Dan M. Berkovitz Before FIA and SIFMA-AMG, Asset Management Derivatives Forum* 2021, Commodity Futures Trading Commission (June 8, 2021), https://www.cftc.gov/PressRoom/SpeechesTestimony/opaberkovitz7.

② See AAVE, *AAVE Official Website*, AAVE (June 29, 2024), https://aave.com.

③ See Compound, *Compound Official Website*, Compound (June 30, 2024), https://compound.finance/.

④ USDC是一种与法定货币美元挂钩的稳定币，其价值与美元1∶1锚定。

流动性“挖矿”。而 Treasury 通过将投资限制在 USDC 且保证较高回报率的方式,显著降低了投资风险。因此,Treasury 的用户体验与直接在 Compound 上交易的用户体验存在显著差异。在 Treasury 中,用户不需要担心流动性“挖矿”的复杂性和风险,而可以享受更简化和保守的投资体验。

这些许可版本的 DeFi 协议,旨在为机构提供访问通道和访问权限。开发人员可以在需要时将“了解你的客户”构建到这些协议中。“了解你的客户”的理念与 DeFi 的核心原则相冲突,DeFi 建立在重视隐私和支持点对点匿名交易的精神之上。然而,这些许可协议可能是对这样一个现实境况的认可,即受监管的机构参与者只能使用具备合规性的协议以履行被监管的义务。它们标志着 DeFi 的新方向,即在许可的基础上提供某些 DeFi 协议的特定功能,以促进监管合规性;而真正开放和无需许可的 DeFi 协议继续作为不可阻挡的代码存在。通过这种方式,DeFi 的应用范围得以扩展,同时仍保持其核心的去中心化和自主性。

（二）DeFi 的双重监管框架

双重监管框架的构想是为了在保持 DeFi 领域的开放性和创新性的同时,引入合规性。该框架允许那些有资源和能力的个人和企业自由访问 DeFi“不可阻挡的代码”,同时为其他用户提供许可接入点。一方面,这种做法将允许受监管的实体能够有机会探索和参与 DeFi 创新;另一方面,任何具有必要技术能力的个体只要可以访问互联网,就能无需许可、匿名地访问基于这些协议的智能合约代码。监管机构应抓住这个机会与 DeFi 参与者合作,鼓励持续创新,同时在保持 DeFi 自主性与适度监管之间找到平衡,特别是在商业级交易或通过代表第三方行事的受托人的情境下。这些获得许可的接入点可以作为受监管的中介机构,负责遵守证券、商品或金融监管法律（根据情况而定）,具体取决于所使用协议交易的资产类型。通过这种方式,监管机构和 DeFi 行业的参与者可以共同探索一条既能保留 DeFi 核心优势,又能满足监管要求的道路,从而推动这个创新领域的持续发展。

在这样的双轨制度下,监管机构将不需要扩大中介定义以填补监管空白。例如,无需将数字资产归类为证券,以将二级市场交易纳入证券法监管框架。这将更符合使用豪威测试来判定数字资产在投资合约框架下初始销售（Initial Sale）的情况。豪威测试是一种针对初始销售的背景,依赖事实和环境的测试,需要满足多种要素才能将特定方案视为投资合约。然而,当投资合约中初始销售的数字资产在二级市场转售时,豪威测试很难适用,而且更难满足相关要素。在许多情况下,数字资产的初始销售可能不会被视为证券销售,尤其是当它们不满足豪威测试的标准时。这可能解释了为什么至今所有针对数字资产二级市场交易可能触发的证券法义务的监管行动,都尚未明确哪些特定资产应被视为证券。

从了解你的客户/反洗钱和保护使用这些许可接入点进行交易的个体的角度来看,与其在中心化和去中心化平台之间继续走曲折的道路,不如为 DeFi 协议设立受监管的许可接入点,并将与这些资产相关的这部分活动纳入监管范畴。美国还维持着健全的联邦和州级消费者保护法律体系,这些法律已灵活适用于解决各种各样的消费者问题,从药物的欺骗性营销到住宅抵押贷款支持证券的不公平和欺骗性行为,再到与信用评级相关的欺骗性陈述。美国的消费者保护框架提供了足够的监管权限,以保护那些使用区块链服务或投资数字资产的消费者。

充分利用基于区块链技术丰富且高度精细的数据可用性,可以大大加强对许可接入点的监管,这远远超过传统金融领域的可用数据。与 DeFi(许可接入点和开放接入点)合作的监管机构可以利用区块链网络生成大量实时数据,而非依赖传统金融中进行的事后监督。对于链上数据的深度追踪和剖析能够让监管机构拥有前所未有的监控交易和信息的能力,这可能有助于识别 DeFi 协议中的风险活动。利用这些工具来监控交易活动,有助于探索出监管链上交易的新方法,这种方法不必依赖受监管的中介机构低效的人工监督或高度易错的自我报告。这对于那些选择使用 DeFi 协议开放接入点的人来说,尤其有价值;而许可接入点可以作为中介机构进行监管,建立融合传统和基于区块链技术的监督机制。

这种双轨制度可以让 DeFi 继续发展壮大,造福于未来金融。监管机构应与 DeFi 建设者和市场参与者积极合作,寻求最佳监管解决方案,以实现持续的增长和创新,同时为所有利益相关者提供实质性的保护。

第五节　非同质化代币(NFT)项目的潜在法律风险

近年来,数字作品的增多也引发了一个棘手的问题:鉴于数字作品可以被轻松复制,如何辨别哪个版本是“原创”?这个问题也给“数字所有权经济”的持续发展制造了特殊的挑战,在这种经济模式中,消费者可以真正拥有数字作品,无论是音乐、文本,还是视频、图像,这与“数字许可经济”形成强烈对比。在“数字许可经济”中,消费者只是从平台获得作品的许可,一旦订阅终止或平台停止运营,消费者就会“失去”作品。NFT(Non-Fungible Token,非同质化代币)

为这个问题提供了可能的解决方案,它可以使用区块链技术来识别原始数字作品、追踪和溯源、激活创作者经济,以及开辟新的商业模式。本节将描述 NFT 的基本运作机制,以美国法为主线,概述 NFT 所引发的一些法律问题和挑战。

一、解析 NFT:从不寻常的名称探究数字所有权

对 NFT 的理解,或许可以从它独特的命名展开。通常情况下,使用区块链技术所生成的代币是“同质化的”,这意味着它们是相同,且可以互换的。例如,爱丽丝的一个比特币和鲍勃的一个比特币是完全相同的,是具有同等价值的。因此,同质化代币不适合作为识别和区分“原创”数字作品的价值载体。而“非同质化”代币 NFT 的核心理念是独一无二性和不可替代性,它是一段计算机代码,包含“元数据”,其中包括:NFT 的唯一 ID、与 NFT 相关作品的简短描述,以及指向存储 NFT 相关作品的链下位置的链接。[①] 因此,NFT 不仅仅是一个代币,它是数字所有权和唯一性的具体体现。

尽管我们尚处于探索创作者、版权所有者和品牌方如何利用 NFT 的初期阶段,但 NFT 在许多领域已取得长足发展。例如,包括娱乐公司和体育联盟在内的版权所有者正在使用 NFT 作为粉丝经济运作和明星 IP 打造的全新模式。游戏公司正在探索如何借助 NFT,允许用户购买、交易和租赁游戏内的虚拟资产。在音乐领域,艺术家正在通过 NFT 直接与粉丝进行互动和强链接,从而开辟新的收入渠道。例如,莱昂国王(Kings of Leon)乐队发行了一张包含 NFT 版本的专辑,成为当时媒体关注的焦点。购买者不仅可以获得数字音乐和限量版黑胶唱片,还有机会享受更具沉浸感的视觉体验。该乐队还发行了一种绑定多种特殊权限的 NFT,包括附赠莱昂国王全球巡演的前排门票的权益、与乐队见面的权益、获得巡演周边商品的权益,以及 SUV 豪华轿车的使用权。该案例展示了 NFT 作为数字权益的潜力,允许个人据此获取相应的资产或服务。在艺术界,最引人注目的 NFT 拍卖就是佳士得拍卖了一幅数字艺术家 Beeple 的 NFT 作品——《每一天:前 5000 天》(*Everydays: The First* 5000 *Days*),成交价约为 6930 万美元。除了高端拍卖外,越来越多的新兴数字艺术家正在探索借助 NFT 将原创作品变现的新模式。NFT 不仅打开了数字世界和现实世界的交互可能,也为创作者提供了新的营收模式和市场推广途径。

与此同时,NFT 社区也在持续壮大,即拥有同系列 NFT 的用户会组成一个大的社区,大家可以在社区内交流、互动,贡献创意和想法,从而推动该 NFT 项

① 如下文所述,NFT 相关的数字作品通常并非直接存储在区块链上。

目和社区的可持续发展。通过这种方式，NFT 不仅提供了独一无二的数字艺术品，还为用户打开了一个个性化且富有创意的交互空间，进一步丰富了 NFT 的应用场景和用户体验。

二、NFT 市场的主要利益相关者

目前，NFT 领域有许多利益相关者，他们各自担任着不同的角色，共同推动 NFT 市场的运作和发展。

1. 技术服务商：许多 NFT 旨在运行并存储在以太坊区块链上。但也有其他区块链希望参与其中，专注于进一步优化 NFT 的发行、交易和存储等相关体验。

2. 市场运营方：NFT 通常通过专门的交易平台进行发售。有些交易平台只对特定的作品开放发售 NFT 的权益，他们会与一些优质的创作者和大的 IP 版权商（如体育联盟、运动队、娱乐公司等）达成书面协议，为其提供 NFT 的发售权益；还有一些平台会提供更开放的 NFT 发售市场，任何人都可以在这些市场上发售 NFT。

3. 创作者和版权所有者：如前所述，NFT 通常由个人创作者或版权所有者创作和发行。

4. NFT 购买者：NFT 的购买者多为个人，但也可能是去中心化自治组织（DAO）①。

这些参与者各自发挥着重要作用，共同构建了一个多元且活跃的 NFT 生态系统。在这个系统中，技术服务商提供底层技术基础设施，市场运营方提供发售平台，创作者与版权所有者提供原创作品，而 NFT 购买者则是市场的最终需求方，他们的交易需求推动了 NFT 市场的活跃和繁荣。

三、探究 NFT 的技术基石

为深入理解 NFT 所带来的法律问题，了解其中的一些技术基础原理至关重要。传统市场通常依赖可信第三方来认证市场参与者，并维护一个中心化的账本以记录各方权益。而区块链技术试图用完全去中心化的计算机网络取代可信第三方，该网络的每个节点都存储了完整的区块链副本，即包含过去所有的交易记录，并通过共识机制来验证新交易，将其添加到新的区块中，然后将新

---

① DAO 通常是基于区块链的实体，它们按照由智能合约治理的一组预定规则或协议来运行。DAO 利用区块链技术以透明和去中心化的方式记录组织各成员的相应权益，从而使公司组织架构去中心化，并允许某些流程（如资产转移或决策）实现自动化。

区块添加到区块链上。在这个网络中,参与者的认证不是由可信第三方完成的,而是通过技术手段实现的。

区块链的一个特征(也是 NFT 的关键特征)就是不可篡改性,即无法通过篡改单一区块信息来篡改或删除历史记录。区块链交易以透明性著称,任何人都可以查看某个链上资产自创建后的交易历史数据。因此,区块链提供了一种令人信服的技术解决方案——能够创建并永久存储的数字所有权证书。这些证书是不可篡改的,可追踪溯源的。基于此,NFT 成为数字所有权的有效证明工具,为数字资产交易提供了坚实的技术基础。

NFT 的一个核心优势是具有可编程性。这使开发者可以在代码中嵌入可编程版税(或转售)功能,这让 NFT 的创作者或版权所有者能够在每次 NFT 转售中获得一定的收益,也进一步推动了创作者经济的发展。但出于市场竞争,各个 NFT 交易平台并没有采用统一的版税标准,这就造成了 NFT 在跨平台转让时,版税能否被兑现存在不确定性。一些开发者也在努力推动 NFT 版税支付标准的标准化(如 EIP - 2981)。尽管如此,标准化工作的推进仍面临挑战,因为不同的区块链可能采用不兼容的标准,这为 NFT 市场的版税处理带来了复杂性。通过解决版税标准化和兼容性的问题,可以进一步推动 NFT 市场的发展,确保创作者和版权所有者的利益得到合理保障,同时也为 NFT 交易提供更明确和透明的规则框架。

四、NFT 潜在的法律问题

在现有法律体系下,NFT 的广泛应用也带来了许多值得探析的法律问题。其中一些是在涉及任何创造性作品时都会出现的传统法律问题,而另一些则是 NFT 特有的新问题。

(一)谁有权铸造 NFT?

1. 版权考量

无论是个人创作者还是拥有庞大知识产权资产的版权所有者,铸造 NFT 前都需要确保拥有相应的合法权利,即铸造者是否拥有 NFT 关联的实体或数字作品的版权。鉴于 NFT 是新兴业态,目前大部分与数字商品(无论是艺术、音乐、纪念品还是其他商品)相关的合同中并未明确谁拥有铸造相关 NFT 的权利。虽然许多新的这类协议开始增加涉及 NFT 权利的条款,但就目前而言,确定谁有权铸造 NFT 的分析必须依赖标准的知识产权法律分析,同时还需要考虑协议中是否存在可以解读为涵盖 NFT 的条款。

NFT 提出的最有趣的知识产权问题之一是什么样的著作权能将一部作品“代币化”为 NFT。根据美国版权法，一旦作品被固定在某种有形载体上，如纸张、磁盘或硬盘等，创作者就拥有该作品的版权。版权所有者对作品享有“一揽子权利”，包括复制、制作衍生品、公开表演和公开展示作品的专有权。[①] 该“一揽子权利”可以由版权方全部或部分保留或授权，但重要的是，除非这些权利被明确转让或授权，否则它们仍归属作品的创作者。

让事情变得更复杂的是，作品的创作者或作者可能不一定是该作品的版权所有者，或者有足够的权利将该作品代币化为 NFT。根据美国法律，通常情况下，版权归作品的创作者所有，但有两个例外：如果作品是由雇员在雇佣期间创作的，则版权归雇主所有；对于某些特定类别的作品，如果该作品是由独立承包商根据“雇佣作品”协议创作的，则版权归委托方所有。[②] 在所有其他情况下，作者必须明确转让其作品的版权，版权才会发生转让。作品版权是最初即归属某一方，还是后续转让给该方，可能会产生重要影响。通常来说，版权的转让人拥有“归复权”，根据该权利，他们可以在 35 年后终止转让，并收回版权。[③] 虽然这看似一个遥远的问题，但对于购买 NFT 作为收藏品的收藏家或出于长期投资目的投资者来说，他们可能会关心原作者是否有归复权，因为这可能影响到 NFT 的长期价值。

铸造 NFT 的人还需考虑是否存在共同作者，且其是否享有影响 NFT 铸造的相关法律权利。共同所有权的问题颇为微妙，铸造 NFT 的人需要了解谁可能会声称对作品拥有共同所有权，并且如何处理可能出现的共同所有权声明。

音乐类作品有其独有的问题。一般来说，每首录制音乐包含两种主要的版权：合成版权（包括作曲和歌词）和录音主版权（录音是表演或录音艺术家对该音乐作品的特定表达）。主版权由艺术家持有，或者更常见的是由唱片公司持有。如果不拥有音乐版权的第三方或音乐艺术家想要创作该音乐作品的衍生作品，如将音乐作品与视频剪辑相结合，那么他们需要获取该音乐的合成版权和录音主版权的“同步许可”。若为音乐作品创建纯音频录音，则需要“机械复制许可”。

鉴于上述情况，这会给寻求为某个版权作品铸造、发售 NFT 带来什么影

---

① See United States Congress, 17 *U. S. Code* § 106 – *Exclusive Rights in Copyrighted Works*, Cornell Law School (Oct. 19, 1976), https://www.law.cornell.edu/uscode/text/17/106.

② See United States Congress, 17 *U. S. Code* § 101 – *Definitions*, Cornell Law School (Oct. 19, 1976), https://www.law.cornell.edu/uscode/text/17/101.

③ See United States Congress, 17 *U. S. Code* § 203 – *Termination of Transfers and Licenses Granted by the Author*, Cornell Law School (Oct. 19, 1976), https://www.law.cornell.edu/uscode/text/17/203.

响？如果寻求铸造NFT的一方拥有完整的版权，则不存在问题。然而，在权利被多方分散持有的情况下（包括通过独家许可的方式），答案可能就没那么清楚了。NFT的铸造至少需要行使一部分版权，如作品需要在市场上展示，以便购买者知道他们会得到什么，这可能触及“展示权”；以NFT形式呈现的视频剪辑和音乐，可能会触及“表演权”。在大多数情况下，各方需要查看记录权利分配的协议，以确定谁有权许可铸造NFT，并注意这可能需要多方批准。同时，协议方还需要考虑这些协议的商业条款。例如，许多关于创意作品的协议都包含广泛的“兜底”条款，如有权将作品“商业化”或将其用于所有未来待开发的技术。尽管法院已将这些条款解释为新技术，但这些条款是否覆盖铸造NFT的权利则需要逐案分析。[①]

那些试图铸造或利用NFT的人还必须考虑作品作者的精神权利（Moral Rights）。精神权利的范围具有法域属性，但通常情况下会保护作者的某些非经济权利。在美国，虽然这些权利仅限于1990年《视觉艺术家权利法案》（Visual Artists Rights Act，VARA）规定的视觉作品，并且仅限于署名权和保护作品完整权。但在其他司法管辖区，这些权利可能包括作者对其作品的展示方式以及使用方式的控制权。[②] 作者是否可以寻求援引其精神权利来阻止与其作品相关的NFT的铸造仍有待观察，但这仍是一个不容忽视的问题。为了避免版权纠纷，许多NFT交易平台为寻求保护自己免受版权诉讼的影响，要求那些铸造NFT的人声明他们拥有相应的权利，如果事实证明并非如此，则要求免责。

2. 其他需要考虑的权利

虽然版权问题是迄今为止NFT板块中最主要的问题，但铸造商标权（在未经商标权人许可的情况下并入NFT）以及形象权（名字、图像和肖像权，Name，Image and Likeness，NIL）也是不容忽视的法律议题。这些权利的存在可能影响NFT的铸造和发售，特别是当NFT包含第三方的商标或个人形象时。

为防止未经授权使用商标，从而可能在消费者中造成的混淆和误导，《兰厄姆法案》（Lanham Act）和相应的州法律都提供了相关保护措施。[③] 此外，任何可能导致商品或服务的来源、隶属关系或赞助信息出现误导的名称、符号、图像

---

① See U. S. District Court for the Southern District of New York, *Rooney v. Columbia Pictures Industries, Inc.*, 538 *F. Supp.* 211 (*S. D. N. Y.* 1982), Justia (Apr. 19, 1982), https://law.justia.com/cases/federal/district-courts/FSupp/538/211/2296143/.

② See United States Congress, 17 *U. S. Code* § *106A – Rights of Certain Authors to Attribution and Integrity*, Cornell Law School (Dec. 1, 1990), https://www.law.cornell.edu/uscode/text/17/106A.

③ See United States Congress, 15 *U. S. Code* § 1114 – *Remedies*; *Infringement*; *Innocent Infringement by Printers and Publishers*, Cornell Law School (July 5, 1946), https://www.law.cornell.edu/uscode/text/15/1114.

或装置的使用都是禁止的。[①] 因此，在 NFT 中使用商标或商标的彩色仿制品可能会涉及第三方的商标权。此外，如果基础商标具有知名度和独特性，则可能涉及州和联邦商标稀释法下的权利。

未经授权将个人的形象权(NIL)纳入 NFT 可能会侵犯其形象权。形象权是受国家法律保护的知识产权，其是赋予个人控制其形象权商业用途的专有权。目前，超过 35 个州承认个人的形象权。尽管保护范围因司法管辖区不同而有所差异，但当第三方未经许可将主体的肖像用于商业目的时，通常构成侵权。

(二) 将 NFT 权利写入协议

随着新技术的快速发展，从只读光盘(Compact Disc Read-Only Memory, CD-ROM)到流媒体，各方都迫切希望在合约协议中明确新技术的应用权利。人们将会在各种协议中看到关于 NFT 的权利条款。例如，自由职业者协议，版权所有者授予第三方使用其作品或将其作品商业化的权利协议，以及音乐家、演员、运动员、意见领袖与机构或代表之间的协议。然而，仅仅在一系列权利中添加"NFT"可能无法解决 NFT 权利实际含义的潜在复杂性，如与 NFT 关联内容的存储方式，以及 NFT 的发售方式、经济模型、治理模式等。如下文所述，鉴于 NFT 的未经授权或侵权行为难以监管，强化版权所有者在 NFT 领域中的知识产权保护在实际执行层面也更加困难。同时，区块链的特定披露和风险因素也应纳入考虑范围。

如果许可方拟授予被许可方铸造 NFT 的权利，则应使用明确的语言表述，概述权利范围和铸造参数，即是否涵盖所有知识产权或仅限于特定的子集，对面向的市场类型是否有限制，每件作品是否只允许铸造 1 个 NFT 或限量供应(类似于印刷品的限量版发行)，被许可方可以授予 NFT 购买者哪些权利，NFT 是否可以包含协议范围以外的资产(如附加的实物资产)等。这将确保许可方不会无意中授予与其目标不一致的过于广泛的权利，并有助于降低违约或侵权的风险。

(三) 存储持久性问题

有一个关键问题是，虽然 NFT 存储在区块链上，但与 NFT 关联的作品大多存储在链下。这是因为当前链上存储成本过于昂贵，这一成本令大多数 NFT

---

① See United States Congress, 15 *USC* 1125: *False Designations of Origin and False Descriptions Forbidden*, United States Code (July 5, 1946), https://uscode.house.gov/view.xhtml?req=granuleid:USC-1994-title15-section1125&num=0&edition=1994.

发行商和运营商望而却步。于是,大多数 NFT 有一个元数据字段,指向存储相关作品的链下资源的指示或链接。

因此,虽然 NFT 本身可能是不变的,但链下存储的关联作品可能没有相同的持久性。例如,一个 NFT 可能包含一个指向在线地址[如 URL(Uniform Resource Locator)]的指示,以便用户访问和查看底层的数字作品。基于位置的指示的风险在于,该位置的文件内容可能会被更改,如文件被替换或删除,NFT 关联的内容也会随之改变。这种情况与网站内容在不同时期可能会发生变化类似。在一个广为人知的案例中,一位名为"Neitherconfirm"的数字艺术家用自己的行动生动诠释了这个问题,2021 年 3 月 9 日,他将其曾在 OpenSea[①] 平台上售出的与 NFT 关联的以彩色玻璃风格描绘人物和动物脸的富有艺术气质的图片变成了真实的地毯照片(这个行为旨在模拟一个名为"Rugpull"的骗局,这种骗局在加密领域较为常见,是指项目创始人突然撤资并消失,导致投资者损失)。对此,这位艺术家解释道:"只要代币与艺术品本身不是不可分割的,所有关于 NFT 价值的讨论都是没有意义的,如果有人可以改变、重新链接或摧毁你的财产,那么在一个高度安全的网络上创建一个不可伪造的代币又有什么意义呢? 只要你的艺术品的价值依赖于一项中心化服务,你就不拥有任何东西。"

一种解决方案是,使用依赖内容识别的去中心化文件存储系统,如星际文件系统 IPFS(Interplantary File System)[②]。在这类系统中,文件通过内容 ID(内容的加密哈希值)而非文件所在的位置进行识别。如果创作者修改了其数字作品,修改后的作品将生成一个新的内容 ID,而 NFT 关联的原始内容文件的链接仍保持不变。虽然像 IPFS 这样的去中心化存储系统在 NFT 领域优于基于位置的传统存储系统,但并不能保证作品的永久存储。例如,尽管 IPFS 的设计是为了使文件能够在网络上被多个节点共享和存储,但若 IPFS 上只有一份副本,且存储在一家停业公司的服务器上,则该作品可能会丢失。[③] 这也凸显了 NFT 的价值与其关联作品的存储持久性息息相关。对于 NFT 购买者来说,这是出于投资风险考虑;而对于创作者、版权所有者和 NFT 交易平台而言,这一关键技术要点可能会影响 NFT 相关协议中的多个条款,如需要披露的风险因素以及

① OpenSea 是一个基于区块链的交易平台,专注于 NFT(非同质化代币)的交易,涵盖数字艺术、收藏品、游戏道具等各类数字资产。

② IPFS 是一种去中心化的分布式文件系统,旨在通过内容寻址而非位置寻址来存储和共享文件,从而提升数据存储和传输的效率、安全性。

③ Filecoin 是 IPFS 的激励层,它通过经济激励机制来增强 IPFS 网络的存储能力和可靠性。

责任限制或免责声明。

如果 NFT 交易平台停止运作，那么存储的持久性对于版权所有者来说就变得尤为重要。版权所有者希望在其协议中确保他们有权接管存储作品的服务器。对于存储在 IPFS 上的作品，若停运的平台此前是在自己的网关上托管该作品，版权所有者则可能希望确保该作品能够持续被存储。虽然版权所有者可以为他们的作品铸造新的 NFT，并将其提供给当前的 NFT 持有人，但这样的解决方案将严重损害 NFT 本身的价值。

（四）认证问题

一个常见的误解是，NFT 会自动提供不可变的真实性证明。实际上，虽然 NFT 允许人们查看其原始铸造者的区块链地址，但需要借助一些独立的验证手段来确定与该地址相关联的个人或实体是否确实为他们所声称的身份，或是否确实拥有该作品的相关权利。这可能需要与 NFT 的铸造者直接交流互动或通过可信第三方帮助验证。在任何情况下，NFT 生态系统中的个体或实体都需要对“真实性”的明确声明或法律陈述持有谨慎态度。

（五）购买者在 NFT 关联的底层作品中获得了哪些权利？

购买某个 NFT 并不等同于购买者获得与之相关的作品的知识产权，尤其是版权。例如，根据美国法律，除非有明确的转让或许可，否则作品的“一揽子权利”将由作品的创作者持有。在这方面，购买 NFT 与购买实物艺术品无异。虽然绘画或雕塑的购买者可能拥有实物作品，但他们通常不会获得此类作品的任何知识产权（例如，他们不能制作和销售他们购买的绘画的海报）。因此，NFT 购买者获得的权利通常受 NFT 交易平台所提供的许可的限制。这可能是适用于市场上所有出售的 NFT 的通用条款，也可能是针对个人创作者或版权所有者相关作品的定制许可。

当前大多数交易平台都授予 NFT 购买者非排他性、不可转让的许可，仅供个人使用、复制和展示 NFT 底层的创意作品。例如，一些市场提供了展示作品的有限许可，仅是为了促进购买者对底层作品的购买兴趣（例如，通过社交媒体），以引发对作品的讨论；在第三方市场或去中心化虚拟环境（即所谓的“元宇宙”）中展示，以促成 NFT 的交易。若市场的使用条款未明确提及许可权，那么 NFT 购买者将不会对创意作品拥有任何知识产权，并可能只获得展示作品以供个人使用的默示许可。

一般来说，任何涉及作品商业化的权利都是明确约定的，或者仅限于特定目的。例如,加密猫(CryptoKitties)和 NBA Top Shot[①] 背后的公司 Dapper Labs[②] 提出了一种供业界使用的 NFT 许可形式,即 NFT 许可证 2.0(NFT License 2.0),允许购买者将高达 10 万美元的作品商业化。典型的 NFT 使用条款也会对如何使用 NFT 底层的原创作品提出限制。例如,包括 NFT 许可证2.0 在内的许多许可协议禁止利用媒体对原创作品使用描绘仇恨、歧义、暴力或以其他方式侵犯他人权利的方式。

鉴于 NFT 的购买者通常会获得与 NFT 相关作品的许可,每次 NFT 销售都包含两个部分:实际 NFT 的销售(购买者完全拥有)和作品的有限许可。根据美国法律,销售和许可之间的区别可能会产生重要的法律影响。

根据"首次销售原则"(First Sale Doctrine),"特定副本的所有者"可以在未经版权所有者授权的情况下"出售或以其他方式处置该副本的所有权"。[③] 例如,一个人可以转售他们购买的实体书而不侵犯版权所有者的发行权。版权所有者一旦通过出售,将受版权保护的物品置于商业流通中,就已经用尽了对该特定物品发行的专有法定权利。[④] NFT 的购买者可能会认为,该原则也为 NFT 提供了类似权利。然而,美国版权局和至少一个法院曾得出结论,首次销售原则不一定适用于数字作品。[⑤] 其理由是,首次销售原则只是发行权的一个狭隘例外。当数字作品被转移时,会以电子方式创建新的副本,从而侵犯版权所有者的专有复制权。另外,首次销售原则不适用于已被许可的作品。[⑥] 因此,创作者和版权所有者应注意明确说明,虽然购买者可能购买了 NFT,但他们仅仅获得了相关数字作品的许可。

许可条款对于下游购买者的适用性是一个尚未解决的问题。如果购买者在首次销售 NFT 的市场上购买了 NFT,通常不会有问题,因为未来的购买者也同意受市场条款的约束。然而,NFT 的优势之一是它们通常可以转移到最初发

---

① NBA Top Shot 是一个基于区块链的数字收藏品平台,用户可以购买、出售和交易 NBA 比赛中的精彩瞬间,这些瞬间以 NFT 形式存在。

② Dapper Labs 是一家专注于开发区块链应用的公司,旗下知名产品包括 CryptoKitties 和 NBA Top Shot。

③ See United States Congress, 17 *U. S. Code § 109 – Limitations on Exclusive Rights: Effect of Transfer of Particular Copy or Phonorecord*, Cornell Law School (Oct. 19, 1976), https://www.law.cornell.edu/uscode/text/17/109.

④ See United States Supreme Court, *Quality King Distributors, Inc. v. L'Anza Research Int'l, Inc.*, 523 *U. S.* 135 (1998), Justia (Mar. 9, 1998), https://supreme.justia.com/cases/federal/us/523/135/.

⑤ See United States Court of Appeals for the Second Circuit, *Capitol Records, LLC v. ReDigi Inc. No.* 16 – 2321 (*2nd Cir. Dec.* 12, 2018), Copyright Office (Dec. 12, 2018), https://www.copyright.gov/fair-use/summaries/capitol-records-llc-redigi-inc-no.16 – 2321 – 2nd-cir.dec.12.2018.pdf.

⑥ See United States Congress, 17 *U. S. Code § 109 – Limitations on Exclusive Rights: Effect of Transfer of Particular Copy or Phonorecord*, Cornell Law School (Oct. 19, 1976), https://www.law.cornell.edu/uscode/text/17/109; United States District Court, *Apple Inc., a California Corporation vs. Psystar Corporation*, Ninth Circuit Court of Appeals (Sept. 28, 2011), https://cdn.ca9.uscourts.gov/datastore/opinions/2011/09/28/10 – 15113.pdf.

售它们的平台之外，即跨平台流转。在这种情况下，未来的购买者可能不清楚相关作品附带的许可条款和限制。仅包含指向 NFT 元数据的许可条款的链接可能无法解决这个问题，因为购买者在购买之时可能不会查看元数据。即使购买者查看了元数据，NFT 的销售/转让过程可能也不包含"买方对许可条款表示同意"的步骤。一些公司正在开发技术解决方案，以使 NFT 被"包装"在法律协议中，购买者必须同意才能转让 NFT。

（六）版权所有者的强制执行

将知识产权商业化的新技术也不可避免地会产生侵权和盗版行为，NFT 也不例外。拥有丰富知识产权资源的公司可能希望发布声明，与其财产相关的任何 NFT 除非来自公司的直接许可，否则均属未经授权。他们也会就公司员工或签约创作者是否有权铸造为该公司创作的原创作品的 NFT，做相应教育和培训。例如，DC 漫画（DC Comics）在一封外泄信函中告诫其合作签约的自由职业者，不允许出售任何包含 DC 知识产权的数字图像，无论是否包含 NFT。[①]

如果 NFT 是在未经版权所有者授权的情况下铸造的，鉴于版权所有者的一些专有权会受到侵犯（例如，复制、发行、展示和表演作品的权利），他们可能会提出侵犯版权的索赔。然而，在一个去中心化的生态系统中，即使是明确的侵权主张也可能面临挑战，因为在该生态系统中识别侵权方可能很困难。版权所有者可能会将索赔对象聚焦在这个生态系统的中心化节点（如 NFT 交易平台），以保障自身权益。如果版权所有者认为自己的作品受到侵犯，那么许多 NFT 交易平台允许他们根据《数字千年版权法》（Digital Millennium Copyright Act，DMCA）提交删除通知。[②] 然而，成功的删除可能仅意味着在交易平台上展示的作品图像被删除，并不意味着侵权作品会从可能存储的所有平台上被删除，版权所有者需要单独落实和执行这些权利。

值得注意的是，虽然 DMCA 删除通知可能会导致作品展示甚至作品本身被移除，但鉴于区块链的不变性，相关的 NFT 本身可能仍会保留下来。然而，版权所有者可能会稍感安慰，因为指向已被删除作品的 NFT 可能会丧失其价值。

DMCA 还为权利持有人提供了一种机制，可以将传票连同其要求提供有关

---

① See Jamie Redman, *DC Comics Warns Freelancers Not to Participate in NFT Auctions Featuring the Company's IP*, Bitcoin (Mar. 15, 2021), https://news.bitcoin.com/dc-comics-warns-freelancers-nft-auctions-featuring-companys-ip/.

② See United States Congress, 17 *U. S. Code § 512 – Limitations on Liability Relating to Material Online*, Cornell Law School (Oct. 28, 1998), https://www.law.cornell.edu/uscode/text/17/512.

侵权者的身份识别信息的删除通知一起送达。① 这种传票在区块链场景中被证明是行之有效的手段。在特定情况下,如果版权所有者能够证明交易平台明知侵权,并且诱导、导致或实质促成了侵权活动,则版权所有者可以针对交易平台提出共同侵权诉讼。② 鉴于许多交易平台在 NFT 的铸造和 NFT 发行中扮演了积极的角色,证明第二个要素可能相对容易。③ 但是,大多数 NFT 交易平台可能并不知悉其平台上发生的侵权活动。为了证明交易平台的明知,原告需要证明平台知悉其提供给购买者的"特定侵权材料"。④

(七)NFT 购买者的救济

如果与 NFT 相关的作品因侵犯版权或其他原因而被下架,NFT 购买者的权利可能会受到很大限制。鉴于区块链的无需许可和匿名性,找到造成侵权的个人或实体可能很困难。此外,大多数 NFT 交易平台都会谨慎地就其平台上提供的 NFT 的真实性或合法性进行免责声明,并明确指出购买者需自行承担购买 NFT 的风险。但也有一些交易平台(如那些会筛选签约创作者作品的交易平台)会提供适当的机制,来尽量降低购买者的风险。

当购买者能够成功证明他们被交易平台或版权所有者误导时,购买者的权利最有可能获得保护。因此,交易平台或版权所有者明确披露对购买者权利的任何限制,以及明确披露可能会从未来销售中提取的任何费用或转售特许权使用费是很关键的。通过这种方式,可以为购买者提供明确的风险和责任框架,同时为交易平台和版权所有者提供一定程度的保护。

(八)免责声明

与大多数匹配买卖双方的服务提供商一样,NFT 交易平台仅为 NFT 提供平台这类基础设施,不承担任何责任。此外,很重要的一点是,因为 NFT 本质上是存储在区块链上的计算机代码,平台也将不会对 NFT 本身负责。服务条款通常会明确声明,平台上的 NFT 均按"现状"和"原样"提供,平台提供商不保证 NFT 会不间断供应,也不保证其准确性、可靠性或安全性。购买者还应预

---

① See United States Congress, 17 *U. S. Code § 512 – Limitations on Liability Relating to Material Online*, Cornell Law School (Oct. 28, 1998), https://www.law.cornell.edu/uscode/text/17/512.

② See United States Court of Appeals for the Ninth Circuit, *A &M Records*, *Inc. v. Napster*, *Inc.*, 239 *F. 3d* 1004 (9*th Cir.* 2001), Copyright Office (Feb. 12, 2001), https://www.copyright.gov/fair-use/summaries/a&mrecords-napster – 9thcir2001.pdf.

③ See United States Court of Appeals for the Ninth Circuit, *Fonovisa*, *Inc. v. Cherry Auction*, *Inc.*, Casetext (Jan. 23, 1996), https://casetext.com/case/fonovisa-inc-v-cherry-auction-inc.

④ See United States Court of Appeals for the Ninth Circuit, *Perfect* 10, *Inc. v. Amazon. com*, *Inc.*, 508 *F. 3d* 1146 (9*th Cir.* 2007), Copyright Office (Dec. 3, 2007), https://www.copyright.gov/fair-use/summaries/perfect10 – amazon – 9thcir2007.pdf.

见,平台提供商不会保证 NFT 没有病毒或其他有害组件。

除明确 NFT 按现状提供外,平台提供商通常还会向用户披露许多与区块链特性相关的风险因素。这些披露可能包括但不限于:

- 区块链和数字资产的价格波动性;
- NFT 版税的不确定性;
- 澄清平台提供商不负责存储、发送或接收 NFT,且其发生在平台可能无法控制的区块链上;
- NFT 相关资产可能无法访问或交易的风险;
- 存储 NFT 的区块链可能会发生硬分叉的风险;
- 围绕区块链技术和加密货币的不确定监管环境所带来的风险;
- 与硬件、恶意软件和未经授权的行为者有关的风险。

涉及铸造、发售或购买 NFT 的个体或实体应充分理解并考虑这些披露,而搭建 NFT 交易平台的公司应该仔细考虑他们要做哪些风险披露,以确保用户明确知情,并保护自身免受潜在的法律责任。

(九)管辖区及适用法

我们讨论的上述问题可能会因当事方适用哪个司法管辖区的法律而变得更加复杂。关键点在于,NFT 是在去中心化的区块链生态系统上发行,并用加密货币支付,因此可以在任何一方不透露任何地理识别信息(如送货或账单地址)的情况下进行交易。尽管大多数 NFT 市场的使用条款都包含适用法律条款,但该法律可能仅适用于用户与平台之间产生的争议,而无法决定评估与 NFT 相关作品权利的适用法律。随着 NFT 和区块链技术应用范围的扩大,世界各国需要通过一系列的立法或者判例来建立解决这些问题的法律框架,类似于域名使用的早期阶段所经历的司法判例法的发展。我们还可能看到 NFT 的进一步发展,例如在元数据中明确指定适用于 NFT 及其相关作品的管辖法律,并要求购买该 NFT 的人事先接受该适用法律。通过这些方式,可以为 NFT 的交易和权利管理提供更清晰的法律指导,减轻相关法律争议的可能性和复杂度。

(十)反洗钱考虑

作为加密世界反洗钱的先行者,虽然美国财政部金融犯罪执法局①尚未表

① 金融犯罪执法局(FinCEN)是美国财政部下属的机构,负责管理和执行《银行保密法》,该法是适用于美国金融机构的主要反洗钱法律和监管框架。

明某些 NFT 市场参与者(如创作者、铸造者、销售者、交易商、市场运营商等)是否需遵守美国的反洗钱监管要求,但是近期的事态发展以及美国立法者和监管者对与虚拟资产相关的金融犯罪风险的担忧,使得对 NFT 进行监管审查成为必然。

2021 年 3 月,反洗钱金融行动特别工作组(一个制定反洗钱和反恐怖主义融资标准的政府间组织)发布了最新的虚拟资产指引草案,[①]可能会对 NFT 的监管产生潜在影响。反洗钱金融行动特别工作组不是一个监管机构,但其成员包括 37 个国家(包括中国、美国等主要国家)和两个区域机构,其在提出虚拟资产监管框架方面发挥了积极作用。在反洗钱金融行动特别工作组更新的指引草案中,调整了其定义的虚拟资产范围,将之前提到的"可替代资产"替换为"可兑换和可替代资产"。反洗钱金融行动特别工作组进一步指出,"灵活性"在虚拟资产和虚拟资产活动背景下的重要性,并指出某些项目或代币虽然表面上似乎不是虚拟资产,但实际上可能是能够转移或交换价值,或促进洗钱或恐怖主义融资的虚拟资产。反洗钱金融行动特别工作组这一立场可能在为监管某些具有货币属性或储值功能的 NFT 铺平道路。

同样,2022 年早些时候通过的美国反洗钱立法为监管机构提供了更多灵活性和自由度,以监管快速发展的虚拟资产行业。特别是《2020 年反洗钱法》(The Anti-Money Laundering Act of 2020, AMLA)扩大了《银行保密法》下"货币转移业务"和"金融机构"的定义,以包括涉及"代币价值"交换或转移的企业。[②] 虽然该修正案与金融犯罪执法局对虚拟货币采取的现有立场一致,但美国国会对这些定义的扩展赋予了金融犯罪执法局额外的法定权力,使其不仅可以监管现有的虚拟货币,还可以监管其他新兴的支付方式或新的资产类别。迄今为止,金融犯罪执法局尚未发布任何专门针对 NFT 的指南或规则。然而,鉴于 NFT 的持续出圈、某些系列 NFT 价格的热炒以及与反洗钱相关的风险因素,NFT 领域将会受到美国监管部门的持续关注。

(十一)NFT 的监管定位

虽然 NFT 的监管类别多被讨论,但金融犯罪执法局如果将特定 NFT 或某些类型的 NFT 视为"货币替代品的价值",就可能会根据其货币转移规定来监

---

① See FATF, *Public Consultation on FATF Draft Guidance on a Risk-Based Approach to Virtual Assets and Virtual Asset Service Providers*, FATF (Mar. 2021), https://www.fatf-gafi.org/en/publications/Fatfrecommendations/Public-consultation-guidance-vasp.html.

② See Eytan J. Fisch et al., *US Enacts Historic Legislation to Strengthen Anti-Money Laundering and Counterterrorist Financing Legal Framework*, Skadden (Jan. 7, 2021), https://www.skadden.com/insights/publications/2021/01/us-enacts-historic-legislation#:~:text=On%20January%201%2C%202021%2C%20the, CTA)%2C%20the%20Combating%20Russian%20Money.

管相关活动。然而，鉴于 NFT 可能不像可兑换的虚拟货币那样容易被归类为货币替代品，金融犯罪执法局是否将 NFT 归为此类资产可能取决于 NFT 的具体特征、使用方式以及涉及的洗钱风险。

例如，在美国，从一个人那里接收货币、资金或其他“货币替代品的价值”并以任何方式将其转移到另一个地点或另一个人，属于联邦定义下的“货币转移服务商”。金融犯罪执法局在其指引中明确表示，虚拟货币“具有实际货币的等价价值或充当实际货币的替代品”，并且“接收和转移任何可替代货币的等价物将使个体成为货币转移服务商”。在 2019 年 5 月的虚拟货币指南中，金融犯罪执法局表达了对货币转移的广泛看法，并建议“如果其他监管框架定义为商品、证券或期货合约的资产将被专门发行或稍后重新用作货币替代品，那么该资产本身可能属于一种货币替代品的价值，其转移可能构成货币转移”。

货币转移服务商是一种货币服务业务。货币服务业务必须在金融犯罪执法局注册，并且必须遵守《银行保密法》的广泛要求，包括执行基于风险的反洗钱合规计划、提交可疑活动报告和保留某些记录。全部或大部分在美国境内作为货币服务业务开展业务的外国公司也必须在金融犯罪执法局注册，并遵守《银行保密法》的相关规定，违反这些规定可能会受到严重的民事和刑事处罚。

（十二）艺术品交易的风险

日益增加的对艺术品贸易中洗钱和规避制裁风险的担忧，可能会对某些 NFT 交易者产生潜在影响，尤其是监管机构在数字艺术品领域中发现类似的金融犯罪风险时。金融犯罪执法局于 2021 年 3 月发布了指导意见，强调了背负《银行保密法》义务的金融机构“应意识到与文物和艺术品交易相关的非法活动可能会涉及其机构”。2020 年 10 月，外国资产控制办公室也发布了一份咨询报告，强调了涉及受制裁人员的高价值艺术品交易相关的制裁风险。在外国资产控制办公室看来，艺术品市场的不透明性可能使其特别容易违反制裁规定。

尽管目前艺术品交易的参与者不受《银行保密法》的约束，但最近的立法动态表明这可能会在不久的将来发生变化。具体来说，作为反洗钱法 2020（AMLA）的一部分，美国国会委托财政部长对艺术品贸易如何促进洗钱和资助恐怖主义进行研究，并要求在 2022 年 1 月 1 日之前向国会报告其研究结果。AMLA 将《银行保密法》的适用范围扩大至“从事文物交易的人员”，这可能是艺术品交易反洗钱监管即将发生变化的一个风向标。

2023 年 7 月 14 日，美国众议院通过了 2023 财年《国防授权法案》（National Defense Authorization Act，NDAA），该法案将艺术品交易商、信托公司和其他市场中介机构纳入《银行保密法》的“金融机构”定义范围,并要求它们向美国政府报告客户信息。此外,《国防授权法案》还扩大了《银行保密法》中“金融机构”的定义,使其包括从事艺术品贸易的个体或机构。这也意味着艺术品和古董交易商将受到《银行保密法》的约束,这或将影响在区块链上交易数字艺术品或类似商品的交易者。

(十三)证券法考量

NFT 的可编程性使铸造者可以将 NFT 的所有权进行碎片化处理。碎片化 NFT(Fractional NFTs,F-NFTs)的一个目标是为更广泛的买家群体提供参与购买稀有或昂贵的 NFT 资产的能力。其中一种方法是利用智能合约发行预定数量的同质化加密代币(通常称为“碎片”),这些代币将作为底层 NFT 的细分权益。这些可交易的碎片可以在二级市场(包括通过去中心化交易平台)上购买或出售。

根据美国最高法院的豪威测试,当资产所代表的交易满足以下条件时,则构成“投资合同”(从而构成“证券”):(1)金钱投资;(2)共同事业;(3)基于他人管理或努力产生利益的合理期待。多年来,美国法院通过不断积累的案例已完善了豪威测试,阐明当特定资产主要用于个人使用而非被动投资时,它可能不构成“投资合同”。此外,如果购买者寻求的“利润”是基于自身的努力或市场供需,则可能无法满足豪威测试。

如果将豪威测试应用于代表数字收藏品和艺术品权利的 NFT,那么法院应当会有充分的理由得出此类数字资产不应被视为豪威测试下的投资合同的结论。每个 NFT 都是独一无二的、独特的数字资产,因此可以说 NFT 的购买或出售不涉及“共同事业”。此外,许多购买者购买 NFT 是因为其消费价值,即购买者因为喜欢该 NFT,所以想真正地拥有它,而非期待该 NFT 可能带来的任何潜在利润。尽管一些购买者可能会根据 NFT 未来升值的可能性来寻求利润,但这种升值可能与其稀有度和市场热度密切相关,而非卖方任何持续的管理或创业努力。鉴于豪威测试需要基于特定事实和环境,每个 NFT 都应自行评估,以确定其发行或销售是否构成投资合同。

此外,对 NFT 本身的分析并不一定会穷尽问询。大多数应用豪威测试的案例涉及的标的资产本身不是证券。不过,法院曾认为,若卖方推销标的资产的方式(包括其所有附加承诺)实际上让投资者产生了基于其他人的管理努力来创造合理利润的预期,则此种推销方式可构成豪威测试下的投资合同。因此,我们应该超越 NFT 本身是否为证券的局限,而是基于其发行和销售的所有事实和环境来判断。这与美国证券交易委员会前主任威廉·辛曼(William

Hinman)的观点不谋而合。威廉·辛曼在认为 ETH 不应被视为一种证券时强调,对某物是否为证券的分析不是静态的,也不取决于金融工具本身,而是取决于其发行和销售的方式。因此,即使 NFT 不是证券,在某些事实和情况下,也有可能作为投资合同出售。

引起潜在证券问题的一个具体情况是 NFT 被分割成碎片的情况。正如美国证券交易委员会委员赫斯特·皮尔斯(Hester Peirce)所指出的,NFT 中的部分权益可能被视为未注册证券,即使 NFT 本身不具备注册证券的资格。因此,人们应该考虑碎片化 NFT 发行或出售的所有情况,以评估它们是否可以被视为豪威测试中的投资合同,包括评估将碎片化 NFT 推销给潜在买家的方式,以及发起人在销售前后对碎片化 NFT 的持续作用。

例如,应该考虑发起人对于底层 NFT 的持续作用(如有),包括对 NFT 未来销售的任何控制权,以便使碎片化 NFT 的所有持有者受益。如果相关协议允许碎片化 NFT 购买者通过合并所有权控制 NFT,从而独立决定其使用或销售方式,则将削弱购买者依赖他人努力实现收益的观点。此外,如果碎片化 NFT 的营销主要强调 NFT 或碎片化 NFT 的消费价值(而非基于发起人持续努力的投资回报潜力),则它们被视为豪威测试下投资合同的风险会降低。

最终,虽然 NFT 本身不太可能被归类为证券,但与证券相关的进一步问题可能需要围绕其创建、推广和销售的具体事实和情况进行评估。

第六节 游戏金融(GameFi)项目全球发展趋势及合规指南

一、GameFi 全球生态发展综述

(一)GameFi 的发展历史

游戏金融(GameFi)是游戏(Game)和金融(Finance)的融合。其包含了三个核心要素:Game(游戏)、DeFi(Decentralized Finance,去中心化金融)和 NFT(Non-Fungible Token,非同质化代币)。[①] GameFi 的典型模式为 P2E(Play to Earn),即边玩边赚,玩家可以通过玩游戏来赚取 NFT。玩家可以将 NFT 兑换为其他加密货币,如比特币、以太币等,同时也可以在游戏内进行交易,用于购

① See Juliane Proelss, Stéphane Sévigny & Denis Schweizer, *GameFi: The Perfect Symbiosis of Blockchain, Tokens, DeFi, and NFTs?*, Social Science Research Network (Jan. 2, 2023), https://papers.ssrn.com/sol3/papers.cfm?abstract_id=4316073.

买游戏皮肤、装备等。而且一旦交易完成,玩家就可以获得对这些数字资产的所有权,不会随着游戏的关停而消失。

GameFi 概念最早由混合漫威(MixMarvel)[①]首席战略官玛丽·马(Mary Ma)在 2019 年下半年的乌镇峰会上提出,这个概念融合了游戏化金融和全新的游戏化商业模式。2020 年 9 月,Yearn. Finance[②] 的创始人安德烈·克罗涅(Andre Cronje,AC)提出 DeFi 行业将从 TradeFi(传统金融)阶段转向 GameFi(游戏金融)阶段,预见了用户资金在 DeFi 游戏中作为装备使用的趋势。此时,GameFi 才真正引起加密市场参与者的关注。

Nansen 数据显示,GameFi 的发展可分为四个阶段[③]:第一阶段,以 NFT 小游戏和养成类游戏为主,尽管游戏性不强,却为 GameFi 市场铺路;第二阶段,以 P2E 和 NFTs 为特点的端游和手游出现,这类游戏在可玩性上不如传统游戏,但重视游戏资产价值;第三阶段在第二阶段的基础上,大幅提升了游戏质量,吸引了更多玩家参与 GameFi 市场;第四阶段则见证了 3A 游戏厂商的入局,他们将带来更高品质的 GameFi 游戏或在传统游戏中引入区块链技术和 NFT 等游戏资产。

最早的 GameFi 游戏代表是于 2017 年诞生的加密猫。2017 年 12 月 9 日,加密猫单日活跃用户超过 14,000 人,一度导致以太坊网络交易堵塞。此事件可以说是 GameFi 发展的重要里程碑。自那以后,越来越多的 GameFi 游戏出现,游戏内容也变得日益多元化:从最初的收藏交易类游戏,到如今涵盖各种类型具备互动性和沉浸感的游戏。GameFi 迅猛发展,并逐渐融入主流游戏市场。

直到 2021 年 Axie Infinity 获得了超过 100 亿美元的大幅度增长,又碰巧遇到新冠疫情的暴发,很多人将大量的闲暇时间投入游戏当中,促使其大获成功。[④] 总体而言,GameFi 的发展历程体现了 DeFi、NFT 在游戏领域的不断深入和持续创新,也预示着未来 GameFi 市场的广阔前景。

(二)GameFi 与传统游戏的区别

GameFi 的很多特性在与传统游戏对比之后,能够更明显地显现。

---

① MixMarvel 是一家区块链游戏开发和发行公司,致力于通过区块链技术打造去中心化的游戏生态系统。

② Yearn. Finance 是一个基于以太坊的去中心化金融(DeFi)平台,提供自动化收益优化服务,帮助用户在不同的 DeFi 协议中获得更高的收益。

③ See Nansen, *The Compelling Case for NFT Gaming*, Nansen (May 26, 2021), https://www. nansen. ai/research/the-compelling-case-for-nft-gaming.

④ See Juliane Proelss, Stéphane Sévigny & Denis Schweizer, *GameFi: The Perfect Symbiosis of Blockchain, Tokens, DeFi, and NFTs*?, Social Science Research Network (Jan. 2, 2023), https://papers. ssrn. com/sol3/papers. cfm? abstract_id = 4316073.

1. 真正属于玩家的游戏资产

以 Axie Infinity 为例，该项目发行自己的项目代币如 AXS 和 SLP。传统游戏中的游戏角色、装备等这类游戏资产，都是储存在开发者的服务器上的，玩家并不享有所有权。一旦开发者关停服务器，所有的游戏资产就将不复存在。而 GameFi 上的资产是真正属于玩家的，玩家可以实现游戏资产的变现。比如，像 Axie Infinity 这类 GameFi 游戏中的代币和资产都公开透明地记录在区块链上，这确保了它们的可追溯性和不可篡改性。而这种模式也意味着，游戏资产不再只是存储在开发者服务器上的数据，而是成为玩家可以自由买卖、交换和控制的真实资产。玩家不仅可以在游戏内使用这些资产，还能在游戏外的市场上交易它们，从而实现资产的变现。这种游戏资产所有权的转移，是 GameFi 区别于传统游戏的一个显著特征。

2. 营利模式的差异

传统的游戏模式主要是免费体验（Free to Play）或者付费体验（Pay to Play），通过玩家在游戏中的消费、内置投放广告、数据的资产化来营利。GameFi 为游戏的开发者提供了一种新的营利模式，使他们可以通过发行游戏内的代币或者 NFT 来筹集资金。[①]

3. 去中心化的商业模式

与传统的游戏不同，GameFi 更推崇去中心化的商业运营模式，也更加注重社区治理，所有的游戏玩家都可以参与到游戏的模型迭代、项目运营和社区治理当中去。

4. 玩家参与动机的不同

传统游戏的玩家参与到游戏中的主要目的是娱乐或社交。基于 GameFi P2E 的运营模式，玩家参与的主要目的从娱乐转为赚钱。尤其是前几年经济形势的不断下行，不少人面临失业问题，为了维持生计，通过游戏赚钱成为其主要的经济来源之一。

（三）GameFi 的全球生态发展

2021 年 GameFi 的全球市值是 90 亿美元，根据调查，2031 年其全球市场规模将达到 905.1 亿美元。可以看出，未来十年 GameFi 领域将有广阔的发展空

---

① See Juliane Proelss, Stéphane Sévigny & Denis Schweizer, *GameFi: The Perfect Symbiosis of Blockchain, Tokens, DeFi, and NFTs?*, Social Science Research Network (Jan. 2, 2023), https://papers.ssrn.com/sol3/papers.cfm?abstract_id=4316073.

间。[1] 但巨大的机遇背后,也潜藏着种种风险和挑战。

1. 代币的通货膨胀

以 Axie Infinity 为例,玩家有三种方式赚取代币,但是消耗的方式仅有一种。一旦玩家的行为模式改变,如不再消耗代币,就可能导致代币供过于求,从而导致代币的价值下跌。另外,游戏的开发者对于代币的供应量并没有设置上限,这进一步导致了通货膨胀现象的加剧。[2] 换言之,游戏内发行的代币受到玩家行为的影响,币值波动通常较大。

2. 受宏观经济的影响

GameFi 的运营其实高度依赖玩家的参与。如果没有玩家参与到游戏当中,GameFi 的运营状况就会受到极大影响。而玩家的参与度又与宏观经济形势息息相关。GameFi 自身的商业模式 P2E,决定了玩家大多数是为了赚钱而非娱乐或社交。一旦游戏代币价格下跌,导致玩家的游戏收益不及预期,就会严重挫伤玩家的参与积极性,参与游戏的人数就会大幅度下降。[3] 再加上 GameFi 的游戏设计较粗糙,大多缺乏可玩性和游戏性,这意味着通过游戏本身很难留住玩家。

3. 游戏开发者的过度承诺

GameFi 游戏的开发者往往会绘制精美的计划书和路线图来讲述项目的美好愿景,但实际上这些承诺通常并不能全部兑现。例如,像素宝可梦(Pixelmon)作为一个 GameFi 项目,其开发者发布了一份详细的简报和路线图,展示了项目的愿景和目标,并承诺在一年内完成这个项目。然而,这种快速的开发周期和宏大的愿景在实际执行时往往难以实现。因为游戏开发是一个复杂且耗时的过程,通常涉及大量的资金和人力。相比之下,知名的传统游戏《原神》的开发计划就显得更为现实和可行。《原神》的项目时间计划为 2 年,由 700 人的团队负责开发,预算高达 1 亿美元。这种规模和资源的投入反映了高质量游戏开发的实际需求。将 Pixelmon 和《原神》进行比较,可以看出 GameFi 项目中的过度承诺问题。Pixelmon 承诺在较短时间内完成一个复杂的游戏项目,但没有类似《原神》那样庞大的团队和充足的资金支持,这使 Pixelmon 的承诺在现实中难以实现。

---

① See Business Research, *GameFi Market Report Overview*, Business Research (Jun. 3, 2024), https://www.businessresearchinsights.com/market-reports/gamefi-market-102420.

② See Juliane Proelss, Stéphane Sévigny & Denis Schweizer, *GameFi: The Perfect Symbiosis of Blockchain, Tokens, DeFi, and NFTs?*, Social Science Research Network (Jan. 2, 2023), https://papers.ssrn.com/sol3/papers.cfm?abstract_id=4316073.

③ See Juliane Proelss, Stéphane Sévigny & Denis Schweizer, *GameFi: The Perfect Symbiosis of Blockchain, Tokens, DeFi, and NFTs?*, Social Science Research Network (Jan. 2, 2023), https://papers.ssrn.com/sol3/papers.cfm?abstract_id=4316073.

因此,虽然某些 GameFi 项目的愿景和目标或许很吸引人,但实际的践行难度和资源限制通常意味着这些承诺很难完全兑现。

综上所述,相比于传统游戏,GameFi P2E 的运营模式的确具有很大吸引力,让游戏内的资产可以真正属于玩家,并能够给玩家带来可观的收益。因此,很多人都对其发展持有积极态度。但目前 GameFi 还处于发展早期,其吸引玩家的本质仍源于 DeFi 本身具备的优势。这意味着 GameFi 在继承了 DeFi 的优势的同时,也不可避免地承袭了它的缺陷。如前文所述,GameFi 玩家的积极性极大程度上受到游戏内代币价值波动的影响。如何能够真正实现边玩边赚,更好地平衡游戏的可玩性和收益率,是 GameFi 实现可持续发展的关键。

二、GameFi 潜在法律风险剖析

GameFi 将流动性"挖矿"过程用游戏取代,让用户根据特定的游戏机制完成操作或积累后获得收益或奖励,并将 NFT 引入游戏,构建起了游戏角色、装备、道具与 NFT 之间的价值转换桥梁,从而形成了由游戏内的代币(游戏奖励)、NFT 和加密货币组成的经济系统。[①] 这一复杂的体系在吸引大量用户入场的同时,也使 GameFi 行业中蕴藏了不少的法律风险。伴随着 GameFi 行业的蓬勃发展,众多投资者纷纷入场,这些风险的危害将进一步扩大,因此如何识别及合理管控风险势在必行。

GameFi 行业与金融安全息息相关,因此其法律风险除一般的民事风险之外,也包括行政风险与刑事风险。目前,中国内地严禁虚拟货币交易活动,中国人民银行等五部委于 2013 年颁布的《关于防范比特币风险的通知》以及 2021 年出台的《关于进一步防范和处置虚拟货币交易炒作风险的通知》(银发〔2021〕237 号)明确反映了"虚拟货币相关业务活动属于非法金融活动"的严格监管态度。由于在 GameFi 经济系统中,虚拟货币属于不可或缺的资产,这使 GameFi 在中国内地的发行和运营失去了生存空间。需要注意的是,中国内地并未在立法层面明确禁止持有虚拟货币。

总体而言,在 GameFi 能够运营的司法辖区内,GameFi 所涉及的法律风险主要体现在以下几个方面。

(一)证券法之下的监管风险

在美国现行监管框架下,如果游戏用户投资 GameFi 项目(如购买游戏内资

---

① 参见周杨:《区块链游戏(GameFi)开发运营的境内外合规路径探讨》,载微信公众号"北京市竞天公诚律师事务所"2023 年 1 月 30 日,https://mp.weixin.qq.com/s/nfofKxxHoHgQs9oqhDWlTw。

产)是基于对利润的预期,且这一预期可被认定为取决于他人(如游戏管理员)的管理努力,那么这一 GameFi 代币很可能被美国证券法下著名的豪威测试认定为一种“证券”。

美国 1933 年《证券法》第 2 条第 1 项下对“证券”的定义是非常宽泛的,除股票、债券等“利润分享协议”(Profit-Sharing Agreement)之外,还包括“投资合同”(Investment Contract)。[①] 对于特定交易是否构成证券,美国最高法院在 1946 年豪威案判决中确立了一项原则,即上文所提及的豪威测试。

在这一前提下,GameFi 中的代币发行,甚至某一类型 GameFi 游戏中的公会财产是否会构成“证券”,自然成为一个问题。以 EVE Online[②] 为例,玩家可以集中资源(可被视为一种投资过程或购买过程)建造泰坦(Titans),用于大规模的舰队战斗(游戏公会间的竞争)。如果这种泰坦可以交易,那么它们可能会被认定为豪威测试下的“证券”。[③] 若 GameFi 代币被豪威测试判定为证券,那么项目方往往会面临巨大的合规成本,并处于严格监管之下,其往往只能根据证券法规在美国证券交易委员会进行注册或寻求相应的豁免申请,否则将会直接面临美国证券交易委员会的执法行动。而对于进行了相应注册的项目,其也可能因经营违规项目而面临监管机构的巨额罚款。

2023 年 6 月 5 日和 6 月 6 日,美国证券交易委员会起诉了币安(Binance)和币基(Coinbase),指控两家虚拟资产交易平台在未经注册的情况下非法经营加密资产证券业务,并在其两封起诉书中将头部 GameFi 项目 Axie Infinity 发行的 GameFi 代币 AXS 认定为证券。此后一周内,AXS 价格下跌超过 30%,从每枚 7.6 美元左右跌至 5.0 美元以下,创近两年新低。[④] 这生动体现了证券法监管风险对 GameFi 项目的发展影响之大。

在中国香港地区,游戏资产(Game Assets)尚未进入虚拟资产立法的范畴。未来的立法或监管层面或将体现对该领域的考量。

(二)被认定为赌博的风险

GameFi 若加入射幸机制(如抽奖、押注、盲盒等),则该游戏项目将存在被认定为赌博的可能性,尤其是在线赌博。

---

① See United States Congress, *Securities Act of* 1933, United States Code (May 27, 1933), https://www.govinfo.gov/content/pkg/COMPS-1884/pdf/COMPS-1884.pdf.

② EVE Online 是一款由社区驱动的大型多人在线角色扮演游戏(MMORPG),以太空飞船和星际探索为主题。

③ See Hong Kong Lawyer, *What Is Game-Fi? Birth of the "Pay-To-Play" Model*, Hong Kong Lawyer (Sept. 2022), https://www.hk-lawyer.org/content/what-game-fi-birth-%E2%80%9Cpay-play%E2%80%9D-model.

④ 参见李洁、冯雪、赵雪莹:《浅谈 play to earn 机制下的 GameFi 代币经济及其监管——以 Axie Infinity 为切入视角》,载微信公众号“广和律师”2023 年 9 月 12 日,https://mp.weixin.qq.com/s/GUtNYONHj7KbnXTveQEUog。

以美国为例,尽管联邦层面上有关于赌博行为的相关规定,但某个具体的行为是否构成赌博更多取决于州的法律规定。[①] 各州均有对经济及其他因素的考量,因此规制各异。目前,多数州对于赌博测试(The Test for Gambling)的定义如下:"(a)将具有价值之事物(Something of Value)作为赌注或冒险;(b)基于不受个人控制或影响的概率竞争结果或未来偶然性事件之上;(c)若该结果出现,根据某一协议或共识,该个人或他人将获得具有价值之事物。"[②]由于GameFi 项目中,根据游戏的服务条款,游戏道具可以转让,并且可以与加密货币进行相互兑换,因此其很可能会被认定存在经开发者授权的虚拟物品的二级交易市场,从而使 GameFi 代币被法院认定为"具有价值之事物",进而归为赌博,导致 GameFi 受到各种相关法律的规制,很可能会使项目遭受多方面的负面影响。

在新加坡,若非持有赌博管理局(Gambling Regulatory Authority,GRA)赋予的授权牌照或根据法律取得相关类型的牌照,所有形式的赌博,无论是线上的还是线下的,都是违法的。因此,GameFi 项目需要尤其注意《2022 年赌博控制(远程概率游戏——类别许可证)令》[Gambling Control(Remote Games of Chance—Class Licence) Order 2022]这一法令,取得该法令下规定的 Type 1 和 Type 2 相关类型的牌照(Class Licence)。根据 Type 1 和 Type 2 牌照的要求,该法令下的牌照主要要求在线互动概率游戏能够免费参与且不包含特定被禁止的机制或图像,或允许赢得主要用于游戏内微交易(Microtransaction)的奖品,这类奖品可以为金钱等价物。[③] 这体现出并非所有 GameFi 模式都是合规的,GameFi 项目方需根据当地法规对自身商业模式作出合规调整,以避免风险。

(三)税收法律风险

作为一种投资方式,GameFi 的投资所得属于财产性收益,自然会被征税。以美国为例,自 2014 年以来,美国国税局就已经要求对加密货币这部分收入进行征税。关于 GameFi 投资所得的税收问题,有两个重要的方面需要注意:首先,任何加密货币之间的交易都属于资本收益事件(Capital Gains Event),由此

---

① 参见周杨:《区块链游戏(GameFi)开发运营的境内外合规路径探讨》,载微信公众号"北京市竞天公诚律师事务所"2023 年 1 月 30 日,https://mp. weixin. qq. com/s/nfofKxxHoHgQs9oqhDWlTw。

② See James Gatto, *Legal Issues with Blockchain-Based Crypto Games and Collectible*, SheppardMullin (Nov. 14, 2023), https://www. sheppardmullin. com/media/publication/1718_Blockchain-Issues-for-Interactive-Entertainment-Companies-Article-0518. pdf.

③ See Lau Kok Keng et al., *Gaming Law* 2023, Chambers and Partners (Nov. 28, 2023), https://practiceguides. chambers. com/practice-guides/comparison/750/12102/19337-19338-19339-19340-19341-19342-19343-19344-19345-19346-19347-19348-19349.

需缴纳资本利得税（Capital Gains Tax）。资本利得税是一种仅对出售资产或投资之后的获利所征收的税，税率也会因纳税人当年的纳税等级而有所不同。对于 GameFi 而言，这意味着交易游戏内代币或 NFT 都需要缴纳资本利得税，并且虚拟土地也并不会被视为真实的土地，而是加密资产，因此对于此类虚拟资产的交易也需要缴纳资本利得税。① 其次，GameFi 的收入还可能被征收所得税。无论是空投还是作为提供服务的报酬而转入钱包的加密货币都被视为收入，从而需要缴纳所得税。比如，某一玩家在去中心化乐园（Decentraland）②拥有一些土地，并决定在其地块上放置广告，作为回报，广告商会将游戏中的代币（In-Game Token）MANA 转入其账户。这部分代币将被认定为收入，其价值为玩家在收到 Decentraland 项目代币 MANA 时的美元价值，并需缴纳所得税。③另一个例子则是，当长期玩家被空投了特殊物品（通常是 NFT）后，其也需要根据空投时该特殊物品的价值缴纳所得税。④ 因此，无论是 GameFi 玩家还是项目方，都需注意自身的纳税义务，否则将面临违反税法的风险。

（四）洗钱犯罪风险

由于 GameFi 继承了 DeFi 的特性，为用户提供了匿名性，且自网络游戏普及以来，利用游戏装备或资产进行洗钱的现象层出不穷，GameFi 逐渐成为洗钱犯罪分子首要考虑的洗钱方式之一。利用 GameFi 的独特机制，洗钱犯罪分子不仅可以通过游戏装备换取 NFT 再兑换法币进行洗钱，还可以通过在游戏内发行代币来漂白黑资。⑤

国际组织和热门司法管辖区对于此种洗钱犯罪行为秉持着严格打击的监管和执法态度。在国际组织方面，国际反洗钱金融行动特别工作组于 2019 年 6 月 21 日公布《基于风险路径的虚拟资产及虚拟资产服务提供商指南》（Guidance for a Risk-Based Approach to Virtual Assets and Virtual Asset Service Providers），将虚拟货币交易所、虚拟货币钱包供应商以及为首次代币发行提供金融服务的机构纳入监管范围，要求此类主体严格贯彻“了解你的客户”和反洗

① See Crypto Tax Calculator, *Why Tax Laws Still Apply to Crypto Gaming*, Crypto Tax Calculator（Nov. 16, 2023）, https://cryptotaxcalculator.io/us/blog/crypto-gaming-tax/.

② Decentraland 是一个基于区块链的虚拟现实平台，用户可以购买、建造和交易虚拟地产和资产，体验并创建沉浸式的虚拟世界。

③ See Crypto Tax Calculator, *Why Tax Laws Still Apply to Crypto Gaming*, Crypto Tax Calculator（Nov. 16, 2023）, https://cryptotaxcalculator.io/us/blog/crypto-gaming-tax/.

④ See Crypto Tax Calculator, *Why Tax Laws Still Apply to Crypto Gaming*, Crypto Tax Calculator（Nov. 16, 2023）, https://cryptotaxcalculator.io/us/blog/crypto-gaming-tax/.

⑤ 参见周杨：《区块链游戏（GameFi）开发运营的境内外合规路径探讨》，载微信公众号“北京市竞天公诚律师事务所”2023 年 1 月 30 日，https://mp.weixin.qq.com/s/nfofKxxHoHgQs9oqhDWlTw。

钱的合规程序，对客户进行尽职调查，以预防洗钱行为。这一标准为各个国家和地区所参考。

而在新加坡，新加坡金融管理局(Monetary Authority of Singapore, MAS)在反洗钱和反恐怖主义融资方面有着严格的监管要求。根据新加坡相关法律法规，具有较高洗钱风险敞口的金融机构、指定行业从业者都需要履行反洗钱和反恐怖主义融资的合规义务，其中金融机构主体包括数字支付服务商(Digital Payment Token Service Provider)。

在新加坡，金融机构和指定行业从业者在履行反洗钱合规义务时，必尽的合规义务包括客户尽职调查，加强尽职调查(Enhanced Customer Due Diligence, ECDD)，记录保全和提交可疑交易报告。根据《新加坡金融管理局法案》(Monetary Authority of Singapore Act)，金融机构未能遵守其适用的反洗钱/打击恐怖主义通知中的任何要求，即构成犯罪，并可被处以高额罚款。如果是持续犯罪，在定罪后继续犯罪的每一天，金融机构都会被继续处以高额罚款。由于数字支付服务具有更高的洗钱和资助恐怖主义的风险，新加坡金融管理局特别指出，数字支付服务商应确保其现有的反洗钱和反恐怖主义融资控制措施符合新加坡金融管理局 PS-N02 号通告及其附带指南的要求，应定期审查内部控制，以跟上监管发展的步伐。[①] 综上，GameFi 项目方需深刻理解国际上对反洗钱和反恐怖融资的强硬监管和执法力度，做好合规工作，避免自身陷入此类漩涡。

(五)知识产权相关风险——NFT

如前文所述，GameFi 的另一个核心机制为游戏道具与 NFT 之间的价值转换，但这仍会涉及较为重大的法律风险。NFT 与基础资产的联系主要有两种情形：一是数字作品被编码进 NFT 中，但这种情况并不常见；二是 NFT 包含一个加密代码，该代码或与某一特定艺术品的数字副本直接相连，或可被用于识别该艺术品的数字副本，这种情况是较为常见的。在第二种情形中，NFT 通常会包含艺术作品数字副本文件的哈希(Hash)，使这一由数字和字母组成的字符串能够唯一单向地指向数字文件，但无法由数字文件反向溯源。因此，该 NFT 中的哈希并不能使 NFT 购买者直接持有数字文件，购买者还需要单独持有一份数字文件的副本。

---

① See Monetary Authority of Singapore, *Strengthening AML/CFL Controls of Digital Payment Token Service Providers*, Monetary Authority of Singapore (Mar. 2021), https://www.mas.gov.sg/-/media/mas/regulations-and-financial-stability/regulations-guidance-and-licensing/payment-service-providers/strengthening-amlcft-controls-of-digital-payment-token-service-providers.pdf.

以美国为例,著作权的所有人能够根据《美国法典》第17编第106条拥有一系列的独有权利,包括复制作品、制作衍生作品、分发副本、公开展示作品以及公开表演作品的权利。在出售与某一艺术作品相关联的NFT时,如果合同中并没有明确规定著作权会随NFT一同移转,且实际上也没有著作权人的授权时,艺术作品的著作权将不归属NFT购买者,且对于购买者而言是脱链(Off-Chain)的。因此,尽管NFT作为虚拟资产的所有权可以在不同主体之间移转,但是艺术作品的著作权并不会随着虚拟资产所有权的变化而发生移转。此外,根据《美国法典》第17编第101条,NFT可被归类为原作品的复制品或衍生品,使创建或铸造NFT这一行为本身就可能构成对原作品著作权的侵犯,从而衍生知识产权维权诉讼。因此,根据美国的著作权法,艺术作品的著作权人通常是唯一有权基于自己的原创作品铸造NFT的主体,并且只有经过著作权人授权,第三方才能合法铸造相应的NFT。在这一前提下,为了构建GameFi项目而大规模铸造NFT,并将其作为GameFi游戏资产的项目方,极需注意游戏中NFT的内容是否已经获得相应著作权人的授权,并明确授权使用范围,从而避免侵犯他人的知识产权,将自身暴露在极大的法律风险之中。

三、GameFi项目合规指南

对于大多数GameFi项目而言,其表面上是虚拟资产与游戏的结合,但本质是一种通过游戏方式运行的去中心化金融(DeFi)活动。GameFi的类型虽然多种多样,但本质无非是不同模型的DeFi,且由于其去中心化、强匿名性、抗审查等特质,也容易给违法犯罪提供可乘之机,因此GameFi项目的合规显得尤为必要。①

(一)代币与NFT的合规——从GameFi的本质出发

和传统游戏模式不同,GameFi采取P2E模式,最终形成一套由游戏内的代币(游戏奖励)、NFT和加密货币构成的经济系统。GameFi一般会发行自己的游戏代币,玩家通过参与游戏如赢得战斗、完成任务等赚取该代币,这些代币可以和BTC、ETH、USDT等市场主流加密货币进行兑换,进而同法币兑换,从而完成变现。而游戏内的独特资产,如角色、装备、土地等,可以作为NFT进行代币化,这些NFT可以在各种市场上购买、出售或交易,具有真实世界的价值。此外,GameFi项目整合了DeFi元素,用区块链技术替代传统金融机构,通过智

---

① See Jennie, *A Brief Introduction About GameFi-An All-Encompassing Hub for Game Finance*, Medium (Aug. 5, 2021), https://medium.com/gamefi-official/a-brief-introduction-about-gamefi-an-all-encompassing-hub-for-game-finance-54a433863c4d.

能合约的部署达到交易、质押、借贷等功能的自动执行，允许玩家通过质押、“挖矿”等从代币或 NFT 中赚取更多收益。[①] 剖析 GameFi 的本质和运作逻辑可知，关注代币合规与 NFT 合规具有重要意义。

1. 代币合规

GameFi 中的代币有被监管机构认定为证券的可能性，那么 GameFi 中进行的首次代币发行可能被认定为一种证券发行行为，就会涉嫌非法发售代币票券、擅自公开发行证券等非法金融活动。若未经过证券发行主管机关的批准，一款 GameFi 游戏一旦被认定为非法证券活动交易平台，就面临构成非法经营罪的刑事风险。

美国证券交易委员会利用豪威测试判断代币是否为证券。如果一项交易满足以下条件：(1)涉及金钱投资；(2)投资于一个共同事业；(3)预期获得利润；(4)利润主要来源于他人的创业或管理努力，那么这项交易可以被视为一种投资合同，因此也属于一种证券。[②] GameFi 可以将第 4 项判断要素作为合规的着手点，通过区块链等技术使其运营信息完全公开透明，使所有人都能获得，同时避免通过主动性管理活动来推动事业的成败，应由不可篡改的智能合约、去中心化自治组织促成企业的成败。

同时，游戏内代币通过虚拟货币这一媒介完成和法币的兑换，应当考虑我国关于虚拟货币的监管合规要求。根据中国人民银行、原中央网信办、工业和信息化部等《关于防范代币发行融资风险的公告》，中国人民银行、中央网信办、最高人民法院、最高人民检察院、工业和信息化部、公安部、市场监管总局、原银保监会、证监会、外汇局《关于进一步防范和处置虚拟货币交易炒作风险的通知》规定，虚拟货币相关业务活动属于非法金融活动。开展法定货币与虚拟货币兑换业务、虚拟货币之间的兑换业务、作为中央对手方买卖虚拟货币、为虚拟货币交易提供信息中介和定价服务、代币发行融资以及虚拟货币衍生品交易等虚拟货币相关业务活动都是严格禁止的。因此，在国内发展 GameFi 项目举步维艰。

2. NFT 合规

如前所述，GameFi 在区块链上运行，NFT 为主要价值载体之一。而 NFT 在发布和经营的过程中存在被认为有金融产品化的风险。目前，我国虽然还没

---

① See Guneet Kaur & Kristina Lucrezia Cornèr, *A Beginner's Guide to the GameFi Ecosystem*, Cointelegraph (Feb. 21, 2024), https://cointelegraph.com/learn/a-beginners-guide-to-the-gamefi-ecosystem.

② See Securities and Exchange Commission, *Framework for "Investment Contract" Analysis of Digital Assets*, Securities and Exchange Commission (Mar. 8, 2023), https://www.sec.gov/corpfin/framework-investment-contract-analysis-digital-assets.

有法律或行政法规规定 NFT 不能进行二级市场交易,但司法实践中有判决表示我国还未开放 NFT 或数字藏品的二级市场买卖。[①] 根据中国互联网金融协会、中国银行业协会、中国证券业协会《关于防范 NFT 相关金融风险的倡议》,我国坚决遏制 NFT 金融化证券化倾向,从严防范非法金融活动风险,抵制 NFT 投机炒作行为。结合该倡议的相关行为规范,GameFi 项目应维持 NFT 的稀缺性和不可分割的特性,突出可玩性,不通过分割所有权或者批量发行等方式削弱 NFT 非同质化的特性,变相发行权益类产品或开展首次代币发行融资。同时,不为 NFT 交易提供集中交易等服务,变相违规设立交易场所。考虑到虚拟货币的监管政策,也不能以比特币、以太币等虚拟货币作为 NFT 发行交易的计价和结算工具。最后,要对发行、售卖、购买主体进行实名认证,妥善保存客户身份资料和发行交易记录,积极配合各项监管工作。

(二)游戏项目自身的合规——从 GameFi 的本体出发

虽然本质是去中心化金融(DeFi),但是 GameFi 本身以及创新模式皆建立在游戏项目基础之上。从游戏的本体出发,GameFi 也要符合国内外游戏领域的法律规范和监管政策。

1. 内容设计

其一,游戏自身所反映的内容和信息不得违背社会主义核心价值观及公序良俗,不得传播色情、反动、暴力、赌博等具有社会危害性的信息。若开发的网络游戏向海外用户开放,还应符合拟发行地区关于游戏禁止性内容的规定,并在此基础上确保游戏内容不与当地的宗教、文化、民族、种族等相冲突。

其二,作为一款玩家可从中盈利的游戏,要注意射幸机制的设计以免构成赌博。一款游戏被认定为涉嫌赌博主要在于输赢的偶然性并且具有提现功能。因此,GameFi 团队应尽量避免采用比输赢等获取游戏道具的机制,谨慎对待盲盒、抽奖等射幸玩法,合理设计核心玩法,包括代币分配与流通、激励机制、治理结构等。同时,游戏平台不得为游戏道具、游戏代币与市场通用代币、法定货币等之间自由兑换提供通道。

其三,一般而言,GameFi 项目需要购买平台代币、NFT 和其他道具等才能参与游戏,项目方不能再采用传销手段发展游戏玩家,以防构成组织、领导传销活动罪。传销具有层级性和返利性的特点,因此项目方应当避免设置层级性返利的推广规则。例如,上线玩家可以通过发送邀请码、分享链接等方式,发展下

---

① 参见浙江省浦江县人民法院民事判决书,(2022)浙 0726 民初 4021 号。

线玩家,上线玩家除了可以获得下线玩家初始充值的分成,还能按一定比例获取下线玩家在游戏过程中赚得的收益,并且该返利可以进行层级性传递。

2. 用户信息和数据保护

对于需要收集玩家个人信息的 GameFi 项目方,要注意数据合规问题,对于个人信息的收集、使用和管理要符合《数据安全法》《网络安全法》《个人信息保护法》等规定,通过合法合理的方式收集、利用玩家信息,并切实做到妥善管理和存储。

需要收集玩家个人信息的 GameFi 开发者和运营商在向海外用户开放时亦要遵守该地区关于用户信息和数据保护方面的监管政策。例如,向欧盟用户提供游戏服务,则应符合欧盟《通用数据保护条例》(GDPR)相关规定。若向美国用户开放,则要注意美国各州都有不同的数据隐私法规,如《加利福尼亚州消费者隐私法案》(California Consumer Privacy Act,CCPA)有关保护用户数据的规定,其他州也可能有类似的法规,全国范围的联邦法案也在讨论中。以已有统一规定的欧盟为例,《通用数据保护条例》是一部非常严格的隐私和安全法,提出了很多更加具体和细化的规定。

首先,该法规适用于对欧盟境内人员的个人数据进行自动或半自动处理的所有企业,无论在欧盟境内还是境外,因此向欧盟用户开放的 GameFi 开发者和运营商原则上都应注意《通用数据保护条例》合规。[①] 其次,该法规对个人数据的界定较宽泛,指可以直接或间接识别与个人相关的任何信息,包括姓名、电子邮件地址、位置信息、种族、性别、生物特征数据、宗教信仰、网络 Cookie(小型文本文件)和政治观点等,如果可以相对容易地识别某人的身份,则假名数据也可以属于该定义。[②]

总体而言,《通用数据保护条例》保护的数据类型包括个人资料、遗传数据、生物识别数据和健康数据等。GameFi 的游戏模式决定着其收集的玩家个人信息的类型和敏感程度,如 StepN 通过全球定位系统(Global Positioning System,GPS)收集玩家定位信息以获取玩家步数进行奖励,这无疑属于个人数据且敏感程度较高,受《通用数据保护条例》相关规则的规制。在具体规则中,如同意规则要求游戏项目方应当以清晰明确的内容和平白的语言向玩家展示并获得对其数据使用与处理明确的同意与授权,可以在初始化流程中采用阻断式,即

---

① See Synopsys, *What Is GDPR?*, Synopsys (July 2,2024), https://www.synopsys.com/glossary/what-is-gdpr.html.

② See European Parliament and Council of the European Union, *General Data Protection Regulation (GDPR) Art. 4 GDPR Definitions*, GDPR.EU (Apr. 27,2016), https://gdpr.eu/article-4-definitions/.

玩家进入游戏必须先同意其游戏披露的相关授权内容，但不能默认勾选。[①] 通常游戏项目方还应展示隐私协议，且被遗忘权规则要求提供玩家访问、管理、删除个人数据的权利。“设计和默认情况下的数据保护”规则要求在游戏设计和默认设置中考虑数据保护，即必须考虑游戏可能会从用户那里收集哪些个人数据，然后考虑如何最大限度地减少数据量以及如何使用最新技术保护数据。[②]

此外，《通用数据保护条例》对儿童信息采取严格保护。通常情况下，对于16周岁及以上的儿童，个人数据的处理是合法的。而对于未满16周岁的儿童，个人数据的处理则需要在获得监护人同意或授权的范围内进行。欧盟成员国可通过法律对上述年龄进行调整，但不得低于13岁。[③] 游戏项目方要充分考虑自身的受众群体，可以通过技术设置监护人授权和同意的通道，或者要求玩家承诺确认自己已达上述年龄，抑或对未达上述年龄的玩家设置登录限制。

3. 知识产权保护

与传统游戏一样，GameFi在场景、角色、道具等的设计和表达上不能侵犯他人的知识产权。与传统游戏所不同的是，GameFi中引入了NFT，而NFT与知识产权权利的交汇呈现复杂且不断演变的法律格局，包括著作权、商标、专利，以及NFT的数字本质所带来的独特挑战。NFT通常被认为是著作权下的基础资产的副本或衍生作品。未经著作权人授权或转让铸造NFT可能会导致直接侵权。此外，如果未经授权的NFT在其平台上铸造，那么市场和其他第三方可能会因间接侵权而承担责任。[④] GameFi项目方应获得游戏中NFT所涉及的相关著作权人授权。NFT的基础内容中可能包含商标，包括标志、词语、短语或设计，用于识别商品和服务的来源。[⑤] NFT卖家可能未经许可或授权将第三方的商标纳入NFT的内容中，GameFi项目方应对此尽到合理的审慎义务，尤其是驰名商标。NFT市场和区块链的底层技术可能符合专利保护的条件，但是NFT

---

① See European Parliament and Council of the European Union, *General Data Protection Regulation (GDPR) Art. 7 GDPR Conditions for Consent*, GDPR. EU (Apr. 27, 2016) https://gdpr.eu/article-7-how-to-get-consent-to-collect-personal-data/.

② See European Parliament and Council of the European Union, *General Data Protection Regulation (GDPR) Art. 25 GDPR Data Protection by Design and by Default*, GDPR. EU (Apr. 27, 2016), https://gdpr.eu/article-25-data-protection-by-design/.

③ See European Parliament and Council of the European Union, *General Data Protection Regulation (GDPR) Art. 8 GDPR Conditions Applicable to Child's Consent in Relation to Information Society Services*, GDPR. EU (Apr. 27, 2016), https://gdpr.eu/article-8-childs-consent/.

④ See Armand J. (A. J.) Zottola & Benjamin J. Myers, *NFT Intellectual Property Considerations*, Venable LLP (Dec. 11, 2023), https://www.venable.com/insights/publications/ip-quick-bytes/nft-intellectual-property-considerations.

⑤ See NFTCulture, *NFTS and Intellectual Property: Navigating the Legal Landscape*, NFTCulture (Jan. 5, 2023), https://www.nftculture.com/guides/nfts-and-intellectual-property-navigating-the-legal-landscape/.

及其内容可能不构成符合美国专利法的合格主题。[①] 值得注意的是,早期 NFT 项目加密猫的创作者申请了专利来保护他们的创新 NFT 技术和基于区块链的游戏机制。[②]

根据中国法院的立场,当玩家在 GameFi 中取得以 NFT 形式存在的虚拟资产时,这些 NFT 的知识产权仍属于其创作者。NFT 的交易模式本质上属于以数字化内容为交易内容的买卖关系,购买者所获得的是一项财产权益,并非对一项数字财产的使用许可,亦非对一项知识产权的转让或许可授权。NFT 数字作品属于网络虚拟财产,出售转让该类作品的结果是在不同的民事主体之间移转财产性权益,并非移转物权和知识产权。[③] 因此,GameFi 项目方也应注意游戏中 NFT 涉及的内容是否已经获得知识产权权利人的授权、授权范围、对 NFT 复制件的使用许可范围等,以避免对第三方权利造成损害。

4. 涉税风险

由于 GameFi 边玩边赚的创新模式,玩家的游戏收益或将面临征税。国家税务总局《关于个人通过网络买卖虚拟货币取得收入征收个人所得税问题的批复》中明确,个人通过网络收购玩家的虚拟货币,加价后向他人出售取得的收入,属于个人所得税应税所得,应按照"财产转让所得"项目计算缴纳个人所得税。但这不是对 GameFi 玩家征税的确切回答。GameFi 给征税带来了不小的难题:哪些收入应当纳税?GameFi 中没有单一可替代的法定货币,而是存在 NFT 和游戏内代币等多种资产,它们都具有价值,其中哪些抑或全部应该纳入征税范围,这值得审慎思考。[④] 例如,知名 GameFi 项目 Axie Infinity 的近半数玩家来自菲律宾,该国就宣布玩家从游戏中获得的任何收入都应报告给税务机关。[⑤] 总之,GameFi 税收问题的解决有赖相关税收政策的完善和监管技术的跟进。

(三)境内外合规

新加坡、美国等由于对金融科技较为开放,成为全球 Web3 和加密货币行业的主要枢纽,也成为 GameFi 开发和运营的主阵地。

---

① See Armand J. (A. J.) Zottola & Benjamin J. Myers, *NFT Intellectual Property Considerations*, Venable LLP (Dec. 11, 2023), https://www.venable.com/insights/publications/ip-quick-bytes/nft-intellectual-property-considerations.

② See Legal500, *Decoding NFTs Intellectual Property: Global Legal Perspectives*, Legal500 (July 17, 2023), https://www.legal500.com/developments/thought-leadership/decoding-nfts-and-intellectual-property-global-legal-perspectives/.

③ 参见浙江省杭州市中级人民法院民事判决书,(2022)浙 01 民终 5272 号。

④ See Ellalan, *The Legal Issues Behind the Popular Blockchain Concept of GameFi*, Ellalan (Oct. 12, 2021), https://www.ellalan.com/news/the-legal-issues-behind-the-popular-blockchain-concept-of-gamefi/.

⑤ See Vittoria Elliott, *Some Axie Infinity Players Amassed Fortunes-Now the Philippine Government Wants Its Cut*, Rest of World (Sept. 30, 2021), https://restofworld.org/2021/axie-players-are-facing-taxes/.

尽管境内外对加密货币等的态度和监管政策不同,导致不同合规要求,但在暂时都未颁布针对 GameFi 的具体法规的情况下,境内外对反洗钱合规的强调有相当的一致性。基于去中心化、匿名性、跨境流通便利等技术特点,GameFi 易成为不法分子洗钱的工具,无论是发行游戏代币还是获取 NFT,都可以完成从赃款到虚拟货币的清洗过程。国际反洗钱金融行动特别工作组于 2019 年 6 月 21 日公布《加密货币和虚拟资产服务提供商指导方针》,将虚拟货币交易所、虚拟货币钱包供应商以及为首次代币发行提供金融服务的机构纳入监管范围,要求这些公司对客户进行尽职调查,以预防洗钱行为。[①]

与境外对加密货币进行分类监管并采取牌照制度控制准入的监管模式不同,我国境内要关注非法吸收公众存款罪、集资诈骗罪的监管红线。有些 GameFi 项目可能在短时间内通过营销或保本付息的承诺来利诱大量新玩家购买游戏代币,从而吸收公众存款,而由于这类 GameFi 项目的代币发行量与玩家数量成正比,最终会导致游戏代币的通胀及价格下跌,可能被认定具有吸收公众存款的非法性。GameFi 开发及运营方应合理设置游戏收费门槛,并避免在首次代币发行计划或后续推介中作出保本付息承诺、宣传,以规避非法吸收公众存款罪。由于 P2E 的独特模式,通过宣传组织庞氏骗局在 GameFi 领域并不少见。例如,涉嫌非法集资等违法行为被市场监管部门立案调查的趣步 App,是基于区块链的一个体育类项目,存在加密货币的应用,将代币作为游戏内的激励机制。代币项目一开始会以赚钱和增值为口号进行大规模宣传,呼吁大家购买,但最后因为无法让投资者长期持有加密资产,项目方会在短期内将泡沫做大直至崩盘,让后来者承担成本。哪怕像火爆的基于 Solana 区块链[②]构建的 StepN 这一跑步健身类 GameFi 项目,也存在沦为庞氏骗局的可能性。[③] 集资诈骗罪的构成要求以非法占有为目的、使用诈骗方法非法集资以及数额较大,是否具有非法占有目的需要考察项目是否真实存在、资金流向等,诈骗方法则包括虚假承诺玩家还本付息等投资回报以诱使玩家投入资金。因此,GameFi 项目方在代币发行融资计划中或后续推介中应如实介绍,不作虚假承诺,以规避涉嫌集资诈骗罪等诈骗类犯罪。

需要注意,境外运营 GameFi 并不意味着能够规避中国刑法涉前述各项刑事犯罪的管辖,因为存在属人管辖和保护管辖原则。项目方应当采取有效和彻

---

① See KryptoGO, Inc., *FATF Methodology with the Rapid Development of Virtual Assets*, KryptoGO (July 25, 2022), https://www.kryptogo.com/blog/fatf-methodology-with-the-rapid-development-of-virtual-assets.

② Solana 是一种高性能的区块链平台,以其高交易速度和低成本著称,支持去中心化应用和加密资产的开发与部署。

③ 参见闫佳佳、石丹:《StepN,"跑步赚钱梦"碎了?》,载《商学院》2022 年第 7 期。

底的方式隔离中国境内用户，以规避刑事管辖。在民事管辖方面，则可以通过在用户协议等有关合同中对适用法律进行约定达到规避目的。

四、GameFi 未来趋势展望

与传统游戏相比，GameFi 允许玩家将游戏内的 NFT 转移到游戏外的虚拟世界，并可以在 NFT 交易平台、加密货币交易所进行交易。传统游戏玩家虽然也可以通过游戏赚钱，比如进行游戏账号或道具的交易，通常情况下是因为该游戏账号的游戏等级较高或拥有某件不可复刻的稀有游戏道具，但不论是针对游戏账号还是游戏道具，均不能单独出售，只能通过二手交易平台将游戏账号更改密码进行整体出售。这种情况下，平台不能保证交易游戏账号的回报率，因受游戏市场波动的影响，游戏道具的价格也会发生变化，除此之外还要联系买家商讨价格等，在真正出售时，极大可能已错过了价格最高峰。

而为玩家提供经济激励的 GameFi 项目，使用加密货币、NFT 和区块链技术来创造虚拟游戏环境。通常玩家可以通过完成任务、打败其他玩家等方式来获得游戏奖励，即游戏内代币。这些资产可以与主流加密货币兑换，并最终兑换为法币。这与传统游戏交易相比，更能保障玩家的游戏收益。

不论是传统游戏还是 GameFi 游戏可能都会面临以下几种情况：可玩性高、易上手的游戏，营利性差；易上手、营利性强的游戏，可玩性差；营利性强、可玩性高的游戏，难上手。

当前 GameFi 吸引的用户大多抱有"即玩即赚"的目的，认为玩游戏的目的仅仅是为了赚钱，这也增强了游戏的投机性。大多数 GameFi 项目的入门门槛是需要用户先购买他们的游戏内代币或 NFT，才能参与游戏，各个游戏的要求也各不相同，这就导致不同游戏的回报率和潜在风险也不同。

现在市场上有数以千计的 GameFi 游戏，运转方式各不相同，但对于部分游戏玩家来说，参与门槛还是有点儿过高。因为若想确保游戏正常运行且从中获利，首先要选取一个心仪的游戏，然后需要使用兼容的加密钱包。① 与传统游戏需要设置用户名和密码不同，GameFi 游戏要将加密钱包作为游戏账户。这对于新手来说是很烦琐的步骤，很多人在入门之初便会选择放弃。

但 GameFi 的优势也很明显，以往我们所接触的传统游戏，主要由中心化的团队负责运营，一旦游戏停服、游戏账号被封，游戏中的资产就将随之消失。相

---

① 参见 Everett Muzzy：《新手友好｜一文详解 GameFi 现状及挑战》，载 Foresight News 2023 年 1 月 12 日，https://foresightnews. pro/article/detail/23320。

比之下,GameFi 的游戏道具和资产等都储存在链上,且真正由玩家掌控,这在很大程度上可以减少用户的资产损失,提升游戏资产的流转和价值。

一般的传统游戏无法实现彼此间的互联互通,如玩家无法在英雄联盟里使用刀塔 2(DOTA2)的人物,但在 GameFi 中,或许可以实现。GameFi 中的道具和角色都以 NFT 的形式储存在链上,这意味着随着技术的发展成熟,链与链、游戏与游戏之间的兼容度会更好,游戏资产的自由流通也将成为可能。

虽然 GameFi 随着区块链、元宇宙而蹿红,但其对用户来说是一种全新的游戏体验,吸引越来越多的圈外人关注。根据市场研究机构的预测,到 2025 年,全球区块链游戏市场的规模可能会达到数十亿美元。除了用户的大量涌入,大量的投资者和开发者也在布局和试水。随着各类参与者的不断增多,GameFi 项目也会持续创新,持续优化游戏体验与经济模型,注重社区建设和用户参与,以此扩宽市场并提高项目的长期价值。

然而,GameFi 市场在提供让人兴奋的机遇的同时,也带来了潜在的挑战和风险。首先,最重要的是资产估值的剧烈波动。加密货币市场的价格波动可能会影响玩家的参与度,也容易养成玩家"追涨杀跌"的赌徒心态,不利于 GameFi 生态的长期稳定发展。其次,对于任何新兴技术来说,安全问题都是不容忽视的,因为黑客和作恶者将不断寻找可利用的代码漏洞。利用代码漏洞牟利仍然是 GameFi 项目的原生风险。

另外,与传统游戏类似,GameFi 也无法避免游戏外挂泛滥的现象。传统游戏中存在大量的外挂作弊者与"打金工作室",这在 GameFi 生态中也是普遍存在的,而且其对 GameFi 生态的危害更大。外挂作弊可能造成游戏内相关资产的过量发行,引发通货膨胀,使正常玩家的收益受损。"打金工作室"的存在同理,甚至可能以巨量的资金垄断操纵市场,将整个游戏变成自己获利的工具。因此,如何持续优化用户体验,充分平衡用户的金钱投入与时间投入,平衡可玩性和收益率,是 GameFi 需要始终权衡的问题。

总的来说,GameFi 的发展前景广阔。它不仅可以为玩家提供更多元化的游戏方式,也可以为游戏开发者开辟新的收入来源。然而,GameFi 的发展也面临一些挑战,需要我们不断地进行探索和创新。要实现整个生态的可持续发展,需要更多的创新、监管的支持以及社区的积极参与。无论如何,GameFi 的出现无疑为整个游戏行业带来了新的机遇和挑战。

第七节　社交金融(SocialFi)全球发展生态及监管趋势

一、SocialFi 全球发展生态综述

社交应用的发展史[①]是数字通信和互联网技术革新的一个缩影。从 20 世纪 80 年代的台式电脑时代到现在的 5G 时代,社交应用经历了多个发展阶段,不断推动全球用户便捷高效地沟通与协作,持续构建互联互通的"地球村"[②]。

(一)社交应用的迭代演进

1980～1998 年这一时期标志着社交应用的萌芽发展,网络论坛 BBS、门户网站雅虎和搜索引擎谷歌等相继出现,这使用户能够以匿名身份在特定界面进行线上交流。随着 1999 年个人电脑(Personal Computer,PC)时代的到来,博客、个人主页开始成为主流,每个个体开始拥有自己的社交阵地。脸书(Facebook,现更名为"Meta")的诞生和走红进一步推动了社交网络的蓬勃发展。2010 年,智能手机和 3G 网络的普及使社交网络成为普罗大众的刚需,各类社交应用创新频频涌现,社交网络、社交应用成为公众工作生活重要的一部分。

伴随着互联网的持续进化,4G 时代于 2009 年正式开启。每位用户既是内容的消费者,也是内容的生产者。除了推特(Twitter,现更名为"X")、脸书这些大的头部社交平台外,一些赋能个体和创作者经济的短视频、直播带货等新兴业态野蛮生长,并迅速占领市场。

2019 年,5G 时代的到来预示着新一代社交应用将应运而生。5G 网络与区块链、人工智能等前沿科技的结合,将彻底颠覆人类的社交方式,人类将有机会在一个去中心化的、公开透明的虚拟世界开启第二人生。

随着区块链、加密货币的兴起,人类进入了 Web3 时代,Web3 改变了数据所有权的归属和流转方式,它以去中心化的方式,让数据所有权回归每个个体,进而改变了社会的生产关系。在此背景下,社交金融(Social Finance,SocialFi)成为社交应用的未来趋势。SocialFi 是一种基于区块链技术的全新商业模式,

---

① See Alex Zuo et al., *SocialFi In-Depth Analysis*, Cobo (July 13, 2022), https://d.cobo.com/public/Cobo+ventures+SocialFi+in+deepth+analytics.pdf.

② "地球村"一词是赫伯特·马歇尔·麦克卢汉(Herbert Marshall McLuhan)于 1964 年在《理解媒介》一书中首次提出。他认为随着广播、电视、互联网和其他电子媒介的出现,随着各种现代交通方式的飞速发展,人与人之间的时空距离骤然缩短,整个世界将成为一个"村落"。

其巧妙融合了去中心化社交和去中心化金融,结合了加密货币和社交媒体功能,创造出了一个新型社交生态。在这种生态上,用户可以将他们在网络上的社交影响力转化为经济价值。用户不仅可以通过撰写文章赚取奖励(比如,Write to Earn),还可以通过参与分享、评论、点赞等社交活动来获取奖励(比如,Share to Earn)。在 SocialFi 生态系统中,用户的参与和贡献直接与他们的经济收益挂钩,这种模式促进了去中心化、用户驱动的社交网络的发展。

在社交需求方面,其通过去中心化计算、去中心化存储和隐私保护技术,让用户数据不再被互联网巨头垄断,而是真正回归个体,归用户自己所有。这保证了每位用户的社交隐私安全,同时有助于个人搭建自己安全可信的社交生态,并能够持续扩大自己的社交影响力,完善自己的社交图谱。

在金融需求方面,SocialFi 将成为每个个体实现社交资本变现的有力工具。其将帮助个体充分挖掘自身的社交影响力价值,并推动实现高速流转。正如美国波普艺术大师安迪·沃霍尔(Andy Warhol)所言,“未来,每个人都能成名 15 分钟”,SocialFi 能够帮助每个个体将自身的社交影响力代币化、金融化,将其社交价值发挥到极致,即个人数据的主权和价值的双重变现。在全新的社交模式下,用户对自己的社交数据拥有绝对的控制权,用户将重新掌握自己的数据、身份,并进而掌握自己的命运。

总的来说,社交应用的发展演进揭示了随着网络硬件设施和移动通信技术的迭代升级,社交功能从简单的即时通信、互动交友演化到了个性化内容创作和新的商业模式变现。就本质而言,社交应用的发展既映射了当时的技术发展水平和社会文化背景,也反映了技术进步与用户需求的共同演进。

(二)Web3 时代的 SocialFi 变革

进入 Web3 和 SocialFi 时代,这种演化将继续深化:以去中心化的方式变革社会生产关系,赋予用户对自身数据和内容创作的绝对控制权。这种演化不仅强调了个体在社交网络中的积极作用,也推动了个体身份的多元化和个人影响力的金融化趋势。从 2016 年的 Steemit① 的萌芽发展到 2023 年 Friend. tech② 的迅速崛起,这段发展历程彰显了 SocialFi 的无限潜力。

1. SocialFi 的源起

2016 年诞生的 Steemit 被视为 SocialFi 的早期雏形,它是一个奖励内容创作者和筛选者的类似于 Reddit 的平台,拥有 130 万注册用户。但随着其首次代

① Steemit 是一个基于区块链的社交媒体平台,用户可以通过发布和点赞内容获得加密货币奖励。
② Friend. tech 是一个去中心化的社交平台,旨在通过区块链技术提供隐私和数据安全的社交体验。

币发行的失败,Steemit 开始走向衰落。2018 年 Peepeth[①] 的出现,标志着开发者对更加去中心化的社交应用的探索。这个类似于推特的应用将数据存储在以太坊链上,并承诺数据所有权归用户所有,但高昂的 Gas 费[②]成为用户参与的主要障碍。到了 2020 年,Roll[③] 和社交代币平台试图为创作者提供一种新的商业变现方式,即创造者通过发行自己的 ERC－20 代币来让用户换取相应服务或访问权限。然而,这些平台(如 Rally[④])并没有获得市场的青睐。

2. 创造者经济的激活与社交影响力的金融化

2021 年,原创作品与内容创作者本身成为 SocialFi 项目以及投资者关注的焦点。同年,DeSo[⑤] 正式推出,得到了 a16z[⑥]、红杉等知名投资机构的大力支持。DeSo 的平台代币为“DeSo”,用户可以使用它在平台上进行各类操作,比如可以购买其开发的移动社交平台 Desofy[⑦] 发行的“创作者代币”(Creator Coins),这些资产都可以通过比特币自由购买和出售,其价格也会随着市场走势而上下波动。

2022 年,Farcaster[⑧] 正式推出。它作为开放社交协议,允许开发者在其基础设施上搭建各类应用程序。用户可以选择心仪的应用进行社交,并可以将全部社交数据轻松地从 A 平台迁移到 B 平台。这种社交数据的可迁移性,极大地提升了用户体验。同时,作为去中心化网络,用户在 Farcaster 上的所有社交数据和关系都是公开发布且由用户掌控的,不像传统应用会存在单点垄断用户数据资产的风险。

随着 Phaver[⑨] 的崛起,SocialFi 开始向移动端进发。Phaver 是一款基于 Lens 社交协议开发的手机端社交应用,用户拥有自己的数据所有权,其作为通往 Web3 的门户,致力于打通 Web2 和 Web3 的联通壁垒,从而为大规模的 Web3 社交应用创造条件。2023 年,Friend. tech 在 Base 链[⑩]上正式推出,用户首先需要将自己的推特账号与平台连接,从而获得创作者身份。创作者可以在开

---

① Peepeth 是一个去中心化的社交网络,强调内容的永久性和透明性。
② Gas 费是指在以太坊区块链上执行交易和智能合约所需支付的费用。
③ Roll 是一个社交代币平台,允许创作者发行和管理自己的社交代币,与粉丝互动。
④ Rally 是一个创作者经济平台,它允许创作者发行和管理自己的加密货币,帮助他们与社区互动并建立更紧密的联系。
⑤ DeSo 是一个区块链社交平台,旨在支持去中心化的社交媒体应用。
⑥ a16z(Andreessen Horowitz)是一家风险投资公司,专注于技术和创新领域的投资。
⑦ Desofy 是一个基于 DeSo 区块链的去中心化社交媒体移动应用,用户在其中拥有数据和内容的完全控制权。
⑧ Farcaster 是一个去中心化的社交协议,旨在通过区块链技术提供安全和隐私的社交网络。
⑨ Phaver 是一个去中心化的社交平台,专注于用户隐私和数据所有权。
⑩ Base 链是由币基(Coinbase)推出的一个以太坊二层扩展解决方案,旨在通过优化交易速度和降低交易成本来提升去中心化应用的用户体验。

始时免费创建自己的密钥,平台上的其他用户可以购买创作者的密钥,以获得与创作者直接对话的权限。其商业模式得到了 Paradigm① 的资金支持,并迅速累积 10 万用户。

一路走来,我们能够清晰地看到 SocialFi 的成长和进化,它也在努力实现 Web3 的愿景,即让用户重新掌握自己的数据、身份,并进而掌握自己的命运。越来越多的人开始相信这个美好愿景,并投身其中。CoinGecko② 于 2023 年 11 月 24 日的数据显示,SocialFi 市值已高达 23.6 亿美元。③

但同时,SocialFi 去中心化社交和去中心化金融的双重属性也意味着其将面临更加复杂的监管挑战,因为它可能需要同时遵守社交媒体和金融服务的相关法规。社交媒体与金融科技的整合也将引发用户对数据隐私和资产安全的担忧,切实保障用户数据和资产权益是构建用户信任的基石。

综上所述,SocialFi 市场的未来充满了想象力,但同时也面临重大的挑战和竞争。随着技术的迅猛发展和市场需求的变化,SocialFi 有望在未来成为人类维护自由表达和数据主权的重要工具,成就更具颠覆性和变革力的新兴市场。而 SocialFi 的成长和发展也表明:在一个不断演变的领域,技术创新和用户需求将不断推动新平台的涌现和旧平台的淘汰。相信随着前沿技术的日渐成熟和用户需求的多元化,SocialFi 的未来将充满无限可能。

二、SocialFi 潜在法律风险剖析

SocialFi 正如其名,融合了去中心化金融(DeFi)和去中心化社交的特点,在注意力经济、创作者经济等方面进行了诸多创新尝试。目前,市场上已经涌现出了诸如 Friend.tech 的热门项目,但其基础功能、商业逻辑、代币经济模式均有各自的特点。因此,在具体分析 SocialFi 的法律风险时,不能抛开项目的具体商业运营逻辑。例如,对于分别基于注意力经济和创作者经济的两个不同项目,其法律风险不能一概而论。然而,目前的热门赛道仍主要集中在创作者经济领域,且其经济模型具有一定的相似性,这就使它们具有类似的证券违法风险。除此之外,个别项目也存在未履行个人信息保护义务,侵犯人格权、知识产权等方面的风险,以下结合一些主流项目进行简要分析。

---

① Paradigm 是一家专注于支持加密货币和 Web3 技术初创企业的风险投资公司,致力于推动 Web3 领域的创新与发展。

② CoinGecko 是一个加密货币市场分析平台,为用户提供加密货币的价格、交易量、市值等数据。

③ See CoinGecko, *The SocialFi Market Cap*, CoinGecko (Nov. 24, 2023), https://www.coingecko.com/en/categories/socialfi.

（一）违反证券监管的风险

与前述 GameFi 相似，一些 SocialFi 项目对用户社交价值进行代币化。具体而言，在 DeSo、Bitclout、Friend. tech 等 SocialFi 项目中，不同的用户可分别发售与自身绑定的代币，而只有通过购买该代币，其他用户才可与相关账户进行特定交互。然而，虽然该代币具有实际功用，更多属于实用型/功能型代币（Utility Token），但其同时也具有一定投机属性，并且发行人也有可能明示或暗示投资代币可能的获利前景。事实上，美国证券交易委员会对 Impact Theory[①] 的执法行动已经表明，发行人的一些承诺和宣传可能会促使代币构成证券。因此，在这种模式下，往往存在代币被认定为证券的风险，下文以 Friend. tech 为例，根据美国法对这个项目进行简要分析。

1. 项目概览

Friend. tech 是一个基于 Base 链的去中心化社交平台，其通过将用户账号代币化，来进一步激活创作者经济。[②] 具体而言，用户在注册时绑定其推特账号，然后在存入至少 0.01ETH 后，可对外出售其账号的“密钥”，而该“密钥”曾用名为“份额”。[③] 正如 Friend. tech 对外宣称自身为“朋友集市”（The Marketplace for Your Friends），用户必须购买另一用户的“密钥”才能进入该账户的私人聊天室，并享有其独家分享内容。而如果购买者想要退出，则可以出售该“密钥”。[④] 这种独特的商业模式为社交用户和内容创作者提供了新的互动和收益方式。[⑤]

2. 经济模型

Friend. tech 平台所有账户的“密钥”交易均通过智能合约运行。具体而言，购买“密钥”的 ETH 对价在扣除分别给账户主体（Shares Subject，即前文所述的账号）和平台协议（Protocol）5% 的分成后，储存于该智能合约中。在账户出售“密钥”时，平台同样在扣除相应的分成后，从该智能合约中提取相应的以太币支付给卖方。截至 2023 年 11 月 10 日，该智能合约持有以太币的价值为

---

① Impact Theory 是一家总部位于洛杉矶的媒体和娱乐公司。

② See Jack Dunham, *Friend Tech and the Rise of SocialFi*, The Defiant Media (Sept. 26, 2023), https://thedefiant.io/friend-tech-and-the-rise-of-socialfi.

③ See PeakyClub, *About Friend Tech*, Medium (Aug. 19, 2023), https://medium.com/@peakylabtr/about-friend-tech-3617faf4325b; Hope C, *Trending Social App Friend. tech Renames "Shares" to "Keys" amid Regulatory Concerns*, Yahoo Finance (Aug. 23, 2023), https://finance.yahoo.com/news/trending-social-app-friend-tech-032444022.html.

④ See Nathan Reiff, *What Is Friend. tech? The Social-Token Driven Decentralized Social Network*, Decrypt (Sept. 20, 2023), https://decrypt.co/resources/what-is-friend-tech-the-social-token-driven-decentralized-social-network.

⑤ See Ananda Banerjee, *What Is Friend. Tech? A Deep Dive into the Web3 Social Media App*, Beincrypto (Aug. 23, 2023), https://beincrypto.com/learn/friend-tech-explained/.

48,242,093.71 美元。①

为保障流动性和一定的波动性,密钥的交易和定价遵循联合曲线(Bonding Curve)机制,交易的对价由目前密钥的供应量(Supply,即 S)决定。具体而言,购买密钥的对价为 S^2/16,000 个以太币,而出售密钥的对价为(S-1)^2/16,000 个以太币。然而,根据智能合约,第一个密钥只能由账号持有者购买,最后剩下的密钥不能被卖出,以确保始终有一个密钥在流通中。根据上述公式,第一个密钥的对价为 0 以太币,但账号持有者必须先存入 0.01 个以太币才能开始使用 Friend.tech。② 但是,以上并非唯一的交易机制,账号持有者仍可在智能合约外进行点对点交易。③

3. 风险分析:构成证券的风险

Friend.tech 的代币经济模式使在 Friend.tech 平台上交易的密钥存在被认定为证券的风险,具体而言,平台上买卖的密钥可能构成豪威测试下的投资合同,以下为简要分析:

(1)资金投入(Investment of Money):虽然购买密钥的对价支付给智能合约,但仍有 5% 的对价会流向账户持有者。根据瑞波(Ripple)案中法官对既往判例规则的评述,只要在事实上向发行方支付了资金,就满足资金投入要件。④

(2)共同事业(Common Enterprise):Friend.tech 的模式可能构成水平共同性事业(Horizontal Commonality)。水平共同性的成立需要满足投资者的资产被汇集,并且每一个投资者的财富与其他投资者的财富以及整个共同事业的成功绑定在一起。⑤ 在 Friend.tech 的模式下,首先,如前文介绍,购买密钥的对价在扣除分成后均投入平台的智能合约中,形成了资产的汇集。其次,密钥的价格和密钥供应量在联合曲线上螺旋上升或螺旋下降。简言之,密钥的需求越大,供应越多,价格越高。因此,购买者持有的密钥价值与密钥的供需关系绑定

---

① See Dune, *Friend. tech-The Market Place for Your Friends*, Dune (June 26, 2024), https://dune.com/tk-research/friendtech.

② See Marco Quiroz-Gutierrez, *Web3 App Friend. tech Lets Influencers Literally Cash in on Their Follower Counts*, Yahoo (Aug. 23, 2023), https://finance.yahoo.com/news/web3-app-friend-tech-lets-200714860.html#:~:text=To%20start%20using%20the%20app,%2C%2010%2C%2025%2C%20etc.

③ See Protos Staff, *Are Friend. tech Keys Securities?*, Protos (Sept. 6, 2023), https://protos.com/are-friend-tech-keys-securities/.

④ See United States District Court for the Southern District of New York, *Securities and Exchange Commission vs. Ripple Labs, INC., Bradley Garlinghouse, and Christian A. Larsen*, United States District Court for the Southern District of New York (July 13, 2023), https://www.nysd.uscourts.gov/sites/default/files/2023-07/SEC%20vs%20Ripple%207-13-23.pdf.

⑤ See United States Court of Appeals, Second Circuit, *Revak v. SEC Realty Corp.*, Casetext (June 14, 1994), https://casetext.com/case/revak-v-sec-realty-corp.

在一起,实际上也与其他购买者的财富绑定在一起。最后,密钥需求也与其绑定的账号的内容价值、社群价值、IP 价值等因素息息相关。若该账号的内容创造、社群建设大获成功,密钥的需求量就会增加,相应地,密钥拥有者的财富也会增加。因此,Friend. tech 的模式可能满足共同事业要件。

(3)主要源自他人努力的获利期望(A reasonable expectation of profits to be derived from the entrepreneurial or managerial efforts of others.):对于判断是否存在该期望,可参考瑞波(Ripple)案中法官对既往判例规则的评述。首先,对利益的期望不必是购买的唯一动机,可以兼具消费性和投机性用途。[①] 就 Friend. tech 而言,密钥具有实际功用,也具有投机属性。而实际上,联合曲线机制使早期参与者购买的密钥的价值随着密钥价格的上涨而上涨,因此其具有内在的投机属性。其次,判断是否存在该动机主要关注发行人向投资者作出的承诺。[②] 目前,已经有不少账号宣称购买其密钥能参与到相关财务增长活动中去。[③] 结合密钥的投机属性,该承诺可以被购买者合理相信。因此,该账号出售密钥的行为可能符合本要件的特征。

综上,平台上买卖的密钥可能构成豪威测试下的投资合同,从而存在违反美国证券监管的风险。

4. 风险分析:交易平台构成提供交易所服务的风险

社交代币一旦被认定为证券,交易平台就可能存在被认定为提供交易所服务的风险。虽然目前美国证券交易委员会尚未针对去中心化交易所启动执法行动,但美国证券交易委员会加密资产和网络部门(Crypto Assets and Cyber Unit)的负责人戴维·赫希(David Hirsch)在一次论坛上称美国证券交易委员会的监管行动将进一步延伸到 DeFi。[④] 此外,2022 年 1 月 26 日,美国证券交易委员会发布了一项《关于交易美国国债和机构证券、全国市场系统(NMS)股票以及其他证券之"交易所"和另类交易系统(ATS)定义的修正案》[Amendments Regarding the Definition of "Exchange" and Alternative Trading Systems(ATSs) That Trade U. S. Treasury and Agency Securities, National Market System (NMS)

---

① See United States District Court, D. New Hampshire, *Sec. & Exch. Comm'n v. LBRY, Inc.*, Casetext (Nov. 7, 2022), https://casetext.com/case/sec-exch-commn-v-lbry-inc-1.

② See Ananda Banerjee, *What Is Friend. Tech? A Deep Dive into the Web3 Social Media App*, Beincrypto (Aug. 23, 2023), https://beincrypto.com/learn/friend-tech-explained/.

③ See Protos Staff, *Are Friend. tech Keys Securities?*, Protos (Sept. 6, 2023), https://protos.com/are-friend-tech-keys-securities/.

④ See Danny Park, *SEC Will Load More Charges on Crypto Exchanges and DeFi, Says Enforcement Chief*, Forkast (Sept. 20, 2023), https://forkast.news/sec-more-charges-on-crypto-defi/.

Stocks, and Other Securities, 以下简称《提议草案》], 拟对美国《证券交易法》第3b-16条下证券交易所的定义进行修订, 并于2023年4月14日就其重新开始征求意见。[①] 其中, 美国证券交易委员会在重新开始征求意见时再次强调将现有关于交易所的规则适用于包括DeFi在内的加密资产交易平台。[②]

根据《提议草案》, 提供通信协议(Communication Protocols, CPSs)以及非确定性交易意向(Non-Firm Trading Interests)的系统将被纳入"证券交易所"的定义中。美国证券交易委员会认为通信协议的功能与经注册的证券交易所以及另类交易系统(Alternative Trading Systems, ATSs)类似, 但目前不负有任何注册为证券交易所或遵守相关联邦证券法律的义务。因此, 在《提议草案》中, 通信协议被要求注册为证券交易所或经纪商。

在这种政策背景下, 一旦《提议草案》中的相关提议生效, Friend. tech采取的联合曲线机制就可能被认定为通信协议, 从而使Friend. tech及类似平台存在被认定为证券交易所的风险。具体而言, 联合曲线机制是一种自动做市商(Automatic Market Maker, AMM)机制, 为每一买卖指令提供流动性支持。[③] 而在《提议草案》对通信协议的宽泛定义下, 提供关于自动做市商合约的信息或作为特定自动做市商池的流动性提供者均可能构成通信协议, 从而负担相关注册和汇报义务。[④] 由此观之, 对于使用联合曲线机制等自动做市商池机制的SocialFi平台, 一旦《提议草案》的相关提议落地, 并且其社交代币被认定为证券, 其就存在被认定为证券交易所的法律风险, 从而需要履行相关合规义务。

(二)数据、个人信息保护风险

用户在使用SocialFi时可能会提供社交媒体账号信息、加密钱包信息等, 而一旦此类信息可被识别到用户个人, 则成为个人信息。其中, 对于加密钱包地址等信息, 由于其金融属性, 可能落入《美国加利福尼亚州消费者隐私法案》项

---

① See Securities and Exchange Commission, *Amendments Regarding the Definition of "Exchange" and Alternative Trading Systems (ATSs) That Trade U. S. Treasury and Agency Securities, National Market System (NMS) Stocks, and Other Securities*, Securities and Exchange Commission (Jan. 26, 2022), https://www. sec. gov/files/rules/proposed/2022/34-94062. pdf.

② See Securities and Exchange Commission, *SEC Reopens Comment Period for Proposed Amendments to Exchange Act Rule 3b-16 and Provides Supplemental Information*, Securities and Exchange Commission (Apr. 14, 2023), https://www. sec. gov/news/press-release/2023-77.

③ See Sovryn, *Bonding Curve Basics*, Sovryn (June 20, 2024), https://wiki. sovryn. com/en/sovryn-dapp/subprotocols/bonding-curves#: ~: text = Because% 20the% 20bonding% 20curve% 20defines, the% 20supply% 20of% 20reserve% 20tokens.

④ See Jones Day, *SEC Proposes to Broadly Expand the Definition of an "Exchange" and Amend Regulation ATS*, Jones Day (Feb. 2022), https://www. jonesday. com/en/insights/2022/02/sec-proposes-to-broadly-expand-the-definition-of-an-exchange-and-amend-regulation-ats.

下敏感个人信息的范围。[①] 作为一种基于区块链技术的加密应用,SocialFi 上的信息同样具有假名性(Pseudonymity)。根据假名性的特征,用户的身份以假名的形式在公共领域露出,但通过技术手段能够追踪到该假名背后的真实身份。[②] 这就给 SocialFi 以及其他加密应用带来了内在的隐私保护挑战。

据报道,2023 年 8 月 21 日,Friend. tech 超过 10 万份用户数据泄露,其原因是 Friend. tech 提供的应用程序编程接口(Application Programming Interface, API)可以直接查询到用户的钱包和推特信息。该泄露使得用户的钱包信息与推特账户信息能够一一对应,从而使其面临潜在的社会工程攻击风险。[③] 然而, Friend. tech 回复称所谓的泄露其实就是有人把上述信息从公共应用程序编程接口中爬取出来,它们本来就是公开信息。[④]

此外,SocialFi 作为个人信息处理者也需要遵守个人信息保护法律项下的诸多义务,如通过隐私政策告知个人信息权利、个人信息处理的范围及目的等义务。然而,在实践中,一些 SocialFi 项目在最初上线时并未制定隐私政策,并由此引发了用户对隐私保护的担忧。[⑤]

(三)人格权、知识产权侵权风险

类似于一些 NFT 项目未经授权使用原创作品获利一样,一些 SocialFi 项目也会未经授权使用一些名人的信息,进行牟利。其中,BitClout 采取了十分激进的增长策略,具体而言,其未经同意为推特上的 15,000 个名人在其平台创建了个人信息主页,并声称是为了防止他人冒充。[⑥] 而根据 BitClout[⑦] 的白皮书,用户可以购买上述个人信息主页对应的代币,即使他们并没有入驻 BitClout。这

---

① See Rob Bonta Office of Attorney General, *California Consumer Privacy Act* (*CCPA*), Rob Bonta Office of Attorney General (Mar. 13, 2024), https://oag. ca. gov/privacy/ccpa#: ~ :text = Sensitive% 20personal% 20information% 20is% 20a, allowing% 20access% 20to% 20an% 20account% 3B. B.

② See Cryptopedia Staff, *Anonymity vs. Pseudonymity in Crypto*, Cryptopedia (May 17, 2021), https://www. gemini. com/cryptopedia/anonymity-vs-pseudonymity-basic-differences.

③ See Beosin, *Friend. tech Exposes* 100,000 + *Addresses Related Info*, *How to Protect User Privacy of Social Dapps*?, Beosin (Aug. 24, 2023), https://beosin. com/resources/friendtech-exposes - 100000 - addresses-related-info? lang = en-US.

④ See Tom Mitchelhill, *Friend. tech Denies Report That Database of Over* 100*K Users Was Leaked*, Cointelegraph (Aug. 22, 2023), https://twitter. com/friendtech/status/1693641339395531072.

⑤ See Jeff John Roberts, *Friend. tech Is Crypto's Latest Craze. It's Terrible but for One Thing*, Fortune Crypto (Aug. 24, 2023), https://fortune. com/crypto/2023/08/24/friend-tech-social-media-marketplace-ethical-concerns/; Renuka Tahelyani, *Importance of Privacy and Security in SocialFi Platforms*, DroomDroom (May 15, 2024), https://droomdroom. com/privacy-and-security-in-socialfi-platforms/.

⑥ See Tauler Smith, *BitClout Raises Intellectual Property Concerns*, Tauler Smith (June 28, 2024), https://www. taulersmith. com/bitclout-raises-ip-concerns/.

⑦ BitClout 是一个去中心化的社交网络平台,用户可以通过代币交易影响力和内容。

就意味着 BitClout 本质上属于未经允许利用其与这些名人的相关性获利。[①] 对此,作为上述 15,000 个名人之一的布兰登・柯蒂斯(Brandon Curtis),向 BitClout 的创始人发出了版权禁止令(Copyright Cease and Desist Letter),主张其侵犯了本该独属于 Brandon Curtis 的人格权商业利益。此外,该禁止令还指出,BitClout 只允许 Brandon Curtis 通过购买 BitClout 代币或提供本人电话号码的方式掌控其个人信息主页。为此,该禁止令要求 BitClout 提供其应享有的更正权,并不侵犯其在《加利福尼亚州消费者隐私法案》项下的个人信息免于被销售等法定权利。[②]

三、SocialFi 项目合规指南

(一)证券监管合规

美国证券交易委员会通常使用豪威测试作为基准来确定一项金融资产是否符合投资合同,从而判定此项金融资产是否为证券。据前文所述,Friend. tech 平台上买卖的密钥可能构成豪威测试下的投资合同,从而存在违反证券监管的风险,SocialFi 平台存在被认定为提供证券交易场所的风险。美国证券交易委员会也在《提议草案》重新征求意见时强调,包括 DeFi 在内的加密货币交易平台将适用现有关于交易所的规则。

近年来,美国证券交易委员会对加密企业日益频繁的指控使加密货币在美国受到挑战,世界范围内很多国家和地区对于加密货币的态度是积极或者中立的。很多 SocialFi 平台还处于起步阶段,可以从美国证券交易委员会的指控中吸取经验,提前规避若被认定为证券交易所可能产生的风险。

1. 积极配合政府监管,防止被认定为经营非法证券交易平台

在对加密货币交易所进行调查前,美国证券交易委员会曾尝试与交易所协商一种让交易所在美国证券交易委员会注册的模式。币基(Coinbase)曾与美国证券交易委员会会面,但尚未达成合意。在 FTX[③] 破产前,其也一直致力于获得美国证券交易委员会批准,使其能够合法交易数字资产。美国证券交易委员会这个计划还涉及与证券交易所运营商 IEX 集团的合作,IEX 曾与美国证券交易委员会讨论了如何在不违反股票、债券和其他证券交易规则的情况下交易

---

① See Jeff John Roberts, Inside BitClout, *The Dystopian Social Network with Big Backers and Vocal Critics*, Decrpt (Mar. 27, 2021), https://decrypt.co/62770/inside-bitclout-dystopian-social-network-big-investors-vocal-critics.

② See Jordan Lyanchev, *BitClout Receives a Cease-and-Desist Order Over Unauthorized Profile Usage*, CryptoPotato (Mar. 24, 2021), https://cryptopotato.com/bitclout-receives-a-cease-and-desist-order-over-unauthorized-profile-usage/.

③ FTX 是一家全球知名的加密货币衍生品交易平台,因流动性危机和资金管理问题于 2022 年 11 月宣布破产。

数字资产。多家加密货币交易所都表现出了和政府配合的积极态度,但是目前美国证券交易委员会没有明确针对加密货币交易平台的注册途径。若后续监管部门推出了相关政策,各 SocialFi 平台应根据自身情况进行相应的合规调整,并积极履行相关义务。

2. 反洗钱合规

加密货币洗钱与传统洗钱的运作模式大致相同,只是犯罪分子在加密货币洗钱模式下对犯罪行为做了匿名化处理,加大了反洗钱的难度。对于反洗钱工作,技术至关重要,SocialFi 平台可以选择搭建自己的技术团队或是求助专业技术供应商。同时,SocialFi 平台可以采取的措施有:客户开户时的身份验证、客户进入平台之后的实时监测、对交易风险的监控等。[①] 公司应及时了解平台的扩展计划,评估该计划可能面临的风险;公司如果计划发布新产品,则应在设计阶段充分评估该产品是否合规。最后,各地负责加密货币反洗钱的部门和相关规定各不相同,多地经营的公司需要了解各地监管的差异。关于加密货币反洗钱的主要法案有:根据美国《2020 年反洗钱法案》AMLA,一切虚拟资产和数字资产服务提供者将全部纳入《银行保密法》的监管核心;根据加拿大《犯罪所得(洗钱)和恐怖融资条例》[Proceeds of Crime (Money Laundering) and Terrorist Financing Regulations, PCMLTFRs],[②]自 2020 年 6 月 1 日起,涉及虚拟货币的实体被纳入货币服务商的定义范畴内;根据欧盟《第五号反洗钱指令》,加密货币和加密货币交易所被归类为"义务实体",需遵守适用于金融机构的相同反洗钱和反恐怖主义融资规定,包括执行客户尽职调查和提交可疑活动报告;根据澳大利亚《2006 年反洗钱及反恐怖资金融资法案》(The Anti-Money Laundering and Counter-Terrorism Financing Act 2006, AML/CTF Act),加密资产交易所或加密资产二级服务提供商(CASSPrs)需在澳大利亚交易报告和分析中心(AUSTRAC)登记备案,接受反洗钱监管[③]。

3. 杜绝操纵市场或虚假交易,杜绝非法混用或挪用客户资金

中心化加密货币交易平台通常被诟病的是在风险控制和交易量方面误导消费者,操纵市场,人为增加交易量,营造市场繁荣的假象;控制客户在平台上

---

① See Comply Advantage, *A Guide to Anti-Money Laundering for Crypto Firms*, Comply Advantage (June 30, 2024), https://complyadvantage.com/insights/crypto-aml-guide-cn/.

② See The Minister of Justice, *Proceeds of Crime (Money Laundering) and Terrorist Financing Regulations*, Government of Canada (June 29, 2022), https://laws-lois.justice.gc.ca/PDF/SOR-2002-184.pdf.

③ See The Australian Treasury, *Crypto Asset Secondary Service Providers: Licensing and Custody Requirements*, The Australian Treasury (Mar. 21, 2022), https://treasury.gov.au/sites/default/files/2022-03/c2022-259046.pdf.

的资产,混用或挪用客户资产。[①] 起步阶段的 SocialFi 平台不可通过不正当手段虚构交易量,以达到赚取流量和收益,欺骗、误导消费者的目的;平台运行后应做到积极和及时的资产披露,隔离平台收益和客户资产,防止资产混用或者资产挪用行为的发生。

4. 税收合规

针对加密货币的两类主要税种分别是所得税和资本利得税。前者通常适用于以加密货币形式赚取的收入,可能来自工资或佣金;后者通常适用于出售和交易加密货币时所产生的利润。每一个国家对所得税和资本利得税进行分类的标准不同;对于加密货币的税收政策也根据个人赚取、投资或使用其加密货币的方式而有所不同。[②] SocialFi 平台和用户应该熟悉每个地区对于加密货币的税收政策,做到税收合规。

(二)数据隐私合规

Friend. tech 一经上线,就吸引了众多关注,但却发生了超十万用户信息泄露的丑闻,泄露的信息包含用户的钱包地址和推特信息。[③] 关于隐私安全问题的解决,SocialFi 平台可以从以下几个方向努力:首先,在平台上线时制定配套的隐私政策,通过隐私政策告知个人信息权利、个人信息处理的范围及目的等义务。其次,需要对用户数据实行严格的加密处理,限制对敏感信息的访问权限,定期进行安全审计。再次,项目应遵循数据最小化原则,仅收集必要的用户信息。最后,确保遵守当地相关的数据保护法规,制订应急响应计划,这也是维护平台和用户隐私的关键。通过这些措施,SocialFi 项目可以有效保护用户数据,减少安全风险,实现数据隐私合规。

(三)知识产权合规

就用户而言,当用户购买 SocialFi 项目内的 NFT 后,用户拥有的是什么?NFT 是一种存在于数字世界的虚拟财产,用户拥有的是对这种虚拟财产的所有权而非知识产权。但因为其虚拟性,用户难以对 NFT 拥有像对实物财产一样

---

① See United States District Court for the District of Columbia, *Securities and Exchange Commission vs. Binance Holdings Limited, Bam Trading Services Inc., Bam Management Us Holdings Inc., and Changpeng Zhao*, Docdroid (June 5, 2023), https://www.docdroid.net/I02zzqT/sec-v-binance-4-pdf#page=12.

② 参见 Ulrik Lykke:《世界各地的加密税:全球税收法规概述》,载 HackerNoon 2023 年 10 月 16 日,https://hackernoon.com/zh/%E4%B8%96%E7%95%8C%E5%90%84%E5%9C%B0%E7%9A%84%E5%8A%A0%E5%AF%86%E7%A8%8E-%E5%85%A8%E7%90%83%E7%A8%8E%E6%94%B6%E6%B3%95%E8%A7%84%E6%A6%82%E8%BF%B0。

③ See Beosin, *Friend. tech Exposes* 100,000 *+Addresses Related Info, How to Protect User Privacy of Social Dapps?*, Beosin (Aug. 24, 2023), https://beosin.com/resources/friendtech-exposes-100000-addresses-related-info? lang=en-US.

的占有、使用、收益、处分的权利。因此,NFT 所有者不能干涉知识产权人对于其权利的其他方式的使用。[①]

就 SocialFi 项目方而言,涉及原始授权、发行和销售 NFT 的 SocialFi 项目将承担更全面的责任:依据商标法、著作权、电子商务法和广告法进行规制,审核是否获得必要的授权;可以建立先行赔付机制、投诉机制、担保机制等,确保平台的运营和管理完全遵守相关的法律法规。[②]

四、SocialFi 赛道未来趋势展望

去中心化自治组织以创造价值为共同目标,打破传统公司所有权与经营权分立,强调 Web2 从未实现的用户所有权与社区治理。SocialFi 就是用户基于去中心化自治组织将自身社交影响力金融化,打破 Web2 平台的垄断。在 Web3 时代,SocialFi 的发展犹如普罗透斯之脸,变化无常。创新必然带来许多风险,在 SocialFi 发展中引发诸多争议,但我们不能故步自封、画地为牢。在人类几千年来的智识下,SocialFi 可能会带来一个更具变革性的、多元化的未来。

(一)SocialFi 是否具有影子银行的特征?

SocialFi 就是去中心化金融与去中心化社交的结合,无法避免谈及去中心化金融本身存在的风险。几个世纪以来,我们一直生活在一个中心化的金融世界。金融交易主要是通过中介机构进行的。企业外部融资可以向银行等金融媒介进行间接融资,也可以直接从资金供给方获取资金,但两者风险和成本是不同的。直接融资中的证券交易市场主要是投资者通过市场中披露的信息进行投资,秉持投资风险自负的原则。证券公司也仅仅作为信息中介机构,并不具备银行保本的特征。在直接融资中,出借方与需求方直接发生资金融通关系就会出现信息与信用问题,即出借方是否该借钱,需求方能否还钱的问题。本质上,企业外部融资中最大的问题在于信息不对称导致融资方会面临较大的道德风险,即信息风险。[③] 为了解决这类风险,商业银行通过专业能力以及雄厚的资金让企业融资时无需与资金供给方直接磋商就能获得及时融资,解决了信息与信用问题。但是传统金融体系既限制了金融增长,又导致了机会的不平等。在银行授信差异下中小企业融资成本高,消费者在信用卡利率的压力下也会减

---

① 参见 Andres Guadamuz:《非同质化代币(NFT)与版权》,载 WIPO 2021 年 4 月,https://www.wipo.int/wipo_magazine/zh/2021/04/article_0007.html。

② 参见苏艳红:《对话|知识产权律师看 NFT 的法律与商业、现在与未来》,载知产力 2023 年 3 月 17 日,https://www.zhichanli.com/p/1525832723。

③ 参见彭冰:《中国证券法学》,高等教育出版社 2007 年版,第 3 页。

少寻找高质量投资项目的动力,导致投资需求降低,经济增长速度下降。

融资需求促使金融创新,"影子银行"(Shadow Banking)就在银行系统的监管盲区中产生。"影子银行"是指包括银行的非股权私募基金、点对点网贷平台、券商、基金公司、信托公司、保险公司、资产证券化、非股票公募基金、融资租赁公司、商业保理公司保理等,此类贷款标准低于银行、信用功能错配、杠杆过高且具有高风险的影子银行处于银行的监管之外,将给投资者带来巨大风险,且严重影响着国家对经济的调控能力。就金融稳定性而言,过高的杠杆率会使资产的风险成倍增加,金融泡沫膨胀,一旦市场转坏,去杠杆化的过程就会产生巨大的负外部性。[①] 去中心化金融的初衷是用技术取代脆弱的中介机构,用技术消除传统金融中心化系统中的固有风险。去中心化金融为解决传统金融现存的问题提供了相当大的前景,去中心化应用软件是去中心化金融的关键成分。这些应用程序的主要特点是无需许可和抗审查。在去中心化金融快速发展的过程中,有观点犀利指出:去中心化金融创新本应取代对中介机构的信任需求,但如今的去中心化金融却比传统金融服务更加脆弱,且有成为"影子银行 2.0"的趋向。[②]

如果 SocialFi 继承了去中心化金融的核心特性,那它是否也具有"影子银行"的特征呢?首先,SocialFi 强调用户自身社交影响力的金融化,用户可以通过社交活动获得平台代币,而代币的无限发行会给系统带来更多的杠杆作用。其次,就 SocialFi 设想中的利用个人信息如工作、简历等作为信用凭证进行借贷,实现无抵押借贷,或将扩大挤兑风险,增加金融的不稳定性。最后,SocialFi 目前主要基于去中心化应用软件运作,其高度复杂性、去中心化等特性,不利于习惯通过审查资产负债表和书面披露来进行投资决策的投资者,很少有人能读懂智能合约代码,也很难仅仅通过抽象地查看代码来发现缺陷,这将导致信息不对称和可能的道德风险。

伴随着 SocialFi 市场规模和影响力的扩大,其将面临更严厉的监管审查。随着监管力度的加大,许多项目将从美国证券交易委员会严厉的处罚中吸取教训,将在发行项目新代币之前保持谨慎。[③] 也有人提出采取"嵌入式监管"(Embedded Supervision)的形式,简单来说就是使用系统本身来实现监管的要求,即 SocialFi 系统将监管功能作为其自身自动化结构的一部分。

---

① See John Geanakoplos, *Solving the Present Crisis and Managing the Leverage Cycle*, Federal Reserve Bank of New York Economic Policy Review, Vol. 16, p. 101(2010).

② See Hilary J. Allen, *DeFi: Shadow Banking* 2.0?, Queen Mary University of London (Dec. 12, 2022), https://www.qmul.ac.uk/law/events/items/defi-shadow-banking-20.html.

③ See Campbell R. Harvey, Ashwin Ramachandran & Joey Santoro, *DeFi and the Future of Finance*, Social Science Research Network (Dec. 15, 2020), https://papers.ssrn.com/sol3/papers.cfm? abstract_id=3711777.

（二）SocialFi 发展面临的挑战

1. 权力下放的阻碍

目前，许多人会质疑 SocialFi 项目的“去中心化”是一个不切实际的幻想。这样的质疑也并非无稽之谈，技术的复杂性会导致 SocialFi 规模难以扩大，并不可避免地形成中心化治理。比如，社交应用 Friends With Benefits[①] 致力于构建一个会员制的高质量社区，用户需要提交申请、持有代币、通过筛选才能加入，但仅有少数人组成的审查委员会过于中心化。[②] 由此可知，技术的复杂度阻挡了规模的扩大，增加了实现去中心化治理的难度。

2. 过度依赖 Web2 平台

Web2 具有高度的用户基础，SocialFi 的发展初期会出现融合 Web2 和 Web3 的混合型产品，即 Web2.5，作为用户进入 Web3 的桥梁。Web3 缺乏表示这种社会身份的基本元素，因此它从根本上依赖其旨在超越的中心化的 Web2 结构，并复制了它们的局限性。比如，Mask Network 允许推特和脸书用户在两个社交媒体平台上加密他们的消息，以实现个人对自己数据的掌控。[③] 显然，Mask Network[④] 过于依附大型 Web2 社交平台，这也是新事物发展初期的折中选择。

3. 技术难题

SocialFi 最终要实现线下线上社交信息的金融化，第一步就是要实现各个 SocialFi 项目的互联互通。跨链互操作性是整个生态面临的主要问题和重大挑战之一。目前的 SocialFi 项目大多还是社交孤岛，难以实现将链上社交资产从一个链转移到另一个链的理想状态。[⑤] 与此同时，SocialFi 的复杂性带来了前所未有的未知与风险，投资者不仅面临投资风险，还面临技术性的骗局。比如，黑客利用稳定币，使用闪电贷借来足够的治理代币，创建了一个虚假的改进方案，在此过程中其可能会将价值近千万美元的以太币转移出去。尽管人们对于 SocialFi 的未来前景充满期待，但克服这些风险之于 SocialFi 走向主流至关重要。

---

① Friends With Benefits 是一个去中心化的社交俱乐部，成员可以通过持有代币参与社区活动和决策。

② 参见 Cobo Ventures：《SocialFi 深度解析——从当前市场，看未来 SocialFi 的发展》，载微信公众号“Cobo Global”2022 年 7 月 13 日，https://mp.weixin.qq.com/s/WPzQpP7tfeuereqiACupkg。

③ 参见 Cobo Ventures：《SocialFi 深度解析——从当前市场，看未来 SocialFi 的发展》，载微信公众号“Cobo Global”2022 年 7 月 13 日，https://mp.weixin.qq.com/s/WPzQpP7tfeuereqiACupkg。

④ Mask Network 是一个旨在将去中心化功能集成到现有社交媒体平台的工具，用户可以通过其插件发送加密消息、进行加密支付以及访问去中心化应用和服务。

⑤ See Thuat Do, *SoK on Blockchain Evolution and a Taxonomy for Public Blockchain Generations*, Cryptology ePrint Archive (Mar. 2023), https://eprint.iacr.org/2023/315.pdf.

(三)SocialFi 的未来

金融交易依赖的经济价值,是由人及其关系产生的。而 SocialFi 就致力于将社交关系金融化,从而挖掘更多的经济价值。未来,每个个体的社交关系都将成为去中心化社会(Decentralized Society,DeSoc)的重要宝藏。

1. 将个体社交影响力金融化

SocialFi 以去中心化为核心,这就意味着每个参与者都可以绕过流量中介,直接将影响力资产化,以此释放金融市场的潜力。意见领袖可以发行自己的代币,作为对其粉丝的忠诚度奖励。同时,意见领袖还可以将代币设置为不同的功能,如一对一对话服务、获取独家内容等。

2. 真正掌握自己的社交资产

互联网时代,个人信息易于被侵犯,如购物记录、出行记录、浏览记录等都有被利用、打包、销售的风险。SocialFi 可以实现将个人信息作为可编程的数据包,对社交数据的访问状态进行设置,如可访问或加密,个体将真正拥有自己的社交数据和社交资产,而非成为互联网巨头获利的工具。

3. 信贷与无抵押贷款

传统的金融生态也能提供多种信贷和无抵押贷款服务,但都是基于中心化的信用评价体系来衡量借贷者的信用能力,极易造成不合理的偏见。SocialFi 可以为自上而下的商业和社会信贷系统提供一个自下而上的替代方案。个体的链上社交数据代表了其工作经历、教育背景、社会信誉等,这些全面且精准的个人社交数据就反映了这些个体的信用,更有利于构建未来广泛的去中心化可信社会。

如今,SocialFi 大多建立在虚拟世界的信任之上,未来的 SocialFi 应当突破阻碍,打通现实世界与虚拟世界的壁垒。当 SocialFi 真正联通两个世界,并将数据主权赋能给全球的普罗大众,Web3 就有可能摒弃短期的超级金融化,转而创造一个真正实现个人主权和自我治理的美好未来。①

第八节　加密货币与反洗钱法律合规

新技术和相关支付产品和服务的快速发展在全球范围内给监管机构和私

① See E. Glen Weyl, Puja Ohlhaver & Vitalik Buterin, *Decentralized Society: Finding Web3 's Soul*, ResearchHub (May 15, 2022), https://www.researchhub.com/paper/1270814/decentralized-society-finding-web3s-soul.

营部门带来重大挑战，特别是心怀不轨之徒将虚拟货币用于洗钱和资助恐怖主义。造成这种挑战的原因有很多，其中涉及的一些风险已于 2013 年在反洗钱金融行动特别工作组的《预付卡、移动支付和互联网支付服务基于风险的方法指南》(Guidance for a Risk-Based Approach to Prepaid Cards, Mobile Payments and Internet-Based Payment Services)中阐明并讨论，尽管该报告当时并未具体提及“虚拟货币”。

在过去几年里，大量虚拟资产涌现，部分资产引发了对新型支付基础设施和相关底层协议的大规模投资。这些支付基础设施和协议试图提供一种通过去中心化的点对点网络传输价值的全新方式。这反映了技术进步和市场需求的变化。监管机构和金融机构普遍认为，去中心化、基于加密技术的虚拟资产和相关支付系统的发展势头越来越强劲。这些虚拟资产和协议可能预示着支付系统的未来走向。同时，它为犯罪分子、恐怖主义资助者和制裁逃避者提供了转移和储存非法资金的新工具，从而在执法监管范围之外创造了独特的新挑战，特别是在洗钱和资助恐怖主义方面。目前，全球范围内涉及加密货币的非法活动的数量占比相对较低，根据 Chainalysis 的数据，2023 年，所有加密货币交易中只有不到 1% 与非法活动有关，高于 2022 年的 0.24%。

鉴于虚拟资产的跨境特性，国际主要机构均密切关注并发布了有关虚拟资产及其潜在风险(包括洗钱和资助恐怖主义等风险)的报告。反洗钱金融行动特别工作组和欧洲银行业管理局(European Banking Authority, EBA)特别强调，虚拟资产交易所相关活动(支持虚拟资产与法定货币互换)必须纳入各国反洗钱和反恐怖主义融资监管框架内。2018 年 10 月，反洗钱金融行动特别工作组通过了对其建议的修改，以明确说明这些建议适用于涉及虚拟资产和虚拟资产服务提供商。2019 年 6 月，反洗钱金融行动特别工作组通过了建议 15 的解释性说明，以进一步澄清反洗钱金融行动特别工作组的要求应如何适用于虚拟资产和虚拟资产服务提供商计划；发布了《虚拟资产和虚拟资产服务提供商基于风险的方法指南》(2019 年 6 月标准)，详细说明了适用于虚拟资产服务提供商以及反洗钱金融行动特别工作组建议下的虚拟资产的全部义务。2021 年 10 月 28 日，反洗钱金融行动特别工作组正式发布了备受期待的更新指南，即《虚拟资产和虚拟资产服务提供商基于风险的方法更新指南》(Updated Guidance for a Risk-Based Approach to Virtual Assets and Virtual Asset Service Providers)。该更新指南是对 2019 年发布的指南的修订和更新，旨在提供关于如何监督和管理虚拟资产和虚拟资产服务提供商的更详细建议。此次更新可能会促使对虚拟资产及其相关风险进行更严格的审查，为去中心化金融的监管定下基调，并为更广泛地监管虚拟资产行业和更广泛的金融行业奠定基础。

一、重点潜在风险

（一）关键定义和概念

“加密货币”或“虚拟货币”尚无全球统一定义。2012年，欧洲中央银行（European Central Bank，ECB）将虚拟货币定义为一种不受监管的数字货币，通常由其开发者发行和控制，并且在特定虚拟社区成员之间流通和使用。2014年，欧洲银行业管理局将虚拟货币定义为非中央银行或公共机构发行的有价值的数字化表示，其不一定依附“法定货币”，但能够被自然人或法人接受作为支付手段，可以转让或以电子方式存储或交易。反洗钱金融行动特别工作组在其2014年的报告中给出了关于虚拟货币的定义：可进行交易的价值的数字化表示，其功能如下：交换媒介；记账单位；价值储存手段，但不具有法定货币地位（法定货币是由国家发行并由国家强制力保证流通、体现国家信用并具有无限法偿能力的价值符号，当债务人向债权人提出将法定货币作为偿债手段时，是有效和合法的偿债提议）。它不是由任何司法管辖区发行或担保的，并且仅通过虚拟货币用户社区内的协议来实现上述功能。

为实施欧盟《第五号反洗钱指令》（5AMLD），提供一致的监管框架，欧盟决定采纳反洗钱金融行动特别工作组在2014年指南中关于虚拟货币的定义。根据《第五号反洗钱指令》，虚拟货币被定义为非中央银行或公共机构发行或担保的有价值的数字化表示，不与法定货币相挂钩，不具有法定货币的法律地位，而是作为一种交换手段为自然人或法人所接受，并能够以电子方式进行转让、储存和交易。鉴于这一定义的广泛性，在实践中，大多数的虚拟资产和其他可转让的加密货币均属于《第五号反洗钱指令》的监管范围。

反洗钱金融行动特别工作组于2018年10月更新了其建议，并引入了虚拟资产的新定义。现在，虚拟货币被定义为可以进行实际交易或转移的有价值的数字化表示，并且可用于支付或投资目的（但不包括法定货币的数字化表示，以及反洗钱金融行动特别工作组建议中涉及的证券和其他金融资产）。在其2020年6月发布的关于稳定币的报告以及更新的指南中，反洗钱金融行动特别工作组进一步得出结论，根据修订后的反洗钱金融行动特别工作组标准，稳定币既可归类为虚拟资产，也可归类为传统金融资产。此外，更新的指导意见指出，参与稳定币相关活动的实体可能有反洗钱和反恐怖主义融资的义务。例如，可以建立管理稳定币相关活动的中央开发者或治理机构，管理稳定功能或将稳定币集成到电信平台中。

本节将沿用反洗钱金融行动特别工作组最新建议中的定义和概念框架，重点关注去中心化的可兑换的虚拟货币支付产品和服务（Virtual Currency Payment Products and Services，VCPPS），不包括其他与虚拟货币相关的证券或衍生产品和服务，即便这些也与洗钱和资助恐怖主义风险相关，特别是首次代币发行这类众筹模式。

（二）“了解你的客户”和交易监控

“了解你的客户”（KYC）是反洗钱和反恐怖主义融资尽职调查的基石，通常适用于严格遵守反洗钱和反恐怖主义融资立法，旨在与国际标准接轨的金融机构。“了解你的客户”要求相对较新，最早是在20世纪70年代的瑞士和美国立法中实施。在通过发布反洗钱金融行动特别工作组建议成为国际公认概念之前，“了解你的客户”要求金融机构正式确定（并核实）其合同方（客户）这些资产的最终受益人（在其缔约方不是自然人的情况下）及其来源。与交易监控结合，“了解你的客户”确保资产的可追溯性，包括保留与客户交易相关的文件和记录，帮助金融机构追踪资产在金融系统中的流动，为识别洗钱和资助恐怖主义的活动提供重要线索。

尽管“了解你的客户”和交易监控要求在虚拟资产尚不存在时就已在全球范围内实施，但根据国际和国家层面的各种举措，目前看来，反洗钱和打击资助恐怖主义的要求对如何适用于虚拟货币支付产品和服务尚需进一步澄清。“了解你的客户”和其他反洗钱和打击资助恐怖主义要求是为中心化的中介金融系统设计的，其中每个司法管辖区均可对其境内经营的金融中介机构实施监管要求和制裁（充当“看门人”的角色）。相比之下，虚拟货币支付产品和服务依赖一套去中心化的跨境虚拟协议和基础设施。在这种情况下，没有任何一个国家或地区能够完全控制潜在价值（资产）或信息，因此确定用于强制执行和严格遵守反洗钱和打击资助恐怖主义要求的接触点是具有挑战性的。

二、潜在的洗钱和资助恐怖主义风险

毫无疑问，像所有汇款或支付服务一样，虚拟货币支付产品和服务也有其合法用途。许多知名的风险投资公司投资虚拟货币领域的初创企业，并开发相关的基础设施平台。例如，虚拟货币可以促进小额支付，允许企业能够在互联网上销售成本极低的商品或服务；虚拟货币还有助于国际汇款，为银行账户不足或没有银行账户的人提供金融服务，这促进了金融的包容性，进一步推动了普惠金融的发展。

然而,大多数虚拟货币由于其匿名(或假名)、去中心化等特性,会助长洗钱和资助恐怖主义的风险。这些风险广泛地分布在包括虚拟货币的发行者、交易平台和用户等在内的整个生态系统中。快速发展的技术和虚拟货币的创新可能会给执法部门和金融机构带来巨大挑战。密切关注新的犯罪工具和渠道,以便将其纳入有效的"了解你的客户"或客户尽职调查框架中,是一项持续的挑战。

除虚拟货币支付产品和服务的潜在非法使用外,虚拟货币的使用还可能促进洗钱,这是通过依赖与法定货币相似的基本机制,滥用支持虚拟货币的无监管、去中心化的跨境网络实现的。利用虚拟货币洗钱的过程具体来说包括以下几个步骤:

(1)存款:虚拟货币提供了免费或以极低成本开设大量匿名或假名钱包的能力,为非法活动收益提供了低风险的保管工具。

(2)分层:通过频繁的钱包间转账或将其兑换为不同类型的跨境虚拟货币,使资金来源变得模糊。这允许在没有显著成本或风险的情况下更容易进行分层操作,最近的技术发展,如"原子交换",可能会进一步促进虚拟资产的滥用。此外,犯罪分子还可能会利用流行的众筹机制(如首次代币发行),将非法收益兑换为其他虚拟货币或法定货币,同时为资金来源添加一个看似合法的"幌子"。

(3)整合:直接使用虚拟货币或将虚拟货币兑换为法定货币,来购买商品或服务。随着越来越多商品和服务接受虚拟货币支付,以及更多机构投资者的入局,在为虚拟货币市场提供大量流动性资产的同时,也给了犯罪分子可乘之机。同样地,"了解你的客户"要求低于平均水平的首次代币发行可能会被犯罪分子滥用,他们可能会将其非法持有的虚拟资产通过认购首次代币发行兑换为其他代币,然后在相关代币上线虚拟货币交易所时立即出售套现。

当然,在虚拟货币不受监管的领域,洗钱和恐怖主义融资风险仍在加剧。为应对风险,监管者会要求消除匿名性,并在虚拟货币与传统金融服务机构的接触点引入反洗钱控制,这也催生了新的与现有法规更加兼容的虚拟货币。然而,在新的技术解决方案到位之前,监管者通常通过要求"守门人"(如虚拟货币交易所和其他金融机构)实施严格的反洗钱、"了解你的客户"要求来降低洗钱和资助恐怖主义风险。

然而,根据欧盟委员会 2016 年 7 月的影响评估,如果虚拟货币被广泛接受和使用,可能会出现不再需要将虚拟货币兑换为法定货币的时间点。这本身就是一个严峻的挑战,因为它将减少虚拟货币与传统金融服务机构合作的"接触点"的数量(从虚拟货币兑换为法币的接触点),这使监管者难以通过监管金融服务机构来降低洗钱和资助恐怖主义的风险。

然而,反洗钱金融行动特别工作组的最新建议大大扩大了受反洗钱和打击资助恐怖主义条例管辖的实体的范围,确保不仅是传统金融系统受到监管,币币交易平台、首次代币发行发行商、托管钱包和其他相关服务提供商,都受到以反洗钱和打击资助恐怖主义为目的的监管。此外,新型虚拟货币和相关服务,如去中心化金融、去中心化交易所、去中心化应用程序、虚拟资产托管服务(Virtual Assets Custody Service)等将被纳入监管范畴。

1. 匿名或假名

在去中心化系统中,匿名性风险特别突出。事实上,与传统金融服务相比,虚拟货币用户的身份通常是未知的,大多数情况下仅为假名。由于缺乏受监管的中介机构充当"看门人",洗钱和资助恐怖主义的风险在持续加剧。大多数虚拟资产,如比特币或以太币,在设计上支持匿名或假名,用户身份并不与特定钱包或交易直接关联。尽管如此,相关交易信息(如交易时间、交易量、交易地址等)在区块链上都是公开记录的,任何人都可以获得。执法当局可以通过这些公开的链上信息追踪交易,并进一步分析匹配真实身份与交易地址的联系。

一些虚拟资产,如Dash、Monero或Zcash这类"隐私币",其设计更注重隐私保护,提供了更高级别的匿名性。这些隐私币采用了特殊的技术,如零知识证明(Zero-Knowledge Proof, ZKP)、环签名(Ring Signature, RS)、同态加密(Homomorphic Encryption, HE)等加密技术,以确保交易信息不会公开记录在区块链上,以使用户保持完全的匿名性,从而使监管机构、执法机构等难以识别虚拟货币的最终受益人。

此外,已经出现了许多解决方案以增强匿名性,并寻求限制交易在其他匿名虚拟货币网络上的可追溯性。例如,混币服务(亦称为"混币器")通过聚合众多用户的交易,来混淆每笔交易的具体记录。尽管单个交易的具体细节可能变得模糊,但混币活动本身在区块链上仍可被检测到。

2. 可追溯性

任何事情都有两面性,这一点对于虚拟货币甚至显得有些极端。尽管虚拟货币的匿名或假名特性是滋生洗钱和资助恐怖主义的主要风险,但区块链公开透明的性质,为监管者追踪可疑交易活动提供了完整的交易线索。区块链提供了不可篡改且可审计的电子交易记录。但由于用户的匿名性和混币服务提供商混淆了交易路径,使其可追溯性受到了一定程度的限制。

在处理涉及单个区块链网络或加密货币协议的交易时,其追踪难度可能不大。然而,当在处理跨虚拟资产交易所的交易时,情况会变得更加复杂,假定这种追踪可能涉及多个交易所之间的交易活动,特别是在需要访问交易中介或交易平台的链外记录时,这些记录可能不受监管,且跨越多个管辖区。此外,随着允许“原子交换”(Atomic Swap),即原子跨链交易技术的出现,可追溯性将面临更大的挑战,这些技术将允许用户在不依赖中心化交易所的情况下进行不同虚拟资产之间的跨链交易。

3. 去中心化

大多数虚拟货币是基于点对点的去中心化交易系统,无需基于集中管理系统的可信第三方进行验证。正如反洗钱金融行动特别工作组所指出的,这种去中心化性质意味着执法部门无法针对一个中央地点或实体(管理者)进行调查或扣押资产,因为客户和交易记录通常分布在多个管辖区,这为执法部门和监管机构获取这些记录带来挑战。

底层的区块链技术和虚拟货币支付产品和服务业务模型的快速发展使这一问题更加复杂。如果没有适当的保障措施,从虚拟货币支付产品和服务到法定货币系统的过渡可能会被毫无戒心的虚拟资产交易者或串通一气的虚拟货币支付产品和服务基础设施提供商滥用,这些提供商可能会故意寻找反洗钱和反恐怖主义融资制度薄弱或控制措施执行不力的司法管辖区。

三、法律和监管挑战

(一)现行法律和监管制度概述

尽管存在对虚拟资产采用全球反洗钱标准的呼声,但目前尚未形成统一规则。然而,各国已逐渐达成符合反洗钱金融行动特别工作组逻辑的共识,即虚拟资产服务提供商应与非虚拟资产服务提供商承担相同的义务。在这方面,大多数已就该问题发布规则或指导意见的欧洲各国通常认为,将虚拟资产兑换为法币(包括虚拟资产交易所的活动)应受反洗钱义务的约束。

各国在虚拟货币法规的差异包括:(1)虚拟资产交易所和钱包服务的牌照要求不同;(2)从反洗钱监管角度处理首次代币发行;(3)币币交易与法币交易的不同处理。在许多情况下,这些活动的监管规则不是很明确,通常需要具体情况具体分析,部分取决于正在通过的新立法或条例。

(二)欧盟

2012 年 10 月,欧洲中央银行发布了关于虚拟资产的报告,这是欧盟层面首次正式关注虚拟资产问题。欧洲中央银行特别强调,虚拟资产提供的匿名性可能会导致洗钱和资助恐怖主义风险。欧洲中央银行进一步表示,监管“至少会减少恐怖分子、犯罪分子和洗钱者计划利用这些虚拟资产达成非法目的的动机”。

2014 年 7 月，欧洲银行业管理局发布了一份关于虚拟资产的正式意见，特别指出虚拟资产对欧盟的财务完整性构成高风险，这主要源于潜在的洗钱和资助恐怖主义风险。然而，欧洲银行业管理局在其 2019 年 1 月的报告中指出，欧盟的虚拟资产相关活动相对有限，似乎不会对金融稳定产生影响。

2016 年 7 月 5 日，欧盟委员会提交了一份修改《第四号反洗钱指令》(The Fourth Anti-Money Laundering Directive，4AMLD)的立法提案。该提案是欧盟委员会于 2016 年 2 月宣布的针对英国《金融时报》的行动计划的一部分，其还回应了 2016 年 4 月披露的"巴拿马文件"。

《第五号反洗钱指令》于 2018 年 4 月 19 日由欧洲议会全体会议通过，于 2018 年 5 月 14 日由欧盟理事会通过，于 2018 年 6 月 19 日在欧盟官方公报上正式公布，并于 2018 年 7 月 9 日正式生效。成员国必须在 2020 年 1 月 10 日之前修改其国家法律，以实施《第五号反洗钱指令》。到目前为止，大多数成员国已完全实施了《第五号反洗钱指令》，尽管其中一些国家未能在最初规定的期限内完成。

在不同的目标中，《第五号反洗钱指令》明确旨在解决与虚拟资产相关的资助恐怖主义风险。在此背景下，《第五号反洗钱指令》的监管范围增加了虚拟资产交易平台和托管钱包提供商。欧盟委员会认为，为了使主管当局能够监测涉及虚拟资产的可疑交易，控制虚拟资产的来源，在保留这些虚拟资产所带来的创新进步的同时，将这些"有义务的实体"纳入《第四号反洗钱指令》的约束机制是适当合理的措施。

1. 从事交易所服务的提供商

有趣的是，《第五号反洗钱指令》将欧盟反洗钱要求扩展到"从事虚拟货币和法定货币之间兑换服务的提供商"。因此，大多数涉及法币交易业务的交易所都在《第五号反洗钱指令》的监管范围内。然而，《第五号反洗钱指令》似乎并未明确涵盖涉及币币交易业务的交易所。

尽管如此，某些币币交易所可能因提供其他服务，如托管钱包服务，而被纳入《第五号反洗钱指令》的监管范围。此外，币币交易所仍然可能在各成员国内面临监管，这取决于每个成员国如何将《第五号反洗钱指令》的规定纳入其国家法律以及反洗钱金融行动特别工作组的建议。同样，虚拟资产自动取款机虽不在《第五号反洗钱指令》的覆盖范围内，但一些成员国已经引入了更严格的规则来覆盖这些活动。

2. 托管钱包提供商

托管钱包提供商的主要服务是代表客户保管私钥，以及储存和转移虚拟资产。该定义主要涉及那些对客户钱包和资产有控制权(通过保管私钥)的服务提供商,与仅提供非托管的软件钱包的提供商形成鲜明对比。非托管软件钱包提供商只提供在用户设备(智能手机、平板电脑等)上运行的应用程序,而无权保管或控制用户的私钥。

此外,欧盟委员会于2020年9月24日通过了数字金融一揽子计划,其中包括数字金融和零售支付战略,以及关于虚拟资产和数字运营弹性的四项具体立法提案。最值得关注的是,欧洲议会和理事会关于虚拟资产市场和修订指令(欧盟)的法规提案2019/1937,也称为MiCA提案,其旨在为目前现有金融服务立法未涵盖的所有虚拟资产及其发行者和服务提供商建立统一的欧洲规则,其覆盖范围比反洗钱金融行动特别工作组所提供的虚拟资产服务提供商的定义更广。欧洲议会于2023年4月20日批准通过该法案。此举使欧盟比美国和英国领先一步,这两个国家尚未为虚拟资产领域制定正式规则。MiCA将适用于欧盟27个成员国,一旦一家公司在一个国家获得MiCA许可证,它就可以获得相应的“护照”,并在整个欧盟虚拟资产市场提供许可服务。

2021年7月20日,欧盟委员会提出了一套立法提案,以加强欧盟的反洗钱和反恐怖主义融资规则。这包括《第六号反洗钱指令》中提出的设立一个新的欧盟机构来打击洗钱活动的建议,以及执行反洗钱金融行动特别工作组的建议15,即适用于虚拟资产的转移“旅行规则”(Travel Rule)。最值得注意的是,拟议的提案旨在将反洗钱和反恐怖主义融资规则扩展至整个虚拟资产领域。通过修订第2015/847/EU号条例缩小“旅行规则”的差距,强制所有虚拟资产服务提供商对其客户进行尽职调查。一揽子立法方案将由欧洲议会和理事会讨论,欧盟委员会希望尽快启动立法程序。

(三)瑞士

瑞士反洗钱立法没有专门定义虚拟资产,而是依据反洗钱金融行动特别工作组在2014年报告中使用的定义。但自从2015年瑞士金融市场监管局修订《反洗钱条例》以来,与虚拟资产相关的交易活动,如汇款(双方之间的虚拟资产转移),显然受到反洗钱规则的约束。在这次修订之前,瑞士金融市场监管局和联邦委员会已经基于风险的方法(Risk-Based Approach,RBA)指出与虚拟资产交易所相关的与日俱增的风险,并强调它们必须遵守反洗钱要求。因此,瑞士是执行这一规则的先驱。该规则现已成为一项国际标准。

简而言之,购买和出售可兑换的虚拟资产,以及运营交易平台将资金或可兑换的虚拟资产从一平台用户转移到另一平台用户,都必须遵守瑞士的反洗钱规则,包括所谓的"旅行规则"。在开始运营之前,这类服务的提供者必须成为自我监管组织(Self-Regulatory Organization,SRO)的成员。由于可兑换虚拟资产可以促进匿名、跨境资产转移,瑞士金融市场监管局认为这类交易存在更高的洗钱和资助恐怖主义风险,因此需要严格的客户尽职调查,特别是在客户身份识别及受益所有权和资金来源确认方面。

鉴于虚拟资产的性质,金融机构在基于关键的反洗钱和反恐怖主义融资合规要求提供 VSPPS 时,将面临巨大挑战,特别是遵守"旅行规则"。该规则要求有关客户和受益人的信息与支付委托书一同传递。目前,在国家或国际层面没有任何系统(如银行间转账的 SWIFT 代码)可以可靠地传送用于分布式账本上的支付交易的标识数据。虽然有一些切实可行的办法使金融机构能够遵守"旅行规则",但是它们相对繁重,严重限制了虚拟货币支付产品和服务的发展。尽管如此,已有 TRISA(Travel Rule Information Sharing Architecture)①这类去中心化协议旨在开发新的技术解决方案,来可靠和标准化地实施"旅行规则"要求。一旦反洗钱监管机构审查认可了其中一些标准,市场上就将出现更多的虚拟货币支付产品和服务,并且,将纯粹去中心化的虚拟资产和传统金融服务相结合将会更加容易。

(四)管理合规洗钱和恐怖主义融资风险

尽管监管机构在加强适用于虚拟货币支付产品和服务提供商的要求方面取得了一些进展,但在与面临虚拟资产和虚拟货币支付产品和服务风险的客户进行交易时,除了建议采用谨慎的、基于风险的方法外,监管机构对其各自的国内金融机构如何从洗钱及资助恐怖主义风险评估角度处理"了解你的客户"或客户尽职调查,几乎没有任何具体指导。

在实践中,与任何新的业务范围、客户类型或金融交易一样,金融机构的核心反洗钱和打击资助恐怖主义合规问题是,其是否理解相关风险,能够有效管理这些风险,拥有必要的知识、工具和资源来持续执行这些措施,包括制定相关政策、程序、培训计划等。选择为虚拟资产生态系统中的新型客户提供服务的金融机构仍应制定具体的政策和程序,确保能够遵守反洗钱义务。

每套合规要求的具体内容将因业务类型、客户类型、所属管辖区和其他因素而异。对于金融机构来说,确认每个客户的身份、所属管辖区和目的,以及评估财富和资金来源的能力,是满足反洗钱和打击资助恐怖主义要求的至关重要

① TRISA 是一个旨在解决金融机构在虚拟资产交易中遵守"旅行规则"的去中心化协议。该协议通过开发新的技术解决方案,可靠且标准化地传递客户和受益人的信息,以确保支付交易的合规性。

的条件。作为客户的虚拟货币支付产品和服务参与者在这些方面都提出了特定的挑战,因此,金融机构必须确保其政策和程序足以履行这些核心职能。需要指出的是,对于金融机构来说,无论是提供传统金融服务还是提供涉及虚拟资产的相关服务,其都需要遵守相似的反洗钱和打击资助恐怖主义要求。

鉴于虚拟货币支付产品和服务提供商类型的多样性,很难制定普遍适用的“了解你的客户”或客户尽职调查标准、程序和清单。因此,监管机构尚未在这一领域发布全面指导意见是可以理解的。随着对虚拟货币支付产品和服务及其相关洗钱和恐怖主义融资风险的理解逐渐深化,很可能会出现国际标准和建议,以及可能简化金融机构合规流程的合规工具。在这方面,金融机构、虚拟货币支付产品和服务提供商、开发商、投资者以及虚拟资产领域的其他参与者应寻求开发技术解决方案,以提高合规性,并促进虚拟货币支付产品和服务与现有财务系统的融合。

四、反洗钱国际倡议

(一)反洗钱金融行动特别工作组基于风险的虚拟货币方法指南

2015 年 6 月,反洗钱金融行动特别工作组发布了《基于风险的虚拟货币方法指南》(Guidance for a Risk-Based Approach to Virtual Currencies),对反洗钱金融行动特别工作组具体建议应如何应用于虚拟货币进行探讨,并重点关注了虚拟货币与受监管金融系统之间的接触点,特别是那些提供可兑换虚拟货币交易服务的接触点。这个指南源自反洗钱金融行动特别工作组之前的报告,即 2014 年 6 月反洗钱金融行动特别工作组发布的《虚拟货币:关键定义和潜在反洗钱、反恐怖融资风险》(Virtual Currencies: Key Definitions and Potential AML/CFT Risks)的报告和 2013 年 6 月的反洗钱金融行动特别工作组发布的《预付卡、移动支付和互联网支付服务基于风险的方法指南》(Guidance for a Risk-Based Approach to Prepaid Cards, Mobile Payments and Internet-Based Payment Services)。

《基于风险的虚拟货币方法指南》基于以风险为本的原则,为各国政府在应用反洗钱金融行动特别工作组建议处理涉及虚拟货币支付产品和服务的实体时,提供了一定程度的指导。反洗钱金融行动特别工作组认为,提供虚拟资产和法定货币互相兑换服务的本地实体,应在当地受到与其他金融机构同等水平的充分的反洗钱和反恐怖主义融资法规的规管,并接受严格监管。在此背景下,区分中心化和去中心化的虚拟资产,对风险评估至关重要。反洗钱金融行动特别工作组建议,对涉及兑换业务和去中心化虚拟货币支付产品和服务的实体实行更加严格的尽职调查,因为这类业务本身就具有强匿名性且难以辨别,所以风险更高,特别是那些底层协议不要求证明或验证用户身份的去中心化虚拟货币支付产品和服务。

值得注意的是,反洗钱金融行动特别工作组并不建议禁止虚拟货币支付产品和服务,因为反洗钱金融行动特别工作组明智地预见到若禁止其服务可能导致此类活动转入地下,从而无法进行有效的监管和控制。因此,如果一定要禁止虚拟货币支付产品和服务,则反洗钱金融行动特别工作组建议实施额外的风险缓解措施(Risk Mitigation Measures),同时应考虑到其活动中的跨境因素。

关于交易监管,反洗钱金融行动特别工作组认为,各国必须确保在虚拟资产交易者之间以电汇形式进行交易时,交易发起人和受益所有人的信息都必须记录在案。然而,为了排除低风险交易,可以设置一定的交易最低限额。交易监控仍然是虚拟资产交易领域降低风险的关键措施。

(二)反洗钱金融行动特别工作组更新建议(2018 年 10 月标准)

反洗钱金融行动特别工作组于 2018 年 10 月更新了其建议,以应对与虚拟资产快速发展的风险,并阐明这些建议如何适用于涉及虚拟资产的金融活动。更新后的建议特别针对虚拟货币支付产品和服务,其定义是为其他自然人、法人或代表其他自然人、法人进行以下一项或多项活动、业务:(1)虚拟资产与法定货币之间的兑换;(2)一种或多种类型的虚拟资产之间的兑换;(3)虚拟资产的转让;(4)虚拟资产或能够控制虚拟资产的工具的保管和/或管理;(5)参与和提供与发行人要约和/或出售虚拟资产相关的金融服务;(6)从事法案或条例规定的其他活动或业务。

2015 年 6 月的《基于风险的虚拟货币方法指南》发布以来,这些新定义确保涵盖了虚拟资产服务提供商(不仅涉及法币与虚拟资产之间兑换业务的交易平台,还包括币币交易平台、首次代币发行发行人、托管钱包等),这显著扩大了受反洗钱和反恐怖主义融资监管的实体范围,相关服务提供者因反洗钱和打击资助恐怖主义的目的而受到管制,需要获得许可或注册,接受有效的监测,并确保遵守反洗钱金融行动特别工作组建议中要求的关于反洗钱的相关措施。尽管如此,上述定义仍然有些模糊,其解释仍有待确定。

(三)对建议 15 的解释性说明和建议 16

反洗钱金融行动特别工作组于 2019 年 6 月 21 日通过了对建议 15 的解释性说明,规定了有效监管虚拟资产服务提供商的要求。在该说明下,虚拟资产服务提供商应获得牌照或注册,并接受有效的监管和监督,以确保他们采取必要的措施来减低洗钱和恐怖主义融资的风险。为此,虚拟资产服务提供商应由主管当局(而不是自律组织)监督或监测,其必须具备以风险为本的监督或监管能力,并有权实施一系列纪律和经济制裁,以及采取一系列预防措施来降低洗钱和恐怖主义融资风险(包括但不限于尽职审查、记录保存、可疑交易报告,以及审查所有交易是否有触及特定类型的金融制裁),特别是应对超过 1000 美元/欧元门槛的临时交易进行尽职审查。根据解释性说明中的第 7(B)段,虚拟资产服务提供商应获得并持有与虚拟货币交易相关的发起人和受益人的准确信息,并与受益的虚拟资产服务提供商和对应方以及主管当局共享,即"旅行规则"。该解释性说明还强调了各国必须展开合作及信息交流,以预防和打击利用虚拟货币进行恐怖主义融资的行为。

虽然国际金融机构一直要遵守"旅行规则",但鉴于区块链技术的特性,对于虚拟资产服务提供商而言,在交易过程中收集和传输客户信息的要求将带来挑战。其核心挑战在于,传统金融机构依靠成熟的银行间通信系统(如 SWIFT、TARGET 或 SiC)转移资金和共享信息,但目前还没有专门为虚拟资产服务提供商建立的类似的通信系统,而它们所使用的区块链技术,通常只需要接收方来执行交易,这使虚拟资产服务提供商在收集和验证交易参与者的详细信息方面变得极为困难,同时亦会超出反洗钱金融行动特别工作组建议的范围。

此外,建议 16 通常被称为"电汇规则"(Wire Transfer Rule),主要涉及电汇交易的透明度和可追溯性,如监察信息提供,采取冻结手段禁止与指定人员或实体进行交易等。该规则同样适用于虚拟货币交易。

(四)虚拟资产和虚拟资产服务提供商基于风险的方法指南和其更新指南

2019 年 6 月,反洗钱金融行动特别工作组发布了《虚拟资产和虚拟资产服务提供商基于风险的方法指南》。该文件以反洗钱金融行动特别工作组在 2015 年 6 月发布的《基于风险的虚拟货币方法指南》为基础,旨在帮助各国当局理解并制定监管和监督虚拟资产活动及虚拟资产服务提供商的策略,同时帮助虚拟资产服务提供商了解其反洗钱和反恐怖主义融资义务。在基于风险的方法下,根据解释性说明的第 2 段,各国应识别、评估、理解与虚拟资产金融活动和虚拟资产服务提供商相关的风险,并将其反洗钱和反恐怖主义融资工作重点放在潜在风险更高的虚拟资产上。同样,各国应要求虚拟资产服务提供商识别、评估和理解洗钱和资助恐怖主义的风险。

在一份 2020 年 6 月的报告中,反洗钱金融行动特别工作组确认《虚拟资产和虚拟资产服务提供商基于风险的方法指南》也适用于稳定币,因为它们究竟会被视为虚拟资产还是传统金融资产,关键在于其具体性质。涉及任何稳定币的实体是否有反洗钱和反恐怖主义融资的义务,将取决于这些实体从事的活动(活动性质属于金融机构还是虚拟资产服务提供商)以及稳定币的设计(关键因素是稳定币的底层协议是中心化的还是去中心化的)。2021 年 10 月,反洗钱金融行动特别工作组更新了《虚拟资产和虚拟资产服务提供商基于风险的方法指南》。更新后的指南针对 6 个主要领域:(1)澄清虚拟资产和虚拟资产服务提供商的定义;(2)反洗钱金融行动特别工作组标准如何适用于稳定币;(3)关于点对点交易的洗钱和恐怖主义融资风险和降低风险的额外指引;(4)关于虚拟资产服务提供商取得牌照和注册的最新指导;(5)为公共和私营部门实施"旅行规则"提供额外指引;(6)促进虚拟资产服务提供商监管机构之间的信息共享和合作。

更新后的指南强调,应对虚拟资产和虚拟资产服务提供商的定义进行"广义"的解释和解读,并且司法管辖区不应仅根据实体使用的技术或对自身的定义来判断确定该实体是否为虚拟资产服务提供商。更新后的指南提供了广泛的解释,以前被认为不属于虚拟资产服务提供商的虚拟资产领域的参与者,或将被纳入虚拟资产服务提供商的定义范围内。而虚拟资产服务提供商的定义被拓宽的后果是,去中心化应用程序的所有者或经营者很可能被认定为虚拟资产服务提供商,因为他们代表其客户进行交易或转账,"即使服务涉及其他参与方,或者部分流程是自动化的"。

此外,更新后的指南还规定,以下实体也可能属于虚拟资产服务提供商的定义范围:(1)提供虚拟资产托管服务的实体;(2)提供促进虚拟资产发行和交易的经纪服务的实体;(3)提供订单簿交易服务的实体;(4)提供高级交易服务的实体;(5)提供虚拟资产交易或转账服务的实体;(6)虚拟货币兑换服务供应商。

更新后的指南还确认,点对点交易不直接受反洗钱金融行动特别工作组的反洗钱和反恐怖主义融资义务的约束,因反洗钱金融行动特别工作组通常将义务置于个人与金融系统之间的中介机构,而非个人,但仍存在一些例外。与此同时,反洗钱金融行动特别工作组认为,点对点交易可能造成更高的洗钱或资助恐怖主义的风险,特别是当这些交易变得更加普遍并成为主流时。因此,更新后的指南还提供了司法管辖区可以采取的措施,包括提高点对点交易的透明度、限制某些点对点交易的可用性,并加强与私营企业的沟通,以评估和了解点对点交易的风险。

最后,反洗钱金融行动特别工作组指出,随着更多实体根据其最新指南中对虚拟资产和虚拟资产服务商的定义被归类为虚拟资产服务商,"旅行规则"的适用范围将扩大。但司法管辖区可能会设立一个最低门槛,根据该门槛实施反洗钱和打击资助恐怖主义义务。此外,反洗钱金融行动特别工作组还为虚拟资产交易引入了制裁筛查(Sanctions Screening)和特定尽职调查措施。

(五)《虚拟资产和虚拟资产服务提供商基于风险的方法指南》的实施监测

反洗钱金融行动特别工作组于2020年7月初完成了对其《虚拟资产和虚拟资产服务提供商基于风险的方法指南》实施情况的审查。反洗钱金融行动特别工作组发现,公共和私营部门在执行反洗钱金融行动特别工作组修订标准方面普遍取得了进展。反洗钱金融行动特别工作组获悉,在54个提交报告的司法管辖区中,有35个已经实施了《虚拟资产和虚拟资产服务提供商基于风险的方法指南》,其中32个对虚拟资产服务提供商实施监管,3个禁止虚拟资产服务提供商的运作,而其他19个管辖区尚未将修订后的标准纳入其国家法律。反洗钱金融行动特别工作组还注意到,公共和私营部门在监督虚拟资产服务提供商以及实施反洗钱和打击资助恐怖主义行为方面,以及在开发技术解决方案以执行"旅行规则"方面均取得了一些进展。但总体仍处于初期阶段,仍有一些问题待公共和私营部门解决,以便有效执行这些建议。

随后,反洗钱金融行动特别工作组又于2021年7月初完成了对其《虚拟资产和虚拟资产服务提供商基于风险的方法指南》实施情况的第二次为期12个月的审查。反洗钱金融行动特别工作组发现,许多司法管辖区在实施反洗钱金融行动特别工作组的修订标准方面继续取得进展:在128个司法管辖区中,有58个司法管辖区的国家和地区现已实施经修订的特别组织标准,其中52个国家和地区对虚拟资产服务提供商实施监管,6个国家和地区则禁止虚拟资产服务提供商的运作。而其他70个管辖区尚未在其国家法律中实施经修订的标准。反洗钱金融行动特别工作组还指出,在这58个报告已实施虚拟资产服务提供商监管或禁止虚拟资产服务提供商运作的司法管辖区中,只有35个目前正在持续施行。反洗钱金融行动特别工作组进一步指出,执行方面的差距意味着尚未建立一个全球制度,以防止虚拟资产和虚拟资产服务提供商被用于洗钱或资助恐怖主义,而这种情况容易导致管辖套利(Jurisdictional Arbitrage)。

考虑到新兴领域的快速发展和技术旺盛的生长力,这份为期12个月的第二次审查报告建议反洗钱金融行动特别工作组采取以下行动:(1)重点关注在其全球网络中执行反洗钱金融行动特别工作组的现行标准;(2)作为优先事项,加快私营部门执行"旅行规则",并将其纳入国内立法;(3)鉴于虚拟资产领域快速发展变化的商业和技术环境,评估虚拟资产和虚拟资产服务提供商是否有任何重大变化或发展,需要进一步修订或澄清反洗钱金融行动特别工作组的标准。

五、反洗钱规制前沿

（一）国际清算银行

在2019年3月的虚拟资产声明中，国际清算银行（Bank for International Settlements，BIS）指出虚拟资产的高度波动性，缺乏标准化和稳定性，将其视为不成熟的资产类别。基于此，国际清算银行强调了虚拟资产给银行带来的各种风险，包括洗钱和恐怖主义融资风险，以及流动性、信用、市场运作、法律、声誉风险等。因此，巴塞尔银行监理委员会（Basel Committee on Banking Supervision，BCBS）规定了其对银行风险敞口的审慎预期，以及银行必须提供的相关服务，并要求银行至少对上述风险进行全面评估，采用实施适用于虚拟资产风险敞口和相关服务的明确且稳健的风险管理框架。根据国际清算银行于2020年1月发布的第107号文件，尚无中央银行报告任何重大或广泛的公众使用虚拟资产进行国内或跨境支付的案例，虚拟资产的使用被认为是极少的或仅限于特定群体内的支付场景。

（二）设立专门的金融情报机构

为与虚拟资产账户相关的交易设立专门的金融情报机构可能是国家层面能够实施的一项措施，这将在国际层面产生影响。这些专门的金融情报机构之间的合作将有效提高和改善虚拟资产领域的调查协助和国际合作的效率。通过这种方式，可以更有效地监测和管理与虚拟资产相关的金融活动，同时提高反洗钱和反恐怖主义融资工作的效果。

（三）央行数字货币

各国央行发布的各种关于虚拟资产的声明和报告普遍认为，比特币和以太币等虚拟货币并非旨在取代法定货币。根据国际货币基金组织（International Monetary Fund，IMF）于2018年4月发布的《全球金融稳定报告》，虚拟货币作为交易媒介的使用受到限制，其高波动性使其无法成为代币化货币或投资资产的可行形式，以及货币体系的可靠基础。在这种情况下，虚拟资产目前似乎不会造成宏观金融稳定风险，但如果广泛使用，可能会引起关于洗钱和投资者保护的问题。

尽管如此，约80%的中央银行（如法兰西银行、挪威银行和英格兰银行）目前正在密切关注虚拟资产和央行数字货币（Central Bank Digital Currency，CBDC）的发展演变，甚至考虑发行本国CBDC，以降低交易成本、提高交易速度和促进国际交易。

CBDC可被视为减轻洗钱和资助恐怖主义风险的解决方案，因为与此有关的交易必须通过受反洗钱和打击资助恐怖主义条例管制的金融中介机构进行。与虚拟货币不同，CBDC不具备同等级别的匿名性和可转移性。值得注意的是，国际清算银行在其2018年3月的报告《央行数字货币》中指出，CBDC除了拥有更高效、更安全的支付和结算系统外，在实施反洗钱和反恐怖主义融资措施和降低合规成本方面也具有优势。

据悉，巴哈马推出了首个通用CBDC，被称为"沙元"（Sand Dollar）。欧盟多年来持续布局数字欧元。2019年年底，欧洲央行宣布成立数字货币工作组，开启数字欧元可行性研究。2020年10月，欧洲央行发布首份数字欧元报告，阐释数字欧元的定义和技术方案。2020年10月，欧洲央行启动针对数字欧元的公共咨询，听取公众意见，评估数字欧元需求。2021年7月，欧洲央行理事会批准数字欧元研发试点项目。2022年7月至2023年2月，欧洲央行实施了数字欧元原型测试，模拟数字欧元使用情况。而中国、印度、瑞士和法国等多个司法管辖区也正在进行相关的探索和试验。从某种程度上来说，这是对Meta（原Facebook）的Diem（原Libra）项目的回应。

当前，对于可集成到现有金融系统中的可编程数字货币的需求正在不断增长，这种货币有望推动全球跨境支付的便利，实现更好的支付弹性，有潜力改善洗钱和恐怖主义融资的风险。然而，在这种支付方式被广泛采用之前，必须解决各种风险和法律合规问题。

（四）技术解决方案

目前普遍观点认为，分布式账本技术和协议的特定功能可用于减轻与虚拟资产相关的洗钱和资助恐怖主义的风险。"了解你的客户"、最终受益人和交易信息可以在专用分布式账本上登记和验证，其形式为不可篡改的全球网络（或全球数据存储库），可供"看门人"和执法部门访问。这一解决办法虽然看似颇具潜力，但会引发复杂的技术和法律问题（包括数据保护法律和银行保密义务等）。具体而言，使用分布式账本技术作为反洗钱和反恐怖主义融资工具时，公共当局（如刑事起诉当局）需要在已有的国际合作框架内获取和使用数据。同时，这类技术解决方案面临的一个主要挑战是确保它们遵守各国在国际层面上制定的法律和监管标准。这意味着那些基于分布式账本技术构建的金融数据管理系统必须符合其所在司法管辖区的规则，以及国际反洗钱和反恐怖主义融资的要求。因此，到目前为止，将分布式账本技术用于反洗钱和反恐怖主义融资目的似乎存在一定的障碍，特别是在现阶段缺乏明确的国际指导和标准的情况下。

正如2015年反洗钱金融行动特别工作组关于虚拟资产的报告中所提到

的,其他技术解决方案可能适用于减少与虚拟货币支付产品和服务相关的洗钱和资助恐怖主义的风险。比如,可以开发第三方数字身份系统以及新的商业模式,用于客户识别/验证、交易监控和其他尽职调查。在反洗钱金融行动特别工作组看来,提供客户身份信息的应用程序编程接口,或者对虚拟资产交易设置条件和门槛,可降低与虚拟货币支付产品和服务相关的洗钱和资助恐怖主义的风险。目前,已经有一些金融科技公司开始开发技术反洗钱解决方案。

随着采用率的增加以及与反洗钱和反恐怖主义融资合规性相关的创新嵌入虚拟货币支付产品和服务的"基因"中,我们可能会看到改进版的虚拟资产协议或全新的虚拟资产协议出现,这些协议建立在截然不同的基本原则上,包括内置控制、可信的"看门人"、数字身份接口和交易监控等特性。这种演进反映了虚拟资产领域的动态性,它在适应监管要求和安全考虑方面不断发展。

不幸的是,由于缺乏一致和公认的标准和合规工具,虚拟资产生态中的许多合法参与者仍无法获得一些管辖区的传统银行服务,或被金融机构视为高风险。因此,国际准则制定者、国家监管机构、金融机构和虚拟货币支付产品和服务提供商和创新者应该共同合作,去定义最佳实践和开放的、可互操作的标准(而不是专有解决方案)以及下一代虚拟资产"合规官员"的培训方案。事实上,现有的中心化的金融基础设施的相关理念和规则在虚拟资产生态中根本无法适用,因为虚拟资产的生态系统在设计上遵守不同的理念和规则。

第九节　分布式记账的法律评介

本节将探讨分布式账本技术在转移型代币(Transferable Tokens)中的潜在应用,以及代币发展的监管环境。资产代币化是一种相对新颖的概念,旨在利用数字代币来代表标的资产,以便更容易地进行资产转移。这个想法源于比较古老且易于理解的原则即某些有价值之物难以直接转移,这可能由于实际的地域限制、监管问题或陈旧的交易基础设施。有时最简单的资产转让方式——无论是所有权、所有权权益、权利还是该资产的实益权益——是转让代表资产之物。[①]

代币化对传统市场具有潜在的广泛适用性。例如,美国的证券交易受到其现存交易基础设施低效率的困扰。通常情况下,证券的买卖需要进行所有权转

---

① See American Law Institute & Uniform Law Commission, *U. C. C. – Article* 8 – *Investment Securities* (1994), Legal Information Institute (1994), https://www.law.cornell.edu/ucc/8.

移,且这些转移记录保存在清算银行或 Fedwire[①] 证券服务的账簿上。这个记录过程需要时间,并依赖于中央中介机构。使用转移型代币来代表标的证券有望简化这一过程,因为各方可以交换代表证券利益的转移型代币(并将这些交易反映在分布式账本中),而无需转移证券本身。

当然,这种代币化面临许多监管挑战:有些挑战是概念本身固有的,有些挑战则与具体实施方式有关。作为一般事项,当事方不违反美国证券法的广泛适用范围是特别重要的。[②] 而特殊的挑战是许多证券法分析通常依赖每个案件的具体事实和情况,而非采用万能的适用于所有情形的合规方法。例如,即使是实用型或功能型代币也很有可能基于某个概念的具体实施行为,而非基于某个概念本身被认定为"证券"。另外,将代币化应用于传统活动或交易引发了更广泛的问题:监管是否应该遵循"技术中立"原则;适用于传统资产或交易的完善法律和监管制度是否必须进行调整,以适应分布式账本技术、代币化等新技术和新业态的发展。

分布式账本技术(一般以区块链的形式实现)通常是指"维护交易账簿的去中心化点对点网络,该网络利用加密工具保持交易的完整性,并采用共识机制以保持账簿本身的完整性和一致性"。[③] 虽然分布式账本技术的早期应用(如比特币)范围有限,主要是为了促进点对点价值转让,分布式账本技术的其他应用包含各方"通过强大的计算机代码(智能合约)构建和更新账簿上数据的能力"。[④] 这允许"任何资产或事物在分布式账本上建模",并且"各方运行计算机功能以与账簿上的数据结构进行交互"。[⑤]

在这种情况下,分布式账本技术具有一个潜在应用,即能够至少在理论上

① Fedwire 是美国联邦储备系统运营的实时全额支付结算系统,用于大额资金的电子转账和结算。

② See Loan Syndications & Trading Association, *Blockchain and Distributed Ledger Technology: An Analysis of Its Impact on the Syndicated Loan Market, Part One: General Considerations and Blockchain Primer*, Loan Syndications & Trading Association (Feb. 1, 2018), https://www.lsta.org/content/blockchain-and-distributed-ledger-technology-an-analysis-of-its-impact-on-the-syndicated-loan-market-2/.

③ Loan Syndications & Trading Association, *Blockchain and Distributed Ledger Technology: An Analysis of Its Impact on the Syndicated Loan Market, Part One: General Considerations and Blockchain Primer*, Loan Syndications & Trading Association (Feb. 1, 2018), https://www.lsta.org/content/blockchain-and-distributed-ledger-technology-an-analysis-of-its-impact-on-the-syndicated-loan-market-2/.

④ Loan Syndications & Trading Association, *Blockchain and Distributed Ledger Technology: An Analysis of Its Impact on the Syndicated Loan Market, Part One: General Considerations and Blockchain Primer*, Loan Syndications & Trading Association (Feb. 1, 2018), https://www.lsta.org/content/blockchain-and-distributed-ledger-technology-an-analysis-of-its-impact-on-the-syndicated-loan-market-2/.

⑤ See Loan Syndications & Trading Association, *Blockchain and Distributed Ledger Technology: An Analysis of Its Impact on the Syndicated Loan Market, Part Three: Application of Blockchain Technology to the Loan Market*, Loan Syndications & Trading Association (Apr. 2, 2018), https://www.lsta.org/content/blockchain-and-distributed-ledger-technology-an-analysis-of-its-impact-on-the-syndicated-loan-market-5/.

将广泛的传统资产“代币化”，几乎涵盖任何类型的资产。通过这种方式，资产转让流程“在区块链平台上能够被自动追踪，类似于追踪比特币等加密货币”。[①] 通过将资产进行代币化，并允许其在区块链或其他分布式账本上以数字形式表示、记录和转让资产所有权，这个过程可以大大简化传统资产交易或转让的烦琐流程。这类数字资产是否被视为“证券”是一个关键问题，因为将证券法适用于数字资产（如转移型代币）的发行和转让可能会对“发行方”施加较繁重且不合理的要求，并挫伤二级市场参与者的积极性，影响市场价值的流通速度。

一、证券法下代币的特征

（一）数字资产法律适用的背景

从 2017 年开始，美国证券交易委员会试图通过各种途径阐明其对数字资产监管分类和处理的总体立场。2019 年 4 月，美国证券交易委员会发布了《数字资产“投资合同”分析框架》（Framework for “Investment Contract” Analysis of Digital Assets，以下简称“美国证券交易委员会框架”）。如美国证券交易委员会框架所述，“参与数字资产发行、销售或分销”的任何人士都必须“考虑美国联邦证券法是否适用”，而首要问题是根据该法律“数字资产是否为‘证券’”[②]。虽然美国证券交易委员会框架是新发布的，但其核心基础并非新生事物：美国证券交易委员会分析的核心始终是美国最高法院在豪威案中阐述的三个要件：存在金钱投资，投资于共同事业（Common Enterprise）以及合理预期通过他人的努力获得利润。具备这三个要件则属于“投资合同”，从而被视为“证券”。这就是著名的“豪威测试”，其“适用于任何合同、计划或交易，无论其是否具有典型证券的任何特征”，其旨在确定特定资产或安排是否为“投资合同”，从而判定其是否为“证券”。因此，根据该美国证券交易委员会框架，确定数字资产是否属于证券的关键在于“豪威测试”。无论数字资产是否具有典型证券特征，都必须根据这一测试来判断其是否属于“投资合同”，从而认定其是否被视为“证券”。

基于美国证券交易委员会的监管框架，在分析某物是否属于证券时，“实质大于形式”。[③] 虽然数字资产不属于传统证券类别，但豪威测试不仅关注资产或

---

① Securities and Exchange Commission, *Framework for “Investment Contract” Analysis of Digital Assets*, Securities and Exchange Commission (Apr. 3, 2019), https://www.sec.gov/files/dlt-framework.pdf.

② U. S. Supreme Court, *Tcherepnin v. Knight*, 389 *U. S.* 332 (1967), Justia (Dec. 18, 1967), https://supreme.justia.com/cases/federal/us/389/332/.

③ See U. S. Supreme Court, *Tcherepnin v. Knight*, 389 *U. S.* 332 (1967), Justia (Dec. 18, 1967), https://supreme.justia.com/cases/federal/us/389/332/.

安排本身的形式和条款,“还关注数字资产及其发行、销售或转售的方式(包括二级市场销售)相关的情形”。[①] 因此,某种代币是否被视为“证券”,不仅取决于代币本身的特征,比如形式、功能等,还取决于具体事实和情况,包括发行、销售和二级市场交易等。

虽然“没有一个因素必然决定是否存在投资合同”,[②]但美国证券交易委员会框架阐明了表明存在“投资合同”的一系列因素,并将这些因素反映到“豪威测试”的每一条要求中。这些因素包括:

- 金钱投资:投资者购买或以其他方式通过价值交换获得数字资产,无论该价值的形式是法币、另一种数字资产还是其他类型的对价;
- 共同事业:虽然美国证券交易委员会框架指出,其并未将“共同事业”视为“豪威测试”的一个独特要素,但对数字资产的投资通常构成对共同事业的投资,“因为数字资产购买者的命运相互关联,或与发起人的努力息息相关”[③];
- 合理预期通过他人的努力获得利润:若积极参与者(Active Participant),如发起人、赞助人或其他第三方的管理努力对项目成功起到关键性影响,且投资者合理地期望通过该努力获得利润,则投资人具有通过他人的努力获得利润的合理预期。

虽然上述因素没有一个是决定性的,但美国证券交易委员会框架列出以下内容,来辅助判断:

- 购买者合理地期望依赖积极参与者的努力;
- 管理者的努力很重要,并会影响企业的成败,与仅限于日常运营和管理的被动性质的努力相反;
- 积极参与者负责网络的开发、改进、运营或推广;
- 如果网络或数字资产仍处于开发阶段或尚未完全实现其功能,投资

① Securities and Exchange Commission, *Framework for "Investment Contract" Analysis of Digital Assets*, Securities and Exchange Commission (Apr. 3,2019), https://www.sec.gov/files/dlt-framework.pdf.

② Securities and Exchange Commission, *Framework for "Investment Contract" Analysis of Digital Assets*, Securities and Exchange Commission (Apr. 3,2019), https://www.sec.gov/files/dlt-framework.pdf.

③ Securities and Exchange Commission, *Response of the Division of Corporation Finance Re: TurnKey Jet, Inc.*, Securities and Exchange Commission (Apr. 2, 2019), https://www.sec.gov/divisions/corpfin/cf-noaction/2019/turnkey-jet-040219-2a1.htm.

者有理由期望积极参与者进一步开发网络或数字资产的功能；

- 积极参与者执行,或投资者期望积极参与者执行重要的任务或职责；
- 积极参与者创建或支持数字资产的市场或价格；
- 积极参与者在持续发展的方向、网络或数字资产的管理上具有领导或核心作用；
- 投资者会合理预期积极参与者努力促进自身利益,并提升网络或数字资产的价值,如积极参与者可以通过数字资产的价值实现资本增值,积极参与者发放数字资产作为对管理层的补偿,或积极参与者将数字资产的价值货币化；
- 数字资产授予持有人共享企业收入、利润,或实现数字资产资本增值收益的权利；
- 数字资产可在二级市场或平台上转让或交易；
- 购买者有理由预期积极参与者的努力会推动数字资产的资本增值；
- 广泛向潜在购买者发行数字资产,或发行数量表明投资意向；
- 由于积极参与者持有的数字资产与发放给公众的数字资产是同一类别,故积极参与者可以通过其努力获益；
- 在营销或其他宣传材料中强调网络运营的潜在盈利能力或数字资产的潜在升值能力；
- 存在数字资产交易市场。

同时,美国证券交易委员会框架也强调了一些因素,虽然这些因素本身可能不足以决定性地表明某项投资不符合豪威测试的标准,但它们有助于支持这种判断,包括：

- 分布式账本网络和数字资产已全面开发和运营；
- 数字资产持有人可以立即在网络上将其用于预期功能；
- 数字资产的创建和结构为满足其用户需求设计和实施,而非作为一种投资工具来实现价值增长或投机；
- 数字资产升值前景有限；
- 任何通过数字资产价值升值可能获得的经济利益,均为了获得将其用于预期功能的权利；
- 数字资产的营销方式强调其功能性,而非数字资产市场价值增加的潜力；
- 潜在购买者可以使用网络和数字资产来实现其预期功能；

- 对数字资产可转让性的限制与资产用途一致,而非促进投机市场;
- 如果积极参与者促使二级市场的创建,则数字资产的转移只能在平台用户之间进行,不会涉及其他第三方。

(二)证券法和美国证券交易委员会框架对转移型代币的适用

关于转移型代币是否属于"证券"的问题,取决于转移型代币的形式、功能,以及其发行、销售和二级市场转让相关的具体事实和情况。如果目标是设计一种转移型代币,则无论是从形式上还是实质上看都不存在符合美国证券交易委员会框架中所描述的"证券"的要素,且存在表明数字资产不属于证券的因素。基于此,我们可以设想这种通用的转移型代币具备多种基本特征,并且根据美国证券交易委员会列明的因素进行分析,我们认为这些特征会使该转移型代币超出证券的定义范围。

转移型代币的发行旨在代表特定标的资产,并被明确设计用于促进该资产的转让。一般来说,转移型代币的设计功能越窄(仅专注于具体使用场景,而不是作为投资工具),就越不可能受到证券法的管辖。例如,假设在一个应用中,转移型代币的持有人可以将资产(如现金或证券)存放在托管人处,并收到代表该现金或证券的转移型代币作为回报。转移型代币可以被用于促进将标的现金或证券转让给在该托管人处拥有账户的其他市场参与者。反之,转移型代币的接收方可以向托管人返还相应的转移型代币,以赎回对应的现金或证券。在这种模式下,转移型代币的创建和使用——仅与促进标的资产的转让相关——则更有可能被认为是为了满足用户需求设计和构建,而非投机目的。需要注意的是,尽管根据美国证券交易委员会的豪威测试,转移型代币的购买者可能仍被视为进行了资金"投资",但购买者并非出于投资目的而获得转移型代币;相反,购买者是用某种形式的财产交换代表该财产的转移型代币,然后使用生成的转移型代币将该财产转让给另一方。至关重要的是,转移型代币并非因其本身的价值而被购买;相反,转移型代币本身并没有价值,其更类似于代表某些标的资产的账簿条目,而非资产本身。[①]

鉴于转移型代币的特性,即其创建旨在代表特定标的资产,且其价值与标的资产一致,因此不存在"共同事业"将转移型代币的发行人与代币持有人或代币持有人彼此的命运相互关联。虽然美国证券交易委员会未将"共同事业"视

---

① See Timothy G. Massad, *Regulating Stablecoins Isn't Just About Avoiding Systemic Risk*, Brookings (Oct. 5, 2021), https://www.brookings.edu/articles/regulating-stablecoins-isnt-just-about-avoiding-systemic-risk/.

为“投资合同”的独特元素，但美国证券交易委员会框架指出，对数字资产的投资已构成对共同事业的投资，因为数字资产购买者的命运是相互关联的，或与发起人的努力相关联。投资属于证券的数字资产的投资者会合理地期望基于积极参与者的努力，其持有的数字资产会增值。但针对转移型代币，情况并非如此。代币持有人的命运既不与代币发行人的命运相关联，也不与其他代币持有人的命运相关联；相反，代币持有人的命运仅与转移型代币所代表的标的资产价值相关联，其价值不应受到资产代币化这种新的资产处理方式的影响。

此外，由于转移型代币与特定标的资产相关联，其设计旨在促进该资产的转让，因此市场参与者获得代币并非出于合理地期望通过他人的努力获利的目的。与美国证券交易委员会框架中描述的情景相反，本节假设的交易中不存在可以通过努力提升数字资产的价格获利，或通过数字资产的资本增值获益的积极参与者。创建转移型代币只是为了简化市场参与者进行标的资产交易的过程。参与者获取转移型代币并非出于从他人的努力中获利的目的，而是为了更便捷地进行标的资产的交易。

设想的转移型代币将在正常运行的区块链网络上发行，旨在数字化并精简通常与所代表资产交易相关的流程，并且仅在构成标的资产现有市场的个人或机构之间进行分发和流转。如果数字资产的创建和结构设计，以及实际的落地实施是为了满足其用户需求，且对数字资产的可转让性限制与资产用途一致，则不太可能符合豪威测试的条件。这通常意味着，若只有符合特定标准的个人或机构才能购买标的资产，那么与该资产相关联的转移型代币的发行和转让也应受到相应的限制。

由于转移型代币旨在数字化其所代表的标的资产中的“传统”权益，因此美国证券交易委员会所阐述的证券法的主要政策目的之一，即通过强制披露来减少发起人和投资者之间的信息不对称，将不适用于本节所设想的转移型代币的使用情境，因为资产的代币化不会产生信息不对称。标的资产的任何部分实质上都不会因代币化而发生改变。因此，更适合将转移型代币的创建设想为代表标的资产的电子账簿条目的创建，而非新资产的创造。

二、转移型代币的潜在应用

在上文所述模型中，转移型代币可用于简化各类资产的交易流程，尽管每种资产可能涉及不同的法律考虑因素。下文将阐述转移型代币对两个不同市场（银团贷款市场和艺术品市场）的潜在适用性，并探讨与每个市场相关的法律考虑因素。

(一)银团贷款

银团定期贷款是由一些成熟的金融机构进行交易的,这些机构包括商业银行、投资银行、对冲基金、经纪交易商和其他机构。使用分布式账本技术的转移型代币或将在这一领域有潜在应用,即在这一应用场景中,代币化过程涉及将银团贷款中贷款人或二级市场参与者持有的特定权益转换为转移型代币,目的是简化和加速贷款份额的转让或购买流程,同时提高这些金融产品的市场流动性。通过这种方式,利益相关方"可以在区块链平台上自动追踪银团贷款人所持有的贷款,就如同使用相同技术追踪比特币等加密货币"[①]。对资产进行代币化处理,允许该资产在区块链或其他形式的分布式账本上以数字化的方式表示,能够大大简化记录和转移资产所有权的过程。

银团贷款市场或将是分布式账本技术应用的理想候选者:贷款业务目前需要处理众多烦琐文件,理论上可以通过在区块链上反映这些文件的基本条款来简化流程,并增强透明度。此外,标的资产即贷款利息通常不被视为证券,因此金融机构之间的贷款利息交易通常不受证券法约束。[②] 因此,贷款利息的代币化也不应被视为证券,前提是此类代币化旨在促进贷款利息相关的二级市场交易的有效转让和记录保存。

例如,转移型代币的设计应确保代币持有人在拥有银团定期贷款的转让或参加权益方面,与传统的权益持有人一样。同时,代币持有人的权利和义务也应与购买传统银团贷款权益的贷款人相同。此外,转移型代币应受到一定的转让限制,只能在目前参与二级市场贷款的相同类型的成熟金融机构之间进行交易,且其转让也应受到与当前适用于贷款利息出售和转让的限制相同的约束(如借款人的同意)。转移型代币将由参与发起的金融机构(或其关联方)发行,通过功能完备的私有或公有区块链(可能由发起或参加贷款的金融机构开发、运营和维护)进行转移,且会以与当前适用于银团贷款的营销和销售流程一致的方式在二级市场交易平台上向公众免费提供。这种设计应与上述目标一致,可以减少符合美国证券交易委员会框架中所描述的"证券"的特征。

尽管有上述规定,但若转移型代币具有与传统银团贷款营销和销售流程不

---

① Loan Syndications & Trading Association, *Blockchain and Distributed Ledger Technology: An Analysis of Its Impact on the Syndicated Loan Market, Part Three: Application of Blockchain Technology to the Loan Market*, Loan Syndications & Trading Association (Apr. 2, 2018), https://www.lsta.org/content/blockchain-and-distributed-ledger-technology-an-analysis-of-its-impact-on-the-syndicated-loan-market-5/.

② See United States Court of Appeals, Second Circuit, *Banco Espanol de Credito v. Security Pac. National Bank*, Casetext (June 24, 1992), https://casetext.com/case/banco-espanol-de-credito-v-sec-pac-nat-bank.

一致的其他特征,则可能会满足豪威测试而被认定为美国证券法下的证券。例如,如果转移型代币可以在二级市场平台上自由交易,而无需获取借款人信息或对借款人进行尽职调查,这种可转让性将涉及证券法的某些重要政策考虑,并可能导致该转移型代币被视为证券。因此,具体事实和情况依然至关重要。

(二)艺术品

在这个框架下,可以设想的转移型代币的另一创新应用是用于艺术品的转让。根据美国法律,对某些类型的财产进行交易可能非常复杂,艺术品就属于在转让方面会面临不少实际障碍的财产类型。当代艺术品的转让通常依赖于可信中介(如艺术品经销商、拍卖行或画廊等),其同意以高额费用来保管艺术品,并将艺术品展示给潜在买家。[①] 同时,这些传统中介提供了必要的合规转让程序,包括验证艺术品的真实性,评估艺术品的质量和价值,以及协助安排和执行艺术品的展览、销售和交付,这使艺术品买卖双方更容易找到他们心仪的作品。因此,传统中介机构极大地促进了艺术品交易市场的发展。

分布式账本技术可用于创建更高效的艺术品市场。每件艺术品的所有权和真实性信息都会以数字形式记录在区块链上,使艺术品的买卖过程变得更加透明和高效。这种技术可以应用于实物艺术品和数字艺术品,允许艺术品的所有权在买家和卖家之间直接转移,同时确保交易的安全性和可追溯性。鉴于分布式账本技术在促进艺术品转让方面的早期成功,传统艺术机构、拍卖行、画廊等已开始尝试使用区块链技术进行艺术品交易。艺术品领域的数字化交易具有公开透明、可溯源、高安全性等优势,而这些优势或将在其他行业产生类似的价值和作用。分布式账本技术在艺术品领域的成功可能会激活转移型代币在其他难以转让的商品或资产领域的创新应用。[②]

三、新金融应用场景下的监管发展

转移型代币的使用,以及更广泛的新金融技术的出现,提出了一个基本问题,即在各项新技术迅猛发展的当下,应如何处理受现有法律和监管制度约束的资产、活动或交易,以有效平衡技术创新与合规监管之间的关系。一方面,采用分布式账本技术以精简现有活动或流程的机构,或运营传统领域活动(如提

---

① See Artwork Archive, *How to Approach Selling Art As a Collector*, Artwork Archive (Jan. 18, 2016), https://www.artworkarchive.com/blog/how-to-approach-selling-art-as-a-collector.

② See Deloitte, *Blockchain in Oil & Gas Explore Use Cases and Perspectives*, Deloitte (July 21, 2019), https://www2.deloitte.com/us/en/pages/consulting/articles/blockchain-digital-oil-and-gas.html.

供银行托管服务）但涉及数字代币等新型资产的机构，可能被认为是在进行其已有的、受监管允许的相同活动；另一方面，新技术的使用可能会给现有活动带来新的风险，甚至会改变现有活动的本质和性质，从而需要额外的审查。

虽然这个问题不太可能有一个普适答案，但近年来已经有一些迹象表明各国监管机构已经开始尝试应对该问题。其中，数字资产是否应被视为受证券法约束的“证券”备受关注。在这方面，美国证券交易委员会已明确表示，根据对长期先例的分析，实质应优先于形式。虽然美国证券交易委员会框架可追溯至2019年，但其从根本上代表了美国证券交易委员会将豪威测试中所规定的公认原则应用于与数字资产密切相关的特性的尝试。

尽管在数字资产领域，美国证券交易委员会针对未注册证券发行主体发起了多次高调的执法行动，但美国证券交易委员会也表现出了鼓励基于分布式账本技术的市场创新的态度和立场。前美国证券交易委员会主席杰伊·克莱顿（Jay Clayton）在2019年美国参议院作证时表示，他“乐观地认为分布式账本技术的发展有助于促进资本形成，为机构和普通投资者提供有潜力的投资机会”，他相信美国证券交易委员会采取了“谨慎而积极的监管方法，既能促进创新和资本形成，又能保护我们的投资者和市场”[①]。2019年10月，美国证券交易委员会向Paxos Trust Company，LLC（以下简称Paxos）[②]发布了“不采取行动函”（No-Action Letter），允许Paxos在涉及多家大型经纪交易商的生产环境中进行限时“可行性研究”，旨在使用分布式账本技术促进美国股票上市交易的清算和结算。[③] 虽然对Paxos提供的结算服务进行全面审查不属于本节的研究范畴，但该系统与本节描述的转移型代币有许多相似之处：Paxos系统的参与者可以将符合条件的现金或证券存入结算账户，并获得数字化的证券权益作为回报，从而促进涉及此类存入证券的交易结算。虽然美国证券交易委员会对Paxos发出的“不采取行动函”仅限于美国证券交易委员会的执法立场，且不涉及解决Paxos的法律问题的实质内容，但该信函是一个潜在迹象，表明美国证券交易委员会可能会承认利用转移型代币来促进证券结算的可行性。

---

① Jay Clayton, *Testimony on "Oversight of the Securities and Exchange Commission" Before the U. S. Senate Committee on Banking, Housing, and Urban Affairs*, Securities and Exchange Commission (Dec. 10, 2019), https://www.sec.gov/news/testimony/testimony-clayton-2019-12-10.

② Paxos是一家金融科技公司，专注于区块链技术的开发和应用，提供稳定币、支付、交易和结算等服务，致力于推动数字资产和区块链在金融体系中的应用。

③ See Jeffrey S. Mooney, *Re: Clearing Agency Registration Under Section* 17A(*b*)(1) *of the Securities Exchange Act of* 1934, Securities and Exchange Commission (Oct. 28, 2019), https://www.sec.gov/divisions/marketreg/mr-noaction/2019/paxos-trust-company-102819-17a.pdf.

四、转移型代币与稳定币

近年来,稳定币已成为一个备受重视且正在接受日趋严格的监管审查的领域。尽管从技术角度来看,稳定币并不属于转移型代币的范畴,但两者有许多重叠的特征和监管问题。稳定币是一种加密货币,其主要目标是通过与有价资产(如法币、商品、债券、其他加密货币或其组合)挂钩,从而实现自身价格的稳定性和可预测性。为实现这一目标,稳定币的发行者通常采用抵押机制来支持稳定币的价值,即保持一定比例的有价资产储备,以确保稳定币可与这些资产以固定比例兑换。例如,USDC 是一种由受监管的金融机构发行的稳定币,可以按 1∶1 的比例兑换成美元。此外,稳定币还可以通过共识协议或算法来增发或销毁代币供应(类似于中央银行控制流通货币的供应),并且可以根据预言机(Oracle)的指令来响应外部事件。

美国货币监理署通过一系列"解释信"明确了国家银行开展稳定币发行相关活动的权限:

1. 2020 年 7 月,美国货币监理署发布了一封解释信,确认国家银行有权为客户提供加密货币托管服务,前提是银行有效管理风险并遵守适用法律。[①] 值得注意的是,该解释信引用了国家银行"为各种客户资产提供保管和托管服务"的长期授权,并补充说明该功能"已经确立并被广泛认为是国家银行被允许从事的活动"。[②] 该解释信的结论是:提供加密货币托管服务是"传统银行活动的现代形式"。"随着金融市场变得越来越技术化,银行可能会越来越需要……利用新技术和创新方式为客户提供传统服务。"[③]

2. 2020 年 9 月,美国货币监理署发布了第二封解释信,确认国家银行有权向加密货币业务提供银行服务,并接收来自稳定币发行人的存款,包括与法币保持 1∶1 兑换比例的稳定币储备金存款。[④] 这封解释信再次强调,提供此类服务

---

① See Office of the Comptroller of the Currency, *Re: Authority of a National Bank to Provide Cryptocurrency Custody Services for Customs*, Office of the Comptroller of the Currency (July 22, 2020), https://www.occ.gov/topics/charters-and-licensing/interpretations-and-actions/2020/int1170.pdf.

② See Office of the Comptroller of the Currency, *Re: Authority of a National Bank to Provide Cryptocurrency Custody Services for Customs*, Office of the Comptroller of the Currency (July 22, 2020), https://www.occ.gov/topics/charters-and-licensing/interpretations-and-actions/2020/int1170.pdf.

③ See Office of the Comptroller of the Currency, *Re: Authority of a National Bank to Provide Cryptocurrency Custody Services for Customs*, Office of the Comptroller of the Currency (July 22, 2020), https://www.occ.gov/topics/charters-and-licensing/interpretations-and-actions/2020/int1170.pdf.

④ See Office of the Comptroller of the Currency, *OCC Chief Counsel's Interpretation on National Bank and Federal Savings Association Authority to Hold Stablecoin Reserves*, Office of the Comptroller of the Currency (Sept. 21, 2020), https://www.occ.gov/topics/charters-and-licensing/interpretations-and-actions/2020/int1172.pdf.

属于国家银行核心银行活动的范畴,但应进行有效的风险管理,并遵守适用法律。[①]

3. 2021 年 1 月,美国货币监理署发布了第三封解释信,明确了与稳定币相关的活动属于国家银行框架的一部分,因此国家银行可以在"独立节点验证网络"上,"通过充当节点来验证、存储和记录支付交易",并"使用独立节点验证网络和相关稳定币来进行其他允许的支付活动"。[②]

这三封解释信均与美国货币监理署在 2020 年 6 月发布的《拟议规则制定的预先通知》(Advance Notice of Proposed Rulemaking, ANPRM)中表达的观点相呼应。在该通知中,美国货币监理署指出,银行业务应持续进化以适应新技术和市场发展,并认同美国第九巡回上诉法院 40 多年前发表的声明:"国家银行的权力应被解释为允许以新的方式来开展古老的银行业务。"[③]同时,该通知还承认技术变革既带来了机遇,也带来了新的挑战和风险,并就"是否应修改现有银行监管框架的某些方面以反映技术进步和创新"征求意见。

美国货币监理署的声明强化了这样一种观念,即监管机构可能愿意拥抱技术创新,只要这些创新以合理、负责任的方式实施,并重视减轻任何伴随的风险。然而,潜在的风险可能非常大。美国货币监理署指南警告银行应保持稳定币的资本储备金率至少为 1∶1(稳定币储备必须与其背书的单一法币有着 1∶1 的兑换比例),[④]并调整和扩展现有的《银行保密法》和反洗钱合规计划,以确保遵守《银行保密法》的报告和记录保存要求,并解决加密货币交易的特定风险。[⑤]美国货币监理署指南为拟发行和提供稳定币产品相关服务的国家银行提供了一定程度的指引。事实上,这可能会导致稳定币管理从非银行参与者转移到银

---

① See Office of the Comptroller of the Currency, *OCC Chief Counsel's Interpretation on National Bank and Federal Savings Association Authority to Hold Stablecoin Reserves*, Office of the Comptroller of the Currency (Sept. 21, 2020), https://www.occ.gov/topics/charters-and-licensing/interpretations-and-actions/2020/int1172.pdf.

② See Office of the Comptroller of the Currency, *OCC Chief Counsel's Interpretation on National Bank and Federal Savings Association Authority to Use Independent Node Verification Networks and Stablecoins for Payment Activities*, Office of the Comptroller of the Currency (Jan. 4, 2021), https://www.occ.gov/news-issuances/news-releases/2021/nr-occ-2021-2a.pdf.

③ National Bank and Federal Savings Association Digital Activities, *Advance Notice of Proposed Rulemaking*, Office of the Comptroller of the Currency (Aug. 3, 2020), https://www.occ.gov/news-issuances/news-releases/2020/nr-occ-2020-76a.pdf.

④ See Office of the Comptroller of the Currency, *OCC Chief Counsel's Interpretation on National Bank and Federal Savings Association Authority to Use Independent Node Verification Networks and Stablecoins for Payment Activities*, Office of the Comptroller of the Currency (Jan. 4, 2021), https://www.occ.gov/news-issuances/news-releases/2021/nr-occ-2021-2a.pdf.

⑤ See Office of the Comptroller of the Currency, *OCC Chief Counsel's Interpretation on National Bank and Federal Savings Association Authority to Use Independent Node Verification Networks and Stablecoins for Payment Activities*, Office of the Comptroller of the Currency (Jan. 4, 2021), https://www.occ.gov/news-issuances/news-releases/2021/nr-occ-2021-2a.pdf.

行;银行已经建立了运营法律框架,包括必要的资本要求、客户基础和合规计划。自2020年7月以来,金融科技初创企业已经提交了几项新的特许或转换申请。然而,该领域仍在迅猛发展,而监管机构领导层的变化可能会让银行参与者暂停寻求利用似乎越来越包容的制度。例如,美国货币监理署代理署长迈克尔·许(Michael J. Hsu)曾建议美国货币监理署重新审视之前的行动,以制定更加一致的联邦加密货币监管方法,并表示就之前机构行动的修订而言"一切都摆在桌面上"。[①]

在简化传统资产交易流程方面,转移型代币提供了广泛的可能性。有充分的理由认为本节中描述的转移型代币模型不属于证券(甚至其本身不属于资产),并认为资产代币化旨在促进资产转移,提高资产流转效率,而不应改变交易的法律或经济本质。尽管转移型代币的潜在应用非常广泛,但市场参与者必须仔细审查实施的具体情况——尤其是在涉及不断发展的、受高度监管的金融市场时——以确保妥善解决随之而来的法律问题。

第十节 勒索软件与加密货币的法律问题

加密货币领域频繁出现的勒索软件攻击(Ransomware Attack)日益成为全球关注的焦点,媒体和政策制定者倾向于将该问题与加密货币直接挂钩,将其描述为一个加密货币领域的原生问题。尽管加密货币已经成为一种越来越普遍的赎金支付方式,但事实上勒索软件攻击在加密货币出现之前就已然存在,主要涉及网络犯罪和网络安全。虽然加密货币是主要的赎金支付方式之一,但其背后的区块链技术在追踪、调查和起诉这些攻击案件时,也能发挥至关重要的作用。

本节将概述针对勒索软件攻击而制定的法律和监管框架,评估加密货币和区块链技术在这些案件中的作用,讨论防止这类攻击的注意事项,以及应对此类攻击的最佳方式。

一、勒索软件的野蛮生长

勒索软件攻击通常涉及黑客使用恶意软件来锁定受害者的数据或设备,然后勒索受害者支付赎金以获取解密密钥,从而能够解锁并重新访问曾被锁定的数据

---

① See Jon Hill, *OCC's Hsu Says Crypto Charters "On the Table" in Review*, Law 360 (June 2, 2021), https://www.law360.com/articles/1390258.

或设备。根据《IBM 安全 X-Force 威胁情报指数 2023》(IBM Security X-Force Threat Intelligence Index 2023),勒索软件攻击占 2022 年网络攻击总数的 17%。[①]

但近年来,勒索软件攻击已逐渐演变为双重勒索攻击甚至三重勒索攻击,这使受害者面临的风险大幅增加,即使对于严格维护数据备份或支付初始赎金要求的受害者也是如此。双重勒索攻击增加了受害者的数据被窃取并泄露到网上的风险;而三重勒索攻击还威胁受害者要使用窃取的数据来攻击受害者的客户或业务合作伙伴。[②] 与此同时,越来越多的黑客要求将加密货币作为赎金支付方式,因为他们认为加密货币具有更好的匿名性,能够更好地隐藏其真实身份。

至少从 2011 年开始,当时比特币还仅仅被用来购买羊驼袜和比萨饼,美国司法部和联邦调查局就指出勒索软件将是一种严重且不断增长的网络犯罪威胁形式,并警告高风险企业审查自身网络安全状况。[③] 这一警告是有充分根据的,但未受到足够的重视。近年来,勒索软件攻击在战术和规模上都日趋复杂。报告发现,2020 年受害者支付的平均赎金比前一年增加了 171%,2020 年受害者支付的赎金总额增加了 300% 以上。[④] 这些影响在医疗保健领域尤为明显,仅 2020 年就发生了 92 起勒索软件攻击,造成了超过 200 亿美元的高额损失,原因是支付赎金造成了收入损失,并引发可能的诉讼(比如,因为支付赎金被视为对犯罪活动的资助或数据未能成功恢复而触发法律诉讼)。[⑤] 到 2023 年,勒索软件攻击仍没有放缓的迹象。Malwarebytes[⑥] 威胁情报团队的一份新报告显示,一年内仅在美国、德国、法国和英国这四个国家就发生了 1900 起勒索软件攻击。其中,2022 年 7 月至 2023 年 6 月全球勒索软件攻击呈现激增的惊人趋势,针对美国个人和企业的攻击占据全球所有勒索软件攻击的 43%,英国作为第二大勒索软件攻击目标遭受了近 200 起勒索软件攻击。[⑦]

---

① 参见 IBM:《什么是勒索软件?》,载 IBM 官网,https://www.ibm.com/cn-zh/topics/ransomware。

② 参见 IBM:《什么是勒索软件?》,载 IBM 官网,https://www.ibm.com/cn-zh/topics/ransomware。

③ See U. S. Department of Justice, *Department of Justice Takes Action to Disable International Botnet*, Office of Public Affairs (Apr. 13, 2011), https://www.justice.gov/opa/pr/department-justice-takes-action-disable-international-botnet.

④ See Institute for Security and Technology, *Combating Ransomware-A Comprehensive Framework for Action: Key Recommendations from the Ransomware Task Force*, Institute for Security and Technology (Apr. 2021), https://securityandtechnology.org/wp-content/uploads/2021/04/IST-Ransomware-Task-Force-Report.pdf.

⑤ See Phil Muncaster, *Average Ransom Payment Surged* 171 % *in* 2020, Infosecurity Magazine (Mar. 18, 2021), https://www.infosecurity-magazine.com/news/average-ransom-payment-surged-171#:~:text=The%20average%20ransomware%20payment%20soared%20by%20171%25%20year-on-year,to%20a%20new%20report%20from%20Palo%20Alto%20Networks.

⑥ Malwarebytes 是一家网络安全公司,专注于开发反恶意软件和网络安全产品,其工具广泛用于检测、预防和清除病毒、勒索软件、间谍软件等各种网络威胁,旨在保护个人和企业的设备和数据安全。

⑦ See Malwarebytes Threat Intelligence Team, *Global Ransomware Attacks at an All-time High*, *Shows Latest* 2023 *State of Ransomware Report*, ThreatDown (Aug. 3, 2023), https://www.malwarebytes.com/blog/threat-intelligence/2023/08/global-ransomware-attacks-at-an-all-time-high-shows-latest-2023-state-of-ransomware-report.

勒索软件攻击的商业模式随着时间的推移而演变,这使得技术上不太成熟的个体也能实施这类攻击。许多勒索软件开发商现在提供一种被称为“勒索软件即服务”(Ransomware as a Service,RaaS)的网络犯罪商用模式,即恶意软件开发商将软件授权给附属公司,附属公司付费使用勒索软件运营商开发的勒索软件工具执行勒索软件攻击;攻击者可以控制受害者的计算设备或对数据进行加密,以此要挟受害者支付一定数量的赎金以重新取得控制权。伴随着“勒索软件即服务”的兴起,任何个人或团体都可以通过购买“勒索软件即服务”发起勒索软件攻击。这导致勒索软件攻击事件数量激增,同时也阻碍了执法部门对勒索软件犯罪分子的打击,即使勒索软件开发者被抓获,“勒索软件即服务”其他附属公司仍可以继续进行犯罪活动。据报告称,2020 年全球勒索软件攻击带来的损失约为 200 亿美元。其中,近 2/3 的犯罪组织采用“勒索软件即服务”模式进行攻击。预计到 2031 年,全球因勒索软件攻击造成的损失将达到约 2650 亿美元。[①]

随着勒索软件攻击变得越来越有利可图,一个完整的服务生态系统已然形成,并持续支持这一网络犯罪模式。这个生态系统包括拒绝与执法部门合作的网络托管服务商,帮助犯罪分子确保其恶意软件不会被杀毒软件识别的“加密器”(Crypters),以及协助清洗非法加密货币赎金的“加密货币混币器”(Crypto Mixers/Tumblers)(均指加密货币洗钱服务提供商)。

近年来,人们越来越依赖互联网来进行工作协同和业务拓展,勒索软件攻击也越发频繁和普遍。根据联邦调查局报告,投诉数量从 2018 年的 1493 起(损失约 362 万美元)上升到 2020 年的 2474 起(损失超过 2901 万美元)。[②] 2022 年,根据联邦调查局互联网犯罪投诉中心的报告,其共收到 2385 起勒索软件投诉,损失金额高达 3430 万美元。[③] 这一数据表明了勒索软件攻击对个人和企业的严重影响,同时也反映了这种犯罪形式持续野蛮生长的严峻态势。

值得一提的是,2021 年发生了几起引人注目的勒索软件攻击事件,一度成为全球关注的焦点。2021 年 4 月,黑客通过对美国殖民管道(Colonial Pipeline)公司实施勒索软件攻击,严重干扰了美国东海岸的天然气供应。虽然美国当局

---

① 参见华为:《什么是勒索软件即服务(RaaS)?》,载华为官网 2023 年 7 月 28 日,https://info. support. huawei. com/info-finder/encyclopedia/zh/%E5%8B%92%E7%B4%A2%E8%BD%AF%E4%BB%B6%E5%8D%B3%E6%9C%8D%E5%8A%A1. html。

② See Federal Bureau of Investigation & Internet Crime Complaint Center, 2018 *Internet Crime Report*, Homeland Security Digital Library (2019), https://www. hsdl. org/c/abstract/? docid = 824327; Internet Crime Complaint Center, 2020 *Internet Crime Report*, Internet Crime Complaint Center (2021), https://www. ic3. gov/Media/PDF/AnnualReport/2020_IC3Report. pdf.

③ See RH-ISAC, *FBI IC3 2022 Internet Crime Report Identifies Key BEC and Ransomware Trends*, RH-ISAC Official Website (Mar. 28, 2023), https://rhisac. org/reports/fbi-ic3 – 2022 – internet-crime-report/.

能够追回大部分该公司被迫支付的、价值 440 万美元的比特币赎金,但其仍未抓捕到需要对这起攻击负责的黑客。仅仅一个月之后,在 2021 年 5 月,华盛顿特区警察局成为俄罗斯黑客组织 Babak 的攻击目标;警察局拒绝支付黑客所要求的 400 万美元赎金,导致数百名警察的纪律档案、情报报告和其他机密信息被泄露。2021 年 6 月,世界肉类加工企业巨头 JBS 股份有限公司美国分部 JBS 美国食品加工公司遭遇黑客攻击,北美地区和澳大利亚信息系统被“黑”,部分工厂瘫痪,澳大利亚数以千计工人受到影响。该公司被迫向俄罗斯黑客组织 REvil 支付了价值 1100 万美元的比特币赎金。

正如这些攻击案例所凸显的,勒索软件攻击可以严重影响公司的业务能力,并对目标公司所在行业造成重大破坏。正如美国殖民管道(Colonial Pipeline)公司攻击事件所揭示的那样,其甚至还有可能对国家安全和关键基础设施构成威胁。同时,在要求支付双重赎金的情况下,这些攻击还可能牵涉到数据隐私和数据泄露通知法,使受害公司不得不面对相关的衍生诉讼。此外,被害人支付赎金给受制裁的个人或向受制裁的司法管辖区支付赎金,同意支付赎金这一行为会使受攻击的公司以及其可能使用的任何第三方支付服务提供商面临违反美国制裁或其他反洗钱法律的风险。

二、勒索软件攻击监管指南

(一)外国资产控制办公室和金融犯罪执法局

2020 年 10 月 1 日,美国财政部外国资产控制办公室和金融犯罪执法局发布了关于为勒索软件支付提供便利的制裁和反洗钱风险的咨询。[①] 外国资产控制办公室的咨询意见明确指出,其已将许多恶意勒索软件的网络行为者以及在其网络相关制裁计划下为勒索软件交易提供便利的人列为“特别指定国民和被封锁人员”(Specially Designated Nationals and Blocked Persons,又称 SDN 黑名单)。根据美国法律,美国人通常被禁止与“特别指定国民和被封锁人员”进行交易。此外,尽管勒索软件攻击的肇事者可能不在外国资产控制办公室的“特别指定国民和被封锁人员”黑名单上,但他们有可能位于受美国制裁制度约束的司法管辖区,或者可能与这些司法管辖区的政府,包括其相关部门、分支机构、国有企业、官员或代理人有关联。

外国资产控制办公室咨询意见指出,向“特别指定国民和被封锁人员”黑名

---

① See U. S. Department of the Treasury's Office of Foreign Assets Control, *Ransomware Advisory*, U. S. Department of the Treasury's Office of Foreign Assets Control (Oct. 1,2020), https://ofac.treasury.gov/recent-actions/20201001.

单上的攻击者或位于受制裁管辖区的攻击者支付赎金或提供便利可能涉及违反美国的制裁法律。咨询意见明确指出,“代表受害者向勒索软件的网络行为者提供赎金支付便利的公司,包括金融机构、网络保险公司和参与数字取证和事件响应的公司,不仅涉嫌鼓励未来的勒索软件支付要求,还可能涉及违反外国资产控制办公室法规的风险”。此外,咨询意见还指出,外国资产控制办公室有权根据严格责任原则对违反制裁法的行为进行民事处罚。这意味着即使个人或实体在进行交易时没有意识到这些交易被禁止,或者在正常情况下无法预知其行为违反了制裁法,仍有可能被追究民事责任。

外国资产控制办公室的咨询意见鼓励金融机构和其他可能涉及为勒索软件支付赎金提供便利的公司实施基于风险的合规计划,以降低潜在的违反制裁法的风险。此外,咨询意见建议受害者,如果他们认为向勒索软件支付赎金可能涉及违反制裁法,应积极报告勒索软件攻击。外国资产控制办公室进一步指出其会将“企业是否自主、及时和完整地向执法部门报告勒索软件攻击纳入考虑,特别是在涉及制裁的情况下,这种行为可被视为减轻责任的重要考量因素”。

同样,金融犯罪执法局咨询报告也旨在告诫勒索软件攻击受害者和为勒索软件支付赎金提供便利的公司,支付赎金可能涉嫌违反金融犯罪执法局的相关规定。根据金融犯罪执法局的咨询意见,由于向勒索软件支付赎金通常涉及多个步骤,涉及至少一个存款机构和一个或多个货币服务商,促成此类支付可能涉嫌提供货币转移服务。这反过来又可能触发相关企业向金融犯罪执法局注册为货币服务业务的义务,并需要履行《银行保密法》相关义务,包括提交可疑活动报告等。

金融犯罪执法局咨询报告列出了一份所谓的“红旗指标”(Red Flags)清单,以协助金融机构检测、预防和报告与勒索软件攻击相关的可疑交易。同时,咨询报告也强调,任何指标本身并不能单独确定某项活动是否涉及非法活动。这些指标包括:(1)金融机构系统日志文件、网络流量或文件信息中出现的可疑企业 IT 活动;(2)客户通知特定付款是为了应对勒索软件事件;(3)客户的加密货币地址出现在公开资料中,该地址与勒索软件活动有关;(4)一家大公司与网络安全事件响应公司或网络保险提供商之间发生重大交易;(5)客户收到资金,然后不久后向虚拟货币交易所发送同等数额的资金;(6)客户在与金融机构的互动中表现出对虚拟货币的了解有限,询问或购买虚拟货币,特别是大量或匆忙的虚拟货币购买需求。

除了 2020 年 10 月 1 日的咨询,金融犯罪执法局 2021 年 6 月发布了反洗钱优先事项,将网络犯罪列为最优先事项,并将勒索软件攻击描述为“特别严重的问题”。[①] 该文件指出，通过网络犯罪(包括勒索软件攻击)获得的非法资产往往通过各种手段进行洗钱，其中包括通过网络行为者或资金代理人的账户进行快速转账。而“受监督的金融机构在监测网络犯罪引发的可疑活动方面具有独特优势”，金融犯罪执法局鼓励金融机构根据《银行保密法》的安全港条款分享与可疑网络活动有关的信息。此外，该文件强调，美国政府致力于“与世界各地志同道合的伙伴合作，打击和遏制勒索软件攻击者，包括通过制定针对赎金支付的协调一致的政策，来追踪和拦截虚拟货币非法收益”。

据报道，2021 年 9 月，拜登政府计划采取了一系列行动，包括制裁措施，以加大对黑客利用虚拟货币从勒索软件攻击中获利的打击力度。[②] 根据这一警告，2021 年 9 月 21 日，外国资产控制办公室宣布对一家名为 SUEX OTC，S. R. O. (SUEX)的加密货币交易所实施有史以来的首次制裁，因为该交易所被指控为勒索软件攻击者提供加密货币交易便利。[③] 在宣布这一消息的同时，外国资产控制办公室对其 2020 年 10 月关于勒索软件攻击的《指导意见》进行了更新，明确表示“美国政府强烈反对所有私营公司和公民支付赎金或勒索款项，并建议重点加强防御和复原措施，以预防勒索软件攻击”。[④] 这种政策导向源于支付赎金可能会激励未来的勒索软件攻击，同时可能涉及违反制裁法规的风险。

(二)美国司法部

紧随外国资产控制办公室和金融犯罪执法局于 2020 年 10 月发布关于勒索软件攻击的《指导意见》之后，美国司法部的网络数字任务组(Cyber-Digital Task Force)发布了加密货币执法框架，强调司法部对涉及加密货币的非法活动采取了严肃和积极的执法措施。[⑤] 关于勒索软件攻击，该执法框架观察到加密货币被越来越频繁地用于支付赎金，并明确指出《美国法典》第 18 卷第 1343 条

---

① See Financial Crimes Enforcement Network, *Anti-Money Laundering and Countering the Financing of Terrorism National Priorities*, Financial Crimes Enforcement Network (June 30, 2021), https://www.fincen.gov/sites/default/files/shared/AML_CFT%20Priorities%20(June%2030%2C%202021).pdf.

② See The Wall Street Journal, *U. S. to Target Crypto Ransomware Payments with Sanctions*, The Wall Street Journal (Sept. 17, 2021), https://www.wsj.com/articles/u-s-to-target-crypto-ransomware-payments-with-sanctions-11631885336.

③ See Office of Foreign Assets Control, *Publication of Updated Ransomware Advisory; Cyber-Related Designation*, Office of Foreign Assets Control (Sept. 21, 2021), https://ofac.treasury.gov/recent-actions/20210921.

④ U. S. Department of the Treasury's Office of Foreign Assets Control, *Updated Advisory on Potential Sanctions Risks for Facilitating Ransomware Payments*, U. S. Department of the Treasury's Office of Foreign Assets Control (Sept. 21, 2021), https://ofac.treasury.gov/media/912981/download?inline.

⑤ See U. S. Department of Justice, *Report of the Attorney General's Cyber-Digital Task Force: Cryptocurrency Enforcement Framework*, U. S. Department of Justice (Oct. 2020), https://www.justice.gov/ag/page/file/1326061/download.

的电信欺诈法规和《美国法典》第18卷第1030条涉及计算机相关的欺诈和入侵法规可用于起诉勒索软件攻击者。

与美国司法部强调积极打击滥用加密货币的对外立场一致，据媒体报道，美国司法部于2021年4月在内部成立了一个专门工作组，以遏制勒索软件攻击的蔓延。[①] 该工作组的目标包括制定加强培训和整合资源的计划，通过加强情报收集，并充分利用调查线索，其中包括网络犯罪团伙和民族国家集团（Nation-State Groups）之间联系的相关线索，以应对勒索软件攻击的潜在风险。

2021年6月，美国司法部发布了《关于勒索软件和数字勒索相关调查和案件的指导意见》（Guidance Regarding Investigations and Cases Related to Ransomware and Digital Extortion）[②]。该指导意见指出，最近的勒索软件攻击，包括对美国殖民管道公司的攻击，强调了勒索软件和数字勒索对国家安全构成的日益严重的威胁，以及勒索软件攻击可能对关键基础设施造成的破坏性和毁灭性后果。为了及时遏制和打击此类攻击，检察官必须加强对勒索软件集团的调查，集中资源对其进行更有效的追踪和起诉，并与其他主要执法机构进行有效协同。

具体而言，该指南指示美国助理检察官（Assistant United States Attorneys，AUSAs）在获悉勒索软件攻击案件发生或出现大规模蔓延时立即通知司法部刑事司的计算机犯罪和知识产权科（Computer Crime and Intellectual Property Section，CCIPS），以及美国检察官执行办公室的国家安全和网络犯罪协调员。同时，助理检察官必须在获悉其地区发生新的勒索软件攻击时提交紧急报告，并与计算机犯罪和知识产权科协调对这些攻击进行调查。

此外，美国司法部和国土安全部（United States Department of Homeland Security）于2021年7月共同宣布了一项打击勒索软件威胁的新举措，即建立了一个名为StopRansomware. gov的网站，旨在打造联邦机构内所有勒索软件相关资源的集中枢纽。[③] 该网站将联邦勒索软件资源整合到一个平台，包括提供如何报告攻击的指导，以及所有参与机构发布的最新勒索软件相关警报和威胁

---

① See Brian Fung, *Justice Department Is Launching a Ransomware Task Force*, CNN (Apr. 21, 2021), https://www.cnn.com/2021/04/21/tech/ransomware-doj-task-force/index.html.

② See Office of the Deputy Attorney General, *Guidance Regarding Investigations and Cases Related to Ransomware and Digital Extortion*, U. S. Department of Justice (June 3, 2021), https://www.justice.gov/dag/page/file/1401231/download.

③ See U. S. Department of Justice, *U. S. Government Launches First One-Stop Ransomware Resource at StopRansomware.gov*, Office of Public Affairs (July 15, 2021), https://www.justice.gov/opa/pr/us-government-launches-first-one-stop-ransomware-resource-stopransomwaregov.

信息。

(三)证券交易委员会

美国证券交易委员会也已经提升了对勒索软件攻击风险的警惕。2020 年 7 月,证券交易委员会发布了一份警告,强调了勒索软件攻击的复杂性,以及这些攻击对证券交易委员会注册者及其服务提供商产生的重大影响。[①] 该警告鼓励注册者实时关注来自美国国土安全部网络安全和基础设施安全局(Cybersecurity and Infrastructure Security Agency,CISA)发布的网络安全警报,并与其第三方服务提供商共享信息,特别是在这些服务提供商持有客户资产和记录的情况下。

此外,即使警告认可了没有一种模式可以适用于所有情况,以降低和减轻这些攻击风险,但证券交易委员会提供了一个供参考的措施清单,其中包括:(1)定期更新公司的事故响应和弹性政策;(2)评估在事故发生期间能够快速修复的系统和程序,以确保业务可以持续运营;(3)提供有关网络安全风险和最佳实践的培训;(4)实施积极的漏洞评估和补丁管理计划;(5)管理用户对系统和程序的访问权限,比如定期更新密码和多元认证模式;(6)实施旨在监控、管理和审查网络流量的安保程序,以防止数据泄露和网络攻击。

(四)立法措施

除了政府机构提供的有关勒索软件攻击的指南和分析,美国国会已经开始通过提议立法措施来重视这一问题。2021 年 7 月 27 日,参议院司法委员会(Senate Judiciary Committee)召集了一个名为“网络围困下的美国:预防和应对勒索软件攻击”(America Under Cyber Siege: Preventing and Responding to Ransomware Attacks)的听证会。根据评估,只有 1/4 的勒索软件攻击案件被如实报告,美国司法部、联邦调查局、情报体系、网络安全和基础设施安全局的代表敦促国会要求受勒索软件攻击的公司向联邦机构报告,以帮助政府更好地了解如何处理、应对此类攻击。这些代表指出,尽管已经有法律要求企业在其数据遭受双重勒索攻击并涉及泄露客户数据时通知其客户,但目前仍没有要求披露单纯勒索支付的法律规定。

值得注意的是,在此听证会上,美国司法部助理检察长(Deputy Assistant Attorney General)理查德·唐宁(Richard Downing)表示,已经开始投入大量资

---

① See Office of Compliance Inspections and Examinations, *Cybersecurity: Ransomware Alert*, Office of Compliance Inspections and Examinations (July 10, 2020), https://www.sec.gov/files/Risk%20Alert%20-%20Ransomware.pdf.

源来识别并公诉勒索软件攻击行为人,调查研究他们的技术和财务系统,并追回他们从攻击中获取的非法虚拟货币。同时,理查德·唐宁也强调,对抗勒索软件攻击“需要全社会的响应,包括跨联邦政府机构的协作,国际伙伴的合作,以及受害者和私人部门的协助”。[①]

作为对这一呼吁的回应(一部分原因是受当年美国殖民管道公司攻击事件所带来的冲击和严重后果),美国国会在2021年夏季推出了至少五项两党合作的法案来应对勒索软件攻击问题:

1. 国际网络犯罪预防法案(International Cybercrime Prevention Act):于2021年6月17日推出,旨在加重网络犯罪的刑罚,包括针对关键基础设施的勒索软件攻击。法案允许执法机关没收用于从事网络犯罪的通信设备以及其他财产,提高检察官关闭网络站点和其他涉及广泛非法活动的数字基础设施的能力。此外,其还引入了一种新的刑事行为,即知情攻击关键基础设施(包括水坝、电力站、医院以及选举基础设施等)的个人犯罪行为。

2. 网络响应选项研究法案(The Study on Cyber Response Options Act):于2021年6月30日提出,指引国土安全部学习研究允许私人组织进行攻击性网络操作的风险和益处。在现行法律框架下,只有联邦政府被授权进行此类操作。

3. 网络事故通知法案(Cyber Incident Notification Act):于2021年7月21日提出,要求运营关键基础设施的公司,比如紧急服务、电信、互联网和水利设施等,在遭受勒索软件攻击后的24小时内需报告给国土安全部。

4. 国土安全部工业控制系统能力增强法案(DHS Industrial Control Systems Capabilities Enhancement Act):于2021年7月22日提出,要求网络安全和基础设施安全局确保更好地识别和缓解行业控制系统威胁,包括涉及关键基础设施网络的相关威胁,比如管道和水电设施等。

5. 制裁并制止勒索软件法案(Sanction and Stop Ransomware Act):于2021年8月5日提出,旨在排除境外国家为勒索软件攻击行为者提供庇护。该法案要求发展关键基础设施网络安全标准,加强加密货币监管,并指导美国国务院和情报体系去识别那些支持或容忍勒索软件攻击活动的外国政府。

这些法案仍然反映出美国政府对勒索软件攻击问题的全面关注和重视,显

---

① See Richard W. Downing, *Statement of Richard W. Downing, Deputy Assistant Attorney General, Criminal Division, United States Department of Justice Before the Committee on the Judiciary, United States Senate at a Hearing Entitled “America Under Cyber Siege: Preventing and Responding to Ransomware Attacks”*, Department of Justice (July 27, 2021), https://www.judiciary.senate.gov/imo/media/doc/Downing%20-%20Statement.pdf.

示了政府在该问题上致力于采取更积极的立法和执法措施。虽然其中一些法案突出强调了对加密货币实施监管的重要性,但这点可能存在误导,因为加密货币并非勒索软件攻击唯一的赎金支付方式。

(五)网络保险在勒索软件攻击中的作用

保险公司提供的保险产品旨在覆盖受害者在面临勒索软件攻击时可能遭受的损失,包括业务中断损失、数据恢复成本、事故响应支出,以及勒索赎金本身。保险公司可以帮助受害者获得执法部门和恢复专家的关键支持,这种措施也能进一步获取更多的关于勒索软件攻击的相关信息。据保险公司报告称,勒索软件攻击目前是网络相关索赔中被报告最多的一种情况。

虽然许多保险公司要求客户严格遵守强化的安全措施来获得保险保障,这可能有助于从一开始就有效预防攻击,但也有一些评论者辩称,网络保险实际上可能导致这些攻击激增,因为若受害者知道这笔费用将由保险公司支付,其更有可能支付赎金。确实,有一些证据支持了这一观点,即发起勒索软件攻击的黑客通常将目标锁定在已投保的公司。

实际上,美国殖民管道公司于 2021 年 4 月遭受勒索软件攻击事件后,美国司法部成功追回了超过 200 万美元的赎金。这表明即使犯罪分子利用加密货币进行复杂的犯罪活动,执法部门仍能有效追踪并采取执法行动。这一事件凸显了加密货币在一定程度上为执法机关提供了追踪和调查勒索软件攻击者的机会,以及执法部门利用这种技术来介入调查并公诉攻击者的潜力。

(六)防止勒索软件攻击的考量

防止勒索软件攻击的最佳方式就是在攻击发生之前采取有效的预防措施。这也是防止其他类型的网络攻击的最佳方式,因为勒索软件攻击实际上只是成功入侵网络的后果之一。换言之,勒索软件攻击之所以会发生,是因为黑客已经成功入侵受害者的企业网络,无论是通过网络钓鱼(Phishing)还是其他方式。若黑客无法进入企业网络系统,就不能发起勒索软件攻击。

因此,加强网络安全、定期更新系统、进行员工培训以防止社交工程攻击等措施对于防范勒索软件攻击至关重要。首先,企业应该定期更新其入侵防御系统,定期进行系统维护,以确保系统能够有效抵御勒索软件攻击。其次,企业应制定和测试应对勒索软件攻击的应急计划。信息技术管理者也应持续加强组织的安全措施,包括定期更新防病毒软件和升级操作系统补丁,限制文件访问、打印机共享服务和软件安装权限,并实施强密码策略和授权政策。最后,企业还应对员工进行定期培训,使他们能够敏锐识别网络钓鱼和其他类型的网络攻击迹象，并能够有效应对潜在攻击。通过这些措施，企业可以大大提高防范勒索软件攻击的能力。

这些防范措施并不新颖，因为网络犯罪并非新兴活动。回溯到最早期的黑客案件，从 TJX[①] 到索尼(Sony)到塔吉特(Target)，以及许多其他案件，美国司法部、联邦调查局、国土安全部、美国特勤局(USSS)等政府机构在过去数十年中一直建议企业在遭受可能的网络攻击之前，提前采取预防措施，来降低遭受攻击的风险，减轻攻击可能造成的后果和影响。

在这些早期的案件中，风险主要涉及大规模窃取信用卡和客户身份信息，而如今则要求受害者支付一定的赎金。但这些犯罪行为背后的本质是相同的，因此采取的预防措施也大致相同。

即使采取了相应的预防措施，勒索软件攻击(如同其他类型的网络攻击一样)仍可能会发生。在遭受攻击时，受害者应第一时间收集尽可能多的攻击信息，包括但不限于：(1)攻击者的姓名、地址和工具；(2)攻击的方式(如欺骗邮件、仿冒域名等)；(3)攻击软件的变种名称、类型和编程语言；(4)在攻击者采取不利措施之前，数据恢复要求和赎金支付截止时间；(5)支付赎金的金额和方式；(6)指定支付赎金的区块链钱包地址；(7)任何与钱包或已知混币器有关的区块链解析。这些信息可以为执法部门的调查提供重要线索，有助于追踪并打击这些犯罪行为。

外国资产控制办公室发布的关于勒索软件攻击的指南指出，受害者在决定是否支付赎金前，应考虑攻击者是否为被制裁的个人或实体，以及支付赎金是否会招致法律制裁。同时，受害者也需要考虑他们是否有义务联系执法部门，包括外国资产控制办公室、联邦调查局、国土安全部或其他机构。即使没有报告义务，与执法部门联系可能也是明智之举。对于受到攻击的美国金融机构来说，其也需要考虑是否应该提交相应的可疑活动报告。此外，若发生双重勒索攻击，受害者必须考虑在现行数据保护法律框架下，不支付赎金可能会导致用户数据隐私泄露方面的风险。同时，作为勒索软件攻击对象的企业还将面临再次受损的风险，这一次是因为支付赎金而可能受到执法部门的追究或起诉。

因此，受攻击的企业必须在不支付赎金与法律风险之间取得平衡，其需要谨慎权衡所有因素，包括合规性和法律责任等，然后在高压下作出决策；而通过前述的预防措施，可以提前加强公司网络系统，以降低其遭受攻击的风险。同

---

① TJX 公司是一家全球领先的跨国零售商，专注于提供品牌折扣商品，旗下拥有如 TJ Maxx、Marshalls 和 HomeGoods 等知名零售品牌。

时,在安全顾问的指引下制定和测试攻击应对计划,企业可以降低因对攻击所做出的回应而被政府部门或原告律师起诉的风险,以最大限度地降低损失和风险。

第十一节　央行数字货币(CBDC)的全球发展与法律规制

一、CBDC 的历史沿革与优势

CBDC 是国家法定货币的数字化形式,不与实物商品挂钩,其价值与发行国的法定货币挂钩。CBDC 由各国的中央银行发行,作用是支持国家政府的金融服务和商业银行体系,同时帮助中央银行制定和执行货币政策,以及管理货币的发行。根据大西洋理事会的报告,目前有 130 个国家正在探索或开发 CBDC,占全球 GDP 的 98% 以上。① 这一趋势预示着全球金融行业即将迎来重大变革。截至 2022 年 12 月,所有 G7 成员均已启动 CBDC 的开发工作。同时,二十国集团成员中有 19 个已达到 CBDC 开发的高级阶段。2023 年,约有 20 个国家已经进入 CBDC 的测试阶段,11 个国家已全面推出其 CBDC。在这一背景下,中国的 CBDC 试点项目已覆盖了 2.6 亿人口,测试场景超过 200 种,包括公共交通、电子商务、跨境支付等。欧洲央行正在启动数字欧元的试点项目。此外,还有 20 多个国家于 2023 年着手启动各自的 CBDC 试点。澳大利亚、泰国和俄罗斯计划继续进行 CBDC 试点测试。印度和巴西计划在 2024 年推出 CBDC。

加密货币依托于去中心化的区块链技术,由全球分布的节点共同维护,而非由单一的中心化机构控制。这种去中心化结构使得用户能够直接访问并交易这些货币,且在使用特定的数字钱包地址进行交易时,可以实现一定程度的匿名性。因此,用户在进行加密货币交易时,不必透露个人身份信息,尽管为了满足反洗钱和“了解你的客户”规定,许多交易所仍要求提供身份信息。与之相反,CBDC 是由各国中央银行发行和管理的,受中心化权威机构的监管。这意味着 CBDC 的持有和交易需要通过中央银行或其授权的机构来进行,难以实现与加密货币同等的匿名性。CBDC 用户的身份信息将直接与其账户和交易记录关联,以便于执行监管要求和防止金融犯罪。关于交易透明度,加密货币的交易是公开的,允许任何人通过区块链浏览器审查,尽管交易双方的身份可能

---

① See Atlantic Council, *Key Findings*, Atlantic Council (May 2024), https://www.atlanticcouncil.org/cbdctracker/.

保持匿名。然而,CBDC 的交易信息可能仅限于交易参与方和监管机构查看,以保障用户隐私和金融安全,不同于加密货币完全公开的交易记录。

(一)CBDC 的萌芽

最早的 CBDC 是 2014 年厄瓜多尔央行推出的实验计划。自 2014 年开始,厄瓜多尔政府宣传厄瓜多尔央行很快将推出电子货币。这主要源于其在 20 世纪 90 年代经历了恶性通货膨胀,国家法币苏克雷迅速贬值。2000 年,厄瓜多尔实行了美元化政策,即正式将美元作为国家法定货币,放弃了苏克雷。在美元严重冲击本国法币的情境下,厄瓜多尔央行失去了发行本国货币的能力,也不能充当最后贷款人或以任何有意义的方式制定货币政策。过度的美元化给厄瓜多尔带来了很多负面影响,推出 CBDC 被视为去美元化的关键一步。2015 年 2 月,厄瓜多尔央行推出了一种新的数字支付系统——电子货币系统(Sistema de Dinero Electrónico),由厄瓜多尔央行直接运营,同时规定国家垄断电子货币,只有央行能够发行,只有国家电信运营商 CNT[①] 可以提供移动支付服务,禁止私营金融机构和私营移动电话公司竞争。但这种独占的方式却没有配套的措施,厄瓜多尔央行没有创建以本国法定货币计价的名义上无违约风险的账户。这导致与私人银行相比,央行电子货币账户存在违约或贬值风险,因为私人银行如果未能付款可能会被告上法庭,但是具有主权豁免权的政府中央银行则不会像私人银行那样面临法律诉讼风险。[②] 因此该计划未能吸引足够多的用户,到 2015 年年底,只有 5000 名用户;也没有实现足够多的交易额,只有 510 万笔交易,共计 6200 万美元。最终该计划以失败告终,用户可于 2018 年 3 月底之前提取资金,之后该系统彻底停用。

2014 年,中国启动了对 CBDC 的研究,开始对数字货币的发行框架、流通环境、关键技术及相关国际经验等进行专项研究。2015 年,中国人民银行对数字人民币(E-CNY,又称数字货币电子支付,Digital Currency Electronic Payment,DC/EP)发行和业务运行框架、数字货币关键技术、发行流通环境、面临的法律问题、对经济金融体系的影响、CBDC 与私人数字货币的关系、国际上数字货币的发行经验等进行了深入研究,形成了第一阶段的理论成果。[③] 2017 年 5 月 27 日,

---

① CNT 公司是厄瓜多尔的国家电信运营商,是该国电信基础设施的核心组成部分,其提供广泛的通信服务,包括固定电话、移动通信和互联网接入等。

② See Lawrence H. White & George Selgin, *Why Private Banks and not Central Banks Should Issue Currency, Especially in Less Developed Countries*, Econlib (Apr. 19, 2000), https://www.econlib.org/library/Features/feature3.html.

③ 参见黄国平、孙会亭:《数字人民币成功落地需破解三大难点》,载中国证券报 · 中证网 2019 年 9 月 21 日, https://www.cs.com.cn/xwzx/jr/201909/t20190921_5986326.html。

中国人民银行数字货币研究所正式挂牌,成为全球最早专注于 CBDC 研发的官方机构。2017 年年末,中国人民银行组织部分大型商业银行和相关机构共同开展中国法定数字货币体系——数字人民币的研发。数字人民币是中国版数字货币项目,是数字货币和电子支付工具。其基本完成了顶层设计、标准制定、功能研发、联调测试等工作,从 2020 年 4 月开始内部封闭性试点测试。

2015 年 9 月 18 日,英国央行首席经济学家安德鲁・哈尔丹(Andrew G. Haldane)在其演讲中讨论了基于区块链技术的 CBDC。① 同年,英国央行启动了 CBDC——数字英镑(Digital Pound),认为其会改变央行结构和国家货币政策。2016 年 3 月,英国央行货币政策副行长本・布罗德本特(Ben Broadbent)在演讲中使用"CBDC"一词。② 2016 年 11 月,瑞典中央银行宣布正在考虑发行"电子克朗"(E-krona)。③ 在 2017 年 11 月,乌拉圭开始启动"电子披索"(e-Peso)的试点项目,但乌拉圭央行其后并未公布未来全面推广或实施的具体计划。④ 2018 年,西班牙央行前行长米格尔・安赫尔・费尔南德斯・奥尔多涅斯(Miguel Angel Fernandez Ordoñez)提出发展"数字欧元"(Digital Euro)。⑤ 2019 年,东加勒比中央银行推出了世界第一个基于区块链的 CBDC。

(二)CBDC 的快速发展

世界经济不断发展,数字经济推动着数字创新,计划推行 CBDC 试验的国家持续增多,研究深度也在不断加深。如下多重因素合力推动 CBDC 的快速发展:

(1)网上购物、线上办公、在线教育等新的工作和生活模式催生人们对于线上金融服务的需求;

(2)人们养成了数字支付习惯,提高了对技术和服务创新的需求,人们需要更安全、通用的支付产品;

(3)现金的使用率不断下降,而且现金的管理成本较高,制造、存取、防伪和销毁等都需要耗费大量的人力、物力和财力;

---

① See Andrew G Haldane, *How Low Can You Go?*, Bank of England (Sept. 18, 2015), https://www.bankofengland.co.uk/-/media/boe/files/speech/2015/how-low-can-you-can-go.pdf.

② See Ben Broadbent, *Central Banks and Digital Currencies*, Bank of England (Mar. 2, 2016), https://www.bankofengland.co.uk/-/media/boe/files/speech/2016/central-banks-and-digital-currencies.pdf.

③ See Aleksi Grym & Päivi Heikkinen et al., *Central Bank Digital Currency*, Bank of England (May 15, 2017), https://web.archive.org/web/20200225192907/https://pdfs.semanticscholar.org/9fa6/e095fa409d199e7aec8b50b657a7075fbe9e.pdf.

④ See Brian Newar, *Eastern Caribbean CBDC Expands to Another Two Territories*, Cointelegraph (Dec. 9, 2021), https://cointelegraph.com/news/eastern-caribbean-cbdc-expands-to-another-two-territories.

⑤ See Positive Money Europe, *Time to Rethink the ECB? —Conference Highlights & Videos*, Positive Money Europe (June 23, 2018), https://www.positivemoney.eu/2018/06/launch-conference-highlights-videos/.

(4)加密货币发展迅速,但其很难在日常生活中发挥货币职能,而且加密货币的投机性存在威胁金融安全和社会稳定的风险,给国际货币体系、支付清算体系、货币政策、跨境资本流动等带来诸多挑战;

(5)抵御美国金融制裁、创造重塑国际货币体系的机会等。[①]

与此同时,COVID - 19 大流行加快了各国发展 CBDC 的脚步。在 COVID - 19 流行期间,由于使用纸币和硬币可能会传播病毒且使用不便,各国加速了从现金到数字货币的转变。COVID - 19 大流行后,很多国家政府向企业和家庭提供紧急资金,此时有人提出每个人都应该在中央银行中持有一个账户,在需要时中央银行可以直接将 CBDC 存入个人的数字账户,而不必依赖以往的传统商业银行。具体到每个国家,其启动 CBDC 的动机各不相同,或促进国家政策目标,或提高支付系统包容性,抑或保护货币主权。而对于许多发达经济体而言,其主要动机集中在支付系统创新和预防潜在危险。

自 2020 年开始,许多国家都开始了对 CBDC 的研究。2020 年 10 月 20 日,巴哈马中央银行推出"沙元",将其作为与传统巴哈马元等值的数字法定货币。[②] 2021 年 5 月,巴西中央银行制定指导方针开发巴西主权货币的数字版本 Drex。[③] 东加勒比海中央银行在 2021 年 3 月推出了 Dcash,成为货币联盟中第一个推出的 CBDC。[④] 2020 年 10 月,欧洲央行发布了一份拟议数字欧元的报告,旨在为欧洲央行数字货币的发展提供决策基础;2021 年 7 月,欧洲央行启动了数字欧元项目的调查阶段,旨在评估其对市场、技术和政策的影响,并于 2023 年 10 月结束;2023 年 10 月 18 日,欧洲央行管理委员会决定进入数字欧元的准备和试验阶段,这一阶段可能需要 3 年左右的时间。2021 年 6 月,瑞士国家银行和法国银行启动了一项跨境 CBDC 支付实验,旨在推动跨国银行之间的交易。2021 年,印度政府提出一项法案,赋予印度储备银行开发 CBDC 的法律权力。2021 年,英格兰银行和英国财政部宣布成立 CBDC 联合工作组,以研究在英国推行 CBDC 的可能性。2021 年,美联储宣布计划发布有关 CBDC 的讨论

---

① 参见中国人民银行数字人民币研发工作组:《中国数字人民币的研发进展白皮书》,载中国人民银行官网 2021 年 7 月 16 日,http://www.pbc.gov.cn/goutongjiaoliu/113456/113469/4293590/2021071614200022055.pdf。

② See Central Bank of the Bahamas, *Project Sand Dollar: A Bahamas Payments System Modernisation Initiative*, Central Bank of the Bahamas (Dec. 24, 2019), https://www.centralbankbahamas.com/viewPDF/documents/2019-12-25-02-18-11-Project-Sanddollar.pdf.

③ See Banco Central Do Brasil, *Drex-Digital Brazilian Real*, Banco Central Do Brasil (May 2021), https://www.bcb.gov.br/en/financialstability/drex_en.

④ See Sarah Marsh, *Eastern Caribbean Blazes a Trail As First Currency Union to Launch Central Bank Digital Cash*, Reuters (Apr. 1, 2021), https://www.reuters.com/world/americas/eastern-caribbean-blazes-trail-first-currency-union-launch-central-bank-digital-2021-04-01/.

文件,重点关注在美国发行本国CBDC——数字美元的可能性,评估和研究发行数字美元的利弊,深入探究CBDC对金融稳定、货币政策和支付系统的潜在影响,但目前尚未确定是否推出。①

但CBDC仍处于探索阶段,国际清算银行在2020年的一项调查中发现,86%的央行正在考虑启动CBDC,但实际上只有14%的央行进入开发推行CBDC的高级阶段,比如开始试点计划。② 目前,巴哈马、乌拉圭、厄瓜多尔、委内瑞拉、泰国、柬埔寨等国已经发行CBDC,中国等新兴市场国家开始了试点计划,欧洲、美国等仍处于CBDC的研发实验阶段。

(三)CBDC的发展新变化

1. 发展中国家和新兴经济体正逐渐引领CBDC发展

CBDC曾是发达国家主导的试水领域,但现在,发展中国家和新兴经济体正迅速成为CBDC的思想领袖和实验者。在探索CBDC的国家中,发达国家的数量略多,占53%。但实际上,发展中国家和新兴经济体对于CBDC的兴趣明显更高,在过去的五年中,研究CBDC的发展中国家和新兴经济体的数量增加了两倍多,而且正迅速成为CBDC设计理念的领袖和积极实验者。而对于发达国家而言,其决定研究CBDC的原因是预防潜在风险,比如CBDC可能会破坏该国现有的支付系统,或导致已经相对稳定和高效的支付系统出现冗余。因此,金融普惠率较高、支付系统规模和效率较高的发达国家市场,不一定会像发展中国家和新兴经济体一样从CBDC中获益。③

2. 各国越来越关注零售型CBDC

CBDC可分为批发型CBDC和零售型CBDC。批发型CBDC用于中央银行和金融机构之间的大额转账,不面向公众,加拿大银行的Jasper项目是典型的批发型CBDC;零售型CBDC主要面向公众,我国的数字人民币以零售型CBDC为主。为了确保CBDC的广泛接受和使用,许多央行正与商业银行和支付系统提供商合作,探索如何将CBDC整合到现有的金融基础设施中。

---

① See Board of Governors of the Federal Reserve System, *Federal Reserve Chair Jerome H. Powell Outlines the Federal Reserve's Response to Technological Advances Driving Rapid Change in the Global Payments Landscape*, Board of Governors of the Federal Reserve System (May 20,2021), https://www.federalreserve.gov/newsevents/pressreleases/other20210520b.htm.

② 参见胡志浩、李重阳:《全球央行数字货币发展进展及其影响》,载国家金融与发展实验室官网2021年8月24日,http://www.nifd.cn/ResearchComment/Details/2920。

③ See Digital Financial Services Working Group, *Central Bank Digital Currency-An Opportunity for Financial Inclusion in Developing and Emerging Economies*?, Alliance for Financial Inclusion (Aug. 2022), https://www.afi-global.org/wp-content/uploads/2022/09/Central-Bank-Digital-Currency-Special-Report_isbn.pdf.

此前的 CBDC 研究多以批发型 CBDC 为主，国际清算银行在 2018 年发布的《央行数字货币》报告中提出应该从研究批发型 CBDC 开始，英国、加拿大和新加坡央行也纷纷跟进研究批发型 CBDC。但在 2020 年，欧洲央行和英国央行开始提及零售型 CBDC，发展中国家和新兴经济体开始重视零售型 CBDC 的潜力，包括开展国内和跨境的个人对个人（Personal to Personal）支付、个人对商家（P2B，Personal to Business）支付和政府对个人（G2P，Government to Personal）支付的研究。在考虑零售型 CBDC 的国家中，几乎所有国家都在探索一种混合的、多层次的分销模式。①

3. 各国在探索建立针对 CBDC 的法律和监管框架

为了支持 CBDC 的发行和运营，各国政府和监管机构正在制定相应的法律和监管框架。这包括关于 CBDC 的法律地位、使用范围、反洗钱和打击恐怖融资要求等方面的规定。鉴于 CBDC 的跨境使用潜力，多个国家和国际组织正在合作，探讨建立国际统一的 CBDC 标准和监管原则。例如，国际货币基金组织和金融稳定委员会等机构正在研究 CBDC 的跨境支付和监管问题。同时，随着个人对自身数据保护意识的提高，许多央行在设计 CBDC 时越来越重视保护用户隐私。这涉及平衡隐私权保护与确保交易安全、合规性之间的关系。不同的技术解决方案，如匿名或部分匿名的交易处理，正在被探索以保护用户的个人数据，同时遵守反洗钱和打击恐怖融资的要求。

总的来说，对于各国而言，发展 CBDC 是参与全球经济的博弈手段，这种互相博弈的趋势越来越明显。首先，部分国家抢先发行 CBDC 是为了保护本国的金融主权。比如委内瑞拉、巴哈马、东加勒比群岛国家、马绍尔群岛等金融弱势国家除缓解国内通货膨胀压力、弱化对美元的过度依赖、发展普惠金融等考虑外，更重要的目的在于规避金融强势国家抢先发行 CBDC 对本国金融体系带来的巨大冲击，维护本国货币金融主权。其次，部分国家发展 CBDC 是为了防止他国抢占先机。当然，随着 CBDC 获得全球更多国家的关注，全球央行或类似机构之间在 CBDC 的研究和开发方面展开了更多的国际合作。例如，中国香港金融管理局（HKMA）、泰国银行（BOT）、阿联酋中央银行（CBUAE）、中国人民银行数字货币研究所（PBC DCI）和国际结算银行创新枢纽（BISIH）辖下香港中心等合作参与了多边央行数字货币桥（Multi-CBDC Bridge，mBridge）的项目，旨

---

① See Digital Financial Services Working Group, *Central Bank Digital Currency-An Opportunity for Financial Inclusion in Developing and Emerging Economies?*, Alliance for Financial Inclusion (Aug. 2022), https://www.afi-global.org/wp-content/uploads/2022/09/Central-Bank-Digital-Currency-Special-Report_isbn.pdf.

在提高跨境支付的效率,降低成本,并提高系统的透明度和安全性。一些国家甚至联合起来,共同研究本国 CBDC 的应对方案。2020 年 1 月,日本、欧洲、英国、瑞典、瑞士、加拿大六国央行与国际清算银行成立联合小组,评估发行 CBDC 的可能性,以加快 CBDC 应用研究,希望将 CBDC 相关知识和经验在成员国之间共享。①

(四)CBDC 的主要优势

1. CBDC 拥有国家信用背书,将大幅提升支付效率

传统的现金支付方式存在交易效率低、易被伪造等问题,而 CBDC 可提供更为快捷的支付手段,实现即时清算和快速支付,在降低货币流通成本的同时还能确保交易安全。CBDC 作为国家法定数字货币,比私营加密货币更容易被公众接受和认可,其顶层设计可以消除现金的防伪与损耗成本,并去除中介手续费和交易摩擦成本。CBDC 在国内运行时,能够有效防止私营加密货币对于主权货币的侵蚀,提升支付清算基础设施的效率;CBDC 在国际运行时,能够为国内外用户提供充分的便利,有利于提升跨境支付效率,增强本国货币的国际竞争力。

2. CBDC 能够进一步推动普惠金融的发展进程

CBDC 能够促进普惠金融,提升金融的包容性。CBDC 可采用不影响货币功能的智能合约,在确保安全合规的前提下,应用区块链底层技术,有望解决金融活动的信任难题。一方面,CBDC 可以完善征信,减少信息的不对称。对在传统金融服务中因征信数据缺少、固定资产较少等原因难以获得信贷的中小企业和个人而言,CBDC 能够有效改善融资服务,提升信贷的可得性。② 另一方面,通过 CBDC,金融服务的使用门槛也将大幅降低,变得更便宜、更便捷。

3. CBDC 能够有效防范金融风险,提高金融监管效率

传统货币因其物理特性,在发生经济类犯罪时,很难被监管部门追踪,部分私营加密货币也因其去中心化、匿名性的设计同样难以被追踪,由此导致经济犯罪频发。据统计,与比特币有关的经济犯罪在现有数字货币犯罪中占比 95% 。而 CBDC 是由政府主导的中心化发行,其可以通过分布式账本技术完整记录所有交易,凭借大数据分析工具,可进行资金流和金融风险指标、反洗钱、支付行为和监管调控指标分析,从而能够有效防范金融风险,减少洗钱等经济犯罪行为的发生频率。

---

① 参见国务院发展研究中心:《曲双石:央行数字货币——货币战争的新战场》,载中国智库网 2020 年 7 月 31 日,https://www.chinathinktanks.org.cn/content/detail?id=j61diu57&pt=1。

② 参见龙海明、王雪雯、陈一心:《数字普惠金融对包容性增长的影响:机制分析与实证检验》,载《财经理论与实践》2022 年第 6 期。

4. CBDC 可通过完善货币政策的传导机制提升货币政策的有效性

CBDC 可通过带有"条件触发机制"(Conditional Trigger Mechanism)的智能合约,对信贷主体和使用场景加以限制,实现贷款的精准投放,提高资金利用效率。同时,分布式账本技术的应用在支持 CBDC 运作的同时,可促进金融服务提供者之间的公平竞争,并提高整个金融系统的效率。这不仅增强了市场的流动性,而且通过更高效的资金分配,有助于改善利率的传导效果,使中央银行的货币政策调整更加有效率地反映在经济中。

5. 扩大 CBDC 的使用范围和场景

我国居民的支付方式在近 20 年间发生了较大变化。我国在移动支付方面是全球的领先者,当前我国消费者在日常生活中现金使用率极低,更多是通过微信、支付宝等第三方支付平台进行移动支付。这种便捷交易的背后绑定的依然是商业银行的银行卡账户,本质上仍然是依靠国家发行的法定货币。在 CBDC 体系下,对于那些无法获得传统银行服务的人群而言,CBDC 的应用能够使其更加方便地进行金融交易和投融资。

二、全球 CBDC 发展生态及趋势

由于全球各个国家的国情不同,CBDC 的发展状况也不尽相同。下文按照各个大洲分类进行研究,主要介绍全球主要地区 CBDC 的发展现状以及其在制定相关政策时所考虑的多重因素。

(一)拉丁美洲和加勒比地区

拉丁美洲和加勒比地区已经参与到对于 CBDC 的调查研究与试点发行之中。巴西中央银行发行数字货币的主要目的是覆盖那些没有银行账户的群体以及减少传统支付方式的交易成本。

巴哈马是第一个发行 CBDC 的国家,于 2020 年正式推出"沙元"。巴哈马之所以做出这样的决策是因为该国 18% 的人口都没有银行账户,同时时常出现的恶劣天气影响了民众的现金交易活动。但在最初的热潮过后,大众对于数字货币的兴趣有所下滑。截至 2022 年中期,大概只有 3 万央行数字货币钱包仍然在使用当中,而大部分的巴哈马公司仍然使用支票账户支付。

拉丁美洲的 CBDC 的发行必须考虑到其地域特色。第一,拉丁美洲地区和其他地区相比,现金使用率更高,因此 CBDC 必须具备和现金相似的特征。第二,拉丁美洲地区是汇款的主要接收国,许多国家的经济发展依赖这些汇款,因此拉丁美洲地区的 CBDC 主要考虑的就是提高跨境汇款效率,降低交易成本。第三,拉

丁美洲和厄瓜多尔地区的一些国家已经将美元作为法定货币,这些国家可能会探索CBDC发行的混合模型,即CBDC可以与现有的美元系统共存,着眼于独特的货币政策和金融稳定性问题。第四,因为拉丁美洲人口分散,部分国家面积比较小,所以政策的制定必须考虑到不同国家的国情以及各类群体的需求。[①]

(二)中东和北非地区

中东和北非地区关于CBDC的探索来自阿联酋和沙特阿拉伯的共同努力,他们合作推出了Aber项目。该项目的名称"Aber"在阿拉伯语中意为"跨越",象征着该项目跨越国界、技术和货币的创新尝试。Aber项目旨在促进更高效的跨境交易,并加强两国作为全球金融中心的地位。该联合项目体现了区域合作的精神,以及共同推进数字货币发展的美好愿景。[②] Aber项目的主要目标包括:(1)增强金融安全和效率:通过使用区块链技术,实现更加安全、透明和高效的跨境支付和结算;(2)探索数字货币的潜力:研究和评估数字货币在实际金融交易中的应用潜力,以及对现有支付系统的影响;(3)测试CBDC:Aber项目是两国央行探索发行和管理CBDC的一种尝试,旨在了解CBDC在实际操作中的表现和挑战;(4)促进技术创新:通过该项目,两国希望推动金融科技领域的创新,探索新的金融服务和解决方案。Aber项目于2019年启动,并在2020年完成了一系列试点测试。这些测试旨在评估技术的可行性、安全性和可扩展性,以及跨境支付的操作流程。Aber项目的成功将为其他国家和地区提供宝贵的经验,为未来的金融科技创新和国际合作奠定基础。该项目的成功完成表明,分布式账本技术可以有效地用于促进跨境交易。同样,阿拉伯联合酋长国也在2022年与中国香港金融管理局、泰国银行、中国人民银行数字货币研究所和国际结算银行创新枢纽辖下香港中心合作,启动了探索CBDC用于跨境支付的试点项目——多边央行数字货币桥项目。

(三)亚太地区

新加坡是数字货币研究领域的核心成员。新加坡通过其Ubin+计划,与加拿大以及英国的中央银行开展了跨境实验。在Dunbar和Mariana项目中,他们成功在国际交易中使用了CBDC,旨在提高效率,降低成本,并且推动金融领域

---

① See The World Economic Forum, *Central Bank Digital Currency Global Interoperability Principles: White Paper*, The World Economic Forum (June 2023), https://www3.weforum.org/docs/WEF_Central_Bank_Digital_Currency_Global_Interoperability_Principles_2023.pdf.

② See The World Economic Forum, *Central Bank Digital Currency Global Interoperability Principles: White Paper*, The World Economic Forum (June 2023), https://www3.weforum.org/docs/WEF_Central_Bank_Digital_Currency_Global_Interoperability_Principles_2023.pdf.

的交互性。亚太地区的 CBDC 发展主要具备以下特征：

（1）亚太地区拥有蓬勃发展的电子商务市场以及移动支付推动的快速增长的数字经济。CBDC 可以提供全面且安全的数字支付基础设施，促进该地区电子商务的发展，提升其数字交易的活跃度。

（2）亚太地区国家有大量人口难以获得传统银行服务或完全没有银行账户，特别是在农村地区，超过 10 亿人无法获得基础的金融服务，而 CBDC 则可以提供无障碍的数字化服务。

（3）亚太地区的经济体具有强大的互联互通的贸易关系。通过 CBDC 提升跨境支付效率、降低交易成本是亚太地区的主要诉求。

（4）亚太地区有大量的移民依靠汇款生活。CBDC 可以提供更快、更便宜和更透明的汇款方案，解决传统汇款渠道成本高、速度慢的问题。①

（四）撒哈拉以南的非洲地区

撒哈拉以南的非洲地区在积极布局 CBDC，开展了很多项目与调查研究以确定 CBDC 的可实施性与潜在影响。2021 年 10 月，尼日利亚成为非洲第一个发行 CBDC 的国家，正式推出 eNaira。其主要目的是满足人们对于能够有效降低交易成本的电子支付方式的迫切需求。尽管中央银行的目标是 800 万人使用 eNaira，但截至 2022 年 8 月，只有不到 100 万人口在使用。但在 2022 年年底，由于尼日利亚的现金短缺，使用替代支付方式的人口数量上升。CBDC 的交易额也上升了 63%，达到 220 亿。该地区的 CBDC 发展具有以下特点：

（1）该地区有限的数字基础设施以及网络安全问题给 CBDC 发展带来了重大障碍。45% 的非洲人口距离城市超过 10 公里，这个比例高于其他任何一个大洲，给 CBDC 的发展造成了极大的障碍。

（2）非正式经济在撒哈拉以南的非洲地区非常普遍，85% 的人口都从事于非正式经济。CBDC 的发行目标之一就是弥合正式经济和非正式经济之间的差距，提供满足非正式经济需求的数字支付方式，增加经济的包容性，促进经济发展。

（3）撒哈拉以南的非洲地区的一些国家经历了严重的货币贬值，这可能会对经济稳定和国际贸易造成影响，CBDC 的发展有潜力提高货币政策的有效性，通过更好的货币发行和流通管理，或将有助于减轻货币贬值的影响。

（4）撒哈拉以南地区有很高比例的民众没有银行账户。CBDC 的目标之一

---

① See The World Economic Forum, *Central Bank Digital Currency Global Interoperability Principles: White Paper*, The World Economic Forum (June 2023), https://www3.weforum.org/docs/WEF_Central_Bank_Digital_Currency_Global_Interoperability_Principles_2023.pdf.

就是通过为这些人群提供数字金融服务，以增强经济的包容性。

(5)该地区还拥有大量跨境交易以及汇款需求。CBDC 可以减少金融中介，从而降低交易成本，提高汇款透明度。①

(五)欧洲地区

欧洲央行作为世界上最大的中央银行之一，积极探索布局 CBDC，并于 2023 年 10 月宣布数字欧元进入新的“准备阶段”。数字欧元旨在成为一种数字化形式的现金，提供离线服务、高度隐私而且能够实现中央银行货币的即时结算。欧洲央行过去两年一直处于“调查阶段”，探索 CBDC 的潜在设计和分配模型，并于 2023 年 10 月结束。2023 年 10 月 18 日，欧洲央行管理委员会决定进入数字欧元的准备和试验阶段，这一阶段可能需要持续 3 年左右的时间。这一关键阶段将为数字欧元奠定基础，重点是最终确定规则手册、选择平台和基础设施开发提供商以及进行广泛的测试和实验。

调查阶段的关键特征之一是实施补偿模型(Compensation Model)。该模式旨在激励银行和支付服务提供商分发数字欧元，并确保这些交易是免费的，并在整个欧元区被广泛接受。尽管这一阶段不会包括是否发行数字欧元的最终决定，但它至少标志着欧元区拥抱技术创新，积极试水 CBDC 的勇气和决心。欧洲央行的方法强调全面研究以及与行业利益相关者合作的重要性。随着准备阶段的持续推进，预计未来将产生有价值的洞见，这些洞见可能在数字欧元的引入方面发挥关键作用，并可能影响跨境金融格局。②

综上所述，CBDC 在全球的发展趋势具有以下特点：

首先，多国和地区对于 CBDC 的研究普遍处于起步和试点阶段，目前并没有哪个国家大规模推行 CBDC。即便是先行试点的国家，CBDC 的发行效果也未及预期。因此，目前 CBDC 并未到达非常成熟的阶段，还有很多问题仍待解决。

其次，关于发行 CBDC 的目的，有两个方面的考量几乎已经成为共识。第一，多个国家和地区都有不少并未被银行服务业务覆盖的人口，CBDC 的发行可以为其提供更好的金融服务，更好地推动其普惠金融进程。第二，多个国家和地区都拥有大量的汇款需求，CBDC 的使用可以大幅度降低交易成本，有效

---

① See The World Economic Forum, *Central Bank Digital Currency Global Interoperability Principles: White Paper*, The World Economic Forum (June 2023), https://www3.weforum.org/docs/WEF_Central_Bank_Digital_Currency_Global_Interoperability_Principles_2023.pdf.

② See Alisha Chhangani, *Central Bank Digital Currency Evolution in 2023: From Investigation to Preparation*, Atlantic Council (Nov. 6, 2023), https://www.atlanticcouncil.org/blogs/econographics/central-bank-digital-currency-evolution-in-2023-from-investigation-to-preparation/.

提高交易的透明度。

最后,多国和地区因地制宜发展 CBDC。除上述相同的考量以外,多个国家和地区在制定 CBDC 发行政策时都会充分因地制宜。对于一些面积狭小且人口分散的国家,CBDC 的发展所需要的基础设施可能成为其需要重点考量的因素。而有的国家因与美元联系紧密,可以发展出混合的货币政策。这启示我们在制定 CBDC 相关政策的过程中,本国国情是非常重要的考量因素。

三、CBDC 在中国的发展现状与前景

(一)中国 CBDC 发展概述

数字人民币试点是中国人民银行持续推进的一项举措。该试点于 2019 年首次启动,在深圳、苏州、成都和北京等多个城市进行。其适用对象包括特定的个人与企业。目前试行的是双离线支付系统,允许离线交易,无需互联网连接即可进行交易。此功能确保了数字人民币的可靠性和可用性,即使在网络覆盖较差的地区也能进行交易。数字人民币旨在与现有的支付系统协同,例如支付宝和微信支付。其目的是提升数字支付的效率和安全性,同时提供与现行移动支付平台的互操作性。试点的范围包括各商户、餐厅、超市和网上平台,这帮助建立了广泛的受理点网络,并增加了用户的便利性。数字人民币试点强调用户隐私和安全的重要性。交易数据将被安全加密存储,确保用户的数据隐私安全。然而,央行仍然有能力监控和追踪交易以防范非法活动。①

(二)中国 CBDC 的发展前景

1. 通用账户型与通用代币型 CBDC

国际清算银行的专家运用韦恩图绘制了"货币之花"(The Money Flower),建立了一个区分不同类型货币及其关键属性的概念模型,对 CBDC 的定义与性质给出了明确的界定。中国人民银行数字货币研究所副所长狄刚曾经表示,中国人民银行开发的 CBDC 中只包括(A)通用账户型和(B)通用代币型,而不包括(C)批发账户型和(D)批发代币型。② (A)通用账户型 CBDC 的开户人,并没有仅限于央行当前交易的金融机构,而是包括个人、企业等普通用户,也就是说普通用户对中央银行拥有"存款债权"。央行根据开户人的转账委托,实现

---

① See The World Economic Forum, *Central Bank Digital Currency Global Interoperability Principles: White Paper*, The World Economic Forum (June 2023), https://www3.weforum.org/docs/WEF_Central_Bank_Digital_Currency_Global_Interoperability_Principles_2023.pdf.

② 参见宋鹭、李佳林:《央行数字货币、跨境支付应用与数字人民币的发展》,载《新金融》2023 年第 10 期。

CBDC 这一存款债权在账户间的转移。与此相对的(B)通用代币型 CBDC,相当于纸币的电子化,具有金钱价值的载体不是纸币,而是电子数据。手机软件或是 IC 卡等专用电子钱包中的 CBDC 数据本身就具有金钱价值,支付无须经由央行或商业银行的账户,电子钱包之间的数字数据可以即时转移。与通用账户型 CBDC 相比,通用代币型 CBDC 的匿名性更高。这两者的主要区别在于通用账户型 CBDC 需要在交易时验证账户的真伪,而通用代币型 CBDC 在支付时验证的是数字货币的真伪。按照目前的技术发展趋势,通用代币型 CBDC 更能满足提高跨境支付效率的需求。但具体选择何种类型,还需要考虑现实需要。①

2. 单一平台的数字货币系统

当前,可选择的交易系统主要分为兼容型、互联型与单一平台交易系统。兼容型交易系统指的是各个国家仍然拥有的独立系统,只不过通过一系列标准来提高各个系统之间的互通性。互联型交易系统指的是各个国家仍然具有独立性的系统,但各个系统间存在共享的技术接口,或实施共享的结算机制与合作协议实现互联,无须中介机构的介入即可完成跨境支付流程。单一平台交易系统则超越了独立的系统,各个国家都在统一的平台上进行交易。目前的实践表明,单一平台交易系统具有较好的实施效果,在减少交易成本的同时,增加了交易的透明度。②

3. 双层运行体系

CBDC 的发行和分发,将采取与纸币的发行和分发相同的双层运营体系:第一层是中国人民银行与中介机构的直接互动,第二层是中介机构与个人以及企业等市场参与者之间进行交易。第一层运营体系下中国人民银行通过中介机构发行并回笼 CBDC;第二层运营体系下获得 CBDC 的中介机构对其进行分发,使其在市场上流通。中介机构除四大银行(中国建设银行、中国工商银行、中国银行、中国农业银行)以外,还有可能包括阿里巴巴、腾讯、银联等。③

4. 可线下支付

CBDC 可以在收付双方均离线的状态下完成支付。只要双方的手机等终端有电并装有 CBDC 钱包,即便在无网络、无手机信号的情况下,终端相触就可以完成 CBDC 的即时离线交易。④

---

① 参见关志雄:《中国央行积极部署发行数字货币——可能产生的宏观影响》,载独立行政法人经济产业研究所官网 2019 年 12 月 27 日,https://www.rieti.go.jp/users/kan-si-yu/cn/c191227.html。

② 参见宋鹭、李佳林:《央行数字货币、跨境支付应用与数字人民币的发展》,载《新金融》2023 年第 10 期。

③ 参见宋鹭、李佳林:《央行数字货币、跨境支付应用与数字人民币的发展》,载《新金融》2023 年第 10 期。

④ 参见宋鹭、李佳林:《央行数字货币、跨境支付应用与数字人民币的发展》,载《新金融》2023 年第 10 期。

5. 根据“可控匿名”(Controllable Anonymity)机制处理个人信息

CBDC 发行流通后,所有交易都有记录,因此有利于预防反社会性行为以及逃税等违法犯罪行为。然而,由于中央银行可以掌握所有用户的交易信息,其也将面临各类隐私安全问题,比如如何处理这些用户信息、能否保护用户财务信息等。关于这一点,中国人民银行数字货币研究所所长穆长春在参加新加坡的一次会议时表示,央行会满足公众希望继续保持使用现金时的匿名需求,同时会在确保“可控匿名”机制的同时,打击洗钱、恐怖资金、偷税逃税、网络赌博等犯罪行为。[①]

四、CBDC 潜在挑战与风险

诚然,CBDC 的发展能够为经济发展和跨境金融带来许多助益。首先,CBDC 兼具安全性和流动性的特点,可以保障货币支付的完整性、稳定性,为未来经济、社会发展打下坚实基础;其次,CBDC 的应用能够改善跨境支付体系,提高国际金融交易效率;再次,CBDC 能够强化本国货币的国际竞争力,发行具有全球性的 CBDC 有利于降低货币国际使用成本,提升发行国的综合实力与国际影响力;最后,CBDC 能够降低金融服务的使用门槛与成本,有效促进普惠金融的持续发展。然而,CBDC 带来的这些益处并非没有代价,CBDC 作为一种新生的货币形态,其蕴含的革新性亦给传统金融秩序带来了潜在的挑战与风险。从宏观层面而言,CBDC 的引入可能会改变现有的金融体系结构,尤其是如果大量公众将存款从商业银行转移到中央银行账户,可能会削弱商业银行的存款基础,影响其贷款能力,从而对金融稳定性构成威胁。从微观层面而言,CBDC 需要高度安全和可靠的技术基础设施,以防止网络攻击和欺诈行为。确保系统的安全性与稳定性是推出 CBDC 前必须解决的关键技术问题。同时,CBDC 可能会加强央行对金融交易的监控能力,从而引发关于个人隐私保护的担忧。如何在提高金融系统效率与保护个人隐私之间找到平衡点,是一个重大挑战。CBDC 的推出需要全新的法律与监管框架,包括货币政策的调整、金融监管的更新以及相关国际标准的制定。讳疾忌医并非良策,识别、预防及应对这些挑战与风险势在必行。

国际金融界几年前便意识到 CBDC 这一新生货币形态需在平衡多方利益之后,在适当的规则和监管框架下发展,如 2020 年 10 月国际清算银行联合各大央行发布的《央行数字货币:基本原则与核心特征》(Central Bank Digital

---

① 参见宋鹭、李佳林:《央行数字货币、跨境支付应用与数字人民币的发展》,载《新金融》2023 年第 10 期。

Currencies：Foundational Principles and Core Features）表明了关于发行 CBDC 的三个基本原则。

1. 任何引入的 CBDC 都应支持更广泛的政策目标，且不损害货币及金融稳定。中央银行提供的新货币形式应继续支持公共政策目标的实现，不应干扰或妨碍中央银行履行其维护货币和金融稳定职责的能力，同时确保不会对经济中的货币体系和金融稳定造成负面影响。

2. 共存。中央银行的使命是保持稳定，新发行的 CBDC 和现有的现金、储备或结算账户应该相互补充，以支持公共政策目标。只要公众对现金有足够的需求，央行就应该继续提供和支持现金。CBDC 应与现金和其他货币类型共存于一个灵活且创新的支付系统中，CBDC 的设计也应确保与现有货币系统的和谐共存，包括传统的现金支付方式。

3. 创新和效率。如果没有持续的创新和竞争来提高一国支付系统的效率，民众可能会使用其他不太安全的工具或货币。这最终可能会伤害经济和消费者，潜在地破坏货币和金融稳定。在提供支付服务方面，公共和私营机构都有责任创造一个安全、有效和便利的支付系统。私营经济主体一般应自由决定使用哪种支付手段进行交易。

此外，国际金融界也关注到了 CBDC 在发展中显现的一系列亟待解决的问题，如国际货币基金组织在 2023 年 4 月 11 日发布的文章《国际货币基金组织央行数字货币能力建设方法》（IMF Approach to Central Bank Digital Currency Capacity Development）中，将各国在 CBDC 研发和应用中的一系列问题作了简要的汇总，并将其暂时划分为四组，基本涵盖了 CBDC 开发的各个阶段：第一组问题涉及 CBDC 探索阶段；第二组问题涉及 CBDC 设计选项（Design Options）阶段；第三组问题涉及项目管理和组织；第四组问题涉及 CBDC 的宏观金融影响（Macrofinancial Implications）。这四组问题皆涵盖了具体的问题示例，也源于各国开发的 CBDC 实践（见表 2－3）。

表 2－3 各国在 CBDC 研发和应用中的一系列问题

探索阶段	设计选项	项目管理和组织	宏观金融影响
1. CBDC 及替代支付工具的政策目标是什么？	1. 设计特征（例如分层钱包和离线功能）与追求目标之间有何关联？	1. 如何建立 PoA（Proof of Authority，权威证明）和试点项目？	1. 对货币政策传导和运作、金融稳定性、银行的作用和稳定性、市场结构和竞争性、资本流动和资本流动管理考虑有哪些影响？

续表

探索阶段	设计选项	项目管理和组织	宏观金融影响
2. CBDC 有哪些使用案例?	2. 公共和私营部门在设计和实施 CBDC 中各自的角色是什么?	2. 如何设计试点项目以测试特定的政策假设?	2. 对跨境支付的影响是什么,如何实现与其他 CBDC 的互操作性?
3. CBDC 的利弊和风险有哪些?	3. 数据管理的方法有哪些?	3. 需要收集哪些支付市场的细分数据,以了解潜在利益、风险,并评估 CBDC 的绩效和采用情况?	3. CBDC 如何设计,以及如何利用多边支付平台,以增强国际货币体系的稳定性和效率?
4. 其他国家吸取了哪些教训?	4. 鼓励中介机构参与 CBDC 计划并确保成本回收所需的激励措施是什么?	4. 中央银行及其合作伙伴的运营能力如何?	4. CBDC 在促进金融包容性方面扮演什么角色?
5. 有哪些框架、方法论和工具包可指导国家做出决策?	5. 如何鼓励商家和消费者采用?	5. 如何与所有利益相关者进行沟通?	5. 数据管理实践如何影响市场结构和私营部门的参与?
6. 跨境使用 CBDC 的利弊是什么?	6. 与哪些技术相关,各自有何利弊?	6. 治理和风险管理安排以及实施考虑因素有哪些?	
7. 发行 CBDC 所需的必要基础设施和机构有哪些?	7. 中央银行如何确保网络安全?		
8. CBDC 的实施成本是多少?	8. 如何设计环保的 CBDC?		
9. CBDC 的潜在采用水平如何?	9. 现有的法律框架是否为强大的 CBDC 发行提供了必要的基础?		
	10. 与中央银行内部治理和风险管理相关的现有法律框架是否允许对 CBDC 发行进行充分的治理和风险管理?		

续表

探索阶段	设计选项	项目管理和组织	宏观金融影响
	11. 哪些法规和法律需要制定以支持CBDC并遏制风险?		

来源:《国际货币基金组织央行数字货币能力建设方法》。

表2-3列出了诸多挑战及风险,为了纲举目张,下文选择性地对其中几项进行深入分析与探讨。

(一)CBDC面临的法律挑战

首先,中央银行考虑发行CBDC时必须拥有相应的权力,通常中央银行会具有这些权力,并且这些权力来自法律规定,但在某些国家,如果不修改法律,中央银行将无法直接发行CBDC。比如在巴哈马,中央银行法规明确规定货币仅包括纸币和硬币,而CBDC并不在其中,这显然需要修改法律,以扩大其货币范畴,确保其CBDC能够被明确归类为货币,使中央银行能够合法地发行CBDC。

其次,中央银行发行CBDC必须符合中央银行的法定目标、任务和职责,不得与之产生冲突。这意味着在构建CBDC的运行机制时,中央银行必须谨慎选择适用的功能。一般情况下,中央银行不具备向公众提供贷款或接受存款的功能,但如果中央银行提供CBDC账户,特别是如果这些账户可以产生利息,这些账户将被视为存款账户,从而使得中央银行违背自身的法定职责。

再次,立法必须确保CBDC的法定货币地位。通常情况下,中央银行发行的纸币和硬币被认定为法定货币,而法定货币地位具有另一层重要的含义:没有任何一方能够拒绝将纸币和硬币作为有效支付方式。在实际操作中,各方能够通过合同约定在某种程度上削弱这一原则,如规定亦可将银行货币(Bank Money)作为有效支付方式,而在许多国家,这也是被广泛认可的实践。为确保CBDC能够同样适用于银行货币这一范畴,并且能够在其预设的应用场景中得到有效使用,中央银行有责任确保其具备法定货币地位。同时,确保CBDC的法定货币地位亦意味着在制定CBDC的法律框架时,必须确保为债权人提供足够的灵活性和选择,以便根据实际情况选择最合适的接受CBDC付款的方式。这些选择可能包括不同的支付平台、技术解决方案或者支付服务提供商,并且还需考虑支付成本、可用性、安全性、技术水平以及其他潜在的风险因素。

最后,在存在电子货币相关立法的司法辖区,必须评估相关的规定是否也适用于CBDC。这同样是立法定义上的内涵和外延不一致所导致,在某些国家,CBDC 或许亦属于一种特殊的电子货币,当中央银行向社会公众发行 CBDC 时,其或将需要遵守相关的立法,包括反洗钱法规,数据保护法规,支付服务领域的消费者保护法规、支付服务提供商法规、支付系统运营商法规,以及规制未经授权交易责任、税收及网络犯罪等方面的法规。

值得注意的是,CBDC 和电子货币之间存在明显的法律属性上的区别:第一,两者法律地位不同。CBDC 作为法定货币的数字形式,具有法定支付地位,必须被所有商家和个人接受;而电子货币一般不具备法定支付地位,其被接受程度取决于市场和特定商家的认可。第二,CBDC 和电子货币的债务责任方不同。发行 CBDC 将会作为中央银行的一种负债,其责任方是中央银行,而电子货币的责任方则是非央行发行者。因此,CBDC 持有者所拥有的是对央行的债权请求权,而电子货币持有者所拥有的则是对非央行发行者的债权请求权。即便立法要求用于购买电子货币的资金必须存放于中央银行,亦是如此。第三,两者发行机制不同。中央银行能够通过其法定权力创造额外的负债或额外的 CBDC,但电子货币发行方通常并不能这样做,因为它们的负债必须与收到的资金相匹配。用户对相应底层资金不足的担忧会引发其对电子货币价值的质疑,但这种情况并不会发生在 CBDC 上。第四,在目的和应用方面两者不同。CBDC 旨在提高支付系统的效率,增强货币政策的传导机制,提升金融系统的安全性和稳定性;而电子货币更多关注为消费者提供便捷的支付手段,简化支付流程,通常不直接涉及宏观经济政策目标的实现。

(二)CBDC 的技术性风险与挑战

当前主流的 CBDC 多采用区块链技术来构建相关基础设施,然而这也使得 CBDC 继承了区块链技术的固有风险及实施层面上的多重挑战。

从风险层面而言,CBDC 将主要面临四项风险:第一,技术难度所带来的实施和维护成本;第二,区块链技术所遭受的黑客攻击,比如 51% 攻击及拒绝服务攻击(Denial-of-Service Attack, DoS Attack),会直接危害到 CBDC 的安全,从而给 CBDC 持有者造成经济损失;第三,敏感的用户数据可能会被未经授权地泄露或访问,从而侵害用户的隐私权利;第四,区块链交易的匿名性或将使得 CBDC 交易的合规成本变得更高,因为更难确保 CBDC 交易符合现有的监管规定。

在实施层面上,使用区块链技术将主要面临以下五项挑战:第一,互操作性挑战。不同的区块链网络可能会采用不同的协议和标准,因此基于一个区块链系统网络的 CBDC 往往比较难直接迁移到另一个区块链系统网络上,即存在跨链转移的困难。第二,可扩展性挑战。区块链网络的去中心化特性及其对共识机制的高度依赖可能限制其交易速度和容量,这可能会使得 CBDC 在处理高频交易时效率降低。第三,与现有金融系统的兼容性和互操作性挑战。整合区块链技术与现行金融系统需大幅调整以确保兼容性和融合性,在支付处理和结算方面更是如此,而这往往会耗费较大的金钱成本和时间成本。第四,用户教育成本较高。许多用户可能目前不熟悉区块链技术或 CBDC 的基础原理,因此在推广普及上存在难度。第五,网络安全保障困难。对现有支付服务的威胁,如运营中断、网络安全风险,同样也可能对 CBDC 构成威胁。

因此,在设计 CBDC 的专用基础设施时,需要将这类威胁纳入考量范围,提高其应对这些威胁的弹性,如采用混合系统等,使得 CBDC 在底层技术上不会简单地陷入单点故障,直接因为某一类攻击和意外而陷入停滞。CBDC 基础设施的运营商需要时刻保持警惕,因为恶意攻击者会不断采用更为复杂的手段和策略。考虑到 CBDC 网络可能比现有支付服务拥有更多的接入点,因此为 CBDC 设计有效的防御措施将变得尤为棘手。尽管保护 CBDC 系统具有挑战性,但若 CBDC 设计中包含离线功能(在无网络连接的情况下进行支付),将有助于增强支付系统的运营弹性。目前,许多数字支付系统在自然灾害或技术故障、网络攻击、电力中断等造成的大规模网络中断期间无法执行交易,受影响地区只能依赖线下面对面的现金交易。因此,各国央行目前正在研究离线 CBDC 支付方式是否可行。虽然离线 CBDC 支付方式可以在无网络环境下提供支付便利,但它也面临一些潜在问题。在离线模式下,一个用户可能会尝试使用同一笔 CBDC 进行多次支付,这被称为"双重支付"。支付系统内需部署一种有效的机制来识别并防止这种行为。为了减少欺诈和双重支付的风险,离线 CBDC 支付可能会有金额或频率的限制,这就会影响用户体验和支付的便利性。当然还有安全性问题,即离线支付可能会增加欺诈和盗窃的风险。没有实时的网络连接意味着交易的即时验证和记录会受到限制,从而可能为不法分子提供可乘之机。解决这些潜在问题需要综合考虑安全性、隐私保护、用户体验和技术可行性,以确保离线 CBDC 支付方式的有效和安全实施。

(三)CBDC 对金融稳定性的挑战

与其他资产相比,CBDC 本身具有更高的安全性;若其在设计上同时具有更好的收益率,将使得投资者过度持有 CBDC,导致金融中介层面发生巨变,从而影响金融稳定性。

首先,大量零售存款流向 CBDC 可能导致银行失去低成本和稳定的资金来源,迫使它们提高利率或试图通过更昂贵和不稳定的批发资金和定期存款来替代资金外流。银行可能不得不缩减其资产负债表规模,减少它们所持有的贷款、投资和其他资产,从而损害其业务规模和盈利能力。换言之,银行的客户群体将会减少,其获利能力将遭到削弱,这将导致其向实体经济提供信贷的能力减弱(信贷额度减少,信贷成本增加),从而又进一步影响金融交易的连贯性与稳定性。

其次,即使 CBDC 需求大幅增长,现金持有量也不会相应减少,从而导致中央银行的资产负债表失衡。因此在这一情况下,一方面,中央银行需要评估 CBDC 对现金需求的影响,并相应地调整其现金管理策略;另一方面,为了保持中央银行资产和负债的整体平衡和正常运作,中央银行可能需要调整其资产持有量和类型结构,通过减少流动性较低且风险较高的证券的持有数量,来预防其资产负债表不成比例地增长或过度集中于某些资产类型而对市场稳定性和流动性产生影响。例如,中央银行可以通过公开市场操作(如买卖政府债券)来调整其资产规模,以保持资产负债表的平衡;但这又不可避免地会影响到这些证券的价格,造成巨大的价格波动,从而潜在地影响市场的正常运作。此外,中央银行可能需要在某些时候为银行和市场双方都提供大量的有固定到期日的票据、流动性和信用风险转换,中央银行或将对银行贷款和金融条件产生比预期更大的影响,可能增强中央银行在金融市场和信贷市场上的控制力。进一步而言,中央银行的过度干预,很可能损害市场的自由和公平,影响市场自发定价和资源配置的效率,同时银行和其他金融机构还可能因过度信任中央银行的兜底性政策而参与高风险的金融活动,引发更严重的系统性金融风险。

最后,CBDC 可能会在金融危机时进一步加剧银行挤兑风险。从本质上讲,CBDC 将在现金之外创造一种新的无违约风险的价值存储;如果面临系统性金融危机,用户和企业可能会果断将其存款兑换成无违约风险的 CBDC。CBDC 的数字化特性,使得存款人能够更快速、更大规模地对银行进行"数字挤兑"。换言之,这是 CBDC 因其高度安全性所引发的一种潜在系统性挤兑风险。即使有存款保险保护,零售资金的稳定性也可能因中央银行提供了一个极为安全的备选方案而遭到削弱,在没有存款保险或者存款保险受限时,这种挤兑动机将变得更加强烈和普遍。

(四)CBDC 在货币政策上的挑战

CBDC 的引入可能对货币供应的整体流程产生深远影响。如果 CBDC 作为经济中更安全、更高流动性的资产向公众提供,并且能够即时按需获取,它可能会成为比银行存款更为优先的选择。在这种最极端的情况下,银行很可能会因此失去资金支持,从而危及它们通过贷款创造货币的能力。

“银行通过贷款创造货币”是指银行在运用部分存款准备金的情况下,通过向客户提供贷款来增加货币供应量的过程。这是通过所谓的部分准备金制度(Fractional Reserve System)运作的。简单来说,这个过程可以概括为以下步骤:

(1)初始存款:个体或实体将一笔钱存入银行。比如,某用户将1000元存入自己的银行账户。

(2)准备金要求:银行需要根据央行的规定保留一部分存款作为准备金。例如,如果存款准备金率是10%,银行需要留下100元(1000元的10%)作为准备金。

(3)贷款和货币创造。如上述例子,银行可以把剩下的900元借给需要贷款的人。比如,有人借了900元。

(4)新存款诞生。如上述例子,借款人拿到了900元,然后将这900元存入另一家银行,这900元成了另一家银行的新存款。

(5)重复流程。如上述例子,就像初始存款一样,第二家银行现在持有了900元,需要保留10%(90元)作为准备金,并可以将剩下的810元放贷。

(6)持续循环。上述过程会持续循环,新的存款让银行能够通过放贷和只保留所需的准备金来创造新的货币。

总而言之,通过部分准备金制度的巧妙运用,一份初始存款可以引发货币供应量的倍增。然而,需要注意的是,虽然银行通过提供贷款来创造货币,但货币创造的总量受制于央行规定的准备金要求和经济中的信贷需求。

CBDC的引入或将削弱经济中货币供应的整体弹性,即影响货币供应满足经济中的货币需求。传统银行体系通常通过分散的信贷分配决策来确保货币供应的广泛覆盖,银行或将被迫使用成本更高的资金来提供贷款,这可能会限制货币的总供应量,并且迫使中央银行或政府采取预算上的补偿措施以维持货币供应的稳定。在这种情况下,中央银行和政府需谨慎采取措施,以确保经济中的货币供应仍能满足多样化的需求。

五、CBDC发展趋势预判

近年来,各国央行都开始研究并尝试推行CBDC。从货币的价值尺度、流通手段、支付手段和储藏手段四大职能来看,包括比特币在内的全球私营加密货币仅仅是一种数字资产,而不能充当货币。① 包括中国在内的许多国家都通过立法严格限制私营加密货币的货币功能,目的在于严格抵制私营加密货币扰

① 参见马红霞:《全球央行数字货币的发展现状、运行风险及趋势预测》,载《湖湘论坛》2023年第5期。

乱传统金融秩序,违者将被处以高额罚款。正是全球私营加密货币野蛮生长滋生的巨大风险和数字经济的快速发展,才促使 CBDC 的发展成为必然。

总的来说,CBDC 能够通过技术创新赋能传统支付基础设施,但若仅从技术上对跨境支付进行改进,而在制度协调和监管限制方面保持不变,那么技术创新带来的积极效应将被弱化。

就我国而言,未来数字人民币要更好地扩展跨境支付应用,应当利用好基础优势与良好机遇,持续完善相应的法律法规和监管体系,推动跨境贸易和投融资的良性发展,进一步优化数字人民币的设计框架,并积极推动数字人民币在跨境支付领域的国际合作。

(一)促进相关法律法规和监管体系的完善

在技术创新的基础上,制度层面的完善对于数字人民币更好地参与跨境贸易至关重要。一方面,应从法律层面进一步明确数字人民币的定位和使用范围,加快制定和完善数字人民币跨境支付应用的相关规则,从交易安全、隐私保护、身份验证、资金追溯等方面提高数字人民币使用的安全性。另一方面,要将制度监管与技术监管有机结合,围绕跨境支付的核心特征完善监管机构设置、优化监管职责和监管措施,持续推进数字人民币的技术规范、安全要求、风险评估等方面的标准制定。

(二)推动跨境贸易和投融资的良性发展

在中国深化区域国际合作的过程中,跨境贸易的发展是数字人民币未来扩大跨境使用范围的一大优势。一是应当持续深化跨境贸易投资的便利化改革创新,着力提升跨境贸易和投融资的自由化、便利化水平,为数字人民币应用提供顺畅的通道;二是要结合货物贸易和服务贸易的不同规律,特别是服务贸易的新特征与新趋势,细化和完善数字人民币的使用机制;三是积极推动数字贸易、数字支付与数字人民币的结合,为数字人民币充分发挥优势创造良好的市场条件,探索构建更加丰富的跨境支付应用场景。

(三)优化数字人民币的设计框架

数字人民币参与多边央行数字货币桥项目的经验表明,基于批发型 CBDC 的多边央行数字货币桥平台能够通过提高各国 CBDC 的互操作性,改善跨境支付的效率。批发型数字人民币发挥优势的关键在于,如何更好地嵌入并改进现有跨境支付的网络体系,从而在更广泛的适应性和互操作性层面体现数字人民币的价值。因此,在现有数字人民币设计框架的基础上,应当围绕跨境支付场景的应用,对批发型数字人民币开展深入研究,优化和完善数字人民币的定位、体系、应用、监管等特征要素。

(四)加强 CBDC 跨境支付的国际合作,推进人民币的国际化进程

加强 CBDC 领域的国际合作是数字人民币更好参与跨境支付的应有之义。一是要充分依托数字人民币的领先优势,积极参与央行数字货币桥等由国际组织发起的多边合作项目研发试验,积累技术、规则、制度等方面的经验;二是积极参与 CBDC 跨境支付技术、数据、场景等方面的国际标准制定,在全球跨境支付新路径构建和新型金融基础设施建设方面提升中国的话语权;三是加强 CBDC 治理合作与监管协调,针对不同司法管辖区限制、信息安全与隐私保护、跨境金融风险防范等议题开展共商合作,为构建更加安全可信的 CBDC 跨境支付网络提供解决方案。

通过引入 CBDC,我国可以展示其金融科技的先进性和货币政策的透明度,从而增强国际社会对人民币的信心。CBDC 借此可以有效促进金融市场的开放,吸引外国投资者使用人民币进行交易和投资。同时,中国可以通过与其他国家的 CBDC 进行互操作,建立多边支付体系,减少对传统国际支付体系[如环球银行金融电信协会(SWIFT)]的依赖,从而推动人民币的国际使用。当然,人民币国际化的进程还受到多重因素的影响,包括国际政治经济环境、中国金融市场的成熟度,以及其他国家对 CBDC 的接受程度等。因此,虽然 CBDC 是推进人民币国际化的一个重要工具,但它并非唯一要素。中国需要在多个领域协同推进,以实现人民币国际化的长远目标。

第十二节　稳定币的发展演进与法律规制

一、稳定币的发展演进

稳定币是一种特殊类型的加密货币,主要特征是其价值被设计为与某些稳定资产(如法定货币、大宗商品或其他加密货币等)挂钩,以保持相对稳定的市场价值。这种挂钩机制旨在减少加密货币市场特有的高波动性,使稳定币成为更适合日常交易、跨境汇款和价值存储的工具。稳定币的出现和发展,为加密货币市场提供了更多的流动性和稳定性,同时也为数字资产的广泛应用打开了新的想象空间。

（一）萌芽与崛起

稳定币的概念起源于 2012 年的万事达币（Mastercoin）白皮书。[①] Mastercoin 创始人在白皮书中提出了创建与传统资产（如法定货币或大宗商品）绑定、具有稳定汇率的数字货币的想法。随后在 2014 年 7 月，真实币（Realcoin）项目问世，并于 2014 年 11 月 20 日更名为泰达（Tether），其目标是提供一个稳定的数字货币生态系统。2015 年，泰达发布了其首个稳定币 USDT，这是一种与美元保持 1∶1 挂钩比例的稳定币。[②] USDT 迅速成为全球首个广泛使用的稳定币，其市值也在迅猛增长。

在这个时期，市场开始逐渐意识到稳定币在降低交易成本和提高交易效率方面的巨大潜力。特别是在 2017 年加密货币牛市期间，稳定币成为进入和退出市场的重要工具。2017 年 12 月，MakerDAO[③] 推出的稳定币 Dai[④] 上线。Dai 是以太坊主网上第一个完全去中心化的稳定币，旨在提供一个公平、透明、高效的新型数字全球经济系统。[⑤] 随后，USD Coin（USDC）、Pax Dollar（USDP）[⑥]和 TrueUSD（TUSD）[⑦]等新的稳定币项目相继出现，市场开始呈现出多元化趋势，并进一步拓展稳定币的应用范围。

2019 年，Facebook（后更名为 Meta[⑧]）提出了天秤币（Libra，后更名为 Diem[⑨]）项目，旨在创建一种新型数字货币。最初，Libra 计划与多种主权货币如美元、欧元等挂钩，但这种设计面临来自挂钩货币发行国的监管挑战。因此，项目改为与美元挂钩，并更名为 Diem。然而，Diem 由于缺乏实际应用场景和市场竞争力，且面临持续的监管压力，最终被迫终止。[⑩] 尽管 Diem 项目最终以失

---

① See J. R. Willet, *MasterCoin-A Second-Generation Protocol on the Bitcoin Blockchain for Creating and Trading New Currencies*, GitHub（2012）, https://github.com/bitsblocks/mastercoin-whitepaper/blob/de38d8dde53496089ff18c2d48e2003339a7cb3e/index.md.

② See Zifa Mae, *What Is Tether? USDT Meaning, Explained*, Changelly Blog（June 18, 2024）, https://changelly.com/blog/what-is-tether-usdt/.

③ MakerDAO 是一个去中心化自治组织，负责管理 Dai 稳定币，通过智能合约和去中心化治理来确保其价值稳定。

④ Dai 是由 MakerDAO 发行的去中心化稳定币，通过抵押数字资产来保持其价值与美元 1∶1 挂钩。

⑤ See Maker Blog, *Dai Is Now Live!*, Maker Blog（Dec. 19, 2017）, https://blog.makerdao.com/dai-is-now-live/.

⑥ Pax Dollar 是一种与美元 1∶1 挂钩的稳定币，原名为 Paxos Standard（PAX），后更名为 Pax Dollar（USDP），由 Paxos 信托公司发行和管理。

⑦ TrueUSD（TUSD）是一种与美元 1∶1 挂钩的稳定币，由 TrustToken 平台发行和管理，TrustToken 是一个提供多种稳定币和其他代币化资产的平台。

⑧ Meta 是脸书（Facebook）更名后的新名称，标志着该公司从单一的社交媒体平台向涵盖虚拟现实（VR）、增强现实（AR）和元宇宙（Metaverse）等技术的综合性科技公司转型。

⑨ Diem 是由 Libra 更名而来的一种稳定币，旨在提供一个安全且高效的全球支付系统，但由于监管压力和其他挑战，Diem 最终没有成功推出，相关技术和资产被出售给其他公司。

⑩ See Aditya Sharma, *Facebook's Crypto Project Sold amid Regulatory Pressure*, Deutsche Welle（Feb. 1, 2022）, https://www.dw.com/en/facebook-backed-cryptocurrency-sold-amid-regulatory-pressure/a-60616823.

败告终，但它促进了关于稳定币及其影响的全球性讨论，并推动各国政府和监管机构对稳定币给予更多关注。

（二）爆雷与监管

MarketCoinCap[①]的数据显示，截至2021年12月13日，八大稳定币的总市值达到约1520亿美元，大约占总市值的98%。其中，Tether（USDT）是当时市值最大的稳定币，市值约为766亿美元；其次是USD Coin，市值约为416亿美元。[②] 这一增长不仅标志着稳定币在加密货币市场中的重要地位，同时也反映出其在提供市场流动性和稳定性方面的关键作用。

然而，2022年5月，稳定币市场遭遇了严重震荡，当时市场上的第三大稳定币TerraUSD（UST）[③]经历了市值崩溃，此事件对加密货币市场产生了深远影响。UST是一种算法稳定币，其稳定性依赖于与之挂钩的LUNA[④]代币的市值。当UST脱离了与美元的挂钩，导致LUNA和UST价值大幅下跌。这不仅导致UST几乎失去所有价值，也对整个稳定币市场产生了负面影响。[⑤] FTX交易所于2022年11月的破产，进一步加剧了市场的不稳定性，导致了稳定币市场总市值的急剧下跌。[⑥] CoinGecko数据显示，截至2023年1月31日，稳定币总市值跌至1384亿美元，这相较于2022年1月1日的1679亿美元，缩水了295亿美元。[⑦]

该事件引起了全球监管机构的高度关注，其加速了对稳定币的监管讨论。随着加密货币市场的成熟，稳定币将面临越来越多的监管压力，其中稳定币在储备金管理和透明度方面尤其受到关注。未来，有效监管稳定币将成为金融生态系统长期可持续发展的关键，这要求监管者在鼓励创新与消费者保护之间找到平衡。

（三）重塑与新生

在2023年8月7日，支付巨头贝宝（PayPal）宣布推出稳定币——PayPal

---

① MarketCoinCap 是一个提供加密货币市场数据和分析的平台。

② See FitchRatings, *Stablecoin Growth and Market Structure Shifts Continue*, FitchRatings (Dec. 21, 2021), https://www.fitchratings.com/research/fund-asset-managers/stablecoin-growth-market-structure-shifts-continue-21-12-2021.

③ Terra 是一个采用算法稳定机制的区块链支付平台，旨在实现全球范围内的快速、低成本交易。

④ LUNA 是 Terra 区块链上的原生代币，用于支持其稳定币和支付系统。

⑤ See Craig Lord, *Shouldn't Stablecoins Be Stable? What's Behind TerraUSD's Collapse*, Global News (May 12, 2022), https://globalnews.ca/news/8830474/stablecoin-terrausd-luna-collapse-cryptocurrency-explained/.

⑥ See David Z. Morris, *Why Did FTX Pause Withdrawals If It Wasn't Trading Customer Funds?*, CoinDesk (Nov. 10, 2022), https://www.coindesk.com/layer2/2022/11/09/why-did-ftx-pause-withdrawals-if-it-wasnt-trading-customer-funds/.

⑦ See Shaun Paul Lee, *Stablecoins Statistics: 2023 Report*, CoinGecko (July 13, 2023), https://www.coingecko.com/research/publications/stablecoins-statistics.

USD(PYUSD),这一举措在加密货币领域引起广泛关注。PYUSD 由美元存款、短期美国国债和类似现金等价物支持,可按 1:1 的比例兑换美元,由 Paxos 负责发行。[①] PayPal 这一举措旨在为其 4.31 亿用户提供更多元的支付选择,同时体现了其对 Web3 和区块链技术的坚定信仰。在 PayPal 涉足稳定币市场之前,该领域主要由 Tether、Coinbase 和 Gemini(双子星)等加密货币公司主导。PayPal 的加入不仅为其庞大的用户群体提供了一个深入了解和使用加密货币的新渠道,而且为加密货币生态带来了更多的流动性和新生力量。作为首个由传统金融巨头发行的稳定币,PYUSD 的推出也彰显了传统金融行业对稳定币及其未来前景的积极态度,这将进一步提升加密货币的主流接受度。

2023 年,整个稳定币的市场格局正在经历重大洗牌。监管压力和市场波动对头部稳定币项目如 BUSD[②] 和 USDC 造成了连续打击,这为新兴的稳定币提供了崛起的机遇。此外,生息稳定币的出现,以及像 PayPal 这样的 Web2 巨头进入加密市场,都为稳定币市场增添了新的活力和创新空间。在这一背景下,市值排名前五的稳定币已经发生重大变化。在 BUSD 的逐渐退出和 USDC 的脱锚风波之后,Dai 抢占了第三大稳定币的位置,而相对低调的 TUSD 和新兴的 FDUSD[③] 异军突起,成为市值排名第四和第五的稳定币。[④]

到了 2024 年,随着加密市场的复苏,稳定币市场展现出更大的增长潜力。DefiLlama[⑤] 数据显示,截至 2024 年 1 月 5 日,稳定币总市值达到 1328.43 亿美元。[⑥] 在这个竞争日益激烈的市场中,USDT、USDC 和 Dai 等主流稳定币坚守阵地,而其他新兴势力正在积极争夺市场份额。

更重要的是,随着稳定币监管政策的逐步明朗,安全性和透明性成了稳定币发展的核心竞争力。能够在储备证明和审计方面取得突破,持续增强安全性和透明性的稳定币,未来将拥有更大的增长空间。

二、稳定币主要形态和模式

自 2009 年比特币问世以来,截至 2024 年 1 月 20 日已经出现了超过 200 万

① See PAXOS, *PayPal Launches US Dollar-Backed Stablecoin*, PAXOS (Aug. 7, 2023), https://paxos.com/2023/08/07/paypal-launches-us-dollar-backed-stablecoin/#:~:text=PayPal%20USD%20,web3%20and%20digitally%20native%20environments.

② BUSD 是币安和 Paxos 合作发行的与美元 1:1 挂钩的稳定币。

③ FDUSD 是 First Digital Trust 发行的与美元 1:1 挂钩的稳定币。First Digital Trust 是一家专注于提供数字资产托管和资产管理服务的金融机构。

④ See CoinMarketCap, *Top Stablecoin Tokens by Market Capitalization*, CoinMarketCap (June 2023), https://coinmarketcap.com/view/stablecoin/.

⑤ DefiLlama 是一个去中心化金融(DeFi)数据聚合平台,提供 DeFi 项目的统计和分析数据。

⑥ See DefiLlama, *Total Stablecoins Market Cap*, DefiLlama (Jan. 5, 2024), https://defillama.com/stablecoins.

种加密货币。[1] 加密货币大致可分为两类，第一类是没有任何其他资产支持背书的加密货币，如比特币和以太坊；第二类就是稳定币，其价值与美元或黄金等外部资产挂钩以稳定价格，如 USDT 旨在与美元保持 1:1 的价值挂钩。稳定币旨在解决加密货币过度波动的问题，每枚稳定币都有等值的资产储备支持。

稳定币主要分为法币支持稳定币（Fiat-backed Stablecoins），商品支持稳定币（Commodity-backed Stablecoins），加密资产支持稳定币（Crypto-backed Stablecoins）以及算法稳定币（Algorithmic Stablecoins）。[2] 其中，法币支持稳定币、商品支持稳定币、加密资产支持稳定币通常支持赎回底层资产，因此会面临一定的赎回压力；而算法稳定币虽然不存在赎回压力，但价格稳定机制难以承受恐慌抛售带来的波动。下文将具体分析不同类型的稳定币。

1. 法币支持稳定币

法币支持稳定币是目前市场上最常见且结构相对简单的稳定币类型。这类稳定币由法定货币（如美元、欧元）支持，通常以 1:1 的比率锚定。其实行储备证明机制，每发行一个稳定币，就必须增加相应的法币储备。由于此类稳定币的稳定性和安全性依赖于抵押资产的管理和审计机制，因此其抵押资产通常由信誉良好的外部实体管理，并接受定期审计以确保透明性。目前，最知名和发行量最大的法定货币抵押型稳定币是以美元抵押的稳定币，如 Tether（USDT）和 USD Coin（USDC）。

法币支持稳定币存在币价与法币脱钩的风险。具体而言，稳定币的发行方由于存在内在的利益冲突，具有将储备投资于风险资产的不良动机。与此同时，稳定币稳定机制的稳健性要求储备资产为流动性良好、价值稳定的资产，并且要求对储备资产施行足够详细的披露。这有助于维护投资者对于稳定币的信心，而投资者信心的缺失可能导致稳定币遭遇挤兑。一旦稳定币因此陷入流动性危机，则将进一步导致储备资产的抛售，从而引发金融体系的系统性风险。[3] USDT 的发行方 Tether 曾一度因其未能详细披露其持有的商业票据而遭到广泛质疑，但 Tether 在 2022 年 10 月已经声明其已将商业票据从其储备资产

---

① See CoinMarketCap, *Number of Cryptocurrencies*, CoinMarketCap (Jan. 20, 2024), https://coinmarketcap.com/.

② See Cryptopedia Staff, *What Are Stablecoins?*, Cryptopedia (Jule 21, 2023), https://www.gemini.com/cryptopedia/what-are-stablecoins-how-do-they-work.

③ See Mitsu Adachi & Pedro Bento Pereira Da Silva et al., *Stablecoins' Role in Crypto and Beyond: Functions, Risks and Policy*, European Central Bank (July 11, 2022), https://www.ecb.europa.eu/pub/financial-stability/macroprudential-bulletin/html/ecb.mpbu202207_2~836f682ed7.en.html.

中完全剔除,并替换为美国国债。①

此类稳定币存在的问题也显而易见。首先,是否有真实足够的法定货币或抵押资产作为储备资产,一直是此类稳定币争议的焦点。其次,此类稳定币存在市场操纵风险,有观点认为,此类稳定币是由稳定币发行方集中控制的,且保留将账户列入黑名单的权利,因此其发行方可能会利用此优势进行市场操纵。最后,加密货币的监管框架仍不明确,存在潜在的法律和财务风险。如何在鼓励创新的同时保护消费者权益、维护金融稳定,是监管所面临的难题。

2. 商品支持稳定币

商品支持稳定币是一种以有形资产(如贵金属、大宗商品和房地产等)为抵押的数字货币。这类稳定币的核心价值在于,其与真实世界中具有内在价值的资产直接关联。黄金因其历史悠久的价值储存功能而成为最常见的抵押商品。泰达黄金[Tether Gold (XAUT)]和 PAX Gold (PAXG)②是市场上知名的黄金支持稳定币。这种稳定币类型不仅为投资者提供了进入不同资产市场的便利通道,还能为流动性较低的传统资产提供更好的流动性。

然而,商品支持的稳定币也存在风险,这种风险主要来自其背后的实物储备。投资者需要对储备资产的真实性和安全性保持警惕,因为这些因素直接影响对应稳定币的价值和可信度。例如,Tether Gold (XAUT) 的价值稳定性依赖于其黄金储备的真实性和稳固性。与法币支持的稳定币相比,商品支持的稳定币可能面临更复杂的管理和审计挑战,因为其涉及实物资产的保管和验证。

3. 加密资产支持稳定币

加密资产支持稳定币通过抵押其他加密货币来维持稳定,但加密货币本身存在高度的波动性,此类稳定币又与多种加密货币价值相挂钩,极易造成超额抵押、过度抵押。因此,与某种加密货币或一篮子加密货币挂钩的稳定币的价值必然会因为加密货币市场自身的波动性而面临一定的风险和挑战。换句话说,如果担保的加密货币的价格下跌,稳定币可能也难以维持其价格的稳定。

目前,市场上最知名和发行量最大的加密资产支持稳定币之一是 Dai,主要由以太坊和其他加密资产担保。而对于加密资产支持稳定币,如 MakerDAO 发行的 Dai,由于其锚定的价值是美元但底层资产为其他加密货币,故每发行一定金额的加密货币,需要将超额价值的加密货币作为相应的储备资金,以缓冲加

---

① See Reuters, *Tether Says It Has Completely Eliminated Commercial Paper from Reserves*, Reuters (Oct. 14, 2022), https://www.reuters.com/technology/tether-says-it-has-completely-eliminated-commercial-paper-reserves-2022-10-13/.

② PAX Gold 是一种与实物黄金挂钩的稳定币,每个代币代表一盎司伦敦金银市场协会(LBMA)认可的黄金。

密货币的价值波动。2023 年 11 月，一个基于比特币抵押的稳定币系统 Mint Cash① 受到市场关注，其旨在结合 Terra 生态的优势和比特币的抗审查和抗通胀属性，以提供稳定而高效的支付和储蓄解决方案。这个项目通过创新的合成交换机制来维护购买力的稳定，并为现金持有者提供收益，同时推动去中心化金融。

4. 算法稳定币

与其他稳定币依赖于某种抵押物维持价值稳定不同的是，算法稳定币试图使用一种模仿货币政策的算法来维持稳定，而不依赖于任何物理抵押物或储备金。此类稳定币通常通过调整代币的供应量来匹配市场需求，以实现其价值稳定的目标。如果某个稳定币的交易价格低于其目标价值（比如 1 美元），算法系统可能会采用多种措施来减少流通中的代币数量，以提升币值。这可能包括但不限于发行数字债券或其他类型的数字资产。通过这些方式，系统鼓励用户以低于 1 美元的价格购买这些资产或债券，从而减少市场上流通的稳定币数量。

这类稳定币被认为是最不稳定、最脆弱的一种稳定币，因为其试图通过市场激励、套利机会、自动智能合约，以及代币供应量的调整来维持价值稳定。此类稳定币没有任何标的资产支持，而是通过算法控制代币供应量的扩张和收缩，来实现其目标价值。其通常采用铸币税模型，当需求增加、价格上涨时，增加代币供应量；当需求减少、价格低于目标价值时，这些平台会发行某种形式的债券，吸引投资者购买，以减少流通中的代币数量。算法稳定币由于缺少价值锚定，在发生恐慌性抛售时具有脆弱性，TerraUSD 的崩溃就是一个很好的例证。

稳定币是连接传统金融世界与加密货币市场的关键桥梁，为加密货币的广泛应用提供了可能性。稳定币使交易者得以更方便地在交易所买卖加密货币。一些散户投资者也将其作为投机资产，以获得更高的回报。尽管单纯持有稳定币不会带来直接回报，但稳定币的所有者可以将稳定币抵押给 DeFi 平台，以获得远超银行储蓄等传统方式的投资收益。

近年来，稳定币因其稳定性被广泛应用于加密货币交易、跨境支付、智能合约等领域。稳定币的发展促进了区块链和加密货币技术的创新，包括提高交易效率、降低交易成本和增强透明度等。随着稳定币的普及，各国政府和监管机构开始关注其合规性，探索制定可行的监管框架，来维护市场稳定和保障消费

① Mint Cash 是一个基于比特币抵押的稳定币系统，通过比特币的抵押来发行稳定币，以确保其价值的稳定性和安全性。

者权益。稳定币作为加密货币市场的重要组成部分,其未来发展将受到技术创新、市场需求和监管政策等多方面因素的影响。

三、稳定币的潜在风险与合规监管

稳定币基于其所属具体类型存在一定的固有风险,如储备金不足等。稳定币的假名性等特征为洗钱、规避制裁等行为提供便利。因此,从事稳定币的交易亦存在一定法律风险,而在不同的法域,法律风险各异。

为应对稳定币的潜在风险,2023 年 7 月 17 日,国际组织金融稳定委员会针对全球稳定币安排(Global Stablecoin Arrangements)公布了最终版本的 10 条高阶建议,其中包括稳定币赎回权、稳定机制、审慎监管、信息披露等方面。[①] 然而,不同法域针对稳定币的监管在进度和方法上仍有所差异。

(一)欧盟

1. 概述

欧盟通过《加密市场监管法案》(Markets in Crypto-Assets Regulation, MiCA)为包括稳定币在内的加密资产设置了较为全面的监管要求。MiCA 将加密资产分为电子货币代币(E-Money Tokens, EMTs)、资产参考代币(Asset-Referenced Tokens, ARTs),以及其他加密资产。其中,电子货币代币的价值与单一法币的价值挂钩,资产参考代币的价值与其他资产、权利或其组合相挂钩,二者均属于稳定币的范畴。[②] MiCA 针对加密资产发行者和服务提供者设置了一般性要求,包括资质许可、审慎监管、信息披露、治理结构等方面。在此基础上,又针对电子货币代币和资产参考代币设置了更加严格的监管要求。

2. 发行要求

对于资产参考代币的发行,MiCA 要求:(1)从有权机关取得许可,并且与之相关的白皮书需要获得批准;(2)在白皮书中表明稳定机制、储备资产的投资、储备资产的托管安排以及持币者享有的权利。[③]

---

① See Financial Stability Board, *High-Level Recommendations for the Regulation, Supervision and Oversight of Global Stablecoin Arrangements: Final Report*, Financial Stability Board (July 17, 2023), https://www.fsb.org/2023/07/high-level-recommendations-for-the-regulation-supervision-and-oversight-of-global-stablecoin-arrangements-final-report/.

② See Woldemar Häring & Karsten Wöckener, *MiCA Regulation: New Regulatory Framework for Crypto-Assets Issuers and Crypto-Asset Services Providers in the EEA*, White & Case (July 4, 2023), https://www.whitecase.com/insight-alert/mica-regulation-new-regulatory-framework-crypto-assets-issuers-and-crypto-asset.

③ See Pierre E. Berger & Nicolas Kalokyris, *MiCA & TFR: The Two New Pillars of the EU Crypto-Assets Regulatory Framework*, DLA Piper (June 20, 2023), https://www.dlapiper.com/en/insights/publications/2023/06/mica-tfr-the-two-new-pillars-of-the-eu-cryptoassets-regulatory-framework.

对于电子货币代币的发行，由于欧洲银行业管理局认定电子货币代币为电子货币指令Ⅱ（Electronic Money Directive Ⅱ，EMD Ⅱ）项下的电子货币，其还应受到电子货币指令Ⅱ的监管。具体而言，MiCA 要求：（1）发行人被许可为电子货币机构或信贷机构；（2）原则上，发行人应当满足电子货币指令Ⅱ关于电子货币发行和赎回的合规要求；（3）发行人应当制备相关白皮书并将其通告给相关的监管机构；（4）在白皮书中，发行人应当明确持币者有权在任何时刻以面值赎回电子货币对应的法币。①

3. 对发行人的监管要求

对于发行人，MiCA 在总体上要求其识别、预防、管理和披露利益冲突，并且能够确保其系统和安全协议能够达到欧盟标准。此外，还应当具有监控并保障募集的资金或加密资产安全的有效安排。②

进一步而言，资产参考代币的发行人应当：（1）具有稳健的治理安排，包括清晰的组织架构，有效的风控流程，合格的管理层及主要股东等；（2）具有充足的自有资金储备，要求与代币发行的规模相匹配；（3）维持与风险相称的储备资产，并确保储备资产与自有资产相隔离。电子货币代币的发行人还应当满足电子货币指令Ⅱ项下的有关审慎监管要求等。③

此外，若发行的资产参考代币和电子货币代币被认为具有“重要性”，即达到了一定用户量、市值或交易量，还将受到更加严格的监管要求。其中重要资产参考代币的发行者还须满足更高的资本金要求和互操作性要求，并且必须设置流动性管理政策。④

4. 反洗钱

欧盟并没有直接在 MiCA 中对加密货币反洗钱进行规制，而是在此前于 2021 年发布的“反洗钱系列”（AML Package）中将有关反洗钱要求延伸至加密

① See Pierre E. Berger & Nicolas Kalokyris, *MiCA & TFR: The Two New Pillars of the EU Crypto-Assets Regulatory Framework*, DLA Piper (June 20, 2023), https://www.dlapiper.com/en/insights/publications/2023/06/mica-tfr-the-two-new-pillars-of-the-eu-cryptoassets-regulatory-framework.

② See Pierre E. Berger & Nicolas Kalokyris, *MiCA & TFR: The Two New Pillars of the EU Crypto-Assets Regulatory Framework*, DLA Piper (June 20, 2023), https://www.dlapiper.com/en/insights/publications/2023/06/mica-tfr-the-two-new-pillars-of-the-eu-cryptoassets-regulatory-framework.

③ See Pierre E. Berger & Nicolas Kalokyris, *MiCA & TFR: The Two New Pillars of the EU Crypto-Assets Regulatory Framework*, DLA Piper (June 20, 2023), https://www.dlapiper.com/en/insights/publications/2023/06/mica-tfr-the-two-new-pillars-of-the-eu-cryptoassets-regulatory-framework.

④ See Pierre E. Berger & Nicolas Kalokyris, *MiCA & TFR: The Two New Pillars of the EU Crypto-Assets Regulatory Framework*, DLA Piper (June 20, 2023), https://www.dlapiper.com/en/insights/publications/2023/06/mica-tfr-the-two-new-pillars-of-the-eu-cryptoassets-regulatory-framework.

资产的交易,包括进行“了解你的客户”、识别交易方信息、监控可疑交易等。[①]

(二)美国

1. 概述

不同于欧盟,美国如今在联邦层面尚未确立统一的稳定币监管框架。目前,由美国众议院金融服务委员会主席帕特里克·麦克亨利(Patrick McHenry)发起的《稳定币支付透明法案》(Clarity for Payment Stablecoins Act, H. R. 4766)已经被众议院金融服务委员会通过,但尚需进一步表决。然而,对于特定的稳定币相关活动以及个别的稳定币特性,现有州和联邦的法律和规章已经进行了一定程度上的规制。例如,稳定币的发行人受到州层面货币服务经营许可制度(Money Services Business Licensure Regimes)的监管,且必须符合联邦反洗钱监管的合规要求。[②]

2.《稳定币支付透明法案》介绍

《稳定币支付透明法案》明确了稳定币发行要求,其中包括:(1)稳定币对应储备资产的最低金额、种类范围以及用途范围等;(2)对稳定币赎回流程的公示及对稳定币存量和储备资产构成的月度报告,且该报告必须被会计师事务所核验,并由发行人的高管保证。[③] 该法案亦明确了对稳定币发行人规制、监督和执法的框架。稳定币发行人可为银行、信用合作社和非银金融机构。其中,银行和信用合作社受到联邦层面的监管,而非银行金融机构可以选择在各州或联邦注册并受其监管。然而,美联储仍拥有对州许可的发行人制定规则的权力。同时,该法案亦明确稳定币既不构成证券,也不构成商品,因此不受美国证券交易委员会和美国商品期货交易委员会管辖。[④]

(三)中国

1. 中国内地

中国内地未针对稳定币提出或颁布系统的监管框架。相较而言,中国内地

---

① See Pierre E. Berger & Nicolas Kalokyris, *MiCA & TFR: The Two New Pillars of the EU Crypto-Assets Regulatory Framework*, DLA Piper (June 20, 2023), https://www.dlapiper.com/en/insights/publications/2023/06/mica-tfr-the-two-new-pillars-of-the-eu-cryptoassets-regulatory-framework.

② See Congressional Research Service, *An Overview of H. R. 4766, Clarity for Payment Stablecoins Act*, Congressional Research Service (Sept. 25, 2023), https://crsreports.congress.gov/product/pdf/IN/IN12249#:~:text=Issuing%20Payment%20Stablecoins-,H.R.,used%20to%20redeem%20the%20stablecoins.

③ See Congressional Research Service, *An Overview of H. R. 4766, Clarity for Payment Stablecoins Act*, Congressional Research Service (Sept. 25, 2023), https://crsreports.congress.gov/product/pdf/IN/IN12249#:~:text=Issuing%20Payment%20Stablecoins-,H.R.,used%20to%20redeem%20the%20stablecoins.

④ See Congressional Research Service, *An Overview of H. R. 4766, Clarity for Payment Stablecoins Act*, Congressional Research Service (Sept. 25, 2023), https://crsreports.congress.gov/product/pdf/IN/IN12249#:~:text=Issuing%20Payment%20Stablecoins-,H.R.,used%20to%20redeem%20the%20stablecoins.

的稳定币交易呈现出独特的风险。

在中国内地从事稳定币交易的风险尤为突出,《关于进一步防范和处置虚拟货币交易炒作风险的通知》(银发〔2021〕237 号)已经将法定货币与虚拟货币兑换业务、虚拟货币之间的兑换业务等虚拟货币相关业务活动定性为非法金融活动,稳定币与在岸人民币的交易主要通过场外交易进行。该通知亦明确“任何法人、非法人组织和自然人投资虚拟货币及相关衍生品,违背公序良俗的,相关民事法律行为无效,由此引发的损失由其自行承担;涉嫌破坏金融秩序、危害金融安全的,由相关部门依法查处”。因此,稳定币交易引发的纠纷可能在一定程度上不会得到法律保护。具体而言,在民事案件中,不同法院的做法不一,除了在返还原物的案由下提出的返还请求能够在较多情况下得到支持,其他基于合同的请求常常会因其中存在或被认为存在投资属性,而被判定为非法金融活动,不属于民事诉讼受案范围,从而被驳回起诉。①

在刑事案件中,《人民法院报》于 2023 年 9 月 1 日发表的《虚拟货币的财物属性认定及涉案财产处置问题》一文所载裁判观点认为,在被害人无交易行为的情况下,因为不存在危害国家金融秩序等违背公序良俗的行为,若加密货币没有转移,应当责令返还给被害人;若加密货币已经转移,可以按照被告人销赃价、被害人购买价或被害人的前手购买价、参照被告人或被害人近期同类虚拟货币交易价等,认定犯罪数额并责令退赔被害人。而在被害人有交易行为的情况下,若被害人具有多次虚拟货币交易、无法说明虚拟货币合法来源等情形,可判令追缴被告人的全部违法所得并予以没收。对于该等缴获的虚拟货币,可以通过特别途径,在国际市场合法售卖,取得款项上缴国库。②

除此之外,由于主流的稳定币如 USDT 的价格与美元挂钩,人民币与稳定币的交易或存在违反外汇管制的风险。广东省高级人民法院于 2023 年 12 月 16 日发布的案例认为,“以虚拟货币为交易媒介,在互联网虚拟货币交易平台非法进行外币与人民币的货币价值转换,属变相买卖外汇,情节严重的,以非法经营罪定罪处罚”③。由于 USDT 等稳定币常被用于灰黑产业的交易和洗钱,交易者在场外将稳定币兑换为法币时,可能收到“黑钱”,从而导致其银行账户被冻结。2024 年 6 月 12 日,上海市人民检察院发布《2023 年度上海金融检察白

① 参见陈某翔与卢某丞合同纠纷案,浙江省台州市中级人民法院(2022)浙 10 民终第 352 号民事判决书;刘某盼与严某斌不当得利纠纷案,浙江省兰溪市人民法院(2021)浙 0781 民初第 5415 号民事判决书;孙某权与马某保管合同纠纷案,江苏省徐州市中级人民法院(2021)苏 03 民终第 10698 号民事判决书。

② 参见王中义、杨聪惠:《虚拟货币的财物属性认定及涉案财产处置问题》,载《人民法院报》2023 年 9 月 1 日,第 6 版。

③ 广东省高级人民法院:《这种差价,不能赚!》,载微信公众号“广东省高级人民法院”2023 年 12 月 16 日,https://mp.weixin.qq.com/s/fTkasyUXbTCPzWxZi_NOZQ。

皮书》，指出"我国对'虚拟币'一直保持强监管态势，但在实践中，还存在在刑事司法对相关犯罪活动定位难、存证取证难与涉案资金流向监测难等现实问题，针对涉案'虚拟币'的强制措施、审计评估、价值认定、处置执行等存在争议。再如现有法律层面对期货配资业务没有明确的禁止性规定，刑事认定存在一定困难"。此外，《2023 年度上海金融检察白皮书》特别指出上海市"利用'虚拟币'跨境转移资产风险隐患凸显"。

2. 中国香港

虽然香港特区已经形成了较为完善的虚拟资产牌照制度，但稳定币的发行和交易尚未被纳入其中，目前仍处于征集意见的阶段。其中，香港财经事务及库务局(Financial Services and the Treasury Bureau)和香港金融管理机构在 2022 年 1 月发布的讨论文件和 2023 年 1 月发布的总结文件的基础上，于 2023 年 12 月 27 日发布了一份旨在将香港稳定币发行人纳入监管框架的提议立法草案。

该草案具有以下特色：(1)提供了法币参考稳定币(Fiat-Referenced Stablecoin，FRS)的定义；(2)要求在香港发行法币参考稳定币，发行锚定港币的法币参考稳定币或向香港公众积极推广其法币参考稳定币的发行人必须取得香港金融管理局的牌照，并明确许可条件；(3)规定法币参考稳定币只能被前述持牌主体发行，而非持牌主体目前倾向于仅能向专业投资者发行；(4)授权香港金融管理局对范围内的稳定币和相关活动进行调控、发放牌照以及执行相关监管要求等；(5)设置过渡安排以确保既有法币参考稳定币发行人平稳过渡到新监管框架。①

四、我国对稳定币规制的法律基础漏洞以及监管范式的选择②

(一)《民法典》的肯认：稳定币的虚拟财产属性

《民法典》第 127 条规定，法律对数据、网络虚拟财产的保护有规定的，依照其规定。这使我国的《民法典》成为目前世界上第一个对虚拟财产作出规定的法典。根据 2013 年 12 月 5 日由中国人民银行等五部委联合发布的《关于防范比特币风险的通知》，我国将比特币等加密货币定性为"一种特殊的虚拟商品"。因此，虽然对于虚拟财产的权利属性还颇具争议，但不可否认包括稳定币在内

---

① See Financial Services and the Treasury Bureau & Hong Kong Monetary Authority, *Legislative Proposal to Implement the Regulatory Regime for Stablecoin Issuers in Hong Kong: Consultation Paper*, Hong Kong Monetary Authority (Dec. 27, 2023), https://www.hkma.gov.hk/media/eng/doc/key-information/press-release/2023/20231227e4a1.pdf.

② 参见赵炳昊：《应对加密数字货币监管挑战的域外经验与中国方案——以稳定币为切入点》，载《政法论坛》2022 年第 2 期。

作为“虚拟商品”的网络虚拟财产价值属性已经得到《民法典》的肯认。

《民法典》第127条位于各类民事权利的列举之后,民事权利的保护、取得和行使规定之前,从其所处的文本位置可以推导出立法者并未将其认定为一项新的法定权利,其仅是《民法典》列举的某种民事权利的客体。至于其中稳定币的法律性质,学者们也有诸多争议。在当前条件下,稳定币不具有在一国领土范围内被广泛接受和使用的特性。虽然稳定币在功能上满足货币的交易媒介和稳定性要求,但由于它们均未得到法律的认可,故在法律性质上自然不构成法定货币。对于稳定币是否属于物,有的学者从管理可能性说出发,认为“数字货币虽然只存在于虚拟空间,但是只要能够借助相应的技术手段可以对其加以控制与支配,以数据电文为形态的数字货币成为所有权客体,并无理论上与制度上的障碍”,因此可以认定为一种物。但有的学者认为,物权法的支配彰显现实世界的占有秩序,虚拟空间中对加密货币的支配很难被认定为物权法意义上的支配,公示性难以满足交易观念上的要求,也无法满足物权法定的原则,并可能产生规则适用上的困难,不能简单定性成物。当前我国稳定币市场仍处于萌芽阶段,对于稳定币是否具有财产属性等问题尚未形成共识,现存的法律体系似乎并不足以对其特殊性加以规制,法院也没有形成统一的裁判思路。质言之,虽然我国民商事法律已经奠定了规范稳定币的基础,但由于《民法典》第127条实际指向的对稳定币直接予以规范的民事法律法规在我国依然缺失,稳定币的财产属性在事实和法理上还没有获得法律的完全承认,这也直接影响了刑法和行政法对稳定币的规范和评价。

(二)刑事规范的欠缺:反洗钱漏洞和刑事评价的模糊

洗钱因其高额利润、手法复杂多样且法律存在一定滞后性,成为中国金融机构和监管机关的难题。面对洗钱活动的日益猖獗,我国在反洗钱领域面临的主要挑战是司法适用明显无法满足反洗钱的实际需求。而稳定币的出现更加放大了洗钱犯罪中司法适用的滞后性。近年来,犯罪分子利用加密货币,以稳定币为媒介从事洗钱活动、进行恐怖筹资和逃避外汇管理的现象屡见不鲜;但是我国现行法律法规均未针对稳定币的反洗钱义务以及可能涉及的非法买卖外汇行为作出明确规范。受稳定币民商事法律缺位和监管缺位的影响,有关稳定币的刑事法律规范也处于缺失状态,对稳定币的刑事法律评价模糊直接影响对相关刑事犯罪的打击。

就我国稳定币相关的刑事司法实践而言,虽然USDT首发于2015年,但我国首个涉及USDT的刑事裁判文书直至2019年才出现。2019年全年我国涉及

USDT 的刑事判决仅有 14 份,2020 年增长到 103 份,此后稳步增长。在 2023 年和 2024 年,我国涉及 USDT 的刑事判决主要集中在掩饰、隐瞒犯罪所得罪和帮助信息网络犯罪活动罪的认定上。法院普遍认为,明知是犯罪所得而帮助转移资金,或者明知他人利用信息网络实施犯罪活动而提供帮助,均构成相应的犯罪。此外,虚拟货币交易被认定为不具有法定货币等同的法律地位,相关民事法律行为无效,参与者需自行承担由此引发的损失。量刑时,法院会综合考虑被告人的主从犯地位、是否自首、坦白、认罪认罚、退缴违法所得等情节。从上述事实可以看出,USDT 以及其他稳定币在洗钱等犯罪活动中被广泛使用。细究其原因,主要是稳定币财产属性的不确定性会造成法律上的灰色地带,且这些稳定币具有匿名性和跨境流通的便利,使得其成为洗钱等犯罪活动的理想工具。此外,司法机关在认定犯罪数额时惯以传统银行的法币流水为定案依据,即要求犯罪嫌疑人完成稳定币到法币的转换。相较而言,虽然中心化交易所通常保存较为完整的电子数据,便于追踪和取证,但通过专业机构对链上数字资产进行追踪与取证仍存在一定的挑战。

(三)行政监管规制:缺失上位法的强监管

关于对货币金融的监管,我国在金融法、行政法等法律规范方面所存在的缺位问题尤为明显。由于现有法律法规的立法时代、立足点和出发点与后发的金融科技革命不处在同一水平,细究其中内容并推及立法目的和适用范围,可以发现我国还没有针对稳定币的成型的金融行政监管法律。此外,我国目前对加密货币金融行政监管范式,包括其效力、体系和激进的"禁止性"监管路径均存在较大争议。

当前我国规范加密货币(包括稳定币)的三个规范性文件既不是法律、行政法规、地方性法规,也不是规章,而是一般意义上的行政规范性文件。总的来说,我国现行的稳定币法律监管框架层级不高,法律效力位阶有限。《关于防范代币发行融资风险的公告》虽为中国人民银行等七部委联合下发,但其性质显然不属于法律、行政法规,而是属于行政规范性文件或者政策性文件。《关于进一步防范和处置虚拟货币交易炒作风险的通知》从效力上来说也仅属于规范性文件。行政规章、规范性文件等在一般情况下只具有约束行政行为的作用,而不应对民事法律行为的效力产生影响。因此,上述公告和通知实际上不能作为否定稳定币和其他加密数字货币相关民事法律行为效力的依据。以其作为依据认定合同违反法律强制性规定是不恰当的。此外,上述公告本身并未明确禁止公众参与虚拟货币交易,而是提示公众虚拟货币交易存在多重风险,投资者须自行承担投资风险。因此有些法院依据上述公告不支持返还投资区块链项目投资款或者稳定币交易，进而认定合同无效，属于不恰当的扩大解释。

世界各国对稳定币的宏观监管主要有金融政策监管和法律合规监管两个方面。强化稳定币项目审计，提高透明性，增强合规性对稳定币发展至为重要。当前，越来越多的稳定币项目主动拥抱监管，尽管这在一定程度上牺牲了自由度和便利性，但亦可防止稳定币项目风险控制不足或合规缺位而直接导致的信用坍塌和法律诉讼，进而换来监管机关的背书和更为广阔的发展空间。这也在一定程度上为我国的立法和执法机构监管稳定币创造了重要的现实条件，从而为我国提供了可供参考的稳定币监管原则框架和基本路径。

（四）我国稳定币监管的内外部环境

从稳定币在我国的使用范围来看，在对外贸易、国际贸易结算，跨国投资、国际支付、跨国资本流动等方面，稳定币优势明显。一方面，稳定币的点对点交易模式转账省去了传统银行跨境支付清算的高昂费用、烦琐步骤与缓慢流程，使结算效率和效益大幅提升，而支付成本大大降低；另一方面，稳定币汇率相对稳定，且价值全球基本一致，可以提供安全有保障的计价单位和结算媒介，有利于缩小双边汇率风险，避免汇率波动带来的风险及不确定因素。此外，稳定币也可以实现与我国央行数字货币的无缝对接，能够扩大和丰富央行数字货币的应用场景，进一步加强加密数字货币生态圈与法币的双向流通与互认，在维护和实现我国金融稳定方面意义深远。

从国际金融形势来看，稳定币有可能使中国在复杂的国际金融局势下赢得突围的机会乃至获得发展的良机。稳定币的出现不仅给我国打破针对中国的封闭式美元兑换机制提供了良机，而且也非常有助于实现人民币的国际化。

具体而言，我国可以通过发行以人民币为基础的稳定币，吸引更多的市场化机构开展以此为基础的跨境支付和商业生态系统创新，在维护自身金融主权的同时，提升人民币的国际地位。在2020年5月21日召开的全国政协十三届三次会议上，有政协委员就提出了《关于开展香港地区跨境数字稳定币的提案》，建议将人民币、日元、韩元和港元组成一篮子数字稳定币，先行在可控场景下应用于跨境贸易支付，同时也为与我国央行即将推行的央行数字货币衔接做准备。提案中的数字稳定币是由中国内地、中国香港特区、日本、韩国四个经济体的货币组成的区域性稳定币，适宜由民间发起和推动，在可控场景下先行先试。在政策利好的背景下，我国可以依托并改革香港特区、澳门特区现行的资管体系和信托制度，首先探索区域性稳定币托管制度，确保资金安全。同时稳定币还可以与我国的央行数字货币无缝对接,为央行数字货币在香港特区推行乃至国际化落地做出尝试,提前发现并解决央行数字货币跨境支付应用中可能出现的问题和风险。可以预见,中国内地、中国香港特区、日本、韩国数字稳定币如能实施,将提高区域性贸易在国际环境影响下的抗风险能力,香港特区也可为国家数字经济的发展做出新的贡献。

从 Diem(原 Libra)项目和中国央行法定数字货币(DC/EP)的态势来看,稳定币在我国的存在和发展仍有其特殊的意义,并可以和诸如 Diem(原 Libra)项目以及我国央行法定数字货币相互借力,共同发展。2019 年 5 月,由 Facebook 主导的 Diem(原 Libra)项目旨在"创建一个服务于亿万人的,简单、无国界的货币体系和金融基础架构"。我国目前仍处于研究测试中的央行法定数字货币作为流通中货币(M0)的替代,是由国家发行的法定数字货币,是以国家信用背书的数字化法币。因此从这个意义上来说,央行法定数字货币并非本节中所讨论的,不具备法偿性和法定性的"私人"稳定币。央行法定数字货币采用双层运营架构,支持收支双方"双离线支付"。但央行法定数字货币的运作和发行并非完全基于区块链技术,因为"区块链的去中心化性特性与中央银行的集中管理要求存在冲突"。但央行法定数字货币借鉴应用了区块链部分组成技术,例如利用智能合约实现资金的定向流通,利用非对称加密认证身份。稳定币几乎天然地可以和央行法定数字货币实现相互融通、共同发展,这不仅可以为数字经济与实体经济的深度融合打下关键基础,也为方兴未艾的去中心化金融提供了丰富的想象空间。

(五)根据稳定币的性质合理规划监管机构

稳定币的定性与分类对法律监管路径的选择意义重大。出于对稳定币的性质认识的不同,例如将稳定币认定为货币、证券或者电子货币,监管机构会根据不同的监管框架规范性质各异的稳定币。法币支持稳定币和加密资产支持稳定币经常被定性为货币市场基金,因为它们原则上投资于以它们所支持的货币计价的低风险、短期资产,目的是保持稳定的价值。被归结为货币市场基金的稳定币需要每个发行的单位即使在以一篮子法币或者加密资产为抵押物的情况下,也被同化为货币市场基金单位。值得注意的是加密资产支持稳定币有时还会被定性为证券,从而受到证券法的规制。中央银行型稳定币则经常被视为电子货币。因为此类稳定币旨在用作支付工具,并且中央银行型稳定币的发行人承诺按面值随时赎回这些稳定币。与货币市场基金相比,电子货币对发行人的监管限制要严格得多,例如根据 2009 年《欧盟电子货币指令》(Electronic Money Directive, Directive 2009/110/EC),稳定币的发行人需要满足资本充足要求,并且发行人负有随时按面值赎回持有人稳定币的义务。

与金融监管体制改革相适应,我国应当修改法律,明确监管部门的职能,提高监管部门的独立性和专业性,逐步实现金融混业监管下的稳定币监管落地。当前,我国对稳定币监管机构存在事实上监管主体的缺位。与前述欧美对稳定币的监管机构已经逐渐成形、各司其职不同,我国稳定币处于金融监管的盲区。由国务院原金融稳定发展委员会牵头的"一行一局一会"分业金融监管体系在一段时期内不失为一种进步和突破。但是面对性质各异的稳定币,分业监管下中国人民银行、证监会、金融监管部门和外汇管理部门之间职能划分和协调成本都颇高,导致对稳定币等金融科技产品监管混乱,监管效率下降,并出现监管真空。稳定币作为一种横跨货币政策、证券、银行和外汇管理的金融科技现象,单凭"一行一局一会"之力恐怕难以实现有效监管。

监管部门缺位也导致我国经济生活和司法实践中大量存在的稳定币却陷入了监管真空之中。中国作为世界第二大经济体、国际金融中心之所在,同时事实上也是加密数字生态和稳定币快速发展的地区,分业监管的低效削弱了稳定币的发展和规范水平,也影响了我国金融科技的国际竞争力。当前,随着我国金融混合业务的快速发展,我国的金融监管模式逐渐向兼顾金融系统稳定和市场行为规范监管模式过渡。与之相适应,我国应当逐步在此基础上建立专门的稳定币监管机构。当前,中国人民银行和金融监管部门应当发挥其作为一线监管机关,对稳定币在发行和流通环节加强研究、监督与指导作用,共同承担对稳定币的监管职责,为下一阶段的稳定币监管提供经验积累和理论支持。

(六)欧美监管模式扬弃借鉴:我国稳定币监管路径初探

首先,借鉴美国和欧洲稳定币的全球治理经验,我国改革和加强对稳定币的法律规制与监管需要做好以下几方面工作。我国需要建立和完善稳定币法律监管框架和制度。尽管稳定币已经在我国的社会经济生活中崭露头角甚至有大行其道之势,司法实践和法院判决中也经常涉及稳定币,但我国尚未建立针对稳定币的法律规制体系,司法实践中各自为政现象较为突出。在民事法律方面,我国应当在《民法典》的基础上进一步明确稳定币的虚拟财产地位。在行政法方面,在借鉴欧美经验的基础上,我国可以利用后发优势,制定一部针对稳定币的跨货币、证券、银行、保险、信托、贸易金融、外汇管理和风险管理的综合性金融监管法规。在刑事法律方面,以反洗钱为抓手,明确要求稳定币的跨国发行、兑换、使用和赎回,应符合我国有关反洗钱、外汇管理和支付结算等的金融法律法规。发行方和交易所应当严格履行数字资产交易审慎核查义务,做好反洗钱和反恐怖主义融资的合规审查以及风险防范工作。

其次,在对稳定币的监管手段上,我国应当灵活运用监管研究报告、窗口指导、行业监管对话、监管沙盒、区域试点等多种监管手段实现对稳定币渐进、审慎和多样化的监管。当前,尽管我国在监管政策方面的基调是严格禁止加密数字货币和法币场内交易,但由于稳定币与生俱来的无国界性,稳定币生态事实上在我国金融体系中一直在不断发展。因此,我国对稳定币过于简单的监管范式实际上漠视了稳定币在我国经济生活中客观存在这一事实。改善对稳定币的监管手段,要从将研究稳定币监管由"隐学"变为"显学"开始,大力支持和发展对稳定币在货币、金融、科技和法律上的研究,并在此基础上有步骤、有计划地开始稳定币归口监管指导,不失时机地与稳定币发行方、分销商、交易撮合方、技术解决方、使用者展开对话,增强监管层与稳定币参与方的沟通理解与增强互信。此外,监管层应考虑推行沙盒监管或在基础设施比较好、金融生态比较活跃健康的区域如粤港澳大湾区内,试验稳定币生态运作体系并及时总结监管效果。粤港澳大湾区呈现"'一国两制'三种货币"的特征,既在中央政府的统一管辖之内,又包含跨境和自治的区域;既为新型跨境支付提供了真实应用场景,又可以安全、有效地避免国际势力干预,是我国稳定币生态体系最理想的试点地区。

最后,我国应当积极参与制定稳定币的行业标准和监管政策并参与稳定币监管的全球合作。当前,数字经济正迎来新的发展契机。通过新冠疫情,世界各国更加充分认识到发展数字经济的重要性和紧迫性,纷纷加大技术、资金和研究投入。未来数字经济和数字金融的竞争势必更加激烈。在金融领域,我国一直具有善于利用后发优势的优良传统,中国证券市场在几年时间内就走完了成熟市场几十年才完成的无纸化建构过程。在世界加密数字货币生态的快速形成中,我国同时也是世界稳定币的重要市场之一。因此,我国有技术条件和市场基础参与制定世界稳定币的行业标准和监管框架。

美国和欧洲对稳定币的执法行动和监管框架,意义已经不限于金融监管。其背后更深刻的动因在于,许多国家已经认识到稳定币会影响国际货币金融秩序,对稳定币的监管事关国家的货币政策和金融稳定。现阶段锚定美元发行稳定币主要借用了美元作为世界货币的优势地位,而反过来与美元挂钩的稳定币又进一步提升了美元的世界影响力,这意味在全球范围内不同国家的居民都可以通过持有稳定币间接持有美元。随着这种情况的持续蔓延,美元在全球货币体系内的地位将得以进一步提升,美国也会进一步增强对全球经济系统的掌控程度。作为回应和应对措施,我国应当鼓励民营企业参与稳定币市场竞争,按照监管要求批准锚定人民币发行的稳定币,从而积极参与稳定币市场竞争,提升人民币在国际支付市场中的地位。

我们也必须充分认识稳定币的竞争、发展和监管都是在全球层面展开的。稳定币正是为了解决跨境支付与跨法币和数字货币支付问题而产生的,稳定币也是在全球流动的。“相同的业务、相同的风险、相同的规则”以及各国家之间一致的监管方法构成了七国集团全球稳定币工作组提出的监管指南。面对稳定币天然的跨国界流动性以及随之而来的对世界金融稳定的巨大影响,二十国集团于 2019 年 6 月授权金融稳定委员会检视全球各国对稳定币的法律监管框架,并就多边应对措施提供建议。因此,我国应当积极参与稳定币监管的国际合作以避免监管套利。

五、稳定币未来趋势展望

(一)技术创新与多元化发展

当前稳定币市值和规模在全球快速增长,技术架构迭代迅速。稳定币在技术创新方面的发展重点之一是互操作性,即在不同区块链平台上开发的多种稳定币之间进行无缝通信和转移的能力。为克服不同协议、共识机制和智能合约编程语言之间的差异,开发人员正在探索如跨链桥(Cross-Chain Bridges)、原子交换(Atomic Swap)和互操作协议(Interoperability Protocol)等解决方案。随着技术上的创新,稳定币在流通性、便捷性以及全球性的优势将进一步获得释放。①

新的稳定币类型和储备资金管理策略也在不断出现,并将为市场参与者提供更加丰富的支付选择和投资机会。一方面,稳定币类型呈现多元化趋势,市场上的主要稳定币如 USDT、USDC、Dai 和 USDP 之间存在显著差异。具体而言,它们各自的储备资产有所不同,例如法币、美国国债、货币市场基金、比特币、黄金等。② 另一方面,稳定币储备资金管理策略也呈现多元化趋势,不同的稳定币发行机构采用不同的策略来管理其储备资金。同时,是否去中心化也造成了管理上的差异,去中心化的稳定币如 Dai 由去中心化的自治组织管理,而中心化的稳定币如 USDT 和 USDC 则由中心化的实体管理。这种管理方式的差异导致了稳定币在运营、风险管理和合规方面的差异。

(二)监管环境与合规要求

随着稳定币的流行和使用率的增加,这一领域也获得了监管机构越来越多

---

① See Morgan Davis, *Stablecoin Development: Charting the Course of Innovation*, Doubloin (Nov. 2, 2023), https://doubloin.com/learn/stablecoins-development.

② See Cristina Polizu et al., *Stablecoins: A Deep Dive into Valuation and Depegging*, S&P Global (Sept. 7, 2023), https://www.spglobal.com/en/research-insights/featured/special-editorial/stablecoins-a-deep-dive-into-valuation-and-depegging.

的关注,合规性将成为稳定币发展的关键。

目前,欧盟、美国等法域在稳定币监管领域的积极探索,无疑反映了其已然看到稳定币之于国际金融的影响力,以及未来的价值潜力。稳定币基于其自身特性可以与我国数字人民币无缝对接,通过发行以人民币为基础的稳定币,吸引更多机构开展国际贸易和商业创新,从而进一步提升人民币的国际地位,促进我国数字经济和数字金融的发展。已有学者建议我国建立和完善稳定币法律监管框架和制度,根据不同类型稳定币的性质合理确定监管机构,并逐步建立起专门的监管机构。立法方面则可利用后发优势制定一部针对稳定币的跨货币、证券、银行、信托、贸易金融、外汇管理等的综合性金融监管法规。①

全球层面的稳定币监管应当全面、一致、基于风险、灵活,并关注其结构特征和具体用途。监管要求应涵盖整个生态系统及其所有关键功能,尤其注意反洗钱和恐怖融资的风险防范,并对系统性稳定币安排进行额外监督。②

未来稳定币在发展中可能面临以下几种风险:

1. 支付系统风险:稳定币面临与传统支付系统类似的风险,如信用风险、流动性风险和运营风险。为了解决这些风险,美国监管机构建议对托管钱包提供商实施适当的联邦监管,可能包括限制这些服务提供商借给客户的稳定币,并要求遵守适当的风险管理、流动性和资本要求。

2. 系统性风险和经济力量集中问题:随着稳定币发行和使用的不断增长,监管机构强调了稳定币可能引发的系统性风险,以及其与银行业务和商业活动的融合可能导致的经济权力过度集中的风险。

3. 非法金融和财务完整性风险:特别是大规模运作和允许跨境支付的稳定币,会引起非法金融问题和财务完整性风险,包括违反反洗钱和反恐怖主义融资的规定。③

联合国毒品和犯罪问题办公室(United Nations Office on Drugs and Crime, UNODC)于 2024 年 1 月 16 日发布的报告指出,USDT 是诈骗行业爆炸式增长的核心,加密货币的发展以及其他技术的快速发展刺激了东南亚有组织犯罪团伙数十年来利用黑市赌场洗钱非法资金的做法,"有组织犯罪利用新技术有效

---

① See Cristina Polizu et al., *Stablecoins: A Deep Dive into Valuation and Depegging*, S&P Global (Sept. 7, 2023), https://www.spglobal.com/en/research-insights/featured/special-editorial/stablecoins-a-deep-dive-into-valuation-and-depegging.

② See Parma Bains et al., *Regulating the Crypto Ecosystem: The Case of Stablecoins and Arrangements*, IMF eLibrary (Sept. 26, 2022), https://www.elibrary.imf.org/view/journals/063/2022/008/article-A001-en.xml.

③ See Eytan J. Fisch et al., *Federal Regulators Move to Regulate Stablecoins Through Banking Laws Plus New Legislation*, Skadden (Nov. 16, 2021), https://www.skadden.com/insights/publications/2021/11/recent-developments-in-the-regulation-of-virtual-assets/federal-regulators-move-to-regulate-stablecoins.

地创建了一个并行银行系统,而松散或完全不受监管的在线赌场与加密货币的激增加剧了该地区的犯罪生态系统”。[①] 但与此同时,Tether 发文表示,对联合国的评估报告感到失望,该评估特别强调 USDT 参与非法活动,而忽视了其在帮助新兴经济体发展方面的作用。Tether 指出,其与包括美国司法部、联邦调查局和美国国家安全局在内的全球执法机构合作,这证明了其在监控交易和协助犯罪预防方面的努力,且超越了传统银行系统的监控水平。此外,该报告忽视了区块链技术在检测和预防非法活动方面的关键作用。联合国毒品和犯罪问题办公室与 Tether 的观点冲突进一步表明监管环境和合规要求对于稳定币的发展至关重要,其不仅可确保稳定币的安全性和透明度,还有助于稳定币在全球金融体系中的整合和发展。

(三)与传统金融体系的持续融合

稳定币与传统金融体系的融合正在逐步深化。这在促进金融领域的创新和效率方面发挥着重要作用:

1. 作为传统金融与数字金融的链接桥梁:稳定币致力于融合传统货币的稳定性和数字货币的创新性,在传统金融市场与加密货币市场之间搭建一座桥梁,简化跨境交易流程,消除国际贸易壁垒,为传统金融市场注入新的活力,并有望重塑全球金融格局。[②]

2. 去中介化:稳定币在去中心化的区块链网络上运行,允许点对点交易,而无须借助第三方中介(如银行或支付处理器等)。这种去中介化有潜力减少用户对传统金融机构的依赖,尤其是在汇款、跨境支付甚至贷款和借款等金融服务领域。[③]

3. 由于其天然的跨国流动性,稳定币拥有极强的市场适应性,其持续攀升的市值见证了其巨大的市场需求量。

(四)全球支付系统中的角色

由于稳定币能够提供快速、低成本的交易解决方案,其在全球支付系统中承担日益重要的角色,尤其是在国际贸易和个人汇款领域。

---

① United Nations Office on Drugs and Crime, *Casinos, Money Laundering, Underground Banking, and Transnational Organized Crime in East and Southeast Asia: A Hidden and Accelerating Threat*, United Nations Office on Drugs and Crime (Jan. 2024), https://www.unodc.org/roseap/uploads/documents/Publications/2024/Casino_Underground_Banking_Report_2024.pdf.

② See Jackson Wood, *How Stablecoins Merge Traditional and Decentralized Finance*, CoinDesk (Dec. 16, 2021), https://www.coindesk.com/tech/2021/12/16/how-stablecoins-merge-traditional-and-decentralized-finance/.

③ See Stock Target Advisor, *The Impact of Stablecoin Growth on Traditional Financial Systems*, Stock Target Advisor (July 25, 2023), https://www.stocktargetadvisor.com/blog/the-impact-of-stablecoin-growth-on-traditional-financial-systems/.

一方面,稳定币消除了对传统金融中介的依赖,提高了交易效率,降低了交易成本。其通过区块链技术,实现了无缝交易,允许即时和安全的转账,这对于全球汇款极为有利,使个人能够快速、高效地跨境汇款。其增强了金融的包容性,赋予每个个体参与全球经济的机会,进一步激活新兴市场的经济活力。

另一方面,稳定币基于区块链技术,利用加密技术保护交易,并防止欺诈活动。去中心化的特性减少了数据泄露和黑客攻击的风险,并提供了实时追踪,使交易过程更加安全透明。

综上所述,稳定币的未来发展既充满机遇,也面临挑战。随着技术的进步和监管环境的成熟,稳定币有望在全球金融体系中发挥更加重要的作用。但这也需要在确保安全性、增强透明度和促进包容性的同时,不断创新和适应市场的变化。

第十三节　加密货币的税务合规——以美国法为视角

明确代币的法律属性和税收属性,以便正确进行税收征管。首先,不同性质的代币在税法中可能会被归类为不同的资产类型,如货币、商品、证券或其他金融资产。每种资产类型在税收上的处理方式不同,因此,确定代币的性质有助于明确其应适用的税收规则。其次,代币的交易、持有和使用可能产生所得,需要按照相应的所得税规定进行处理。比如,代币交易的收益是否需要缴纳资本利得税,代币持有期间是否需要缴纳所得税等。再次,在代币用于商品或服务交易时,涉及增值税或营业税的处理。如果代币被认定为货币,可能不适用增值税;但如果被认定为商品,则可能需要缴纳增值税。代币的跨境交易还涉及国际税收问题,需要根据不同国家和地区的税法规定进行处理。最后,明确代币的性质,有助于企业和个人明确其在跨境交易中的税收义务,实现税收合规,避免因错误的税收处理带来的法律风险和经济损失;同时,税务机关也可以依据明确的税法规定,进行有效的税收征管。

随着区块链技术和代币经济的发展,税务机关需要根据代币的实际应用情况,制定相应的税收政策和法规,确保税收制度的公平和有效性。明确代币的性质,有助于税务机关制定科学合理的税收政策。因此,代币性质认定的税法意义在于为税收处理提供明确的法律依据,确保税收征管的规范性和有效性,促进区块链技术和代币经济的健康发展。

加密货币通常在首次代币发行中以“代币”形式发行。就广义而言,这些代币可以被归为以下类别:

实用型/功能型代币：此类代币主要用于为用户提供某区块链平台的访问权限，或允许用户使用该区块链平台上提供的产品或服务。持有实用型/功能型代币并不代表投资者对区块链平台的发行实体拥有所有权或债权，而仅意味着其被赋予获取平台相关功能或服务的权利。例如，某个区块链项目可能会发行实用型/功能型代币，允许持有者在其平台上使用特定的应用产品或服务。

证券型代币：与实用型/功能型代币不同，其代表了投资者对该区块链平台的发行实体拥有股权、债权等相关权利。这类代币通常需要遵守特定的金融监管规则，因为它们类似于传统的证券产品。证券型代币的持有者通常有权参与公司决策，或者从公司利润中获得分红。

此外，还有所谓的"原生代币"（Native Tokens）或"可兑换代币"（Convertible Tokens），它们通常作为交易媒介（例如BTC、LTC等）或用于获取在某些区块链底层基础设施上构建和运行去中心化应用的权限（例如ETH、SOL等）。一些加密货币，例如ETH，可以被视为混合代币。它既可以作为其他加密货币项目进行首次代币发行时的支付媒介，也允许用户使用以获取在其平台上构建和运行其他去中心化应用的权限。

综上所述，加密货币世界中的代币可以有多种形式和用途，其中包括提供平台访问权限的实用型/功能型代币，代表发行实体权益的证券型代币，以及作为交易媒介的原生代币或可兑换代币。

虽然世界各国的税法在基本原理上有一些共性，但具体的税收制度和政策因各国的经济、社会、政治和历史背景不同而存在显著差异。这些差异使得各国的税收制度在具体实施和操作上呈现出多样性。为了便于讨论，本节旨在阐述加密货币交易对美国联邦所得税的影响。美国国税局于2014年发布了第一份官方指南，即2014－21号[①]通知（Notice 2014－21）。该通知概述了美国联邦政府对加密货币所得税的处理方式。随后，在2019年10月，美国国税局发布了Rev. Rul. 2019－24和常见问题解答（FAQ）文件，[②]就涉及加密货币交易的税务处理和报告义务提供额外指导。该文件着重于硬分叉和随后的空投涉及的加密货币的税务处理。

2014－21号通知的基本规则是将加密货币视为美国联邦所得税目的下的"财产"，而非"货币"。因此，纳税人不得将加密货币视为《国内税收法典》第

---

① See Internal Revenue Service, *Notice* 2014－21, Internal Revenue Service (Apr. 3, 2014), https://www.irs.gov/pub/irs-drop/n－14－21.pdf.

② See Internal Revenue Service, *Rev. Rul.* 2019－24, Internal Revenue Service (Oct. 9, 2019), https://www.irs.gov/pub/irs-drop/rr－19－24.pdf.

985 条中所定义的功能货币[①]。在美国,功能货币通常是美元,因此加密货币交易不会受到该法典第 988 条中规定的外汇交易规则的影响。[②] 对于纳税人而言,若加密货币被视为财产,则会增加税务处理的程序,原因在于每一次加密货币交易都是对财产的处置。具体而言,每次涉及加密货币的交易,都需要记录和追踪成本基础(每次以法定货币购买加密货币的金额)。此外,当纳税人出售或以其他方式处置加密货币时,需要计算并报告相应的资本收益或损失。[③]

然而,2014 – 21 号通知存在的一个问题是,它似乎仅限于我们所说的"加密货币",而不包括实用型/功能型代币或证券型代币。该通知似乎仅适用于支付商品、服务或出于投资目的而持有的加密货币,并侧重于与法定货币具有等值价值或可替代法定货币的加密货币,通常称为"可兑换虚拟货币"(Convertible Virtual Currency)。然而,从逻辑上讲,实用型/功能型代币和证券型代币也应被视为财产,除非另有明确说明。因此,本节将假设所有代币都被视为财产而非货币,以便讨论美国联邦所得税相关问题。

一、首次代币发行

初创企业可以选择将首次代币发行(也称首次代币发售、区块链众筹)作为筹集资金的一种方式,通过向公众出售代币来为开发、维护、发售相关产品或者服务的项目进行融资。这些代币可能赋予持有者使用平台服务、参与治理或享有其他特定权益的权利。该词是从证券界的"首次公开募股"一词演变而来的。万事达币(Mastercoin)是于 2013 年发行的第一个首次代币发行,被称为"风险投资革命"。[④]

首次代币发行通常是为了支持加密货币及 Web 3 项目发展而发行的新代币,所筹集的资金将被用于开发其平台、产品或服务。一旦平台或产品功能齐全,代币购买者就可以使用代币来访问、使用该项目开发的平台、产品或服务。此外,代币购买者通常可以在没有"锁定期"(Lock-up Period)约束的情况下,将

---

① See United States Congress, 26 *U. S. Code* § 985 – *Functional Currency*, Cornell Law School (Oct. 22, 1986), https://www.law.cornell.edu/uscode/text/26/985.

② See United States Congress, 26 *U. S. Code* § 988 – *Treatment of Certain Foreign Currency Transactions*, Cornell Law School (Oct. 22, 1986), https://www.law.cornell.edu/uscode/text/26/988.

③ 由于每个单位的加密货币(如比特币)都具有独特的交易历史,故其在税务处理上具有独特性。在处置大宗加密货币时,纳税人需要在会计记录中明确标明其所处置的是哪一批次的加密货币。如果美国国税局未来发布的指南允许使用简化的会计方法,例如先进先出法(FIFO)或后进先出法(LIFO),将大大简化纳税人的会计处理和税务申报工作。

④ See SWinxy et al., *Initial Coin Offering*, Wikipedia (June 6, 2023), https://en.wikipedia.org/w/index.php?title=Initial_coin_offering&action=history.

该代币兑换成其他代币或法定货币。与之相对，不太常见的情况则是公司发行的代币代表了公司或其他财产的所有权权益，或者仅作为一种交易媒介。

(一) 首次代币发行对美国发行人的税收影响

1. 概述

美国发行人若为现金、代币或其他财产发行实用型/功能型代币或可兑换代币，可能会被视为销售财产或授予许可，抑或对未来提供服务的承诺。在许多情况下，美国国内发行人将在发行代币时或在未来提供服务时确认收入。

2. 收入性质和来源

美国代币发行人的税收影响取决于其发行收入是否被定性为销售收入、特许权使用费收入或服务收入。同时，还需考虑这些收入是否源于涉及美国税务管辖权的活动，并确定这些收入是否在美国税收目的下的司法管辖范围内产生。

1998 年，美国国税局发布了 Treas. Reg. §1.861 - 18（也被称为“软件条例”），为确定无形资产转让的收入性质提供了判定框架。尽管“软件条例”早在区块链技术出现之前就已经发布实施，但其在逻辑上可以被视为用于确定加密货币交易的收入性质和收入来源的起点。

根据该规定，转让无形财产所得收入分为：(1) 出售著作权；(2) 著作权许可；(3) 出售受版权保护的物品；(4) 租赁受版权保护的物品；(5) 提供与计算机程序相关的服务；(6) 提供与计算机程序相关的专有技术。[①]

(1) 视为销售

一般来说，代币的发行不应被视为知识产权的转让，因为代币购买者通常不会获得对底层区块链技术不受限制的所有权。虽然代币可以提供在区块链平台上构建和运营项目的权利，但这种权利似乎更多地属于服务或许可的性质，即使用区块链底层基础设施的权利，而非拥有某项区块链技术的知识产权或者相关衍生品的生产和发售权利。例如，在以太坊平台上创建私有区块链需要安装 Geth[②]，使用 Geth 创建的私有区块链是基于以太坊基础设施创建的新区块链，而非以太坊的衍生品。虽然私有区块链使用了以太坊的技术和架构，但它通常被视为一个独立运营和管理的实体。

然而，代币的发行可能类似于出售带有版权标记的无形财产，因为购买者获

---

① See U.S. Department of the Treasury, 26 *CFR* § 1.861 - 18 - *Classification of Transactions Involving Computer Programs.*, Cornell Law School (Aug. 14, 1998), https://www.law.cornell.edu/cfr/text/26/1.861 - 18.

② Geth (Go Ethereum) 是以太坊的官方客户端之一，它是由 Go 语言编写的，并且支持以太坊区块链的所有功能，包括智能合约执行、钱包功能和节点同步。

得了与底层区块链平台发展紧密相关的资产(代币)的所有权益和负担(Rights and Burdens),并且可以永久使用。[①] 在这种情况下,代币销售收入的性质将取决于转让人手中代币的性质。新发行的代币不太可能被视为发行人手中的资本资产。由于新发行的代币是为了销售而创建的,因此它们可以被视为库存。

若代币被视为库存,且由发行人"生产",则相关收入来源将根据此库存的生产地点来确定。然而,代币的"生产地点"可能并不总是明确的。[②] 在基于开源技术发行代币的情况下,发行人所在的司法管辖区可能被视为生产地,因为所有实际开发都发生在那里。相较而言,程序员研发、创建或测试代币项目的地点,或许是更为现实的选择。

(2)视为许可

从某种程度上来说,代币的发行可以被视为发行人授予投资者使用其开发的区块链平台的许可。例如,访问平台上的特定内容或利用平台技术创建一个独立的区块链项目,以使用发行人的区块链知识产权,尽管这也可能被视为一种服务。[③] 如果将代币发行视为许可,则收到的代币金额将被视为特许权使用费,这将被视为普通收入。同时,特许权使用费的来源将是使用代币的地方,但由于区块链全球分布的特性,这个地点可能不太容易确定。[④]

(3)视为服务

发行代币所获得的对价可能会被视为对发行人提供服务的补偿。该税务处理路径可能适用于首次代币发行之前的代币,其中发行人接受投资者的对价,并承诺使用这些对价开发相应的技术。尽管发行人的努力通常仅在代币持有人拥有所有权权益的情况下才被视为服务,但任何来自服务的收入都被视为普通收入,且通常来源于提供服务的地点。[⑤] 个人提供的服务通常来源于其提供服务的地点。[⑥] 若服务涉及特定设备,则该设备所在位置也可能影响收入来

---

① See U. S. Department of the Treasury, 26 *CFR* § 1. 861 – 18 – *Classification of Transactions Involving Computer Programs.*, Cornell Law School (Aug. 14, 1998), https://www. law. cornell. edu/cfr/text/26/1. 861 – 18.

② See United States Congress, 26 *U. S. Code* § 863 – *Special Rules for Determining Source*, Cornell Law School (Aug. 16, 1954), https://www. law. cornell. edu/uscode/text/26/863.

③ 一些州也可能采取这样的立场,即若将其视为使用软件即服务(Software as a Service, SaaS)或平台即服务(Platform as a Service, PaaS)的许可,则可能根据现有的州销售税规则进行征税(适用于对此类服务征税的州)。

④ See United States Congress, 26 *U. S. Code* § 861 – *Income from Sources Within the United States*, Cornell Law School (Aug. 16, 1954), https://www. law. cornell. edu/uscode/text/26/861.

⑤ See United States Congress, 26 *U. S. Code* § 861 – *Income from Sources Within the United States*, Cornell Law School (Aug. 16, 1954), https://www. law. cornell. edu/uscode/text/26/861; United States Congress, 26 *U. S. Code* § 862 – *Income from Sources Without the United States*, Cornell Law School (Aug. 16, 1954), https://www. law. cornell. edu/uscode/text/26/862.

⑥ See United States Congress, 26 *U. S. Code* § 861 – *Income from Sources Within the United States*, Cornell Law School (Aug. 16, 1954), https://www. law. cornell. edu/uscode/text/26/861.

源的判定。[①]

此外,区块链平台还可以通过提供在线中介服务将客户与提供商联系起来,或者通过托管以及向代币持有者提供流式传输的信息或内容来提供自动化服务。在这种情况下,由于区块链技术的去中心化和全球性的特质,确定收入来源可能会面临更多挑战,因为这涉及多个参与方和跨区域的复杂交互。

3. 发行人确认收入的时间

通常情况下,收入必须在收到转让财产或提供服务的对价后立即确认,即对于首次代币发行来说,这通常意味着在代币发行时确认收入。然而,在一些特定情况下,如果收到的对价被视为未来的商品或服务的预付款(如在签署未来代币简单协议的情况下),[②]则可以推迟部分税收至下一个纳税年度。未来代币简单协议(Simple Agreement for Future Tokens,SAFT)通常被视为未来使用该项目产品和服务的远期合约。一般而言,根据普通法公开交易原则,在交易完成之前,远期合约的履行通常不会被视为应税事件。[③] 但若协议文件未包含退款规定,那么发行人在收到款项时很可能会被视为已确认收入。[④]

4. 购买者使用代币对发行人的税务影响

根据2014－21号通知的规定,若纳税人将加密货币作为商品或服务的支付方式,其需将代币的公允市场价值计入总收入,以收到代币之日的美元计价。因此,若发行人提供的服务是通过使用其先前发行的代币来实现的,则发行人需在收入中包括代币在使用时的公平市场价值(这可抵消发行人提供服务的成本)。对于发行人为提供服务而收到的代币,其计税基础将是代币在收到时的公平市场价值。这样的规定确保了代币的使用与实际货币交易一样,纳税人需要将其价值纳入报税计算中。

---

① See U. S. Court of Appeals for the Ninth Circuit, *Commissioner of Int. Rev. v. Hawaiian Philippine Co.*, 100 *F. 2d* 988 (9*th Cir.* 1939), Justia (Jan. 17, 1939), https://law.justia.com/cases/federal/appellate-courts/F2/100/988/1485261/; United States Board of Tax Appeals, *Piedras Negras Broadcasting Co. v. Commissioner*, Tax Notes (Jan. 14, 1941), https://www.taxnotes.com/research/federal/court-documents/court-opinions-and-orders/piedras-negras-broadcasting-co-v-commissioner/1l51f.

② See United States Congress, 26 *U. S. Code § 451 – General Rule for Taxable Year of Inclusion*, Cornell Law School (Aug. 16, 1954), https://www.law.cornell.edu/uscode/text/26/451.

③ See U. S. Tax Court, *McKelvey v. Comm'r*, Casetext (Apr. 19, 2017), https://casetext.com/case/mckelvey-v-commr.

④ See United States Congress, 26 *U. S. Code § 882 – Tax on Income of Foreign Corporations Connected with United States Business*, Cornell Law School (Aug. 16, 1954), https://www.law.cornell.edu/uscode/text/26/882; U. S. Department of the Treasury, 26 *CFR § 1. 882 – 4 – Allowance of Deductions and Credits to Foreign Corporations.*, Cornell Law School (Dec. 21, 1990), https://www.law.cornell.edu/cfr/text/26/1.882 – 4; U. S. Court of Appeals for the Third Circuit, *Swallows Holding v. C. I. R*, Casetext (Feb. 15, 2008), https://casetext.com/case/swallows-holding-v-cir.

(二)首次代币发行中代币购买者的税务影响

1. 代币购买

使用法定货币在首次代币发行中购买代币不应成为购买者的应税事件。然而,若代币使用另一种加密货币购买,美国纳税人需要根据所购买代币的价值与用于购买的加密货币的计税基础之间的差额来确认收益或损失。

购买者获得代币的计税基础通常是代币购买时的美元价值。若购买时使用的是另一种加密货币,则需要将这种加密货币在交易时的市场价值转换为美元,以此为计税基础。这种计算方法确保了在报税时,购买者能够准确地记录下他们购买代币的成本,以便未来计算可能产生的资本收益或损失。

2. 代币的销售或使用

若后续出售或转让代币以换取商品或服务,则此类交易通常会触发应税事件,并会产生资本收益/损失或普通收入,这取决于代币持有者的收入性质。收益/损失的金额是代币在出售或转让时的公平市场价值与代币持有者的原始成本基础之间的差额。[①]

若代币被作为投资或交易而持有,那么收益/损失通常应视为资本收益/损失。其被计为短期资本收益/损失还是长期资本收益/损失,取决于代币持有时间是否超过一年。若代币被个人作为个人使用财产持有(例如日常购物消费)而非用于投资,则此类财产被视为资本资产。这种情况下的损失通常不允许作为资本损失进行税务抵扣。

此外,尽管2014-21号通知未明确提及在交易中使用代币可能导致无法识别的情况,但问答中的措辞"适用于财产交易的一般税收原则适用于虚拟货币",大致涵盖这种情况。因此,如果任何其他财产的转让会导致不予承认(《国内税收法典》第351条或第721条),那么向公司提供代币或加密货币以换取其股票或向合伙企业提供以换取合伙权益的情况,通常不应导致任何收益或损失。

若代币既不视为资本资产或个人使用财产,也不符合《国内税收法典》第1231条关于资产的条件(如构成库存)的规定,并且不符合不承认条款下的免税待遇,那么代币购买者将确认其出售或转让的普通收益或损失。迄今为止,对于小额交易没有低额豁免,因此代币持有者面临的一个重要问题是如何确定

---

① See Internal Revenue Service, *Notice* 2014 - 21, Internal Revenue Service (Apr. 3, 2014), https://www.irs.gov/pub/irs-drop/n-14-21.pdf.

所使用的特定代币的成本基础以及作为回报的财产或服务的价值。[1]

二、空投、硬分叉、软分叉和奖励

"空投"一词指的是指项目创始人向现有加密货币持有者免费分发代币或其他数字资产,而无需代币接收者提供任何对价。一般情况下,新上线的区块链项目通常会选择以空投的方式吸引用户,积累用户基数,即向现有的加密货币持有者分发免费的项目代币。项目方也可以利用空投来激励用户参与项目活动,比如使用应用程序、购买商品、推荐新用户或观看广告等。这是一种在加密货币领域很常见的项目营销手段。

"硬分叉"是一种不支持向后兼容的软件升级方式,即当系统中出现了新版本的更新,并且和旧版本不能兼容,新节点只能与运行新版本的软件节点进行交互,而这会导致现有的区块链发生分裂。硬分叉意味着运行在原有区块链上的节点不再接受更新后的版本,即不再遵循新规则。与此同时,硬分叉将催生一个遵循新规则的新区块链,而遵循旧规则的区块链仍然存在。原有区块链的代币持有者通常会在新分叉的区块链上收到与他们在原链上相同数量的新加密货币。例如,2017 年 8 月和 2017 年 10 月因比特币的扩容问题发生的比特币硬分叉,给当时的比特币区块链造成了分裂,硬分叉前的比特币持有者分别获得了比特币现金(Bitcoin Cash,BCH)和比特币黄金(Bitcoin Gold,BTG)这两种新的加密货币。

软分叉是一种支持向后兼容的软件升级方式,升级后的节点仍可以与未升级的节点进行交互。软分叉的升级方式通常是向程序中新添加一条规则,该规则不会与之前的旧规则发生冲突。在软分叉中,代币持有者可能还需要采取一些行动来确保他们的代币与新的协议兼容,这可能包括更新钱包软件或执行其他操作。软分叉通常不会导致新的代币产生,而是更新现有系统的规则。

一般来说,美国纳税人的总收入是指任何来源的所有收入,[2]最高法院将总收入定义为纳税人拥有完全支配权的不可否认的财富。[3] 2019 年 10 月 9 日,美国国税局发布了一项收入裁决(Rev. Rul. 2019 - 24),主要涉及硬分叉和空投中产生的新加密货币的税务处理问题。

---

① See Internal Revenue Service, *Notice* 2014 - 21, Internal Revenue Service (Apr. 3, 2014), https://www.irs.gov/pub/irs-drop/n - 14 - 21.pdf.

② See United States Congress, 26 *U. S. Code* § 61 - *Gross Income Defined*, Cornell Law School (Aug. 16, 1954), https://www.law.cornell.edu/uscode/text/26/61.

③ See U. S. Supreme Court, *Commissioner v. Glenshaw Glass Co.*, 348 *U. S.* 426 (1955), Justia (Mar. 28, 1955), https://supreme.justia.com/cases/federal/us/348/426/.

对于硬分叉产生的新加密货币的税收处理将基于传统加密货币所有者是否能够支配和控制由于硬分叉而产生的新加密货币。若纳税人在硬分叉后对新的加密货币具有直接的支配权和控制权,则纳税人需将这些新加密货币的公平市场价值计入总收入(作为普通收入)。该市场价值确定于纳税人获得控制权之时,同时也成为新加密货币的成本基础。若现有加密货币的所有者在硬分叉时没有获得对新加密货币的支配权和控制权(例如,他们的钱包可能不兼容新区块链产生的新加密货币),那么在硬分叉时将没有收入;当他们获得对新加密货币的支配和控制时,他们可能会获得收入。

与硬分叉类似,美国国税局也将纳税人通过空投或奖励收到的代币视为不可否认的财富获取途径,因此应纳税。[①] 通过硬分叉、空投或作为奖励收到的代币通常必须以其公平市场价值计入收入。大多数空投代币在空投时价值为零,不会产生任何应税收入,除非纳税人在代币价值大于零时获得了对它们的支配权和控制权。然而,通过硬分叉收到的代币(如比特币现金)可能具有重要价值,这可以通过查看纳税人在获得对此类代币的支配权时该代币在交易所的交易价格来确定。作为奖励收到的代币的价值,必须根据事实来确定。[②]

2014－21 号通知没有为确定未在交易所上市的代币的公平市场价值提供任何指导。在这种情况下,适用一般税收规则,纳税人必须通过考虑所有相关因素,尽最大努力来合理确定代币的价值。

持有人在硬分叉、空投中收到的代币或作为奖励的代币应被视为普通收入,因为没有出售或转让导致财富增加的资本资产。收到的代币的成本基础应等于其在收到时的市场价值。而对于软分叉的税收待遇可能会有所不同,因为原始代币的持有者通常必须将这些代币换成新的代币以维持其价值。美国国税局于 2019 年 10 月 9 日发布的常见问题解答澄清了软分叉的相关税收问题,即由于软分叉不创建新的代币,故其在税务上通常不被视为产生新的收入事件,同时纳税人的持有状态保持不变。

---

① See U. S. Department of the Treasury, 26 *CFR* § 1. 61 – 14 – *Miscellaneous Items of Gross Income.*, Cornell Law School (Nov. 26, 1960), https://www. law. cornell. edu/cfr/text/26/1. 61 – 14; U. S. District Court for the Northern District of Ohio, *Cesarini v. United States*, 296 *F. Supp.* 3 (*N. D. Ohio* 1969), Justia (Feb. 17, 1969), https://law. justia. com/cases/federal/district-courts/FSupp/296/3/1982804/; U. S. Tax Court, *Hornung v. Commissioner*, Quimbee (Jan. 27, 1967), https://www. quimbee. com/cases/hornung-v-commissioner; U. S. Court of Appeals for the Seventh Circuit, *Haverly v. U. S.*, 513 *F. 2d* 224 (*7th Cir.* 1975), Justia (Jan. 10, 1975), https://law. justia. com/cases/federal/appellate-courts/F2/513/224/81195/.

② See Internal Revenue Service, *Announcement* 2002 – 18, Internal Revenue Service (Mar. 18, 2002), https://www. irs. gov/pub/irs-drop/a – 02 – 18. pdf.

三、在外国司法管辖区发行代币

外国发行人可以通过在外国司法管辖区发行代币，来规避美国当局对首次代币发行征税。然而，如果他们的业务活动涉及美国市场或与美国有重要接触，比如若外国发行人的收入来源于美国，则外国发行人的部分或全部收入可能仍受美国税收法的管辖，这将取决于收入的性质（销售、特许权使用费或服务）、公司管理层的所在地、决策制定的地点，以及是否曾在美国进行营销或销售活动等多重因素。

一般规则是，外国人出售个人财产的收益来源于卖方所在地的管辖权，[①]但若代币被视为发行人的库存（这是很可能发生的情况），则适用特殊规则。若库存被认为由发行人"生产"，那么从这些代币中获得的收入将根据"生产活动"发生的地理位置来分配。这意味着若生产活动在美国和其他国家都有进行，收入将根据这些活动在各地的比例来分摊。[②] 这样的分配是为了确保税收合理地反映生产活动的地理分布。同时，在确定代币的生产地点时，应考虑项目发起人和知识产权开发的地点。

尽管外国发行人可能有机会规避美国当局对首次代币发行征税，但外国发行人的美国股东可能不会那么幸运。若知识产权在美国开发，那么向外国公司提供这些知识产权以换取其股票，通常会被视为应税事件。[③] 在某些情况下，这可能会导致税务上的"倒置"现象，即在某些特定条件下，外国实体可能被视为美国公司进行税务处理。[④] 美国人向外国公司实际出售或许可此类知识产权也可能触发应税事件，并受到美国转让定价规则（Transfer Pricing Rules）的约束。[⑤] 这些规则要求关联方之间为购买、许可、租赁或使用财产而支付的款项按公平市场价值确定，这要求收到的对价（无论是一次性支付还是分期支付）与相关财产或服务的实际市场价值相匹配。此类规定旨在防止利用内部定价机制来转移利润或避税。

---

① See United States Congress, 26 *U. S. Code* § 865 – *Source Rules for Personal Property Sales*, Cornell Law School (Oct. 22, 1986), https://www.law.cornell.edu/uscode/text/26/865.

② See United States Congress, 26 *U. S. Code* § 863 – *Special Rules for Determining Source*, Cornell Law School (Aug. 16, 1954), https://www.law.cornell.edu/uscode/text/26/863.

③ See United States Congress, 26 *U. S. Code* § 367 – *Foreign Corporations*, Cornell Law School (Oct. 22, 1986), https://www.law.cornell.edu/uscode/text/26/367.

④ See United States Congress, 26 *U. S. Code* § 7874 – *Rules Relating to Expatriated Entities and Their Foreign Parents*, Cornell Law School (Oct. 22, 2004), https://www.law.cornell.edu/uscode/text/26/7874.

⑤ See United States Congress, 26 *U. S. Code* § 482 – *Allocation of Income and Deductions Among Taxpayers*, Cornell Law School (Aug. 16, 1954), https://www.law.cornell.edu/uscode/text/26/482.

此外,由于作为受控外国公司[①](Controlled Foreign Company,CFC)的外国发行人的持续运营可能会产生子部分 F 收入(Subpart F Income)或全球无形低税收收入(Global Intangible Low-Taxed Income,GILTI),任何直接或间接持有该受控外国公司 10% 以上投票权或价值的美国股东可能需要为其受控外国公司股份相关的特定收入纳税。此外,若外国公司有资格成为被动外国投资公司(Passive Foreign Investment Company,PFIC),那么它可能会为其某些不受受控外国公司规则约束的直接或间接的美国所有者生成一份问题清单。[②] 总之,虽然使用外国司法管辖区发行代币可能有利于规避美国对首次代币发行的征税,但在处理此类情况时,需要谨慎考虑各种潜在税收后果,以确保合规性。

四、投资、交易和经营加密货币

虽然分界线很模糊,但若个体交易频繁且数量庞大,[③]通常会被视为交易者而非投资者。这是因为交易者的行为更偏向于短期交易,而投资者则更倾向于长期持有。尽管交易者和经营者都可以在很短的时间内买卖,并从跨境价差中套利,但经营者和交易者之间的主要区别在于,经营者拥有自己的客户群体并向这些客户销售商品或服务,而不仅仅参与市场交易。在这种情况下,经营者从加密货币交易中获得的收入或承受的损失,通常被视为经营性普通收入,而不仅仅作为市场交易的资本收益或损失。这一点在税务处理上尤为重要,因为经营性收入通常遵循与其他商业活动相同的税务规则。

相比之下,投资者或交易者持有的加密货币通常被视为资本资产。当这些加密货币被出售或以其他方式处置时,产生的收益/损失通常被视为资本收益/损失。这与上述经营者的经营性收入有显著不同(通常源自经常性的业务活动)。至于其具体应归为短期收益/损失还是长期收益/损失,取决于出售或处置的加密货币是否被持有超过一年。综上所述,要确定个人是投资者、交易者还是经营者,需要考虑多个因素,包括交易的频率、数量、持有期限以及交易的性质。

---

① 受控外国公司是指由美国股东持有超过 50% 股权(按投票权或价值计算)的外国公司。其中,每个美国股东必须直接、间接或通过关联关系持有该公司至少 10% 的股权(按投票权或价值计算)。

② See United States Congress, *U. S. Code* § 1291 *to* § 1298, Form 8621 Calculator (Oct. 22, 1986), https://www.form8621.com/codes-and-regulations/.

③ See United States Tax Court, *Ball v. Commissioner*, *T. C. Memo.* 2000 – 245, Leagle (Aug. 8, 2000), https://www.leagle.com/decision/200026480aotcm1841224; United States Tax Court, *Frederick R. Mayer v. Commissioner*, *T. C. Memo.* 1994 – 209, Bradford Tax Institute (Apr. 25, 1994), https://www.bradfordtaxinstitute.com/Endnotes/TC_Memo_1994 – 209.pdf; United States Tax Court, *Holsinger v. Commissioner*, *T. C. Memo.* 2008 – 191, Bradford Tax Institute (Aug. 20, 2008), https://www.bradfordtaxinstitute.com/Endnotes/TC_Memo_2008 – 191.pdf.

(一)收入来源

作为一般规则,美国居民出售个人财产(库存除外)的收入,无论财产位于哪里,通常都被视为来自美国,须在美国报税;而非美国居民的收入在美国的税务责任通常限于其在美国境内的收入,其出售个人财产(如果该财产位于美国境外)的收入通常被视为来自美国境外,而不需要在美国报税。[①] 库存是出于商业销售目的而持有的商品或产品。当美国居民或非居民出售库存时,收入的来源取决于库存的所在地和销售的性质。若库存位于美国并在美国进行销售,那么所得收入通常被视为来自美国,无论卖家是美国居民还是非美国居民。

(二)美国加密货币交易商的税收

从事加密货币交易的美国纳税人可能应纳税或免税(如个人退休账户或其他退休基金、慈善组织等)。作为个人的美国纳税人一般将按照美国联邦所得税的税率来报税。短期资本收益(持有期少于一年的资产的收益)和普通收入的最高税率为37%,长期资本收益(持有期超过一年的资产的收益)的最高税率为20%。此类个人投资者还可能对其净投资收入缴纳3.8%的净投资所得税(Net Investment Income Tax,NIIT),其中可能包括来自加密货币或加密基金的收入。作为公司的美国应税投资者通常会按照21%的统一税率缴纳美国联邦所得税,不论其收入是资本收益还是普通收入,也不论其来源如何。[②]

对于美国免税实体(如退休基金、慈善组织等),美国当局通常只对其通过加密货币交易(属于"商业活动")获得的不相关的业务应税收入征税。该收入是指那些与免税实体的主要免税目的无关的商业活动所产生的收入。通常情况下,处置"财产"的收益/损失明确被排除在该收入之外,除非该财产承担收购债务或被定性为不相关的商业活动的库存。[③] 由于加密货币被视为税务目的下的"财产",因此若免税实体仅作为交易者或投资者进行加密货币交易,而不是将其作为商业库存持有,则这些交易所得的收益通常不被视为不相关的业务应税收入。[④]

---

① See United States Congress, 26 *U. S. Code* § 865 – *Source Rules for Personal Property Sales*, Cornell Law School (Oct. 22, 1986), https://www.law.cornell.edu/uscode/text/26/865.

② See United States Congress, 26 *U. S. Code* § 7201 – *Attempt to Evade or Defeat Tax*, Cornell Law School (Aug. 16, 1954), https://www.law.cornell.edu/uscode/text/26/7201; United States Congress, 26 *U. S. Code* § 512 – *Unrelated Business Taxable Income*, Cornell Law School (Aug. 16, 1954), https://www.law.cornell.edu/uscode/text/26/512.

③ See United States Congress, 26 *U. S. Code* § 512 – *Unrelated Business Taxable Income*, Cornell Law School (Aug. 16, 1954), https://www.law.cornell.edu/uscode/text/26/512.

④ See U. S. Department of the Treasury, 26 *CFR* § 1.864 – 2 – *Trade or Business Within the United States.*, Cornell Law School (Jan. 1, 1980), https://www.law.cornell.edu/cfr/text/26/1.864 – 2.

(三)外国交易者的加密货币税收

美国对非美国居民或实体的加密货币交易者税收通常取决于其所赚取的收入是否被归类为与美国贸易或业务紧密相关的有效关联收入(Effectively Connected Income,ECI)。若收入与在美国进行的贸易或业务有直接关联,则可能被视为有效关联收入,需在美国纳税;若收入主要来源于投资,则可能不被视为有效关联收入。

1. 有效关联收入

外国人在美国从事的股票、证券或商品交易,若构成美国所得税目的下的贸易或业务,则通常会产生有效关联收入。根据《国内税收法典》第 864 条(b)(2)款规定的"交易安全港"条件,某些情况下外国人在美国为自己的账户进行股票、证券、商品以及相关衍生品交易所产生的收益和损失,通常不会被视为从事美国贸易或业务。这意味着外国交易者可以通过自己的人员或通过在美国的代理人(如经纪人、佣金代理人、托管人等)进行交易,而不产生有效关联收入,只要这些交易符合"交易安全港"规定。①

外国加密货币交易者在美国税务方面面临的主要问题是,除了少数例外情况,加密货币通常不符合美国税收目的下股票、证券或商品的资格。美国税法中对证券的定义与证券法中对证券的定义有显著不同。在税法中,证券仅包括公司的股票、某些类型的合伙企业或信托权益,以及债券或其他债务证券,②大多数加密货币似乎不太符合这些传统证券类别。若想获得商品资格,加密货币必须在美国的商品交易所如芝加哥商品交易所(Chicago Mercantile Exchange)或芝加哥期权交易所(Chicago Board Options Exchange)上市,且不构成在"普通商业渠道"交易的货物或商品。③

美国国税局发布的一项涉及外币的私人信件裁决明确了外币也被视为美国税收目的下的"财产",为了使外币交易符合"交易安全港"的资格,涉及外币的具体交易必须在商品交易所进行交易。④ 当前,比特币衍生品在受商品期货交易委员会监管的交易所上进行交易,因此比特币或比特币衍生品(但不包括

① See United States Congress,26 *U. S. Code* § 475 – *Mark to Market Accounting Method for Dealers in Securities*,Cornell Law School (Aug. 10,1993),https://www.law.cornell.edu/uscode/text/26/475.

② See U. S. Department of the Treasury,26 *CFR* § 1.864 – 2 – *Trade or Business Within the United States*,Cornell Law School (Jan. 1,1980),https://www.law.cornell.edu/cfr/text/26/1.864 – 2.

③ See U. S. Department of the Treasury,26 *CFR* § 1.864 – 2 – *Trade or Business Within the United States*,Cornell Law School (Jan. 1,1980),https://www.law.cornell.edu/cfr/text/26/1.864 – 2.

④ See Internal Revenue Service,*PLR* 8326013,Internal Revenue Service (Dec. 27,1982),https://www.irs.gov/charities-non-profits/charitable-organizations/exempt-organizations-private-letter-rulings-and-determination-letters.

其他加密货币)的交易活动可能符合“交易安全港”的条件。①

尽管加密货币交易的收入可能不满足美国税法下的“交易安全港”的条件,但若交易完全在美国境外进行(即交易决策由个人在境外作出或由公司实体的境外人员作出,并在境外执行),则这些交易通常不会被视为从事美国贸易或业务,因此通常不会被美国当局征税,除非相关交易收入的最终受益人是美国公民或居民,在这种情况下,这些美国公民或居民应在美国报税,无论交易是否在美国境外进行。

2. 投资收入

外国个人或实体出售作为投资持有的加密货币的收益/损失通常无须向美国当局纳税,因为它符合资本收益/损失的条件,并来源于外国卖方的国家。但值得注意的是,若该实体是合伙企业或其他形式的税收透明实体(Tax Transparent Entity),或者该实体受到美国反递延规则(Anti-Deferral Rules,旨在防止美国纳税人通过外国实体延迟或避免税收)的约束,即为受控外国公司或被动外国投资公司,则该实体的美国成员可能需要在美国报税。综上所述,外国个人和实体在投资加密货币时需要考虑一系列复杂的税务问题,特别是涉及税收透明实体和反递延规则的问题。

第十四节 加密货币发行者融资的法律规制

在加密货币行业的快速发展中,许多加密货币发行者面临着规模扩张和开拓更多新市场的机遇。为了快速占领市场,加密货币发行者的所有者或管理团队可能会考虑从加密货币市场以外的渠道融资,无论通过私人资本市场(Private Capital Markets)还是公共资本市场(Public Capital Markets)。这些渠道可能包括私募、首次公开募股、特殊目的收购公司(Special Purpose Acquisition Company,SPAC)或直接上市(Direct Listing)。每种融资方式都有其独特的优势和劣势,加密货币发行者在选择融资途径时需要根据自身的需求、市场条件以及长远战略进行综合考虑。这一领域的动态和实践是多变的,因此加密货币发行者需要密切关注市场趋势和监管环境的变化。本节将主要基于美国法对

① See Commodity Futures Trading Commission, *Commodity Futures Trading Comm'n v. McDonnell*, Commodity Futures Trading Commission (Mar. 6, 2018), https://www.cftc.gov/sites/default/files/idc/groups/public/@lrenforcementactions/documents/legalpleading/enfcoindroporder030618.pdf.

此进行详细探讨。

对于首次涉足资本市场的加密货币发行者，以下几点至关重要：

1. 在发行证券时，无论采用记账式还是实物证明的形式，证券发行数量需要被明确规定。相较于传统证券，使用分布式账本或区块链技术发行的证券面临着一个不断演进的法律和监管环境。因此，若选择这条路径，就需要精心规划，以确保遵守当前和未来可能出现的法规要求。

2. 资本市场投资者在加密领域的认知度和经验度方面存在较大差异。公司需要在演示文稿或更正式的书面报价材料中详细阐释其业务布局和财务状况等。

3. 准备这些材料需要时间，因此提前规划是关键。在这个过程中，引入多方专业团队（包括战略、财务、法律和会计等团队成员代表）参与准备工作，是极为重要的。

4. 根据美国证券法的要求，所有材料内容必须准确，且不具有误导性。若不遵守该规则，公司可能要对投资者相应损失负责。积极咨询经验丰富的律师，可帮助规避此类风险。

5. 投资银行或配售代理等金融中介机构可以帮助匹配和招揽投资者，并提供关于打造引人注目的营销故事方面的建议。但这些金融中介也需要在协助公司进行融资交易之前就提前了解公司的核心情况，包括业务布局、人员构成等。因此，与金融中介顾问合作进行预先的"尽职调查"非常重要。

6. 每个融资方式都有利弊。因此，在确定最适合自己的融资途径时，公司需要考虑多个因素，包括其团队是否准备好履行上市公司的责任和义务、现有股东的转售机会、所需现金额、交易相关成本，以及资金需求紧迫性等。

一、数字资产证券融资

许多加密货币发行者在考虑融资方式时，可能会倾向于发行证券型代币，而不是选择由公司通过投资银行发行，并在获得批准后在受监管的中心化交易所进行交易的传统证券。这种方法在美国面临着独特挑战，主要是因为美国证券交易委员会和美国金融业监管局（Financial Industry Regulatory Authority, FINRA）[①]对于交易所、券商和其他中介机构在处理数字资产证券操作方面，特别是在托管、清算和结算这些关键环节上提供的指导并不明确。

现行规则基本上不允许任何持有全牌照的券商为数字资产证券提供服务。

---

① 美国金融业监管局是一个经政府授权的非营利组织，负责监管美国的经纪交易商（Broker-Dealers）。

鉴于券商在资本市场运作中扮演的不可或缺的角色,因此相应的券商规则在很大程度上制约了数字资产证券的发展。

二、特定的监管披露要求

加密货币发行者向潜在投资者披露的信息量和类型取决于其选择的融资类型。在私募情况下,披露的灵活性较高,发行材料的内容主要由市场需求(投资者)驱动,细节相对较少;而在首次公开发行、直接上市以及特殊目的收购公司交易中,披露要求更加严格和结构化,涵盖特定的监管要求和更详尽的发行材料。

无论是哪种方式,大多数发行材料将至少包含以下内容:(1)业务描述;(2)优势和战略总结;(3)财务数据(可能包括经审计的历史财务报表);(4)对投资相关风险的描述。此外,为确保信息的准确性和完整性,通常会进行尽职调查程序,以充实和验证发行材料的内容。

三、重要的尽职调查

尽职调查是所有非公开或公开融资交易中不可或缺的一部分。其核心目的是帮助投资者评估投资目标企业的机遇和风险。在这一过程中,金融中介机构扮演着关键角色,其需要深入理解投资目标企业的机遇与风险状况,以便全面评估并有效地向投资者传达这些信息。同时,金融中介机构还需要使自己免于声誉、监管和责任方面的风险。例如,金融中介机构会特别关注企业的合规性工作的质量和范围,因为作为受监管实体,若其参与的融资项目在合规性方面存在问题,可能会导致其自身声誉受损,并面临监管审查。

金融中介机构及发行人也有充分的动机进行尽职调查,并仔细审查发行材料的内容。这是因为若投资者的投资损失源于投资目标企业在交易营销过程中提供的不准确陈述或误导性信息,金融中介机构可能需要承担相应的责任。根据证券法律规定,金融中介机构需要在公开发行中证明其进行了充分的尽职调查,并合理地相信发行材料的准确性;或在非公开发行中证明其没有鲁莽行事,避免因误导或不完整的信息披露而承担法律责任。

在任何融资交易中,专业的金融中介机构以及有经验的投资者(特别是在私募发行中的投资者)都会遵循成熟的、系统的尽职调查流程。然而,加密货币发行者会面临独有的监管尽职调查问题。因此,这些公司最好能预见并准备好应对这些潜在问题,并提供合适的答案和相应文件,以便更好地应对尽职调查带来的挑战。

(一)监管调查的重点

在进行尽职调查时,投资者通常会关注加密货币发行者的合规性。他们可能会要求查看相关的合规证明,如许可证副本,以及公司为减少监管风险而制定的政策和程序。投资者也可能希望与公司的创始团队或核心成员探讨合规问题。在尽职调查期间,加密货币发行者需要考虑的关键监管问题如下:

1. 证券法:对于加密货币发行者来说,其将面临的一个主要风险是,他们有可能被视为进行了未经许可的证券交易。例如,他们之前发行的一个或多个加密货币可能无意中违反了美国证券法律规定,涉嫌发行未经许可的证券;又如,他们可能曾允许未经注册的证券在其平台上交易。这一点对投资者来说尤为重要,因为它可能会对公司的合规性和未来运营的可持续性产生广泛影响。这是因为在美国,证券的发售或出售必须进行注册或符合豁免条件,交易所、经纪商等市场参与者都需要在美国证券交易委员会注册。[①]

目前,由于缺乏明确的监管标准来判定数字资产是否属于证券,加密货币发行者可能面临美国证券交易委员会和投资者的事后审查风险。因此,积极咨询法律顾问有助于降低风险,并规避可能的法律风险。投资者也可能希望审查投资目标企业根据其外部律师给出的法律建议所采取的措施,并与其外部律师就这些问题直接进行交流,以更好地理解投资目标企业可能面临的法律和监管风险。

2.《1940 年投资公司法》《1940 年投资顾问法》:许多人可能误以为这些法规通常与共同基金(Mutual Fund)或其他类似企业(包括各种类型的投资信托、对冲基金、私募股权基金、风险投资基金等)有关,不适用于加密货币发行者。然而,“投资公司”和“投资顾问”的实际定义比直觉上的定义更为广泛。特别是在涉及新兴市场和产品(如加密货币)时,这些法律的应用可能会扩展到传统定义之外的实体和活动。

被归类为投资公司或投资顾问会触发烦琐的监管要求,包括运营限制(如对投资组合的多样性和杠杆率的限制或对发债能力的限制等)以及登记报告要求(包括定期向美国证券交易委员会提交详细报告),这将使持续运营变得复杂且困难。因此,企业需要与法律顾问讨论这个问题,以便在必要时调整业务模式,规避这些分类及其带来的监管和限制。

---

① 例如,2021 年 8 月 9 日,美国证券交易委员会对数字资产交易所 Poloniex,Inc. 发出了一项禁止令(Cease and Desist Order),指控其在运营一个交易平台时违反了《1934 年证券交易法》第 5 条,涉嫌经营未注册的交易所。SEC 表示,Poloniex 促成了“作为投资合同且因此被视为证券的数字资产”的交易。

3. 商品监管法规：美国商品期货交易委员会的监管范畴已延伸至衍生产品，并已开始对加密货币现货市场中的欺诈、操纵行为以及运营未注册的受监管实体和中介机构的个人采取执法行动。

撇开欺诈和其他不良行为不谈，各公司应意识到，美国商品期货交易委员会已发布指导意见拓展了其对衍生品监管范围，尤其是针对散户投资者的杠杆或保证金交易，并要求积极追查涉及现货市场的不当交易行为，比如看似微不足道的洗牌交易（Wash Trading）和未披露的自营交易（Undisclosed Proprietary Trading）。因此，加密货币发行者制定和实施政策以遵守美国商品期货交易委员会的监管要求是非常重要的。

4. 反洗钱：加密货币发行者应遵守1970年《银行保密法》关于货币服务业务的规定、货币转移许可要求、国家加密监管制度和反洗钱法律法规等。除了担心加密货币发行者的合规性，投资者（尤其是银行）还担心投资可能会损害其自身的合规性（例如，银行必须确保遵守其在使用收益方面的反洗钱义务）。适用于金融机构的法规也使公司面临潜在的声誉和法律风险，如犯罪分子通过加密交易进行洗钱等操作。鉴于在一个分散的全球市场上履行反洗钱义务的困难性，加密货币发行者需要在人员和技术方面进行大量投资，以降低此类风险。

5. 隐私法：对客户或其他个人数据的保护不当，可能会引发隐私法的合规性问题。加密货币发行者应意识到，隐私法可能会提出一系列广泛的要求。例如欧盟的《通用数据保护条例》可能适用于与欧盟内的人员进行业务往来的境外实体。

6. 网络安全：加密货币发行者还面临网络安全方面的黑客攻击、代码漏洞或其他事件造成的运营损害风险，以及不遵守监管规定（如未能获得所需许可证）的风险。网络安全是信息披露的一个关键领域，不仅对投资者如此，对美国证券交易委员会也是如此。因此，公司应确保网络安全风险（包括任何过去发生的网络安全事件）被准确地披露给投资者，并在发行文件中进行说明，以履行披露责任，从而防范相关的法律风险。

7. 税务风险：税务风险包括未能汇出或扣缴适当的税款，这可能使纳税人面临成为“逃税者”的声誉受损风险，以及可能面临相关法律强制措施。关于加密货币的征税指导很少，且在很大程度上不利于纳税人，因此应谨慎处理。加密货币发行者应随时关注该领域的最新发展动态，并确保遵守所有相关的税务变更。

8. 其他领域：除上述关键监管问题外，还有许多其他监管相关领域可能会成为尽职调查的重点。其中包括商业法和破产法处理、托管风险、竞争和反垄断法、政治、立法和监管对策以及消费者保护问题。加密货币发行者应意识到尽职调查的广泛性，并准备好就广泛的监管主题提供材料，并回答相关问题。

（二）非监管尽职调查内容

除上述监管尽职调查外，公开或非公开资本市场融资还通常包括以下几个方面的非监管尽职调查：

1. 财务和业务尽职调查：这方面的尽职调查通常在包括高级管理层在内的管理层尽职调查会议上进行。在此期间，发行人、银行及其法律顾问会审查和讨论公司的历史财务信息、运营情况、当前业务状况、业务规划、发展前景和其他相关数据。

2. 文件和法律尽职调查：这方面的尽职调查涉及律师对公司主要文件的审查，包括公司内部文件（如章程、会议记录和决议等）、重要合同、审计师的诉讼函，以及与知识产权（许可证、专利和商标等）相关的材料。在许多非公开和公开证券发行中，律师会提供一份否证声明（Negative Assurance）或 10b－5 信函，说明他们没有发现任何可能导致他们认为披露文件存在重大误述或遗漏的情况。否证声明和 10b－5 信函是金融中介机构尽职调查辩护的关键组成部分。

3. 会计尽职调查：这方面的尽职调查包括与公司财务团队和审计师就公司的财务报表、审计流程和相关事项进行探讨。在许多非公开和公开证券发行中，公司的审计师会向金融中介机构提交一份“安慰函”（Comfort Letter），以确认其独立性（这是公开交易中的一项要求），并确认其已审查和确认发行文件中包含的特定财务数据。

四、发行股票、债券、可转换债券的选择

在任何资本市场融资交易的初始阶段，发行何种类型的证券是一个关键问题。对于初创企业来说，股权融资（Equity Financing）通常具有吸引力，主要因为它能提供无需偿还的永久性融资。然而，这种方式也意味着必须让渡公司的一部分经济利益作为代价。在股权融资中，若发行的是有投票权的股份，公司还需要让渡一部分公司控制权。

传统债券融资（Debt Financing）对初创公司来说不那么受欢迎，主要是因为它涉及支付利息和本金的偿还。此外，若公司尚未显示出稳定的税息折旧及摊销前利润（EBITDA），债券市场可能不会接受其债券发行，或者可能要求更高的利率来补偿更高的风险，抑或要求对公司的经营活动施加一系列合同限制（如对公司产生新债务能力的限制或对股东分红的限制等），以此来保护债权人的权益。

可转换债券(Convertible Bond,CB)是一个值得关注的选项,因为持有者拥有将其转换为公司股权的权利,这种转换权可以在特定条件下,如在特定期限内或股票价格达到特定水平时行使。这种转换权实际上相当于一种有价期权,从而可以显著降低债券的利率,因为债券的价值部分体现在转换权上。然而,这也意味着持有者在转换时,特别是在公司估值较低情况下转换时可能面临股权的稀释。

五、用于筹集资金的交易类型

在资本市场上,常见的融资交易类型包括私募、首次公开发行、特殊目的收购公司和直接上市。

(一)私募的关键考虑因素

根据美国《1933年证券法》,所有证券发行都必须在美国证券交易委员会登记,除非符合特定的豁免条件。私募恰好满足豁免条件,它允许公司不通过公开市场,而私下向特定类型的投资者发行证券。[①] 也就是说,私募仅面向具有一定投资经验和知识储备的投资者发行和出售证券。通常获批以私募方式购买证券的投资者包括:(1)"合格投资者"(Accredited Investor,包括资产超过500万美元的实体,或净资产超过100万美元、年收入超过20万美元、与配偶共同超过30万美元的个人);(2)"合格机构买家"(Qualified Institutional Buyer,QIB,指拥有或投资至少1亿美元证券的机构和某些其他机构投资者);(3)美国以外的投资者。

1. 私募交易的典型形式包括:直接向投资者或通过金融中介机构出售少数股权,通过风险投资融资轮募资,以及向多个机构、合格投资者和非美国投资者发行更广泛的私募证券投资机会。私募发行的证券不能在纽约证券交易所(NYSE)或纳斯达克股票交易所(NASDAQ)等美国交易所上市,而通常会在其他司法管辖区,如卢森堡、新加坡或爱尔兰等上市。私募证券有时会附带登记权,即发行人承诺未来将在美国证券交易委员会登记这些未登记证券,这通常是为了使这些证券在将来能够在公开市场上交易。

2. 私募的优势:私募相较于传统首次公开募股速度更快、成本更低,因为美国证券交易委员会不会对其发行文件进行审查和评论。同时,正确实施的私募也不会触发美国证券交易委员会成本高昂的报告义务。

3. 私募的劣势:私募中出售的证券通常没有现成的转售市场,并且将受到

① 私募通常根据美国《1933年证券法》第4(a)(2)条进行,该条款豁免了不涉及公开发行的发行人交易的注册要求。

证券法对其可转让性的限制。这些因素可能会限制投资者的流动性。

4. 私募的主要参与方：私募中有不同类型的参与方。例如：

（1）私募中介机构：在传统的私募交易中，私募中介机构通常作为注册的经纪交易商，连接投资者与发行证券的公司，并在准备发行材料时提供实质性建议。

（2）发行人审计师：审计师协助发行人准备财务报表，并向金融中介机构发送安慰函。

（3）律师：律师在资本市场发行中扮演多种角色，通常是纽约州的律师，因为许多资本市场发行都是根据纽约法律进行的，但也可能包括发行人运营所在司法管辖区的本地律师。在某些情况下，他们向配售代理提交否证声明或 10b－5 信函，并协助准备配售文件和相关合同。

（二）公开募股的关键考虑因素

首次公开募股（IPO）指的是公司通过承销商在美国证券交易委员会注册后，首次向公众投资者公开出售其股份的过程。这些证券由于经过注册，故可以向公众广泛出售，且不受与私募中出售的未登记证券相同的转让限制。通常情况下，传统首次公开募股发行的证券通常在纽约证券交易所或纳斯达克股票交易所等美国交易所上市。

1. 首次公开募股的优势：首次公开募股是一种历史悠久且广受认可的公开募资方式，它在全球资本市场上享有良好声誉。通过首次公开募股，公司可以一次性筹集大量资本，并且在公司上市之后，现有股东可以在公开市场上按需出售股份。

与直接上市相比，首次公开募股的一个重要优势是承销商协助推广公开募资给大量潜在投资者，这有助于实现证券的广泛发行，并为未来的筹资活动建立一个预备的流动市场。首次公开募股中的承销商还会支持售后市场交易。在定价方面，传统首次公开募股可能会获得更有利的市盈率倍数（P/E Ratio）。

2. 首次公开募股的劣势：首次公开募股比私募成本更高，过程也更漫长。登记报表的准备通常需要耗费 1～2 个月的时间，需要管理层、公司律师和审计师的高度参与。此外，它还涉及美国证券交易委员会的审查和评论过程，这一过程可能需数月才能完成，并且还需要支付美国证券交易委员会的登记费。[①] 与私募相比，首次公开募股的尽职调查和其他相关流程通常也更加复杂。

---

① See U. S. Securities and Exchange Commission, *Filing Fee Rate*, U. S. Securities and Exchange Commission (Oct. 1, 2023), https://www.sec.gov/edgar/filer/filing-fees/filing-fee-rate.

首次公开募股还需要应对更复杂的监管环境,包括持续的公司治理、财务报告的内部控制,以及向美国证券交易委员会提交的披露要求。这些要求包括定期向公众提供年度报告、季度报告和当前报告。

3. 首次公开募股中发行人需要披露的文件:首次公开募股的关键披露文件是"注册文件"(Registration Statement),注册文件中包含招股说明书(Prospectus)。与私募发行的发行材料不同,注册文件需向美国证券交易委员会提交并向公众提供。这是一份综合性文件,详细阐释了发行人的业务、风险、财务状况,以及证券发行的具体结构等信息。注册文件的内容需遵守美国证券交易委员会法规、交易所规则以及市场惯例。

注册文件必须包括根据美国一般公认会计原则(Generally Accepted Accounting Principles,GAAP)审计的国内公司的两年历史财务报表。[①] 任何中期财务报表都可能未经审计,但必须接受审计师的有限审查,并且必须符合美国证券交易委员会的相关要求。

4. 首次公开募股中股东的注意事项:在首次公开募股中,承销商通常要求现有股东和员工遵守锁定期,这通常会限制他们在首次公开募股后 180 天内出售证券。此外,公司的某些股东,通常包括创始人、董事和高级管理人员,被要求通过美国证券交易委员会的电子数据收集、分析和提取系统(Electronic Data Gathering,Analysis,and Retrieval,EDGAR)系统公开报告他们的所有权等信息。需要报告其所有权的股东包括拥有上市公司 5% 以上股权的所有者、董事和高级管理人员。董事、高级管理人员和拥有公司 10% 以上股权的所有者通常必须上交在 6 个月内通过购买和出售发行人权益证券(Equity Securities)获得的任何"短线利润"(Short-Swing Profits)。

5. 首次公开募股的主要参与方:首次公开募股中的主要参与方与私募中的参与者存在一些差异。

(1)承销商:承销商在首次公开募股中扮演着核心角色,其与发行人签订"承销协议"(Underwriting Agreement),承诺在发行时购买证券,并协助进行营销和编制招股说明书。通常有 1 ~3 家牵头银行为主承销商(Lead Bookrunner),负责领导承销银团,并就估值和发行结构向发行人提供咨询,建立订单簿并确定发行价格。其他参与的银行通常被称为"共同管理人"(Co-managers)。

---

① 本节假设公司具有新兴成长型公司(Emerging Growth Company,EGC)身份。如果在首次公开募股时不具备 EGC 身份,报告和监管义务(包括财务报表方面的要求)将更加繁重。为了符合 EGC 资格,公司在最近一个完整财年的总收入必须少于 10.7 亿美元。

(2)发行人审计师:在首次公开募股中,审计师必须保持独立,不得提供禁止的非审计服务。他们的角色包括审核公司的财务报表,并在某些情况下提供审计意见。

(3)法律顾问:除了在私募中发挥作用外,法律顾问在首次公开募股中还需协助指导和管理与美国证券交易委员会相关的程序和流程。

(4)独立首次公开募股顾问:越来越多的公司在首次公开募股过程中选择聘请独立首次公开募股顾问,以提供战略建议,并帮助评估主承销商的建议和投入。

6. 发行人的多重结构或双重结构:指公司设有两种或多种拥有不同投票权的股票。高投票权股票可授予创始人或其他关键所有者,赋予其在公司的未来发展战略上更大的话语权。采用多重结构的知名公司包括 Snap、Meta、Alphabet 和阿里巴巴等。多重结构可以在首次公开募股过程中实施,以影响公司治理和控制结构。

多重结构的支持者认为,它使管理层和某些股东免受"短期主义"的影响。然而,这种结构的主要缺点在于可能会因为投资者的关键反应,而对公司股票定价产生潜在影响,而且它不受机构投资者、投票顾问服务机构和某些股票指数的青睐。公司可根据自身需求,取消多重结构。

(三)特殊目的收购公司收购的关键考虑因素

特殊目的收购公司收购对于加密货币发行者来说,是一个相较于传统首次公开募股更受欢迎的选择。特殊目的收购公司是一种空壳公司,其主要目的是通过公开市场从投资者处筹集资金,以便未来收购一家私人公司。特殊目的收购公司通常在成立后不久进行首次公开募股,并在很大程度上利用其发起人和管理团队的声誉来吸引投资者。在首次公开募股过程中,特殊目的收购公司向公众出售股份,通常以"单位"(Units)的形式,并附带一定比例的认股权证(Warrants),允许股东在特定价格和时间内购买特殊目的收购公司的股份。首次公开募股所得收益被存放在信托账户中,用于后续的收购活动。特殊目的收购公司会寻找并最终收购一家私人运营公司,使用首次公开募股的资金以及必要时的额外私募资金来完成这次收购,这一收购被称为"首次商业合并"(Initial Business Combination,IBC)。完成收购后,目标公司将成为一家向美国证券交易委员会报告的上市公司,即最终完成脱离特殊目的收购公司的交易(de-SPAC Transaction)。

1. 特殊目的收购公司收购的优势:通过特殊目的收购公司收购,公司可以获得流动性,并有可能通过与合适的特殊目的收购公司合作,获得关键人才。与传统的首次公开募股相比,这种方式的执行不确定性较小,因为价格和条款通常是在私下提前协商好的。此外,可以灵活地协商传统首次公开募股中无法实现的条款,这包括为管理层和目标公司股东提供特定利益,如特殊的股权结构、额外的融资安排或长期激励计划等。

2. 特殊目的收购公司收购的劣势:公司不能保证在规定的期限内找到合适的特殊目的收购公司。特殊目的收购公司发起人持有的私人配售的特殊目的收购公司证券,即“发起人股份”(Promoter Shares),通常占到特殊目的收购公司已发行股份的20%,这可能导致股份稀释。

完成脱离特殊目的收购公司后,目标公司将成为一家上市公司,与选择传统首次公开募股上市路径的公司一样,承担相同的报告义务和公众监督。鉴于特殊目的收购公司通常需要在24个月内完成首次商业合并,而脱离特殊目的收购公司流程通常只需要3~5个月,因此目标公司必须迅速搭建上市公司架构,包括建立与内部控制和审计、税务、人力资源、技术和网络安全相关的架构,并准备提交在脱离特殊目的收购公司过程中所需的经审计财务报表。

3. 脱离特殊目的收购公司流程:一旦特殊目的收购公司确定了收购目标,他们便开始进行合并谈判,其首个步骤通常是进行尽职调查。与资本市场尽职调查不同,脱离特殊目的收购公司尽职调查通常涉及签署保密协议,并特别关注对出售公司的重要合同条款(如控制权变更条款)。此外,尽职调查过程可能包括编制详细的时间表和备忘录,以反映调查的结果。[①] 特殊目的收购公司和目标公司随后协商达成合并协议,并将其提交给美国证券交易委员会审查。同时,目标公司和特殊目的收购公司同样也在寻找私人投资公开股票(Private Investment in Public Equity)的投资者,他们通常在签署合并协议的同时签约。这些谈判将确定合并后的资本结构、资金来源和管理层配置。

4. 特殊目的收购公司股东批准:首次商业合并必须得到特殊目的收购公司股东的批准。尽管大多数首次商业合并通常能够获得批准,但这一步骤又增加了一定程度的不确定性。

5. 目标公司的“关联公司”相关股东的股票转售限制:在从特殊目的收购公司转变为上市公司后的第一年内,作为目标公司的“关联公司”(在转为特殊目的收购公司之前确定)的股东不能出售其股票,除非是在美国证券交易委员会

---

① 一种普遍流传的观点是,特殊目的收购公司的责任较少,因为它们不受与传统首次公开募股相同的披露要求的约束。然而,美国证券交易委员会对此观点表示反对。

注册的交易,或私下转售受限制证券。在第一年之后,上市公司的现任或近期的关联公司股东在进行非注册交易时向公众转售股票,需要遵守《证券法》相关限制和要求。

脱离特殊目的收购公司交易通常要求上市公司为私人投资公开股票投资者和目标公司股东提供一个注册文件,以便他们自由转售股票。这个注册文件需要经过美国证券交易委员会的审查,这意味着从提交注册文件到开始公开发行之间还会有一段时间间隔。

6. 特殊目的收购公司的主要参与方:除了审计师和顾问,特殊目的收购公司的主要参与方还包括:

(1)发起人:特殊目的收购公司的创始人,负责设立和管理特殊目的收购公司。其通常也指代持有特殊目的收购公司发起人股份的私营实体,这些实体代表了特殊目的收购公司的创始团队。

(2)特殊目的收购公司投资者:公众股东以及机构投资者。机构投资者可能以锚定投资者(Anchor Investors)或远期购买投资者(Forward Purchase Investors)的身份参与特殊目的收购公司,并可能因其投资规模而获得特殊的激励机制,例如在选择目标公司时享有更大的投票权或决策影响力。

(3)并购顾问:鉴于脱离特殊目的收购公司交易的核心是并购过程,除了资本市场顾问外,特殊目的收购公司和目标公司通常还会聘请专门的法律和金融并购顾问。这些顾问在协助完成并购交易的各个方面,包括评估、谈判和执行并购协议等方面发挥着重要作用。此外,他们也可能在资本市场策略方面提供咨询。

(四)直接上市的关键考虑因素

直接上市是一种非传统的公开发行方式,其中发行人在没有承销商的帮助下直接在证券交易所上市。一旦注册文件生效,公司就成为公开报告公司,其股东可以在某些限制下(如销售时间的限制、持股期限的限制等)出售股票。

1. 直接上市的优势:直接上市允许现有股东在没有首次公开募股锁定期的情况下实现一定程度的流动性,并且不要求公司在此过程中筹集额外资本(直接上市不涉及筹集新资本,这对于不需要额外资金的公司来说是优势;但对于寻求资金以支持增长的公司来说,则可能是限制)。直接上市被认为是一个高度透明的过程,尤其是在其市场导向的定价结构方面,而且由于其相对罕见,也可能产生额外的关注度。此外,直接上市有可能比传统首次公开募股更快,因为它简化了一些步骤,如不涉及新股票的发行和承销过程。

2. 直接上市的劣势：直接上市通常需要公司拥有较高的知名度，这样才能取得成功。与传统首次公开募股相比，在没有承销商帮助的情况下，一些评论家质疑直接上市这种方式能否吸引足够广泛的潜在买家群体和实现预期的估值。直接上市可能不会创造传统首次公开募股那样的流动性市场，这可能导致交易量减少和价格波动。在传统首次公开募股中，承销商从一开始就有助于加快证券的流动性和提高分析师的关注度。在直接上市中，分析师的关注可能不那么显著，对于规模较小的公司更是如此，比如 Spotify 和 Slack 等选择直接上市方式的知名公司获得了大量分析师的关注，但规模较小的发行公司可能不会有这样的优势。

与传统首次公开募股和特殊目的收购公司收购一样，直接上市的最终结果是发行人成为上市公司。因此，发行人必须建立适合上市公司的基础设施，并持续遵守美国证券交易委员会的报告义务。

3. 与传统首次公开募股相比，直接上市与传统首次公开募股在以下几个关键方面有所不同：

（1）无承销商：在直接上市中，发行人直接向公开市场进行注册销售，没有中间承销商参与，因此无需支付承销佣金。然而，发行人仍需向银行支付"咨询费"（Advisory Fee），尽管这些费用通常低于传统首次公开募股中的"承销费"（Underwriting Fee）。

（2）价格设定：直接上市中的初始价格是在公开市场上通过供求机制在开放拍卖中设定的。在传统的首次公开募股中，价格通常是通过公司与承销商基于投资者的兴趣和参与度（所谓的"路演"期间投资者表达的购买意向）协商确定的。

（3）营销推广：直接上市通常不像传统首次公开募股那样涉及路演。但直接上市公司可举办"投资者日"来向潜在投资者介绍公司情况。尽管公司的财务顾问可能会参与准备演示文稿，但与传统首次公开募股路演有所不同的是，他们通常不会直接参与演示。

（4）首次公开募股前的股东流动性：由于直接上市没有承销商，因此不需要对现有股东实行锁定期。这意味着现有股东在直接上市过程中可以享有更多的流动性。

4. 直接上市的主要参与方：虽然直接上市与传统首次公开募股有许多相同的参与方，但存在一些显著差异，如财务顾问的角色不同。在直接上市中，银行不承担传统首次公开募股中的"承销商"角色，而是作为"财务顾问"参与。银行作为财务顾问，在直接上市中协助整理招股说明书和"投资者日"演示的股票故事,并协助确定参考价格,而非询价。这种角色转变意味着银行在直接上市中的工作量和责任相对减少。

5. 一级与二级直接上市:在一级直接上市(Primary Direct Listing)中,公司直接向公众出售新发行的股票。相比之下,在二级直接上市(Secondary Direct Listing)中,公司向公众出售的是股东持有的现有股份。在这两种情况下,公司都以自己的名义直接向公众开放股票,作为其在纽约证券交易所或纳斯达克股票交易所上市过程的一部分。

之前,直接上市通常指的是二级直接上市,即现有股东在公开市场上出售他们的股份,而公司本身不筹集新资本。然而,纽约证券交易所和纳斯达克股票交易所的规则变更使得公司现在可以通过一级直接上市的方式来筹集新资本。这些变更分别在 2020 年和 2021 年获得了美国证券交易委员会的批准:2020 年 12 月 22 日,美国证券交易委员会批准了纽约证券交易所的一项规则变更,允许上市公司通过一级直接上市筹集资金;[①]2021 年 5 月 19 日,美国证券交易委员会批准了纳斯达克股票交易所的一项类似的规则变更提案。[②] 这标志着直接上市模式的重要演变,即扩展了直接上市的应用范围,使之不再局限于仅为现有股东提供市场流动性,而成为一个更加灵活且具有吸引力的选择,尤其是对于那些希望通过公开市场筹集新资金的公司。

对于以上融资方式异同的总结见表 2－4。

表 2－4　主要融资方式的异同

目标	私募(Private Placement)	特殊目的收购公司(SPAC)	首次公开募股(IPO)	直接上市(Direct Listing)
筹集资金发展业务	是	是	是	可能是
所有者出售股份	否	是	是	是
以股票作为支付手段	否	是	是	是
可通过双重结构/多重结构保持创始人的控制权	是	是	是	是

① See Skadden, *NYSE Direct Listing Rules Approved*; *Nasdaq Proposes Substantially Similar Rules*, Skadden (Jan. 6, 2021), https://www. skadden. com/ －/media/files/publications/2021/01/nyse-direct-listing-rules-approved/nysedirectlistingrulesapprovednasdaqproposessubsta. pdf.

② See Skadden, *Nasdaq Permits Primary Direct Listings and Proposes Relaxation of Pricing Limits*, Skadden (June 2, 2021), https://www. skadden. com/ －/media/files/publications/2021/06/nasdaq-permits-primary-direct-listings/nasdaqpermitsprimarydirectlistingsandproposesrelax. pdf.

续表

目标	私募（Private Placement）	特殊目的收购公司（SPAC）	首次公开募股（IPO）	直接上市（Direct Listing）
吸引和留住顶尖人才	否	是	是	是
执行的市场风险	更少	更少	更多	更多
成本	低	高	高	中等
稀释度	部分	高	部分	无

第十五节　智能合约衍生品交易的法律规制

智能合约（Smart Contract）的概念于 1994 年由计算机科学家及密码学专家尼克·萨博（Nick Szabo）首次提出。[①] 这一术语通常指的是可以自动执行和验证合同条款的软件程序。智能合约允许在没有第三方的情况下进行可信交易，这些交易可追踪但不可逆。其中，智能一词特指智能合约中的某些部分能够根据预设条件进行自动化操作和自我执行（Self-Executing）。

当前，市场正在从基础的智能合约代码向更为复杂的智能法律合约演进。其中，智能合约代码指的是在区块链上执行特定操作的程序代码，主要用于自动化交易和操作。而智能法律合约是智能合约代码的一个进阶概念，它不仅包括技术实现，还涵盖了合约的法律效力和合规性。这意味着智能法律合约不仅包括自动执行特定任务的代码，还能确保这些任务的执行在法律上是有效和合规的。这种进化反映了市场对于将区块链技术与现有法律框架相结合的兴趣增加，意图创造既符合技术要求又具备法律效力的合约。

衍生品行业团体对技术解决方案（包括智能合约的应用）的兴趣正日益增加。例如，国际掉期与衍生工具协会（International Swaps and Derivatives Association，ISDA）越来越关注这些新技术方案，这将持续推动衍生品基础设施（Derivatives Infrastructure）的根本性变革。衍生品行业团体对这些方案的期待包括提高运营者效率、降低运营成本和风险，以及提升数据质量和透明度。

① 参见维基百科：《智能合约》，载维基百科 2024 年 2 月 28 日，https://zh.wikipedia.org/wiki/%E6%99%BA%E8%83%BD%E5%90%88%E7%BA%A6。

一、衍生品市场的持续发展

虽然衍生品市场仍然有很长的路要走,但已经在涉及国际掉期与衍生工具协会的智能合约应用方面取得了如下关键进展:

1. 国际掉期与衍生工具协会于2017年发布了通用域模型(Common Domain Model,CDM)的第一版,即国际掉期与衍生工具协会通用域模型1.0,并于2019年发布了进一步升级的第二版,即国际掉期与衍生工具协会通用域模型2.0。通用域模型旨在为衍生品交易的整个生命周期提供一个标准化的数字化表示(Digital Representation),供市场参与者使用。

在其最初的两个阶段,通用域模型重点提供了利率衍生品(Interest Rate Derivatives)和信用衍生品(Credit Derivatives)的机器可读格式表示。这包括了对股票互换产品(Equity Swaps Products)的初始数字化表示(Initial Digital Representation)和对初始保证金(Initial Margin)的信用支持附件(Credit Support Annex)的模型化表示(Model Representation)。在后续阶段,预期通用域模型将进一步发展,以纳入专门针对外汇的集成模型(Incorporate Models)。同时,国际掉期与衍生工具协会也一直致力于更新其2006年发布的国际掉期与衍生工具协会定义(2006 ISDA Definitions),包括2021年通过的国际掉期与衍生工具协会利率衍生品定义(Interest Rate Derivatives Definitions),以便更好地与通用域模型兼容。

2. 在2020年10月6日,国际掉期与衍生工具协会与区块链技术公司Digital Asset共同发布了一个采用DAML(Digital Asset Modeling Language)语言实现的通用域模型清算实验(CDM Clearing Pilot),这是一个应用于清算利率衍生品的通用域模型的实验性应用。该项目包括一个开源参考代码库(Open-Source Reference Code Library),旨在促进通用域模型的实施和推广。通用域模型清算实验旨在推动衍生品清算过程更高层次的标准化和自动化。

3. 在过去几年中,国际掉期与衍生工具协会发布了一系列文件,旨在提供对智能衍生品合约的法律指导纲领(Legal Guidelines for Smart Derivatives Contracts)。自2019年1月开始,这些文件探讨了衍生品合约可能如何通过利用区块链技术和其他金融科技的发展实现现代化和自动化。这些指南为将衍生品合约整合进新兴科技框架提供了方法论和可行建议。

国际掉期与衍生工具协会在智能衍生品合约使用方面制定的指导方针包括:

1. 国际掉期与衍生工具协会主协议(2019年2月)——该文件为潜在的金

融科技开发者介绍了国际掉期与衍生工具协会 2002 主协议,并重点解释了 2002 主协议中的关键机制及其相互依赖性,包括违约事件和终止事件的处理,支付和交割(Delivery)义务,以及在违约情况下实施的削价出清(Close-out Netting)和确定清算后净额(Net Amount)的方法。

2. 抵押物(2019 年 9 月)——随着衍生品合约的交易方日益适应保证金要求,抵押物交易、管理流程的自动化有助于减轻行政负担。国际掉期与衍生工具协会的提议包含自动化解决争议、自动化抵押物估值和简化抵押物处置过程。

3. 股权衍生品(2020 年 2 月)——国际掉期与衍生工具协会 2011 股权衍生品定义书为智能衍生品合约的应用提供了更广泛的跨市场标准化的可能性。该文件提议通过在关系补充协议(Relationship Supplement)中集成预设选项,或在定义书中增加特定的交易补充(Transaction Supplement),来促进衍生品合约的自动化处理。基于国际掉期与衍生工具协会于 2011 年发布的股权定义框架(2011 Equity Definitions Framework)的金融科技解决方案(Fintech Solutions)提供了一个重要创新,使得市场参与者能够通过使用标准化的通用域模型表示方法来构建共享的数据处理流程。这样的方法不仅促进了股权衍生品合约的自动化和标准化处理,而且提高了交易执行的效率和透明度,同时确保了不同系统间的数据一致性和互操作性。

4. 利率衍生品(2020 年 2 月)——国际掉期与衍生工具协会利率衍生品定义的更新重点是确保标准化定义对技术应用更加友好。在利率衍生品市场中,轻链系统(Light Chain System)旨在允许市场参与者以更自动化和数字化的方式交换利率衍生品信息,并通过技术手段,如分布式账本技术,执行交易流程(如利率金额的计算)。这个系统的账本实际上作为支付前参与者之间的消息传递系统,其中的结算环节是通过现有银行系统进行。而重链系统(Heavy Chain System)本身就是一个结算系统,不仅处理支付流程,而且在利率衍生品被抵押的情况下,还能处理抵押物的转移和电子化持有。在该系统中,交易相关方的义务和价值转移都在账本上准确记录,不需要外部支付或结算系统,从而实现了交易流程的完全数字化和自动化。

5. 信用衍生品(2020 年 11 月)——信用衍生品交易通常包含自动化功能,这不仅体现在交易后处理(Post-Trade Processing)的效率提升上,还涉及交易执行、风险管理和合规监控等多个方面。该文件提出通过引入分布式账本技术等新技术解决方案,来简化并优化信贷违约掉期指数(Index Credit Default Swaps)等复杂交易流程,进一步提升整个信用衍生品市场的结算效率和透明度,从而增强整个交易周期的自动化和效率。

6. 外汇衍生品(2020 年 11 月)——跨区域外汇衍生品市场所固有的风险,可以通过采用先进的自动化流程和数字化评估及清算工具得到有效管理。该文件阐述了智能合约的应用以及新兴分布式账本技术在外汇市场中的运用,不仅能提供可拓展性和高成本效益,而且能够提升交易的准确性和效率。这些技术的融合,为外汇衍生品市场带来了创新的解决方案,特别是在提高清算和结算过程的自动化以及风险管理方面展现了显著优势,表现在以下方面:

(1)在 2020 年 6 月 23 日,国际掉期与衍生工具协会推出了国际掉期与衍生工具协会条款图书馆(ISDA Clause Library),该图书馆的推出旨在提高合同沟通的效率,促进法律文件的数字化,其为国际掉期与衍生工具协会主协议中经常讨论的条款提供了标准化的起草选项。随后,2021 年 5 月 25 日,国际掉期与衍生工具协会宣布将其平台扩展至包括国际掉期与衍生工具协会的抵押物文件,进一步增强了交易后处理的标准化和自动化,从而提升了整个市场的效率和透明度。

(2)在 2021 年 1 月 21 日,国际掉期与衍生工具协会首次允许通过 ISDA Create 平台电子化获取国际掉期与衍生工具协会主协议。该平台不仅将国际掉期与衍生工具协会条款图书馆纳入其中,作为其部署的一部分,还允许用户在线起草、签署文件,以及存储这些文件中的法律数据。ISDA Create 最初于 2019 年发布,其初衷是帮助公司就初始保证金文件进行谈判,以符合保证金规则。到 2020 年,该平台已经拓展囊括了更多类型的文件,这体现了国际掉期与衍生工具协会在推动金融衍生品市场数字化和合同标准化方面的持续努力。

(3)在 2021 年 3 月 19 日,国际掉期与衍生工具协会就英国财政部(HM Treasury)针对加密资产和稳定币监管措施的咨询,以及英国监管加密资产和稳定币方法的征求意见作出了回应。在其回应中,国际掉期与衍生工具协会强调了在衍生品市场中采用分布式账本技术和智能合约的潜在优势。国际掉期与衍生工具协会指出分布式账本技术和智能合约有望提供效率优势,并增强交易的透明度和安全性。这一立场反映了国际掉期与衍生工具协会对金融市场技术创新的支持,并强调了在制定未来金融市场监管政策时应考虑技术因素。

在认识到金融衍生品领域实施智能合约及其他技术解决方案的挑战后,国际掉期与衍生工具协会已经成立了多个内部委员会和行业工作组,专注于技术相关话题。其中主要包括:国际掉期与衍生工具协会法律技术工作组(ISDA Legal Technology Working Group),国际掉期与衍生工具协会智能合约/分布式账本技术法律工作组(ISDA Smart Contracts/ DLT Legal Working Group),国际掉期与衍生工具协会通用域模型设计工作组(CDM Design Working Group)和国际掉期与衍生工具协会条款图书馆项目(ISDA Clause Library Project)。

在持续推动共同域模型发展的过程中,国际掉期与衍生工具协会还建立了一个管控框架,以推动通用域模型的发展。这个框架包括执行委员会(负责监督通用域模型采用的策略),以及多个技术和产品专家论坛。这些框架和团体的目的是确保通用域模型的有效实施,并与行业发展保持一致。

二、从买方角度考虑的问题和挑战

在金融衍生品市场逐渐向使用智能合约代码和智能法律合约过渡时,将面临以下问题和挑战。

(一)自动化的范围:可操作条款和不可操作条款

在金融衍生品交易中,主要的支付和交割义务通常基于具体的条件逻辑(Conditional Logic),这使得这些交易条款非常适合应用于智能法律合约。这类条件逻辑的清晰性和可预测性使得相关条款可以有效地编程和自动执行。然而,并非所有的合约条款都适合自动化。尤其是那些含有主观性元素的法律条款,在转换为智能合约代码时可能会产生歧义,因为它们的执行依赖于人的判断和解释。国际掉期与衍生工具协会在其关于金融衍生品领域使用智能合约的相关材料中指出,区分可操作条款和不可操作条款,对于确定合约中哪些部分可以自动化是十分重要的。

可操作条款由于包含明确的条件逻辑,故更容易被转化为智能合约代码,从而实现自动化。例如,金融衍生品交易中涉及的金融支付或交割义务,其条件和触发事件可以通过代码清晰地定义和自动执行。这些条款的自动化有助于提高交易效率和减少执行错误。

相比之下,不可操作条款可能涉及当事人之间更为复杂和主观的合约关系,包含主观判断、需要人工审查或解释的内容,因此更难实现自动化。这些条款的自动化挑战在于其复杂性和主观性在编程逻辑中难以精确表示,往往需要保留人工处理的空间,以确保合约的法律效力和适用性。例如,条款可能涉及诚信行为、合理努力或商业惯例等概念,这些都是难以用代码准确表示的主观标准。

实施智能合约的主要挑战之一在于确保合约代码准确地反映法律条款的意图。这要求法律专家与技术开发者紧密合作,以确保法律条款被正确理解并转化为有效的编程逻辑。

(二)法律效力问题

为确保智能法律合约能够产生预期的法律效力,其自动执行的条款必须经由专业律师的审查,以验证其法律效力。这一过程可能构成挑战,因为这要求律师对编程语言有一定的理解。因此,在开发和实施自动化的国际掉期与衍生工具协会文档框架时,程序员和律师之间的紧密合作变得至关重要,以确保条款在法律上既有效又可操作。国际掉期与衍生工具协会预计将在推动这种跨学科协作和工作实施方面扮演重要角色,以确保法律和技术的有效结合。

对于某些特殊条款的法律效力进行判断,特别是对于那些包含主观解释成分的条款(如要求一方当事人诚实守信或按照商业惯例行事的条款)以及性质更为复杂的条款(如当违约事件与合同关系之外的某一特定事件发生关联的情况)进行法律效力判断,都将充满挑战。此外,即便智能合约代码在法律上有效,其也可能在实际的交易确认层面与国际掉期与衍生工具协会主协议(或相关附件)中条款产生不一致的结果。因此,需要考虑建立适当的机制,以解决由此产生的任何潜在冲突,确保合约的整体一致性和可执行性。

(三)自动化的潜在问题

在自动化金融衍生品合约(Financial Derivatives Contracts)的过程中,并非所有条款在转化为自动化形式(从自然语言描述转换为编程语言)后都能产生与其原始形式相同的效果。以金融衍生品合约中的违约事件为例,在传统合约中,当违约发生时,非违约方有权决定是否终止未了结的交易。

在非自动化的传统合约中,非违约方在作出决策时会考虑一系列主观性因素,包括商业利益、事件发生时的关联背景和违约性质等。然而,在将这些违约条款转换为智能合约的编程语言时,这些复杂和主观的因素难以被全面考虑和编码。最终后果是,根据智能法律合约定义的违约事件可能会自动触发,导致任何未完成的交易被自动终止,而并未全面考虑更为复杂和主观的因素。

因此,国际掉期与衍生工具协会提议与其成员合作,在国际掉期与衍生工具协会文档框架内选择那些最适合自动化的条款。这一过程的目标是在不改变条款原有法律效力的前提下,挑选出适合自动化的条款。这种选择需充分考虑到自动化处理的局限性,确保自动化实施不会损害合约原有的法律意图和效力。

(四)与第三方数据供应商的互动

在智能衍生品合约中,若涉及使用外部第三方数据源(例如,从预言机获取市场数据。预言机是将链下数据传输到区块链上,使智能合约能够使用这些数据的工具,它在智能合约的执行中扮演着至关重要的角色,但也因此成为潜在的薄弱环节),则可能面临数据不准确所带来的风险。这种风险可能源于数据的错误或蓄意操纵,特别是在网络安全事件发生之时。

例如,涉及外汇或利率衍生品的智能衍生品合约可能依赖外部数据源来确定关键的市场参数,如汇率或利率等。在这种情况下,若支付或交割条件是基于外部来源数据自动触发的,那么当第三方数据源出现故障或异常时,合约的责任分配(Contractual Liability Allocation)将成为重要考虑因素。这可能涉及当第三方数据供应商提供错误数据或者数据传输出现故障时,如何处理这些情况以及承担责任的问题。

此外,还需考虑当第三方数据源与智能合约之间的通信出现故障时的应急措施。例如,第三方编码错误或其他技术问题导致的通信失败,应有预先设定的故障恢复计划或备选数据源,以保证合约的执行不受干扰,确保合约的连续性和稳定性。

(五)复杂和定制的金融衍生品合约

在金融衍生品市场中,某些合约通常需要根据交易对手的具体需求进行定制。这些合约的定制程度可能会根据交易对手的类型以及产品的复杂程度而有所不同。例如,总收益互换(Total Return Swap,TRS)、长寿互换(Longevity Swap)和其他结构化金融产品通常需要高度定制,并可能涉及多个不同的合约来构建整个金融衍生品合约架构,且不同级别的义务适用于合约的不同部分。将这些复杂且相互关联的义务直接转换为编程语言,将是一项挑战。

此外,金融衍生品市场在最新监管动态下的发展,尤其是自国际金融危机后出现的全球性趋势,也增加了某些金融衍生品合约的复杂性。例如,为了满足某些保证金要求,金融机构越来越多地采用涉及第三方托管人的抵押品安排。这些安排涵盖了保证金的管理和保管,提高了合约执行的安全性和透明度,但同时也带来了额外的运营复杂性。此外,对于场外衍生品交易的集中清算要求,也增加了操作和合规上的挑战。这些监管变化和清算要求使得合约自动化,尤其是在保持合约的法律和监管合规性的同时实现技术的自动化变得更加困难和复杂。

(六)影响合约履行的法律条款

在某些情况下,特定的法律条款可能会中止或影响合约的履行。例如,在特定合约下的一项规定被宣布无效,或在适用的监管框架下一方当事人陷入财务困境时,合约的执行可能会被暂停。对于智能法律合约而言,如何与这些法律变化互动，是国际掉期与衍生工具协会及相关市场参与者需要关注的问题。这涉及智能合约如何适应和反映这些法律和监管变化，以及如何处理这些变化可能对合约执行带来的影响。

（七）流动性问题

随着市场开始着手解决智能合约实施中的大部分关键问题，初始阶段可能只有规模最大、最成熟的市场参与者有能力开始使用智能法律合约。对于规模较小或不够成熟的参与者（尤其是许多买方实体）来说，其面临的更大挑战是或将承担额外的调整程序的成本，以适应正在"重塑"的金融衍生品市场。这可能导致市场流动性在不同层级的参与者之间分布不均衡，从而影响小型和新兴参与者的市场参与能力。

三、买方市场参与者应采取的举措

在当前金融衍生品市场不断发展的背景下，市场正处于为整个金融衍生品行业开发统一的标准化模式的早期阶段。在这一过程中，买方实体应考虑积极参与国际掉期与衍生工具协会提出的各种倡议，包括参加工作组的讨论和协作，以共同推进与智能衍生品合约相关的项目。同样重要的是，买方实体还应与行业同行、对手方银行、法律顾问以及其他市场参与者进行沟通和交流，共同探索适应智能衍生品合约所需的系统和流程改革。

这种交流和合作对于买方实体至关重要，因为这有助于他们更好地理解市场的最新趋势，评估新兴技术对其业务的具体影响，确保其业务策略与行业发展保持同步，从而更好地适应正在变革的金融衍生品市场。

第十六节　加密资产追踪的法律问题

加密资产市场的野蛮生长，也引起了全球监管者的关注和重视。英国金融行为监管局（Financial Conduct Authority，FCA）将"加密资产视为高风险的投机性投资"，这些资产可能超出了金融监察员服务或金融服务补偿计划（Financial Services Compensation Scheme，FSCS）的监管范围。[①] 虽然有关加密资产的法律法规仍处于早期探索阶段，但它正在进行调整以应对新的监管风险和挑战，从

---

① See Financial Conduct Authority, *Crypto: The Basics*, Financial Conduct Authority (Jan. 23, 2019), https://www.fca.org.uk/consumers/cryptoassets.

而更好地维护金融稳定和保障投资者权益。例如,在 2020 年 1 月,英国金融行为监管局被授予新的监管权力,负责加密资产企业在反洗钱和反恐融资方面的风险管理。[①] 英国的加密资产企业必须遵守《反洗钱条例》,并在英国金融行为监管局注册,这表明加密资产的法律框架正在逐步发展和完善,以更好地保护投资者权益。

与此同时,随着加密资产相关纠纷的不断增加,法院也开始介入提供有意义的救济措施(Meaningful Remedies)。投资者面临多种欺诈风险,包括网络钓鱼和社交媒体诈骗、勒索软件攻击、涉及虚假加密资产和首次代币发行的欺诈性投资计划。此外,数字钱包和加密货币交易所也成为黑客攻击的主要目标,这些攻击可能导致私钥泄露和资产被盗。为掩盖犯罪踪迹,欺诈者可能会将非加密资产兑换成加密资产。有经验的黑客甚至能通过操纵加密资产所在的区块链,进而私自篡改交易记录,并实施双重支付攻击(Double Spending Attack)等欺诈行为。

英格兰和威尔士高等法院(High Court of England and Wales,EWHC)院长杰弗里 · 沃斯爵士(Geoffrey Vos)领导的英国司法管辖专责小组(UK Jurisdiction Taskforce,UKJT)[②]的工作,彰显了英国在解决加密资产临时和潜在争议方面的能力。正如英国司法管辖专责小组在其 2019 年 11 月关于加密资产和智能合约的法律声明中所述:“英国普通法体系的最大优势在于其固有的灵活性……法官能够通过类比应用和调整现有原则,以适应出现的新情况。”[③]杰弗里 · 沃斯爵士致力于强化英国司法部门对此的承诺,旨在为英格兰和威尔士建立一个“拥抱新技术的法律体系,以合理的成本来快速有效地解决未来金融市场可能产生的纠纷”。[④]

为了帮助加密资产欺诈的受害者,英格兰和威尔士高等法院确认了现有各种法律救济措施的可用性,如披露令(Disclosure Order,要求第三方提供有助于识别欺诈者和追踪资产的信息)和资产保全令(Asset Preservation Order,如所有权令和冻结令)。如果资产已转移到第三方(例如在英国或国际上运营的交易

---

① See Her Majesty's Government, *The Money Laundering and Terrorist Financing (Amendment) Regulations* 2019, Legislation. gov. UK (July 5,2019), https://www. legislation. gov. uk/uksi/2019/1511/contents/made.

② 英国司法管辖专责小组是由法律科技交付小组(LawTech Delivery Panel)在 2018 年成立的 6 个特别工作组之一。该工作组由行业专家、政府和司法界的领导人物组成,旨在推动法律行业的数字化转型。

③ See Andrew Spink QC, Stephen Butler & Chloë Bell, *Cryptoassets and Smart Contracts, the UKJT Legal Statement*, Outer Temple Chambers (Nov. 25, 2019), https://www. outertemple. com/wp-content/uploads/2019/11/Crypto-Paper-ASQC-SB-and-CBE-FINAL-VERSION. pdf.

④ See Master of the Rolls, *ISDA Virtual Annual Legal Forum Technological Challenges for English Law and Jurisdiction*, Judiciary. UK (Mar. 10, 2021), https://www. judiciary. uk/wp-content/uploads/2021/03/20210309 – MR-speech-ISDAs-Virtual-Annual-Legal-Forum – 10 – 3 – 21 – 1. pdf.

所或托管人)所持有的链上钱包,这些第三方将成为获取信息的关键。我们将在下文的“追踪和恢复加密资产”部分,对此进行更详细的阐述。

那么,如何解决加密世界(包括欺诈索赔)中的争议呢?

一、英格兰和威尔士关于加密资产相关纠纷的解决

英国法律界越来越认识到有必要对加密货币、分布式账本技术和智能合约(在区块链上运行的自动执行合约,无需第三方介入,即可自动处理交易)的处理方法进行明确规定,以增强对其使用的信心。英国司法管辖专责小组就商讨后认为需要进行法律澄清的几个领域,制定了权威的法律声明。特别是关于加密资产欺诈中可获得的所有权救济措施(Ownership Remedies),法律声明指出:

> i. 原则上,若加密资产具有可定义性或确定性、第三方可识别性、一定程度的持久性或稳定性以及排他性或控制性,则法律将其视为财产;
>
> ii. 不同于其他数字资产,加密资产不只是纯粹的信息,其商业价值不在于所记录的数据,而在于根据系统规则验证加密资产交易的能力;
>
> iii. 加密资产不必是有形财产或实体物品,就可以构成财产;
>
> iv. 与其他无形财产一样,加密资产的所有权可以通过交易或合同从一方转移至另一方,并且加密资产可以通过普通法上的抵押(Legal Mortgage)或衡平法上的抵押(Equitable mortgage)进行担保,前提是已授予所有权;
>
> v. 加密资产的所有权通常由私钥的控制者拥有。但是,非法获取私钥的情况以及可能代表他人持有私钥的情况是值得注意的例外;
>
> vi. 一般法律原则,即某人不得将其不拥有的东西有效转让给他人,但这不太可能适用于加密资产。这是因为加密资产的转让并不是传统意义上的所有权转移,而是通过区块链技术更新资产所有权记录的过程。[①]

正如下文“追踪和恢复加密资产”部分进一步讨论的那样,法律声明很快被英格兰和威尔士高等法院认可为“对英国法律立场的准确声明”,[②]随后的判决

---

① Andrew Spink QC & Stephen Butler & Chloë Bell, *Cryptoassets and Smart Contracts*, *the UKJT Legal Statement*, Outer Temple Chambers (Nov. 25, 2019), https://www.outertemple.com/wp-content/uploads/2019/11/Crypto-Paper-ASQC-SB-and-CBE-FINAL-VERSION.pdf.

② England and Wales High Court (Commercial Court) Decisions, *Neutral Citation Number*: [2019] *EWHC* 3556 (*Comm*), Bailii (Jan. 17, 2020), https://www.bailii.org/ew/cases/EWHC/Comm/2019/3556.html.

进一步确认,在英国法律下,加密资产通常被视为财产。①

为应对这一发展,英国司法管辖专责小组随后发布了《数字争议解决规则》(Digital Dispute Resolution Rules),为涉及加密资产、智能合约和区块链应用程序的相关争议提供了替代的争议解决方案,这些争议可能通过链上或自动化争议解决流程或替代的链下方法解决。② 该规则可被纳入合约、数字资产或数字资产系统,并提供一个有用的蓝图,各方可根据自己的需求对其进行修改。

《数字争议解决规则》旨在提供一个快速的仲裁框架来解决涉及加密资产、智能合约和区块链应用程序的相关争议,若当事人决定需要专家的详细裁决时,可以灵活调整仲裁流程。值得关注的是,根据该规则,任何自动化争端解决程序的结果都具有法律约束力。按照该规则进行的仲裁流程将根据具体案件情况进行调整,并且可以完全以电子方式进行。在处理与加密资产相关的争议时,仲裁庭有权操作、修改、签署或取消与争议相关的任何数字资产,或指示涉案各方采取这些措施。特别是在加密资产被非法转移的情况下,仲裁庭的这些权力可以作为防止或纠正非法行为的有效工具。此外,若当事人同意,仲裁过程可以在保持匿名的条件下进行,并且裁决的公布(即使在匿名情况下)也有助于形成先例。

《数字争议解决规则》为传统仲裁程序提供了额外的灵活性,这对于那些陷入加密货币相关纠纷的个人或实体来说具有吸引力,其优势在于保密性、允许选择具有相关专业知识的仲裁员,以及根据《承认及执行外国仲裁裁决纽约公约》(New York Convention on the Recognition and Enforcement of Foreign Arbitral Awards)享有的协议和裁决的广泛国际认可。

因此,《数字争议解决规则》为各方提供了一个机会,即在合约初始阶段就同意将可能产生的争议提交至该规则设定的快速解决程序。诉讼当事人、公司董事和破产从业人员需要了解这些新规则,因为在与他们相关的智能合约中,尤其是那些公司作为签署方的合约中,可能已经包含了按照这些规则解决争议的条款,例如智能合约中可能明确规定任何争议都应按照英国司法管辖专责小组发布的《数字争议解决规则》来解决。这样的规定符合《数字争议解决规则》

---

① See Royal Courts of Justice, *Ion Science Ltd. v. Persons Unknown and Others* (*Unreported*), 21 *December* 2020 (*Commercial Court*), Practical Law (Dec. 21, 2020), https://uk.practicallaw.thomsonreuters.com/w-029-9730?transitionType=Default&contextData=(sc.Default)&firstPage=true; England and Wales High Court (Commercial Court) Decisions, *Neutral Citation Number*: [2021] *EWHC* 2254 (*Comm*), Bailii (July 15, 2021), https://www.bailii.org/ew/cases/EWHC/Comm/2021/2254.html.

② See The UK Jurisdiction Taskforce, *Digital Dispute Resolution Rules*, Mattereum (Apr. 2021), https://mattereum.com/wp-content/uploads/docs/UKJT-Digital-Dispute-Resolution-Rules.pdf.

的设计初衷,即旨在加速争议的解决过程。在实际执行方面,这可能意味着仲裁庭或法庭有权直接修改或指示一方修改与争议相关的数字资产,来执行其裁决。这种操作模式凸显了《数字争议解决规则》在处理数字资产争议中的高效性。

那在追踪和恢复被盗加密资产的过程中,英格兰和威尔士高等法院将授予哪些临时救济措施来定位欺诈者和被盗加密资产呢?下文将着重探讨该问题。

二、追踪和恢复加密资产

在追踪和恢复遭受欺诈性盗窃的加密资产的过程中,必须明确几个关键问题:(1)识别哪些加密资产需要被恢复;(2)确定这些加密资产何时遭受欺诈性盗窃;(3)追踪这些加密资产当前的具体位置;(4)识别参与了欺诈行为的相关人员或实体。这一过程不仅需要技术手段来追踪资产在区块链上的流动,还可能涉及法律程序,以确定责任并采取措施恢复资产。

(一)"什么?":加密资产作为财产

在英国司法管辖专责小组发布法律声明之前,英格兰和威尔士高等法院在几个案例中已经表现出将比特币视为财产的倾向,并对其发出所有权相关的裁决。[①] 这些早期案例奠定了加密资产作为财产的法律地位的基础。自法律声明发布以来,其他几项英国法院判决进一步巩固了这一立场,明确确认了加密资产在英国法律下的财产地位。[②]

新西兰法院在罗斯科(Ruscoe)诉新西兰数字货币交易所 Cryptopia 有限责任企业(Cryptopia Ltd)案中也得出了类似的结论。[③] 本案背景是加密货币交易所 Cryptopia 由于被黑客入侵而发生系统性崩溃。新西兰法院面临的挑战是 Cryptopia 持有的加密资产该如何在账户持有人(他们认为交易所是以信托形式为其持有这些加密资产)和债权人之间分配。法院认定,加密资产符合当地公

---

① See England and Wales High Court, *Vorotyntseva v. Money -4 LTD. (T/A Nebeus. Com) & ORS*, CaseMine (Sept. 28, 2018), https://www. casemine. com/judgement/uk/6295140bb50db9770b97d84b; See Ian McDonald et al., *English High Court Recognises Bitcoin As Property—A Look at the Decision in AA v. Persons Unknown*, Mondaq (Feb. 6, 2020), https://www. mondaq. com/uk/fin-tech/890762/english-high-court-recognises-bitcoin-as-property - - a-look-at-the-decision-in-aa-v-persons-unknown.

② See England and Wales High Court (Commercial Court) Decisions, *Neutral Citation Number*: [2019] *EWHC* 3556 (*Comm*), Bailii (Jan. 17, 2020), https://www. bailii. org/ew/cases/EWHC/Comm/2019/3556. html; England and Wales High Court (Commercial Court) Decisions, *Neutral Citation Number*: [2021] *EWHC* 2254 (*Comm*), Bailii (July 15, 2021), https://www. bailii. org/ew/cases/EWHC/Comm/2021/2254. html.

③ See High Court of New Zealand, *Ruscoe v. Cryptopia Ltd. (in liq)* [2020] *NZHC* 728; [2020] 2 *NZLR* 809 (8 *April* 2020), New Zealand Legal Information Institute (Oct. 28, 2022), http://www. nzlii. org/nz/cases/NZHC/2020/728. html.

司法对财产的定义。此外,法院还参考了威尔伯福斯勋爵(Richard Orme Wilberforce,Baron Wilberforce)在国家省级银行有限公司(National Provincial Bank Ltd)诉安斯沃思(Ainsworth)案中提出的财产定义标准[①](包括可定义性,第三方可识别性,第三方可承担性,以及一定程度的持久性和稳定性),裁定Cryptopia应作为加密资产的信托受托人,而非加密资产的所有者。

相比之下,在新加坡B2C2有限责任企业(B2C2 Ltd.)诉加密货币交易平台Quoine案中,涉及一笔由自动化交易错误导致的加密资产交易违约。新加坡上诉法院在该案中主要关注合约违约的具体问题处理,而没有就加密资产作为财产的地位提供明确的法律意见。[②]

在英格兰和威尔士高等法院审理的离子科学(Ion Science)公司案中,法院也考量了比特币作为财产的所在地问题,以确定争议的适用法律。在这个案件中,法院在裁决中参考了安德鲁·迪金森(Andrew Dickinson)教授在其著作《公法和私法中的加密资产》(*Cryptocurrencies in Public and Private Law*)中的学术探讨,认为加密资产的所在地与其所有者的住所地相同,即在该案中指的是英国。

英格兰和威尔士高等法院在处理加密资产相关案件时,对于加密资产作为财产的地位及其所在地法的明确,给那些寻求所有权救济并提出加密资产相关索赔的当事人提供了一定程度的指导。这些案例表明,对于加密资产是否可以作为可追踪和可强制执行的财产,仍需要根据具体案件情况予以判定。尽管在多个司法管辖区已确认加密资产为财产,但其法律处理方式可能因加密货币之间的差异和具体案件的特性而有所不同。

(二)"何时何地?":调查欺诈行为和定位被盗的加密资产

加密货币通常存储在基于分布式账本技术的去中心化系统中,这使得用户无需依赖第三方中介机构即可持有加密货币。持有加密货币的基本要求包括接入互联网和拥有数字钱包,以及具备获取加密货币的能力。用户在获取加密货币时,会获得一对重要的加密代码:公钥和私钥。公钥类似于银行卡账号,允许用户以匿名地址接收加密货币;私钥则类似于银行卡密码,使用户能够通过数字签名安全地进行加密货币的转移。

---

① See The House of Lords, *National Provincial Bank v. Ainsworth* [1965] *A. C.* 1175, LawTeacher. net (Oct. 28, 2021), https://www. lawteacher. net/cases/national-provincial-v-ainsworth. php.

② See Singapore International Commercial Court, *Do Algorithms Dream of Mistaken Contracts? Quoine Pte Ltd v. B2C2 Ltd* [2020] *SGCA* (*I*) 2, Singapore Courts (Feb. 24, 2020), https://www. judiciary. gov. sg/docs/default-source/judgments-docs/quoine-pte-ltd-v-b2c2 – ltd. pdf? sfvrsn = 1e886806_2.

加密货币的每一笔交易都必须经过网络参与者的共识、批准和验证,然后作为唯一条目记录在相应加密货币的分布式数字账本上。这种账本是透明的、永久的、按时间顺序排列的记录系统,旨在确保加密货币不会被重复转移给多个用户,并防止对记录进行追溯性篡改。分布式账本的去中心化特性意味着没有单一的中心化的控制节点,而是将数据公开存储和分布于网络上。不同的加密货币可能基于不同的分布式账本模型。当前主流的加密货币(如比特币和以太坊)都采用了区块链技术,这是一种以顺序方式记录和链接交易块的技术。区块链以其安全性、透明性和不可篡改性而闻名。因此,尽管加密货币去中心化的特性为其提供了一定程度的匿名性,但区块链的透明性和不可篡改性也使得交易记录变得可追踪,从而有助于追踪加密货币及其所有者或控制者的身份。

大多数加密货币欺诈案例通常都涉及将被盗或非法转移的加密货币转移到另一个或多个不同的加密货币钱包。这些钱包可以由交易所或提供托管服务的第三方持有,此时私钥通常存储在连接互联网的"热钱包"(Hot Wallet)中;或者直接由钱包持有人控制,存放在离线的"冷钱包"(Cold Wallet)或在线的"热钱包"中。

若知道索赔人的钱包地址,就可以通过分析区块链上的交易记录来追踪从该钱包地址转移出去的资金。这个过程通常涉及追踪多层交易,以最终确定接收被盗加密货币的目标钱包地址。识别接收被盗加密货币的钱包持有人的难度取决于多种因素,比如钱包的存储方式,以及交易所或托管人是否有权访问钱包或掌握关键信息(如"了解你的客户"信息)以识别钱包持有人。用户在网络上共享的信息,如用户名和电子邮件地址等,也可能提供有价值的线索来帮助识别涉案钱包地址背后的真实身份。

然而,在某些情况下,取证追踪的难度会增大。例如,在某些加密货币欺诈案件中,犯罪分子可能会使用混币器等洗钱工具来混淆资金的流向。它通过将犯罪分子的加密货币与其他资金混合再重新分配,来掩盖交易的原始来源。这一过程有效地打乱了资金的追踪链,使原始资金流向难以追溯。针对这种情况,有专门的加密货币调查公司来提供对被盗加密货币的取证追踪服务,以帮助解决这类"何时何地"的问题。这些公司运用先进的技术和方法来分析区块链数据,助力追踪和恢复被盗资产。

(三)"谁?":查明欺诈行为人和收益接收人

在加密资产欺诈案件的追踪和恢复过程中,识别涉案人员,即确定是"谁"至关重要。这包括确定参与欺诈行为的犯罪分子以及非法利益的接收者。取证追踪是一个关键步骤,其有助于确定欺诈性获取的加密资产的流向,包括它们是如何被转移、可能被兑换为其他加密资产或法定货币(如美元)的时间和地点。追踪成功的关键在于准确识别实施欺诈的人员和目前持有或控制资产的人,并在采取法律行动之前确保这些资产的安全。

为了有效追回资产,索赔人需要采取多方面且迅速的追回策略。以普通法为例,该策略很可能涉及综合运用英格兰和威尔士高等法院提供的以下法庭命令:

(1)披露令,用于揭示:(a)欺诈行为的实施者、被盗加密资产的接收者,以及任何可能协助识别、追踪或恢复这些资产的关键信息源;和/或(b)被盗加密资产的当前位置,或其兑换后的等价物的当前位置。在追踪和追回欺诈相关的加密货币案件中,可以运用银行披露令(Bankers Trust Order,BTO)和/或第三方披露令(Norwich Pharmacal Order,NPO)来获取关键信息。这些命令既可单独使用,也可组合使用,以便针对欺诈行为的直接责任人(如通过冻结令或所有权强制令中的辅助披露命令)和/或持有相关信息的第三方(如加密货币交易所或银行)。

(2)交付和/或搜查和扣押令,用于获取相关文件或电子资料的控制权。这类命令通常在已知涉及加密货币欺诈的个人或实体的案件中考虑,并通常要求明确指定搜查地点或要交付或复制的数据/设备。例如,若怀疑被告存储加密货币的冷钱包在其电子设备中,法院可以颁发搜查令以对被告的住所进行搜查,或颁发交付令要求被告交出钱包及相关密钥。此类命令的主要目的是保护涉案资料和信息,防止其被销毁或更改,并要求被告提供有关材料的所在地和控制权相关信息的宣誓书,旨在进一步揭示更多有关材料存放地点的信息。因此,此类命令提供了一个有用的进阶工具,可供加密欺诈的受害者使用,但由于实施此类命令通常会产生一定的成本(如法院要求的监督律师费用等),故此类命令通常只在重大欺诈案件中使用。

(3)冻结所有权命令,目的在于保存任何被盗加密资产或其收益,以便后续的强制执行。这类命令通常与辅助披露命令结合使用,要求被告在宣誓后进一步提供有关资产下落的信息。

(4)确保命令有效送达的相关命令,可以采用包括但不限于电子邮件、加密通信软件等现代电子通信手段,以及适用于跨司法管辖区送达的特定命令。

在英格兰和威尔士高等法院过往案例中,已成功运用了上述的一些方法来处理加密货币欺诈案件。

在 AA 诉未知人员(Persons Unknown)网络攻击案中,黑客通过安装恶意软件并索要比特币作为赎金，以允许受害公司重新获得对其公司系统的访问权限。该受害公司的保险公司（AA）支付了价值约为95万美元的比特币作为赎金。随后，通过一家加密货币调查公司的取证追踪，发现有96个比特币被转移到了加密货币交易所 Bitfinex 的钱包中。该保险公司（AA）向英格兰和威尔士高等法院提出申请，寻求：（1）针对两家加密货币交易所的银行披露令和/或第三方披露令；（2）冻结比特币和加密货币交易所相关账户的所有权强制令；（3）在司法管辖区外以替代方式送达相应命令。在这种情况下，仅所有权强制令得到了批准。

在 Ion Science 案中，索赔人将64.53枚比特币转给一家瑞士实体，作为首次代币发行的投资，但从未收到任何回报。索赔人根据银行信托司法管辖权（Bankers Trust Jurisdiction）和/或英国《民事诉讼规则》第25.1（g）条，成功申请了针对未知人员的所有权强制令（Proprietary Injunction）、全球冻结令（Worldwide Freezing Order，WFO）和辅助披露令（Ancillary Disclosure Order），以及针对加密货币交易所币安（Binance）和 Kraken 的第三方披露令。

在 Fetch.ai 基金会案中，索赔人在加密货币交易所币安（Binance）的多个账户中持有加密货币。这些账户被不明身份的人侵入，这些侵入者利用这些加密货币进行交易，以严重低估的价格出售，降低了索赔人账户的价值，并将索赔人的加密货币转移到其他账户。索赔人成功申请了所有权强制令、全球冻结令和针对未知人员的辅助披露令，以及根据银行披露令和/或第三方披露令，配合英国《民事诉讼规则》第25.1（g）条，向加密货币交易所提出的披露令。

这些案例表明了英格兰和威尔士高等法院在处理加密货币欺诈案件中的关键角色，以及各种法律命令在追踪和恢复被盗或欺诈性转移的资产中的重要性。上述案件中产生的几个问题值得进一步讨论。

1. "未知人员"的司法管辖权

随着加密资产欺诈案件的增加，英格兰和威尔士高等法院持续面临的一个挑战是如何处理"未知人员"的问题。在大多数加密资产欺诈案中，即使追踪到持有被盗加密资产的钱包地址，也很难识别到具体的欺诈者和/或欺诈所得资产的接收者。值得庆幸的是，英国法律通过发展"未知人员"司法管辖权来应对这一问题，该管辖权允许原告在无法确定欺诈者和/或欺诈所得资产的接收者的真实身份的情况下，仍能发起追偿行动，并寻求法律救济。

"未知人员"司法管辖权允许原告寻求强制令，并针对特定类别的未知人员提起诉讼。英格兰和威尔士高等法院已将此管辖权应用于各种情况，包括：禁止出版被盗哈利波特手稿的禁令（Bloomsbury Publishing Group v. News Group

Newspapers 案);[①]禁止在伦敦摄政街一家商店外抗议的禁令(Canada Goose v. Persons Unknown 案);[②]针对涉嫌电子邮件欺诈的未知人员的全球冻结令(CMOC Sales & Marketing Limited v. Persons Unknown 案)。[③] 当前,"未知人员"司法管辖权已扩展至加密货币欺诈案件,正如上文提及的 AA 诉未知人员(Persons Unknown)案所示,其中法院针对利用网络攻击索要比特币的未知人员施行所有权强制令。

在处理涉及未知人员的加密资产欺诈案件的申请或诉讼时,需要考虑以下关键因素:

(1)明确未知人员的分类:需要明确定义涉案的未知人员的具体类别,并根据其涉嫌的非法行为进行分类,如直接参与欺诈的个体、无意中接收资产的个体以及善意受让人等。[④] 英格兰和威尔士高等法院强调,对于这些不同类别的未知人员,必须细致地考虑适当的法律救济措施,尤其是欺诈性加密资产的善意受让人。[⑤]

(2)确保有效送达法律文件:努力通过所有可行的渠道,如已知的电子邮件地址或公开的互联网平台,将诉求和/或禁令有效地送达给可识别的被告和未知人员。在这个过程中,索赔人还需要考虑到未知人员可能不在司法管辖范围内的可能性,以及可能需要特别申请允许在司法管辖范围外进行送达的可能性。

(3)身份确认后的诉讼程序:一旦确认了最初的未知人员的具体身份,应立即正式将这些人员列为诉讼的被告。这是确保诉讼完整性和提供明确追索路径的关键步骤。

2. 加密货币案例中的问题:披露令

在处理加密资产欺诈案件时,英格兰和威尔士高等法院在几个案件中都通过运用银行披露令和/或第三方披露令,配合英国《民事诉讼规则》第 CPR 25.1(g)

---

① See England and Wales High Court, *Bloomsbury Publishing Group Ltd. &Anor v. News Group Newspapers Ltd. &ORS*, CaeMine (May 23, 2003), https://www.casemine.com/judgement/uk/5a8ff71760d03e7f57ea761b.

② See Court of Appeal of England and Wales, *Commercial Property: Canada Goose UK Retail Ltd. &Anor v. Persons Unknown &Anor* [2020] *EWCA Civ* 303, Lamb Chambers (Mar. 5, 2020), https://www.lambchambers.co.uk/commercial/commercial-property-canada-goose-uk-retail-ltd-anor-v-persons-unknown-anor-2020-ewca-civ-303/.

③ See Court of Appeal of England and Wales, *COMC v. Persons Unknown*, CaeMine (May 7, 2008), https://www.casemine.com/judgement/uk/5b2897ab2c94e06b9e1982e5.

④ See Addleshaw Goddard, *Fetch-The Search for Information by Victims of Cryptocurrency Fraud*, Addleshaw Goddard (Nov. 2, 2021), https://www.addleshawgoddard.com/en/insights/insights-briefings/2021/litigation/the-brief-case-autumn-2021/fetch-the-search-for-information-by-victims-of-cryptocurrency-fraud/.

⑤ See Addleshaw Goddard, *Fetch-The Search for Information by Victims of Cryptocurrency Fraud*, Addleshaw Goddard (Nov. 2, 2021), https://www.addleshawgoddard.com/en/insights/insights-briefings/2021/litigation/the-brief-case-autumn-2021/fetch-the-search-for-information-by-victims-of-cryptocurrency-fraud/.

条,向涉案加密货币交易所提出披露令申请,以获得涉案账户/钱包及其所有权的信息。

在 AA 诉未知人员(Persons Unknown)案中,法院审议了针对经营加密货币交易所 Bitfinex 的两名被告提出的银行披露令和/或第三方披露令申请。考虑到两名被告位于司法管辖区之外的情况,法院评估了其是否有权要求司法管辖区之外的公司遵守英格兰和威尔士高等法院的命令,并送达该命令。在审议中,Bryan 法官参考了 AB 银行有限责任企业境外金融中心(AB Bank Ltd, Off-Shore Banking Unit)诉阿布扎比商业银行(Abu Dhabi Commercial Bank PJSC)案[①](以下简称 AB Bank 案)中的裁决,其中指出不能针对司法管辖区以外的实体发出第三方披露令。[②] 因此,在认识到 AB Bank 案面临的问题后,原告向 Bryan 法官提出推迟申请,并最终决定仅执行已授予的所有权强制令。

在 Ion Science 案中,原告根据英国《民事诉讼规则》第 25. 1(g)条对经营加密货币交易所币安(Binance)和 Kraken 的两名被告寻求银行披露令和/或第三方披露令。这个案例再次遇到了 AB Bank 案中提出的问题,因为这两家加密货币交易所的被告都位于司法管辖区之外。然而,Butcher 法官重新审视了 AB Bank 案中的裁决,认为这种情况属于"紧急追捕"案件,是批准银行披露令的特殊情形,从而区分了 AB Bank 案中仅涉及第三方披露令的裁决,并批准了银行披露令。[③]

在 Fetch. ai 案中,再次遇到了与 AB Bank 案相同的问题。法官注意到在这方面尽管存在相互冲突的判例,但最终决定沿用 Ion Science 案中的方法,批准了针对开曼群岛的加密货币交易所的银行披露令,并参照 AB Bank 案,拒绝了第三方披露令的申请,以解决司法管辖区外执行命令的问题。

这些裁决也表明了司法部门在协助追回被盗加密资产方面,愿意将银行信托管辖权扩展到司法管辖范围之外,以便对加密货币交易所执行命令。

3. 加密货币欺诈案件中的问题:全球冻结令和所有权强制令

随着加密资产被英国法律明确界定为财产,已有一些判决对加密货币交易所中的账户/钱包以及加密货币本身发出了全球冻结令和/或所有权强制令。这些判决还强调了索赔人在加密货币欺诈案件中寻求资产保全时,需关注的

---

① See Chancery Division of the High Court of England and Wales, *AB Bank Ltd.*, *Off-Shore Banking Unit (OBU) v. ABU DHABI Commercial Bank PJSC*, CaseMine (May 23, 2003), https://www.casemine.com/judgement/uk/5a8ff73a60d03e7f57eaa07e.

② See Court of Appeal of England and Wales, *Neutral Citation Number*: [2019] *EWHC* 3556 (*Comm*), Bailii (Mar. 5, 2020), https://www.bailii.org/ew/cases/EWHC/Comm/2019/3556.html.

③ See Chancery Division of the High Court of England and Wales, *Mackinnon v. Donaldson, Lufkin and Jenrette Securities Corporation*, vLex (Oct. 31, 1985), https://vlex.co.uk/vid/mackinnon-v-donaldson-lufkin – 804672533.

要点。

在区块链优化股份有限公司及其他原告(Blockchain Optimization S. A. & Anor)诉LFE市场有限合伙企业及其他被告(LFE Market Ltd & Ors)案[①]中,法院强调了申请全球冻结令时申请人必须遵守的全面坦诚原则。在本案中,因涉及虚假加密货币代币投资,法院初始批准了全球冻结令。然而,被告挑战该令的有效性,随后以重大不披露为由申请解除该全球冻结令。具体来说,被告给出的理由是索赔人未充分披露所有相关信息,特别是索赔人的律师也参与了该加密货币代币项目,这一事实未被披露,暗示律师可能了解该代币的真实性信息。尽管法官确认了这一不披露情况的实质性,暗示该不披露可能导致全球冻结令被取消,但考虑到该不披露被视为出于善意,并且律师事务所在项目中的角色已经公开,法官最终决定维持全球冻结令的执行。

在Fetch. ai案中,法官对全球冻结令可能导致的风险表达了担忧,特别是针对未知人员申请的全球冻结令可能让不知情的善意受让人无意面临违反全球冻结令并因此被视为藐视法庭的风险。为此,在这个案例中,法官在全球冻结令中增加了一项特定的限制条件,明确指出只为那些知道或理应知道资产属于索赔人或不属于自己的善意受让人提供所有权救济。[②] 这种方法旨在平衡保护原告权益和避免对善意第三方造成不必要的负担。以上案例表明,法院通过精细调整法律命令的应用,既保护了受害者的利益,又考虑到了善意第三方的情况,确保了法律救济的公正性和有效性。

4. 加密货币欺诈案件中的问题:与送达相关的命令

涉及送达命令相关的加密货币欺诈案例包括:

AA诉未知人员案:在这个案件中,法院采取了灵活的送达方式,批准了通过多种渠道向不知名被告送达索赔文件的命令,其中包括:(1)向与涉案账户关联的电子邮件地址发送邮件;(2)邮寄到涉案账户注册的实际地址;(3)直接向法院提交索赔文件。与Ion Science案类似,法院还批准了在有充分理由和/或特殊情况(包括索赔的紧迫性和所有权的主张)下,可以替代方式向作为被告的加密货币交易所送达命令。

Fetch. ai案:该案进一步证明了法院在面对国际送达挑战时的灵活性。在

---

① See England and Wales High Court, *Blockchain Optimization SA &Anor v. LFE Market Ltd. &ORS*, CaseMine (July 28, 2020), https://www.casemine.com/judgement/uk/5f28ec552c94e03986856f9b.

② See Addleshaw Goddard, *Fetch-The Search for Information by Victims of Cryptocurrency Fraud*, Addleshaw Goddard (Nov. 2, 2021), https://www.addleshawgoddard.com/en/insights/insights-briefings/2021/litigation/the-brief-case-autumn-2021/fetch-the-search-for-information-by-victims-of-cryptocurrency-fraud/.

向司法管辖权以外的人送达命令时,法院沿用了 Ion Science 的做法。法院认为,考虑到欺诈案的主体是居住在英国的加密货币所有者,因此批准了对域外实体进行替代送达。[①] 法院强调,只有当标准送达程序难以实现时,才应批准对实体进行替代送达的命令,只要确保命令能够迅速引起相关被告的注意。[②]

总而言之,正如英格兰和威尔士高等法院院长杰弗里·沃斯爵士所言:"当人们生活的方方面面被技术所改变,司法系统也必须适应这些变化,不能置身事外。"因此,可以预见英格兰和威尔士高等法院将会不断调整其策略,利用在线法院系统和算法技术来管理和解决纠纷,以确保能够跨越虚拟和地理边界有效追踪和打击诈骗行为,从而能够在数字化时代继续推动司法正义的实现。

第十七节　区块链与个人隐私保护[③]

在区块链技术高速发展的时代背景下,个人信息作为科技发展的基础资源需要妥善处理,既要充分挖掘个人信息的潜在价值,又要有效保护个人隐私。面对日益增长的个人信息处理需求,2021 年 8 月 20 日,中华人民共和国第十三届全国人民代表大会常务委员会第三十次会议审议通过《中华人民共和国个人信息保护法》(以下简称《个人信息保护法》),并于 2021 年 11 月 1 日正式实施,这是针对个人信息处理的专门法律,标志着我国个人信息保护进入了一个新的阶段。《个人信息保护法》旨在平衡个人信息的使用与保护,通过加强个人信息处理过程中对个人信息的保护措施与法律救济,同时引入法律强制力,以国家的积极保护政策来支援个人在个人信息处理中面临的风险。[④] 在此之前,欧盟发布的《通用数据保护条例》和美国发布的《网络安全信息共享法》(Cybersecurity Information Sharing Act,CISA)等法规,[⑤]也为个人信息提供专门的保护措施,并构建了各自专门的个人信息法律保护体系。与之相似,《个人信息保护法》结合科技发展的实际状况调整个人信息的处理与保护路径,其中第 4 条规定"个人信息是以电

---

① See Addleshaw Goddard, *Fetch-The Search for Information by Victims of Cryptocurrency Fraud*, Addleshaw Goddard (Nov. 2, 2021), https://www. addleshawgoddard. com/en/insights/insights-briefings/2021/litigation/the-brief-case-autumn – 2021/fetch-the-search-for-information-by-victims-of-cryptocurrency-fraud/.

② See Addleshaw Goddard, *Fetch-The Search for Information by Victims of Cryptocurrency Fraud*, Addleshaw Goddard (Nov. 2, 2021), https://www. addleshawgoddard. com/en/insights/insights-briefings/2021/litigation/the-brief-case-autumn – 2021/fetch-the-search-for-information-by-victims-of-cryptocurrency-fraud/.

③ 参见赵炳昊:《个人信息保护法与区块链技术冲突的双向纾解及合规监管》,载《法学论坛》2022 年第 6 期。

④ 参见王锡锌:《个人信息国家保护义务及展开》,载《中国法学》2021 年第 1 期。

⑤ 参见张立彬:《美英新个人信息保护政策法规的考察与借鉴》,载《情报理论与实践》2020 年第 6 期。

子或者其他方式记录的与已识别或者可识别的自然人有关的各种信息”,其中特别强调电子方式这一全新记录形式,体现了对以区块链技术为代表的新兴科技的重视。尽管如此,面对区块链技术在处理个人信息时的技术风险,《个人信息保护法》有时会因自身的滞后性而难以发挥强制力,导致区块链技术风险与法律规范保护之间产生内生性冲突,需要从技术和法规两方面入手展开双向纾解,同时也需要构建、完善合规监管体系来进行持续性的制度保障。

一、问题提出:《个人信息保护法》与区块链技术的冲突

随着区块链技术的不断迭代和升级,个人信息处理模式面临整体性的技术革新。区块链技术的使命与《个人信息保护法》的立法目标都是优化个人信息的处理过程,但两者在具体的适配过程中存在一定程度的内生性冲突。《个人信息保护法》在立法目的上强调保护与使用并重,但面对快速发展的区块链技术,该法律的规范内容时有滞后,导致区块链技术在处理个人信息时可能超越、触犯现行法律框架的边界。在个人信息处理的整体方向上,《个人信息保护法》第 7 条规定处理个人信息应当遵循公开、透明原则,这一原则将用于指导区块链技术处理个人信息的过程,防止区块链技术对个人隐私产生潜在威胁。实际上,区块链技术在实际处理过程中努力秉持公开、透明原则,比如借助区块链技术公开个人信息处理流程来落实《个人信息保护法》的具体要求,通过公开透明性增强了技术公信力,使得区块链技术处理后的个人信息被赋予了公开性的技术属性与科技增值,[①]并通过 ShadowEth 等私密智能合约的形式实现对个人信息的专门保护,[②]体现出《个人信息保护法》对区块链技术应用的价值指引。

但是值得注意的是,尽管区块链技术在整体上遵循了《个人信息保护法》的价值指引,但在具体的技术运行模式中与该法律中的具体规范存在内生性冲突。这种冲突源于区块链技术的底层运行机制与《个人信息保护法》的规范之间不完全兼容,有时候这种不兼容反而加速了区块链技术的迭代升级,从而产生更大的法律监管漏洞,暴露出更多的法律监管空白。因此,亟须制定与区块链技术相适应的合规监管措施。[③] 第一,区块链技术在《个人信息保护法》的监管语境下与法律规范的限制存在内生性冲突,区块链技术因为迭代升级迅猛而

---

① See Garry Gabison, *Policy Considerations for the Blockchain Technology Public and Private Applications*, SMU Science and Technology Law Review, Vol. 19:3, p. 327 – 350(2016).

② See Rui Yuan et al., *ShadowEth: Private Smart Contract on Public Blockchain*, Journal of Computer Science and Technology, Vol. 33:3, p. 542 – 556(2018).

③ See Adam D. Thierer, *Privacy Law's Precautionary Principle Problem*, SSRN Electronic Journal, Vol. 66:2, p. 468 – 486(2014).

更容易超越、触犯法律规范的限制边界，技术模式与《个人信息保护法》规定的个人信息处理要求相悖，因此需要对区块链技术研发与运行机制进行适当调整，确保其与法律规范保持一致，填补现有技术手段与现行法律要求之间的差距。第二，区块链技术的发展旨在更好地满足个人信息的处理需求，但其技术路径与《个人信息保护法》的具体规定存在一定程度的冲突，这侧面反映出《个人信息保护法》在个人信息处理的规定上存在一定的滞后性。因此需要完善《个人信息保护法》的规范内容，并优化其解释路径，包括限制公共法益的范围、优化解释区块链技术处理方式以及对应用区块链技术的企业或组织的合理豁免，从而使《个人信息保护法》成为个人信息处理的有力保障而非发展阻碍。第三，区块链所带来的技术风险对个人信息保护构成持续性挑战，而持续性监管体系的缺失导致对内生性冲突的纾解呈现周期性状态，无法创设稳定的个人信息处理环境。长远来看，需要通过合规监管的方式实现法律规范对区块链技术的持续性监管。构建合规监管体系需要将《个人信息保护法》的规范内容贯彻其中，制定合规任务、加强技术合规，并明确合规对象。通过持续完善合规监管体系，可以保障区块链技术的健康可持续发展，同时促进《个人信息保护法》的有效施行。

总之，针对《个人信息保护法》与区块链技术在个人信息处理上存在的适配障碍，一方面，需要分别从区块链技术与《个人信息保护法》的角度出发进行双向纾解，在推进区块链技术发展的同时，调整《个人信息保护法》的规范内容与解释路径，以确保两者之间的兼容性；另一方面，从长远角度出发构建基于《个人信息保护法》的合规监管体系，对于实现持续性监督至关重要。这样的体系不仅可以促进区块链技术在合规框架下充分发挥技术潜力和价值，还能为区块链技术的大规模应用提供必要的法律和技术基础。[①] 鉴于此，我国可以从技术与规范的双重角度出发，构建完备的个人信息法律保护体系，通过合规科技将《个人信息保护法》的规范内容与区块链技术的模式相结合，从而为个人信息提供全生命周期的保护。[②]

二、内生性冲突促进区块链技术优化以适配法律规范

区块链技术作为一种具有重大潜力的新兴技术，因其公开透明、隐私保护、可追溯性和不可篡改性等特征，不仅能大幅提高个人信息处理效率，还有助于

---

① 参见佟家栋、张千：《数字经济内涵及其对未来经济发展的超常贡献》，载《南开学报（哲学社会科学版）》2022 年第 3 期。

② 参见许可：《个人信息治理的科技之维》，载《东方法学》2021 年第 5 期。

降低信息泄露风险和处理成本。这些优势预示着区块链技术可能在未来科技发展中扮演核心角色。但当区块链技术被应用于个人信息处理时,其复杂的底层技术原理以及某些固有缺陷容易导致其与《个人信息保护法》产生内生性冲突。这种冲突不仅限制了区块链技术的应用范围和效率,也对法律规范提出了适配性要求。因此,从技术应用的角度出发,应该基于《个人信息保护法》诉求来推动技术优化。

(一)区块链技术原理与法律规范之间适配调整

区块链技术在处理个人信息方面具有多样性和复杂性,其基于不同的技术原理,形成了如公有链(Public Blockchain)和许可链(Permissioned Blockchain,包括私有链和联盟链)等不同类型的区块链。值得注意的是,这些不同类型的区块链在基本原理上虽然共享区块链的核心特性,如公开透明、隐私保护、可追溯性和不可篡改性等,但与《个人信息保护法》的规范内容仍存在适配失衡问题,这意味着区块链技术需要进行适度调整以符合法律规定。

区块链的技术原理的演变,体现了个人信息处理需求的发展。公有链提供了完全去中心化的环境,允许任何人自由加入网络,并依靠共识机制运行,形成去中心化的信用机制。[①] 公有链的防篡改机制是通过区块之间的加密连接实现的,每个区块都包含前一个区块的哈希值,从而形成一个连续的链,这确保了数据的不可变性和历史的透明性。因此,不存在控制公有链的实体,其本质上是一种分散的、不可变的信息分类存储账本。这种开放性和去中心化的特点虽然有其优势,但在个人信息处理的法律适配性方面可能存在挑战。伴随个人信息处理环境的日趋复杂,许可链为需要加强隐私保护的应用场景提供了定制解决方案,其通过限制节点权限,并仅允许授权成员访问数据,提供了高效的部分去中心化的解决方案。相较而言,许可链更适合处理个人信息,因为它能够提供即时、共享且透明的个人信息存储,在确保信息安全的同时,允许快速追溯个人信息的变动,保持系统的稳定性。例如,ConsenSys Quorum 就是利用许可链技术处理并共享个人金融信息的商业机构,其借助许可链的共识算法增强个人信息交换与共享的可扩展性和适用性,[②]并对个人信息处理全程进行合规监管,以防止隐私泄露。

经比较后可以发现,尽管不同类型的区块链在技术原理上存在差异,但它

---

① 参见曹雪莲、张建辉、刘波:《区块链安全、隐私与性能问题研究综述》,载《计算机集成制造系统》2021 年第 7 期。

② See Marco Mazzoni, Corradi Antonio & Vincenzo Di Nicola, *Performance Evaluation of Permissioned Blockchains for Financial Applications: The ConsenSys Quorum Case Study*, Blockchain Research and Applications, Vol. 3:1, p. 1 – 22 (2022).

们的共性,如可溯源性、不可篡改性和去中心化等,都与现行法律规范存在一定程度的冲突,因此需要基于法律规范的要求来调整技术原理。第一,区块链中共识机制的运行需要参考《个人信息保护法》第20条规定的"两个以上的个人信息处理者共同决定个人信息的处理目的和处理方式的,应当约定各自的权利和义务",这是共识机制运行的规范支撑。公有链与许可链采用不同的共识机制:公有链要求所有参与者的共同验证与同意,而许可链则仅涉及特定授权的参与者。这种差异导致许可链在遵守《个人信息保护法》等法律规范时可能面临挑战。为解决这一问题,许可链的共识机制需要进行调整,以更好地符合法律要求,即需要改进许可链中的主体同意流程,通过引入基于权重的共识机制来代替原有的授权模式,以构建更加合规的技术操作流程。第二,区块链技术中可溯源性的规范依据是工业和信息化部与中央网络安全和信息化委员会办公室联合发布的《关于加快推动区块链技术应用和产业发展的指导意见》中"重点任务"部分规定的用区块链建立产品溯源体系,实现全生命周期的追踪溯源。这保障了区块链参与者能够依时间顺序查看链上的个人信息,追溯链上个人信息的全生命周期。许可链的设计允许更精细的访问和数据管理控制,可以针对性地增强个人信息的保护。然而,任何区块链解决方案都需要在设计和实施时仔细考量隐私保护措施,确保个人信息不会过度透明而导致个人隐私泄露以及信息被二次利用等次生损害。因此,许可链的设计与应用需要严格遵循法律规范,如《个人信息保护法》,通过合理的数据管理和访问控制策略,来加强对个人信息的保护。第三,区块链的不可篡改性作为核心技术特征提供公信力背书,而规范依据是《关于加快推动区块链技术应用和产业发展的指导意见》规定的"通过数据透明、不易篡改、可追溯,有望解决网络空间的信任和安全问题",这要求区块中的个人信息在添加到分布式账本后不能被编辑或删除。但由于新兴技术的发展与固有技术漏洞的存在,这一特性可能受到影响。比如公有链的开放性允许任何人参与,可能缺乏充分的数据治理措施,增加隐私泄露的风险,与《个人信息保护法》等法律规范产生冲突。因此,公有链需要通过强化内部治理,明确区分数据治理权与共识机制的职责,来增强对数据操作的监控,确保其运行机制更加安全、透明,并与法律规范相一致。第四,区块链的去中心化是技术创新的核心。参考最高人民法院《关于加强区块链司法应用的意见》第17条规定的"形成去中心化、去网系化、去系统化的数据串联",区块链中的个人信息要分布到各个节点,这种技术原理有利于降低区块链技术存储个人信息的风险,即使个别节点出现故障,也不会影响区块链的整体运行,个人信息仍然被储存在相对安全的空间内。

总之,区块链技术本身的复杂原理与其惊人的进化速度导致其经常与现行法律规范产生适配冲突。而技术与规范的适配失衡既会影响区块链技术的效能,也容易引发个人信息泄露风险。鉴于此,基于内生性冲突来弥补区块链技术的适用缺陷,可以挖掘出技术原理的共性不足,减少技术与规范的适配失衡,[①]那么无论采用哪种类型的区块链,都能在维护其核心特性的同时,减少与个人信息保护法律规范的内生性冲突。

(二)区块链技术基于个人信息保护法优化理念

区块链作为数字时代的新兴技术,对个人信息法律保护的先行框架和监管体系造成颠覆性影响,与《个人信息保护法》在具体理念上存在差异。对于技术与法规的理念差异,需要在技术创新升级与个人信息保护之间寻求一个价值平衡点。这意味着需要调整技术与法规之间的关系,以达到相对一致的目的,即在促进技术升级的同时,实现对个人信息的全面保护。

第一,区块链技术在处理范围的选择上应该契合《个人信息保护法》的目的诉求,将区块链处理个人信息的应用范围适当扩展至域外,提供合适的技术处理方案以最大限度地保护我国公民的个人信息自决权法益。《个人信息保护法》第3条规定对域外适用该法设定了限制条件,虽然不具备完全的域外规制效力,但同时设置了"法律、行政法规规定的其他情形"作为兜底条款,体现了《个人信息保护法》扩张保护范围、强化保护力度的意愿。与此相对应,区块链去中心化的技术特性意味着其处理范围不受特定地域限制,因此其技术监管范围可以相应延伸。只要个人信息的一个存储节点位于境内,便可以根据《个人信息保护法》进行监管。区块链技术通过其分布式去中心化记账模式来处理个人信息,使得个人信息的存储与变更需要经过全节点的验证和记录,不依赖单一物理节点,而是依赖于网络内多个节点的共同作用,从而为技术监管提供一种不受单一位置限制的灵活路径。因此,通过适当扩大区块链处理个人信息的范围,有助于保护我国公民存储在区块链上的个人信息的安全。这一方面有助于《个人信息保护法》与国际法规(如《通用数据保护条例》等)保持相对一致;另一方面有利于在确保我国拥有区块链技术监管的绝对优势的前提下,推动个人信息保护的跨境合作。

第二,区块链技术在处理个人信息时,应该基于《个人信息保护法》的立法目的开展,即将个人信息的保护与使用并重原则转化为区块链的关键技术指标。这些技术指标应被视为执行具体合规任务的基础,目的是为个人信息提供

① 参见赵宏:《我国疫情信息公开机制以及问题——基于法规范的分析》,载《东南法学》2020年第2期。

专门的保护措施,并将区块链这项广泛应用的技术有效地应用于个人信息法律保护的特定领域。[①]《个人信息保护法》对个人信息倡导保护与使用并重,而这两方面的实现均有赖区块链技术的支持。在个人信息的保护方面,区块链技术在处理个人信息时应该保持公开透明,不能以保护技术秘密为由剥夺公民对个人信息处理情况的知情权限。同时,区块链技术应利用自身特性来有效降低或消除现代化社会治理中的潜在风险,[②]实现对个人隐私的全面保护。在个人信息的使用方面,区块链技术应利用其独有的优势,来提升个人信息的处理效率,将技术效能转化为个人信息的使用价值。区块链技术处理后的个人信息不仅能挖掘出潜在价值,还能实现二次赋能。总之,区块链技术的应用和发展应当基于《个人信息保护法》的指导原则进行优化,通过建立合规监管的"桥梁"来消弭技术与法律的错配,真正落实保护与使用并重的理念,以此提升区块链技术的应用效能和社会价值。

第三,区块链技术在个人信息的处理过程中,应当保证各参与方的平等地位,避免在选择处理路径时偏袒任何一方的保护需求。这种技术公正性正体现了《个人信息保护法》所倡导的公正平等理念。具体而言,区块链技术的合规操作不应基于个人信息所有者的身份进行区别对待。无论个人信息的内容、来源和应用目的如何,应一律采用平等且统一的处理模式,以保护每一位公民的个人信息自决权法益。为了保护该自决权,区块链技术在其底层设计上应排除任何形式的算法偏见,坚持技术内核公正。这不仅是区块链技术合规的要求,也有助于降低技术成本,避免不必要的算力消耗。退一步而言,若区块链技术不能实现公平公正,那么其在个人信息处理方面的优势可能会适得其反,导致公众对区块链技术的信任程度降低,并限制其应用范围。这不仅会削弱《个人信息保护法》的强制力,还会阻碍区块链技术的发展。因此,区块链技术在处理个人信息时必须公平公正地平衡各方利益,以实现对个人信息的全方位保护。

(三)区块链技术弥补个人信息权利的保护缺漏

《个人信息保护法》在个人信息权利保护上围绕公民个人信息自决权的实质法益展开,个人信息权利保护来源于信息主体为了处理个人信息而让渡的部分个人信息权限,并因此享有对应的决定权与控制权。随着区块链技术被应用于个人信息的处理,其独有的技术特性有潜力在维护技术公正的同时,加强对个人信息自决权的保护。当前,个人信息权利保护存在三方面的缺漏,分别是

---

① 参见王禄生:《论法律大数据"领域理论"的构建》,载《中国法学》2020年第2期。

② 参见周佑勇、朱峥:《风险治理现代化中的公民知情权保障》,载《比较法研究》2020年第3期。

补充更正权、被遗忘权与数据可携带权,而区块链的技术优势可以从多方面入手弥补这些缺漏。

区块链技术在实施个人信息权利保护时,应针对《个人信息保护法》中不同权利的具体内涵提供针对性的保护措施。第一,《个人信息保护法》第46条规定了信息主体具有补充更正权,即个人信息主体有权更正不准确的个人信息,信息控制者在收到请求后必须从信息存储库中更正、修改或删除不准确或不完整的个人信息。为了落实这一权利,区块链技术可以对各个节点上的个人信息进行及时反馈,虽然其中的个人信息更正需要获得各方同意,区块链上难以及时对个人信息进行删改,[①]但是区块链技术的去中心化与可溯源特征意味着可以实现符合合规程序的信息删改,即通过设计与其技术原理相一致的合规删改流程,就可以实现对个人信息的有效更正或删除,从而为信息主体提供事后的权利救济渠道。[②] 第二,《个人信息保护法》引入了被遗忘权,从兼顾个人信息安全和社会公共法益的角度出发,较为明确地规定了几种可以请求删除的情形。[③]被遗忘权规定信息主体可要求从企业的存储器中删除其个人信息且不得无故拖延,这是个人信息数据控制与信息删除之冲突的一种平衡。[④] 当信息主体行使被遗忘权时,数据控制者须告知与其共享该个人信息数据的第三方,并一同删除个人信息数据。被遗忘权作为新型权利对于区块链技术而言是一种全新的挑战,因为它要求能够在必要时删除个人信息,这与区块链的不可篡改性原则相悖。因此,区块链技术的开发者和应用者需要创新方法来适应被遗忘权。一个可行的方法是利用加密技术通过消除任何加密算法的回溯途径(删除密钥),使得特定数据在没有相应密钥的情况下变得无法识别,从而间接地实现数据的“删除”。这种做法并不是在物理意义上清除数据,而是通过限制数据访问来实现个人信息的去识别化,以满足公民对个人信息的控制权和隐私保护的需求。然而,我们不能断言销毁密钥后所需的安全级别高到可以认为数据已被完全匿名化,因为始终存在通过试错方法找到正确密钥的可能性。另一个解决方法是借鉴像 MyHeathMyData(MHMD)这样的项目,该项目通过避免将私密数据记录到区块链中来解决“被遗忘权”的问题。在 MHMD 项目中,该平台允许在医疗机构网络内访问医院、研究中心、制药公司等的数据。在这里,区块链平

---

① 参见王从光:《区块链技术应用于个人信息保护的法理解读与治理》,载《西北民族大学学报(哲学社会科学版)》2021年第6期。

② 参见陈奇伟、聂琳峰:《技术+法律:区块链时代个人信息权的法律保护》,载《江西社会科学》2020年第6期。

③ 参见程啸:《论〈个人信息保护法〉中的删除权》,载《社会科学辑刊》2022年第1期。

④ 参见阮晨欣:《大数据时代账号注销权的保护实践——以〈个人信息保护法〉“删除”处理为视角》,载《东南法学》2021年第2期。

台被用作一个去中心化系统，以控制、监控和执行数据共享生命周期中的《通用数据保护条例》相关要求。在这种模型下，MHMD 记录数据处理的信息，将私密数据保存在数据控制者的中央服务器内。通过记录元数据可实现业务逻辑和可追溯性，并且这些元数据可以通过特定的映射函数与私密数据相匹配，该映射函数也托管在区块链之外。因此，通过删除区块链与映射函数中私密数据之间的链接，可以有效执行被遗忘权。第三，以往《个人信息保护法》中规定的数据可携带权在个人信息的实际处理过程中难以被妥善保护，因为个人信息蕴含的巨大利益以及技术发展的不成熟导致数据可携带权面临空置化的窘境。数据可携带权赋予个人信息所有者根据其要求以“结构化、普遍使用和机器可读”的格式从控制者处获得自己个人信息的权利，但这同时带来了隐私自治、数据迁移权的安全风险与合规成本利益失衡的潜在可能性。[①] 区块链技术的介入有助于强化个人信息保护，使隐私自治被限制在一定范围内。个人信息所有者也会以一种安全、可控的方式迁移个人信息，这也有效降低了整体的合规成本。《个人信息保护法》第 45 条规定符合国家网信部门规定的个人信息处理者还需要提供个人信息的转移路径，区块链的去中心化特性可有效防止数据垄断现象，确保个人信息在多方参与下实现安全传输。

总之，《个人信息保护法》中强调补充更正权、被遗忘权和数据可携带权的权利谱系可以借助区块链技术得以实现，但在技术应用的过程中则需要坚持技术合规。实际上，在个人信息保护的过程中，区块链技术正在不断调整适配个人信息的保护需求，[②]并致力于遵循《个人信息保护法》相关规定，从而切实保障个人信息自决权。区块链中的个人信息可以通过多重技术路径更迭个人信息，基于《个人信息保护法》规定的权利构成，区块链技术在处理链上个人信息时需要强化合规监管，事先对技术机理、运行模式进行合规改进，才能借助合规模式预先处理《个人信息保护法》与区块链技术之间的冲突，进行法律规范审查并规范信息处理流程，[③]确保区块链技术在个人信息处理过程中广泛且合规的应用。

三、镜鉴区块链技术发展完善《个人信息保护法》的适用

在完善个人信息处理的过程中，不应仅依赖于区块链技术单方面的迭代升

---

① 参见康兰平、程文文：《数据可携带权在欧美法律实践上的权利要旨对我国个人信息权益保护的借鉴》，载《电子知识产权》2022 年第 3 期。

② See Timmons John & Hickman Tim, *Blockchain and the GDPR: Coexisting in Contradiction*, Journal of Data Protection & Privacy, Vol. 3:3, p. 310 – 322(2020).

③ 参见赵炳昊：《个人信息保护法颁布后征信体系的调整与完善》，载《东方法学》2022 年第 3 期。

级，同时也要从完善法律规范的层面进行纾解，基于内生性冲突来完善《个人信息保护法》的规范内容与解释路径。根据区块链的技术特征，量化区块链技术的不合理成本以限制公共法益的无限延伸，灵活解释利用区块链技术处理个人信息的具体方式；考虑到技术特性与法律规范的匹配度，适时提供一定程度的技术豁免，以促进技术创新与个人信息保护法律要求之间的协调。通过这种方式，构建涵盖个人信息全生命周期的法律保护体系，确保《个人信息保护法》的强制性规定能够有效保障个人信息的私权利。[①]

（一）限制公共法益，保护个人信息自决权

在对个人信息自决权的保护方面，相较于《个人信息保护法》中对公共法益的延伸采用审慎的保护态度，《通用数据保护条例》采取了更明确的立场，即直接规定为了保护公共法益而不适用被遗忘权和数据可携带权的例外情形，如第9条规定为保护公共卫生安全或公共存档安全法益在处理个人信息的某些特殊情况中不适用被遗忘权，第20条规定当行使官方权力或基于公共利益时不适用数据可携带权，上述规定是在复杂语境下有所侧重地协调个人法益与公共法益的关系。[②] 在个人信息的实际处理过程中，很多跨国公司适用《通用数据保护条例》中保护公共法益的规定，但这必然会影响个人法益的保护，所以需要限制公共法益的保护范围，比如 Medicalchain 公司为了建立高质量的医疗保健系统来安全共享去中心化的个人信息，在需要平衡个人隐私和公共卫生利益（如公共卫生研究或紧急响应）时，可能需要适当调整被遗忘权的应用；[③]为了构建一个高效的个人金融信息共享系统，ConsenSys Quorum 在涉及个人金融信息的跨链操作中通过特定措施保护个人信息时，可能需要有限制地应用被遗忘权，以满足法律要求和公共利益保护。[④] 但在实际运行过程中，并非所有的区块链应用都可以适用保护公共法益的例外情形。鉴于区块链技术处理个人信息的核心法益是个人信息自决权，所以《个人信息保护法》需要明确公共法益的保护范围，既要兼顾对公共法益的特殊保护，又要防止肆意扩张公权力的规范范围。[⑤]在区块链技术的实际应用过程中，无视不合理成本而无限延伸公共法益的处理模式不具有长远的可行性，也不利于区块链的广泛应用。因此，制定合理的法

① 参见刘艳红：《人性民法与物性刑法的融合发展》，载《中国社会科学》2020年第4期。
② 参见金晶：《欧盟〈一般数据保护条例〉：演进、要点与疑义》，载《欧洲研究》2018年第4期。
③ 参见毕浩然、曾智、姚育楠：《区块链＋医疗个人健康数据存储——基于 medicalchain 平台的分析》，载《中国卫生事业管理》2021年第5期。
④ 参见李芳、李卓然、赵赫：《区块链跨链技术进展研究》，载《软件学报》2019年第6期。
⑤ 参见杨杨、于水、胡卫卫：《区块链赋能重塑社会治理结构：场景、风险与治理之道》，载《电子政务》2020年第3期。

律规范，既保护公共法益又尊重个人信息自决权，对于平衡个人权利与公共利益、促进区块链技术健康发展至关重要。

相较于《通用数据保护条例》，我国《个人信息保护法》中尚未规定基于公共法益的例外情形，也就无从确定公共法益的保护范围，那么对应的个人信息自决权的保护也就无所适从。[①] 公共法益是区块链技术处理个人信息时需要考虑的因素之一，但是其核心任务仍然围绕保护个人信息自决权展开。我国的《个人信息保护法》以保护私权利为立法诉求，因此应适当限制公共法益的保护范围，尤其是在区块链等新兴技术的介入下，更要避免新兴技术过度扩张对公共法益的保护。在区块链技术应用中，对公共法益保护范围的限制需要考虑个人信息的不同发展阶段、合约机制的差异以及区块链节点数量等因素。《个人信息保护法》作为功能性立法，[②]需要将具体的公共法益参照标准限制在法律规范的价值功能范畴内。一是时间要素，个人信息的不同发展阶段意味着公共法益与个人信息的权重比会发生变化，在个人信息的后生命周期，公共法益的占比会随之上升，此时区块链技术介入后，若为了公共法益需要牺牲技术效率并增加不合理的技术应用成本，则应适当限制对公共法益的保护。二是合约机制要素，即区块链技术的原始运行机理，比如采用哈希编码方案（Hashing Scheme）的区块链技术具有更强的技术灵活性，对于公共法益的影响较小，可以对个人信息进行合理处理，此时应适当缩限公共法益的保护范围，更强调对个人信息自决权的保护。三是节点机制不同，多节点存储的个人信息涉及更广泛和复杂的公共法益。由于任何节点的变动都可能引发对链上个人信息的广泛影响，此时区块链技术在处理个人信息时应当谨慎，避免产生不必要的变动，限制公共法益的保护范围，优先保护个人信息的整体稳定性。

总之，基于区块链技术的语境限缩公共法益的保护范围，应该拆解区块链技术的构成，并基于不同技术层面强调对公共法益的限制，更多地将《个人信息保护法》的关注重心放在个人信息自决权上，才能更好地促进区块链技术创新，同时为后续的合规监管提供量化依据。[③]

（二）灵活解释区块链处理个人信息的方式

为了解决区块链技术与《个人信息保护法》之间的冲突，不仅需要在立法层面

---

① 参见王利明：《论个人信息删除权》，载《东方法学》2022 年第 1 期。

② 参见刘艳红：《中国反腐败立法的战略转型及其体系化构建》，载《中国法学》2016 年第 4 期。

③ See Sepehr Shahshahani, *The Role of Courts in Technology Policy*, The Journal of Law and Economics, Vol. 61:1, p. 37 – 61(2018).

尽可能完善个人信息法律规范体系,同时也需要依据《个人信息保护法》对区块链处理个人信息的方式进行灵活解释,这意味着将区块链技术的应用核心嵌入现有的法律框架中,通过一种宽松且灵活的解释路径,来有效平衡区块链技术的创新发展与《个人信息保护法》的法律要求之间的关系。这种方法有助于确保《个人信息保护法》的有效性,防止该法律规定因技术发展过快而陷入空置化的窘境。

基于《个人信息保护法》的规范要求,灵活解释区块链处理个人信息的方式,需要参考该法律第 4 条第 2 款对个人信息处理的定义,即"个人信息的处理包括个人信息的收集、存储、使用、加工、传输、提供、公开、删除等",上述操作流程都可以通过区块链技术进行,而针对这些处理模式的法律限制也需要结合区块链的技术特征进行实质性解释。第一,考虑到区块链去中心化的技术特性,其在跨境存储个人信息时容易引发监管争议。《个人信息保护法》倾向于基于国家主权原则实施个人信息的本地化存储,并倡导通过多边法律协助机制协调解决国际管辖冲突,这本身也符合个人信息数据的无形性特征。[①] 鉴于区块链技术的特性,部分节点可能位于境外,且其物理位置可能跨越多个司法管辖区,这要求对于区块链存储节点的行为模式不应机械遵照既有规定,而应基于技术逻辑进行解释,只要个人信息主体的数据构成存储在境内节点上,即可视为满足个人信息存储在境内的要求。第二,考虑到区块链技术具有不可篡改性的特征,所以在《个人信息保护法》中对删除个人信息的行为模式采用更为宽松的解释路径,将匿名化处理、断开、限制或屏蔽链上个人信息的访问路径等替代性方案,作为达到实质删除效果的技术路径。[②] 这种方法的核心在于破坏个人信息的识别特性并阻止其被追溯,实际上实现了个人信息的"删除"效果,尽管数据仍旧存在于区块链上。这种宽松的解释路径也和《通用数据保护条例》的规定不谋而合,配合《通用数据保护条例》中关于个人信息删除的若干参考标准,可以为相关机构在利用区块链技术来响应个人信息删除请求时,提供可行的操作标准。[③] 因此,我国的《个人信息保护法》在采用更为宽松的解释路径后,也应考虑补充此类技术标准并将其纳入合规任务的制定之中,以确保区块链技术的合规运用,兼顾个人信息的保护需求。

总之,鉴于当前《个人信息保护法》面临的复杂多样的个人信息处理场景,在应对区块链技术带来的技术风险挑战时,灵活解释区块链技术处理个人信息

---

① 参见吴玄:《云计算下数据跨境执法:美国云法与中国方案》,载《地方立法研究》2022 年第 3 期。
② 参见陈爱飞:《解释论视域下的区块链个人信息删除权》,载《南京社会科学》2022 年第 6 期。
③ 参见薛丽:《GDPR 生效背景下我国被遗忘权确立研究》,载《法学论坛》2019 年第 2 期。

的方式变得尤为重要。这种灵活性有助于确保个人信息在遵守法律规范的前提下得到合规处理，同时保护个人信息的核心利益不受侵犯。实际上，基于《个人信息保护法》来过于严格地解释区块链技术的使用模式可能会阻碍技术的进步和积极发展，而过分限制区块链技术的应用显然不利于消除个人信息处理过程中的风险。[①] 因此，对新兴技术采用宽松的解释模式，不仅是技术发展的必然趋势，也是为了更好地适应技术进步与个人信息保护之间的平衡需求，从而促进法律规范与技术创新的和谐共生。

（三）个人信息保护法豁免处理技术责任

区块链技术的发展日新月异，其在处理个人信息方面的优势日趋凸显。为充分利用这一优势，以《个人信息保护法》为代表的法律规范在进行合规监管时应对技术持宽容态度，并在一定程度上对相关的技术应用提供豁免。《个人信息保护法》通过将适度豁免纳入其合规体系，旨在保护个人信息自决权的实质法益，而对于其他法益的保护则相对放宽，同时对潜在风险进行及时报送，并探索规范监管措施，这也符合《个人信息保护法》第53条“报送履行个人信息保护职责的部门”的规范要求。

《通用数据保护条例》中较为模糊地描述了某些关键节点的技术限制规范，为技术试错与责任豁免提供了空间，区块链技术可以在《通用数据保护条例》中的“灰色地带”寻求技术突破。对于区块链等新兴技术而言，当法律规范在解决相关争议时，基于技术是否侵犯个人信息的实质法益来决定是否提供责任豁免，实际上代表了法律与新兴技术之间的一种“妥协”，促进了双方的良性互动。鉴于此，若《个人信息保护法》对区块链技术实行过于严格的监管，可能会阻碍技术创新，并错失技术赋能的良机。相应的合规监管体系可能会因此变得僵化和滞后，无法及时适应技术迭代带来的风险与挑战，不利于区块链技术充分发挥其价值与潜能。

《个人信息保护法》对区块链技术应用的责任豁免，本质上是为了避免技术研发者和技术使用者在面对复杂多变的数字环境时承担苛重的责任。随着数字时代的到来，区块链技术将处于日趋复杂的技术环境中，而科技的不断发展所引发的高风险需要法律规范进行预防，还需要技术迭代升级进行消除，[②]这就需要《个人信息保护法》为区块链技术提供相对宽松的监管环境与责任豁免空间，进而营造良好的技术发展环境。确立责任豁免的具体范围，需要基于区块

① 参见王海洋、郭春镇：《公开的个人信息的认定与处理规则》，载《苏州大学学报（法学版）》2021年第4期。

② 参见刘艳红：《刑法理论因应时代发展需处理好五种关系》，载《东方法学》2020年第2期。

链处理个人信息所涉及的实质法益,即公民的个人信息自决权展开。公民有权决定如何处理自己的个人信息,而具体的处理技术方式也取决于其自身意志。[①]

鉴于此,若区块链技术在处理个人信息时未侵犯公民的个人信息自决权,则《个人信息保护法》应根据技术的实际应用情况、技术发展的现实水平以及处理信息的复杂程度,提供一定程度的责任豁免。其中,技术的实际应用情况主要考虑技术是否按照既定流程提供了个人信息处理的最佳方案,判断是否豁免责任需要参考区块链技术对个人信息造成的其他方面的损失;技术发展的现实水平需要考虑区块链技术是否已经完全发挥出自身的技术效力,面对个人信息处理时需要在既有的处理能力内提供技术保障;处理信息的复杂程度需要考虑个人信息自身所处的状况,若个人信息本身存在潜藏风险,那么后续技术处理中没有增加风险就应豁免技术的责任。实际上,《个人信息保护法》不仅保护公民个人信息不受侵犯,其同时也要鼓励个人信息处理技术的创新与进步,要求违反特定数据义务者承担侵权责任只是一种有效的补充或替代,[②]而非法律监管的最终目的。相反,《个人信息保护法》强调使用与保护并重,提倡在确保个人信息安全的同时,支持技术的发展和应用,认识到适当的责任豁免对于鼓励创新是必要的。在设计这些豁免措施时,法律试图避免为违规行为提供潜在的“避风港”,而旨在创建一个既促进技术进步又确保个人信息得到有效保护的法律环境。

总之,区块链技术和《个人信息保护法》的目标相对一致,区块链处理个人信息契合《个人信息保护法》提倡的保护与使用并重的诉求,数字时代法律归责体系也需要随之迭代升级,[③]推动区块链技术的部分责任豁免实际上有助于激活技术潜力。为了消除个人信息保护的积弊,通过优化区块链使用路径来提升安全性与透明度的行为不应被视为滥用技术,而应被视为优化《个人信息保护法》对个人信息的保护与使用模式的外部助力。这体现出我国个人信息保护体系对数字时代公民个人信息权益保障诉求的积极回应,展现了法律规范适应技术发展的灵活性和前瞻性。

四、基于《个人信息保护法》强化对区块链技术合规监管

随着区块链技术在处理个人信息方面扮演日益重要的角色,《个人信息保护法》需基于现行法律规范基础框架,结合技术发展境况,建立相应的合规监管

---

① 参见冀洋:《法益自决权与侵犯公民个人信息罪的司法边界》,载《中国法学》2019 年第 4 期。
② 参见解正山:《个人信息保护法背景下的数据抓取侵权救济》,载《政法论坛》2021 年第 6 期。
③ 参见周佑勇:《论智能时代的技术逻辑与法律变革》,载《东南大学学报(哲学社会科学版)》2019 年第 5 期。

体系;在技术迭代升级的客观前提下,将个人信息保护的法律规范转化为具体的合规任务,推动区块链技术与《个人信息保护法》等法律规范之间的良性互动。[①] 在合规监管区块链技术风险的过程中,需要结合技术发展的实际情况,调整合规监管的对象和技术路径,这种对区块链技术的外部干预契合了其发展的现实需求。[②] 为确保区块链技术创新的可持续性,相关法律规范必须完善技术指南来明确关于个人信息处理的违规行为条款,从而避免对使用区块链技术的企业和组织施加过于苛重的责任。[③]

(一)参考《个人信息保护法》规范制定合规任务

区块链技术与《个人信息保护法》配合的矛盾,主要源于法律规范滞后于技术发展,导致法律难以及时适应技术的迭代升级。但同时,在技术快速发展的背景下,法律规范始终扮演着重要的监管角色。为了在《个人信息保护法》框架下塑造有效的合规监管体系,明确具体的合规任务是关键,这些任务要求技术应用方严格遵守。而合规任务的制定需基于对《个人信息保护法》中有关技术发展规定的深入解读,促使应用区块链技术的企业能够从外部强制性规制转向积极主动的自我管理,对区块链技术处理个人信息的潜在风险由事后规制模式转向事前预防模式。[④]

第一,将个人信息所有者事先同意作为区块链处理个人信息的合规前提,将知情同意制度作为合规任务予以考察。《个人信息保护法》第 14 条规定"基于个人同意处理个人信息的,该同意应当由个人在充分知情的前提下自愿、明确作出",这一规范为制定知情同意的合规任务提供了法律依据。知情同意机制在个人信息处理过程中起着至关重要的合规作用。尽管区块链技术的应用可能会对个人信息处理构成风险,但通过事先将技术处理方式明确告知公民并获得其同意,能够预防可能出现的侵犯公民个人信息自决权的行为。[⑤] 区块链技术的核心在于促进信息的流通与共享,而《个人信息保护法》旨在保障个人信息所有者能够自主、明确地同意将其个人信息控制权交由区块链技术进行处理。[⑥] 在合

---

① See Simon Schwerin, *Blockchain and Privacy Protection in the Case of the European General Data Protection Regulation (GDPR): A Delphi Study*, The Journal of British Blockchain Association, Vol. 1:1, p. 1 – 77(2018).

② See Jéssica N, *Blockchain, Behavioural Remedies, and Merger Control: How Can Access Remedies Do Better*, Journal of European Competition Law & Practice, Vol. 13:3, p. 167 – 186(2022).

③ See Mirchandani A, *The GDPR-Blockchain Paradox: Exempting Permissioned Blockchains from the GDPR*, Fordham *Intellectual Property*, Media and Entertainment Law Journal, Vol. 29:4, p. 1201 – 1241(2019).

④ 参见万方:《合规计划作为预防性法律规则的规制逻辑与实践进路》,载《政法论坛》2021 年第 6 期。

⑤ 参见李立丰:《〈个人信息保护法〉中"知情同意条款"的出罪功能》,载《武汉大学学报(哲学社会科学版)》2022 年第 1 期。

⑥ 参见周汉华:《个人信息保护的法律定位》,载《法商研究》2020 年第 3 期。

规监管体系中，将知情同意机制作为一个重要的合规任务，不仅符合公开、透明原则，而且使公民能够积极参与到对区块链技术的合规监管过程中。既然公众在事前已经知道了区块链技术对自身信息的处理方式及其带来的潜在技术风险，那么应将这些风险纳入合理的接受范围内。这保障了公民对自身个人信息处理的知情权，同时也明确了区块链技术的利弊。[①] 通过将知情同意制度作为合规任务，能够降低个人信息处理的不确定性，并将区块链技术这一新兴技术纳入一个更为明确和规范的合规监管框架内。

第二，调整《个人信息保护法》中对应个人信息权利的处理行为模式，在对个人信息处理模式进行宽松解释的基础上，将重新解释后的行为内容作为区块链的具体合规任务。以区块链的删除行为为例，《个人信息保护法》尚未明确规定如何在区块链环境下具体实施个人信息的删除，可以基于区块链技术的运行逻辑，将合规的删除操作定义为将个人信息转移到新的、访问权受限的区块，或者在区块链中创建新的分支来覆盖原有信息，实质上就实现了“删除”效果。将上述两种删除个人信息的方式规定为合规，不仅符合《个人信息保护法》中对个人信息被遗忘权的要求，也考虑到了区块链技术固有的不可篡改的特性，避免了合规任务和技术基础原理相冲突。因此，对于区块链技术的发展而言，确保技术创新和行为模式的调整保持在《个人信息保护法》的合规框架内至关重要。鉴于区块链的技术特性、运行原理可能与现行法律规范相悖，因此对于这些行为模式进行重新解释，并将其作为具体的合规任务，是促使区块链技术遵循法律规范的有效方法。否则，区块链技术应用将面临不确定的技术风险，合规监管体系的构建将缺乏明确的指导方向，甚至会阻碍区块链技术的大规模应用。

总之，基于《个人信息保护法》采用宽松的解释路径并制定对应的合规任务，是避免将法律规范内容直接机械转化为合规任务的关键，即应根据技术发展的实际情况，围绕个人信息自决权法益，构建有实质意义的合规任务。这样的做法有助于防止集体法益过度抽象化，避免法益保护原则缺乏实效性。[②] 合规监管体系的内在原理是特殊预防理论，旨在预防个人信息处理过程中可能出现的特殊情况，同时对技术一般性的技术路径保持开放态度。[③] 这和区块链技术作为新兴技术的特殊运行模式相契合，强调了对可能出现的风险进行预防的

---

① See John A. Rothchild, *Against Notice and Choice: The Manifest Failure of the Proceduralist Paradigm to Protect Privacy Online (or Anywhere Else)*, Cleveland State Law Review, Vol. 66:3, p. 559 - 648(2018).

② 参见刘艳红:《积极预防性刑法观的中国实践发展——以〈刑法修正案(十一)〉为视角的分析》,载《比较法研究》2021 年第 1 期。

③ 参见马明亮:《作为犯罪治理方式的企业合规》,载《政法论坛》2020 年第 3 期。

同时,鼓励、支持技术创新和发展。

在个人信息风险层出不穷的背景下,制定合规任务需要在技术发展与规范要求之间寻求平衡,制定出真正满足公民个人信息保护需求且不会阻碍技术进步的合规任务。

(二)优化编码方案实现区块链技术合规升级

合规处理个人信息会驱动区块链技术的合规升级。具体而言,应通过在技术编码阶段对潜在技术风险进行事先预防,在区块链设计之初优化其运行机制;通过调整区块链技术编码方案来规避使用中的争议,并实现技术的合规升级。实际上,域外区块链合规体系的完善已经促使诸如埃森哲公司等科技企业尝试改进区块链编码方案,以解决区块链应用过程中的固有缺陷。[①] 其中典型的优化方案是采用变色龙哈希(Chameleon Hash)技术的区块链优化方案。这种特殊的哈希函数允许在特定条件下,通过密钥修改哈希值而不改变区块链的数据内容,实现了对链上个人信息处理的灵活性。[②] 这正好满足《个人信息保护法》对个人信息处理提出的补充更正权、被遗忘权和数据可携带权的要求,通过编码方案预先在技术层面实现合规监管。[③] 变色龙哈希在不牺牲区块链核心特性(如去中心化和不可篡改性)的基础上,调整了区块链的一些固有特性,扩展了区块链技术的应用场景。具体而言,它通过改变数据的访问方式而非数据本身,实现了个人信息的合规处理。

以变色龙哈希为代表的新兴区块链技术在编码方案中预设合规解决内生性冲突的技术路径。这项技术允许将加密或哈希化的个人信息安全备份于数据库,而非仅存储于区块链节点,结合区块链的去中心化和不可篡改性,提供了额外的个人信息保护。该方法通过变色龙哈希函数,建立数据库备份信息与区块链上的信息之间一一对应的关系,以确保信息的完整性和可追溯性。当个人信息主体行使被遗忘权时,区块链技术可以通过特定的合规措施,如在相关数据库中销毁与区块链上哈希值相对应的原始个人信息及其哈希化数据,实现个人信息的去标识化。虽然区块链上的数据本身不直接被删除,但切断与可识别个人信息的关联实质上使得区块链上的数据无法再用于识别个人信息主体,从

---

① See Ke Huang et al. ,*Scalable and Redactable Blockchain with Update and Anonymity*, Information Sciences, Vol. 546: 15, p. 25 – 41(2021).

② See Wu C, Ke L & Du Y, *Quantum Resistant Key-Exposure Free Chameleon Hash and Applications in Redactable Blockchain*, Information Sciences, Vol. 548: 1, p. 438 – 449(2021).

③ 参见吴燕妮:《金融科技前沿应用的法律挑战与监管——区块链和监管科技的视角》,载《大连理工大学学报(社会科学版)》2018 年第 3 期。

而达到了"被遗忘"的效果。此外,这种编码方案同样适用于处理个人信息的补充更正权和数据可携带权,通过更新数据库中的原始数据及其哈希值,确保个人信息的准确性和可携带性,而不必更改区块链上的数据结构。其整体技术流程均在合规框架下运行,既符合《个人信息保护法》的规范要求(符合《个人信息保护法》第40条将个人信息存储于境内的关键信息基础设施的规定,将法律规范转化为合规基础),也保留了区块链技术的核心特性。将哈希化的个人信息存储在区块链节点上,并在需要时更新数据库中的相关数据,这种方法既减轻了以区块链为代表的新兴技术对个人信息法律保护带来的影响与冲击,也实现了技术与法律规范的和谐共存。①

在构建新兴区块链技术编码方案的合规监管体系中,将《个人信息保护法》作为合规依据至关重要。这不仅保护了区块链技术的核心特性,还能通过技术合规来提升个人信息处理的安全性和效率。在技术编码之初,依据《个人信息保护法》的规范要求来指导技术开发,既能充分利用区块链技术优势,又能满足合规需求。在区块链技术应用中,特别是在使用哈希函数确保数据完整性时,个人信息备份数据库可能被用于记录数据处理活动以增强透明性和合规性。这并不意味着数据库取代了区块链的核心存储功能,而意味着其作为一个辅助工具来支持合规措施,如记录谁访问或修改了数据,并确保数据处理活动的可审计性。根据《个人信息保护法》第55条"个人信息处理者应当事前进行个人信息保护影响评估,并对处理情况进行记录"的要求,在设计和实施哈希编码方案时,开发者应整合相关合规要求,确保通过合适的技术控制和审计日志,如实记录数据的访问和修改,以保障个人信息的处理过程既透明又符合法律规定。

总之,通过对《个人信息保护法》的实质性解读,并据此优化区块链编码方案,以实现区块链技术的合规升级,是合规框架下实现区块链技术进步的必经之路。区块链技术的迭代升级过程需要在保证使用效率的基础上,依据《个人信息保护法》的具体规定,进行合规监管。编码方案设计决定了区块链技术的运行机理,预先设置合规监管体系可以有效预防技术升级可能引发的处理技术的越界风险。

(三)基于区块链技术发展方向明确合规对象

对于应用区块链技术的企业而言,强化合规监管并将合规计划纳入企业犯罪治理体系,就可以有效规避社会中存在的"创新可能导致犯罪"的风险。针对以区块链技术为代表的技术创新,需要明确具体的合规对象,从而限制技术处理方式。

---

① 参见罗勇:《特定识别与容易比照:区块链背景下的个人信息法律界定》,载《学习与探索》2020年第3期。

实际上,经过区块链技术处理的个人信息作为合规对象,被赋予了全新的价值内涵,这些合规处理后的个人信息属于《个人信息保护法》第4条规定的匿名化数据,个人信息的可追溯性等要素都被区块链技术进行重组与改造,以服务于不同的社会需求。[①] 区块链技术对个人信息的这种技术性改造,不仅改变了个人信息的基本属性,而且使得改造后的个人信息成为合规监管的重点。因此,在确保处理流程合规的同时,还需确保个人信息本身的构成和处理结果的合规。

经过区块链技术合规处理后的个人信息成为具体的合规对象,其构成特征及保护则成为合规保护的重点。以广泛应用的哈希区块链技术为例,处理后的个人信息经历了内在价值属性的深度改造,具有匿名性和不可追溯性的典型特征:在匿名性方面,哈希化技术将个人信息分散存储于不同的节点和数据库中,使得外界只能获取部分个人信息内容,有效隐藏了个人信息所有者的数据;在不可追溯性方面,通过切断哈希链上个人信息与数据库中个人信息之间的关联,实现了个人信息归属的不可反向追溯。鉴于此,将经过区块链技术合规处理的个人信息明确为合规对象,可以发挥合规监管体系的强制力,并依据《个人信息保护法》的规定展开合规监管。在处理流程上,明确合规对象可以避免处理流程中的权利争端。在合规框架下利用区块链技术处理的个人信息,能够在一定范围内规避权利保护争议。通过预设合规的方式,区块链技术的个人信息处理模式得到肯定,按照法律规范对个人信息进行处理,防止个人隐私泄露。在面对可能存在的技术威胁时,强调对合规对象的保护能够重建公民对法律保护个人隐私的信心。合规处理后的个人信息在价值内涵上得到区块链技术的加密保护,以节点分布的方式降低了个人信息完全泄露的风险,从而构建了从技术路径到个人信息保护的整体合规处理流程,[②]充分发挥区块链技术的合规处理效能。对于采用区块链技术的企业而言,明确合规对象意味着合规任务有了明确的保护目标,据此可以开展相应的合规保护措施,从而将数字技术红利由公权力应用引向私权利保护,[③]确保技术进步带来的时代红利以合规方式应用于个人信息保护。

总之,合规监管个人信息的首要目标是明确合规保护的对象,将经过合规处理的个人信息作为合规监管体系的保护核心,限缩合规监管的范围,避免应用区块链技术的企业或组织负担过重的监管成本,同时对潜在的犯罪风险进行

---

① See David G. Post, *Pooling Intellectual Capital: Thoughts on Anonymity, Pseudonymity, and Limited Liability in Cyberspace*, University of Chicago Legal Forum, Vol. 5:1, p. 139 - 169(1996).

② 参见顾理平:《区块链与公民隐私保护的技术想象》,载《中州学刊》2020年第3期。

③ 参见李小猛:《司法大数据和法律人工智能的唯公权力化倾向及应对——以私权保障为中心》,载《苏州大学学报(法学版)》2020年第4期。

精准的事先预防。围绕合规处理后的个人信息展开的技术升级与体系建构,意味着《个人信息保护法》的保护内容有了明确的落脚点,而对公民个人信息自决权的保护也在传统个人信息的基础上增加了对处理技术的考量。通过保护合规对象,能够实现对处理技术的有效监管,保障个人信息在合规处理后的实质法益,强化区块链技术的应用优势,推动重点化构建、系统化推进、协同化衔接的个人信息合规监管体系的建设与完善。①

区块链技术代表了未来数字科技的发展方向,个人信息作为未来社会的重要生产资料如何充分利用并发挥其最大价值,是科技发展必须思考的问题。然而,区块链技术在处理个人信息时不能毫无限制,而应该基于《个人信息保护法》等法律规范的要求,在既定的合规框架内最大化地发挥其技术效能。

区块链技术与《个人信息保护法》之间的内生性冲突,需要从法律规范与技术发展两个方面进行双向纾解:一方面,推动区块链技术的合规化改造,以实现技术升级;另一方面,调整相关法律的规范内容与解释路径,使其能更有效地预防和应对新兴技术风险。就区块链技术的长远发展而言,合规监管是促进区块链技术广泛应用并深度参与科技产业活动的关键保障,应当建立合规体系,引导区块链技术实现跨越式发展,为突破个人信息治理困境提供全新路径,②确保个人信息的潜在价值得到充分挖掘和利用。这种做法不仅符合法律规范的要求,也满足了每位公民对个人信息保护的期待,为区块链技术的创新与应用开辟了广阔的空间。

第十八节　去中心化自治组织(DAO)的创新与歧途

一、DAO 的组织治理创新

(一)全新的组织治理范式

罗纳德·科斯(Ronald Coase)提出合同机制与企业组织之间存在互补关系。他认为,价格机制通过商业合同推动货物流通,但企业在市场中可能面临原材料价格波动的风险,从而导致过高的成本。在这种情况下,企业可能会选择垂直整合,生产本来计划从外部采购的产品。直到内部生产成本超过市场交易成本时,企业将停止垂直整合式扩张。科斯的交易成本理论强调了市场与企

① 参见刘艳红:《中国反腐败立法的战略转型及其体系化构建》,载《中国法学》2016 年第 4 期。

② 参见王禄生、王爽:《困境溯源与模式创新:基于区块链的个人信息合作治理研究》,载《中国行政管理》2020 年第 12 期。

业内部组织之间的选择,认为企业内部组织形成的原因在于市场交易的成本。而奥利弗·威廉姆森(Oliver Williamson)进一步发展了这一理论,提出了治理结构的连续光谱,从市场治理到内部化治理的不同形式,描绘了商业组织的演进关系。这条光谱包含从市场治理架构(商业合同)、三方治理架构(长期合作合同)、双边治理架构(关系合同)到内部化治理架构(阶层化组织)的过程。随着去中心化自治组织(Decentralized Autonomous Organization,DAO)的出现,商业组织的治理方式正在发生改变。这种新型组织架构利用区块链和智能合约技术,打破了传统的中心化阶层治理模式,为组织协作提供了一种全新的去中心化选择。因此,DAO 可能成为商业合同、长期合作合同、关系合同以及阶层化组织之外的另一种组织治理模式,并有望重新定义商业组织的结构与运作方式。

DAO 以区块链技术为底层技术支撑,以代币经济为激励手段,将组织成员的共识以智能合约的方式编码在区块链上,从而得以在无需第三方干预的情况下实现分布式自治。这种网状结构的组织形式与传统的科层制形成鲜明对比。过去的理论认为,民主化的价值创造手段和传统的科层制组织结构之间存在不可调和的矛盾。DAO 则通过去中心化的方式,执行基于共识的协议,成为对传统组织结构的反击。DAO 被认为是区别于市场和科层制的第三种治理范式,体现了全新的去中心化自治理念。DAO 的出现反映了股东、用户和员工之间的权力平衡正在发生变化。数据中心化模式将不可避免地转变为数据自主权模式,用户不再仅仅是消费者,也可以作为创造者和拥有者。众多用户组成 DAO 社区,通过自治和共建来实现共同的目标。

(二)DAO 治理

在传统公司中,治理机制往往围绕管理者和股东之间的潜在代理成本展开。然而,DAO 一改传统组织自上而下的管理模式,创新性地采用去中心化自下而上的方式。在这种模式中,委托人和代理人的角色合二为一,显著降低了代理成本。DAO 成员可以通过持有 DAO 社区原生代币来行使自己的社区治理权,参与投票和决策,与其他成员共同推动和决定 DAO 的未来发展。DAO 基于去中心化治理流程,降低了对传统管理层的需求。然而,这并不意味着 DAO 的治理过程不受约束。DAO 在初始智能合约中明确了组织目标和治理框架,所有决策都必须遵循该智能合约内的初始设定规则,对智能合约的任何修改都需要社区成员共同投票表决。DAO 中的委托人和代理人角色合一,并且治理过程具有高度透明性,这降低了利益冲突和道德风险的可能性。与传统组织的治理成本相比,DAO 的智能合约的执行成本要低得多。这使得 DAO 成为一种高效且具有创新性的治理模式。

DAO 作为一种新的治理范式，尽管具有许多创新特点，但也存在几个明显的问题。首先，DAO 的高度民主性意味着治理参与度取决于用户的主动参与度。由于治理过程可能显得乏味且成本较高，故缺乏足够的激励机制可能导致用户参与度低。若用户不愿投入时间和精力参与 DAO 的治理和决策，则可能导致组织治理的危机。其次，DAO 的基础架构依赖于区块链技术，这确保了数据的不可篡改，并支持用户自治、投票、身份鉴别等功能。然而，这种设计也意味着一旦 DAO 的智能合约开始运行，对其进行修改将非常困难，从而使系统缺乏必要的灵活性。最后，关于操纵选民投票的风险。民主投票存在优点也存在缺点，普通参与者更容易受到意见领袖的影响。一旦社区中的舆论被别有用心的意见领袖所左右，有些参与者可能会被错误的决策蒙蔽。操纵选民投票的行为可能会严重破坏依赖智能合约的 DAO 社区的整体发展进程。

为了解决上述问题，近年来 DAO 引入了多种机制来提高治理效率。传统公司通常根据资本的数量来分配收益权和决策权，DAO 则摆脱该传统模型，采取了一种所谓的"链上动态声誉模型"（On-Chain Dynamic Reputation Model），即 DAO 原生代币分配将根据 DAO 成员参与组织内部事务管理的参与度和贡献度、提案的有效性和可行性等考量要素进行自动发放。合理公平的激励机制将鼓励用户积极参与共建和共治，进一步促进组织内部的实质民主。此外，为了防止"空洞投票权"（Empty Voting Rights）或者组织成员低参与度导致的控制权与现金流权分离等问题，DAO 还引入了一种所谓的"买单投票"（Futarchy）表决机制。[①] 该机制旨在通过结合市场预测和投票来增强决策的准确性。

DAO 作为一种创新组织，其相关法律的不确定性也为其治理创新带来了阻碍。首先，实践中，各种各样的 DAO 缺乏法律的规制，面临着法律地位与权利义务模糊不清等问题，这也直接导致代币持有者的权利、义务、责任等并不明晰。同时，与传统有限责任公司一样，DAO 也可能面临决策参与的惰性。即使 DAO 采用了共识机制，但在实际操作中，社区可能会受到意见领袖的影响，从而削弱了民主决策的效力。在这种情况下，法律上的明确规定对于厘清各主体的权利、义务与责任至关重要，其能够确保 DAO 的稳定和有效运营。

---

① Futarchy 是一种结合预测市场和投票机制的治理模式，由经济学家 Robin Hanson 提出。Futarchy 的核心理念是通过市场预测来指导决策，以实现公共利益。其基本机制如下：（1）目标设定（Vote on Values）：社区成员投票决定他们所追求的具体目标或价值。例如，社区可以决定优先考虑经济增长、环境保护或社会福祉。（2）市场预测（Bet on Beliefs）：在设定目标之后，Futarchy 使用预测市场来评估不同政策或行动方案对这些目标的影响。参与者可以在市场上"下注"，预测哪些政策将最有效地实现所设定的目标。预测市场通过价格反映集体智慧和信息，价格越高，表示市场认为该政策越可能成功。（3）政策执行：根据预测市场的结果，选择被认为最有可能实现目标的政策进行实施。

二、DAO 的法律风险和可行合规路径

随着去中心化金融和加密经济(Crypto Economy)的迅猛发展,DAO 已成为不少项目的首选运作模式和组织形态,以更好地利用资源、招揽人才、吸纳资金,推动项目的可持续发展。在目标明确有效、治理规则设计合理、底层智能合约完善的情况下,DAO 能够使其成员在控制权、透明度、效率以及可信度方面享有极大益处。然而,由于 DAO 协作模式的特殊性,其也存在潜在的法律风险。因此,识别、预防并有效应对 DAO 的潜在风险,对于项目参与者及投资者最大限度地利用其独特优势至关重要。下文将主要介绍目前 DAO 所面临的主要法律风险及其可行合规路径。

(一)法律主体资格的承认困境

作为一种新兴组织模式,DAO 的法律主体资格在大多数司法辖区尚未得到法律承认,从而引发一系列问题,主要包括:其一,何种法律法规适用于 DAO;其二,DAO 如何签订或执行合同或开展其他传统商业活动,并且其成员是否会承担随之产生的个人无限责任等风险;其三,DAO 应在哪个法律框架下缴纳哪一类别的税款等。

面对上述困境,有两种解决方法:一是传统监管规则的与时俱进,即通过立法,主动接纳新兴事物,承认 DAO 的独立法律主体资格,使其与传统的公司、合伙企业一样,能够以自己的名义从事民商事活动。二是新兴事物对于传统监管规则的主动性适应,即 DAO 设立传统法律实体,如有限责任公司或基金会,并作为其包装(Wrapper)或桥梁,在合规并获得成员的个人有限责任保护的前提下,发挥其独特治理模式的优势。

1. 美国相关立法

(1)独立的法律主体资格承认

在美国,目前有三个州通过了相关的立法以承认 DAO 的法律主体资格,DAO 可以注册为有限责任公司。这三个州是佛蒙特州、怀俄明州以及田纳西州。

佛蒙特州的相关立法(2018 年颁布)并没有具体提及 DAO,但允许任何“在其商业活动的重要部分利用区块链技术”的公司注册为“基于区块链的有限责任公司”(Blockchain-Based Limited Liability Companies, BBLLC)。[①] 具体

---

① See The Vermont Legislature, 2023 *Vermont Statutes Title* 11 - *Corporations, Partnerships and Associations Chapter* 25 - *Limited Liability Companies* § 4173. *Authority*; *Requirements*, Justia (July 3, 2023), https://law.justia.com/codes/vermont/title-11/chapter-25/section-4173/.

而言,佛蒙特州法律规定,注册为"基于区块链的有限责任公司"的公司必须在其组织章程中说明它是一家基于区块链的有限责任公司,且必须在运营协议中包含其使命或宗旨的摘要[①]、将使用的区块链技术[②]、投票程序[③]、应对安全漏洞的协议[④]、成为成员的程序[⑤]以及每组参与者的权利和义务[⑥]的相关信息。怀俄明州的DAO立法(2021年7月颁布,2022年3月修订)和田纳西州的DAO立法(2022年4月颁布)都明确承认DAO是法律实体,允许它们注册为有限责任公司的一种类型。这两个州的法律允许有限责任公司在其组织章程中声明它是一个DAO,并规定:①除非DAO的章程说明其是由算法或智能合约管理的,否则DAO将被视为由成员管理;②章程中必须包含有关DAO智能合约的信息;③如果DAO在一年内没有批准任何提案或采取任何行动,它将自动解散。[⑦]此外,怀俄明州法律规定,除非章程另有规定,否则DAO成员对DAO不负有任何信义义务,但DAO同时也没有义务向成员提供信息或检查权(DAO开放区块链上的信息或检查权除外)[⑧];而田纳西州法律则规定,除诚信和公平交易的默示契约(Implied Convenant)外,DAO成员对DAO不负有任何信义义务。[⑨]

(2)利用现行立法作为包装或桥梁

美国特拉华州和科罗拉多州的相关立法为DAO借助传统组织模式开展相

---

① See The Vermont Legislature,2023 *Vermont Statutes Title* 11 – *Corporations*,*Partnerships and Associations Chapter* 25 – *Limited Liability Companies* § 4173. *Authority*; *Requirements*,Justia (July 3,2023),https://law.justia.com/codes/vermont/title-11/chapter-25/section-4173/.

② See The Vermont Legislature,2023 *Vermont Statutes Title* 11 – *Corporations*,*Partnerships and Associations Chapter* 25 – *Limited Liability Companies* § 4173. *Authority*; *Requirements*,Justia (July 3,2023),https://law.justia.com/codes/vermont/title-11/chapter-25/section-4173/.

③ See The Vermont Legislature,2023 *Vermont Statutes Title* 11 – *Corporations*,*Partnerships and Associations Chapter* 25 – *Limited Liability Companies* § 4173. *Authority*; *Requirements*,Justia (July 3,2023),https://law.justia.com/codes/vermont/title-11/chapter-25/section-4173/.

④ See The Vermont Legislature,2023 *Vermont Statutes Title* 11 – *Corporations*,*Partnerships and Associations Chapter* 25 – *Limited Liability Companies* § 4173. *Authority*; *Requirements*,Justia (July 3,2023),https://law.justia.com/codes/vermont/title-11/chapter-25/section-4173/.

⑤ See The Vermont Legislature,2023 *Vermont Statutes Title* 11 – *Corporations*,*Partnerships and Associations Chapter* 25 – *Limited Liability Companies* § 4173. *Authority*; *Requirements*,Justia (July 3,2023),https://law.justia.com/codes/vermont/title-11/chapter-25/section-4173/.

⑥ See The Vermont Legislature,2023 *Vermont Statutes Title* 11 – *Corporations*,*Partnerships and Associations Chapter* 25 – *Limited Liability Companies* § 4173. *Authority*; *Requirements*,Justia (July 3,2023),https://law.justia.com/codes/vermont/title-11/chapter-25/section-4173/.

⑦ See Gail Weinstein et al.,*A Primer on DAOs*,Harvard Law School Forum on Corporate Governance (Sept. 17,2022),https://corpgov.law.harvard.edu/2022/09/17/a-primer-on-daos/.

⑧ See the Legislature of the State of Wyoming,*An Act Relating to Corporations*; *Providing for the Formation and Management of Decentralized Autonomous Organizations*; *Providing Definitions*; *and Providing for an Effective Date.*,State of Wyoming (Apr. 20,2020),https://wyoleg.gov/2021/Enroll/SF0038.pdf.

⑨ See Tennessee General Assembly,*Tennessee Code Title* 48. *Corporations and Associations* § 48-250-109,FindLaw (Jan. 2,2024),https://codes.findlaw.com/tn/title-48-corporations-and-associations/tn-code-sect-48-250-109/.

关活动提供了便利。尽管特拉华州尚未承认 DAO 的法律主体资格，但目前许多 DAO 都是以特拉华州有限责任公司的形式成立的。虽然这种结构在一定程度上影响了 DAO 的自治性和去中心化特性，但特拉华州有限责任公司的形式允许 DAO 在很大程度上将其治理原则和程序纳入其公司章程，因而成为 DAO 将现行立法作为其包装或桥梁的可行选择之一。

按照其典型的治理结构，这一类型的有限责任公司将成为 DAO 原生代币发售所筹集资金的所有权人，同时亦是这些资金的受益人，并且其运营协议中会有如下规定：①公司的运营将通过智能合约执行和实现（如发行权益、充当资产托管人、登记成员权益、计算成员投票以及提供通知）；②信义义务之限制、成员个人有限责任以及其他面向 DAO 的功能。需要注意的是，并非所有 DAO 的原则和目标都能在这种形式下实现，例如特拉华州有限责任公司在某些情况下可能无法保护其成员的匿名性。[①]

虽然科罗拉多州同样尚未承认 DAO 的法律主体资格，但其《统一有限合作组织法案》（Uniform Limited Cooperative Association Act，ULCAA）为 DAO 提供了极为便利的组织框架。在这一法案中，有限合作组织（Limited Cooperative Association，LCA）被定义为"自治的、由成员联合组成的、主要由成员控制的共同所有企业，以满足其共同需求，且区别于公司制的组织"（autonomous，unincorporated association[s] of persons united to meet their mutual needs through a jointly owned enterprise primarily controlled by those persons）。根据法律规定，有限合作组织可以按照贡献比例向贡献了服务的成员分配利润，并允许成员就治理事项进行投票。值得注意的是，DAO 原生治理原则及责任限制可纳入有限合作组织的章程和细则之中，这有助于在承认法律主体资格的基础上实现更顺畅的自治，且合规性改制成本较低。

2. 其他司法辖区相关立法

（1）开曼群岛基金会（Cayman Islands Foundations）

开曼群岛基金会也是 DAO 设立传统组织模式以作为其运营桥梁的可行选择之一，其具有以下运营优势：①基金会承担有限责任，能够实现 DAO 成员最为关切的风险隔离的根本需求；②基金会章程的灵活化定制，同样可以实现低成本的 DAO 原生治理规则的合规性转化，例如其一般会在章程中列明基金会将执行 DAO 的各种治理协议；③章程可以对基金会董事和经理的角色和职责

---

① See Gail Weinstein et al.，*A Primer on DAOs*，Harvard Law School Forum on Corporate Governance（Sept. 17，2022），https://corpgov.law.harvard.edu/2022/09/17/a-primer-on-daos/.

做出限制,实现精细化的人才配置;④基金会可以灵活地划定受益人(如 DAO 的代币持有者)所享有的权利和权力,使他们只拥有章程中所规定的权利和权力,在践行 DAO 的利益分配安排和承诺实现成员激励之目标的同时,在更大范围内进行灵活的人力资源调度。[①]

此外,开曼群岛颁布的《虚拟资产服务提供商法案》(Virtual Asset Service Providers Act,VASP Act)中的监管框架对许多 DAO 也颇有益处。不过,将基金会作为 DAO 的运营桥梁的结构安排并非万全之策,因为它要求只能由非 DAO 成员的个人(如基金会董事或受托人)采取链下行动(Off-chain Actions),而且其类似信托安排的形式会导致 DAO 组织趋于“中心化”,与 DAO 所秉持的“去中心化”理念背道而驰。[②]

(2)马绍尔群岛有限责任公司(Marshall Islands LLCs)

2022 年 2 月,马绍尔群岛修订了其《非营利有限责任公司法》(Non-Profit LLC Statute),正式承认了 DAO 的法律主体地位。根据该法律,DAO 的代币持有者可以成为有限责任公司的成员,且有限责任公司的章程可以编码到区块链中。[③]

此外,2022 年 11 月 25 日,马绍尔群岛还通过了《2022 年去中心化自治组织法案》(Decentralized Autonomous Organization Act 2022),在明确其《有限责任公司法案》(Limited Liability Company Act)适用于 DAO 的同时,对 DAO 的成立、管理、成员行为准则、成员收益、成员投票及 DAO 的解散等方方面面进行了立法规定及正面回应,进一步确认了 DAO 的法律主体资格。[④] 有趣的是,此法案的两名作者之一的 Adam Miller 正是知名 DAO——MIDAO 的 CEO 和共同创始人,这恰好体现出主流 DAO 对合规路径的积极探寻。

(二)相关金融法规下的合规挑战

DAO 作为一种组织结构模式,往往与 Web3 各细分赛道紧密结合,其中最为突出的便是与去中心化金融的交互。DAO 的去中心化治理依赖于智能合约,这使得它在调用 DeFi 智能合约来发展点对点金融服务方面具有天然优势,但这也可能引发一定程度的法律风险。

---

① See Gail Weinstein et al. ,*A Primer on DAOs*,Harvard Law School Forum on Corporate Governance (Sept. 17,2022), https://corpgov. law. harvard. edu/2022/09/17/a-primer-on-daos/.

② See Gail Weinstein et al. ,*A Primer on DAOs*,Harvard Law School Forum on Corporate Governance (Sept. 17,2022), https://corpgov. law. harvard. edu/2022/09/17/a-primer-on-daos/.

③ See Gail Weinstein et al. ,*A Primer on DAOs*,Harvard Law School Forum on Corporate Governance (Sept. 17,2022), https://corpgov. law. harvard. edu/2022/09/17/a-primer-on-daos/.

④ See Republic of the Marshall Islands,*Decentralized Autonomous Organization Act* 2022,Republic of the Marshall Islands (Dec. 2022),https://rmicourts. org/wp-content/uploads/2022/12/PL – 2022 – 50 – Decentralized – Autonomous. pdf.

1. 证券和商品交易法律上的不确定性

当DAO在执行管理某一去中心化金融协议时，有可能在监管上被认定为违反证券和商品相关的监管法律规定。在美国商品期货交易委员会诉Ooki DAO一案①中，涉案的DAO被认定为美国《商品交易法》中规定的"实体"，面临罚款以及交易和注册禁令，并被勒令关闭其运营网站。

美国证券交易委员会在2017年发布的一份指导意见中指出，在大多数情况下，其将DAO（除比特币和以太坊外）发行的代币视为证券，要求DAO遵守联邦证券法，包括可能的代币注册和持续的公开报告要求。美国证券交易委员会主席加里·盖斯勒在宾夕法尼亚大学法学院资本市场协会年会（Penn Law Capital Markets Association Annual Conference）上的发言以及美国证券交易委员会一系列后续行动都强化了这一观点，即监管所有与加密货币相关的事物（如平台、稳定币、代币等）是其优先事项之一。目前，大多数DAO所发行的代币很可能会被视为必须根据美国《1933年证券法》注册的证券，从而使得DAO必须遵守《1934年证券交易法》的注册和报告要求。然而，这对于大多数DAO来说是难以做到的，因为DAO的治理结构与美国证券交易委员会监管要求中"存在中央控制、信息收集和决策的机构"（Central Body of Control, Information-Gathering, and Decision-Making）②的假设完全不一致。例如，注册和报告要求提供经审计的财务报表，而DAO的审计必须在区块链上完成；要求披露独立董事的姓名，而DAO则没有董事。

面对美国证券交易委员会的监管，最为主流的合规路径就是进行相应的注册、报告和披露，或者申请证券法规下的监管豁免。值得关注的是，2023年6月2日，美国众议院金融服务委员会主席帕特里克·麦克亨利和众议院农业委员会主席格伦·汤普森（Glenn Thompson）联合公布了一份名为《数字资产市场结构法案》（Digital Asset Market Structure Act, DAMS）的立法讨论稿（拟议法案），旨在弥合当前的监管漏洞，为美国数字资产监管提供一个功能性框架。与全球其他几项以加密货币为重点的法案（最著名的是欧盟的MiCA）不同，《数字资产市场结构法案》主要建立在现有的法律框架和标准下，而非专门为加密资产监管建立一个全新的制度，③因此具有更强的弥合作用。

---

① See United States District Court, *Northern District of California*, *Commodity Futures Trading Comm'n v. Ooki Dao*, Casetext (Dec. 20, 2022), https://casetext.com/case/commodity-futures-trading-commn-v-ooki-dao-1.

② See Gail Weinstein et al., *A Primer on DAOs*, Harvard Law School Forum on Corporate Governance (Sept. 17, 2022), https://corpgov.law.harvard.edu/2022/09/17/a-primer-on-daos/.

③ See Jenny Cieplak et al., *Digital Asset Market Structure Bill Seeks to Fill US Regulatory Gaps*, Latham & Watkins (June 29, 2023), https://www.fintechanddigitalassets.com/2023/06/digital-asset-market-structure-bill-seeks-to-fill-us-regulatory-gaps/.

根据《数字资产市场结构法案》,如果首次证券型代币发行的发行人拟发行的代币在上一年通过合规私募销售的总金额低于7500万美元,且任何非认可投资者[①](Non-Accredited Investor)的购买量占代币销售额或买家净资产的比例较小,其将不受现行证券法的约束。[②] 但是,发行人必须满足一套“简化型证券监管”(Security Lite)的规定,包括向美国证券交易委员会提交特定信息,例如其年度报告和半年度报告,直到发行人的网络能够被认定为“通过去中心化认证”(Certified Decentralized)。[③] 该法案还规定,那些提供所谓“辅助型服务”(Ancillary Services),如为区块链网络提供用户界面或开发数字资产钱包应用程序的主体,将不受美国证券交易委员会的直接监管。[④] 虽然这一拟议法案未必能够以目前版本通过,并成为正式法律,但其仍是迄今为止数字资产监管改革的“最严肃尝试”(Most Serious Attempt)[⑤],也呈现出一种潜在的新型合规方向。

2. 税收法律上的不确定性

DAO的税务处理仍然存在很大的不确定性。许多DAO可能会被视为税务方面的商业实体,这意味着它们可能会承担报税或预扣税款的义务。最大程度去中心化的DAO可能没有切实可行的方式来履行这些义务。

此外,若DAO被归类为合伙企业、被动外国投资公司或受控外国公司,其成员作为纳税人,也需要对其在DAO中的相应收益份额以“传递”的方式纳税,否则将面临极为麻烦的后果。但是,许多纳税人因为无法进行复杂的链式分析(Chain Analysis),从而无法确定其在DAO收益中的传递份额(Pass-through Share)。[⑥]

---

① 非认可投资者是指不符合美国证券交易委员会规定的收入或净资产要求的投资者。这个概念源自美国证券交易委员会法案和法规中对认可投资者的定义。认可投资者可以是银行或公司,但主要用于区分那些在财务上足够有知识,能够在没有美国证券交易委员会保护的情况下自行管理投资活动的个人。对个人认可投资者的标准是净资产超过100万美元(不包括主要住宅的价值),或者每年收入超过20万美元(或与配偶的总收入超过30万美元),并在过去两年中均符合该标准且预计当年也能达到这一标准。因此,非认可投资者是指年收入低于20万美元(包括配偶总收入低于30万美元),且在排除主要住宅后总净资产少于100万美元的任何人。

② See House Committee on Financial Services & House Committee on Agriculture, *Digital Asset Market Structure Discussion Draft*, U. S. House of Representatives Document Repository (June 6, 2023), https://docs. house. gov/meetings/AG/AG00/20230606/116051/HHRG - 118 - AG00 - 20230606 - SD001. pdf.

③ See House Committee on Financial Services & House Committee on Agriculture, *Digital Asset Market Structure Discussion Draft*, U. S. House of Representatives Document Repository (June 6, 2023), https://docs. house. gov/meetings/AG/AG00/20230606/116051/HHRG - 118 - AG00 - 20230606 - SD001. pdf.

④ See House Committee on Financial Services & House Committee on Agriculture, *Digital Asset Market Structure Discussion Draft*, U. S. House of Representatives Document Repository (June 6, 2023), https://docs. house. gov/meetings/AG/AG00/20230606/116051/HHRG - 118 - AG00 - 20230606 - SD001. pdf.

⑤ See Quinn Emanuel Urquhart & Sullivan LLP, *With DAMS, Lawmakers Aim to Set Rules of the Road for Crypto*, Quinn Emanuel Urquhart & Sullivan LLP (June 2023), https://www. quinnemanuel. com/the-firm/publications/with-dams-lawmakers-aim-to-set-rules-of-the-road-for-crypto/#_ftnref6.

⑥ See Gail Weinstein et al. , *A Primer on DAOs*, Harvard Law School Forum on Corporate Governance (Sept. 17, 2022), https://corpgov. law. harvard. edu/2022/09/17/a-primer-on-daos/.

三、DAO 生态未来发展趋势

(一)DAO 的未来应用方向

DAO 的未来应用方向非常广泛,具有去中心化、透明、民主的特点,能够在多个领域和行业中实现高效的治理和资源管理。随着 Web3 生态系统的不断发展,依托 DAO 的组织协作创新模式的用例在各行各业持续涌现。

1. 城市和社区的去中心化治理

DAO 可以为城市和当地社区提供更加民主的决策过程,允许居民直接对政策和举措进行投票。通过利用区块链技术和基于代币的投票系统,DAO 可以塑造一个更高透明度和更具包容性的城市和社区治理模型,确保每位公民的呼声和倡议都能被听到。例如,每个城市都可以建立一个自己的 DAO 来管理公共资源和基础设施项目。居民将能够对新的公园、交通系统或废物管理等公共举措的提案进行投票,从而以更直接和民主的方式进行城市规划和公共基础设施建设。

2. 去中心化的供应链管理

DAO 可以通过提供透明度、可追溯性和去中心化决策来改善供应链管理。这有助于确保道德和可持续的采购实践,降低欺诈风险,并提高供应链的整体效率。例如,供应链 DAO 可以由参与生产和分销消费品的企业联盟创建,DAO 的成员将使用共享的区块链来追踪整个供应链流程,从而实现对各个环节的实时监控,对政策变更进行公开投票决策,并确保遵守环境和劳工标准。

3. 去中心化科学

DAO 可以通过汇聚来自不同学科和机构的研究人员、科学家和学者来促进各行各业的学术创新,加快科研成果的孵化周期。研究型 DAO 将使其成员能够提议、投票并共同资助研究项目,从而促进更加开放和去中心化的科学发现方法。例如,一组研究人员可以组建一个专注于清洁能源技术开发的 DAO。DAO 将汇集其成员的资源和知识,使他们能够在研究项目上进行协作,分享研究成果,并将资金分配给最具可行性和价值潜力的方案。① 这种去中心化科学的模式有望加速科学研究的进展,同时也能够更好地体现科学的开放性和透明度。

基于上述几个未来应用方向可以看出,DAO 的应用创新主要得益于其具有以下特征:第一,去中心化带来的平等参与。DAO 通常没有科层制或代理关系,可以有效降低代理成本,所有成员都处于平等地位。第二,信息公开透明、不可篡改,且

---

① See Aaron Wright, *The Rise of Decentralized Autonomous Organizations: Opportunities and Challenges*, Stanford Journal of Blockchain Law & Policy (June 28, 2021), https://stanford-jblp.pubpub.org/pub/rise-of-daos/release/1.

可溯源。由于 DAO 的底层技术特性,单个节点几乎不可能篡改信息,而分布式账本能确保所有成员看到相同的信息,这有助于降低道德风险和逆向选择等问题。①

(二)未来面临的挑战和可能的创新突破口

1. 精英管理与群策群力

DAO 抛弃了传统的科层制管理体系,由各成员直接参与到组织管理之中。这带来了更加民主化的管理方式,类似于古希腊的直接民主,但也可能导致决策者缺乏专业性。例如,现代有限责任公司通常需要董事会治理,因为股东可能具备投资经验,但不一定具有日常管理公司的技能。因此,DAO 所面临的问题如同硬币的两面:一方面是去中心化带来的民主化和灵活性,另一方面是可能的效率低下和管理难度。我们无法保证所有 DAO 的参与者都具备非常专业的管理知识,这也将对 DAO 的未来治理带来挑战和不确定性。

2. 信息透明程度与达成共识难度

DAO 的底层技术决定了其具有一个显著优势,就是透明度高。所有参与者都可以平等获取相同的信息。这种透明度有助于解决传统组织中层级差异导致的信息不对称的难题。组织管理者有时因个人利益可能刻意隐瞒一些关键信息,从而损害被代理人的利益。DAO 的透明度有助于消除这种情况。但高透明度带来的另一个问题是分散的共识以及决策效率低下。古典决策理论认为完全信息可以帮助决策者做出实现组织利益最大化的最佳决策,DAO 似乎是对古典决策理论的一种回归。② 但这忽视了两个问题:第一,人的有限理性决定了其无法处理海量信息,最终导致难以做出决策。更多的信息意味着更多的可能性,也意味着做出决策需要更长的时间周期。若面临紧急情况,DAO 可能很难快速达成共识,做出决策。第二,信息对称更不利于达成共识。系统在不完全信息状态下更容易收敛到一致状态,完全信息博弈需要更长时间达成共识,且终态仍存在大量孤立个体,当异质群体比例相近时,观点可能更为分散。③ 这意味着信息的透明度越高,反而更难以达成共识。同理,DAO 的自治程度越高,最终达成共识并做出决策的难度也更大。

---

① 参见常易、明庆忠:《DAO 亦有“道”:去中心化自治组织的理论溯源和内在冲突研究》,载《外国经济与管理》2024 年第 2 期。

② See House Committee on Financial Services & House Committee on Agriculture, *Digital Asset Market Structure Discussion Draft*, U. S. House of Representatives Document Repository (June 6, 2023), https://docs. house. gov/meetings/AG/AG00/20230606/116051/HHRG - 118 - AG00 - 20230606 - SD001. pdf.

③ See House Committee on Financial Services & House Committee on Agriculture, *Digital Asset Market Structure Discussion Draft*, U. S. House of Representatives Document Repository (June 6, 2023), https://docs. house. gov/meetings/AG/AG00/20230606/116051/HHRG - 118 - AG00 - 20230606 - SD001. pdf.

3. 理论上的平等地位与实际上的财富差异

在现实生活中，人们的资产和财富存在差异，DAO 也可能因此出现寡头—散户分布和大股东垄断的现象。当 DAO 的资产和成员数量达到一定规模时，这种现象可能愈加明显。分析 DeepDAO 平台上排名前十的 DAO 的原生代币持有分布和持有量情况，可以发现它们无一例外地呈现出代币集中在少数人手中的寡头格局。换言之，理论上的平等地位实际上并不存在，[①]普通参与者对于 DAO 的影响力可能非常有限。

总的来说，DAO 相较于传统组织结构，具有去中心化、透明度高等优势。但是这些优势如何真正帮助 DAO 在未来获得蓬勃发展是需要继续尝试和探究的。去中心化带来的决策效率低下等现象如何解决，真正的地位平等如何实现，以及如何在现有的法律框架下对其进行监管都是目前尚未解决的难题。尤其是 DAO 作为一个新兴组织范式，在当前缺少成熟监管的情况下，可能面临各种风险，包括技术风险如被黑客攻击，以及道德风险如被用于洗钱和恐怖主义等犯罪活动。此外，还需要解决的问题是 DAO 本身特有的技术风险、如何规避其中的道德风险，这些都是未来需要面对的挑战，但也是创新的突破口。

第十九节　去中心化物理基础设施网络（DePIN）创新模式下的合规风险

一、DePIN 生态发展演进

（一）何谓 DePIN

从 DeFi 到 GameFi、SocialFi，Web3 正在彻底改变人类社会生活的方方面面。然而，这场革命并不仅仅局限于虚拟世界。去中心化物理基础设施网络（Decentralized Physical Infrastructure Networks，DePIN）正在成为 Web3 领域的新趋势，它将去中心化的精神延伸至物理基础设施，有望重塑相关产业，并以前所未有的方式赋予个人参与共建的权利。DePIN 通过智能合约和物联网（IoT）等技术实现物理基础设施内部的自主、实时交互，从而提高系统响应能力和对

---

① See House Committee on Financial Services & House Committee on Agriculture, *Digital Asset Market Structure Discussion Draft*, U. S. House of Representatives Document Repository (June 6, 2023), https://docs.house.gov/meetings/AG/AG00/20230606/116051/HHRG-118-AG00-20230606-SD001.pdf.

人类需求的适应性,真正影响普通公民的现实生活。[①]

DePIN 正在重塑传统资本密集型硬件基础设施的商业运作模式,因为它使任何人都可以成为硬件运营商或提供商。DePIN 专注于为物理基础设施构建去中心化网络,例如通信网络、能源分配网络和交通网络等。通过在多个节点之间共享资源和管理权力,这些网络寻求提高可访问性、效率和弹性,同时降低对中心化机构的依赖。DePIN 在多个领域展现其潜力:在能源领域,促进点对点的可再生能源交易,提高供应链的透明度和效率;在电信领域,提升互联网接入的弹性;在数据存储领域,实现安全、去中心化的数据管理;在运输领域,推动去中心化运输解决方案的发展;在房地产等财产交易领域,加快交易流程。[②]

这种"基础设施"可以是任何东西,从无线网络中的 Wi-Fi 热点到能源网络中的太阳能家用电池。DePIN 由世界各地的个人和公司以去中心化的方式构建,供任何人使用。作为回报,这些贡献者可以获得代币奖励。这种使用代币来激励人们加入网络共同构建基础设施的模式,体现出 DePIN 的去中心化特征。[③] 代币激励的重要性主要体现在两个方面:首先,使用代币的 DePIN 可以激励个人在项目初期就加入网络,这对于项目的快速启动和增长至关重要。其次,随着时间的推移,这种激励机制还将吸引更多新参与者的加入,因为网络效应意味着越早加入越有可能获得更大经济回报。

DePIN 的增长潜力巨大,该模型应用于电信、能源、移动和存储等多样化的大型产业中,通过代币激励和去中心化的运作模式解决了传统市场流动性不足的难题。而且,由于此类 DePIN 项目的初始成本和进入门槛都相对较低,且有吸引更多人加入网络共建的代币激励机制,其可能比传统运作模式能够更快地交付成果。[④]

(二)DePIN 的发展历史与代表

此前,无线网络、云服务、电网等物理基础设施的建设和管理一直由大公司主导(即中心化)。导致的结果是这些大公司几乎垄断了所有的定价和服务,这种市场结构限制了竞争和创新,导致服务质量难以提升,并使得消费者选择有限。

---

① See Arunkumar Krishnakuma, *Decentralized Physical Infrastructure Network (DePIN), Explained*, Cointelegraph (Feb. 20, 2024), https://cointelegraph.com/explained/decentralized-physical-infrastructure-network-depin-explained.

② See Arunkumar Krishnakuma, *Decentralized Physical Infrastructure Network (DePIN), Explained*, Cointelegraph (Feb. 20, 2024), https://cointelegraph.com/explained/decentralized-physical-infrastructure-network-depin-explained.

③ See Connor Lovely, *What Are Decentralized Physical Infrastructure Networks (DePIN)?*, IoTex (Aug. 22, 2023), https://iotex.io/blog/what-are-decentralized-physical-infrastructure-networks-depin/.

④ See BingX Official, *All You Need to Know About DePINs*, BingX (June 22, 2023), https://blog.bingx.com/blockchain-en/all-you-need-to-know-about-depins/.

DePIN 一词出现之前，有许多词被用来描述这个新兴的领域。IoTeX[①]公司将其称为 MachineFi（机器金融，代表机器和数据的金融化）[②]；Multicion Capital[③]引入了 PoPW（Proof of Physical Work，物理工作量证明），明确指出其激励结构，任何人都可以为共同目标做出贡献。[④]之后出现了 TIPIN（Token Incentivized Physical Infrastructure Network，通证激励物理基础设施网络），描述使用代币激励个人参与去中心化网络的部署和运营。[⑤]

2022 年 11 月，加密行业趋势分析、市场数据和研究公司 Messari 通过推特投票，将这一领域统一命名为 DePIN。同年 12 月，Messari 表示 DePIN 将成为未来十年加密货币投资最重要的领域之一。[⑥]自此，DePIN 成为加密货币领域的热门话题，以下是该领域的代表项目：

Helium 是 DePIN 的先驱项目之一，是物联网领域 DePIN 的代表，其最初的目标是创建一种低功耗广域网（LoRaWAN），供物联网设备相互连接。传统物联网领域存在网络覆盖不一致、设备管理和定期更新任务艰巨、缺乏标准化物联网协议、网络安全挑战等问题，DePIN 创新性地解决了这些问题，促进了物联网领域进一步向前发展。[⑦] 2019 年，Helium Network 成立，推出旗舰产品 Helium Hotspot，这是 Helium 通过其基于区块链的解决方案向市场推出的一种新的无线网络方案。Helium 网络代表了去中心化无线基础设施的范式转变，其是以人为本的网络，旨在开启无线革命。[⑧] Helium 不是典型的无线网络，是一个按照区块链原理运行的全球热点生态系统。这些热点在代币激励的推动下，共同构建了一个经济高效、去中心化且以社区为核心的全球无线覆盖网络。为

---

① IoTeX 是一家致力于物联网（IoT）领域的区块链平台，旨在通过区块链技术与智能设备的结合，实现机器金融（MachineFi），即将机器生成的数据和活动金融化，释放巨大的经济潜力。

② See IoTeX, *IoTeX Launches MachineFi, A Combination of Machine and DeFi That Unlocks Trillion-Dollar Opportunities in the Metaverse*, PR Newswire (Nov. 25, 2021), https://www.prnewswire.com/news-releases/iotex-launches-machinefi-a-combination-of-machine-and-defi-that-unlocks-trillion-dollar-opportunities-in-the-metaverse-301432140.html?ref=iotex.io.

③ Multicoin Capital 是一家专注于加密货币、区块链初创企业及去中心化技术投资的风险投资公司，它提出了物理工作量证明（PoPW）的概念，旨在通过区块链奖励激励个人对去中心化网络的物理贡献。

④ See Tushar Jain & Shayon Sengupta, *Proof of Physical Work*, Multicoin Capital (Apr. 5, 2022), https://multicoin.capital/2022/04/05/proof-of-physical-work/?ref=iotex.io.

⑤ See Mike Zajko, *Token Incentivized Physical Infrastructure Networks*, Medium (July 26, 2022), https://medium.com/@mikezajko_16091/token-incentivized-physical-infrastructure-networks-3548b3182d82.

⑥ See Messari, *Crypto Theses for* 2022, Messari (Jan. 11, 2022), https://messari.io/pdf/messari-report-crypto-theses-for-2022.pdf.

⑦ See Helium Foundation, *The Power of DePIN: Helium Network and Mycelium Testbed*, Medium (Sept. 14, 2023), https://blog.helium.com/the-power-of-depin-helium-network-and-mycelium-testbed-1d3521d8bb1f.

⑧ See Helium, *Helium Official Website*, Helium (July 1, 2024), https://www.helium.com/.

网络提供热点的参与者，将获得 Helium 的原生代币 HNT 作为奖励。[①]

云存储市场对于新入场的挑战者和老牌企业来说都是一个重要的机会。在过去的十年中，云存储已经取代了传统的本地服务器，催生了新一代快速扩张的超大规模企业。因此，市场颠覆的时机已经成熟，Filecoin 网络等创新技术为传统云存储服务商提供了去中心化的替代方案。Filecoin 主网于 2020 年年底上线，此后已成为主流的去中心化存储协议之一。[②] 与谷歌云或者亚马逊云等传统云存储服务不同的是，Filecoin 提供了一种去中心化的存储解决方案，由网络上的多个独立节点共同维护，而不是由单一的中心化组织控制。Filecoin 是一个存储文件的点对点网络（Peer-to-Peer Network），通过其原生项目代币 FIL 提供内置的经济激励，以确保文件随着时间的推移仍能可靠存储，且没有地域限制。Filecoin 旨在存储最重要的信息，通过去中心化的数据存储市场、协议和加密货币，网络将更加安全和高效。[③]

DIMO 成立于 2020 年，为用户提供了将自己的车辆和驾驶数据进行代币化（Tokenization）的功能，简而言之是允许车主收集、使用车辆的数据并从中获利。具体而言，用户可以下载 DIMO 应用程序，在程序中用户能够有选择地分享有关其汽车的信息（如电池健康状况、行程信息等），并获得 $ DIMO 代币奖励。而二手车市场和乘车共享应用程序等服务可以购买这些数据的访问权限，以改善其功能和服务。[④]

Hivemapper 最初成立于 2015 年，是一款中心化的地图软件。2022 年，Hivemapper 重新命名并推出了 Hivemapper Network，致力于创建一个去中心化的地图网络，允许贡献者使用专门设计的行车记录仪在驾驶过程中收集高质量的街道图像，创建全球地图。[⑤] $ HONEY 代币（Solana 区块链上的 SPL 代币，SPL 是 Solana 区块链的代币标准）被用于在 Hivemapper Network 中创建经济激励，同时平衡生态系统中两组人的需求：为 Hivemapper Network 贡献地图数据的贡献者，以及消费地图数据以支持其产品和服务的企业和开发者。贡献者提交图像、完成 AI 训练任务和编辑地图数据时，会获得 $ HONEY 作为奖励；而当

---

① See OKX, *What Is Helium? Exploring "The People's Network"*, OKX (Jan. 5, 2024), https://www.okx.com/learn/helium-network.

② See Guneet Kaur & Kristina Lucrezia Cornèr, *What Is Filecoin? The Leading Decentralized Storage Network*, Cointelegraph (July 15, 2023), https://cointelegraph.com/learn/what-is-filecoin-the-leading-decentralized-storage-network.

③ See DePin Hub, *Filecoin*, DePin Hub (July 2, 2024), https://depinhub.io/projects/filecoin.

④ See DePin Hub, *DIMO*, DePin Hub (July 2, 2024), https://depinhub.io/projects/dimo.

⑤ See DePin Hub, *Hivemapper*, DePin Hub (July 2, 2024), https://depinhub.io/projects/hivemapper.

企业和开发者使用网络数据时，$ HONEY 会被销毁。[1]

（三）DePIN 当前主要分类

DePIN 已经成为 2024 年最热门的 Web3 话题之一。2024 Binance Research 的报告中提及："DePIN 是加密货币世界中最有趣的创新之一，也是下一年值得密切关注的事情。"众多 DePIN 项目的价格不断上涨，DePIN 市场机会巨大，即使是小额资金流入也可能导致 DePIN 项目价格的大幅上涨。发展至今，DePIN 有许多不同种类的项目。Messari 将其描述为四种主要类别，分别是：

1. 服务器网络（Server Networks）

服务器网络的代表性项目有：Filecoin、Arweave（AR）、Sia、Storj、Fleek、Meson、Media、Boring、Orchid、Deeper、Sentinel、Mysterium、Akash、Cudos、Flux、Aleph、Livepeer、Render、Theta 等，涵盖了云存储、VPN 技术、服务器互联技术、计算机网络等领域。在服务器网络项目中，节点运营商提供计算资源，比如存储容量，并获得相应的代币激励。与会造成单点故障的集中式存储服务相比，DePIN 模式将数据分布在多个节点或存储点上，是传统存储服务的强大替代方案。

2. 无线网络（Wireless Networks）

无线网络的代表性项目有：Helium、Pollen、Karrier One、WiCrypt、Wifi Dabba、Geodnet、Foam、Nodle 等，涵盖了 5G 网络、物联网技术、Wi-Fi 服务、无线蓝牙网络等领域，提供了无线网络服务，促进了去中心化的热点网络发展。DePIN 这种模式使互联网访问更加民主化，更易于被访问，从而使得农村或偏远地区也能接入网络。[2] 这些项目通过分散的网络节点提供服务，从而提高了网络的可靠性和扩大了网络的覆盖范围。

3. 传感器网络（Sensor Networks）

传感器网络的代表性项目有：Hivemapper 、DIMO、WeatherXM、Spexigon、2blox、Soarchain、PlanetWatch 等。我们的日常生活中充满了持续生成的数据，而传感器网络负责从各节点处监控和收集这些数据，确保数据安全且易于访问。这些数据通过各种传感器从环境中收集数据，比如交通状况、天气情况、当地街道图像等相关数据。这种方法提供了安全、透明的传感器数据存储，同时增强了数据的完整性和可访问性。

---

① See Hivemapper, *What Is Honey?*, Hivemapper (June 28, 2024), https://docs.hivemapper.com/honey-token/what-is-honey.

② See Marko Vidrih, *Decentralized Physical Infrastructure Networks (DePIN): A Revolution in Crypto Space*, Medium (June 22, 2023), https://vidrihmarko.medium.com/decentralized-physical-infrastructure-networks-depin-a-revolution-in-crypto-space-30ccd94c2ee0.

4. 能源网络(Energy Networks)

能源网络的代表性项目有:React、Arkeen,聚焦于能源领域。DePIN 的关键作用之一是促进传统行业的转型,能源行业是其中之一。在传统能源领域,少数大型企业主导着市场,能源经济高度集中。传统的能源生产来自集中式发电厂燃烧化石燃料,未来或将抛弃这种能源生产方式,转向使用清洁能源和可再生能源。DePIN 模式将激励个人向网络贡献资源来重塑能源生产过程,通过智能合约对网络进行治理,打破了大型中间商的能源垄断,将生产者与消费者直接联系起来。[1]

二、DePIN 主要商业模式剖析

(一)DePIN 主要商业模式的本质和特征

DePIN 的本质是基于去中心化和共享的理念,以智能合约、区块链技术和物联网技术为支持,通过代币激励为各种物理基础设施提供更高效、安全、公平的互联互通。物理基础设施包括广泛的有形实体,如无线热点、电动汽车充电站、太阳能板、电池、数据中心等。

在商业模式上,DePIN 也开启了低门槛建设全球基础设施的创新之门。虽然目前 DePIN 只是 Web3 行业中的一个新兴领域,但其增长潜力巨大。DePIN 以更公平高效的模式来建设基础设施网络,覆盖了电信、能源、存储和交通等各行各业。

传统的基础设施属于资本密集型产业,通常由大公司垄断或国家掌控,自上而下决策,以中心化节点作为基础设施网络的控制中心。这带来了无法避免的局限性:电信、能源等公司投入大量时间和金钱来建设和维护基础设施,但是大量资金投入后却看不到相应的应用成果。内部决策制度的不透明,导致资源分配效率低下、对不断变化的需求响应缓慢、市场适应性不强、基础设施提供商与其所服务用户之间的供需脱节、缺乏社区参与,且中心化行业巨头垄断定价,高昂的服务费最终由个人和企业承担。

不同于传统的集中式基础设施模式中自上而下的等级结构,DePIN 是自下而上、由社区驱动的组织结构。DePIN 将基础设施的建设和维护过程外包给受代币激励的分散的个人或企业,并在覆盖率足够高之后再获利。这与 DeFi、GameFi、SocialFi 等其他 Web3 领域使用的流动性激励(Liquidity Incentive)原则

---

① See Flagship, *Unpacking DePIN: Types of Decentralized Physical Infrastructure Networks and Innovative Projects*, Flagship (Nov. 17, 2023), https://flagship.fyi/outposts/real-world-assets/depin-decentralized-physical-infrastructure-networks/.

相同。[①]

相较于传统的物理基础设施网络，DePIN 具有以下优势：[②]其一，通过代币激励自下而上建设维护网络基础设施的方式确保了 DePIN 的所有权分散在众多参与者手中，而非由中心化巨头垄断。DePIN 还提供了开放治理，与传统基础设施项目相比，它们是开放、民主和可访问的。其二，DePIN 具有更好的成本效益（Cost Benefit）和社会效益（Social Benefit）。一方面，由于普通个体也可以参与物理基础设施的建设，若激励机制设计得当，构建基础设施网络的速度可以提高数十倍甚至数百倍；另一方面，在代币激励下，众多参与者的资源投入使得建设和维护物理基础设施所需的成本显著减少，并有效利用原本闲置的资源，以使其发挥更大的社会效益。其三，相对于传统的中心化基础设施网络，DePIN 以去中心化的方式组织和协调众多现实中的物理基础设施，通过分散的节点来提高网络的可靠性和韧性。且其所有权分散在众多网络参与者手中，而非集中在单一实体手中，这种结构使得去中心化网络在面对内部腐败或某些类型的网络攻击时，能够表现出更高的弹性、安全性和可靠性。其四，DePIN 去中心化的特质降低了企业参与的门槛，打破了市场进入的壁垒，改变了少数中心化实体垄断的局面。一方面，通过代币激励吸引更多参与者提供资源以形成去中心化资源网络，使得原本的资本密集型产业转向个人对个人（Peer-to-Peer，P2P）或个人对企业（Peer-to-Business，P2B）模式，打破巨头的价格垄断，让用户能够以更低的成本获得更优的服务；另一方面，参与者数量的增加使市场更加开放透明，推动了行业的良性竞争和持续创新。

（二）DePIN 商业模式的结构组件

从微观角度来看，DePIN 商业模式的成功运行得益于以下关键组成部分：

1. 去中心化物理基础设施网络

从 DePIN 定义即可知，其利用区块链技术来重构现实中的物理基础设施和硬件网络，进而链接物理世界和数字世界。是否拥有物理设备是其与传统加密货币的最大区别。因此，DePIN 首先依赖于物理基础设施的运营，包括移动网络的车辆、能源网络的太阳能板和电池、无线网络的热点和路由器、云网络的服

---

① See Ivan Cryptoslav, *A Deep Dive into DePin (Decentralized Physical Infrastructure)*, CoinMarketCap (2023), https://coinmarketcap.com/academy/article/a-deep-dive-into-depin-decentralized-physical-infrastructure.

② See Connor Lovely, *What Are Decentralized Physical Infrastructure Networks (DePIN)?*, IoTeX (Aug. 22, 2023), https://iotex.io/blog/what-are-decentralized-physical-infrastructure-networks-depin/.

务器、存储网络的驱动器以及发电机、电信设备等。①

2. 链下计算基础设施

DePIN依赖于链接物理世界和数字世界的中间件(Middleware),这些中间件对于聚合和处理数据以及支持去中心化应用和服务也至关重要。通过中间件可以提取、分析真实世界的数据,然后用于评估用户的实际贡献和真实需求。用户在现实世界中的活动将被纳入奖励的评估和分配机制中。这些数据也可以被聚合用于链上用例,如智能合约的数据证明和去中心化数据市场。例如W3bstream,作为一个可验证的链下计算基础设施,旨在卸载计算密集型或实时进行的计算任务,使用创新的零知识证明(Zero-Knowledge Proof,ZKP)和通用的零知识虚拟机(zkVM)来提供可验证的结果。W3bstream的集成为Solana平台上的DePIN项目提供了中间件支持,允许这些项目直接利用W3bstream进行链下计算和数据处理。W3bstream集成允许Solana开发人员将他们的dApp连接到现实世界的数据源,并基于这些数据触发链上事件,从健身应用到绿色能源再到无线5G,用例层出不穷。此外,这种集成还适用于Solana上的DePIN项目,如Render、Helium、Hivemapper等。DePINscan是一个聚焦DePIN全行业的数据聚合和可视化地图浏览器,具备浏览器即服务(Explorer-as-a-Service,EaaS)的功能,能够提供关于DePIN项目的实时数据和深入分析,增强了整个生态系统的可视化效果和提高了其透明度。②

3. 区块链架构

每个DePIN项目都与包含智能合约功能的区块链网络互动。许多区块链平台具备智能合约功能,以实现代币经济,在网络内提供透明度、可追溯性和强大的安全性。③ 作为DePIN的底层技术支撑,区块链提供了一个不可变且公开透明的账本网络,用于记录基础设施上的资产交易和用户交互。④ DePIN中的区块链层除了在代币结算、奖励分配、服务交换等方面发挥重要作用,还支持DePIN数据和网络之间的互操作性和可组合性。根据Messari对DePIN链的分类,其主要分为三种类型:专用区块链、通用区块链和应用链。专用区块链是为

---

① See OKX, *What is DePIN? Your 2024 Guide to Decentralized Physical Infrastructure Networks*, OKX (Jan. 12, 2024), https://www.okx.com/cn/learn/what-decentralized-physical-infrastructure-networks.

② Khadija Aslam, *IoTeX's W3bstream Integrates Solana: Fast-Forwarding DePIN Adoption*, IoTeX (Oct. 26, 2023), https://iotex.io/blog/iotex-w3bstream-integrates-solana-depin-adoption/.

③ See OKX, *What Is DePIN? Your 2024 Guide to Decentralized Physical Infrastructure Networks*, OKX (Jan. 12, 2024), https://www.okx.com/cn/learn/what-decentralized-physical-infrastructure-networks.

④ See UD Blog, *Decentralized Physical Infrastructure Networks (DePIN): The Future of Infrastructure for Blockchain & Crypto*, UD Blog (Jan. 12, 2024), https://www.ud.hk/insight/article/blockchain - 101 - decentralized-physical-infrastructure-networks-depin.

满足 DePIN 网络的独特需求而定制的，专注于处理特定类型的交易，并保障网络的安全性和效率；通用区块链，如以太坊（Ethereum）、Solana 和 Polygon 等，提供了必要的灵活性和安全性，能够支持多种去中心化应用程序和智能合约；应用链则是允许在多链生态系统中为特定的业务需求或应用场景创建的区块链或平行链。[①]

4. 代币激励

通过代币奖励，参与者被激励加入网络并做出贡献。这些代币被作为补贴奖励给参与者，以吸引更多人参与网络建设。除了作为激励机制的一部分，这些代币也经常被用于网络服务的定价。代币激励的制度本身没有问题，但为了实现可持续发展，DePIN 项目需要精心设计代币经济模型，比如代币的分配机制、流通策略、激励措施、价值支撑等。DePIN 项目设计时需要避免落入“静态奖励陷阱”，即对贡献不同价值的参与者发放相同的奖励。静态奖励破坏了网络的底层激励结构，如果 DePIN 项目不加区分地发放奖励给所有参与者，不考虑他们贡献的实际价值，那么项目将无法达到必要的参与度或临界质量。正确的代币激励应当以生产力为核心标准，建立一个基线奖励，用以鼓励贡献，同时通过区分贡献的价值来调整奖励大小，确保更有价值的贡献获得更高的奖励。在大多数 DePIN 项目中，动态奖励设计主要涵盖四个维度：地理位置价值，即根据需求和战略重要性，在某些地区建设基础设施比在其他地区获得的奖励更高；贡献者生产力，即生产力更高的贡献者应该得到更多的奖励；贡献质量，即更高质量的贡献应该得到更多的奖励；网络成长，即随着网络价值和效用的增加，整体奖励水平应相应提升。[②]

5. 需求方使用

一旦网络完成建设，终端用户可以开始支付加密货币以获取相应服务。这创造了一个正向循环，其中网络提供的服务吸引用户支付加密货币，这又吸引了更多的参与者和投资者，进一步推动网络的成长和发展。例如，Helium 作为一个去中心化的低功耗广域网，Filecoin 作为一个去中心化的数据存储服务市场，在价格、数据所有权、去中心化、安全性等方面都提供了比传统供应商更有优势的选择，吸引了不少用户。[③] 项目用户和代币激励的参与者作为 DePIN 项

① See Andrew Law, *Mapping the Landscape of Decentralized Physical Infrastructure Networks*, IoTeX (Dec. 8, 2023), https://iotex.io/blog/depin-landscape-map/.

② See Ariel Seidman, *The Key to Building Sustainable DePIN*, CoinDesk (Jan. 8, 2024), https://www.coindesk.com/opinion/2024/01/08/the-key-to-building-sustainable-depin/.

③ See OKX, *What Is DePIN? Your 2024 Guide to Decentralized Physical Infrastructure Networks*, OKX (Jan. 12, 2024), https://www.okx.com/cn/learn/what-decentralized-physical-infrastructure-networks.

目运行的两端,对其可持续发展至关重要。DePIN 项目要抓住用户的真正需求,反复评估产品与市场需求的契合度,否则项目代币也将是具有投机性的价值泡沫。此外,新项目还需要特别注意"冷启动"问题:一个新网络在开始时可能没有太多价值,需要达到一定程度的阈值规模,才能开始发挥价值,并切实满足用户需求。①

(三)DePIN 商业模式的具体应用及适用场景评估

如上所述,DePIN 商业模式正不断应用于各个相关领域,包括服务器网络、无线网络、传感器网络、能源网络等。②

DePIN 尝试使用最低沉没成本,在最大范围内实现最高效的资源调度,范式上将 DAO、区块链、智能合约、物联网等集成在一起。DePIN 的特点在于采用去中心化的方式实现物联网设备之间的互联,同时也提供了更为安全的数据存储和传输方式。

可以就以下四个方面进行评估,来判断哪些物联网场景适用于 DePIN:

第一,使用摩擦小。DePIN 的节点分布在不同的地理位置,作为去中心化网络,其强调让用户为自己的数据负责,利用自己的数据变现。因此,单个物联网设备的成本和复杂性应保持在合理范围内,包括价格适中和部署简单两个维度。

第二,直接面向 C 端用户的场景。面向 B 端企业用户的激励机制较为复杂,且周期较长;而激励模式对 C 端用户更为直接,且闭环链路更短。因此,面向 C 端用户的物联网场景更适合使用 DePIN。

第三,网络效应。所选的物联网场景需要具备网络效应,参照"梅特卡夫定律"(Metcalfe's Law),一个网络的价值和这个网络节点数的平方成正比。这意味着随着网络中参与者数量的增加,网络的总价值增长得更快。就像"传真机效应"(Fax Machine Effect),即当每个人都买了一台传真机并加入一个传真网络时,他们不仅可以使用这个网络,也同时增加了网络的价值,因为网络中可以互相传真的人越多,网络的实用性就越大。最终,网络的价值会随着参与者数量的增加而上升,前提是网络中存在强连接。这个前提至关重要,因为网络的价值不仅取决于节点(或参与者)的数量,也取决于这些节点之间连接的质量和强度。

第四,产业链成熟。DePIN 不太适合从 0 到 1 构建市场,更适合帮助一个

---

① See Ariel Seidman, *The Key to Building Sustainable DePIN*, CoinDesk (Jan. 8, 2024), https://www.coindesk.com/opinion/2024/01/08/the-key-to-building-sustainable-depin/.

② See Ivan Cryptoslav, *A Deep Dive into DePin (Decentralized Physical Infrastructure)*, CoinMarketCap (2023), https://coinmarketcap.com/academy/article/a-deep-dive-into-depin-decentralized-physical-infrastructure.

已经成型的市场进行优化和加速。比如无线通信网络产业已经相对成熟,各个环节的硬件供应商相对稳定,正是基于这样的土壤,Helium 等项目才可以在短时间内部署去中心化的无线网络。[①]

三、DePIN 的监管风险与可行合规路径

(一)国内监管合规核心问题及可行合规路径

1. 构成虚拟货币"挖矿"活动的风险

在 DePIN 的模式下,用户购买硬件设备来提供 DePIN 项目所需的数据或存储等资源,从而获得代币奖励,在形式上与"挖矿"类似。根据国家发展改革委等部门《关于整治虚拟货币"挖矿"活动的通知》(发改运行〔2021〕1283 号,以下简称 1283 号文),虚拟货币"挖矿"活动指通过专用"矿机"计算生产虚拟货币的过程,能源消耗和碳排放量大,对国民经济贡献度低,对产业发展、科技进步等方面作用有限。不过,DePIN 项目通常利用现有的硬件设备,比如硬盘存储空间、路由器等,这与传统的加密货币"挖矿"使用的专用"矿机"不同,且并没有显著的能源消耗和碳排放量。此外,DePIN 项目促进了闲置存储空间等硬件资源或数字资源的再利用,具有一定的实用价值。因此,DePIN 构成"挖矿"的风险较低。

2. 构成虚拟货币相关业务活动的风险及可行合规路径

DePIN 由于涉及代币激励,存在构成虚拟货币相关业务活动的风险。根据《关于进一步防范和处置虚拟货币交易炒作风险的通知》(银发〔2021〕237 号,以下简称 237 号文),虚拟货币相关业务活动属于非法金融活动。开展法定货币与虚拟货币兑换业务、虚拟货币之间的兑换业务、作为中央对手方买卖虚拟货币、为虚拟货币交易提供信息中介和定价服务、代币发行融资以及虚拟货币衍生品交易等虚拟货币相关业务活动涉嫌非法发售代币票券、擅自公开发行证券、非法经营期货业务、非法集资等非法金融活动,一律严格禁止,坚决依法取缔。因此,判断 DePIN 是否构成 237 号文所禁止的虚拟货币相关业务活动应具体分析是否构成上述具体情形。例如,Filecoin 于 2017 年进行的首次代币发行就构成了代币发行融资。此外,即使未进行代币融资,若为其代币提供与法币或其他虚拟货币的交易机制、流动性机制或定价机制,亦可能构成从事非法金融活动。然而,在实践中各地执法机关对虚拟货币活动的理解不一,这也为在国内开展 DePIN 项目带来了更多的不确定性。因此,若考虑在国内开展 DePIN

---

① 参见物联网智库:《Web3 + AIoT = DePIN,分布式物理基础设施网络,一片不可不知的新蓝海》,载传感器专家网 2023 年 6 月 10 日,https://www.sensorexpert.com.cn/article/213568.html。

项目,并提供代币激励机制,应对照237号文规定的范围设计代币经济模型,以尽可能减少合规风险。

此外,某些DePIN项目在中国法律下有可能被定性为传销。例如,2021年11月,从事Filecoin的虚拟货币托管"挖矿"业务的FIL矿商"星际联盟"被徐州市公安局丰县分局抓获,查获以太坊、泰达币、FIL币等虚拟货币价值约4亿元人民币,原因是涉嫌组织、领导传销活动,以高额回报为诱饵,通过网络平台招募会员,实施非法集资。"星际联盟"对应的公司运营主体是星驰(上海)网络科技有限公司,其创立于2019年6月,作为分布式存储综合服务商,主营Filecoin项目"挖矿"芯片及软硬件解决方案的研发销售,以及面向传统客户的分布式存储服务。自设立以来,"星际联盟"便受到市场和区块链业内人士的广泛青睐,迅速成为了Filecoin领域的最大矿机商及节点商之一。2021年12月14日,另外一家国内知名的FIL矿商的人员与矿场多名高管在成都办公地被警方带走调查,涉及传销、洗钱、非法集资等罪名。

3. 违反数据安全、信息安全规定的风险及可行合规路径

传感器网络类的DePIN项目,例如Hivemapper和DIMO收集的街道影像信息、行程信息等可能构成《数据安全法》下的重要数据,甚至是《个人信息保护法》下的个人信息,若发生数据出境,则须根据《数据出境安全评估办法》通过所在地省级网信部门向国家网信部门申报数据出境安全评估。然而,考虑到合规成本以及加密项目本身的敏感性,对于这些境外项目方,更通用的合规对策是退出境内市场,清退境内用户。风靡一时的StepN项目曾收集并向境外提供中国境内用户的全球定位系统信息,最终在监管压力下,发布通告称"为主动响应相关监管政策",清退中国境内用户,并停止向其提供全球定位系统信息及IP位置服务。

(二)美国法下的监管合规概览及可行合规路径

1. 证券监管及可行合规路径

涉及代币经济模型的DePIN项目,不可避免地将面临代币构成证券的合规风险。数据存储类DePIN项目Filecoin的代币FIL在2023年5月16日美国证券交易委员会发给Grayscale的一封意见书(Comment Letter)中被认定为证券。①

而在更早之前,在Grayscale Filecoin信托的信息披露文件中,Grayscale对

---

① See Grayscale Investments, *Grayscale Investments © Shares Update Regarding Grayscale Filecoin Trust Registration Statement on Form* 10, GlobalNewswire (May 17, 2023), https://www.globenewswire.com/news-release/2023/05/17/2671509/0/en/Grayscale-Investments-Shares-Update-Regarding-Grayscale-Filecoin-Trust-Registration-Statement-on-Form-10.html.

FIL 构成证券风险进行了分析，指出 FIL 最初的销售方式与某些被认定为证券的数字资产非常相似。[①] 具体而言，美国证券交易委员会已经通过执法行动和其他声明明确表示数字资产最初的销售方式可能是判断该数字资产是否为证券的关键因素。大量包括 FIL 在内的代币销售采取了未来代币简单协议的形式，而美国证券交易委员会曾多次对使用此种销售方式的代币采取执法行动，并取得胜利。例如，发行 Grams 的 Telegram Group 最终同意向投资者返还 12 亿美元，并支付 1850 万美元的民事罚款。Protocol Labs，即 Filecoin Network 的开发团队曾通过未来代币简单协议形式销售了 FIL 总供应量的 10% 的代币，因此存在被认定为证券的风险。

根据豪威测试对投资合同的界定，FIL 的销售很容易满足资金投入这一要件，因为只要购买者向发行方实际支付了资金，就可满足该要件。[②] 共同事业的要件亦很容易满足，其中，就证明存在"水平共同性"而言，只要证明 FIL 购买者支付的对价被汇集，并且每一个购买者的财富与其他购买者的财富以及整个共同事业的成败绑定在一起即可。[③]

问题的关键在于是否满足"对他人努力所获得的利润的合理预期（Reasonable Expectation of Profits Derived from Efforts of Others）"[④]这一要件。就 FIL 而言，一方面，Protocol Labs 仍对 Filecoin 项目拥有较高的控制度，使得监管机构可能认为其在 Filecoin 的发展中扮演重要角色；另一方面，FIL 的购买者很大一部分是想要获利的投机者和投资者，而非纯粹为了使用而购买的消费者。这使得 FIL 的购买者更有可能被认为在购买时期望从 Protocol Labs 的努力中获利，但是根据美国证券交易委员会过去的执法行动和与之相关的判例，最关键的因素还在于 Protocol Labs 在宣传时是否有向广大购买者承诺或暗示了获利的可能性，尤其是通过营销材料、白皮书或公开声明等途径。[⑤]

---

① See Grayscale, *Information Statement Grayscale Filecoin Trust (FIL)*, Securities and Exchange Commission (Apr. 14, 2023), https://www.sec.gov/Archives/edgar/data/1852039/000119312523102304/d467715dex991.htm.

② See United States District Court Southern District of New York, *Securities and Exchange Commission vs. Ripple Labs, Inc., Bradley Garlinghouse, and Christian A. Larsen*, United States District Court Southern District of New York (July 13, 2023), https://www.nysd.uscourts.gov/sites/default/files/2023-07/SEC%20vs%20Ripple%207-13-23.pdf.

③ See United States District Court Southern District of New York, *Securities and Exchange Commission vs. Ripple Labs, Inc., Bradley Garlinghouse, and Christian A. Larsen*, United States District Court Southern District of New York (July 13, 2023), https://www.nysd.uscourts.gov/sites/default/files/2023-07/SEC%20vs%20Ripple%207-13-23.pdf.

④ See Securities and Exchange Commission, *Framework for "Investment Contract" Analysis of Digital Assets*, Securities and Exchange Commission (Mar. 8, 2023), https://www.sec.gov/corpfin/framework-investment-contract-analysis-digital-assets.

⑤ See United States District Court Southern District of New York, *Securities and Exchange Commission vs. Ripple Labs, Inc., Bradley Garlinghouse, and Christian A. Larsen*, United States District Court Southern District of New York (July 13, 2023), https://www.nysd.uscourts.gov/sites/default/files/2023-07/SEC%20vs%20Ripple%207-13-23.pdf.

因此,无论是对于 Protocol Labs 还是 DePIN 项目方,为最大限度减少在美国证券法下被认定为证券的风险,应避免在出售代币时承诺或暗示获利前景,而应更多强调代币本身的使用价值。

2. 频段监管及可行合规路径

一些无线网络类的 DePIN 项目,例如 Helium 进军了 5G 网市场,但面临着监管合规挑战,具体体现在取得相关许可的难度。经营无线网络需要取得无线电频率,而无线电频率是稀缺的自然资源,因此受到严格的监管。在美国,频率分配和许可由联邦通信委员会(Federal Communications Commission,FCC)严格规管。像 600MHz 和 700MHz 低频段、2.5GHz 和 3.5GHz 中频段,以及 28GHz 和 39GHz 高频段都需要经过严格的审查才能授权。例如,获得授权的 T-Mobile 在 600MHz 频段部署其 5G 网络;Verizon 主要在高频段,即 mmWave 频段(包括 28GHz 和 39GHz 等)部署其 5G 网络。而 Helium 作为新进入者,为了降低部署成本和应对监管挑战,选择了不需要取得许可的公民宽带无线电服务(Citizens Broadband Radio Service,CBRS)的一般授权访问(General Authorized Access,GAA)频段。该方案在合规上可行,但在商业模式上未必能成功,目前其并没有在美国运营商中表现出明显优势。

四、DePIN 生态未来发展趋势

(一)传统市场现存弊病

在传统的信息及通信技术(Information and Communication Technology,ICT)行业中,我们可以将基础设施主要分为以下几类:硬件、软件、云计算与数据存储、通信技术。在目前全球市值排名前十的公司中,有六家都属于信息及通信技术行业(苹果、微软、谷歌、亚马逊、英伟达、Meta),占据了半壁江山①。然而,当前的信息及通信技术行业面临以下两个显著困境。

1. 巨头垄断限制了充分竞争

在数据存储和通信服务等领域,企业需要投入大量资金用于硬件购买、租赁土地部署和维护人员雇佣等环节。这些高昂成本导致只有巨头企业才能参与竞争,比如云计算和数据存储领域的亚马逊云服务(AWS)、微软云(Microsoft Azure)、谷歌云(Google Cloud)、阿里云(Alibaba Cloud)共占据市场份额接近 70%。这导致定价被巨头垄断,同时高昂的成本也最终会转嫁给消费

① 参见 Ryze Labs:《Ryze Labs 万字研报:深度解析 DePIN 赛道的经济模型、行业现状、优势与挑战》,载 TechFlow 2023 年 10 月 26 日,https://www.techflowpost.com/article/detail_14328.html。

者。根据高德纳(Gartner)的数据,2022 年,企业和个人在云服务上的支出总额已达 4900 亿美元,预计未来几年将持续增长,到 2024 年预计将超过 7200 亿美元。根据 RightScale[①] 的数据,其中有 31% 的大型企业每年在云服务上的支出超过 1200 万美元,有 54% 的中小型企业在云服务上的支出超过 120 万美元。随着企业对云服务投资的增加,60% 的企业表示其云成本高于预期。

仅从云计算和数据存储相关的云服务领域支出现状可以看出,价格被巨头垄断后,用户和企业的支出压力也会越来越大。此外,资本密集的属性限制了市场的充分竞争,同时也会阻碍相关领域的持续创新和发展。

2. 中心化的基础设施资源利用率较低

中心化基础设施资源的低利用率在当前业务运营中是一个重大挑战。这个问题在云计算环境中尤为突出,公司通常会为云服务分配大量预算。一方面,巨头垄断导致云服务价格过高;另一方面公司的云支出中有相当大的一部分被浪费,这使得企业的 IT 成本与 IT 利用率陷入双重困境,阻碍了企业的长期发展,并危害了整体的商业环境。然而,这也为 DePIN 的发展提供了契机,因为 DePIN 核心逻辑是通过代币激励来鼓励用户提供个人闲置资源,包括 GPU 算力、部署热点、存储空间等,来为整个 DePIN 网络做出贡献。

(二)DePIN 未来面临的机遇与挑战

由于在 DePIN 项目的早期,代币往往是没有实际价值的,所以就这个角度而言,用户参与网络提供资源的行为与传统“挖矿”类似,用户在众多 DePIN 项目中挑选出看好的项目,投资资源,通过代币数量的增加以及代币价格未来的升值空间来获利。

这些提供者与传统“挖矿”不同的是,他们提供的资源可能涉及硬件、带宽、计算能力等,而且他们收到的激励代币往往与网络使用情况、市场需求和其他因素相关。例如,网络使用量过低,导致参与者激励代币减少;或者网络遭受攻击或运行不稳定,导致参与者提供的资源被浪费。因此,DePIN 赛道要求其中的参与者自愿承担这些潜在风险,并为网络提供资源,以成为维护网络稳定和项目发展的贡献者。

从行业早期成立的项目来看,例如去中心化网络项目 Helium(2013 年)、去中心化存储项目 Storj(2014 年)等,最早的 DePIN 项目基本都聚焦在存储和通信领域。然而,随着互联网、物联网和人工智能的不断发展,对基础设施的要求

① RightScale 是一家云管理平台公司,提供工具和服务,帮助企业优化、管理和控制其在多个云环境中的使用和成本。

和创新需求越来越多,DePIN 的项目也开始向包括去中心化机器学习、去中心化 GPU 渲染网络、去中心化无线网络、去中心化物联网等更多领域拓展。

纵览 DePIN 各类项目的机制,最本质的内核是利用代币激励来有效整合资源:通过代币鼓励用户共享资源,使得闲置资源能够高效流向需求方。DePIN 相较于传统中心化基础设施,宛如 DeFi 相较于 CeFi,在某种程度上削弱了中间商在基础设施搭建与维护平台运营方面的作用,使得资源在供给方和需求方之间实现精准匹配和高效流转。

DePIN 项目所呈现的机制本质上是一场革命性的市场变革。其去中心化的特质意味着企业参与门槛将显著降低,不再受制于少数中心化寡头。这将赋予中小型企业和初创企业更大的参与权,并提供了一个更加公平竞争的市场。DePIN 也为初创企业和开发者提供了一个创新的平台,可以在此基础上开发新的应用和服务。这个领域的快速发展也吸引了大量的投资和人才,促进了整个生态系统的繁荣。

传统物理基础设施的建设和维护成本高昂,而 DePIN 可以通过分布式节点共享资源,降低运营和维护成本。同时,参与者可以通过提供资源获得奖励,形成良性的经济循环。在传统经济模型中,许多资源处于闲置状态,未能发挥其剩余价值。这种资源浪费不仅对经济产生了负面影响,也对环境和社会造成了不可忽视的压力,包括闲置的算力、存储、能源等。DePIN 为这一困境提供了新的解决方案:通过激励机制,DePIN 鼓励用户共享和利用他们的闲置资源,最大化资源的利用率。这不仅包括数据存储、计算能力等资源,还包括与环境相关的资源。例如,React Protocol 将闲置的电池与电力市场连接成社区网络,通过连接并共享用户提供的电池内多余的电量来帮助稳定电网,一方面为清洁能源供应做贡献,另一方面对于有闲置资源的用户来说,也多了一种资源变现的途径,可谓是“双赢”。

随着 DePIN 不断发展并获得关注,它对各个行业的影响无疑是变革性的:

在交通运输领域,DePIN 有望彻底变革交通网络。去中心化电动汽车(Electric Vehicle,EV)充电站、自动车辆管理和高效的交通流量控制只是其中的几个可能性。最终有望实现车辆、基础设施和城市规划之间更紧密的整合,推动智能交通网络的发展。

在电信领域,DePIN 可以开启一个新时代。具有去中心化节点的网状网络可以增强偏远地区的连接性,而基于区块链的电信基础设施可以确保通信的隐私性和完整性。

在供水管理领域,DePIN 可以实现运营与管理的现代化。去中心化传感器和智能电网可以通过监测水质和泄漏情况,实现水资源的优化分配。这不仅可以节省资源,还可以确保更多用户可靠地获取清洁水。

在能源领域,DePIN 的潜力是巨大的。由可再生能源供电的去中心化能源网络可以提供更加弹性和可持续的电力供应,减少对集中式化石燃料系统的依赖。

随着区块链技术的成熟和普及,去中心化网络的概念逐渐被更多人接受。DePIN 作为其中的重要组成部分,将会利用这一趋势,推动物理基础设施的去中心化管理和运营。

DePIN 作为一种创新的区块链应用领域,具有广阔的发展前景和巨大的潜力。然而,发掘这一潜力,仍需要克服一系列技术、监管和安全方面的挑战。目前 DePIN 行业发展仍处于早期阶段,缺乏完整的基础设施,每个项目都需要自行开发。此外,用户参与项目和使用项目产品的门槛相对较高,用户需要会使用数字钱包,也需要进行一些硬件的购买和配置。这些因素导致目前市场上 DePIN 项目的用户体验一般,公司需要聚合和简化用户参与和使用门槛,以扩大项目的受众,提高网络的使用率,才更有可能实现破圈。

同时,安全问题至关重要。与其他数字基础设施一样,DePIN 也面临安全威胁。确保强大的网络安全措施(包括数据加密和安全身份验证)对于防止数据泄露和网络漏洞至关重要。而互操性则是另一大挑战。不同的 DePIN 网络可能需要交互和通信,需要标准化协议来确保不同网络之间的无缝通信和兼容性①,这对于促进不同系统和设备之间的有效协同至关重要。此外,DePIN 可能还会挑战现行的法律法规和政策,政府和监管机构需要在深刻认知去中心化系统的同时,平衡技术创新和消费者保护。

总的来说,DePIN 领域短期内在使用门槛、产品体验、竞争优势、法规合规等方面将面临诸多挑战。然而,长期来看,无论是从资源整合还是从模式创新等角度来说,DePIN 的出现将对全球市场带来深远影响,它所带来的市场变革将影响资源分配、供应链管理、产业格局以及整个经济生态系统的演变。随着 DePIN 的不断发展和成熟,我们有理由相信,它将为社会、企业和个体带来真正的益处。

---

① See JinseFinance, *DePIN's Future Opportunities and Challenges*, Coinlive (Dec. 22, 2023), https://www.coinlive.com/news/depin-s-future-opportunities-and-challenges.

第三章　世界各国(地区)对加密货币及 Web3 监管政策论

第一节　美　　国

一、美国加密货币及 Web3 生态发展

美国的加密货币及 Web3 生态在全球范围内处于领先地位,展现出其在技术创新、市场成熟度和监管体系等方面的巨大优势。随着技术的不断发展,美国不仅成为加密货币市场的重要中心,也逐步推动了去中心化金融和 Web3 技术的广泛应用。政府、企业和研究机构在推动这一生态系统发展的过程中发挥了重要作用。与此同时,公众对加密货币和 Web3 生态的接受度和兴趣日益增强,这促进了一个充满活力和巨大潜力的市场环境的形成。总体而言,美国加密货币及 Web3 生态系统的发展不仅推动了金融科技的持续迭代,还为未来数字经济的繁荣奠定了坚实基础,更进一步激活了全球范围内技术创新与经济变革的无限潜力。

(一)整体发展概述

根据收入计算,美国是全球最大的加密货币市场。预计到 2028 年,美国加密货币市场规模将达到 330 亿美元。除市场规模之外,在短短两年的时间里,美国的加密货币用户数量也迅速成倍增长:从 2020 年的 970 万人增长到 2022 年的 5100 万人。调查还发现,2023 年 20% 的美国人口拥有加密货币,其中 76% 的人认为加密货币和区块链技术是未来。促使美国加密货币市场增长的因素包括区块链技术的进步、人们对去中心化金融的

兴趣日益浓厚,以及比特币等加密货币的日益普及。[①] 数百万美国人持有加密货币,16% ~20% 的美国成年人(4000 万 ~5000 万人)购买过加密货币,持有者并无明确的党派与身份限制。加密货币的应用场景持续增加,尽管价格存在波动,但活跃用户数量仍保持增长。

与此同时,美国也一直追赶着 Web3 的热潮。Web3 的概念最早是由知名公链项目以太坊的创始人之一加文・伍德(Gavin Wood)于 2014 提出的,旨在建立一个基于区块链技术的去中心化生态系统,使用户能够完全控制自己的数据、身份和资产。[②] 其中,加密代币(Token)是 Web3 生态的价值基石,是衡量所有权的单位,可以表示对数字资产或者实物资产的所有权。加密代币在 Web3 网络建设中发挥基础板块的作用,通过价值转移、激励机制、治理和投票等功能,赋予用户特定的权利。可以说,加密代币是 Web3 生态中不可或缺的一部分。美国作为这场技术浪潮的重要发源地之一,汇聚了全球优秀的人才、技术和企业,也因此始终处于 Web3 的领先地位。美国众多传统互联网巨头试图抓住 Web3 的风口,分别进行了不同程度的业务试水,其中包含谷歌、亚马逊、Meta(原 Facebook)等。谷歌还公开宣布将在公司战略层面重点发展 Web3,并组建了专业的 Web3 团队。在 Web3 支付赛道,美国的企业主要有 Mastercard、Paypal、Square,它们不仅将加密业务作为主要业务之一,甚至将服务推广至英国、日本等海外市场。在 Web3 社交赛道,美国的企业主要有 Meta(原 Facebook)和 X(原 Twitter),它们不仅在主产品的设计上增加了 Web3 的应用,还探索了统一的支付方式。[③]

引领加密货币及 Web3 创新将能够保持美国的竞争力,也涉及了国家安全和金融稳定问题,因此美国国家层面对于加密货币及 Web3 也是十分重视,进行了很多政策研究和监管讨论,并且制定了支持性政策和法规。2019 年 4 月,俄亥俄州宣布将接受比特币作为纳税方式(但该举措在之后的实践中遇到一些问题,并未得到广泛应用)。2019 年上半年,怀俄明州通过了一套包括 13 项规定的法律,其中包括承认加密货币为货币,并允许银行为数字资产提供保管服务。怀俄明州希望通过这些法规,为提供资产管理和其他加密货币服务的银行

---

① See Nashra Fatima, *Cryptocurrencies in the United States: Revenue Development, Top Currencies, Acceptance in eCommerce*, eCommerce (Apr. 8, 2024), https://ecommercedb.com/insights/cryptocurrencies-in-the-united-states-revenue-development-top-currencies-acceptance-in-ecommerce/4759.

② See ethereum.org, *Introduction to Web3*, ethereum.org (Mar. 1, 2024), https://ethereum.org/en/web3/.

③ 参见 shihuanhaotiandi:《美国互联网大厂"扎堆"Web3》,载 CSDN 2022 年 7 月 2 日,https://blog.csdn.net/shihuanhaotiandi/article/details/125572222。

营造一个合法且友好的环境。[①] 2021年年底，美国众议院金融服务委员会举办“数字资产和金融的未来”听证会，会上达成共识：加密货币需要正确有效的监管，并须确保Web3革命发生在美国。2022年9月，白宫发布比特币、加密货币监管框架，这是美国发布的首个全方位、系统性寻求发展数字资产的政府报告。其间，拜登政府陆续发布美国在数字资产的领导地位、央行数字货币、气候能源、未来支付体系、洗钱与欺诈风险等9项相关报告，致力于引导美国加密货币及Web3发展。[②]

（二）部分行业参与者

1. Coinbase

币基（Coinbase）是一家设立于美国的中心化加密货币交易所（CEX），其背后的运营主体Coinbase Global, Inc. 则是一家在纳斯达克上市的公司。除了其出色的产品和服务，Coinbase更是以合规运营而著称，Coinbase持有多个司法管辖区的许可证，确保其满足当地监管要求。在美国，Coinbase在金融犯罪执法局注册为货币服务企业，并遵守州级法规。在国际上，它在英国、日本和新加坡等国家持有相关牌照[③]。该交易所拥有超过3400名员工和1140亿美元的资产基础，目前已成为全球最大的加密货币交易所之一。[④]

2. Uniswap

Uniswap[⑤]Labs是一家总部位于美国纽约的公司，Uniswap协议是一个在以太坊和其他区块链上运行的去中心化金融协议，也是全球最大的去中心交易平台之一，它允许用户无需中介即可交换不同的加密货币。Uniswap的原生代币是UNI，用于治理和激励该协议的参与者。Uniswap在去中心化交易所（Decentralized Exchange, DEX）市场的占有率已超80%，一周交易量能够达到160亿美元。甚至有人认为，Uniswap已经成为当今Web3世界最成功的金融科

---

① 参见余丰慧：《加密货币在美国普及程度令人吃惊》，载未央网2019年7月15日，https://www.weiyangx.com/334781.html。

② 参见田盼、裴迎栋：《全球Web3产业发展现状分析》，载国研网2023年3月7日，https://h5.drcnet.com.cn/docview.aspx? version = emerging&docid = 6771153&leafid = 24998&chnid = 6296。

③ See Jones, *The Ultimate Guide to Coinbase Regulatory Compliance*, Medium (June 7, 2024), https://medium.com/@jones1010102/the-ultimate-guide-to-coinbase-regulatory-compliance-4de8e1fef506#:~:text=Coinbase's%20Approach%20to%20Regulatory%20Compliance,-Coinbase's%20commitment%20to&text=In%20the%20United%20States%2C%20Coinbase,%2C%20and%20Singapore%2C%20among%20others.

④ See Gloria Chinemerem Chimelu, *Crypto Brokerage Where New and Advanced Users Can Easily Trade Cryptos and NFTs*, Investopedia (June 12, 2024), https://www.investopedia.com/tech/coinbase-what-it-and-how-do-you-use-it/#citation-36.

⑤ Uniswap是一个基于以太坊区块链的去中心化交易所，通过自动做市商（AMM）模型使用户能够进行无需中介的加密货币交易。

技公司。在 Uniswap 中,任何人都可以创建流动性池或向已有池子中添加代币,为其他用户提供代币交换的流动性。通过向这些池子注入资金(提供流动性),用户可以赚取交易费用的一部分作为奖励,并获得平台原生代币 UNI 作为额外的奖励。这种方式降低了交易的门槛,并为去中心化金融生态系统的增长提供了动力。与其他的 Web3 项目相比,Uniswap 十分重视业务合规:Uniswap Labs 主要分为工程、增长与策略以及金融与合规三个部门。[①]

3. Filecoin

Filecoin[②] 是一个基于区块链技术的去中心化存储网络,由美国加利福尼亚州科技公司 Protocol Labs 于 2014 年推出,旨在激励全球计算机运营商提供文件存储服务。Filecoin 平台的原生代币 FIL 为其网络参与者提供激励,即 FIL 用于支付存储、检索以及网络上的任何其他交易的费用。Filecoin 是由“矿工”维护的,“矿工”通过向 Filecoin 网络提供存储空间并保持存储数据的完整性来获得报酬。而 Filecoin 的用户必须向“矿工”支付存储、检索或分发这些数据的费用。该项目创始人曾表示,如果采用者足够多,Filecoin 可能成为存储互联网数据的一种快速且经济的方式。更重要的是,它不依赖中央机构,这意味着其文件的传输不会受到政府或其他参与者的审查。[③] 这同样也是滋生潜在风险的核心原因之一。

4. Roblox Corporation

罗布乐思公司(Roblox Corporation)是一家总部位于加利福尼亚州圣马特奥的美国视频游戏开发商,由大卫·巴斯祖奇(David Baszucki)和埃里克·卡塞尔(Erik Cassel)于 2004 年创立。2021 年 3 月 10 日,作为元宇宙第一股 Roblox Corporation 在纽交所上市,股票代码为 RBLX,其巅峰市值在 2021 年 11 月 19 日曾达到约 779 亿美元[④]。截至 2024 年 6 月 27 日,其市值为 236.13 亿美元[⑤]。

作为一个创新的在线娱乐平台,Roblox 已成为当前数字环境中最接近实现功能性元宇宙的有力竞争者。该平台赋予创作者开发游戏的能力,2024 年第二季度的日活跃用户(DAU)已达 6550 万人[⑥],形成了一个充满活力的社区。凭

---

① 参见 Jack、Jaleel 加六:《Uniswap,Web3 红利下最成功的美国互联网 Fintech 公司》,载 Blockbeats 2023 年 10 月 18 日,https://www.theblockbeats.info/news/46392。

② Filecoin 是一个去中心化的存储市场和协议,它利用区块链技术来创建一个去中心化的存储网络。

③ See Kraken, *What is Filecoin? (FIL)*, Kraken (June 29, 2024), https://www.kraken.com/learn/what-is-filecoin-fil.

④ See YCharts, *Market Cap of Roblox Corp (RBLX)*, YCharts (Nov. 19, 2021), https://ycharts.com/companies/RBLX/market_cap.

⑤ 参见谷歌财经:《Roblox 的市值》,载谷歌财经 2024 年 6 月 27 日,https://www.google.com/finance/quote/RBLX:NYSE?sa=X&ved=2ahUKEwiw5Yr_kPuGAxUoLEQIHUQJCawQ3ecFegQIQRAg。

⑥ See Theodore McKenzie, *Roblox Aims to Get 1 Billion Daily Active Users*, 80lv (Aug. 10, 2023), https://80.lv/articles/roblox-aims-to-get-1-billion-daily-active-users/.

借其平台专有的虚拟货币(Robux 是 Roblox 平台的虚拟货币,用户可以用真实货币来兑换,并在平台内用于购买虚拟物品和服务。与加密货币不同,Robux 不基于区块链技术,不具备去中心化、不可篡改的特性,仅在 Roblox 内部经济中使用,且由平台集中管理)和多样化的虚拟体验,Roblox 已成为一个充满活力和沉浸感的在线平台。Roblox 颇具吸引力的一个关键因素是拥有广泛的用户基础,其约有一半用户年龄在 13 岁以下。这样的用户群体结构使该平台在未来的发展中,尤其是在不断演变的 Web3 领域中,处于有利地位。年轻用户群体作为数字原住民,对新技术的接受度高,并且在虚拟世界中非常活跃,这为 Roblox 在 Web3 等创新领域的布局和发展提供了巨大的优势。

Roblox 的首席执行官大卫·巴斯祖奇正在根据 Web3 原则改造公司,强调去中心化和互操作性。他曾表示,希望基于区块链的非同质化代币和其他数字资产能够无缝集成到 Roblox 生态系统,不仅在平台内部实现互操作性,还能与其他 Web3 平台互通。[①] Roblox 被公认为元宇宙和用户生成内容(User-Generated Content,UGC)领域的领导者,预计在未来五年内,其增长速度将快于其他游戏或社交媒体平台。

5. OpenSea

OpenSea 是一家全球领先的非同质化代币交易平台,总部位于美国纽约市,由德文·芬泽(Devin Finzer)和亚历克斯·阿塔拉(Alex Atallah)于 2017 年创立。OpenSea 致力于提供一个在线市场,通过这个市场,非同质化代币能够以固定价格直接出售,或通过拍卖的形式出售。两位创始人受到了早期区块链游戏加密猫的启发,这款游戏展现了非同质化代币的巨大价值潜力和市场前景。受此启发,他们创立了 OpenSea,旨在打造一个购买和交易非同质化代币的在线平台。

CryptoSlam[②] 统计数据显示,2022 年 1 月 1 日,非同质化代币全球销售额达到峰值 237.3 亿美元。到 2024 年 1 月 1 日,非同质化代币全球销售额已下跌 94%,仅剩 14 亿美元,[③]这与 2022 年 1 月 1 日的销售峰值相距甚远。尽管当前非同质化代币市场仍萎靡不振,且存在各种问题和缺陷,但 OpenSea 仍坚守其

---

① See NFT Culture, *Roblox's Leap into the Future: A Vision for Interoperable NFTS and Digital Assets*, NFT Culture (Nov. 10, 2023), https://www.nftculture.com/nft-news/robloxs-leap-into-the-future-a-vision-for-interoperable-nfts-and-digital-assets/.

② CryptoSlam 是一个专注于 NFT 市场数据的分析平台,提供不同区块链上的 NFT 交易、销售和市场趋势的实时信息和排名。

③ See CryptoSlam, *NFT Global Sales Volume*, CryptoSlam (Jan. 1, 2024), https://www.cryptoslam.io/nftglobal?headerPeriod=1d&timeFrame=year&tab=sales_volume.

最初使命——促进开放的数字经济,并提供极致的用户体验。

二、美国加密货币及 Web3 监管态势

加密货币作为一种金融创新,给各国金融监管体系均带来挑战。美国的金融监管历史长、手段多样且经验丰富,金融监管法例庞大且复杂,但在加密货币以及 Web3 的监管上还存在不少问题。就美国而言,由于其金融监管呈现分业监管的特征,且存在联邦和州的双重监管体系,所以对于加密货币的监管较为分散,增加了企业和投资者的合规复杂度,并引发了监管套利的潜在风险。与此同时,针对加密货币的专门法律法规的缺失,亦使得相关监管缺少明确性。目前,美国金融监管机构已采取大规模的执法行动以确保市场诚信,但迄今为止尚未能提供明确的规则。而就促进金融创新而言,虽然美国监管机构对于加密货币项目方难称友好,但纵观全球,主要的加密货币项目以及加密货币投资基金仍集聚在美国。这恰好印证了金融科技监管领域中的"三难困境",即对于提供明确规则、保持市场诚信和促进金融创新这三项目标,监管机构长期以来最多只能实现其中两项。[①] 当前,美国的公共政策研究已将重点转向评估加密货币对传统金融可能带来的潜在风险。美国联邦和州当局都发布了监管指南,明确了银行在加密货币交易中的参与规则。加利福尼亚州也颁布了立法,要求加密货币服务提供商向州金融保护和创新部(Department of Financial Protection and Innovation,DPFI)申请许可证。值得注意的是,尽管联邦许可证仍可获得,但自 2023 年更新以来,已有两个初步批准的联邦许可证失效。2023 年年初,多家银行倒闭或选择关闭,这些银行声称其业务受到了"加密货币传染效应"(Cryptocurrency Contagion Effect)的影响。同时,州级新许可证的审批速度也有所放缓。以下将在概述美国加密货币监管体系的基础上,介绍美国主要金融监管机构对于加密货币的监管现状。

(一)监管法规

联邦层面,虽然目前联邦层面尚未制定专门针对加密货币的有效立法,但既有关于银行及货币服务、证券发行和交易、消费者保护等领域的法律仍适用于加密货币支付服务、代币融资、加密货币经纪业务等具有相关法律实质的加密货币活动。具体而言,主要为以下法律:

---

① See Chris Brummer & Yesha Yadav, *Fintech and the Innovation Trilemma*, Georgetown Law Journal, Vol. 107, p. 235 (2019).

- 《1933 年证券法》;
- 《1934 年证券交易法》;
- 《1936 年商品交易法》;
- 《1939 年信托契约法》;
- 《1940 年投资公司法》;
- 《1940 年投资顾问法》;
- 《2002 年萨班斯－奥克斯利法案》;
- 《2010 年多德－弗兰克华尔街改革和消费者保护法案》;
- 《2012 年激励我们的商业创业(JOBS)法案》,以及众多联邦机构制定的规则和规定。

在州层面,众多州的立法机关已针对多种加密货币相关活动进行了立法和牌照监管,其中主要针对货币转移活动,部分州亦针对区块链技术的其他应用场景,例如去中心化自治组织进行了立法。① 然而,美国各州对于加密货币和区块链技术的立法目前存在一定程度的差异,这主要受各州政治立场、监管态度和政策优先级等因素的影响。州层面的监管方式整体上分为两种:一些州通过制定对加密货币友好的立法以吸引投资和促进技术,例如怀俄明州就是一个例子,怀俄明州通过了立法,允许创建新型银行或具有特殊目的的存款机构。这些专注于加密货币的银行可以发挥托管和信托的作用,旨在允许企业安全合法地持有数字资产。此外,也有越来越多的州要求货币转移许可证和/或严格遵守州蓝天证券法,从而加大区块链公司在其境内运营的难度,包括佛罗里达州和哥伦比亚特区在内的许多州已修改了其货币转移法规,将虚拟货币/加密货币纳入其中,并要求某些中介机构拥有州颁发的许可证②。

(二)监管机关

除通过联邦和州的立法机关制定关于加密货币相关活动的监管规则外,美国亦通过在行政机构层面的行动试图确定相关监管规则。

---

① See Armand J. Zottola & Benjamin J. Myers, *NFT Intellectual Property Considerations*, Venable (Dec. 11, 2023), https://stevenscenter. wharton. upenn. edu/publications－50－state-review/.

② See Global Legal Insights, *Blockchain & Cryptocurrency Laws and Regulations* 2024, Global Legal Insights (June 29, 2024), https://www. globallegalinsights. com/practice-areas/blockchain-laws-and-regulations/usa/#: ~ : text = The% 20sale% 20of% 20cryptocurrency% 20is, MSB% E2% 80% 9D) % 20under% 20federal% 20law.

1. 美国证券交易委员会

美国证券交易委员会负责根据《1933 年证券法》、《1934 年证券交易法》以及其他一系列关于投资和投资者保护的美国联邦法律执行证券监管,这包括针对证券发行、交易、投资者保护等领域的执法职责。2023 年,美国证券交易委员会对于加密货币相关活动的执法行动集中于加密货币欺诈、未经注册的证券发行、未经注册的交易所和交易中介、加密货币的非法营销这四个方面。① 对于上述执法行动,首先需要判断涉案加密货币是否构成证券。

(1)是否构成证券的判断标准

目前,美国证券交易委员会已明确将 68 种加密货币认定为证券,其中包括 BNB、SOL 等。② 根据 2018 年加里・盖斯勒的一次演讲,他认为只有 BTC、ETH、LTC 不属于证券。③ 然而,对于判断某种加密货币是否属于证券,目前仍缺少较为明确的标准。美国证券交易委员会主要基于美国最高法院豪威案下的豪威测试判断加密货币是否属于投资合同,其中包括资金投入、共同事业,以及对他人努力的获利期望这三个要件。对于这三个要件,美国证券交易委员会认为前两个要件通常能够满足,而争议焦点通常集中于第三个要件。根据美国证券交易委员会官网的指引,投资者期待的获利方式包括参与分配或通过其他方法实现资产增值来获得回报,例如在二级市场上以高价出售。进一步,当活跃参与者(包括推广者、赞助者、其他第三方或关联的第三方群体)提供影响事业成败的关键管理努力,并且投资者合理预期从这些努力中获得利润时,该测试的这一要件就得到了满足。在进行上述判断时,主要关注交易的经济实质,具体而言,包括发行时的条款、利润分配方案以及对潜在客户提出的经济诱因。除此之外,美国证券交易委员会还列出了可能导致以及不太可能导致符合该要件的具体情形。④

(2)构成证券的后果

若某一加密货币被认定为证券。首先,对于其发行人而言,除非该加密货

---

① See Securities and Exchange Commission, *SEC Announces Enforcement Results for Fiscal Year* 2023, Securities and Exchange Commission (Nov. 14, 2023), https://www.sec.gov/news/press-release/2023-234.

② See Jesse Coghlan, *SEC Lawsuits*: 68 *Cryptocurrencies Are Now Seen As Securities by the SEC*, Cointelegraph (June 6, 2023), https://cointelegraph.com/news/sec-labels-61-cryptocurrencies-securities-after-binance-suit.

③ See Jeef John Roberts, *SEC's Gensler Seen Telling Hedge Funds That Ethereum and Litecoin Are "Not Securities" in* 2018 *Video*, Fortune (June 13, 2023), https://fortune.com/crypto/2023/06/12/gensler-video-ethereum-litecoin-not-securities/.

④ See Securities and Exchange Commission, *Framework for "Investment Contract" Analysis of Digital Assets*, Securities and Exchange Commission (Mar. 8, 2023), https://www.sec.gov/corpfin/framework-investment-contract-analysis-digital-assets#_ednref11.

币在美国证券交易委员会注册或者被豁免注册,否则不得发行或销售该加密货币。其次,就该加密货币提供相关服务的证券经纪商、投资顾问、另类交易系统及交易所,必须在美国证券交易委员会、州层面的监管者和/或自律监管部门,例如美国金融业监管局进行注册。[①]

然而,判断加密货币是否构成证券的标准,是加密货币监管最重要的问题之一,至今并没有清晰的答案。若美国证券交易委员会认为发行人或上述加密货币服务提供商未能履行上述注册义务,则将可能面临美国证券交易委员会的执法行动。其中,在 2023 年,对于未经注册即发行加密货币的行为,美国证券交易委员会对多家公司提出指控,称其通过加密资产借贷和/或质押程序提供未注册证券,包括 Genesis/Gemini、Celsius、Kraken 和 Nexo。Kraken 和 Nexo 均同意停止其未注册的产品提供。就罚款而言,Kraken 同意支付 3000 万美元的民事罚款、违法所得和预判利息总和,Nexo 同意支付 2250 万美元的民事罚款。此外,美国证券交易委员会首次对非同质化代币(NFTs)的发行者提起诉讼,包括 Impact Theory LLC 和 Stoner Cats 2 LLC。

作为美国加密领域最为激进的监管机构,美国证券交易委员会因其"通过执法实现监管"的做法遭到了广泛质疑,其中,Coinbase 于 2022 年 7 月 21 日向美国证券交易委员会递交了一份请愿书,请求美国证券交易委员会提出并实施监管规则,以治理和监管通过数字原生方法发行和交易的证券,其中包括制定可能的规则来识别哪些数字资产属于证券。Coinbase 进一步指出,这些证券的交易能够实时执行和结算,其交易记录永久存储在区块链上,并且对所有市场参与者公开可见。因此,这从根本上改变了现有的市场运作模式,导致美国证券交易委员会针对传统资产的提供、销售、交易、保管和清算的规则不再适用于这个市场中的新型证券。[②] 美国证券交易委员会在 2023 年 12 月 15 日拒绝了 Coinbase 关于规则制定的请求。美国证券交易委员会主席加里·盖斯勒在当日的一篇声明中阐述了拒绝该请求的三点理由:首先,现行法律和规定适用于加密证券市场;其次,美国证券交易委员会也通过制定规则来处理加密证券市场的问题,例如《特殊目的经纪商豁免规则》(Special Purpose Broker-Dealers Release)的制定;最后,在设定规则制定优先级时,保持委员会的自由裁量权是

---

① See Securities and Exchange Commission, *Exercise Caution with Crypto Asset Securities: Investor Alert*, Securities and Exchange Commission (Mar. 23, 2023), https://www.sec.gov/oiea/investor-alerts-and-bulletins/exercise-caution-crypto-asset-securities-investor-alert.

② See Securities and Exchange Commission, *Re: Petition for Rulemaking-Digital Asset Securities Regulation*, Securities and Exchange Commission (July 21, 2022), https://www.sec.gov/files/rules/petitions/2022/petn4-789.pdf.

非常重要的。[①] 在此背景下,反对"通过执法实现监管"的立法者也致力于通过联邦立法来确立明确的加密货币监管规则。[②]

2. 商品期货交易委员会

商品期货交易委员会是美国负责监管期货及衍生品的监管机构,基于《1936 年商品交易法》行使监管职责。根据《1936 年商品交易法》规定,除非在注册的交易所进行,并有相关书面记录(包括日期、合约双方及其地址、涉及的财产及其价格和交货条款)证明,否则进行"用于购买或出售将来交付的商品"的交易是非法的。[③]

目前,商品期货交易委员会已将虚拟货币界定为商品。根据商品期货交易委员会的定义,虚拟货币是一种作为交换媒介、计算单位和/或价值储存手段的代表价值的数字化表示形式,因此虚拟货币的外延能覆盖绝大多数加密货币。尽管商品期货交易委员会对商品现金市场(Commodity Cash Markets)的监管权限较为有限,但它仍对作为州际贸易的虚拟货币现金市场具有一般的反欺诈和反操纵执法。[④]

商品期货交易委员会已针对诸多加密机构采取了执法行动,就 2023 年而言,包括指控 FTX[⑤]、阿拉米达(Alameda)以及其高管[比如山姆·班克曼·福瑞德(Sam Bankman-Fried)、卡洛琳·艾莉森(Caroline Ellison)等人]涉嫌包括挪用资金和非法向美国客户提供数字资产衍生品在内的数字资产商品欺诈计划;指控币安(Binance)、其创始人赵长鹏及一名前首席合规官塞缪尔·林(Samuel Lim)运营非法数字资产衍生品交易所,并首次针对被告故意逃避或试图逃避《商品交易法》和商品期货交易委员会规定提出指控;指控 Celsius[⑥] 及其前首席执行官亚历克斯·马辛斯基(Alex Mashinsky)在涉及数字资产商品的商品池计划中进行欺诈和重大虚假陈述,这也是首次对一家数字资产借贷平台非

---

① See Securities and Exchange Commission, *Statement on the Denial of a Rulemaking Petition Submitted on Behalf of Coinbase Global, Inc.*, Securities and Exchange Commission (Dec. 15, 2023), https://www.sec.gov/news/statement/gensler-coinbase-petition-121523#_ftn12.

② See Allyson Versprille, *Key House Republicans Unveil Crypto Market Structure Draft Bill*, Bloomberg (June 3, 2023), https://www.bloomberg.com/news/articles/2023-06-02/key-house-republicans-unveil-crypto-market-structure-draft-bill.

③ See United States Congress, *7 U.S. Code § 6 – Regulation of Futures Trading and Foreign Transactions*, Cornell Law School (Nov. 2, 2002), https://www.law.cornell.edu/uscode/text/17/203.

④ See Commodity Futures Trading Commission's Office of Customer Education and Outreach, *An Introduction to Virtual Currency*, Commodity Futures Trading Commission (Dec. 2019), https://www.cftc.gov/sites/default/files/2019-12/oceo_aivc0218.pdf.

⑤ FTX 是一家全球知名的加密货币衍生品交易平台,因流动性危机和资金管理问题于 2022 年 11 月宣布破产。

⑥ Celsius 是一家加密货币借贷平台,提供储蓄、借贷和支付服务。

法运营未注册的商品池的指控;以及其他重大案件。[①]

3. 金融犯罪执法局

金融犯罪执法局是美国财政部下属的机构,是反洗钱执法的最高监管机构,负责打击洗钱、资助恐怖主义以及其他重大金融犯罪。该机构的执法依据主要来自《银行保密法》,这是美国主要的反洗钱法律。国会将《银行保密法》编纂在《美国法典》第12编第1829b条、第1951~1959条及第31编第5311~5332条中。它将包括加密货币在内的虚拟货币视为货币,并监控涉及货币服务业务的所有货币转移活动。金融犯罪执法局将货币服务业务定义为任何从事"货币、资金或其他具有货币价值的替代品"的转移业务。金融犯罪执法局的权力主要体现在对违反《银行保密法》的刑事被告人采取执法行动,而不能监管或监控整个市场。受金融犯罪执法局货币服务业务法规管辖的人可能需要遵守注册、反洗钱计划、记录保存、监控和报告要求。

早在2013年,金融犯罪执法局就发布了关于其将如何监管加密货币的指导意见,最终通过《银行保密法》确立了其对加密货币的管辖权。官方声明称其不认为加密货币在美国任何司法管辖区内是法定货币。同时,其在2013年的报告中明确表示:"管理商"或"兑换商"将作为货币转移业务的主体,受货币服务业务法规的约束,而加密货币用户则被排除在其管辖范围之外。同时,任何从事加密货币交易所业务的实体都需要制定反洗钱合规计划并向金融犯罪执法局注册。其中,管理商是指从事发行(投放市场)虚拟货币业务,并且拥有赎回(从市场撤回)该虚拟货币的权限的主体;兑换商是指从事虚拟货币与真实货币、资金或其他虚拟货币交换业务的主体。[②]

2019年,金融犯罪执法局发布了新的指导意见,明确了新立场,但主要更新了该机构对加密货币或可兑换虚拟货币的监管方法。2019年的指导意见主要解释了金融犯罪执法局对哪些商业模式将被视为货币转移业务以及哪些可能被豁免的看法。金融犯罪执法局指出的可能符合货币转移业务资格的一些商业模式包括:点对点交易者(P2P Exchangers)、托管钱包提供商、将加密货币兑换为真实法币的可兑换虚拟货币自助终端(CVC Kiosks)、营利或非营利的转账应用程序(Money Transmission Applications),以及加密货币支付处理服务提供

---

① See Commodity Futures Trading Commission, *CFTC Releases FY 2023 Enforcement Results*, Commodity Futures Trading Commission (Nov. 7, 2023), https://www.cftc.gov/PressRoom/PressReleases/8822-23.

② See Financial Crimes Enforcement Network, *Application of FinCEN's Regulations to Persons Administering, Exchanging, or Using Virtual Currencies*, Financial Crimes Enforcement Network (Mar. 18, 2013), https://www.fincen.gov/sites/default/files/shared/FIN-2013-G001.pdf.

商(Payment Processors)。而涉及加密货币的某些商业模式可能豁免于此定义,例如,可兑换虚拟货币交易平台(CVC Trading Platforms)和去中心化交易所,以及为开发筹集资金时的加密货币转移。

2015 年 5 月 5 日,金融犯罪执法局与美国北加利福尼亚地区检察官办公室(USAO-NDCA)共同决定,对 Ripple Labs 公司及其全资子公司 XRP 公司故意违反《银行保密法》关于虚拟货币交易商注册登记和反洗钱内控相关规定的行为,处以 70 万美元的民事罚款。[①] Ripple 遵守并同意支付 70 万美元的罚款,以结束与违反《银行保密法》相关的任何潜在责任,并向司法部额外支付 45 万美元。金融犯罪执法局在查阅《美国法典》第 31 编第 5312(a)(2)条后,认定 Ripple 为货币服务业务,并利用其权力调查货币服务业务的合规情况和违反《银行保密法》的情况。该机构认定,Ripple 在运营期间未向金融犯罪执法局注册,因此面临民事罚款。

2017 年,金融犯罪执法局对一家总部位于国外的比特币交易所 BTC-e 及其运营者亚历山大·维尼克(Alexander Vinnik)行使执法权,因其故意违反反洗钱法律,对该公司罚款 1.1 亿美元,对运营者本人罚款 1200 万美元。根据《美国法典》第 18 编第 1956、1957 和 1960 条,BTC-e 及其所有者在加利福尼亚州被起诉涉嫌洗钱、共谋洗钱、参与非法货币交易,以及经营未经许可的货币转移业务。金融犯罪执法局认定 BTC-e 作为金融机构提供货币服务业务,未能遵守反洗钱法规和注册要求。BTC-e 刚开始时,提供将加密货币兑换为美元的服务。金融犯罪执法局发现:"BTC-e 及其运营者不仅没有采取措施防止洗钱,反而接受了在该交易所进行的广泛犯罪活动。用户在 BTC-e 的用户聊天中公开且明确地讨论犯罪活动。BTC-e 的客户服务代表提供了如何处理通过暗网市场(如丝绸之路、Hansa 市场和 AlphaBay)非法销售药物所得资金的建议。"这些活动足以使 BTC-e 及其运营者被认定为在提供货币服务业务,并违反了反洗钱计划要求,以及未提交可疑活动报告(Suspicious Activity Report,SAR)。根据规定,对于 2000 美元或以上的交易,如果涉及欺诈、旨在规避报告要求、没有合法目的或涉及犯罪活动,则应被视为可疑交易。

4. 美国国税局

2014 年,美国国税局发布了关于虚拟货币的通知(Notice 2014 -21),明确将加密货币视为财产进行税务处理。因此,加密货币在报税时必须申报,所有

---

① 参见中国人民银行:《FinCEN 首次对虚拟货币交易商处以民事罚款》,载中国人民银行 2015 年 6 月 25 日,http://camlmac.pbc.gov.cn/fxqzhongxin/3558093/3558107/3564775/index.html。

适用于普通财产的税务要求同样适用于加密货币。这意味着任何加密货币交易的收益或损失都需要报告。例如,一个人如果将加密货币作为某项活动的支付手段,必须在计算总收入时包括其公允市场价值。此外,为了确保准确的税务申报,纳税人必须保持详细的交易记录,包括交易日期、交易类型、涉及的加密货币数量、交易发生时的公允市场价值以及产生的收益或损失。

2018 年,美国国税局发布新闻稿,提示个人需要在所得税申报单上报告加密货币,并宣布成立一个调查团队,专注于涉及加密货币的犯罪行为。这一公告强化了 2014 年通知中的具体指南,明确规定在出售加密货币换取现金、用加密货币购买商品或服务,以及用一种加密货币交换另一种加密货币的情况下,所有实现的加密货币收益都需要报告并缴税。

2016 年,美国国税局首次真正实施对加密货币的特定监管权力,向受欢迎的加密货币交易所 Coinbase 发出传票,要求其提供某些用户的信息。起初,Coinbase 拒绝回应,并通过法律途径对传票的范围提出异议。经过法律程序后,Coinbase 最终在部分妥协的情况下遵守了命令,提交了 2013 年至 2015 年期间部分客户的交易记录。

(三)代表性的执法行动

美国证券交易委员会、商品期货交易委员会和金融犯罪执法局等机构对 Web3 生态的各类活动采取了一系列执法行动。自 2023 年开始,这些机构的执法活动以越来越强的力度和更高频率进行,许多人观察到美国监管机构采取了"通过执法实现监管"的方式,并未与从业者携手合作,共同为行业制定清晰的框架或规则,以推动行业的可持续发展。这对在美国运营的加密货币企业带来了重大冲击,导致加密货币企业选择关闭美国业务或考虑将业务转移到美国以外的地区。下文将重点介绍一些影响 Web3 生态不同业务模式的关键执法行动。

1. 发行和销售加密资产是否构成发行和销售证券

美国证券交易委员会诉 Ripple Labs:自 2020 年 12 月以来,美国证券交易委员会与 Ripple Labs Inc.(及其两名高管)的诉讼是一项长期存在(且仍未解决)的诉讼。美国证券交易委员会声称,Ripple 及其两名高管通过向美国和全球投资者出售未经注册的 XRP 代币筹集了超过 13 亿美元,违反了美国证券法(特别是《1933 年证券法》的注册规定)。美国证券交易委员会指责 Ripple 向零售投资者提供和销售未经注册的 XRP 代币,剥夺了潜在投资者需要充分披露 XRP 和 Ripple 的业务运营和财务状况的权利,这未能满足核心投资者保护规定。而Ripple则认为XRP应该被视为数字货币,而不是证券。2023年7月13日,Ripple在与美国证券交易委员会的长期法律纠纷中取得了一项关键性裁决。在本案中,法院认为只有机构销售才属于非法发行,如果是面向个人投资者的销售则根本不满足豪威测试的构成要件,即不属于证券。法院在判决过程中对Ripple涉及的各种XRP销售和分销计划进行了全面审视和考量。法院的判决最终认为只有根据合同的机构销售属于证券发行,面向市场的程序化销售、为换取服务或者类似福利的派发,以及个人向市场的销售都不属于证券交易。2024年5月8日,美国证券交易委员会提交了其在Ripple诉讼中的最终回应。美国证券交易委员会在回应中重申了其立场,称Ripple的行为违反了证券法,并坚持要求对Ripple施加高达20亿美元的罚款。美国证券交易委员会强调,Ripple在销售XRP代币时未进行适当注册,这违反了《1933年证券法》的规定。法院已安排进一步的审理,可能会将案件推向上诉法院。Ripple与美国证券交易委员会在如何处理XRP代币的销售问题上仍存在巨大分歧。Ripple提议的罚款为1000万美元,而美国证券交易委员会要求的罚款高达20亿美元。法律专家和加密货币行业的观察者认为,这一案件的最终判决可能会对整个加密货币行业产生深远影响,尤其是在如何分类和监管数字资产方面。Ripple的首席法律官斯图尔特·阿尔德罗蒂(Stuart Alderoty)批评了美国证券交易委员会的立场,并表示将继续为公司的利益而战。

2. 加密资产质押服务是否构成证券

美国证券交易委员会诉Kraken:Kraken是一家总部位于美国的加密货币交易所,自2019年以来一直面向零售投资者推出"质押即服务"(Staking as a Service)计划。投资者将加密资产转移到Kraken,Kraken将这些资产汇集起来,代表投资者进行质押,并为投资者提供高达21%的年化投资回报。2023年2月,美国证券交易委员会指控两家Kraken实体未能注册其加密资产质押服务的报价和销售,声称投资者失去了对这些代币的控制权,并在几乎没有保护的情况下承担了风险。美国证券交易委员会主席加里·盖斯勒表示,无论是通过质押即服务、借贷还是其他方式,加密货币中介机构在提供投资合同以换取投资者的代币时,都需要提供美国证券法要求的适当披露和保障措施,同时质押服务供应商必须注册,并提供全面、公平和真实的披露和投资者保护。为摆脱美国证券交易委员会的指控,Kraken已同意立即停止提供质押服务,并支付3000万美元的非法所得、预判利息和民事罚款。Kraken在2023年2月自动解除了其美国客户的加密货币质押(除了质押的ETH),并于2023年4月上海(Shapella)升级后解除其美国客户的ETH质押。然而,Kraken表示将继续通过独立的子公司为非美国客户提供质押服务。2024 年 5 月 8 日,美国证券交易委员会提交了最终回应,继续坚持其立场,称 Kraken 的行为违反了证券法。美国证券交易委员会强调,Kraken 的质押计划涉及未注册的证券交易,剥夺了投资者应有的保护和信息披露。Kraken 提出动议要求法院驳回美国证券交易委员会的指控,认为美国证券交易委员会的理论扩展了其法定权力,未能提供明确的法律基础。Kraken 还强调,没有投资合同存在,且数字资产本身不应被视为证券。一些加密货币行业团体和法律专家支持 Kraken,认为美国证券交易委员会的行为代表了对其权力的过度扩展,可能会对整个行业产生负面影响。这一案件的重要性不仅在于对 Kraken 的影响,还可能对整个加密货币行业的监管框架产生深远影响。如果法院支持美国证券交易委员会的立场,可能会为更多类似案件设立先例,并进一步加强对加密货币交易所和质押服务的监管。

3. 针对发行美元支持的稳定币发起执法行动

美国证券交易委员会就 Binance USD 向 Paxos 发出威尔斯通知(Wells Notice):2023 年 2 月,美国证券交易委员会向 Paxos 发出了威尔斯通知,通知其计划采取执法行动。Paxos 是 Binance USD(BUSD)的发行人,这是一种与币安(Binance)合作的美元稳定币,100% 由法定现金和/或美国国库券储备支持。美国证券交易委员会的威尔斯通知称 BUSD 是一种未注册的证券。此外,监管 Paxos 的纽约州金融服务部命令 Paxos 停止铸造新的 BUSD。从 2023 年 2 月 21 日起,Paxos 按照纽约州金融服务部的指示并与纽约州金融服务部密切合作,停止发行新的 BUSD 代币,同时允许客户将 BUSD 兑换成美元或将其 BUSD 兑换为 USDP(即 Pax Dollar,Paxos 发行的另一种美元稳定币)。在一份新闻稿中,Paxos 表示它"断然不同意美国证券交易委员会相关人员的观点,因为 BUSD 不是联邦证券法规定的证券",并且它"准备在必要时积极提起诉讼"。尽管美国证券交易委员会的推理细节尚未公开,但这引发了业内的讨论,讨论的焦点是一个 100% 储备支持的稳定币,预计以 1 : 1 的比例与美元挂钩,如何满足构成"投资合同"的各种要素,从而符合 1946 年美国证券交易委员会诉 Howey Co.(也称为"豪威测试")中"证券"的定义,或者是否应该将 Reves vs. Ernest&Young 一案中对"票据"构成"证券"的定义应用于稳定币的法律分析。撇开法律分类不谈,美国证券交易委员会的威尔斯通知显然对 BUSD 的未来产生了重大影响。在美国证券交易委员会发出威尔斯通知之前,BUSD 是市值第三大的稳定币,仅次于 USDC 和 USDT,其市值在 2023 年 2 月初约为 160 亿美元。然而,到了 2023 年 4 月底,其市值下降至约 60 亿美元。截至 2024 年 6 月 21 日,其市值仍萎靡不振,仅为 66.47 亿美元。

4. 对中心化加密资产交易平台运营商采取执法行动

美国证券交易委员会诉 Bittrex:2023 年 4 月,美国证券交易委员会指控加密资产交易平台 Bittrex 及其联合创始人兼前首席执行官威廉·弘明·志原(William Hiroaki Shihara)经营未注册的证券交易所、经纪商和清算机构。Bittrex Inc. 的外国子公司 Bittrex Global GmbH 也因与 Bittrex 一起运营单一共享订单簿且未能注册为证券交易所而被指控。美国证券交易委员会声称 Bittrex 和 Bittrex Global GmbH 都应该注册为交易所,因为它们使用既定的、非自由裁量的方法将多个买卖双方的证券订单进行撮合交易。美国证券交易委员会还指出,Bittrex 平台的设计和功能(从其显示、订单簿到订单匹配、交易规则)与适当注册的全国性证券交易所相似。Bittrex 联合创始人兼前首席执行官威廉·弘明·志原与寻求在 Bittrex 平台上线和交易其加密资产的发行人协调,建议这些发行人删除可能导致监管机构调查其加密资产是否属于证券发行的“有问题的陈述”,例如,删除与价格预测、利润预期或其他投资相关条款有关的陈述。Bittrex Inc. 将从 2023 年 4 月 30 日起结束其在美国的业务。其联合创始人兼美国首席执行官赖里奇(Richie Lai)在一份声明中表示,“在当前的美国监管和经济环境下继续运营在经济上不可行……”。在 2023 年 4 月底之前,所有客户的资金都可以提取,而其全球业务(美国以外)将继续运营。关于美国证券交易委员会的指控,Bittrex Global GmbH 表示该公司未在美国提供服务,也认为美国证券交易委员会关于共享订单簿的指控未被解释清楚,可能在法律上存在误读。2023 年 8 月 15 日,美国证券交易委员会与 Bittrex 达成和解,Bittrex 同意支付 2400 万美元的罚款,包括 1440 万美元的非法所得、400 万美元的预判利息和 560 万美元的民事罚款。作为和解协议的一部分,Bittrex 和 Bittrex Global GmbH 将永久性禁止违反《1934 年证券交易法》中的相关条款。

山姆·班克曼·弗里德(Sam Bankman-Fried)的世纪审判:山姆·班克曼·弗里德是加密货币交易所 FTX 的创始人兼首席执行官,在加密资产圈内人称“SBF”。他于 2017 年 10 月创立了量化加密货币交易公司 Alameda Research,并通过该公司管理资产。FTX 在 2022 年年底发生了严重的偿付能力危机,这主要源于 FTX 和 Alameda Research 之间的复杂财务关系以及大量未披露的高风险借贷活动。这些活动导致了 FTX 的资金短缺和流动性问题,并引发 FTX 原生加密代币 FTT 的崩溃。2022 年 11 月 11 日,FTX 申请破产保护,山姆·班克曼·弗里德宣布他将逐步缩减 Alameda Research 的业务,并辞去 FTX 首席执行官的职务。2023 年 11 月 2 日,曼哈顿陪审团裁定山姆·班克曼·弗里德犯有七项电信诈骗、共谋和洗钱罪名。该判决在一定程度上标志着美国历史上最大的金融诈骗案之一的终结。2023 年 12 月 29 日,检察官在一份提交给曼哈顿联邦法院的信中表示,他们不打算对山姆·班克曼·弗里德进行第二次审判,迅速解决针对这位 31 岁前亿万富翁案件的“强烈公共利益”超过了进行第二次审判的益处。2024 年 3 月 28 日,纽约南区联邦法院法官刘易斯·卡普兰(Lewis Kaplan)判处山姆·班克曼·弗里德 25 年监禁,并罚款和没收财产共计 110 亿美元。法官刘易斯·卡普兰在宣判时特别指出,山姆·班克曼·弗里德以公众信任为代价实施了大规模的金融欺诈,并且他从未对自己的行为表现出悔意。检察官达米安·威廉姆斯(Damian Williams)表示,这一判决传达了一个重要的信息,即欺诈行为将受到严厉惩罚,确保正义得以实现。此外,年利达(Linklaters)美国金融科技主管兼区块链和数字资产主管约书亚·克莱曼(Joshua Klayman)乐观表示:“如果数字资产市场参与者继续强调不良行为者和欺诈行为应该被追究责任,并强调技术的关键优势,包括透明度,这可能有助于阻止或根除犯罪行为,我认为这可能会为行业赢得胜利。尽管 FTX 和 Alameda 快速兴衰,但建设者仍在继续建设。我们的空间具有弹性,加密货币将继续存在。”FTX 的崩溃暴露了美国监管和合规体系的脆弱性,凸显了监管机构在监督加密资产合规性方面的漏洞。这一案件展示了合规之于加密行业的长期发展和保护投资者资产安全的重要性,而这只能通过监管机构和加密企业合规团队之间的密切合作来实现。

2023 年美国当局对世界最大加密货币交易平台币安实施的执法风暴:2023 年 11 月 21 日,币安与美国司法部、商品期货交易委员会、外国资产控制办公室以及金融犯罪执法局就其过去有关注册、合规和制裁问题的调查达成了《认罪协议》,但并未包括美国证券交易委员会。该协议包括币安承认其在反洗钱和制裁合规方面的违规行为,并同意支付超过 40 亿美元的罚款,其中包括金融犯罪执法局的 34 亿美元罚款、外国资产控制办公室的 9.68 亿美元罚款、商品期货交易委员会的 2.85 亿美元罚款。此外,币安还同意实施严格的合规监控,并全面退出美国市场。与此同时,币安创始人兼前首席执行官赵长鹏在 2023 年 11 月 21 日达成了《认罪协议》,承认违反了反洗钱法律和其他合规义务,并同意支付 50 万美元的个人罚款。这是币安与美国司法部、商品期货交易委员会、外国资产控制办公室和金融犯罪执法局达成的总计超过 40 亿美元的《认罪协议》的一部分。2024 年 4 月 30 日,赵长鹏被判处 4 个月监禁,判决是由华盛顿西区美国地方法院的理查德·琼斯(Richard Jones)法官作出的。检察官指出,赵长鹏在币安的运营中未能维持有效的反洗钱程序,涉及大规模的违规行为。虽然标准联邦刑期为 12 ~ 18 个月,但法官决定判处较短的刑期,认为赵长鹏未被告知具体的非法活动。赵长鹏本人表示接受判决,并表达了对未能实施有效反洗钱和合规控制的悔意。

5. 对去中心化金融相关活动的执法行动

沙基布·艾哈迈德(Shakeeb Ahmed)闪电贷攻击案件:2023 年 7 月 11 日,美国纽约南区联邦检察官对国际科技公司前安全工程师沙基布·艾哈迈德提出控告,指控其涉嫌于 2022 年 7 月对 Solana 区块链上的去中心化虚拟货币交易所实施闪电贷攻击,并窃取了约 900 万美元的加密货币。其被指控犯有电信诈骗和洗钱罪,每项罪名最高可判处 20 年监禁。根据起诉书,沙基布·艾哈迈德利用智能合约中的漏洞实施了攻击,并通过复杂的交易路径洗钱以掩盖其犯罪行为。沙基布·艾哈迈德于 2023 年 12 月 14 日认罪,并于 2024 年 4 月 12 日被判处 3 年监禁,随后 3 年接受监督释放。他还被要求没收价值 1230 万美元的加密货币,并支付 500 万美元的赔偿金。此案件是全球首起黑客通过攻击去中心化交易所(DEX)智能合约获利后被起诉的刑事案件,表明执法部门正在加强对区块链技术及其应用中的非法活动的追查,确保数字资产领域的法律合规性。这不仅揭示了去中心化金融平台潜在的安全风险,也警示了行业内的开发者和用户需要加强安全防范措施,以应对日益复杂的网络攻击。

Anderson 诉 Uniswap Labs:2023 年 8 月 29 日,美国纽约南区联邦地区法院(United States District Court for the Southern District of New York, S. D. N. Y.)的法官凯瑟琳·波尔克·法伊拉(Katherine Polk Failla)主审并驳回了针对 Uniswap 的集体诉讼。该案中,原告指控 Uniswap Labs 对其去中心化交易平台上进行的欺诈性代币交易负有责任,称他们在平台上购买的代币因缺乏监管而蒙受损失。该裁决确立了法律先例,即美国的开源开发商不应对其创建的去中心化协议的第三方行为承担责任。法官凯瑟琳·波尔克·法伊拉(同时负责美国证券交易委员会诉 Coinbase 案)指出:"这个案件更像是让自动驾驶汽车开发商对车主违反交通规则或抢劫银行的行为承担责任。"这一裁决确认了开发者在开源协议中的有限责任,鼓励了 Web3 和去中心化金融领域的技术创新,同时提醒用户在使用去中心化平台时需自行承担风险。这对 Web3 和去中心化金融生态的发展具有重大影响,并推动了更多的创新和开发活动。

Coin Center 诉美国财政部:2023 年 10 月 30 日,美国法院支持财政部下属的外国资产控制办公室将 Tornado Cash 认定为"实体",Coin Center 败诉。外国资产控制办公室此前起诉 Tornado Cash 的两名前开发者罗曼·斯托姆(Roman Storm)和罗曼·谢苗诺夫(Roman Semenov),指控其经营未经许可的货币转移服务。Coin Center 于 2022 年 10 月首次对美国财政部的这一制裁措施提出反对意见,并提起诉讼,认为制裁非法。然而,法院判决支持外国资产控制办公室的制裁,表明去中心化金融领域仍需遵守反洗钱规定。法院裁定 Tornado Cash 为“实体”,意味着去中心化金融平台的去中心化性质不能免除其遵守反洗钱法规的义务。Coin Center 在诉讼中辩称,Tornado Cash 只是一个软件协议,不应作为一个“实体”受到制裁。但法院认为,Tornado Cash 的运营方式及其对货币转移服务的支持,使其符合“实体”的定义,从而需要遵守相应的法律法规。这次裁决对去中心化金融行业产生了深远影响,明确了即使是去中心化的项目也必须遵守传统的金融监管法律。这一裁决为其他类似项目提供了法律先例,显示出监管机构对加密货币和去中心化金融活动秉持严格监管的立场。

6. 对去中心化自治组织的执法行动

美国商品期货交易委员会诉 Ooki DAO:2022 年 9 月 22 日,美国商品期货交易委员会在加利福尼亚州法院进行联邦民事执法,指控 Ooki DAO 进行以下行为:(i)非法提供杠杆和保证金数字资产零售商品交易;(ii)从事只有注册期货佣金商(FCM)才能进行的活动;(iii)未能按照 FCM 的要求,将客户识别计划(Customer Identification Program,CIP)作为《银行保密法》合规计划的一部分。简言之,美国商品期货交易委员会指控 Ooki DAO 是一个以去中心化和自治方式运作的非法人协会,违反了联邦法律,在没有注册为 FCM 且没有 CIP 的情况下提供杠杆和保证金交易产品。这是美国监管机构直接追查的第一个 DAO。Ooki DAO 的集体成员(Ooki DAO 代币持有者)被美国商品期货交易委员会指控为 DAO 的去中心化管理机构,因此应对平台涉嫌的不当行为负责。这一概念遭到了强烈的行业反对[许多说客团体和知名风险投资者,包括安德里森·霍罗威茨(Andreessen Horowitz)、Paradigm 和豪恩风投(Haun Ventures)向美国商品期货交易委员会提交了请愿书],因为如果之前通过使用代币在 DAO 中投票参与过 Ooki 协议治理的所有成员都将承担法律责任,可能会产生严重影响。作为回应,美国商品期货交易委员会认为 Ooki DAO 符合“非法人协会”的公认定义,并强调“美国商品期货交易委员会没有起诉技术……美国商品期货交易委员会的行动不是针对基于区块链的 Ooki 协议,而是针对 Ooki DAO——一个协会,通过其治理代币持有者的投票,就 Ooki DAO 采取的行动做出集体决策”。美国商品期货交易委员会还澄清,其并未起诉任何个人 Ooki DAO 成员(只列出 Ooki DAO 非法人组织作为被告),且并未要求法院根据对 Ooki DAO 的判决对任何个人 Ooki DAO 成员进行连带责任的判决。美国商品期货交易委员会的澄清在某种程度上解决了业界的担忧,即任何针对 Ooki DAO 的判决(例如要求偿还利润或返还资产)针对的是 Ooki DAO 这个组织,而不会要求

Ooki DAO 的个别成员承担责任。

值得注意的是,这也是美国商品期货交易委员会首次通过在 Ooki DAO 成员讨论论坛和 Ooki DAO 网站的聊天机器人聊天框中张贴美国商品期货交易委员会的诉讼和文件,向被告(Ooki DAO)进行诉讼送达。美国法院最初裁定使用聊天机器人和论坛帖子是向 Ooki DAO 以及其每个成员送达法院文件的适当方式。利益相关方提交了友情陈述书(Amicus Brief),主张去中心化自治组织不像传统的企业实体,只需向中央组织提供通知即可。友情陈述书进一步声称去中心化自治组织代币持有者不必参与 Ooki DAO 的在线论坛。此外,去中心化自治组织是去中心化的,仅在与去中心化自治组织相关的在线论坛发布内容不足以为所有潜在被告提供法律所要求的"实际通知"。最后,友情陈述书认为,如果美国商品期货交易委员会希望追究个人违反美国商品期货交易委员会规定的责任,应该确定违反规定的个人,并进行适当的送达程序。作为回应,美国商品期货交易委员会辩称其送达方法符合适用法律,并产生了"实际通知"的效果,并且不需要向 Ooki DAO 的所有成员进行送达。2023 年 1 月,美国商品期货交易委员会已经就以上送达方式是否构成有效送达向法院申请缺席判决,并且 Ooki DAO 未能在截止日期前作出回应,因此以上送达方式是有效送达。2023 年 6 月 9 日,法院作出缺席判决,认定 Ooki DAO 为"非法人协会",并判处其支付 643,542 美元的民事罚款,永久禁止其进行交易并关闭其网站。这一判决开创了去中心化自治组织作为可诉主体而承担法律责任的先例,并可能对加密世界中的去中心化自治组织、去中心化金融、去中心化虚拟货币交易所等项目产生重大影响。

7. 对 NFT 的监管与执法行动

美国证券交易委员会诉 Impact Theory,LLC:2023 年 8 月 28 日,美国证券交易委员会指控总部位于洛杉矶的媒体和娱乐公司 Impact Theory,LLC 以所谓 NFT 的形式进行未经注册的加密资产证券发行。Impact Theory 通过此次发行从数百名投资者手中筹集了约 3000 万美元。这是美国证券交易委员会首次针对 NFT 项目采取执法行动。美国证券交易委员会的指控集中于 NFT 的市场营销方式以及所得款项的使用方式。归根结底,NFT 是代币的一种,价值取决于其锚定的底层资产的价值,价值来源可以多种多样,NFT 具体的资产价值属性与其底层资产的价值属性挂钩。因此,可根据 NFT 底层资产的属性分为三种情况来处理:其一,底层资产为证券的 NFT,将适用证券相关法律法规进行监管;其二,底层资产为商品的 NFT,将适用商品/虚拟资产相关法律法规进行监管;其三,底层资产若绑定各种权益,则依据个案情况确定权益属性。某个特定代币是否属于证券或收藏品事实上已成为一个与特定事实紧密相关的问题,这使得难以预测法院在各种案件中的裁决结果。此外,美国证券交易委员会内部对 NFT 监管问题的讨论,以及法院在相关案件中的不一致裁决,增加了 NFT 市场的监管不确定性。美国证券交易委员会和法院的判决暗示,有必要仔细审查与 NFT 销售相关的声明。

美国证券交易委员会诉 Stoner Cats 2,LLC(SC2):2023 年 9 月 13 日,美国证券交易委员会指控 Stoner Cats 2,LLC(SC2)发售未经注册的证券,SC2 通过销售动画网剧的 NFT 从投资者手中募集了大约 800 万美金。这次的监管执法行为将波及整个 NFT 行业,因为大多数 NFT 项目的操作路径与 Stoner Cats 基本一致,即大多会有一个路线图(Roadmap)来告知 NFT 投资者未来项目发展规划,以及项目方经验和资源背书。SC2 在公开渠道向投资者进行的市场宣传推广以及作出的承诺,是被认定为“证券”的关键。美国证券交易委员会官员表示:“无论是被包装为河狸、龙猫还是其他动物的 NFT,在《证券法》下根据经济实质,如果构成‘投资合同’,那么这样的 NFT 就会被认定为‘证券’。在这个案子中,Stoner Cats NFTs 通过上述的市场推广活动,让投资者相信在未来能够通过 NFT 的转售获利。”由于 Stoner Cats NFTs 的“证券”认定比 Impact Theory NFTs 更加宽泛,所以这次的监管执法或将波及整个 NFT 行业。最终,SC2 与美国证券交易委员会达成和解:第一,同意支付 100 万美金民事处罚;第二,成立公平基金来补偿受损的投资者;第三,销毁其控制的所有 NFT;第四,在官网及社交媒体发布监管执法命令。

(四)监管困境

美国对于加密货币等金融创新持开放态度,允许市场化交易,给予投资者自由投资的权利。与此同时,监管机构密切关注加密货币的发展趋势,制定适当的法规以确保市场稳定和投资者保护。美国证券交易委员会、美国商品期货交易委员会和金融犯罪执法局等机构通过立法和监管措施,试图在鼓励创新和防范风险之间找到平衡点。市场也非常关注美国未来将如何进一步监管加密货币及相关金融产品。

然而,不可否认的是,美国至今仍未制定关于加密货币及 Web3 的正式和全面的规则,监管环境依然严峻。近年来,美国行政机构层面开展了一系列执法活动,但该“执法监管”的方式未能给行业可持续发展提供明确的框架或指南,而是在一定程度上挫伤了美国加密货币及 Web3 生态的持续发展和繁荣,甚至由于美国政府持续的监管打击,美国境内加密货币行业出现了企业向海外转移的趋势,其中最突出的两个例子是加密货币交易所 Coinbase 和 Gemini,它们宣布将开设离岸分支机构①。

在严峻的监管政策环境的影响下,一些关键的全球 Web3 市场基础设施遭受重创,数字资产体系与美元的耦合度有所下降,这可能意味着数字资产市场在一定程度上正变得更加自主。但也有观点认为,严峻的监管环境并没有阻止合规企业继续探索和创新的步伐,一些企业正在积极探寻符合监管要求的合规路径,比如通过与监管机构合作或调整业务模式来满足合规要求,并持续推动技术的进一步发展和应用。

加密货币作为一种新生事物,需要完善的政策和监管机制,以确保其在安全环境中成长发展,并充分发挥其对美国经济的潜在影响力。当前,加密货币及 Web3 行业仍有很强劲的扩张需求,但美国不明确的监管环境在一定程度上可能会迫使部分加密企业转而开拓美国以外的市场空间和增长机会。因此,有效平衡监管合规、消费者保护与技术创新之间的关系也是当务之急,随着行业与监管的互动,美国或将在未来建立适当、明确的监管规则和指导方针以进一步推动实现加密货币和 Web3 的健康、可持续发展。

第二节　欧　盟

一、欧盟加密货币及 Web3 生态发展沿革

欧盟作为全球最大的经济体之一,其加密货币监管政策之于全球具有重要的示范和引导作用。研究欧盟加密货币监管政策的历史沿革和未来趋势,有助于深入了解其在这一领域的立法理念和实践路径。这不仅为分析全球不同国家(地区)的监管模式和效果提供了框架,也为探索未来加密货币监管策略提供了参考。欧盟的政策示范作用对于全球加密货币市场的健康发展具有重要意义,因此深入研究这一领域既具有重要的理论价值,也具有实践意义。

(一)欧盟的加密货币管制框架雏形(2014 年)

早在 2012 年,欧洲央行就发布了一份关于加密货币的报告——《虚拟货币方案》(Virtual Currency Schemes),旨在探索并定义加密货币的特性。该报告澄

① See Finance Magnates, *Why Crypto Is Going Offshore in* 2023, Finance Magnates (Aug. 17, 2023), https://www.financemagnates.com/thought-leadership/why-crypto-is-going-offshore-in-2023/.

清何为加密货币,即"一种不由中央当局或公共机构发行或支持的数字代币,其价值取决于市场供求,可以通过特定的网络协议进行点对点交易"。这是欧盟对于加密货币的第一次正式讨论和评估,为后续的监管政策奠定了基础。

(二)恐怖主义与超主权货币的挑战(2015~2019年)

1.欧盟《第五号反洗钱指令》

2015年11月13日晚,巴黎市中心和北郊的七个地点遭到了一系列的恐怖袭击,这是法国自"二战"以来最严重的暴力事件,也是欧洲自2004年马德里列车爆炸案以来最惨烈的恐怖袭击。极端组织"伊斯兰国"(IS)迅速进入公众视线,成了全球媒体深挖的焦点。一系列反恐行动接踵而来,为有效打击恐怖行动,除武力之外,反恐融资首当其冲。2015年12月17日,安理会通过2253号决议,旨在加强国际社会对恐怖组织经济来源的打击力度,包括采取措施切断"伊斯兰国"经济来源和筹资渠道。尽管采取了制裁措施,布鲁塞尔于2016年3月22日仍发生了类似的恐怖袭击事件。这两次灾难也暴露了欧盟《第四号反洗钱指令》的监管漏洞,尤其是其忽略了加密货币等新兴融资渠道的风险。[①]

为加强对洗钱与恐怖主义融资的打击,欧盟委员会于2016年提出了制定《第五号反洗钱指令》在内的一系列立法建议。2018年5月,《第五号反洗钱指令》由欧洲议会和理事会通过,并于2020年1月生效,旨在提高金融交易的透明度,以打击洗钱和恐怖主义融资。《第五号反洗钱指令》在多个方面增强和改进了《第四号反洗钱指令》,包括扩大了对加密货币交易活动的监管范围。《第五号反洗钱指令》的主要内容之一为:虚拟货币交易平台和托管钱包提供商将被视为"有义务的实体",受欧盟法规的约束。这意味着其将面临与银行、其他金融机构相同的监管要求,例如,实施客户尽职调查、定期监控虚拟货币交易、向主管当局报告可疑活动等。此外,《第五号反洗钱指令》还引入了其他重要措施,比如增加对匿名支付工具的限制,扩大对金融情报单位的信息获取权,以及提高对高风险第三国的尽职调查要求等。

然而,由于《第五号反洗钱指令》属于欧盟法次级法律中的"指令"类型,不具有直接适用性,而是需要各成员国修改或纳入国内法以保障实施。这种方法旨在为成员国提供一定的灵活性,以便各国能够综合考虑各自不同的法律和行政体系。因此,《第五号反洗钱指令》虽然将加密货币服务提供商纳入监管范

---

① 参见TaxDAO:《欧盟加密监管即将迈入统一时代:历史回顾与未来展望》,载Bi123 2023年9月14日,https://www.bi123.co/article/3741/?classifyId=0。

围,但并未建立统一协调的法律框架,因此欧盟各国对加密货币的定义、分类、监管也各有不同。这种差异可能会影响跨境监管合作,因为每个国家可能采用不同的方式来执行反洗钱规定。《第五号反洗钱指令》试图通过解决当代挑战,如加密货币,来提高金融交易的透明度,强化欧盟抵御金融和经济犯罪的能力。

2. Diem 带来的挑战

Diem(原 Libra)稳定币是由 Meta(原 Facebook)于 2019 年 6 月提出的一个全球支付项目,与一般的加密货币不同,Diem 依托于 Meta 全球超 20 亿用户,旨在创建一种全球性数字货币,最初计划与一篮子法定货币挂钩,以确保稳定性。Diem 具有超主权货币的性质,对货币主权与金融稳定带来了不小的挑战。加之 Diem 的发行地在瑞士日内瓦,对欧盟未来的金融稳定性、货币主权与民众权益均可能产生重大影响,其提出伊始就受到欧盟专家和机构的警示。

基于《第五号反洗钱指令》的监管框架无法有效应对 Diem 这类"超主权货币",原有关于加密货币的宽泛定义也为跨境监管带来了困难。因此,需要对加密货币有一个更精确、统一的定义,并基于此建立一个更为具体和全面的监管框架。

(三)《加密资产市场监管法案》的加密监管框架及欧盟的 Web 4.0 战略(2020 年至今)

在跨境监管压力与 Diem 的直接刺激下,2020 年欧盟委员会提出《加密资产市场监管法案》(The Markets in Crypto Assets Regulation,MiCA)。2023 年 4 月 20 日,欧盟议会投票通过了 MiCA 法案,其中 517 票赞成,38 票反对。这是历史上首次在欧盟范围内以及全世界范围内建立数字资产综合监管的尝试,其是数字资产立法发展的重要里程碑。

同时,于 2020 年建设的欧洲区块链基础服务设施(The European Blockchain Services Infrastructure,EBSI)旗舰项目,旨在利用区块链技术为欧洲公民提供更安全、更便捷的公共服务。通过欧洲区块链基础服务设施和相关的数字钱包,以及欧洲自主身份框架(European Self-Sovereign Identity Framework,ESSIF),欧洲区块链基础服务设施为欧盟 Web3 发展和应用提供了关键的技术支持。这些工具和框架共同推动了区块链技术在确保数据隐私、加强身份验证和促进数字经济等方面的应用,为欧洲公民和机构带来实质性益处,并为欧盟的数字未来奠定了基础。

2023 年 7 月 11 日,欧盟委员会通过了名为《Web 4.0 和虚拟世界的倡议:在下一次技术转型中领先》(An EU initiative on Web 4.0 and virtual worlds: a head start in the next technological transition)的新战略。作为全球市场的重要组

成部分,欧盟希望通过落实该战略,抓住互联网技术发展的下一个风口,从而提高欧盟的国际话语权与全球竞争力。①

在该倡议中,欧盟委员会将 Web 4.0 定义为一种利用人工智能、环境智能、物联网、区块链、扩展现实(Extended Reality,XR)等前沿技术,使虚拟世界与现实世界能够完全融合并交互,从而创造出身临其境的体验,最终无缝链接虚拟世界与现实世界的方式。欧盟预计,到 2030 年,全球虚拟世界的市场规模将从 2022 年的 270 亿欧元增长至超过 8000 亿欧元。

欧盟委员会在该倡议中表示,互联网正以极为迅猛的速度发展,除当前正持续取得进展的 Web 3.0(主要特点是开放、去中心化和赋予用户权利)之外,Web 4.0 将允许数字世界和真实物体、环境整合,并增强人机交互。正因如此,Web 4.0 将会带来无缝互联、智能和沉浸式世界的主要技术转型。

同时,在该倡议中,欧盟提出了发展 Web 4.0 和虚拟世界的四个基本要点。前三个要点与《欧洲数字十年:2030 年数字目标》(Europe's Digital Decade: digital targets for 2030)一致,包括建立专家库、产业生态系统鼓励创新,以及投资虚拟公共服务。

具体要点如下:

(1)赋予公众权利并加强技能,以提高认知、获取值得信赖的信息,建立虚拟世界专家人才库。到 2023 年年底,委员会将推广虚拟世界的指导原则,并将在 2024 年第一季度开发出供普通公众使用的"公民工具箱"(Citizen Toolbox)。由于虚拟世界的专家是必不可少的,委员会将与成员国一起建立人才渠道,并将通过由数字欧洲计划(Digital Europe Programme)资助的项目和创意欧洲计划(Creative Europe Programme),为数字内容创作者提供提升技能的支持。

(2)支持欧洲 Web 4.0 工业生态系统走向卓越,并解决碎片化问题。目前,欧盟没有一套生态系统能将虚拟世界和 Web 4.0 不同价值链的用户汇聚在一起。委员会已经提出了欧洲科研计划"地平线欧洲"(Horizon Europe)下的虚拟世界候选项目,这些项目或将在 2025 年启动,以推动研究,并为虚拟世界开发工业和技术路线图。为促进创新,委员会还将支持欧盟的创作者和媒体公司测试新的创作工具,将开发者和工业用户汇集在一起,并与成员国一起开发 Web 4.0 和虚拟世界的监管沙盒(Regulatory Sandbox)。

(3)支持社会进步和虚拟公共服务。例如,委员会正在启动两个新的公共

① 参见澎湃新闻:《解读欧盟 Web4.0 倡议:强调虚拟与现实世界融合,提高数字话语权》,载澎湃新闻 2023 年 7 月 17 日,https://www.thepaper.cn/newsDetail_forward_23878776。

旗舰项目:CitiVerse,可以用于城市规划和管理的虚拟城市环境;欧洲虚拟人体孪生(European Virtual Human Twin),在超级计算机的帮助下以数字方式复制人体,并为医疗保健研究人员提供访问权限,为临床决策支持系统、个人健康预测工具和个性化医疗提供信息。

(4)塑造开放协同的虚拟世界、Web 4.0 全球标准,以确保它们不会被少数大型玩家所主导。委员会将与全球各地的互联网治理利益相关者共同制定符合欧盟愿景和价值观的 Web 4.0 标准。

关于新的 Web 4.0 概念的引入,欧盟内部市场专员蒂埃里·布雷顿(Thierry Breton)表示:“欧洲正在努力成为 Web 4.0 和虚拟世界的全球领导者。欧洲拥有引领下一次技术转型所需的条件——创新型初创企业、丰富的创意内容和工业应用、作为全球标准制定者的强大影响力,以及有利于创新和可预测的法律框架。”

欧盟在加密资产、Web 3.0 及 Web 4.0 生态发展方面,取得了显著的进展和成就。其展现出来的开放与积极、平衡与灵活、统一与协调等战略特征,为其他国家或地区提供了有益的参考和启示。

二、欧盟关于加密资产的立法演变

在欧盟层面,有许多指令和法规为电子货币、支付、反洗钱和金融工具设置了共同的框架。但在 2018 年之前,加密资产实际上都没有出现在任何欧盟层面的立法当中。2018 年,欧盟通过了《第五号反洗钱指令》,这是第一次在欧盟层面将加密资产,尤其是支付型代币以及加密资产服务提供商(Crypto-Asset Service Providers,CASPs)纳入反洗钱规制范围内。出于反洗钱目的,欧盟成员国被授权负责服务提供商的许可程序。

2019 年欧洲银行业管理局的报告评估欧盟有关加密资产的法律框架的适用性。该报告为支付型代币、证券型代币和实用型代币的加密资产的基本分类奠定了基础。分析得出的结论是,加密资产通常不属于现有的欧盟金融服务法规的监管范围。只有在有限的情况下,加密资产才有资格成为电子货币。提供托管钱包和交易平台不属于受监管的活动。因此,相关的交易风险将出现在消费者保护、运营弹性和市场诚信方面。此外,由于欧盟成员国立法和监管活动的激增,欧盟的公平竞争环境将面临风险。

2019 年欧洲证券及市场管理局(European Securities and Markets Authority,ESMA)的报告分析了金融工具市场指令(Markets in Financial Instruments Directive,MiFID)对于金融工具的适用性。金融工具市场指令主要关注金融市

场的运作和透明度，以及金融工具的交易和分销，旨在提高欧盟金融市场的效率和竞争力，同时加强投资者保护。欧洲证券及市场管理局表示，现有规则确实适用于被认定为金融工具的加密资产。但由于金融工具市场指令的性质属于欧盟指令而不是欧盟法规，因此加密资产作为金融工具的实际分类取决于各成员国的相关主管部门对于欧盟指令的执行情况。调查显示，各个国家对于加密资产作为金融工具的分类并不统一。

随着加密资产市场的快速发展以及与之相关的风险日益显现，欧盟认识到了制定更为全面、统一的加密资产市场监管规则的紧迫性和重要性。这进一步推动了《加密资产市场监管法案》的提出和最终通过。《加密资产市场监管法案》是一项重要的欧盟立法，旨在为加密资产市场提供统一的监管框架，其立法历程标志着欧盟在加密资产监管方面的重大突破。

MiCA 的立法过程始于 2020 年 9 月欧盟委员会的提案，旨在为整个欧盟范围内的加密资产建立全面的监管框架。这是欧盟更广泛的数字金融战略的一部分，目的是在确保金融稳定和保护投资者的前提下，持续推动创新。MiCA 填补了现有金融服务立法未涵盖的加密资产的监管空白，为加密资产服务提供商和代币发行人设定了规则，以增强市场诚信和消费者保护。MiCA 立法过程的重要里程碑包括 2021 年 2 月欧洲议会（European Parliament）经济和货币事务委员会（Economic Monetary Affairs Committee，ECON）提交草案报告，随后进行了讨论和修订，重点是澄清加密资产的范围和定义，包括对实用型代币的处理及加密资产服务提供商在 MiCA 监管框架中的责任和义务。2022 年 4 月开始的跨机构谈判（三方会谈）在 2022 年 6 月达成了临时协议，强调了加密资产的安全措施。2023 年 4 月 20 日，欧洲议会以 517 票赞成，38 票反对的结果通过了 MiCA，随后于 5 月 16 日由理事会采纳。最终该法案于 2023 年 5 月 31 日签署，并在 6 月 9 日公布于官方公报中，正式成为欧盟法律框架的一部分。

MiCA 为加密资产服务提供商和代币发行人设定了义务，包括保持足够的资产储备以覆盖对代币持有人的负债、确保代币的可赎回性、实施利益冲突管理措施和防止市场滥用。它还明确了欧洲银行业管理局和欧洲证券及市场管理局对重要加密资产的监管职责。该法规旨在通过为整个欧盟的加密资产市场提供清晰、统一的监管环境，促进创新，确保金融稳定，并保护投资者。

（一）监管的主体和范围

MiCA 并没有遵循欧洲银行管理局在 2019 年的报告中已经记录的加密资

产的既定分类,即支付型代币、证券型代币和实用型代币。相反,该法案将加密资产分为三类,以统一欧盟各国监管体系。其包括电子货币代币(E-Money Tokens,EMTs)、资产参考代币(Asset-Referenced Tokens,ARTs)与除资产参考代币或电子货币代币以外的加密资产(Crypto-Assets other than Asset-Referenced Tokens or E-Money Tokens)(详见表 3 – 1)。

资产参考代币:是通过参照一种或多种法定货币、商品、加密资产或这些资产的组合来保持其价值稳定的加密资产。Diem 等稳定币就属于这一类,需要遵守更严格的监管要求,如白皮书审批、储备金管理、流动性保证以及透明的信息披露等。

电子货币代币:是指与单一法定货币挂钩的加密资产,其目的是作为现金的电子替代品,可以用于支付或转账。例如,与欧元挂钩的电子货币代币就属于这一类。

除资产参考代币或电子货币代币以外的加密资产:是指不属于前两类的其他加密资产,包括了大部分加密货币与实用型代币等。比特币、以太币等就属于这一类。

表 3 – 1　不同资产类别的发行人要求及举例

资产类别	发行人要求	举例
资产参考代币(Asset-Referenced Tokens,ARTs)	公开发行和交易 ART 需遵守更为严格的要求(第 III 章,第 16 ~ 47 条)。除与加密资产白皮书相关的要求外,向公众提供 ART 发行或寻求 ART 交易准入的公司需要申请授权(第 16 条),并满足适当性和合适性要求(第 21 条)。发行 ART 的符合《资本要求法规》(CRR)的信贷机构将被免除授权要求,并必须在首次发行 ART 前至少 90 个工作日通知主管当局(第 17 条)。ART 发行人需遵守自有资本要求(第 35 条),并有义务符合特定要求且管理得当的资产储备(第 36 条)。储备资产必须按照托管政策进行保管(第 37 条)。发行人还应制订恢复计划,以应对可能严重干扰运营的事件,并应对储备资产的相关要求无法满足时采取措施(第 46 条)。此外,发行人必须维护一套操作性的资产赎回计划,以支持每个 ART 的有序赎回(第 47 条)。恢复计划和赎回计划都必须通报给主管当局。如果 ART 被归类为重要资产,发行人将受到欧洲银行管理局(EBA)的监管,并必须遵守特定的流动性要求(第 43 条)	价值可以锚定到一个或多个法定货币、实物资产、加密货币,或这三者的混合,如 PAX Gold、DIAM 或者 Facebook(现更名为 Meta)不幸夭折的 Libra(现更名为 Diem)

续表

资产类别	发行人要求	举例
电子货币代币(E-Money Tokens,EMTs)	EMT的公开发行、EMT的交易准入以及EMT发行人的要求都载明在MiCA的第Ⅳ章(第48~58条)。与ART不同,希望发行和提供EMT的公司必须根据《资本要求法规》(CRR)成为信用机构或根据《电子货币指令》(EMD)成为电子货币机构[第48(1)条]。在这方面,MiCA没有预见到成为授权主体的可能性。EMT的发行和可兑换性需符合MiCA而非EMD的要求(第49条)。 MiCA对于与EMT相关的利息支付没有严格禁止(第50条)。在加密资产白皮书中提供的信息如果不完整、不公正、不清晰具有误导性,可能会引起发行人及其管理层的责任(第52条)。与ART和其他加密资产的情况一样,向公众提供和交易准入要求公司通报加密资产白皮书,且通知需满足主管当局的详细内容和形式要求(第51条)。EMT的发行人被要求将至少30%的收到的资金存放在信用机构的独立账户中,并将剩余资金投资于作为高流动性金融工具的安全、低风险资产中(第54条)。与ART发行人的情况一样,EMT发行人也需要制订恢复和赎回计划,并将此类计划通知主管当局(第55条)	由美元等单一法定货币支持的稳定币,如USDT、USDC
除资产参考代币或电子货币代币以外的加密资产(Crypto-Assets other than Asset-Referenced Tokens or E-Money Tokens)	公开发行和/或交易准入此类资产须符合起草、通报和发布加密资产白皮书的要求(第4条)。加密资产白皮书的内容和形式需符合MiCA下的详细要求(第6条)。MiCA引入了对加密资产白皮书中信息的责任概念(第15条),且加密资产白皮书和市场营销必须通报给主管当局(第8条)。实用型/功能型代币(Utility Token)和小规模发行可以获得豁免	比特币、以太币
非同质化代币(NFT)	所有独特且不可替代的NFT将不在MiCA的适用范围内。相比之下,是否将可分割且可交换的NFT纳入MiCA的适用范围需要根据具体情况进行评估	
证券型代币(Security Tokens)	不受MiCA的规制,但是受到证券监管法律的规制	

然而,MiCA并未直接覆盖DeFi、NFT,以及符合其他受监管工具条件的加密资产,如证券型代币。值得注意的是,如果NFT以系列或集合的形式发行,可能被认为实际上不是“非同质化”的,而是可互换的,这意味着其发行和与此

相关的服务(例如NFT市场)可能会受到MiCA的监管。[①] 但大多数独特且不可互换的NFT通常不受MiCA的直接监管。此外,央行数字货币也不在MiCA的监管范围内。

(二)发行人应遵守的义务

加密资产发行人(Crypto-Assets Issuers)必须起草一份详细的白皮书(实用型代币和小规模加密代币除外),提供与项目相关的关键信息,包括该项目的发行人、所涉及的风险、所使用的技术、代币的经济模型设计,以及代币共识机制对环境的影响等。

加密资产发行人需要在其白皮书发布至少20天前,通知其各自的国家主管机构。MiCA不要求相关国家主管机构明确批准,但其可以在必要时禁止该加密资产的发行。此外,MiCA规定了发行人的行为标准,包括诚实、公平、专业、披露利益冲突,以及确保营销信息明确可识别。同时,MiCA还赋予了参与代币发售的零售持有者在14日内无需支付费用撤回购买的权利。[②]

MiCA还确立了关于转账资金监管的法规,即"旅行规则"(Travel Rules)。从2026年1月开始,要求加密公司在与加密资产交易相关的资金转移中,获取、持有和传输发起人和受益人的信息。这将确保加密资产交易所的金融透明度,为欧盟提供一个符合反洗钱金融行动特别工作组标准的框架,有助于防止加密资产被用于犯罪。即便是小额交易,也不应受到豁免。MiCA的目标是建立一个公共登记册,记录可能涉及洗钱、恐怖主义融资和其他犯罪活动的高风险加密资产企业和服务,包括不合规服务提供商的非详尽名单。在向受益人提供加密资产之前,提供商必须验证用于购买加密资产的资产来源的合法性,确保这些资金没有涉及洗钱或者恐怖主义融资的风险。

(三)加密资产服务

MiCA的核心概念是引入一个统一的审慎和业务行为框架,适用于加密资产服务提供商(第V章,第59至85条)。加密资产服务提供商在第3条第1款第15号中被定义为法人或其他企业,其职业或业务是基于专业基础向客户提供一种或多种加密资产服务。

MiCA规定了以下类型的加密资产服务:

① 参见Patrick Hansen:《欧盟推出的加密行业MiCA监管框架全解析》,载Blockbeats 2023年5月17日,https://www.theblockbeats.info/news/37052。

② 参见Patrick Hansen:《欧盟推出的加密行业MiCA监管框架全解析》,载Blockbeats 2023年5月17日,https://www.theblockbeats.info/news/37052。

1. 运营加密资产交易平台。管理一个或多个多边系统，这些系统按照规则，在系统中汇集或促进汇集多个第三方的购买和销售加密资产，其目的是促成各方达成合意，无论是通过加密资产与资金的交换，还是通过加密资产与其他加密资产的交换[第3(1)条第18号]。虽然定义没有明确说明是否必须按照非自由裁量的规则匹配多个第三方购买和销售加密资产（如金融工具市场指令下的多边交易设施所要求的），但MiCA的第76(1)(e)条规定，运营商必须设定非自由裁量的规则以确保公平和有序地交易，并制定订单高效执行的客观标准。

2. 代表客户提供加密资产的保管和管理。为客户保管或控制加密资产，或者控制访问这些加密资产的手段，可以以私人加密密钥的形式[第3(1)条第17号]。加密资产的保管包括保管或控制加密资产。这通常涉及存储用于"访问"和将加密资产转移给第三方所需的加密密钥。加密资产的管理也涉及行使附着于加密资产上的其他权利。

3. 加密资产与资金或其他加密资产的交换。使用自有资本与客户就加密资产的购买或销售合同进行交换，无论是用资金还是其他加密资产[第3(1)条第19、20号]。这种加密资产服务在结构上类似于金融工具市场指令Ⅱ下的自营交易，涉及使用公司的自有资本进行交易。加密资产的交换具有服务元素（公司从事此类活动是为了服务其客户，而不是为了自营业务）。

4. 代表客户执行加密资产订单。代表客户达成购买或销售一个或多个加密资产的协议，或代表客户认购一个或多个加密资产，包括在加密资产公开发行或准入交易时签订销售合同[第3(1)条第21号]。代表客户执行加密资产订单要求公司代表客户的最佳利益行事，并采取一切必要措施为客户获得最佳的执行结果。

5. 代表客户接收和传输加密资产订单。从某人处接收购买或出售一个或多个加密资产的订单，并将该订单传输给第三方执行[第3(1)条第23号]。在接收和传输加密资产订单时，公司仅作为传递者，并不介入交易本身（即不成为交易基础合约的一方）。

6. 提供关于加密资产的建议。向客户提供、给予或同意给予关于一个或多个与加密资产相关的交易或使用加密资产服务的个性化推荐，无论是应客户的请求还是加密资产服务提供商主动而为[第3(1)条第24号]。向客户提供个性化推荐涉及与客户的沟通，考虑到客户的个人情况，如其投资目标和/或风险偏好，应当将特定的投资决策与个人情况匹配。

7. 放置加密资产。代表发行人或与发行人相关的一方，在发行人或相关方的账户下向购买者推销加密资产[第3(1)条第22号]。与金融工具市场指令Ⅱ内的放置业务(无牢固承诺基础的放置)不同,MiCA 中的加密资产放置已被定义为纯粹的市场营销服务,该服务是代表发行人和/或为发行人的账户执行的。加密资产的放置是向加密资产的发行人提供的服务。如果它们符合相关标准,公司与购买者的互动可以被视为其他加密资产服务。

8. 提供加密资产的投资组合管理。根据客户的授权,按照客户的自由裁量管理包含一个或多个加密资产的投资组合[第3(1)条第25号]。MiCA 下加密资产投资组合管理的定义非常广泛,涵盖了客户投资组合,包括一个或多个加密资产的情况。这意味着,一旦资产管理人代表客户根据 MiCA 的定义购买加密资产(符合其中投资指引的要求),就被认为提供了加密资产服务。

9. 代表客户提供加密资产转移服务。代表自然人或法人提供从一个分布式账本地址或账户到另一个分布式账本地址或账户的加密资产转移服务[第3(1)条第26号]。这项服务在金融工具市场指令Ⅱ下没有对应的服务类别,涉及从一个账本地址或账户到另一个账本地址或账户的加密资产转移。这项服务是在加密资产交易结算的背景下产生的。

(四)对于加密资产服务提供商的牌照和欧盟护照

提供加密资产服务需要获得牌照(第59条)。申请 MiCA 下牌照的加密资产服务提供商必须满足适当性和治理要求[第63(10)条],包括审慎要求,例如根据所提供的加密资产服务类型,最低资本要求从50,000欧元到150,000欧元不等[第67(1)(a)条和附录Ⅳ]。此外,加密资产服务提供商还需要设置等同于前一年固定开销四分之一的审慎保障(如果该金额高于永久最低资本)[第67(1)(b)条]。治理要求包括适用于管理机构成员的适当性要求[第68(1)条],以及建立有效的系统、程序和安排,以便发现和防止洗钱及恐怖融资[第68(8)条]。

CRR 信用机构(CRR Credit Institutions)、中央证券存管所(Central Securities Depositories,CSDs)、MiFID 投资公司(MiFID Investment Firms)、电子货币机构(Electronic Money Institutions)和 UCITS 管理人(UCITS Managers)可以提供某些加密资产服务,前提是他们至少在首次提供这些服务前40个工作日通知主管当局[第60(1)~(5)条]。

加密资产服务提供商可以在整个欧洲经济区(EEA)提供加密资产服务,无论是通过设立权,包括通过分支机构,还是通过提供服务自由(跨境基础)。为在其他成员国提供加密资产服务,公司必须按照 MiCA 的第65条通知其所在成员国的主管当局。

（五）所有权控制程序

拟议加密资产服务提供商的收购将受到所有权控制流程的约束，该流程将涉及评估拟议收购者的声誉、财务健康状况，以及此类收购对目标公司遵守监管要求能力的潜在影响（第 83 ~84 条）。

（六）对 MiCA 的评价

随着 MiCA 立法的生效，这对已经受到监管的金融机构以及有兴趣在整个欧盟提供加密资产相关服务的服务提供商非常有利。因为这些加密资产服务提供商不需要在每个国家都获得单独的牌照，他们只需在任一欧盟成员国获得授权就可以在整个欧盟范围内提供相关服务。此外，对于已经受到监管的服务提供商而言，新的法规简化了授权程序，使得这些国家的服务提供商能够获得新的牌照。MiCA 可能为全球加密货币监管设立一个标准。考虑到加密货币的全球性质，像 MiCA 这样的协调化规则有助于减少 Web3 公司在国际运营时面临的监管碎片化。这可能鼓励其他国家监管机构考虑采用类似的框架，以避免在全球市场中对国内公司不利。

新法规还将帮助投资者避免欺诈计划，并保护他们免受投资加密货币的风险。如果加密资产服务提供商导致投资者加密货币丢失或被盗，他们将承担责任，并且严格遵守保护投资者加密资产的监管要求。此外，与交易或者服务相关的任何类型的市场滥用行为，尤其是内幕交易和市场操纵，也涵盖在该监管框架内。此外，加密资产行业从业者必须确保相关技术是环保的，符合欧盟绿色协议，且有义务披露其环境和气候足迹。①

尽管 MiCA 代表了欧盟加密货币监管领域的重大进展，但它也存在一些可能影响其效果和接受度的缺点，业界和学界有一些批评声音。第一，MiCA 的复杂性和高昂的合规成本。MiCA 引入了一个详细且颇为复杂的监管框架，这对于小公司和初创企业来说将是一个负担。满足 MiCA 要求的合规成本会对新进入者造成过重的负担，从而潜在地抑制创新并实质上限制欧洲加密市场的竞争。

第二，加密市场的重要参与者指出 MiCA 可能导致过度监管。MiCA 通过试图覆盖广泛的加密资产和活动，限制对于快速发展的加密行业非常重要的灵活性和适应性。这种僵化会阻碍行业创新和影响适应新技术的能力，进而将欧洲市场与全球加密行业分割开来。如果相比其他司法管辖区，MiCA 过于严格，

---

① See Fabian Teichmann & Sonia Ruxandra Boticiu & Bruno S. Sergi, *The EU MiCA Directive-Chances and Risks from a Compliance Perspective*, Journal of Money Laundering Control, Vol. 27:2, p. 275 - 283 (2023).

可能导致 Web3 公司迁移到对产业更加友好的地区,影响欧盟作为区块链技术竞争中心的地位。

第三,一些批评者则指出 MiCA 事实上存在监管空白,MiCA 无法充分覆盖所有类型的加密资产或全面解决新兴趋势所带来的问题。虽然 MiCA 声明其主要的目标之一是防止市场操纵,也借此向市场表明了监管机构的行动方向,但事实上大部分操纵行为发生在欧盟之外。此外,值得注意的是,去中心化金融和央行数字货币被明显排除在外。尽管去中心化金融未被包括在内可能被视为一种积极现象,但绝大多数链上交易和活动都属于去中心化金融。随着新类型的资产和技术(如去中心化金融平台和非同质化代币)的不断发展,它们的确在超越 MiCA 设定的监管框架,导致监管上存在空白。

第四,在所有欧盟成员国有效执行 MiCA 可能是一个挑战。确保所有国家统一采用和执行规定需要大量的协调和资源,这在实践中难以实现。欧盟法规中还有一个核心问题,即欧盟法院系统的碎片化特性使未来某一法院的个案裁决很难在欧盟发挥有意义的影响。这与美国的法院系统形成了鲜明对比,美国的法院系统传统上(尽管在 Web3 方面并非如此)是统一且稳固的法律裁决基础。欧盟内部一系列碎片化的裁决使得欧盟成员很难有效执行 MiCA。

第五,对小投资者的影响。虽然 MiCA 旨在保护消费者,但其严格的合规要求可能会限制个人投资者对加密资产的获取。高昂的合规成本可能导致消费者费用的增加,并减少可用的创新产品。

第六,尽管每一个金融科技的监管者都知道,在促进创新与保护消费者、稳定市场之间需要精细平衡。但 MiCA 还是在某些方面以牺牲支持技术进步和加密空间的创业企业为代价过于强调风险监管。甚至有放弃“技术中立”监管原则的倾向。举例来说,这表现在以下三个方面:(1)“旅行规则”前所未有地强化了对金融交易和在线活动的监控和记录,它强制服务提供商识别每笔交易的接收者和发送者。这显著提高了整个行业的运营成本,但反对者指出在信息传递过程中相关方可能难以保护个人隐私,收集个人身份数据也不一定有助于打击洗钱活动。(2)MiCA 要求平台提供收款方和汇款方的银行账号信息,而交易金额超过 1000 欧元的匿名交易,尤其是涉及非托管钱包的交易,交易平台则必须向监管机构上报。与美国银行的传统报告门槛 1 万美元相比,1000 欧元(约等于 1080 美元)的极低报告门槛毫无疑问是极其严苛的。鉴于绝大多数的金融不当行为是由大型银行和机构通过洗钱和其他欺诈活动进行的,让普通人受到这种奥威尔式的严密审查确实令人无法接受。(3)MiCA 要求在发行代币或提供流动性之前需要政府的正式批准。这将极大地限制在欧盟内合法合规

Web3 项目的发展势头。MiCA 制定此项规则的假设是等待审批队伍会很短，而且政府的审批流程效率颇高。但历史一再证明在涉及新技术的领域政府通常效率低下，反应迟钝。

虽然 MiCA 代表了建立加密资产监管环境的重要一步，但它必须有效地应对这些挑战，以确保 MiCA 支持欧盟形成一个健康、创新和有竞争力的加密市场。有观点认为基于全新分类法的 MiCA 法案是基于对 Diem（原 Libra）项目的政治恐惧，主要目的就是阻止稳定币的推出，同时还会忽略像比特币这样的没有可识别发行者的加密资产。这也反映了不同利益相关方对 MiCA 法案的不同立场和担忧。

总体来说，MiCA 旨在提供一个清晰的框架来监管加密资产市场，但实际操作中的确可能存在一些不明确之处，这需要进一步的指导、实践来澄清和明确。另外，欧盟的各项法规应该尽量避免监管重叠，以防范监管套利，并减轻加密企业的合规负担。但目前在加密货币这一领域，MiCA 规范的内容仍然与反洗钱指令（Anti-Money Laundering Directive, AMLD）、可持续金融信息披露条例（Sustainable Finance Disclosure Regulation, SFDR）等规范存在监管重叠和交叉。此外，老牌金融机构可能比新进入者、中小企业或者初创企业更容易满足 MiCA 的合规要求，后者可能无法获得满足综合性金融机构要求所需的专业知识和资金。这意味着新法规可能会增加市场参与者的总体合规成本。[①]

MiCA 在获得通过后有了明确的实施路线图。以下是一个简明的时间表：MiCA 已经在 2023 年 6 月 9 日正式生效。2024 年 6 月，欧洲证券及市场管理局与欧洲银行管理局合作，预计已准备好 MiCA 的《委托法规》，旨在进一步明确 MiCA 的相关细节，确保 MiCA 在各个成员国之间实施的一致性和有效性。在同一时间，MiCA 法规的第三和第四部分，涉及资产参考代币和电子货币代币的规制（规制稳定币的部分）将开始实施。到 2024 年 12 月，MiCA 的其余规则进入全面实施阶段。因此，到 2024 年年底，MiCA 规定的所有组成部分都将开始规范欧盟内的加密业务运作。

MiCA 是一项覆盖欧盟范围的法规，这意味着它将在预定的期限内在整个欧盟范围内生效。每个司法管辖区必须将欧盟范围内的监管转化为当地法律，选择由哪个监管机构来监管加密货币，并准备授权代币发行者和其他服务提供商。截至 2024 年 6 月，已有 20 个国家做出了回应。这些国家正处于不同的准

---

① 参见 Patrick Hansen:《欧盟推出的加密行业 MiCA 监管框架全解析》，载 Blockbeats 2023 年 5 月 17 日，https://www.theblockbeats.info/news/37052。

备阶段。至少有 10 个国家正在敲定或已经敲定了当地立法。其他一些国家还没有取得实质性进展。奥地利、爱沙尼亚、丹麦和克罗地亚等国家的议会仍需要批准国家立法草案以与 MiCA 保持一致。爱尔兰、斯洛文尼亚、波兰和立陶宛等其他国家也已就立法草案进行了公开磋商。比利时、保加利亚、希腊、马耳他、罗马尼亚、斯洛伐克和瑞典的监管机构尚未做出回应。与此同时,欧盟的政策制定者已经在考虑对 MiCA 进行修订,这可能会扩大其范围并收紧某些规则。此外,欧洲证券及市场管理局继续推动成员国和市场参与者为 MiCA 的全面实施做准备,并鼓励在过渡期内采取协调一致的行动。

尽管关于 MiCA 还有诸多问题与监管空白之处,但是其已经在加密货币监管领域进行了有益的尝试,且提供了有效的范本。其在一定程度上增加了法律的确定性,保护投资者免受加密货币损失的风险,明确了加密资产发行人和加密资产服务提供商应承担的义务,这有助于规范加密货币市场,提高整个行业的透明度和安全性。至于其后续发展如何,有赖于实践的检验以及欧盟后续相关规范的完善。

第三节　英　　国

一、英国加密货币及 Web3 生态发展

随着全球数字经济的迅猛发展,加密货币和 Web3 技术在各国的应用和探索不断深入。作为全球金融中心之一,英国在这一领域表现尤为突出,其积极推动相关技术的发展和应用。当前,英国的加密货币和 Web3 生态系统蓬勃发展,涵盖了从初创企业到大型金融机构的广泛参与。伦敦作为全球金融科技创新的核心城市,吸引了大量 Web3 和加密货币项目。政府和监管机构如英国金融行为监管局(FCA)也在不断完善监管框架,以平衡创新和风险管理。整体而言,英国的加密货币和 Web3 生态系统展现出强大的活力和创新潜力。

(一)英国加密货币发展综述

1. 政府在加密货币发展中的作用

英国对加密货币持较为积极的态度,是加密货币持续发展的沃土。其加密货币发展历程可分为两个阶段:2020 年以前,英国主要关注加密货币市场的发展,并完善监管;2020 年以后,英国开始加强对央行数字货币的研究和探索,以及对稳定币的监管。

比特币作为当前主流的加密货币,诞生于2009年。从那时起,英国税务海关总署(His Majesty's Revenue and Customs,HMRC)和监管机构就开始对加密货币进行跟踪研究。2014年,英国税务海关总署在《政策文件:税务和海关简报9(2014):比特币及其他加密货币》(Policy Paper: Revenue and Customs Brief 9 (2014): Bitcoin and Other Cryptocurrencies)中发布了简短的初步指南,涉及比特币和其他加密货币。[①] 2015年5月,英国财政部发布监管指导文件——《数字货币:对信息征询的回应》(Digital Currencies: Response to the Call for Information),特别提出将对加密货币交易所进行反洗钱和反恐融资监管。2016年,英国金融行为监管局将区块链技术纳入监管沙盒进行小范围创新实验。监管沙盒是Project Innovate的一部分,该计划于2014年启动,旨在为创新者提供支持,以适应监管体系,并促进创新和良性竞争,以维护消费者权益。[②] 2018年12月,英国税务海关总署正式发布关于加密资产的税收政策——《政策文件:个人加密资产》(Policy Paper: Cryptoassets for Individuals),明确了针对个人与企业的加密资产税收征缴办法。随着监管框架的完善,英国加密货币市场也持续蓬勃发展。

英格兰银行在2020年以后正式将央行数字货币提上日程,稳定币也成为英国监管当局的关注重点。实际上,英格兰银行早在2014年就开始探讨加密货币与支付技术创新,并积极探究这些技术的潜在应用和影响。英格兰银行于2021年4月宣布同英国财政部成立央行数字货币工作组,以应对全球稳定币对主权货币构成的风险和挑战。同时,英格兰银行还积极参与央行数字货币的国际合作,并于2020年1月加入国际清算银行与主要发达经济体央行共同组建的央行数字货币研究小组。2021年6月,英格兰银行在其发布的《央行数字货币:机遇、挑战与设计》(Central Bank Digital Currency: Opportunities, Challenges and Design)中指出,有必要在稳定币变得普遍并可能影响金融稳定之前构建相关监管框架体系,主要涵盖了关于如何处理稳定币作为支付手段、价值储存工具以及它们对宏观货币政策的潜在影响的讨论。2022年1月,英国财政部明确指出:《2011年电子货币规定》(Electronic Money Regulations 2011)及《2017年支付服务规定》(Payment Services Regulations 2017)的部分内容将适用于稳定

---

① See Susan Cattell, *HMRC's Latest Guidance on Cryptoassets*, ICAS (Nov. 26, 2019), https://www.icas.com/landing/tax/hmrcs-latest-guidance-on-cryptoassets.

② See Financial Conduct Authority, *Financial Conduct Authority Unveils Successful Sandbox Firms on the Second Anniversary of Project Innovate*, Financial Conduct Authority (Nov. 7, 2016), https://www.fca.org.uk/news/press-releases/financial-conduct-authority-unveils-successful-sandbox-firms-second-anniversary.

币交易活动,《2009年银行法》(Banking Act 2009)将被更新以把稳定币交易活动纳入监管范围,《2013年金融服务法》(Financial Services Act 2013)也将更新以确保稳定币支付系统受到支付系统监管机构(Payment Systems Regulator, PSR)的监督。

2. 加密货币生态中的用户画像

英国税务海关总署针对加密货币的税收政策依据资产持有的具体性质而定。对于作为投资持有的加密货币,个人需缴纳资本利得税。税率根据个人的收入水平及资本利得的总额而定,基本税率为10%(基本税率纳税人)或18%(房地产资本利得基本税率),高收入者的税率为20%(高税率纳税人)或28%(房地产资本利得高税率)。此外,英国税法允许投资者用其他资本损失抵消部分资本利得。英国对加密货币交易的监管环境相对开放,允许公民自由购买和出售加密资产。

TripleA[①] 相关数据显示,截至2023年年底,英国约有420万人持有加密货币,约占英国总人口的6.2%。这个比例显示出加密货币在英国的广泛接受度。英国加密货币持有者具有以下群体性特征:

(1)收入水平。在持有加密货币的英国人中,年收入超过20万英镑的人超过四成,这表明加密货币投资在高收入群体中较为普遍。

(2)年龄分布。超过一半的加密货币持有者的年龄集中在18~34岁,表明加密货币更受年轻人的青睐。

(3)教育水平。英国加密货币的持有者大多受过高等教育,这可能是因为较高的教育水平有助于理解加密货币的复杂性和风险性。

(4)投资偏好。比特币仍然是加密货币投资者的首选,其次是以太币、瑞波币和泰达币等。

(二)英国Web3发展综述

英国在Web3的发展历史中也表现出了其对前沿技术的重视和支持,特别是在推动区块链技术、去中心化金融和数字身份等领域。

1. 区块链技术的早期探索(2013~2016年)

与全球其他地区一样,英国的技术社区和金融行业对于区块链技术表现出浓厚的兴趣。在这一时期,伦敦作为金融科技的中心城市,出现了大量的初创企业和研究项目,探索区块链技术在金融服务之外的应用,包括供应链管理、数

① TripleA是一家提供加密货币支付解决方案的公司,致力于帮助企业通过无缝集成的方式接受比特币等加密货币支付,确保交易快速、安全且符合全球监管标准。

字身份认证等。

2. 加强监管框架与推动技术试验(2017 ~ 2019 年)

随着区块链技术的迅猛发展和加密货币市场的野蛮生长,英国政府和监管机构开始更加重视对这一领域的监管。英国金融行为监管局推出了一系列指导原则,帮助加密货币企业理解如何在现行法律框架下合规运作。此外,英国政府支持多个区块链试点项目,例如在供应链管理和公共服务领域,测试区块链技术的可行性和效益。

3. Web3 和去中心化金融的兴起(2020 年至今)

2020 年之后,随着去中心化金融和非同质化代币的兴起,Web3 概念开始更广泛地被接受。英国许多创业公司和金融机构开始探索如何将去中心化金融整合进它们原有的产品与服务中。同时,英国金融行为监管局积极响应这些新兴技术,通过扩展监管沙盒环境,允许去中心化金融和非同质化代币项目在有限的范围内测试其创新应用,同时确保其符合金融法规。英国还积极参与了对数字身份和数据隐私的新兴讨论,这些讨论集中于如何通过技术创新来保护个人信息,并确保网络活动的安全性和透明度。这些议题都是 Web3 生态中的重要组成部分。同时,政府和私营部门展开合作,试图创建更加安全、透明的数字身份验证系统。

从英国加密货币的发展历程可以看出,在加密货币发展的初期阶段,即私营加密货币发展阶段,英国抓住了发展机遇,在加密货币监管创新方面走在国际前沿,已成为全球加密货币交易的重要市场。同时,英国的金融监管创新在全球起到示范作用。英国是全球最早提出"监管沙盒"理念的国家,这一举措帮助企业以更低的成本改良创新商业模式或技术,并构建针对消费者、投资者的保护政策措施。

但在发展央行数字货币方面,英国表现得相对谨慎。虽然英国积极同其他发达经济体开展央行数字货币合作,却没能利用央行数字货币的发展机遇来提升英镑的国际地位。英国在发展央行数字货币上也面临一些制约。一方面,由于受到国内市场的限制,英国难以采取中国发展数字人民币的路径,以支持数字英镑在国际上获得足够的关注。数字人民币在中国的广泛使用是支持其扩大国际网络的重要原因。另一方面,英国缺少大型平台企业,难以效仿美国通过美元稳定币来拓展美元的网络外部性的路径。而英国并不具备利用稳定币来拓展本国法币疆域的条件,相反,全球稳定币的发展使英国政府和本国法币倍感压力和挑战。

总体来说,英国正致力于成为全球加密货币的中心。英国政府对加密货币的态度趋于积极和认可,其深刻认知到了加密货币的发展潜力和未来影响,显示了其在应对这场由加密货币带来的变革的决心和领导力。[①] 未来,英国的加密货币市场将进一步走向成熟和规范,吸引更多的投资者和合规企业参与其中。这也意味着,英国的加密资产服务提供商将受到更严格的监管和要求,需要遵守更多的安全和合规标准。[②] 英国将在欧洲乃至全球范围内成为加密货币领域的先驱者和引领者,为其他国家(地区)提供借鉴和启发。

二、英国加密货币及 Web3 监管态势

在英国,经过多年的立法发展,逐渐形成了对加密货币的相关监管框架。

目前受监管的代币分为以下两类:

(1)符合《受监管活动令》(Regulated Activities Order,RAO)中"特定投资"(Specified Investments)定义的证券型代币,不包括电子货币。

(2)符合《电子货币条例》(Electronic Money Regulations,EMRs)中"电子货币"定义的电子货币代币。

目前未受监管,但可能根据《2022 年金融服务市场法案》(Financial Services and Markets Bill 2022 – FSMB)的监管结果被纳入监管的代币:

(1)其他代币,包括可兑换特定产品或服务的实用型/功能型代币;

(2)无抵押支持的交易代币或加密货币(Unbacked Exchange Tokens or Cryptocurrencies),这些代币通常是去中心化的,主要用作交换媒介。

(一)概述

1. 监管政策发展历程

总体而言,英国监管机构试图在支持金融科技创新与保护消费者、维持金融稳定之间取得平衡。2018 年,加密资产特别工作组(Cryptoassets Taskforce)召集英国财政部、金融行为监管局和英格兰银行,共商针对加密资产的监管策略。[③]

随着英国政策制定者和监管机构更加深刻地认识到加密资产和区块链技术所带来的变革和机遇,英国政府于 2022 年 4 月确立了将英国打造为全球加

---

① 参见金色财经:《加密 Web3.0 日报丨英国将于 7 月前发布新的加密货币、稳定币立法》,载投资慧眼 2024 年 4 月 16 日,https://www.mitrade.com/zh/insights/crypto-analysis/new/jinse_article-BTCUSD-202404161105。

② 参见链集市 ChainMarket:《区块链产业周报》,载 AI 新智界 2023 年 7 月 5 日,https://www.aixinzhijie.com/media/6824880。

③ See Bank of England, *Publication of the Cryptoassets Taskforce Report*, Bank of England (Oct. 29, 2018), https://www.bankofengland.co.uk/report/2018/publication-of-the-hmt-fca-boe-cryptoasset-taskforce-report.

密资产和区块链技术投资中心的目标。[①] 随后,英国财政部于 2023 年 2 月发布了《加密资产未来金融服务监管制度:咨询和征求意见》(Future Financial Services Regulatory Regime for Cryptoassets: Consultation and Call for Evidence,以下简称《咨询文件》),旨在实现上述雄心。[②] 2023 年 10 月,英国财政部根据其征集的公众意见,发布了《对加密资产未来金融服务监管制度咨询与征求意见的回应》(Response to the Consultation and Call for Evidence on the Future Financial Services Regulatory Regime for Cryptoassets,以下简称《答复文件》)。[③]

2. 英国针对加密货币的立法逻辑和监管路线图

英国政府致力于建立明确的加密资产监管制度,以支持英国成为全球加密资产业务创业和扩展的中心。最近也是最为重要的立法是《2023 年金融服务与市场法案》(Financial Services and Markets Act 2023, FSMA 2023),该法案于 2023 年 6 月 29 日获得王室批准。该法案赋予政府权力,将加密资产活动纳入《2000 年金融服务与市场法案(2001 年受监管活动令)》(The Financial Services and Markets Act 2000 (Regulated Activities) Order 2001, RAO 2001)。《2023 年金融服务与市场法案》还赋予当局权力,以制定"数字结算资产"(Digital Settlement Assets, DSA)(例如稳定币)在支付中使用的监管制度。《2023 年金融服务与市场法案》第 8 节和附表 3 引入了指定活动制度(Designated Activities Regime, DAR),这是一个旨在与受监管活动授权制度共存的监管框架。指定活动制度赋予英国财政部在次级立法中厘定与金融市场、交易所、工具、产品或投资相关活动的权力。根据该制度,英国财政部可以直接制定某些规则,并指出哪些金融活动必须按照金融行为监管局制定的规则行事。金融行为监管局在指定活动制度下的规则制定权将适用于指定活动,但不适用于从事指定活动的人的其他无关活动。凡从事被指定活动的人员,必须遵守该活动的规则,除非他们被豁免。《2023 年金融服务与市场法案》规定的新制度将涵盖所有加密资产。加密资产公司根据所从事的活动不同,公司需要满足《2023 年金融服务与市场法案》中不同的监管要求。

---

① See HM Treasury, *Government Sets Out Plan to Make UK a Global Cryptoasset Technology Hub*, Gov. UK (Apr. 4, 2022), https://www.gov.uk/government/news/government-sets-out-plan-to-make-uk-a-global-cryptoasset-technology-hub.

② See HM Treasury, *Future Financial Services Regulatory Regime for Cryptoassets Consultation and Call for Evidence*, Gov. UK (Feb. 1, 2023), https://assets.publishing.service.gov.uk/media/63d94ea68fa8f51881c99eb4/TR_Privacy_edits_Future_financial_services_regulatory_regime_for_cryptoassets_vP.pdf.

③ See HM Treasury, *Future Financial Services Regulatory Regime for Cryptoassets Response to the Consultation and Call for Evidence*, Gov. UK (Oct. 1, 2023), https://assets.publishing.service.gov.uk/media/653bd1a180884d0013f71cca/Future_financial_services_regulatory_regime_for_cryptoassets_RESPONSE.pdf.

所有从事加密资产活动的金融实体都将受到《2023 年金融服务与市场法案》影响,包括那些已经在金融行为监管局注册的公司。这些公司需要遵守合规责任,包括行为和审慎要求、保障、报告、消费者保护、运营弹性和位置政策。《2023 年金融服务与市场法案》的监管框架将涵盖在英国境内、从英国或向英国提供的活动。如果海外实体向英国客户提供服务,也需要遵守该制度。

(1)立法逻辑

基于"相同风险,相同监管结果"(Same Risk, Same Regulatory Outcome)的监管原则,为保证加密资产企业与传统金融服务企业之间的公平竞争,英国政府最终于 2022 年 10 月决定将加密资产相关的金融服务和活动(Financial Services and Activities Related to Cryptoassets)纳入现行的《2000 年金融服务与市场法案》(Financial Services and Markets Act 2000, FSMA 2000)下的监管框架中。《2000 年金融服务与市场法案》是英国金融服务法律框架的核心部分。

根据《2000 年金融服务与市场法案》,英国财政部具有次级立法的权力,即通过制定《受监管活动令》(Regulated Activities Order, RAO)将相关活动纳入监管范围。《2000 年金融服务与市场法案》第 22 条界定了受监管的活动,具体而言,如果某项活动是以商业方式进行的,并涉及特定投资或与任何种类的财产相关,那么这项活动就被定义为"受监管活动"(Regulated Activities)。根据对《2000 年金融服务与市场法案》的最新修订,加密资产属于"特定投资"。[①] 这意味着自然人或法人从事与加密资产相关的特定商业活动将被视为开展受监管的活动,并因此需要根据《2000 年金融服务与市场法案》第 4A 部分获取授权。[②] 此外,英国金融行为监管局将获得针对新增活动的普遍规则制定权(General Rule-Making Power)。实践中,这意味着英国金融行为监管局将有权制定专门的规则,而不是将现有规则自动适用于加密资产。[③]

然而,英国财政部并不打算将加密资产纳入《2000 年金融服务与市场法案(2001 年受监管活动令)》附录 2 第 1 部分所界定的金融工具的范畴。这是因为其认为现行制度难以适应具有独特特征和风险的新资产类别。然而,根据"相同风险,相同监管结果"的原则,英国财政部将寻求使用其他立法和监管机

---

① See UK Parliament, *Financial Services and Markets Act* 2000 *Section* 22, Gov. UK (Aug. 29, 2023), https://www.legislation.gov.uk/ukpga/2000/8/section/22#commentary-key-da76d8dae3f80129504eed1f0cb30cfe.

② See UK Parliament, *Financial Services and Markets Act* 2000 *Part* 4*A*, Gov. UK (Apr. 5, 2024), https://www.legislation.gov.uk/ukpga/2000/8/part/4A.

③ See HM Treasury, *Future Financial Services Regulatory Regime for Cryptoassets Consultation and Call for Evidence*, Gov. UK (Feb. 1, 2023), https://assets.publishing.service.gov.uk/media/63d94ea68fa8f51881c99eb4/TR_Privacy_edits_Future_financial_services_regulatory_regime_for_cryptoassets_vP.pdf.

制，为与金融工具呈现出相似风险的加密资产设置等效或类似的保护措施（例如，加密资产因其交易方式类似金融工具而可能引发的市场操纵行为）。[①]

（2）监管路线图

英国已通过《咨询文件》明确了分阶段的监管规则制定计划。其中，对于反洗钱、金融产品推广等既有监管制度和框架，目前已进行针对性修订，并根据“相同风险，相同监管结果”的原则对加密资产行业相关活动进行监管。[②] 然而，对于加密资产的专门监管，目前尚未完成相应的规则制定。以下为《咨询文件》明确的分阶段监管计划和完成情况：[③]

①反洗钱/反恐怖主义融资

自2020年1月起，针对在英国从事加密资产交易或托管钱包服务的企业，已实施了一套反洗钱和反恐怖主义融资注册制度，以便规范遵守《2017年洗钱、恐怖融资及资金转移（付款人信息）条例》（Money Laundering，Terrorist Financing and Transfer of Funds（Information on the Payer）Regulations 2017，MLRs 2017）。[④]

②金融推广（Financial Promotions）

2022年1月，英国政府就2020年7月提出的一项提案发布了回应，该提案建议将某些符合条件的加密资产纳入《2000年金融服务与市场法案（2005年金融推广令）》[Financial Services and Markets Act 2000（Financial Promotion）Order 2005（SI 2005/1529），FPO]的适用范围。这项提案的目标是促进负责任的创新，确保加密资产的推广活动像其他具有相似风险水平的金融服务产品一样，遵守英国金融行为监管局的规则，从而帮助消费者做出知情决策（Informed Decision-Making）。政府在咨询及回应文件中解释了提案的逻辑基础，即其目的是提高加密资产推广的标准，并加深消费者对于相关风险的认知和理解。这一点获得了《2018年加密资产任务组报告》（Cryptoassets Taskforce 2018

---

① See HM Treasury, *Future Financial Services Regulatory Regime for Cryptoassets Consultation and Call for Evidence*, Gov. UK（Feb. 1, 2023）, https://assets. publishing. service. gov. uk/media/63d94ea68fa8f51881c99eb4/TR_Privacy_edits_Future_financial_services_regulatory_regime_for_cryptoassets_vP. pdf.

② See Charles Kerrigan et al. , *Blockchain & Cryptocurrency Laws and Regulations* 2024, Global Legal Insights（June 27, 2024）, https://www. globallegalinsights. com/practice-areas/blockchain-laws-and-regulations/united-kingdom/.

③ See HM Treasury, *Future Financial Services Regulatory Regime for Cryptoassets Consultation and Call for Evidence*, Gov. UK（Feb. 1, 2023）, https://assets. publishing. service. gov. uk/media/63d94ea68fa8f51881c99eb4/TR_Privacy_edits_Future_financial_services_regulatory_regime_for_cryptoassets_vP. pdf.

④ See HM Treasury, *Future Financial Services Regulatory Regime for Cryptoassets Consultation and Call for Evidence*, Gov. UK（Feb. 1, 2023）, https://assets. publishing. service. gov. uk/media/63d94ea68fa8f51881c99eb4/TR_Privacy_edits_Future_financial_services_regulatory_regime_for_cryptoassets_vP. pdf.

Report)的支持,该报告强调了市场中误导性推广对消费者构成的关键风险。①

从时间线上来说,《咨询文件》中监管规则实施主要分为两个阶段。

第一阶段:用于支付的稳定币(Phase 1:Stablecoins Used for Payments)

第一阶段的监管计划只涉及法币支持型稳定币(Fiat-backed Stablecoins),而不包括算法稳定币(Algorithmic Stablecoins)等,后者将在第二阶段予以监管。就法币支持型稳定币而言,《2000 年金融服务与市场法案》的修正案——《2023 年金融服务与市场法案》通过赋予数字结算资产较为广泛的定义,将其涵盖其中,从而将相关活动纳入金融服务监管范围。《2023 年金融服务与市场法案》还赋予了英格兰银行和支付系统监管机构对系统性和公认的数字结算资产支付系统及服务提供商的监管权。这些监管权依赖于英国财政部的认可和指定。②

在下一步的实施阶段,英国财政部计划在 2024 年年初推进次级立法,使在英国境内的法币支持型稳定币的发行和托管活动被纳入《2000 年金融服务与市场法案(2001 年受监管活动令)》。这将使英国金融行为监管局能够为从事这些活动的公司制定规则。③ 相应地,希望申请从事上述活动的公司将受到英国金融行为监管局制定的规则和指引的约束。目前,英国金融行为监管局和英格兰银行已发布相关讨论文件,并已结束咨询。④

第二阶段:高优先级加密资产[Phase 2:Cryptoassets (High Priority)]

在第二阶段,政府计划监管更广泛的加密资产活动,如加密资产的交易和投资。第二阶段将重点关注与以下两个方面相关的活动领域:其一,基于消费者和整体市场的视角具有更高风险的活动;其二,支持英国经济增长的活动。因此,并非所有的加密资产活动都被提议纳入第二阶段。⑤

---

① See HM Treasury, *Government Approach to Cryptoasset Financial Promotions Regulation Policy Statement*, Gov. UK (Mar. 27, 2023), https://www.gov.uk/government/consultations/cryptoasset-promotions/government-approach-to-cryptoasset-financial-promotions-regulation-policy-statement.

② See HM Treasury, *Update on Plans for the Regulation of Fiat-Backed Stablecoins*, Gov. UK (Oct. 2023), https://assets.publishing.service.gov.uk/media/653a82b7e6c968000daa9bdd/Update_on_Plans_for_Regulation_of_Fiat-backed_Stablecoins_13.10.23_FINAL.pdf.

③ See HM Treasury, *Update on Plans for the Regulation of Fiat-Backed Stablecoins*, Gov. UK (Oct. 2023), https://assets.publishing.service.gov.uk/media/653a82b7e6c968000daa9bdd/Update_on_Plans_for_Regulation_of_Fiat-backed_Stablecoins_13.10.23_FINAL.pdf.

④ See Financial Conduct Authority, *DP23/4: Regulating Cryptoassets Phase 1: Stablecoins*, Financial Conduct Authority (Nov. 6, 2023), https://www.fca.org.uk/publications/discussion-papers/dp23-4-regulating-cryptoassets-phase-1-stablecoins; Bank of England, *Regulatory Regime for Systemic Payment Systems Using Stablecoins and Related Service Providers*, Bank of England (Nov. 6, 2023), https://www.bankofengland.co.uk/paper/2023/dp/regulatory-regime-for-systemic-payment-systems-using-stablecoins-and-related-service-providers.

⑤ See HM Treasury, *Future Financial Services Regulatory Regime for Cryptoassets Consultation and Call for Evidence*, Gov. UK (Feb. 1, 2023), https://assets.publishing.service.gov.uk/media/63d94ea68fa8f51881c99eb4/TR_Privacy_edits_Future_financial_services_regulatory_regime_for_cryptoassets_vP.pdf.

3. 政策目标和监管原则

根据《咨询文件》,建设加密资产监管框架主要有四项主要政策目标,分别如下:

- 鼓励英国的增长、创新和竞争;
- 使消费者能够做出知情决策,并清楚了解其中的风险;
- 保护英国的金融稳定;
- 保护英国的市场诚信。①

为实现上述政策目标,英国财政部基于以下原则制定监管制度:

(1)"相同风险,相同监管结果"(Same Risk, Same Regulatory Outcome)

英国政府将保持技术中立的监管态度,并客观评估技术对风险的增强或削弱作用。考虑到加密资产的特殊性,可能将采用不同的监管方法,但仍以实现与传统金融相同或相似的监管结果为目标。具体而言,英国财政部将采取基于活动的监管方法(Activities-Based Regulatory Approach),尽管在某些情况下,特定实体会构成或可能构成系统性风险,从而需要进一步的监管。

(2)"适度且聚焦"(Proportionate and Focused)

监管工作将聚焦于最迫切的风险领域或最显著的机会领域。英国财政部和金融服务监管机构应避免对实体施加过度或过分烦琐的监管,特别是在用户已经意识到风险,且相关活动不引发市场诚信或金融稳定风险的情况下。

(3)"敏捷与灵活"(Agile and Flexible)

监管框架应适应不断变化的市场、服务和产品。未来的立法将为英国提供一个清晰的框架,明确规定该制度适用的活动范围,而详细规则将由监管机构设定。这种方法与《2022 年金融服务与市场法案》(Financial Services and Markets Act 2022, FSMA 2022)预期建立的未来监管框架(Future Regulatory Framework, FRF)一致。政府认为这种灵活的方法将使监管机构能够适应市场的变化和国际标准的发展。此外,为了促进英国实现金融稳定的目标,若加密资产市场会构成或可能构成金融稳定风险,提议的制度将需要随之进化。最后,鉴于加密资产的跨境性质,英国鼓励与其他司法管辖区的合作,并将继续与

---

① HM Treasury, *Future Financial Services Regulatory Regime for Cryptoassets Consultation and Call for Evidence*, Gov. UK (Feb. 1, 2023), https://assets.publishing.service.gov.uk/media/63d94ea68fa8f51881c99eb4/TR_Privacy_edits_Future_financial_services_regulatory_regime_for_cryptoassets_vP.pdf.

其他司法管辖区进行双边合作,参与国际标准制定机构的活动,从而实现监管方式的协调一致。[①]

(二)销售监管

英国加密货币的销售主要受到两方面监管框架的监管,即金融推广制度(Financial Promotions Regime)和招股说明书制度(Prospectus Regulation)。下面将分别予以介绍。

1. 金融推广制度

金融推广是在商业活动中发出的旨在吸引投资者的邀请。根据《金融推广令》(Financial Promotion Order, FPO)及《2000 年金融服务与市场法》,金融推广制度适用于与受控投资(Controlled Investments,如股票、债券或衍生品)和受控活动(Controlled Activities)相关的宣传。[②] 就加密资产而言,构成特定投资的加密资产和合格加密资产(Qualifying Cryptoassets)已被纳入《金融推广令》的监管框架。其中,《受监管活动令》项下的特定投资包括证券型代币等加密资产。合格加密资产指任何加密保护的价值或合约权利的数字表示。这种数字表示可转让且可替代,不包括非同质化代币、符合电子货币定义的加密资产或构成受控投资的既有代币。[③] 对于被纳入《金融推广令》监管框架的金融推广活动,应符合以下要求:

(1)金融推广由英国金融行为监管局或审慎监管局(Prudential Regulation Authority, PRA)授权的人士发布;

(2)金融推广的内容由英国金融行为监管局/审慎监管局授权的人士批准;或

(3)属于金融推广制度的豁免范围。特别是在《2017 年洗钱、恐怖融资及资金转移(付款人信息)条例》下注册的加密资产交易提供者或托管钱包提供者可获得豁免。[④]

在此基础上,2023 年 6 月 8 日,英国金融行为监管局发布了《关于加密资产

---

① See HM Treasury, *Future Financial Services Regulatory Regime for Cryptoassets Consultation and Call for Evidence*, Gov. UK (Feb. 1, 2023), https://assets.publishing.service.gov.uk/media/63d94ea68fa8f51881c99eb4/TR_Privacy_edits_Future_financial_services_regulatory_regime_for_cryptoassets_vP.pdf.

② See UK Parliament, *Financial Services and Markets Act* 2000 *Section* 21, Gov. UK (Feb. 7, 2024), https://www.legislation.gov.uk/ukpga/2000/8/section/21.

③ See Financial Conduct Authority, *Qualifying Cryptoasset*, Financial Conduct Authority (Dec. 14, 2023), https://www.handbook.fca.org.uk/handbook/glossary/G3478q.html? date = 2023 - 12 - 14.

④ See UK Parliament, *Financial Services and Markets Act* 2000 (*Financial Promotion*) (*Amendment*) *Order* 2023, Gov. UK (July 20, 2023), https://www.legislation.gov.uk/ukdsi/2023/9780348246490.

金融推广规则的政策声明 PS23/6》（PS23/6：Financial Promotion Rules for Cryptoassets）和《关于加密资产金融推广的最终指引 FG23/3》（FG23/3：Finalised Guidance for Cryptoasset Financial Promotions），确定了其最终政策立场和最终规则指引。[①]

英国金融行为监管局延续其此前立场，将加密资产归类为受限大众市场投资（Restricted Mass Market Investments）。这使得加密资产能够在受到一定限制的条件下向英国消费者进行大规模推广。除金融推广必须公平、清晰且不具误导性（Fair，Clear，and Not Misleading）这一总体要求之外，英国金融行为监管局提出的限制包括明确的风险警告（Clear Risk Warnings）、禁止投资激励（Ban on Investment Incentives）、积极阻碍（Positive Frictions）、客户分类要求（Client Categorization Requirements）以及适当性评估（Appropriateness Assessment）。[②]

2. 招股说明书制度

根据《2000 年金融服务与市场法案》及其修订版本，以及英国境内的招股说明书监管要求，企业在以下情况下必须向公众提供获批的招股说明书：

- 向公众提供可转让证券（Transferable Securities）；或
- 申请将可转让证券在英国发行或运营的受监管市场上市。

因此，若加密资产属于可转让证券，并且向公众发行或在受监管市场上市，发行方则必须发布已获批的招股说明书，否则在不属于豁免情况的情形下将构成刑事犯罪。[③] 可转让证券指在英国《金融工具市场条例》（Markets in Financial Instruments Regulation，MiFIR）中定义的证券。[④]

英国财政部在《咨询文件》中提出了监管方案。首先，考虑设置两个监管触发点，即将加密资产纳入加密资产交易所以及进行加密资产的公开发行。关于将加密资产纳入英国加密资产交易所，政府提议采用英国招股说明书制度改革

---

① See Financial Conduct Authority, *PS23 / 6: Financial Promotion Rules for Cryptoassets*, Financial Conduct Authority (June 7, 2023), https://www.fca.org.uk/publications/policy-statements/ps23-6-financial-promotion-rules-cryptoassets.

② See Financial Conduct Authority, *PS23 / 6: Financial Promotion Rules for Cryptoassets*, Financial Conduct Authority (June 7, 2023), https://www.fca.org.uk/publications/policy-statements/ps23-6-financial-promotion-rules-cryptoassets.

③ See Charles Kerrigan et al., *Blockchain & Cryptocurrency Laws and Regulations* 2024, Global Legal Insights (June 27, 2024), https://www.globallegalinsights.com/practice-areas/blockchain-laws-and-regulations/united-kingdom/.

④ See Financial Conduct Authority, *Transferable Security*, Financial Conduct Authority (July 3, 2024), https://www.handbook.fca.org.uk/handbook/glossary/G1186.html.

中的多边交易设施模式(Multilateral Trading Facility,MTF)。英国金融行为监管局将在其规则手册中纳入市场准入(Market Access)和披露要求(Disclosure Requirements)原则,而加密资产交易所则将有责任遵守这些要求。①

关于加密资产的公开发行,政府认为这类情形(包括筹款人发行新代币并将其出售给投资者的首次代币发行)可能符合证券发行的定义。对于符合证券发行定义并被视为证券型代币发行(Securities Token Offering,STO)的加密资产公开发行,拟议的公开发行和交易准入制度(Public Offers and Admissions to Trading Regime)或许是适用的。对于不符合证券代币发行定义的加密资产公开发行,政府通过采取另一种监管途径,例如指定活动制度实现监管。此外,英国金融行为监管局还将考虑是否在加密资产被准许进入交易场所后要求其进行持续披露,以确保投资者可以获得最低标准的信息。②

(三)反洗钱监管

《2017 年洗钱、恐怖融资及资金转移(付款人信息)条例》对加密资产企业施加了一般义务(General Obligations),要求它们维护基于风险的适当的政策和程序,以防止其系统被用于洗钱或恐怖主义融资。《2017 年洗钱、恐怖融资及资金转移(付款人信息)条例》适用于被认定为最易被用于洗钱和恐怖融资目的的企业,符合范围的企业被称为"相关人员"(Relevant Persons)。随着欧盟《第五号反洗钱指令》被纳入英国法律,加密资产交易提供商(Cryptoasset Exchange Provider,CEP)和托管钱包提供商(Custodian Wallet Provider,CWP)被纳入《2017 年洗钱、恐怖融资及资金转移(付款人信息)条例》的监管范围。③

其中,加密资产交易提供商指以商业方式(Commercial Manner)提供以下一项或多项服务的企业或个人经营者,包括其作为所涉加密资产的创建者或发行者提供以下服务的情形:(1)加密资产与法定货币的相互兑换;(2)不同加密资产之间的相互兑换;(3)运营加密资产与法定货币之间相互兑换的自动兑换机器。④

英国金融行为监管局明确指出,加密资产自动取款机、点对点交易提供者

---

① See HM Treasury, *Future Financial Services Regulatory Regime for Cryptoassets Consultation and Call for Evidence*, Gov. UK (Feb. 1, 2023), https://assets.publishing.service.gov.uk/media/63d94ea68fa8f51881c99eb4/TR_Privacy_edits_Future_financial_services_regulatory_regime_for_cryptoassets_vP.pdf.

② See HM Treasury, *Future Financial Services Regulatory Regime for Cryptoassets Consultation and Call for Evidence*, Gov. UK (Feb. 1, 2023), https://assets.publishing.service.gov.uk/media/63d94ea68fa8f51881c99eb4/TR_Privacy_edits_Future_financial_services_regulatory_regime_for_cryptoassets_vP.pdf.

③ See Charles Kerrigan et al., *Blockchain & Cryptocurrency Laws and Regulations* 2024, Global Legal Insights (June 27, 2024), https://www.globallegalinsights.com/practice-areas/blockchain-laws-and-regulations/united-kingdom/.

④ See Charles Kerrigan et al., *Blockchain & Cryptocurrency Laws and Regulations* 2024, Global Legal Insights (June 27, 2024), https://www.globallegalinsights.com/practice-areas/blockchain-laws-and-regulations/united-kingdom/.

以及首次代币发行者属于加密资产交易提供商。[①]

托管钱包提供商指以商业方式提供以下服务的企业或个人经营者：

- 为其客户保管加密资产；
- 代表其客户持有、存储和转移加密资产的私钥。

若加密资产业务经营者构成加密资产交易提供商或托管钱包提供商，则其须履行《2017 年洗钱、恐怖融资及资金转移（付款人信息）条例》项下的合规义务，包括注册（Registration）、持续的风险评估（Ongoing Risk Assessment）、维护适当的政策、控制和程序（Maintain Appropriate Policies, Controls and Procedures）、员工培训（Employee Training）、客户尽职调查、记录保存（Record Keeping）以及报告（Reporting）等。[②] 联合反洗钱指导小组（Joint Money Laundering Steering Group, JMLSG）在其指引中进一步阐明了加密资产交易提供商和托管钱包提供商应当如何以适当的方式解读与加密资产相关的反洗钱要求。[③]

对于监管机构而言，在鼓励金融科技创新和有效管理相关风险之间找到平衡是一个艰巨的挑战。英国政府在加密货币监管方面展现出前瞻性和包容性，重视通过合作和协商来实现这一平衡。整体来看，英国在加密货币及 Web3 领域的监管正朝着更加全面和国际化的方向发展。监管措施既注重保护投资者权益和维护市场稳定，又鼓励前沿科技创新和新兴市场发展。随着技术和市场的不断演变，英国的监管框架也将随之迭代，以应对未来的挑战和机遇。这一系列监管举措不仅有助于构建一个更加透明和安全的市场环境，还将为全球加密货币及 Web3 监管树立典范。

第四节 新 加 坡

一、新加坡加密货币及 Web3 生态发展综述

新加坡作为全球对加密货币持开放态度的代表性国家之一，致力于建立一

---

① See Financial Conduct Authority, *Cryptoassets: AML / CTF Regime*, Financial Conduct Authority (Oct. 21, 2019), https://www.fca.org.uk/firms/financial-crime/cryptoassets-aml-ctf-regime.

② See Charles Kerrigan et al., *Blockchain & Cryptocurrency Laws and Regulations* 2024, Global Legal Insights (June 27, 2024), https://www.globallegalinsights.com/practice-areas/blockchain-laws-and-regulations/united-kingdom/.

③ See Joint Money Laundering Steering Group, *JMLSG Publishes New Guidance on Cryptoasset Transfers*, Joint Money Laundering Steering Group (Aug. 31, 2023), https://www.jmlsg.org.uk/latest-news/jmlsg-publishes-new-guidance-3/.

个创新且负责任的数字资产生态系统。新加坡金融管理局旨在吸引具有成熟商业模式、健全风险管理体系和正向价值观的企业,以降低消费者面临的风险。同时,新加坡金融管理局采取多种方式教育消费者了解加密货币及相关服务的潜在风险,强烈反对消费者(尤其是中小投资者)进行加密货币的投机性交易,并通过相应的监管措施来加以限制。

(一)新加坡 Web3 生态发展

新加坡作为全球创新和技术的枢纽之一,在采用和利用 Web3 技术方面取得了重大进展。Web3 通常被称为互联网的第三代,特点是去中心化、区块链和增强的用户控制。在新加坡,这种数字化演变正在引发一波新的业务,重塑金融科技和加密领域,并引发关于劳动力和移民政策的讨论。

一方面,Web3 基于数字资产和去中心化机制构建,是基于区块链技术构建的更加去中心化的互联网版本。Web3 的一个核心特点是去中心化,这与加密货币的理念完美契合。加密货币是一种由私营组织或个人创建的数字资产,依赖于密码学和区块链技术,加密货币市场包括无抵押的加密货币、稳定币和去中心化金融这些组成部分,是 Web3 这一去中心化互联网的经济支柱,其交易不受传统金融机构干扰,完全依赖于区块链网络。[①] 因此,Web3 与加密货币之间紧密联系,这也推动着去中心化金融、去中心化应用、智能合约、数字身份和隐私保护等领域的发展。由于两者的强相关性,Web3 在新加坡的发展趋势也与加密货币的发展趋势呈现正相关性。

另一方面,新加坡的 Web3 业务涵盖了广泛的行业,特别关注金融、供应链、医疗保健,甚至慈善事业。去中心化金融平台、基于区块链的供应链管理系统和非同质化代币市场正在获得显著关注。在金融领域,新加坡已成为去中心化金融创业公司的热土。这些公司利用区块链技术创建去中心化借贷和借款平台、自动化交易系统和去中心化交易所。这些平台的优势在于它们能够在没有传统中介的情况下运营,为用户提供更高的透明度、更低的费用和更强的安全性。

1. 早期探索与基础建设(2015 ~2017 年)

在早期探索阶段,新加坡关注到分布式账本技术的潜力,并探索其在金融服务行业中的应用。新加坡金融管理局启动了 Project Ubin 试点项目,与全球顶级金融机构、科技公司、咨询机构和央行进行合作,探索使用分布式账本技术

① 参见元宇宙:《Web 3.0 和加密货币有什么关系?》,载元宇宙 2023 年 9 月 21 日,http://www.yitb.com/index.php/viewnews-9352。

进行跨境支付和结算。

该项目共分为五个阶段,每个阶段都集中于解决金融科技领域的特定挑战,并测试分布式账本技术在实际金融服务操作中的可行性和效益。在第一阶段(2016 年),新加坡金融管理局和 R3 联盟合作,探索使用央行数字货币(新加坡元 SGD 的代币化版本)进行银行间支付的可能性。[①] 在第二阶段(2017 年),新加坡金融管理局和新加坡银行协会(Association of Banks in Singapore,ABS)探索使用分布式账本技术的银行间转账,并调查实时全额结算系统(Real-Time Gross Settlement,RTGS)的功能,比如队列处理和支付死锁的解决方案。在第三阶段(2018 年),新加坡金融管理局和新加坡交易所(Singapore Exchange,SGX)合作,在两个独立的区块链平台上实现国内的付款交割结算(Delivery versus Payment,DvP),以处理代币化的资产。在第四阶段(2018 年),新加坡金融管理局与多家金融机构和科技公司合作,评估跨境支付交割对付(Payment versus Payment,PvP)的可行性,并开发原型。在第五阶段(2019 ~ 2020 年),整合此前积累的经验,使用多种分布式账本技术平台执行跨境支付和证券的结算,探索分布式账本技术在支付和证券结算领域的影响和效益。Project Ubin 的最终目标是帮助开发央行数字货币,并提供比当前系统更简单和更高效的解决方案。[②]

2. 加密货币和区块链友好政策(2018 ~ 2019 年)

随着加密货币和区块链技术在全球的兴起,新加坡通过友好的政策和清晰的监管框架吸引了大量区块链创业公司和投资。新加坡金融管理局推出了多项指导性文件,旨在为加密货币交易所、区块链项目及其投资者提供清晰的法律和监管指导。这些文件主要集中在加密货币的使用、数字支付代币服务的提供、首次代币发行的规范,包括《数字支付代币服务指南》(A Guide to Digital Payment Token Services)、《防止洗钱和打击资助恐怖主义行为——数字支付代币服务提供商公告》(Notice to Digital Payment Token Service Providers on Prevention of Money Laundering and Countering the Financing of Terrorism, Notice PSN02)、《数字代币发行指南》(A Guide to Digital Token Offerings)、《支付服务法》(Payment Services Act)等。

---

① R3 是一个拥有 60 多家全球最大金融机构作为成员的联盟。R3 团队成员包括资深金融从业人员、技术人员、区块链和加密货币专家,他们将与联盟成员在研究、实验、设计和工程方面合作,推动这一技术以满足金融业在身份认证、隐私、安全、可扩展性、互操作性以及与现有遗留系统集成方面的需求。

② 参见潘致雄:《一文读懂新加坡央行数字货币计划 Ubin》,载 CoinON 2019 年 11 月 26 日,https://www.coinonpro.com/news/toutiao/86343.html。

3. Web3 创新和生态系统扩展(2020 ~ 2021 年)

随着加密货币市场及其衍生生态的发展,新加坡也开始重点关注 Web3 生态系统的建设,包括去中心化金融、非同质化代币和去中心化应用等。新加坡政府和私营部门参与投资区块链创新中心和加速器项目,扶持 Web3 创业公司的成长。2020 年,新加坡国立研究基金会(National Research Foundation Singapore,NRF)宣布启动为期五年的新加坡区块链创新计划(Singapore Blockchain Innovation Programme,SBIP),旨在加速区块链技术的商业应用。SBIP 专注于供应链、贸易融资和跨境支付等关键领域,支持企业和研究机构共同研发和商业化区块链解决方案。新加坡政府还支持了 Tribe Accelerator 区块链加速器,为早期到成长阶段的区块链项目提供指导、资源和合作网络,以促进这些项目的快速发展。此外,新加坡政府与技术合作伙伴共同开发了基于区块链的教育证书验证平台 OpenCerts。除了投资、扶持相关项目,新加坡政府还主导了新加坡金融科技节(Singapore FinTech Festival,SFF)和与之配套的新加坡区块链周(Singapore Blockchain Week)这两大行业盛会,以促进区块链和金融科技创新的国际交流与跨境合作。这些重要的国际会议为行业创新者、投资者、研究者和政策制定者搭建了一个分享认知和洞见、展示最新技术创新成果、洽谈合作机会的平台。

4. 国际合作与标准制定(2022 年至今)

随着技术的不断发展和应用场景的持续扩展,新加坡 Web3 生态的发展进一步巩固了其在全球金融科技领域的地位。清晰的监管框架为 Web3 的创新和应用奠定了良好的基础,可以说监管是公众接纳、拥抱 Web3 技术和应用的重要驱动力之一。除了国内的积极探索和扶持,新加坡也积极参与国际区块链项目和国际标准制定工作,与其他国家(地区)和国际组织合作推动全球 Web3 技术和政策的协调一致。Web3 作为一种去中心化、无国界的技术,有助于进一步推动全球化,包括帮助推广数字货币。这将极大便利国际投资,扩大其规模,并促进全球范围内商品、资本、知识和人员的高速流动。①

(二)新加坡加密货币生态监管发展综述

总体而言,新加坡对加密货币一直持比较开放和友好的态度,这使得该国成为加密货币和区块链技术发展的一个重要区域。加密货币在新加坡的发展大致可以分以下几个阶段:

---

① See Blockchain Association Singapore, *Web3 and Beyond*, Oliver Wyman (July 2022), https://www.oliverwyman.com/content/dam/oliver-wyman/v2/publications/2022/aug/web3-and-beyond.pdf.

1. 早期审慎探索,基于风险的监管策略

新加坡很早就开始关注加密货币和区块链技术的潜力,新加坡金融管理局在2017年11月14日发布了一份关于监管加密货币和首次代币发行的公告——《数字代币发行指南》,为该国的加密货币创业公司和投资者提供了基础的监管框架。不同于中韩等法域对加密货币发布直接禁令的保守态度,新加坡在该公告中确立了基于风险的监管(Risk-Based Regulation)策略,明确了总体监管的方向和界限,也表明了其对加密货币和区块链这些新兴技术的观望立场。公告明确表示,新加坡金融管理局并不监管虚拟货币本身,而是对与之相关的落入机构监管范围的活动进行监管。① 总体而言,新加坡金融管理局对加密货币监管的界限主要基于其两种性质和用途:(1)作为支付手段。加密货币不是法定货币,但在一定范围内受到认可,并被一些人信任作为支付手段。由于交易的匿名性,加密货币可能被用于洗钱和恐怖主义融资,需要对这一风险进行监管回应。(2)超越支付手段,作为资产所有权的代表。加密货币可以演变为代表资产所有权或其他权益的证券型代币或资产支持代币,如公司股权、债券、房地产份额或集体投资计划权益等。出售此类代币以筹集资金的行为通常被称为"首次代币发行"。如果代币以证券的形式构建,则首次代币发行必须遵守旨在保护投资者利益的现行证券法。

2. 监管框架建立,监管环境明确

新加坡认为截至目前还没有充分理由禁止加密货币交易。然而,在加密货币作为支付手段和投资资产的两种主要用途中,区块链或其他分布式账本技术在促进跨境支付和国际贸易结算方面可能具有巨大潜能。基于此,新加坡金融管理局参与并鼓励了金融业的一些区块链实验,包括在区块链领域进行可能涉及使用加密货币的实验。

不过新加坡金融管理局也没有忽视这些发展所带来的风险,包括系统性风险和潜在具体风险。2018年,新加坡金融管理局发布的一则公告称,新加坡加密货币交易的性质和规模不会对其金融体系的稳定构成系统性风险。② 因为加密货币在支付中的使用量很小,且新加坡的加密货币交易量相较于美国、日本等国家也不高。此外,新加坡的银行系统对从事加密货币交易的全球和本地实

---

① See Monetary Authority of Singapore, *Reply to Parliamentary Question on the Prevalence Use of Cryptocurrency in Singapore and Measures to Regulate Cryptocurrency and Initial Coin Offerings*, Monetary Authority of Singapore (Oct. 3, 2017), https://www.mas.gov.sg/news/parliamentary-replies/2017/prevalence-use-of-cryptocurrency-in-singapore.

② See Monetary Authority of Singapore, *Reply to Parliamentary Question on Banning the Trading of Bitcoin Currency or Cryptocurrency*, Monetary Authority of Singapore (Feb. 5, 2018), https://www.mas.gov.sg/news/parliamentary-replies/2018/reply-to-parliamentary-question-on-banning-the-trading-of-bitcoin-currency-or-cryptocurrency.

体没有任何重大风险敞口。因此,新加坡对加密货币没有整体的系统性风险担忧。但对于洗钱和恐怖主义融资等潜在的具体风险,新加坡金融管理局一直在密切关注和持续研究,并对新的风险保持警惕。

风险分析决定监管策略,为进一步规范市场、保护投资者,新加坡金融管理局于 2019 年制定了《支付服务法》,这是新加坡对包括加密货币业务的支付系统和支付服务提供者进行全面监管的法律。《支付服务法》涵盖了包括支付账户、支付交易处理、国际汇款、数字支付代币服务(加密货币服务)在内的各种支付服务,这为不同类型的支付服务提供了统一的监管框架。最值得注意的是,提供支付服务的公司需要获得新加坡金融管理局的许可。许可分为货币兑换许可(Money-Changing Licence)、标准支付机构许可(Standard Payment Institution Licence)和主要支付机构许可(Major Payment Institution Licence),这取决于公司的业务规模和范围。这种牌照准入制度为加密货币在新加坡的运营提供了正式的监管框架,提高了加密行业的合法性和可信度。此外,《支付服务法》还要求支付服务提供者遵守反洗钱和反恐怖主义融资规定,要求他们实施相应的风险评估和合规措施,包括客户尽职调查和交易监测(Transaction Monitoring)。在消费者保护方面,则对支付服务提供者设定了资金保障要求,要求他们保护消费者的预付资金,并采取措施确保用户资金的安全。

明确的监管政策和友好的监管环境吸引了更多加密货币服务提供商在新加坡扎根、生长。许多加密货币交易所和区块链企业选择在新加坡设立总部或运营中心,新加坡也成为了一些国际加密货币项目的首选地,这些项目受益于新加坡积极的政策支持、完善的金融科技生态系统以及相对友好的税务环境。

3. 业务拓展,潜力释放

随着数字金融服务的发展,新加坡也开始探索加密货币服务和去中心化金融的潜力,进一步增强其在国际金融领域的地位。除了前述牌照制度,新加坡的金融机构也与加密货币公司开展合作,探索如何将加密货币服务整合到传统银行业务中,包括支付解决方案、资产托管和投资产品等方面。新加坡金融管理局也积极参与和推动使用分布式账本技术进行跨境支付和结算项目,如 Project Ubin,旨在探索和演示分布式账本技术在金融服务中的应用,包括基于分布式账本技术的央行数字货币和支付结算系统。为释放去中心化金融的潜力,新加坡金融管理局通过其金融科技监管沙箱,为去中心化金融项目提供了一个试验和创新的环境,同时确保风险得以控制。这允许去中心化金融创新在受到监管的前提下发展,从而更好地保护消费者权益和整个金融系统的安全。虽然去中心化金融的本质是去中心化的,但新加坡通过发布相关的政策和指导意见来阐明去中心化金融服务提供者的合规义务,尤其是在反洗钱和反恐怖主义融资方面。

4. 平衡创新与监管,参与国际合作与标准制定

随着加密货币市场的发展,以及对加密货币服务和去中心化金融的持续探索,相关风险在不断变化,新加坡金融管理局也在持续更新其监管框架,维持创新和增长的平衡。总体而言,新加坡金融管理局的监管主要围绕两方面展开:其一,投资者保护,主要为了保护投资者免受诈骗和市场操纵的风险。其二,打击加密货币相关的非法活动,尤其在反洗钱和反恐怖主义融资方面。

实际上,自 2017 年起,新加坡金融管理局就开始对公众发出警告,提示加密货币投资风险很高,不适合散户。2022 年,新加坡金融管理局发布《数字支付代币服务提供商的营销和广告指南》(Guidelines on Provision of Digital Payment Token Services to the Public),限制加密货币服务在公共场所的营销和广告,要求数字支付代币服务提供商采取从公共区域移除加密货币自动取款机、从公共交通场所撤下广告等行动。此外,新加坡金融管理局还在考虑引入额外的消费者保护保障措施,包括限制零售投资者参与加密货币交易、禁止在加密货币交易中使用杠杆等。① 对于打击非法目的活动,除了《支付服务法》的相关规定,新加坡当局也不断发出指南指导支付服务提供者采取应对潜在非法活动的措施。例如,隐私币、隐私钱包或加密货币混币器能够隐藏加密货币交易者的真实身份,极易被犯罪分子滥用。反洗钱金融行动特别工作组向国际社会发布第 4 号指南——《反洗钱金融行动特别工作组关于虚拟资产和虚拟资产服务提供商的风险为本指南》(FATF Guidance for a Risk-Based Approach to Virtual Assets and Virtual Asset Service Providers),要求将涉及此类匿名特征的交易视为高风险交易。这要求从事涉及此类匿名功能的客户交易的数字支付代币服务提供商需要实施更强有力的监控措施,尤其是必须在交易此类代币之前评估此类代币带来的洗钱和恐怖主义融资风险,以及评估其客户使用隐私币、隐私钱包或加密货币混币器的目的,并加强对此类交易的监控。②

---

① See Monetary Authority of Singapore, *Reply to Parliamentary Question on Restrictions on Cryptocurrency Trading Platforms to Protect Members of Public*, Monetary Authority of Singapore (July 4, 2022), https://www.mas.gov.sg/news/parliamentary-replies/2022/reply-to-parliamentary-question-on-restrictions-on-cryptocurrency-trading-platforms-to-protect-members-of-public.

② See Monetary Authority of Singapore, *Reply to Parliamentary Question on Prevalence and Regulation of Cryptocurrency Transactions Involving Privacy Coins and Privacy Wallets*, Monetary Authority of Singapore (Oct. 4, 2022), https://www.mas.gov.sg/news/parliamentary-replies/2022/reply-to-parliamentary-question-on-prevalence-and-regulation-of-cryptocurrency-transactions.

然而,鉴于加密货币市场的去中心化和无国界的性质,无论是投资者保护还是反洗钱和反恐怖主义融资等非法活动打击,都需要在全球范围内进行监管协调与合作。新加坡正积极参与国际讨论和合作,新加坡金融管理局通过参与反洗钱金融行动特别工作组、国际证监会组织(IOSCO)、国际货币基金组织(IMF)等组织的标准制定研讨会,对这些问题进行讨论,以制定跨国加密货币和区块链标准,促进全球金融科技的健康发展。新加坡的加密货币发展既展现了其作为一个开放经济体和金融创新中心的姿态,也反映了其对新兴市场监管挑战的积极响应。例如,通过《支付服务法》和《数字代币发行指南》等法规,新加坡金融管理局在保持开放的同时,也注重加强对投资者的保护与打击非法活动。

二、新加坡加密货币及 Web3 监管态势

当前,根据《证券及期货法》(Securities and Futures Act,SFA)定义的资本市场产品的数字资产,受到与其他资本市场产品类似的监管。而用于支付或清偿债务的数字资产可能根据《支付服务法》被监管为数字支付代币或电子货币。相关服务提供商需要分别根据《证券及期货法》或《支付服务法》申请相应的许可证。根据《2022 年金融服务与市场法》,受监管的数字代币服务的范围将进一步扩大,以符合反洗钱金融行动特别工作组的标准。《2022 年金融服务与市场法》对新加坡公司或在新加坡开展业务的虚拟资产服务提供商(VASP)施加了许可要求,即使它们完全在新加坡以外提供数字代币服务(目前此类公司尚不受监管)。

(一)新加坡总体监管态势

新加坡是加密货币监管方面的先行者,也对加密货币行业持友好态度。但值得注意的是,新加坡对加密货币及 Web 3 相关行业的监管之道是务实、谨慎且灵活的。虽然政府认识到加密货币的经济价值和社会潜力,并致力于为其在新加坡金融领域的应用营造有利的监管环境,但与此同时,政府也以谨慎的态度行事,努力识别所涉及的风险,例如在消费者保护和反洗钱/打击资助恐怖主义行为方面的风险。随后,政府以适度且量身定制的方式管理这些风险,其中最为显著的便是通过许可证的发放以进行灵活的规制。

近十年来,新加坡在加密货币监管方面取得了显著且具有针对性的进展,进一步彰显了其"稳中求进"的监管态势和策略。自 2013 年 6 月以来,新加坡金融管理局一直在提醒消费者和企业关于加密货币交易所存在的重大

风险。[①] 在2016年首次代币发行热潮之后,新加坡金融管理局于2017年8月明确表示,如果相关代币是以证券形式进行构建的,其首次代币发行必须遵循现行的旨在保护投资者利益的证券法规。[②] 2017年8月10日,在与新加坡警察部队商业事务局(Commercial Affairs Department,CAD)共同发布的消费者咨询中,新加坡金融管理局还建议消费者在投资前进行详细的尽职调查,了解与首次代币发行和涉及加密货币的投资计划相关的潜在风险。[③] 尽管当时新加坡金融管理局对新加坡的加密货币中介进行特别谨慎的监管,以应对潜在的洗钱和恐怖主义融资风险,但其明确表示并不会对不涉及此类风险活动的加密货币本身进行监管。[④] 2017年12月,比特币价值经历了一轮暴涨(从2017年1月的约1000美元一路攀升至2017年12月的将近20,000美元),市场对加密货币的投资兴趣也随之增加,新加坡金融管理局进一步强调公众应"极度谨慎",并了解此类投资的重大风险。[⑤] 新加坡金融管理局还特别警告称,加密货币价格的激增可能是由投机行为推动的,因此存在价格急剧下跌的高风险,且在加密货币投资方面并没有相应的监管保障。[⑥]

在标志着加密货币行业重大转折的2022年,新加坡也对加密货币行业的监管措施及态势进行了严格调整,以有效应对各种重大危机,其中包括算法稳定币TerraUSD的崩溃以及加密货币借贷平台Voyager Digital、Celsius Network、BlockFi,加密货币对冲基金三箭资本(Three Arrows Capital)等主要市场参与者的黯然离场,尤其是FTX崩盘所引发的各种连锁反应。2022年1月,新加坡金融管理局出台措施,限制在公共场所推销和宣传加密货币服务,并禁止以淡化

---

① See Rachel Cropper-Mawer & Weiyi Tan & Jeffrey Koh, *Crypto Regulations in Singapore and the EU: An Overview*, Clyde & Co. LLP (Jan. 11, 2023), https://www.clydeco.com/en/insights/2023/01/crypto-regulations-in-singapore-and-the-eu-an-over.

② See Rachel Cropper-Mawer & Weiyi Tan & Jeffrey Koh, *Crypto Regulations in Singapore and the EU: An Overview*, Clyde & Co. LLP (Jan. 11, 2023), https://www.clydeco.com/en/insights/2023/01/crypto-regulations-in-singapore-and-the-eu-an-over.

③ See Monetary Authority of Singapore, *Consumer Advisory on Investment Schemes Involving Digital Tokens (Including Virtual Currencies)*, Monetary Authority of Singapore (Aug. 10, 2017), https://www.mas.gov.sg/news/media-releases/2017/consumer-advisory-on-investment-schemes-involving-digital-tokens.

④ See Rachel Cropper-Mawer & Weiyi Tan & Jeffrey Koh, *Crypto Regulations in Singapore and the EU: An Overview*, Clyde & Co. LLP (Jan. 11, 2023), https://www.clydeco.com/en/insights/2023/01/crypto-regulations-in-singapore-and-the-eu-an-over.

⑤ See Rachel Cropper-Mawer & Weiyi Tan & Jeffrey Koh, *Crypto Regulations in Singapore and the EU: An Overview*, Clyde & Co. LLP (Jan. 11, 2023), https://www.clydeco.com/en/insights/2023/01/crypto-regulations-in-singapore-and-the-eu-an-over.

⑥ See Rachel Cropper-Mawer & Weiyi Tan & Jeffrey Koh, *Crypto Regulations in Singapore and the EU: An Overview*, Clyde & Co. LLP (Jan. 11, 2023), https://www.clydeco.com/en/insights/2023/01/crypto-regulations-in-singapore-and-the-eu-an-over.

风险的方式描述加密货币交易。[①] 2022 年 10 月 26 日,在 FTX 于 2022 年 11 月 11 日申请破产前约两周,新加坡金融管理局发布了两份咨询文件,提出了降低加密货币交易中消费者损害风险的建议措施——《数字支付代币服务拟议监管措施咨询文件》(Consultation Paper on Proposed Regulatory Measures for Digital Payment Token Services),以及支持稳定币在新加坡数字资产生态系统中发展的建议措施——《稳定币相关活动拟议监管方法咨询文件》(Consultation Paper on Proposed Regulatory Approach for Stablecoin-Related Activities)。

(二)新加坡官方加密货币探索项目

在新加坡,加密货币并不等同于货币。根据每种加密货币的特点,它可能被视为受监管的产品,如资本市场工具(Capital Market Instruments,包括证券)、电子货币或数字支付代币,也可能被视为严格用于实用目的、不受监管的数字代币(如各种 DAO 组织内的代表事务投票权的治理代币)。虽然新加坡金融管理局尚未发行或支持任何用于零售的央行数字货币或加密货币,但新加坡金融管理局在这一方面也进行了积极探索,与区块链行业参与者紧密合作,推动了一系列的协作项目,旨在发掘合规区块链技术在数字支付方面的潜力。

"Project Ubin"是新加坡金融管理局探索将区块链和分布式账本技术用于支付和证券的清算和结算的最早尝试之一。通过该项目开发的支付网络原型将有助于开发跨境支付基础设施以及多样化的客户应用。2022 年 11 月 3 日,新加坡金融管理局进一步推出了"Project Ubin +",与多家国际银行、金融合作伙伴共建,探索直接使用批发型央行数字货币(Wholesale CBDC,W-CBDC)进行跨境外汇结算。

"Project Dunbar"则是由国际清算银行创新中心(Bank for International Settlements Innovation Hub)和包括新加坡金融管理局在内的中央银行共同开展的一个项目,已于 2022 年 3 月 22 日宣布完成。该项目证明了金融机构可以使用央行数字货币通过一个共同平台直接进行交易。这将减少对中介机构的需求,并大大降低处理交易或进行跨境交易所需的成本和时间。

同时,在最近扩展的"Project Guardian"框架下,新加坡金融管理局通过与金融机构合作开展行业试点,测试资产代币化在其他类别金融资产中的潜力,如数字结构性产品、代币化投资工具、代币化资产支持证券、代币化债券和代币

---

① See Monetary Authority of Singapore, *MAS Issues Guidelines to Discourage Cryptocurrency Trading by General Public*, Monetary Authority of Singapore (Jan. 17, 2022), https://www.mas.gov.sg/news/media-releases/2022/mas-issues-guidelines-to-discourage-cryptocurrency-trading-by-general-public.

化存款等。这将有助于提高金融市场的流动性和包容性,同时提高金融服务的效率、可负担性和可获得性。

此外,新加坡政府发布了加密货币交易指南,通过了《2021 年支付服务法修正案》[Payment Services (Amendment) Act 2021]和《2022 年金融服务和市场法》,以应对更多风险,包括零售投资者风险和洗钱风险等。

(三)加密货币监管及相应牌照

1. 七种支付服务类型

在新加坡,加密货币主要根据《支付服务法》进行监管,但也存在根据其他法规进行监管的情况。对此,有两个主要原因:首先,加密货币具有广泛的属性、特征和功能,导致某些类型的加密货币并没有落入《支付服务法》对于监管客体(数字支付代币)的定义之内,从而游离于《支付服务法》的监管体系之外;其次,某些加密货币的特征、功能与《证券及期货法》中所定义的资本市场产品或证券足够相似,导致其可能会受到《证券及期货法》的监管。① 新加坡金融管理局已经明确表示,如果加密货币符合《证券及期货法》中规定的证券或资本市场产品的定义,则相关活动必须符合《证券及期货法》的要求。

根据《支付服务法》,从事支付服务业务(Payment Service)的实体必须获得支付牌照(Payment Licence)。在《支付服务法》的附表一(First Schedule)中,明确定义了七类支付服务,即账户开立服务(Account Issuance Service)、境内汇款服务(Domestic Money Transfer Service)、跨境汇款服务(Cross-Border Money Transfer Service)、商户收购服务(Merchant Acquisition Service)、电子货币发行服务(E-Money Issuance Service)、数字支付代币服务(Digital Payment Token Service)及货币兑换服务(Money-Changing Service)。② 加密货币可能属于"电子货币"或"数字支付代币"的《支付服务法》定义范围,因此,从事与此类加密货币相关的支付服务业务的实体需要根据《支付服务法》申请相应牌照,以获得开展业务所需的牌照。

具体而言,"电子货币"在《支付服务法》之"第一部分:前言"(Part 1 Preliminary)中的定义解释(Interpretation)章节被定义为"以任何货币计价或由其发行者与任何货币挂钩的任何电子存储货币价值,已预先支付,以便通过使

① See Ling YingXin & Kenneth Pereire, *Blockchain & Cryptocurrency Laws and Regulations* 2024, Global Legal Group (June 27, 2024), https://www.globallegalinsights.com/practice-areas/blockchain-laws-and-regulations/singapore/.

② See Monetary Authority of Singapore, *Payment Service Act* 2019, Singapore Statutes Online (Feb. 20, 2019), https://sso.agc.gov.sg/Acts-Supp/2-2019/Published/20190220? DocDate=20190220.

用支付账户进行支付交易,由其发行者以外的人接受,并代表对其发行者的债权,但不包括在新加坡接受的来自新加坡任何人的任何存款”。[①] 如果某个实体发行电子货币的目的是让其他人进行支付交易,那么该实体就是在提供电子货币发行服务。而另一主要类别“数字支付代币”则同样在《支付服务法》的上述章节中被定义为“以单位表示的任何数字价值表示(已被明确排除的数字价值表示除外),不以任何货币计价,其发行者也不将其与任何货币挂钩,是或打算成为公众或部分公众接受的交换媒介,作为支付货物或服务或清偿债务的费用,可以电子方式转让、储存或交易,并符合新加坡金融管理局可能规定的其他特征”。[②]

数字支付代币服务在《支付服务法》的附表一中被定义为既可以是交易数字支付代币(Dealing in Digital Payment Tokens)的服务,也可以是促进数字支付代币交换(Facilitating the Exchange of Digital Payment Tokens)的服务。具体而言,“交易数字支付代币”是指“购买或出售数字支付代币,以换取任何货币或任何其他数字支付代币,但不包括促进数字支付代币的交换以及接受或使用任何数字支付代币作为提供货物或服务的支付手段”。而“促进数字支付代币交换”是指“建立或经营数字支付代币交易所(Digital Payment Token Exchange),为要约或邀请购买或出售任何数字支付代币以换取任何金钱或任何数字支付代币的目的,而占有(Possession)任何金钱或任何数字支付代币,不论是在作出该要约或邀请时,还是在其他情况下”。[③]

尽管如此,某些符合有限目的数字支付代币(Limited Purpose Digital Payment Token,LPDPT)定义的加密货币将不受《支付服务法》的监管。具体而言,有限目的数字支付代币指的是“任何非货币性客户忠诚度或奖励点数、任何游戏内资产或任何类似的价值数字表示,不能退还给发行者、不能转让或出售以换取金钱,并且符合以下条件之一:(1)非货币性客户忠诚度或奖励点数的情况:只能用于支付或部分支付货物或服务,或换取货物或服务;或支付或部分支付其发行者或其发行者指定的任何商户提供的商品或服务,或交换其发行者或其发行者指定的任何商户提供的商品或服务。(2)游戏内资产的情况:用于支付或交换在线游戏内的虚拟物品或虚拟服务,或在线游戏内的任何类似物品,

---

① See Monetary Authority of Singapore, *Payment Service Act* 2019, Singapore Statutes Online (Feb. 20, 2019), https://sso.agc.gov.sg/Acts-Supp/2-2019/Published/20190220?DocDate=20190220.

② See Monetary Authority of Singapore, *Payment Service Act* 2019, Singapore Statutes Online (Feb. 20, 2019), https://sso.agc.gov.sg/Acts-Supp/2-2019/Published/20190220?DocDate=20190220.

③ See Monetary Authority of Singapore, *Payment Service Act* 2019, Singapore Statutes Online (Feb. 20, 2019), https://sso.agc.gov.sg/Acts-Supp/2-2019/Published/20190220?DocDate=20190220.

且这些物品是在线游戏的一部分,或与在线游戏有关”。[①]

2. 支付服务牌照

根据《支付服务法》,有两类牌照适用于加密货币从业者,即标准支付机构牌照和主要支付机构牌照(Major Payment Institution Licence)。《支付服务法》明确规定,提供《支付服务法》规定的七类支付服务的实体必须获得牌照。如果持牌实体(Licensed Entity)在一个日历月(Calendar Month)内接受、处理或执行的所有支付交易的总价值:就其中任何一项支付服务而言,平均超过300万新元或等值外币;或就其中两项或更多支付服务而言,平均超过600万新元或等值外币,则需要获得主要支付机构牌照。[②] 表3-2为相关业务涉及的监管法规和牌照要求。

表3-2 相关业务涉及的监管法规和牌照要求

业务性质	业务活动	监管法规	牌照要求
加密货币(Cryptocurrency)	(1)若作为证券交易、资本市场产品	《证券及期货法》	资本市场服务牌照
	(2)若提供支付服务	《支付服务法》 《新加坡金融管理局反洗钱指南》	支付服务牌照
区块链(Blockchain)	(1)开发	尚无	尚无
	(2)若向新加坡人提供交易/托管/做市服务	《证券及期货法》 《支付服务法》 《新加坡金融管理局反洗钱指南》	资本市场服务牌照 支付服务牌照
	(3)仅提供技术解决方案(面向交易/托管/做市服务商)	尚无	尚无
非同质化代币(NFT)	若提供交易/零售	取决于代币和底层交易的性质	

在特定情况下,电子货币发行服务的从业者将必须获得主要支付机构牌照:(1)在一个日历月内,持牌实体根据新加坡金融管理局通过书面通知规定的标准,确定的存储在持牌实体发放的所有支付账户中的电子货币总价值的单日平均值,以及持牌实体根据新加坡金融管理局以书面通知规定的标准,确定的居住在新加坡境内的所有人,且在一个日历月内,在新加坡境内发行并存储在

① See Monetary Authority of Singapore, *Payment Service Act* 2019, Singapore Statutes Online (Feb. 20, 2019), https://sso.agc.gov.sg/Acts-Supp/2-2019/Published/20190220? DocDate=20190220.

② See Monetary Authority of Singapore, *Payment Service Act* 2019, Singapore Statutes Online (Feb. 20, 2019), https://sso.agc.gov.sg/Acts-Supp/2-2019/Published/20190220? DocDate=20190220.

持牌实体向非新加坡居民发行的任何支付账户中的电子货币总价值的单日平均值超过 500 万新元或等值外币;或(2)持牌实体发行的所有指定电子货币在一个日历月内的单日平均总值超过 500 万新元或等值外币。[①] 除上述提及的特定情况外,一般的支付服务提供者只需获得标准支付机构牌照即可。

《支付服务法》还规定了申请者获得牌照的资格要求以及持牌机构的持续合规要求。就资格要求中的最低资本要求一项而言,申请标准支付机构牌照的最低基本资本(Minimum Base Capital)为 10 万新元,而申请主要支付机构牌照的最低基本资本为 25 万新元。此外,牌照申请人还必须满足以下三个条件。(1)董事资格:至少有一名执行董事(Executive Director)是新加坡公民或永久居民,或者至少有一名非执行董事(Non-Executive Director)是新加坡公民或永久居民,且至少有一名执行董事是新加坡就业准证(Employment Pass)持有人。(2)办公场所:许可证申请者必须在新加坡拥有永久营业场所或注册办事处,并于该处保存与其提供的支付服务有关的所有交易账簿。(3)客户服务:支付机构必须指定至少一人在其永久营业场所或注册办事处办公,以处理任何询问或投诉。[②]

虽然主要支付机构必须向新加坡金融管理局提供一笔保证金或信托存款,以履行其对支付服务客户的义务,但 2021 年推出的《2021 年支付服务法修正案》[Payment Services (Amendment) Act 2021]授权新加坡金融管理局在必要时可规定更多类别的持牌机构在提供特定支付服务时,必须遵守保障客户资金安全的要求。因此,标准支付机构也可能受到相同要求的约束。[③]

新加坡金融管理局于 2023 年 7 月 3 日发布了一份咨询文件,征求公众对《2019 年支付服务管理条例》(Payment Services Regulations 2019)修订草案——《2023 年支付服务管理条例(修正案)草案》[Payment Services Regulations (Amendment) 2023 - Draft]的反馈意见。该草案将要求数字支付代币服务提供商根据法定信托机制保管客户资产,并限制数字支付代币服务提供商为零售客户提供借出和抵押数字支付代币,以确保在服务提供商破产时客户资产能通过法定信托机制得到保护。[④] 新加坡金融管理局已于 2024 年 4 月 2 日回复了

---

① See Monetary Authority of Singapore, *Payment Service Act* 2019, Singapore Statutes Online (Feb. 20, 2019), https://sso.agc.gov.sg/Acts-Supp/2-2019/Published/20190220?DocDate=20190220.

② See Monetary Authority of Singapore, *Payment Service Act* 2019, Singapore Statutes Online (Feb. 20, 2019), https://sso.agc.gov.sg/Acts-Supp/2-2019/Published/20190220?DocDate=20190220.

③ See Ling YingXin & Kenneth Pereire, *Blockchain & Cryptocurrency Laws and Regulations* 2024, Global Legal Group (June 27, 2024), https://www.globallegalinsights.com/practice-areas/blockchain-laws-and-regulations/singapore/.

④ See Monetary Authority of Singapore, *Consultation Paper on Proposed Amendments to the Payment Services Regulations*, Monetary Authority of Singapore (Apr. 2, 2024), https://www.mas.gov.sg/publications/consultations/2023/consultation-paper-on-proposed-amendments-to-the-ps-regs.

此咨询文件,其中最引人注目的一条回应是,明确指出有限目的代币(Limited Purpose Tokens,LPTs)的客户资金同样将受到《支付服务法》中关于"客户资金保障要求"的约束。[①]

(四)反洗钱监管

新加坡一般意义上的反洗钱法律监管框架同样直接适用于加密货币。第一,《1992 年腐败、贩毒和其他严重犯罪(没收利益)法》[The Corruption, Drug Trafficking and Other Serious Crimes (Confiscation of Benefits) Act 1992,CDSA]中规定了在合理可行的情况下尽快向可疑交易报告办公室(Suspicious Transaction Reporting Office,STRO)报告可疑交易的义务。若违反该报告义务,将构成《1992 年腐败、贩毒和其他严重犯罪(没收利益)法》下的刑事犯罪。而根据《2002 年恐怖主义(制止资助)法》[Terrorism (Suppression of Financing) Act 2002,TSFA],任何人应按照 TFSA 附表一的规定,向警方披露其拥有、保管或控制的属于任何恐怖分子或恐怖实体的任何财产,或有关属于任何恐怖分子或恐怖实体的任何财产的任何交易或拟议交易的任何信息。此外,还应确保遵守内政部(Ministry of Home Affairs)网站上所列的"暂行制裁规定"(Interim Sanction Provisions)中关于指定个人和实体的金融制裁规定,以及执行联合国安全理事会决议(United Nations Security Council Resolutions)的各项相关条例。

第二,若某个个人或实体受到《证券及期货法》的监管,则 SFA04 - N02 公告《防止洗钱和打击资助恐怖主义行为——资本市场中介机构》(Prevention of Money Laundering and Countering the Financing of Terrorism-Capital Markets Intermediaries)可适用于该个人或实体。若某个个人或实体受到《支付服务法》的监管,则新加坡金融监管局发布的 PSN01 号公告《防止洗钱和打击资助恐怖主义行为——支付服务牌照持有人(指定支付服务)》[Prevention of Money Laundering and Countering the Financing of Terrorism-Holders of Payment Services Licence (Specified Payment Services)]和/或 PSN02 号公告《防止洗钱和打击资助恐怖主义行为——支付服务牌照持有人(数字支付代币服务)》[Prevention of Money Laundering and Countering the Financing of Terrorism-Holders of Payment Services Licence (Digital Payment Token Service)]则可适用于该个人或实体。

---

① See Monetary Authority of Singapore, *Response to Feedback Received on Proposed Amendments to the Payment Services Regulations*, Monetary Authority of Singapore (Apr. 2, 2024), https://www.mas.gov.sg/-/media/mas/news-and-publications/consultation-papers/2023-consultation-paper-on-proposed-amendments-to-the-ps-regs/response-to-feedback-received-on-proposed-amendments-to-the-payment-services-regulations.pdf.

第三,根据《金融服务与市场法》(Financial Services and Markets Act, FSM),所有在新加坡创建或运营的实体,即使完全在新加坡境外开展提供数字代币服务的业务,也将受到反洗钱和打击恐怖主义融资政策的监管。虽然《金融服务与市场法》将分阶段生效,但其中关于加强对数字代币服务提供商反洗钱和打击恐怖主义融资政策监管的部分法规预计将在 2024 年实施。①

第四,为了公众利益、新加坡金融体系的稳定或新加坡金融管理局施行其货币政策的有效性,新加坡金融管理局可能会对数字代币服务提供商提出其认为必要或适宜的额外要求。新加坡金融管理局可酌情规定,数字代币服务提供商在新加坡金融管理局向其签发牌照之前,必须获得银行担保(Bank Guarantee)、专业赔偿保险(Professional Indemnity Insurance),甚至向新加坡金融管理局提交保证金(Security Deposit)。② 新加坡金融管理局还有权在必要时对数字代币服务提供商直接采取用户保护措施,如要求数字代币服务提供商将客户资产与自身资产分离,或限制数字代币服务提供商将客户资产从一个实体转移到另一个实体,无论该实体位于何处。③

第五,受《证券及期货法》或《支付服务法》监管并颁发牌照的个人或实体应尽职地履行其"了解你的客户"义务,具体而言,需做到:充分识别客户,并规管和约束法人或法律安排的法律形式、组织和权力,了解客户的业务性质及其拥有权和控制架构。持牌人应使用可靠、独立的数据、文件或信息核实客户身份。如果客户是法人或法律安排,持牌人则应使用可靠、独立的数据、文件或信息,核实客户的法律形式、存在证明、章程和权力。

第六,作为其反洗钱义务的一部分,数字支付代币服务提供商必须遵守新加坡金融管理局根据反洗钱金融行动特别工作组要求实施的旅行规则。旅行规则要求数字支付代币服务提供商在进行价值转移时,无论是发送 DPT 还是接收 DPT,都必须收集并共享客户的个人信息。这意味着在交易过程中,数字支付代币服务提供商必须相互提供发起人和受益人的数据。

这一规则具体适用于以下情况的数字支付代币服务提供商:

- 通过价值转移发送一个或多个数字支付代币;或者

① See Ling YingXin & Kenneth Pereire, *Blockchain & Cryptocurrency Laws and Regulations* 2024, Global Legal Group (June 27,2024), https://www.globallegalinsights.com/practice-areas/blockchain-laws-and-regulations/singapore/.

② See Ling YingXin & Kenneth Pereire, *Blockchain & Cryptocurrency Laws and Regulations* 2024, Global Legal Group (June 27,2024), https://www.globallegalinsights.com/practice-areas/blockchain-laws-and-regulations/singapore/.

③ See Ling YingXin & Kenneth Pereire, *Blockchain & Cryptocurrency Laws and Regulations* 2024, Global Legal Group (June 27,2024), https://www.globallegalinsights.com/practice-areas/blockchain-laws-and-regulations/singapore/.

- 通过价值转移接收一个或多个数字支付代币，这种接收是基于价值转移发起人或受益人的账户进行的。

但该规则不适用于数字支付代币服务提供商与另一金融机构之间的转移和结算，当数字支付代币服务提供商和另一金融机构以价值转移发起人和价值转移受益人的身份代表自己行事时，这意味着他们在交易中不代表客户，而是代表自己的账户进行操作。

值得注意的是，发起人数字支付代币服务提供商需要与受益人数字支付代币服务提供商共享的信息范围取决于交易金额。如果交易金额少于1500新加坡元（约1106美元），发起人数字支付代币服务提供商应收集并共享以下信息：

- 价值转移发起人的姓名；
- 价值转移发起人的账号（如果没有账号，则为唯一交易参考号）；
- 价值转移受益人的姓名；
- 价值转移受益人的账号（如果没有账号，则为唯一交易参考号）。

如果交易金额超过1500新加坡元，除上述信息外，发起人数字支付代币服务提供商还需要提供以下信息：

- 价值转移发起人的居住地址；
- 价值转移发起人的注册地址或营业地址（若营业地址与注册地址不同，提供主要营业地址）；
- 价值转移发起人的唯一识别号码（如身份证号码、出生证号码或护照号码，或如果价值转移发起人不是自然人，则为公司注册号码或商业注册号码）；
- 价值转移发起人的出生日期、公司注册或登记的日期和地址（视情况而定）。

新加坡金融管理局并未为遵守旅行规则提供宽限期。然而，根据《2019年支付服务（特定期间豁免）条例》[Payment Services (Exemption for Specified Period) Regulations 2019]，新加坡金融管理局允许数字支付代币服务提供商在特定豁免期内无需执照即可在新加坡运营。这意味着在豁免期内，这些服务商无需取得监管机构对旅行规则合规性的证明。只有在2020年1月28日之前已经提供数字支付代币服务的实体才有资格获得豁免，前提是它们在该日期后的 30 天内（2020 年 2 月 27 日之前）通知新加坡金融管理局其业务的启动日期。这些符合条件的实体从 2020 年 1 月 28 日起享有 6 个月的豁免期限（直到 2020 年 7 月 28 日）。在此期间，这些实体必须申请提供数字支付代币服务的许可证。如果在规定时间内提交了许可证申请，豁免期将延长至申请获得批准、被拒绝或撤回。

总的来说，新加坡作为亚太地区的金融中心之一，一直积极推动加密货币和 Web3 的发展，并建立了较为完善的监管框架。通过一系列法律法规和监管措施，新加坡金融管理局在确保创新和发展空间的同时，力求维护金融体系的稳定与安全。对于新加坡的加密货币和 Web3 从业者而言，详尽翻阅新加坡金融管理局颁布的通知和指南（MAS Notices and Guidelines）至关重要，以确保自身业务符合相应的合规要求，并避免因违规而受到惩罚。展望未来，新加坡金融管理局将继续引领行业发展，为创新设定明确准则，同时加大对客户资金和资产的保护力度，进一步巩固新加坡在金融科技、加密货币及 Web3 领域的领先地位。

第五节　马 来 西 亚

一、马来西亚加密货币及 Web3 生态发展沿革

许多人认为马来西亚的 Web3 项目不太知名。然而，马来西亚有许多知名的 Web3 项目，例如 CoinGecko 和 Etherscan。此外，许多 Web3 项目位于吉隆坡，这可能是因为其拥有对初创企业友好的环境（在全球初创企业环境中排名第十一位），以及其作为东南亚航空枢纽的地理优势。实际上，CoinGecko 和 Etherscan 都通过 Web3 Jobs[①] 积极招聘员工在马来西亚工作，这表明了该国正在 Web3 行业活跃地招聘。虽然没有突出的去中心化金融或非同质化代币项目，但值得注意的是，马来西亚有一些本地主网项目，例如 ZETRIX。ZETRIX 由 MyEG Services Bhd 拥有，该公司最近为中国公民提供了在区块链上数字化身份证和驾驶证的技术，以便进行国际旅行。

至于马来西亚的政府机构，有马来西亚证券监督委员会（Securities Commission Malaysia，SC）和马来西亚国家银行（Bank Negara Malaysia，BNM），以及马来西亚数字经济发展局（MDEC）。马来西亚数字经济发展局是隶属于

---

① Web3 Jobs 是一个将专业人才与去中心化网络和区块链行业就业机会相连接的平台，助力 Web3 生态系统的创新与发展。

数字事务部的政府机构,成立于1996年,旨在引领马来西亚的数字经济,其被认为是在推动区块链相关活动。目前,马来西亚和大多数国家一样,将加密货币视为数字资产,但不视为货币或支付方式。马来西亚还对加密货币交易所实施注册制度,对其进行严格监管,同时努力利用Web3相关技术来推动金融科技的发展。目前马来西亚的监管环境似乎已经有了基本框架,以增强加密交易的透明度和稳定性,并保护投资者。其中一项保护投资者的最新措施包括2024年4月在马来西亚国会上议院通过的《2024年网络安全法案》(Cyber Securities Bill 2024)。截至2024年6月,该法案尚未正式生效,①直到马来西亚政府颁布宪报确定法律的生效日期。在相关《2024年网络安全法案》生效之前,我们无法得知其执法力度和确切的范围之广。然而,马来西亚证券监督委员会和马来西亚国家银行尚未对加密货币交易和投资活动出台全面的法规,因此马来西亚的Web3监管仍在快速发展中。作为一个对技术和金融有着浓厚兴趣的快速发展经济体,马来西亚的加密货币和Web3生态系统近年来发展迅速,其通过在政策、教育、投资和项目孵化与扶持等多方面的积极努力,已逐渐成为东南亚重要的Web3创新中心之一。

(一)监管环境

马来西亚对加密货币的监管总体持谨慎态度,但又因时因势而变。基于市场波动、用于非法活动的风险以及对传统金融体系的潜在影响等因素的考量,马来西亚政府和金融监管机构最初对加密货币持保守态度。然而,认识到加密货币在全球金融中日益增强的重要性,马来西亚开始调整其监管策略,为加密货币运营提供更加完整和结构化的行动指南。②

2019年1月15日,《2019年资本市场和服务(证券规定)(数字货币和数字代币)法令》[Capital Markets and Services (Prescription of Securities) (Digital Currency and Digital Token) Order 2019, PO2019]正式生效并将数字货币和数字代币纳入证券范围,马来西亚证券监督委员会可以对数字资产的发行和交易进行监管。

为确保数字资产行业的透明度、投资者保护和市场稳定,2020年10月28日,马来西亚证券监督委员会发布了《数字资产指南》(Guidelines on Digital Assets, GDA)并生效。与被纳入证券范围相呼应,该指南为数字代币发行、首次

---

① See Malaysian Parliament, *Laws of Malasia Act* 854 *Cyber Security Act* 2024, Malasia Federal Legislation (June 26, 2024), https://lom.agc.gov.my/act-detail.php? language = BI&act = 854.

② See Crytocurrency, *Cryptocurrency Regulation in Malaysia*: A 2024 *Perspective*, Crytocurrency (Dec. 9, 2023), https://cryptocurrency.law/cryptocurrency-regulation-in-malaysia-a-2024-perspective/.

交易所发行平台的运营[Initial Exchange Offering (IEO) Platform Operation]和提供数字资产托管服务(Provision of Digital Asset Custody Services)等业务提供了详细的监管规范。①

除马来西亚证券监督委员会的立法努力外,马来西亚中央银行也采取了相应的积极举措。2020 年 12 月 31 日,马来西亚中央银行发布了《数字银行牌照框架》(Licensing Framework for Digital Banks)和一系列常见问题(Frequently Asked Questions,FAQ),计划发放数字银行牌照(Digital Banking License),旨在推动金融包容性和数字化转型。数字银行可从事资本市场活动,接受外币存款,并提供与传统银行相同的银行服务,但主要通过数字或电子手段提供服务。数字银行被允许使用境外云服务提供商,但需符合马来西亚中央银行的《技术风险管理准则》(Risk Management in Technology,RMiT)要求,并确保采取必要的安全措施。② 2022 年 4 月 29 日,马来西亚中央银行公布了首批成功获得数字银行牌照的企业:Boost 控股有限公司与 RHB 银行有限公司(Boost Holdings Sdn. Bhd. and RHB Bank Berhad)、GXS 银行有限公司与郭氏兄弟有限公司(GXS Bank Pte. Ltd. and Kuok Brothers Sdn. Bhd.)、Sea 有限公司与 YTL 数字资本有限公司(Sea Limited and YTL Digital Capital Sdn. Bhd.)、KAF 投资银行有限公司(KAF Investment Bank Sdn. Bhd.)、永旺信贷服务(马来西亚)有限公司与 MoneyLion 公司(AEON Credit Service (M) Berhad and MoneyLion Inc.)。马来西亚中央银行谨慎地涉足数字银行领域,通过对持牌数字银行的资产规模施加限制,并要求这些银行在基础阶段提供退出计划(Exit Plan),保障金融体系的完整性和稳定性,防范获得牌照的数字银行可能出现的由于无限制增长所带来的风险。③

(二)普及教育与人才培养

根据马来西亚科学、工艺及革新部(MOSTI)最近发布的《国家区块链路线图》,了解区块链的马来西亚人比例约为 49%。然而,与任何业务一样,在法律和监管问题上意识水平较低。除去这一点,我们可以看到大多数人对区块链有一定了解。

根据马来西亚研究公司 Oppotus Research Group 的一份报告,截至 2023 年第三季度,40% 的马来西亚人持有加密货币(见图 3 - 1)。

---

① See Business Today, *Securities Commission Revises Guidelines on Digital Assets*, Business Today (Oct. 29, 2020), https://www.businesstoday.com.my/2020/10/29/securities-commission-revises-guidelines-on-digital-assets/.

② See James Guild, *What Malaysia's Digital Banking Licenses Tell Us*, The Diplomat (June 7, 2022), https://thediplomat.com/2022/06/what-malaysias-digital-banking-licenses-tell-us/.

③ See Skrine, *BNM's Licensing Framework for Digital Banks*, Mondaq (Feb. 24, 2021), https://www.mondaq.com/financial-services/1039946/bnms-licensing-framework-for-digital-banks -.

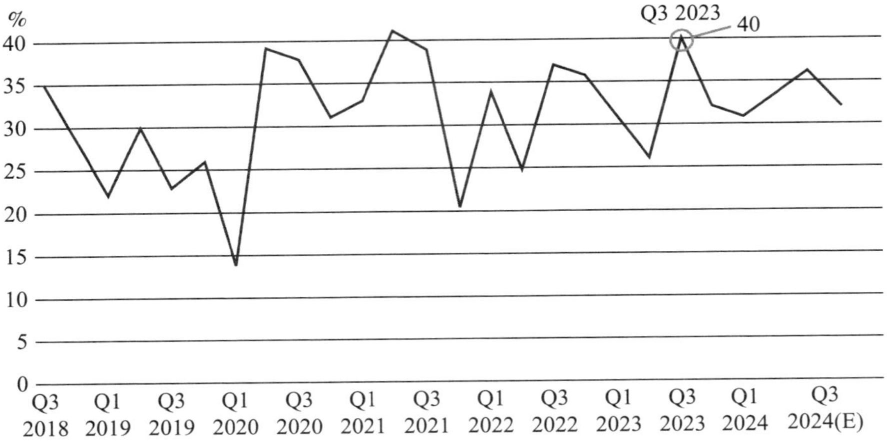

图 3-1 马来西亚的加密货币持有率

资料来源:马来西亚研究公司 Oppotus Research Group 2023 年研究报告。

马来西亚非常重视区块链和加密货币的普及教育和人才培养,无论是政府、高校,还是企业,都在积极推动人才培养和技术创新。亚太科技创新大学(Asia Pacific University of Technology & Innovation,APU)在推动区块链和加密货币教育与创新方面起着关键作用。其开设了区块链和加密货币相关课程,例如,区块链技术基础、智能合约开发和加密货币经济学等。学校的金融科技课程中也融入了区块链和加密货币相关内容,以培养更多的跨学科人才。[①] 亚太科技创新大学成立了亚太区块链和加密货币俱乐部(APU Blockchain & Cryptocurrency Club,APUBCC),旨在让学生学习在区块链和加密货币领域的知识和技能,培育未来的行业专家和产业领袖。亚太区块链和加密货币俱乐部举办了多场讲座、研讨会、黑客马拉松和实践课程,帮助学生掌握最新的技术和行业趋势,并通过与业内企业的合作,为学生提供实习和就业机会。2022 年,亚太区块链和加密货币俱乐部在其成立一周年之际,通过举办多场研讨会和讲座等活动,进一步推动了马来西亚的区块链和加密货币教育和社区建设,这体现了马来西亚在这一充满活力的技术领域培养专业人才的决心。[②] 在 2024 年的 ETHTaipei 黑客马拉松中,亚太区块链和加密货币俱乐部的团队"CrossYield"开发了一种跨链自偿还贷款协议,获得了多个奖项,展示了他们在区块链领域的

① See Asia Pacific University, *Asia Pacific University of Technology & Innovation Official Website*, Asia Pacific University (June 30, 2024), https://www.apu.edu.my/.

② See Asia Pacific University, *APUBCC Contributing to Malaysia's Blockchain and Crypto Ecosystem*, Asia Pacific University (Oct. 12, 2022), https://www.apu.edu.my/search/node/APUBCC.

创新能力。①

马来西亚大学(Universiti Malaya,UM)则设立了区块链技术研究中心,研究分布式账本技术在供应链管理、政府治理和金融服务等领域的潜在应用。该校还与区块链公司和风险投资基金合作,开展多项研发项目,帮助学生参与真实的技术研发和创新实践。

除了高校的自主探索,马来西亚政府也为区块链教育和培训提供支持。马来西亚政府发布了“国家区块链技术战略计划”(National Blockchain Technology Strategy Plan),旨在到 2025 年培养数千名区块链专业人才,并通过与行业、高校的合作,开设多项职业认证和职业培训课程。此外,还有“区块链网络合作计划”(Blockchain Network Collaboration Program),即政府机构与高校、企业合作,通过设立奖学金、举办培训班和研讨会,培养区块链和加密货币方面的专业人才。②

与此同时,企业孵化器和加速器、风险投资机构等也积极与高校紧密合作。比如 FanAnywhere、AU21 Capital、Torum 和 Cryption Network 等企业孵化器和加速器通过支持初创公司和为学生提供实习机会,来促进区块链行业的人才引进。而 Worshipper Capital、Skywater Capital 和 Blockchain Founders Fund 等风投机构也通过与高校合作,共同举办技术创新大赛,来为学生提供创业指导和资金支持。③

(三)投资与创业生态

马来西亚是全球第六大比特币“挖矿”国,也是区块链技术初创企业入驻的首选国家之一。其庞大的技术生态和友好的创业环境,使其成为全球 Web3 生态的发源地之一。与国家政策和高校支持相呼应,马来西亚的投资者、风险投资基金以及初创企业生态系统对加密货币和 Web3 项目表现出浓厚兴趣,逐渐形成了蓬勃发展的投资与创业生态。马来西亚的投资机构和加速器如 Worshipper Capital、Skywater Capital 和 Blockchain Founders Fund 等积极扶持 Web3 和加密货币初创公司。同时,马来西亚相关投资机构也注重加强与新加坡、美国、英国等国家的投资机构的合作,共同支持 Web3 初创企业的创新发展,扩展投资规模和生态。④

---

① See The Star, *APU Triumphs at ETHTaipei* 2024 *Hackathon*, The Star (May 5, 2024), https://www.thestar.com.my/news/education/2024/05/05/apu-triumphs-at-ethtaipei-2024-hackathon.

② See Asia Pacific University, *Asia Pacific University of Technology & Innovation Official Website*, Asia Pacific University (June 30, 2024), https://www.apu.edu.my/.

③ See Blockchain Founders Fund, *Blockchain Founders Fund Official Website*, Blockchain Founders Fund (July 1, 2024), https://shizune.co/investors/blockchain-investors-malaysia.

④ See Shizune, *Top* 30 *Web3 Startup Investors in Malaysia*, Shizune (June 2024), https://shizune.co/investors/web3-investors-malaysia.

目前,比较有代表性的项目有 Torum、FanAnywhere、Nillion、The Unfettered 等。Torum 是一个面向加密货币用户的社交金融平台,将社交媒体、非同质化代币市场和去中心化金融应用集成到一个 Web3 社交金融生态系统中,其吸引了 Worshipper Capital、Skywater Capital 等多家机构投资。FanAnywhere 是一个一站式区块链解决方案,帮助名人通过粉丝代币和非同质化代币与粉丝互动,提供一种创新的粉丝参与方式,来重新激活粉丝经济,其得到了 AU21 Capital 的支持。Nillion 专注于数据共享和分布式计算的安全解决方案,获得了 AU21 Capital 的投资。AU21 Capital 还投资了 The Unfettered(一款基于区块链的 PC 游戏),主打加密货币奖励和非同质化代币市场。①

总的来说,马来西亚的区块链和 Web3 生态系统在政策支持、高校培养和企业投资的推动下,展现出强劲的增长势头。政府、高校和企业的共同努力,使得马来西亚成为区块链技术和 Web3 项目的重要发源地和创新中心之一。

二、马来西亚加密货币及 Web3 监管态势

2019 年 1 月 15 日,马来西亚发布《2019 年资本市场和服务(证券规定)(数字货币和数字代币)法令》,明确将数字货币和数字代币纳入证券范围,从而赋予马来西亚证券监督委员会对数字资产的发行和交易进行监管的权限。这一监管权力基于《2007 年资本市场服务法》(Capital Market s and Services Act 2007,CMSA 2007)②及其他相关配套法规。与此同时,由于数字资产本身的特殊性(与法定货币之间的兑换性),其亦需要遵守马来西亚其他金融监管机构的相关法规,如马来西亚中央银行的相关规定。马来西亚所属国际组织的相关建议与条约也在一定程度上影响其相应的监管框架。

马来西亚证券监督委员会和马来西亚中央银行在其2018 年12 月6 日共同发布的《马来西亚数字资产监管联合声明》(Joint Statement on the Regulation of Digital Assets in Malaysia)中强调了其将保持通力合作的良好关系,使得各自的监管权限能够相互补充,共筑马来西亚协调一致的数字资产监管框架。③ 具体而言,马来西亚证券监督委员会强调其将通过相应立法将数字资产的发行和交

---

① See Shizune, *Top 30 Web3 Startup Investors in Malaysia*, Shizune (June 2024), https://shizune.co/investors/web3-investors-malaysia.

② See Malaysian Parliament, *Capital Markes and Services Act* 2007, Securities Commission Malaysia (Sept. 28, 2007), https://www.sc.com.my/regulation/acts/capital-markets-and-services-act-2007.

③ See Securities Commission Malaysia & Bank Negara Malaysia, *Joint Statement on Regulation of Digital Assets in Malaysia*, Bank Negara Malaysia (Dec. 6, 2018), https://www.bnm.gov.my/-/joint-statement-on-regulation-of-digital-assets-in-malaysia.

易纳入其现行证券法监管体系,在保护投资者的同时,促进公平有序的交易。而马来西亚中央银行虽然重申了“数字资产并非马来西亚法定货币”的立场,但亦明确表示其不会禁止此类资产的交易。对于具有支付功能的数字资产的发行与交易,其需要遵照马来西亚中央银行关于支付系统与货币服务的相关法律法规,并履行其在反洗钱、打击资助恐怖主义等规定下的合规义务,包括客户身份识别程序,对所有的相关客户进行标准化的尽职调查。

除此之外,马来西亚的纳闽国际商业金融中心(Labuan International Business and Financial Centre,Labuan IBFC)①也是吸引众多数字资产从业者寻求另一种合规路径的热门目的地。作为马来西亚的联邦直辖区,纳闽国际商业金融中心具有较高程度的自治权,对数字资产也具有独特且较为友好的监管政策。纳闽国际商业金融中心最主要的相关管理机构是纳闽金融服务管理局(Labuan Financial Services Authority,LFSA),意图在纳闽国际商业金融中心开展其数字金融服务的公司,自然需要获得纳闽金融服务管理局的批准及其颁发的相应牌照。

下文将主要集中介绍马来西亚针对加密货币行业的标准化的监管框架。

(一)重大监管规定沿革

自 2019 年 1 月 15 日起,马来西亚证券监督委员会所颁布的《2019 年资本市场和服务(证券规定)(数字货币和数字代币)法令》正式生效。该法令扩大了《2007 年资本市场服务法》中“证券”这一定义的涵盖范围,明确将符合特定条件的数字货币与数字代币认定为“证券”。与此同时,马来西亚证券监督委员会于 2019 年 1 月 25 日对《认可市场指南》(Guidelines on Recognized Markets,GRM)②进行了同步的更新修订,首次将数字资产交易所(Digital Asset Exchange,DAX)运营商视作一种特殊的“被认可的市场运营商”(Recognized Market Operators,RMO)以进行监管,并明确规定了其主体资格的注册制度。

2020 年 10 月 28 日,马来西亚证券监督委员会根据《2007 年资本市场服务法》第 377 条所颁布的《数字资产指南》③正式生效。根据《数字资产指南》第 2.01 条,其主要适用于三类主体:(1)所有寻求通过数字代币发行融资的发行人;(2)所有计划运营首次交易所发行平台的主体;(3)所有计划为他人账户提

---

① See Lahuan IBFC,*Lahuan IBFC Official Website*,Lahuan IBFC (June 30,2024),https://www.labuanibfc.com/.

② See Securities Commission Malaysia,*Guidelines on Recognized Markets*,Securities Commission Malaysia (Dec. 11,2015),https://www.sc.com.my/api/documentms/download.ashx?id=942594d3-df78-42af-b2ee-186763fe4ea8.

③ See Securities Commission Malaysia,*Digital Assets*,Securities Commission Malaysia (Jan. 15,2020),https://www.sc.com.my/regulation/guidelines/digital-assets.

供保管、存储、持有或维护数字资产托管服务的主体。《数字资产指南》于2024年2月5日进行了一次修订，在其"定义"章节中加入了"资深投资者"(Sophisticated Investor)的相关定义，以适配其他配套监管规定。①

(二)数字资产的定义

根据《2019年资本市场和服务(证券规定)(数字货币和数字代币)法令》第2项，"数字货币"的定义为"记录在分布式账本上的价值的数字表示，不论该分布式账本是否有加密安全保障，其功能是作为一种交换媒介(Medium of Exchange)，且可与任何货币互换，包括通过贷记或借记账户进行货币兑换"。而"数字代币"的定义为"记录在分布式账本上的数字表示，无论其是否以密码方式进行加密保护"。因此，任何没有记录在分布式账本上的数字资产均不属于《2019年资本市场和服务(证券规定)(数字货币和数字代币)法令》的管辖范围。

《2019年资本市场和服务(证券规定)(数字货币和数字代币)法令》第2项将符合相应标准的"数字资产"认定为"证券"，以便根据证券法对其进行规制。对于数字货币而言，若该数字货币：(1)可用于交易，且这种交易并非偶发；(2)持有者期望从该数字货币的交易或增值中获益；(3)该货币不由指定的任何政府机构或中央银行发行或担保。那么，该数字货币则被视为证券法下的"证券"。②对于数字代币而言，若：(1)该数字代币接收方需要付出某种对价或作出某种贡献；(2)上述对价或贡献，以及其收入或回报是聚集一体的；(3)该数字代币相关安排的收入或回报来自取得、持有、管理或处置任何财产、资产或商业活动；(4)持有者期望从该数字代币的交易、兑换、赎回或增值中获益；(5)个人对该数字代币相关安排的财产、资产或业务的管理没有日常控制权；(6)该代币不由指定的任何政府机构或中央银行发行或担保。那么，该数字代币则被视为证券法下的"证券"。③

---

① See Securities Commission Malaysia, *Summary of Amendments Revised Guidelines on Digital Assets*, Securities Commission Malaysia (Feb. 5, 2024), https://www.sc.com.my/api/documentms/download.ashx?id=ed437f11-c3b4-46cb-9b71-7b8d78e00cc7.

② See Securities Commission Malaysia, *Capital Markets and Services Act* 2007, Securities Commission Malaysia (Jan. 8, 2019), https://www.sc.com.my/api/documentms/download.ashx?id=8c8bc467-c750-466e-9a86-98c12fec4a77.

③ See Securities Commission Malaysia, *Capital Markets and Services Act* 2007, Securities Commission Malaysia (Jan. 8, 2019), https://www.sc.com.my/api/documentms/download.ashx?id=8c8bc467-c750-466e-9a86-98c12fec4a77.

(三)数字资产的发行

数字资产交易所的监管要点如下:

(1)数字资产交易所由马来西亚证券监督委员会监管。

(2)《2007 年资本市场服务法》为交易所的运营提供明确的规则。所有交易所必须在马来西亚证券监督委员会注册,并遵守反洗钱和反恐融资义务。

(3)《数字资产指南》监管代币发行和托管等行为。

(4)《认可市场指南》为数字资产交易所引入新的要求,允许五种类型的认可市场运营商(Recognized Market Operator,RMO)在马来西亚开展业务。

在马来西亚,作为证券的数字资产发售必须通过已在马来西亚证券监督委员会注册而获得认可的首次交易所发行平台进行。简单来说,首次交易所发行是一种数字融资机制,发行人向投资者提供数字代币以换取资金。为规范通过首次交易所发行平台发行数字代币进行融资的行为,马来西亚证券监督委员会由此颁布了《数字资产指南》,细化了一系列的申请人应符合的资质要求,以及首次交易所发行平台运营商和数字代币发行人应遵照和履行的标准和义务。

除非马来西亚证券监督委员会另有规定,只有马来西亚注册公司且实缴资本不低于 500 万令吉,才可以在马来西亚注册成为首次交易所发行平台运营商。[①] 如果首次交易所发行平台运营商是一家上市公司,其至少有一名董事必须是独立董事。[②]

除此之外,申请人还需要符合以下条件:

- 申请者及其董事、控制人和高级管理层均为适当人选;
- 申请者有能力履行其在《数字资产指南》下的相应义务;
- 申请者应根据《数字资产指南》的要求至少任命一名负责人;
- 申请者有能力管理与其业务和运作有关的风险,包括展示其相关的程序及应变机制,以应对突发情况;
- 申请者在任何时候都有足够的财力、人力及其他资源运作;
- 申请者必须做出适当的安全性安排,包括根据马来西亚证券监督委员会的《网络风险管理指南》(Guidelines on Management of Cyber Risk,

---

① See Securities Commission Malaysia, *Guidelines on Digital Assets*, Securities Commission Malaysia (Oct. 28, 2020), https://www.sc.com.my/api/documentms/download.ashx? id = e63db44c-b6d8 - 4ae9 - adf1 - afdf9b548d54.

② See Securities Commission Malaysia, *Guidelines on Digital Assets*, Securities Commission Malaysia (Oct. 28, 2020), https://www.sc.com.my/api/documentms/download.ashx? id = e63db44c-b6d8 - 4ae9 - adf1 - afdf9b548d54.

GMCR)以及其他相关指南采取适当的安全措施。[①]

该国曾有多家交易所存在,但在实施监管措施后,截至2024年6月30日仅剩六家。根据Statista[②]的数据,Luno是占主导地位的交易所,并且预计马来西亚在使用全球交易所方面将与其他国家一样活跃。马来西亚注册数字资产交易所名单见表3-3。

表3-3 马来西亚注册数字资产交易所名单

序号(NO.)	机构名称(Name)
1	HATA数码私人有限公司(HATA Digital Sdn Bhd)
2	Luno马来西亚私人有限公司(Luno Malaysia Sdn Bhd)
3	MX全球私人有限公司(MX Global Sdn Bhd)
4	SINEGY DAX私人有限公司(SINEGY DAX Sdn Bhd)
5	代币化科技私人有限公司(Tokenize Technology (M) Sdn Bhd)
6	托姆国际私人有限公司(Torum International Sdn Bhd)

资料来源:马来西亚证券委员会官方网站。

所有寻求在马来西亚证券监督委员会批准的首次交易所发行平台上融资的发行人亦必须满足《数字资产指南》中规定的要求。就资格而言,只有在马来西亚注册成立的公司或主营业务在马来西亚的有限责任合伙企业(Limited Liability Partnership,LLP),且专门通过首次交易所发行融资的主体,才能成为发行人。[③]

在财务要求方面,除有限责任合伙企业外,所有发行人的最低实缴资本均须达到50万令吉,并须始终保持50万令吉的股东资金。而有限责任合伙企业则需要在任何时候都保持至少50万令吉的资本。[④]

此外,值得注意的是,若首次交易所发行平台运营商计划在马来西亚运营数字资产交易所,则必须在马来西亚证券监督委员会注册为数字资产交易所运

① See Securities Commission Malaysia, *Guidelines on Digital Assets*, Securities Commission Malaysia (Oct. 28, 2020), https://www.sc.com.my/api/documentms/download.ashx?id=e63db44c-b6d8-4ae9-adf1-afdf9b548d54.

② Statista是一家提供市场和消费者数据的在线统计门户,涵盖了全球各行业的广泛统计数据、市场研究和分析报告。

③ See Securities Commission Malaysia, *Guidelines on Digital Assets*, Securities Commission Malaysia (Oct. 28, 2020), https://www.sc.com.my/api/documentms/download.ashx?id=e63db44c-b6d8-4ae9-adf1-afdf9b548d54.

④ See Securities Commission Malaysia, *Guidelines on Digital Assets*, Securities Commission Malaysia (Oct. 28, 2020), https://www.sc.com.my/api/documentms/download.ashx?id=e63db44c-b6d8-4ae9-adf1-afdf9b548d54.

营商。[①]

(四)数字资产的托管

根据《数字资产指南》的相关规定,首次交易所发行平台运营者还对其投资者的数字资产承担以下义务:

- 确保投资者的数字资产得到适当隔离和保护,以防止未经授权的转移或滥用;
- 建立和维持一个适当和可核查的安全储存媒介,指定用于储存投资者的数字资产;
- 建立系统和采取控制措施,对投资者持有的数字资产保持准确和最新的记录。[②]

在履行这些义务时,首次交易所发行运营商可委任在马来西亚证券监督委员会注册的数字资产托管商为数字资产提供托管服务,或选择自行提供托管服务。

根据《数字资产指南》,数字资产托管商是指"为他人账户提供保管、存储、持有或维护数字资产托管服务的主体",且此类服务根据《2007 年资本市场服务法》第 76A 条构成资本市场服务的一部分。[③] 但如果该主体仅提供一个系统,使得资产拥有人能够持有数字资产,而资产拥有人可完全控制其数字资产,则该主体不会被视为数字资产托管商。[④] 需要注意的是,计划为投资者的数字资产同时提供托管服务的首次交易所发行平台运营商,除注册为首次交易所发行平台运营商外,还必须同时注册为数字资产托管商。

数字资产托管商可以是本地主体,也可以是境外主体。不过,如果申请人是境外主体,申请人必须满足以下条件[⑤]:

---

① See Securities Commission Malaysia, *Guidelines on Digital Assets*, Securities Commission Malaysia (Oct. 28, 2020), https://www.sc.com.my/api/documentms/download.ashx? id = e63db44c-b6d8 - 4ae9 - adf1 - afdf9b548d54.

② See Securities Commission Malaysia, *Guidelines on Digital Assets*, Securities Commission Malaysia (Oct. 28, 2020), https://www.sc.com.my/api/documentms/download.ashx? id = e63db44c-b6d8 - 4ae9 - adf1 - afdf9b548d54.

③ See Securities Commission Malaysia, *Guidelines on Digital Assets*, Securities Commission Malaysia (Oct. 28, 2020), https://www.sc.com.my/api/documentms/download.ashx? id = e63db44c-b6d8 - 4ae9 - adf1 - afdf9b548d54.

④ See Securities Commission Malaysia, *Guidelines on Digital Assets*, Securities Commission Malaysia (Oct. 28, 2020), https://www.sc.com.my/api/documentms/download.ashx? id = e63db44c-b6d8 - 4ae9 - adf1 - afdf9b548d54.

⑤ See Securities Commission Malaysia, *Guidelines on Digital Assets*, Securities Commission Malaysia (Oct. 28, 2020), https://www.sc.com.my/api/documentms/download.ashx? id = e63db44c-b6d8 - 4ae9 - adf1 - afdf9b548d54.

• 申请人获准在所属海外司法管辖区经营或开展类似性质的活动；

• 申请人来自相似的司法管辖区（Comparable Jurisdiction），而马来西亚证券监督委员会已与该司法管辖区就执法、监管及共享信息方面进行了相应的监管安排；

• 将境外主体注册为数字资产托管商，符合马来西亚的最佳利益。

(五)数字资产的交易

在马来西亚，合法的数字资产交易需要在马来西亚证券监督委员会批准的数字资产交易所平台进行。根据《2007 年资本市场服务法》第 7(1)条和第 34(1)条，数字资产交易所运营商必须在马来西亚证券监督委员会注册成为认可市场运营商，才能在马来西亚合法运营数字资产交易所。

上文所提及的《认可市场指南》为认可市场运营商的注册提供了便利的指引，数字资产交易所在《认可市场指南》中被定义为“促进数字资产交易的电子平台”。[1] 要符合数字资产交易所运营商的要求，申请人必须是在马来西亚注册主体，并拥有至少 500 万令吉的实缴资本，且还需符合以下条件(包括但不限于)[2]：

• 申请者能够运营一个有序、公平和透明的市场；

• 申请者能够履行《认可市场指南》下相应的责任；

• 申请者已向马来西亚证券监督委员会提供真实且没有误导成分的资料及文件；

• 申请者并无进行清盘或解散，亦无与其债权人达成妥协或债务偿还安排；

• 没有就申请者的财产指定接管人或类似人员；

• 申请者的董事、首席执行官和主要负责人均为适格人选；

• 申请者的业务模式具有明确或独特的价值主张，或有助于资本市场的整体发展；

• 申请者将委任至少一名负责人；

---

① See Securities Commission Malaysia, *Guidelines on Digital Assets*, Securities Commission Malaysia (Oct. 28, 2020), https://www.sc.com.my/api/documentms/download.ashx?id=e63db44c-b6d8-4ae9-adf1-afdf9b548d54.

② See Securities Commission Malaysia, *Guidelines on Digital Assets*, Securities Commission Malaysia (Oct. 28, 2020), https://www.sc.com.my/api/documentms/download.ashx?id=e63db44c-b6d8-4ae9-adf1-afdf9b548d54.

- 申请者将为其数字资产交易所制定一套公平、透明的规则；
- 申请者能够对违规者采取适当行动；
- 申请者有能力管理与其业务和运营相关的风险；
- 申请者有足够的财力、人力和其他资源运营其数字资产交易所；
- 申请者已根据马来西亚证券监督委员会的《网络风险管理指南》做出适当的安全安排。

如果申请者是境外运营商，除上述条件外，还必须向马来西亚证券监督委员会证明该主体：

- 在所属海外司法管辖区已获得授权，能够经营股票、衍生工具市场或类似的市场活动；
- 来自相似的司法管辖区，而马来西亚证券监督委员会已与该司法管辖区就执法以及监管方面进行了相应的监管安排；
- 将境外运营商注册为认可市场运营商，符合马来西亚的最佳利益。[①]

数字资产交易所运营商必须对与风险管理及其业务连续性计划相关的系统、运营政策、程序和控制进行定期审查、审计和测试。[②] 数字资产交易所运营商还不得向其投资者(包括投资者官员)提供直接或间接的财务援助，以协助对方在其平台上投资或交易数字资产。[③] 此外，数字资产交易所运营商还必须制定针对数字资产交易所的利益冲突管理程序[④]，建立内部审计职能[⑤]，识别可能的运营风险来源以降低风险[⑥]，并以高度的安全性和运行可靠性进行运营。

《认可市场指南》亦明确规定数字资产交易所运营商有责任维护市场的完整性，包括在履行其职能时保持透明度、在交易活动方面维持足够完备和有效

① See Securities Commission Malaysia, *Guidelines on Digital Assets*, Securities Commission Malaysia (Oct. 28, 2020), https://www.sc.com.my/api/documentms/download.ashx?id=e63db44c-b6d8-4ae9-adf1-afdf9b548d54.

② See Securities Commission Malaysia, *Guidelines on Digital Assets*, Securities Commission Malaysia (Oct. 28, 2020), https://www.sc.com.my/api/documentms/download.ashx?id=e63db44c-b6d8-4ae9-adf1-afdf9b548d54.

③ See Securities Commission Malaysia, *Guidelines on Digital Assets*, Securities Commission Malaysia (Oct. 28, 2020), https://www.sc.com.my/api/documentms/download.ashx?id=e63db44c-b6d8-4ae9-adf1-afdf9b548d54.

④ See Securities Commission Malaysia, *Guidelines on Digital Assets*, Securities Commission Malaysia (Oct. 28, 2020), https://www.sc.com.my/api/documentms/download.ashx?id=e63db44c-b6d8-4ae9-adf1-afdf9b548d54.

⑤ See Securities Commission Malaysia, *Guidelines on Digital Assets*, Securities Commission Malaysia (Oct. 28, 2020), https://www.sc.com.my/api/documentms/download.ashx?id=e63db44c-b6d8-4ae9-adf1-afdf9b548d54.

⑥ See Securities Commission Malaysia, *Guidelines on Digital Assets*, Securities Commission Malaysia (Oct. 28, 2020), https://www.sc.com.my/api/documentms/download.ashx?id=e63db44c-b6d8-4ae9-adf1-afdf9b548d54.

的程序,以及按照《认可市场指南》规定的方式保障投资者的资产。[①] 为此,数字资产交易所运营商有义务披露其市场结构、订单类型以及订单类型在平台上的互动等信息。[②]

在亚洲国家(地区)中,马来西亚的 Web3 市场并不是最突出的。然而,马来西亚本土诞生的全球性 Web3 项目如 CoinGecko 和 Etherscan 证明了 Web3 在马来西亚并不是一个被遗忘的机会。值得关注的是,像这样的项目可能成为人们进入区块链市场的渠道,类似于越南的"Axie Infinity"。此外,马来西亚拥有坚实的基础,很多人持有加密货币并具备基本的区块链技术认知。随着 Web3 和加密货币技术的发展和生态的繁荣,马来西亚政府将进一步完善相关法规,在保护投资者利益的前提下,积极推动技术创新。政府机构和行业组织将加强与其他国家(地区)的合作,形成更加协调一致的监管框架。此外,该国的基本经济形势看好。人均 GDP 超过 $10,000,国家不依赖于其自然资源,继续探索新产业。其在 2023 年的 GDP 相比于 2022 年增长了 8.7%,规模上与新加坡相当。

在区块链和加密货币的教育与人才培养方面,马来西亚将继续深化政府、高校和企业之间的合作,为学生提供更多实践和就业机会。同时,其还会加强与全球高校和企业的合作,开展交流项目,培养具有国际视野的 Web3 人才。通过与全球其他国家(地区)的合作,马来西亚的 Web3 生态有望走向全球,形成更广泛的影响力。当然,即便在有利的情况下,马来西亚的 Web3 市场仍需大量工作。尽管有坚实的基础和全球项目的存在,马来西亚没有鲜明的特色。越南有大量的区块链开发人员,菲律宾有大量的区块链游戏玩家,马来西亚必须找到其自身的特色来定义其市场。

当前,马来西亚的加密货币和 Web3 生态系统正处于快速发展阶段。未来,马来西亚将进一步巩固其在东南亚的领先地位,通过政策支持、技术创新和国际合作,推动更多 Web3 前沿项目的发展。这不仅能够提升马来西亚在区域内的竞争力,也将为全球 Web3 创新做出重要贡献。政府积极的数字经济战略和区块链路线图也在帮助马来西亚的 Web3 市场稳步增长。然而,确实存在缺乏监管明确性和激励措施的问题,这些问题在其他东南亚国家(地区)也存在。然而,马来西亚的产业结构在政府主导的路线图下已经经历了重大转型,所以

---

① See Securities Commission Malaysia, *Guidelines on Digital Assets*, Securities Commission Malaysia (Oct. 28, 2020), https://www.sc.com.my/api/documentms/download.ashx?id=e63db44c-b6d8-4ae9-adf1-afdf9b548d54.

② See Securities Commission Malaysia, *Guidelines on Digital Assets*, Securities Commission Malaysia (Oct. 28, 2020), https://www.sc.com.my/api/documentms/download.ashx?id=e63db44c-b6d8-4ae9-adf1-afdf9b548d54.

仍有乐观的空间。总体而言,马来西亚希望通过这种多层次、多领域的努力,打造一个充满活力和可持续发展的 Web3 生态系统。

第六节 日 本

一、日本加密货币及 Web3 生态发展

日本是全球加密货币交易和使用最活跃的国家之一。日本政府对加密资产秉持开放包容的态度,支持加密资产在加密货币交易所进行买卖。2017 年,日本修订了《支付服务法》,正式批准比特币作为一种合法的支付形式,[①]这为加密货币行业的快速发展创造了条件。这一年,日本曾一度成为全球最大的比特币交易市场,交易量占全球 50% 以上[②]。

与此同时,日本央行(Bank of Japan,BoJ)很早就关注到分布式账本技术在央行支付结算系统中的应用。2016 年年底,日本央行与欧洲央行共同启动了名为“Stella”的批发型央行数字货币(Wholesale Central Bank Digital Currency,Wholesale CBDC)合作项目[③]。该项目在随后的四年中完成了四个阶段的试验,分别探讨了以下问题:

(1)央行的实时全额结算(Real-Time Gross Settlement,RTGS)系统能否在分布式账本技术环境下安全有效地运行;

(2)货银对付(Delivery versus Payment,DvP)在分布式账本技术环境中的概念设计和操作;

(3)新技术能否改善跨境支付(Cross-Border Payments);

(4)如何在分布式账本技术环境中平衡隐私性和可审计性(Privacy and Auditability)。

这些试验的结果为分布式账本技术在央行支付结算系统中的应用提供了重要参考,对未来的发展具有指导意义。

尽管日本央行对批发型央行数字货币表现出积极态度,但对开发面向大众

---

① See Joseph Young, *Bitcoin Price Hits $ 1,130, Japan Legalizes Bitcoin, Scaling Progress*, Cointelegraph (Apr. 3, 2017), https://cointelegraph.com/news/bitcoin-price-hits-1130-japan-legalizes-bitcoin-scaling-progress.

② See Joseph Young, *Japan Becomes Largest Bitcoin Market As Traders Leave China*, Cointelegraph (Sept. 17, 2017), https://cointelegraph.com/news/japan-becomes-largest-bitcoin-market-as-traders-leave-china.

③ See The European Central Bank and the Bank of Japan, *Project Stella: The ECB and the Bank of Japan Release Joint Report on Distributed Ledger Technology (Phase 4)*, Bank of Japan (Feb. 12, 2020), https://www.boj.or.jp/en/paym/fintech/rel200212a.htm.

的零售型央行数字货币(Retail Central Bank Digital Currency, Retail CBDC)却持谨慎态度。这源于零售型央行数字货币可能会对传统支付行业和商业银行产生巨大冲击,并对整个金融体系的稳定性和现有金融机构的运营带来负面影响。[①] 日本央行倾向于以私营部门的创新来推动国内支付系统的发展,前日本央行行长黑田东彦曾表示,数字科技有助于提高跨境支付和结算效率,但应主要依靠私营部门力量推动创新,日本央行需注重提升私营部门的创新效率[②]。

然而,2019 年 6 月 Meta(原 Facebook)发布 Libra(现更名为 Diem)白皮书,以及中国于同年年底开展数字人民币(E - CNY,又称数字货币电子支付,Digital Currency Electronic Payment, DC/EP)试点,这两件事情促使日本开始从国家经济安全的角度考虑研发零售型央行数字货币的价值和意义。前者使日本央行意识到私营加密货币可能给央行货币发行权带来挑战,后者则使日本政界开始担心日元的国际地位受到威胁[③]。

2020 年 2 月,日本央行在其支付和结算系统局(Payment and Settlement Systems Department, PSSD)内组建央行数字货币研究团队,通过与国内专家、相关机构及其他国家央行的沟通和信息交流,就央行数字货币相关问题展开深入研究。该团队于同年 7 月经改组成为支付和结算系统局的六大研究团队之一。2020 年 7 月,日本央行发布报告《央行数字货币:确保与现金同等功能的技术挑战》(Central Bank Digital Currency: Technical Challenges in Ensuring Equivalent Functionality to Cash),强调央行数字货币需达到两方面要求:一是包容性(Inclusiveness),即保证所有人(包括不使用智能手机的人)都能获取央行数字货币;二是强韧性(Resilience),即在停电或自然灾害发生时依然可以线下获取数字日元。2020 年 10 月,日本央行表示尽管还没有发行央行数字货币的计划,但考虑到技术的快速发展,有必要为应对环境变化作好充分准备,因此启动了关于零售型央行数字货币的概念验证(Proof of Concept, PoC)[④]。

2021 年 4 月,日本央行开始对零售型央行数字货币进行第一阶段的概念验证,工作重点在于对零售型央行数字货币的核心功能进行技术可行性的实验分

---

① 参见宋爽、熊爱宗、华佳丽:《日本数字货币发展策略及启示》,载《国际经济合作》2024 年第 3 期。

② See Haruhiko Kuroda, *Payments Innovations and the Role of Central Banks: Addressing Challenges Posed by Stablecoins*, Bank of Japan (Dec. 4, 2019), https://www.boj.or.jp/about/press/koen_2019/ko191204a.htm.

③ 参见刘瑞:《日本央行数字货币的制度设计及政策考量》,载《日本学刊》2021 年第 4 期。

④ See Bank of Japan, *The Bank of Japan's Approach to Central Bank Digital Currency*, Bank of Japan (Oct. 9, 2020), https://www.boj.or.jp/en/about/release_2020/data/rel201009e1.pdf.

析,包括发行、支付、汇款、接收和赎回等①。2022 年 4 月,第二阶段的概念验证启动,基于第一阶段开发的零售型央行数字货币账本系统构建更复杂的附加功能,探讨其技术可行性及对系统处理性能的可能影响。2023 年 4 月,日本央行启动零售型央行数字货币的试点项目,目的是测试和验证央行数字货币在实际使用中的可行性和效果。除确认日本三大银行(三菱日联银行、三井住友银行和瑞穗银行)及地方银行的数字日元试验是否顺利外,还讨论了引入银行客户参与试验的有关情况,这将成为日本央行决定是否发行零售型央行数字货币的重要判断依据。2023 年 4 月 17 日,日本央行公布了关于央行数字货币的中间报告——《日本央行对央行数字货币的战略方针(中间报告)》[The Bank of Japan's Approach to Central Bank Digital Currency (Interim Report)],这份报告涉及了央行数字货币的战略方针、拟议模型和面临的挑战等,并强调了在未来支付系统中引入央行数字货币的必要性和技术可行性,旨在确保日本支付系统的稳定性和效率。

此外,日本央行还参与了国际清算银行的创新中心项目,如多边央行数字货币桥项目(Multi-CBDC Bridge, mBridge),与其他国家的中央银行一起,共同探索如何利用央行数字货币改进跨境支付的效率和安全性。

2024 年 1 月 26 日发布的一份报告称,日本央行和政府均未正式确认推出数字日元。任何有关数字日元的决定都将在"全国讨论"(National Discussion)之后做出,"全国讨论"最早将于 2026 年进行。② 随着国内外研究的深入和技术的成熟,日本有望在未来的数字货币领域发挥重要作用,同时为全球央行数字货币的发展贡献宝贵的经验和见解。

除在加密货币和央行数字货币方面的积极研究和探索外,日本率先于 2022 年 6 月通过了《资金结算法》(Fund Settlement Act)修正案,成为全球首个颁布稳定币法案的国家③。2023 年 4 月,日本执政党的 Web 3 项目团队发布了一份白皮书——《Web3 白皮书:迈向人人利用数字资产的时代》(Web3 White Paper: Toward the Era of Everyone Utilizing Digital Assets),提出促进日本加密行业发展的多项建议,包括税制改革、改进会计标准,以及制定去中心化自治组

① See Bank of Japan, *Commencement of Central Bank Digital Currency Experiments*, Bank of Japan (Apr. 5, 2021), https://www.boj.or.jp/en/paym/digital/rel210405b.pdf.

② See Arijit Sarkar, *Japan Opens Up Web3 Investments for Local VCs*, Countelegraph (Feb. 19, 2024), https://cointelegraph.com/news/japan-web3-investments-partnership.

③ See Ben Strack, *Japan's New Stablecoin Framework Could Spur US to Act*, Blockwords (June 2, 2023), https://blockworks.co/news/japan-stablecoins-framework.

织法律等①。这些政策举措展示了日本政府在推动技术创新和营造友好的Web3发展环境方面的决心和魄力。

然而,由于一些政策限制,比如不能直接投资代币或发行代币项目等,日本国内去中心化金融生态的发展仍然受到一定限制。此外,日本当局对于中心化交易所(CEX)的监管也对市场产生了深远影响。特别是受到门头沟(Mt. Gox)黑客被盗事件的影响,日本加强了对中心化交易所的监管,要求更高的透明度和安全性。2014年,Mt. Gox交易所因黑客攻击而倒闭,产生了约85万枚比特币的损失,至今仍处于破产清算中,预计其将于2024年10月完成对债权人的赔偿,包括支付142,000枚比特币、143,000枚比特币现金(BCH)和690亿日元(5.1亿美元)②。这些严格的监管措施旨在保护投资者并防范类似事件的再次发生,但同时也限制了Web3生态创新项目的发展空间。基于这样的监管背景,非同质化代币和游戏金融项目在日本Web3市场中成为主要参与者,因为它们承受的监管压力相对较小,能够在现有政策框架内更好地发展。

尽管如此,日本有望通过进一步完善监管框架、推动技术创新、加强国际合作、提升教育与培训水平等重要举措,促进加密货币和Web3技术在各个领域的持续落地应用,以保持其在全球金融科技领域的竞争力。

二、日本加密货币及Web3监管态势

(一)日本的市场特点

1. 审慎监管

(1)虚拟货币交易机构的登记

根据日本《支付服务法》的规定,为确保虚拟货币交易的合法性和透明度,所有虚拟货币交易机构必须向日本金融厅(Financial Services Agency,FSA)登记,并提供以下信息:公司的商号及住所、注册资本的金额、营业场所的名称及所在地、董事及监事的姓名、运营的虚拟货币的名称、经营虚拟货币交换业的内容及方法等信息。如果公司将部分业务委托给第三方,还应当记载委托的具体内容以及受托人的有关信息。③

---

① See Lavender Au, *Japan Approves Web3 White Paper to Promote Industry Growth in the Country*, CoinDesk (Apr. 6, 2023), https://www.coindesk.com/policy/2023/04/06/japan-releases-web3-white-paper-to-promote-industry-growth-in-the-country/.

② See Jimmy Aki, *Mt. Gox Trustee Reveals Updated Bitcoin and Fiat Repayment Schedule for Creditors*, Cryptonews (Apr. 23, 2024), https://cryptonews.com/news/mt-gox-trustee-reveals-bitcoin-and-fiat-repayment-for-creditors.htm.

③ 参见段磊:《日本法对虚拟货币的监管规制》,载《金融法苑》2018年第3期。

《支付服务法》的主要要点如下：

①加密资产交易服务提供商(加密资产交易所)的注册制度。《支付服务法》将加密资产定义为非法定货币的一种支付手段,并为加密资产交易服务提供商建立了注册制度。《支付服务法》还建立了投资者保护框架,包括开户人身份验证、客户资产和服务提供商资产的分离管理,以及向客户提供信息的义务。

②托管服务提供商(专门从事加密资产的存储和管理)的注册制度。2020年修订的法律使托管服务提供商需注册。作为反洗钱和反恐融资措施的一部分,托管服务提供商承担与加密资产交易服务提供商相同的义务。

③加强对客户资产的保护。根据2017年的《支付服务法》,客户存款需在单独的银行账户或通过信托公司进行管理,但2020年的修订要求使用信托银行或信托公司。此外,客户的加密资产必须通过可靠的方法管理,如冷钱包(离线),如果使用热钱包(在线)管理,则必须持有相应数量的补偿资金。

④加密资产处理的预先通知制度。2020年的修订引入了加密资产处理的预先通知制度,以防止高匿名性加密资产的非法交易,这些交易可能成为洗钱的温床。

⑤广告和招揽的规定。2020年的修订还增加了对广告和招揽的规定,禁止虚假陈述、夸大宣传以及鼓励投机的广告或招揽行为。

⑥首次代币发行的规定。虽然2017年的日本《支付服务法》并未预见到首次代币发行,但2020年的修订对首次代币发行进行了规定。

(2)牌照监管

①虚拟货币转账交易所需牌照

根据日本《银行法》(Banking Act)的规定,虚拟货币交易机构在将卖方的虚拟货币转移给买方的过程中,可能会构成“资金转账交易”(Funds Transfer Transaction)。如果虚拟货币交易机构未取得“银行业务”(Banking Business)或者“资金转账业务”(Funds Transfer Business)的牌照,就违反了《银行法》第61条第1款的规定,并有被刑事处罚的风险。

②虚拟货币信用交易所需牌照

根据日本法律,虚拟货币的信用交易并未被明文禁止。但是,当交易机构向客户提供“贷款”(Money Lending)时,可能会构成从事“贷款业务”(Money Lending Business),因此需要依据日本《贷款业务法》(Money Lending Business Act)第2条第1款及第3条第1款的规定取得“贷款业务”的牌照。

③虚拟货币衍生品交易所需牌照

利用虚拟货币也可以进行衍生品交易(Derivatives Trading),比如虚拟货币的期货交易(Virtual Currency Futures Trading)。根据日本《金融商品交易法》(Financial Instruments and Exchange Act)的规定,进行衍生品交易的机构必须事先取得“金融商品业务”(Financial Instruments Business)的牌照。这些规定确保了交易的透明度和参与者的安全性,防止市场操纵和其他不公平交易行为。

《金融商品交易法》的主要要点如下:

• 加密资产衍生品交易的监管。使用加密资产作为基础资产的衍生品交易已被纳入监管,要求注册为Ⅰ类日本金融商品业务运营商(Type Ⅰ Financial Instruments Business Operator)。保证金交易的最大杠杆比率也被限制为个人的最高两倍。

• 与证券型代币发行(STO)相关的法规。证券型代币发行是指以数字代币形式发行证券以筹集资金的方法。修订后的法律引入了“电子记录可转让权利”(Electronically Recorded Transferable Rights)的概念,以明确证券型代币发行的规则。处理证券型代币发行的平台必须注册为Ⅰ类日本金融商品业务运营商。然而,如果一般企业运营商发行“电子记录可转让权利”并通过平台外的方式招募认购,则需注册为Ⅱ类日本金融商品业务运营商(Type Ⅱ Financial Instruments Business Operator)。如果满足某些条件(向超过50人公开募资或总发行金额超过1亿日元),则必须提交“证券注册表”(Securities Registration Statement),制作招股说明书,并为每个财政年度提交“证券报告”(Securities Report)。

• 禁止散布谣言和市场操纵。加密资产交易中,由于价格操纵泛滥,已禁止散布谣言和市场操纵等不公平行为。

2020年6月,《金融商品销售等法》(Act on Sales, etc. of Financial Instruments)进行了修订,以建立适合金融服务中介的行业,旨在提供方便的一站式服务,让用户可以获得各类金融服务。此次修订于2021年11月生效,该法案更名为《金融服务提供法》(Financial Services Provision Act, FSPA)。主要修订内容如下:

• 加密资产交易和加密资产衍生品交易的监管。新增了加密资产交易和虚拟资产衍生品交易的监管,允许处理加密资产(虚拟资产)。

• 金融服务中介机构的注册制度。创建了金融服务中介业务,允许之前由银行、证券和保险部门分别处理的各种中介服务在统一注册制下进行。废除了特定金融机构附属制度,禁止同业经营,对需要向客户特别解释的金融服务(如结构性存款和衍生品)设置了限制。换句话说,虚拟资产的中介,不能同时兼做虚拟资产衍生品交易的中介。

• 金融服务中介机构的说明义务和损害赔偿责任。金融服务中介机构现在被禁止接受客户资产,并需要为每个部门存入保证金,承担损害赔偿责任。

• 引入认证金融服务中介协会和替代争议解决方式(Alternative Dispute Resolution,ADR)。在建立处理投诉等内部管理系统的同时,要求使用指定的替代争议解决组织作为外部争议解决方法。中介机构可以通过加入认证金融服务中介协会这一自律组织,满足《金融服务提供法》要求通过替代争议解决方式解决纠纷的规定。

(3)稳定币与央行数字货币的监管

稳定币是一种利用区块链技术设计的价格稳定的新型数字货币。"有抵押"的稳定币,其设计是与特定资产(如法定货币、其他加密资产或商品)挂钩,以保持价格稳定;此外,还有"无抵押"的稳定币,通过算法来维持价格稳定。2023 年 5 月,韩国的无抵押稳定币"Terra"与美元脱钩,导致价格暴跌超过 99%。对此,全球呼吁加强对稳定币相关风险的监管。

在日本,自 2023 年 6 月起,根据《资金结算法》(Fund Settlement Act)修订案,银行、信托公司和资金转移服务提供商可以发行以法定货币为后盾的稳定币。修订案规定,发行稳定币的机构必须满足严格的监管要求,包括保证稳定币的价值始终与法定货币挂钩,并提供充足的储备资产。此外,发行机构必须接受日本金融厅的监督和审查。

对于"无抵押"的算法稳定币,日本目前的监管框架并没有具体的规定,但监管机构正在密切关注其发展和潜在风险。

同时,日本央行正在积极研究和准备发行央行数字货币,以进一步完善数字货币的监管和应用框架。央行数字货币将由中央银行直接发行和管理,旨在提供安全、可靠的数字支付手段,并增强金融系统的稳定性。

(4)合规义务

根据日本《支付服务法》和日本虚拟货币交易协会(Japan Virtual Currency Exchange Association,JVCEA)制定的合规指南(Compliance Guidelines),在日本,加密资产交易机构应该满足以下重要的合规义务:

①新加密资产交易通知与评估(Notification and Assessment of New Crypto Asset Transactions)。如需交易一项新的加密资产,需要提前通知日本金融厅。此外,日本虚拟货币交易协会要求加密资产兑换服务商在交易一项新的加密资产前对该资产进行内部评估,并向日本虚拟货币交易协会提交评估报告,且需获得批准。

②信息安全管理(Information Security Management)。采取必要措施,防止

与加密资产兑换服务有关的信息泄露、丢失或者损坏,并采取其他措施对相关信息进行安全管理。

③信息披露(Disclosure of Information)。向用户提供有关业务中交易的加密资产特性的描述,以及与加密资产兑换或者服务有关的费用和其他合同条款和条件。

④资金管理(Fund Management)。分开管理用户资金与自有资金,并将用户的资金托管给一家信托公司,以防止加密资产兑换服务商的破产。

⑤投诉处理与争议解决(Complaint Handling and Dispute Resolution)。建立合理处理用户投诉的内控制度,并采取适当的争议解决措施,以解决与加密资产兑换服务相关的争议。[①]

(5)总体监管态势

从上述规范可以看出,日本对于虚拟资产的监管体系是较为完善的。这些措施确保了市场的透明性和安全性,但也限制了市场的灵活度和创新性。这一保守的监管态势与日本历史上曾经发生的 Mt. Gox 黑客被盗事件密切相关。Mt. Gox 最初是一个卡牌交易网站,后转型为比特币交易所,并于 2011 年出售给马克·卡佩莱斯(Mark Karpeles)。在鼎盛时期,其一度成为世界上最大的比特币交易所,承载了全球 70% ~80% 的比特币交易。但该交易所在 2014 年 2 月遭受了重大打击,被黑客盗走约 85 万枚比特币,这直接导致 Mt. Gox 破产[②],并促使日本政府加强了对虚拟资产市场的监管。

2. 高额税负

日本的加密资产税负较高,对个人参与加密资产交易产生了显著影响。

(1)杂项收入(Miscellaneous Income):根据所得税法(Income Tax Act),加密资产的利润被视为杂项收入,适用累进税率(Progressive Tax Rates),范围为 5% ~45%。

(2)居民税(Resident Tax):根据地方税法(Local Tax Law),加密资产利润的 10% 需要作为居民税支付给地方政府。

(3)消费税(Consumption Tax):根据消费税法(Consumption Tax Act),销售或兑换加密资产无需支付消费税,但就加密资产收取的借贷费用和利息将被征收消费税。

---

① 参见王勇、何天程:《境外虚拟资产合规监管之日本篇——监管机构与自律组织双管齐下的监管体系》,载微信公众号“竞天公诚律师事务所”2022 年 12 月 21 日,https://www.jingtian.com/Content/2022/12-21/1727562744.html。

② See The Investopedia Team, *What Was Mt. Gox? Definition, History, Collapse, and Future*, Investopedia (Apr. 23, 2024), https://www.investopedia.com/terms/m/mt-gox.asp.

(4)继承税(Inheritance Tax):根据继承税法(Inheritance Tax Act),继承加密资产也将被征收继承税。

这些高额税负极大程度影响了个人参与加密资产交易的积极性。[①]

3. 内向型经济

日本的经济更加注重本土化的发展,而忽略了国际市场,这被称为“加拉帕戈斯综合征”(Galápagos Syndrome)。[②] 日本曾占据巨大市场份额的产品,如汽车和消费电子,不仅很难走出日本市场,在面对国际化的市场竞争时,也遭受着连年亏损。这背后的原因如下:

(1)工程师文化(Engineer Culture)。日本公司盛行的工程师文化难以支撑其向以客户和用户为中心的商业模式的转变。

(2)终身雇佣制(Lifetime Employment System)。大批训练有素的产业工人成为终身雇佣制企业无法摆脱的转型包袱,日本老龄化结构也不足以提供足够多投身第三产业的新兴人力资源。

(3)企业集团模式(Keiretsu System)。日本产业的一大特征是企业集团模式,企业间股份千丝万缕,命运纵横相连,有长期合作、共同开发的传统,连进军海外都成群结队,其真正的事业核心还是在本土,日本公司的国际化始终是基于贸易关系的市场扩张主义,导致其无法有效利用全球资源整合的价值增值。[③]

这种市场特征导致日本的 Web3 市场同样趋向于内向型,很少与国际市场发生交互。

4. 短缺的 IT 人才市场

日本 IT 人才短缺的情况早已有之,近几年更有加剧的趋势。日本人才服务企业 Persol Career 的大型招聘信息网站 doda 的数据显示,2019 年 IT 技术职位每月的新求人倍率(New Job Openings-to-Applicants Ratio)[④]为 3 ~ 5 倍,到 2021 年 12 月首次超过 10 倍。2022 年 3 月,IT 技术职位的新求人倍率为 9.5 倍,远远超过营业职位(2.8 倍)和销售职位(0.4 倍)。过去几年,受疫情影响,

---

① 参见王勇、何天程:《境外虚拟资产合规监管之日本篇——监管机构与自律组织双管齐下的监管体系》,载微信公众号“竞天公诚律师事务所”2022 年 12 月 21 日,https://www.jingtian.com/Content/2022/12-21/1727562744.html。

② 加拉帕戈斯综合征(Galápagos Syndrome)是一个日本商业术语,指日本市场在孤立环境中发展出独特的、优化的本土化产品和技术,但因此失去了与国际市场的兼容性和竞争力。这种现象使得日本企业在面对国外价格低、适应性强的产品和技术时,可能会陷入被淘汰的风险。

③ 参见高昱:《日本制造的“加拉帕戈斯悲剧”》,载财新网,https://promote.caixin.com/2012-04-18/100381562.html。

④ 新求人倍率指的是各职业的需求人数与有意愿跳槽人数之比。

各行各业都在推进数位化转型(Digital Transformation),IT 技术职位的招聘人数增加,但求职人数却增长乏力。这主要源于:首先,日本市场论资排辈(Seniority System)现象严重,这成为日本企业推进数位化转型的主要障碍之一;其次,日本市场上 IT 人才的薪酬较低,对于人才的迫切需求并未反映在薪酬上。[①]

(二)日本监管的放宽与国际化

1. 允许创投机构投资加密资产

2024 年 2 月 16 日,日本经济产业省(METI)宣布,日本内阁已批准了一项提案,将加密货币添加到投资有限合伙企业可以收购和持有的资产中。这项政策变更是通过修订包括《投资有限合伙协议法》(Act on Investment Limited Partnership Agreements)在内的四个关键法案实现的,其他三个法案分别为《产业竞争力强化法》(Act on Strengthening Industrial Competitiveness)、《工业产权信息与培训中心法》(Industrial Property Information and Training Center Act)、《新能源和工业技术开发组织法》(New Energy and Industrial Technology Development Organization Act)。该政策变更旨在通过战略性投资促进新业务和行业的发展。[②]

在此之前,根据日本的规定,创投机构无法投资加密资产。日本游戏开发和区块链投资公司古米公司(Gumi Inc)的 CEO 国光宏尚(Hiro Kunimitsu)曾表示,这一限制使得日本的加密货币项目必须从外国创投机构获得资金,增加了融资难度。[③] 若未来该项提案正式通过成为法律,有望为日本的创投机构投资加密资产提供法律依据和监管支持,并将为加密货币项目在日本提供更友好的投融资环境,有助于减少日本加密货币项目对外国创投资金的依赖,促进日本国内创业生态系统的发展。

2. 率先颁布稳定币法案

2022 年 6 月,日本通过了《资金结算法》修正案,成为全球第一个颁布稳定币相关法案的国家。这部法律于 2023 年 6 月生效。新法规要求稳定币必须由银行、信托公司或注册资金转移机构发行,并且必须与日元或其他法定货币挂

① 参见日经中文网:《日本 IT 人才短缺,收入低于平均工资》,载日经中文网,https://zh. cn. nikkei. com/career/humanresource/48731 - 2022 - 06 - 09 - 08 - 53 - 47. html。

② See Winston & Strawn LLP, *Cabinet Of Japan Approves Bill Encouraging Venture Capital Investment in Blockchain Startups*, Mondaq (Mar. 5, 2024), https://www. mondaq. com/fin-tech/1431748/cabinet-of-japan-approves-bill-encouraging-venture-capital-investment-in-blockchain-startups.

③ See Jay Jo & Yoon Lee, *Can the Japan Web3 Market Take the Global Lead?*, Tiger Research Reports (Apr. 19, 2024), https://reports. tiger-research. com/p/japan-web3 - bloom-eng.

钩,确保持有人可以按面值赎回。该法案还包含反洗钱和交易监控的新规定,旨在确保数字货币的安全性和稳定性[①]。明确的法律环境激励了更多金融科技企业和初创公司进入日本市场,推动 Web3 技术和区块链应用的发展。新法规为创新提供了合规路径,鼓励企业开发新的金融产品和服务。

3. 企业税负有望降低

2023 年 12 月,日本内阁批准了相关税收制度的修订。该修订提案旨在排除公司对加密货币未实现利润纳税的可能性,目前其尚未正式成为法律。随着政府税收的进一步放宽,越来越多的企业将参与到 Web3 市场之中。例如,著名电信公司 NTT DoCoMo 的子公司 NTT Digital 在开发 Web3 钱包上投入了大量资金。为了确保项目的成功,NTT Digital 与大型咨询公司 Accenture Japan 密切合作,后者提供了技术咨询、项目管理和实施支持等。[②] 未来日本税负的降低不仅鼓励更多企业布局 Web3 业务,也将为整个 Web3 生态系统的创新和发展创造更有利的生长环境。

从上述改革来看,日本 Web3 市场的监管环境逐渐趋于友好,并且减轻了加密货币税收负担。但是这种监管的变革能否从根本上扭转日本现有的加密行业发展困境,仍有待进一步观察。

总体来看,日本正在积极推进加密货币及 Web3 相关的监管和政策改革,展现出开放和支持创新的立场。与此同时,监管机构和市场参与者需要共同努力,持续监督和调控相关政策,以确保日本能够在全球加密货币和 Web3 技术的发展浪潮中占据一席之地。随着政策的逐步落地和完善,我们有理由相信,日本的加密货币及 Web3 市场将迎来更多机遇和挑战,并逐步形成一个更加稳定和有活力的生态系统。

第七节 韩 国

一、韩国加密货币及 Web3 生态发展沿革

韩国在加密货币和 Web3 领域的创新发展之于全球具有示范意义。过去

---

① See Ben Strack, *Japan's New Stablecoin Framework could Spur US to Act*, Blockwords (June 2, 2023), https://blockworks.co/news/japan-stablecoins-framework.

② See Jay Jo & Yoon Lee, *Can the Japan Web3 Market Take the Global Lead?*, Tiger Research Reports (Apr. 19, 2024), https://reports.tiger-research.com/p/japan-web3-bloom-eng.

十年中,韩国政府和私营部门在推动加密货币创新和区块链技术的落地应用方面起到了重要作用。韩国人口的高度数字化以及对新技术的积极拥抱,使得该国成为全球加密货币交易量最大的国家之一。

(一)创新发展与合规监管

自2017年以来,韩国一直是加密货币交易的重要市场,比特币和以太坊2017年在韩国的交易量占全球市场的10%以上。韩国的主要加密货币交易所,如Bithumb、Upbit和Coinone,在这一时期迅速崛起。从那时起,韩国的加密货币行业生态呈指数级增长,韩国以占全球不到1%的人口,创造了全球20%以上的加密货币交易量。[①] 据2018年CNN报道,韩国当时有超过300万人直接或间接持有各类加密货币,被称为“全民炒币”的国家,可以说,韩国已经成为加密货币投资的主要市场之一[②]。考虑到加密货币对韩国国民的社会生活的影响越来越显著,政府当局不得不考虑通过立法来促进整个行业的合规化运作,以保障每位国民的权益。目前,韩国是全球加密货币交易最为活跃的国家之一。据统计,韩国的加密货币用户数量和交易量在全球位居前列。根据韩国金融情报机构(Financial Intelligence Unit,FIU)公布的加密资产业务半年度报告,2023年下半年,韩国注册加密资产交易所的活跃用户数增加了39万人,达到645万人,大约占韩国总人口的10%;其中,99%的用户被认定为散户投资者,近60%的用户年龄在30岁至40岁。2023年下半年,韩国日均加密资产交易量增长24%至3.6万亿韩元(约合26亿美元),而注册交易所持有的加密资产总值则飙升53%至43.6万亿韩元。2024年第一季度,韩元超越美元,成为全球加密资产交易量最大的货币。[③] 一些韩国本地交易所不仅在国内市场占据重要地位,还在国际市场上具有一定影响力。特别是Upbit,其在2024年第一季度曾一度跻身全球交易量前五名[④]。除此之外,其与泰国和印度尼西亚等国家的合作,显示了其国际化的布局和野心。除了加密货币交易所,韩国还涌现出大量区块链初创企业,这些企业在金融科技、供应链管理、医疗健康等领域积极探索区块链技术的落地应用。例如,ICON是韩国最具代表性的区块链项目之一,旨

---

① See Polymesh, *A Spotlight on Digital Asset Regulation in South Korea*, Polymesh (Feb. 23, 2023), https://polymesh.network/blog/digital-asset-regulation-in-south-korea.

② See Hayoung Seo, *South Korea's Cryptocurrency Craze*, The Deplomat (Mar. 3, 2021), https://thediplomat.com/2021/03/south-koreas-cryptocurrency-craze/.

③ 参见常嘉帅:《10%人口参与、韩元超过美元,韩国人“炒币”炒出新高度!》,载华尔街见闻2024年5月16日,https://wallstreetcn.com/articles/3715017。

④ 参见常嘉帅:《10%人口参与、韩元超过美元,韩国人“炒币”炒出新高度!》,载华尔街见闻2024年5月16日,https://wallstreetcn.com/articles/3715017。

在构建一个跨链互操作的去中心化网络,应用范围涵盖金融服务、医疗、保险、教育和政府等多个领域。

但加密货币交易的强匿名性,客观上为不法犯罪活动提供了温床。例如“N 号房事件”,其是韩国近年来最严重的网络犯罪案件之一,涉及通过加密货币交易进行非法活动。主犯赵某使用了 13 个加密货币钱包,用于收取用户观看非法色情视频的费用。这些钱包的匿名性使赵某能够隐匿交易来源和去向,逃避法律追踪。事件曝光后,引发了社会对加密货币匿名性和监管缺失的强烈关注,促使韩国政府加快加密货币监管立法进程。① 又如“Luna 崩盘事件”,2022 年 5 月,算法稳定币 Terra USD(UST)与其配套的加密货币 Luna 同时崩盘。UST 通过与 Luna 的算法关系来保持与美元的挂钩。然而,当 UST 失去与美元的挂钩后,Luna 的供应量被无限增发以试图稳定 UST 的价格,导致 Luna 的价值迅速下跌。最终,UST 的价格跌至 1 美元以下,Luna 的市值也蒸发了约 400 亿美元。韩国政府指认 Terraform Labs 创始人权道亨(Do Kwon)夸大了这两种加密货币的稳定性,误导投资者,导致大约 28 万韩国投资者受损,并引发全球加密货币市场动荡。该事件促使韩国政府加强对加密货币市场的监管,并采取法律行动调查相关责任人。②

Luna 的崩盘也成为韩国加密货币监管政策进一步收紧,并进入调整和重塑的转折点。这一事件促使韩国政府和监管机构采取一系列措施来加强市场监管和保护投资者。韩国金融服务委员会(Financial Services Commission,FSC)加强了对虚拟资产服务提供商的监管,要求其在特定时间内注册,并遵守更严格的反洗钱和了解你的客户等相关规定。当前,韩国正在采取多项监管战略和立法调整,旨在改善投资者保护和加密市场的透明度。

此外,根据韩国政府的计划,从 2025 年起,对虚拟资产交易所得将征收 20% 的资本利得税。这一税收政策适用于年度收益超过 250 万韩元(约合 2000 美元)的虚拟资产交易。该政策主要针对在韩国有税务义务的本地居民和公司。对于在韩国交易所进行交易的非居民和外国公司,只有在其交易活动产生的收入需要在韩国申报纳税的情况下,才适用这一税收规定。税收政策涵盖所有虚拟资产交易所得,无论是通过虚拟资产交易所进行的交易还是其他形式的

---

① 参见梁晓轩:《韩国加密货币立法提速》,载《检察风云》2020 年第 18 期。

② See Sam Bourgi, *Breaking: Terra Blockchain Officially Halted Following LUNA Price Collapse*, Cointelegraph (May 12, 2022), https://cointelegraph.com/news/breaking-terra-blockchain-officially-halted-following-luna-price-collapse.

虚拟资产交易。[①]

这些措施旨在通过强化监管、提高透明度和保护投资者,来构建一个更加安全和规范的加密货币市场环境。

(二)Web3 与区块链创新

韩国在 Web3 领域的创新也不容忽视。韩国的科技公司和初创企业在区块链和 Web3 技术的应用上表现活跃,在区块链技术研发和应用方面取得了重要成果。韩国政府和企业投入大量资源,推动区块链技术在各个领域的创新应用。

韩国互联网巨头 Kakao 和三星电子都在积极推进区块链技术的研发。[②] Kakao 旗下子公司 Ground X 开发了 Klaytn 区块链平台,致力于提供高性能和企业友好的区块链解决方案。[③] Kakao 旗下子公司 Kakao Games 的 Web3 游戏部门 METABORA SG 在 2024 年 2 月与区块链平台 Oasys 合作,携手推进区块链游戏的开发和推广。[④] 三星电子则在其最新的智能手机中集成了加密货币钱包功能,显示了其对加密货币和区块链技术的重视。

韩国的风投生态系统在支持 Web3 和区块链初创企业的发展方面表现得非常活跃。大量风险投资基金,如 Capstone Partners 和 DSC Investment,专注于支持早期和成长期的技术公司,这些基金不仅投资于区块链和 Web3 技术,还涵盖了人工智能、软件和信息技术等领域。Capstone Partners 是韩国领先的风险投资基金之一,致力于支持技术驱动型企业的成长。该基金对区块链和 Web3 初创企业表现出极大的兴趣,通过资金支持和战略指导,帮助这些企业在全球市场中站稳脚跟。[⑤] DSC Investment 在区块链和 Web3 初创企业中的投资也极为重要,通过提供必要的资金和资源,帮助这些企业加速技术创新和市场扩展。其投资策略注重长远发展,通过与企业建立深度合作关系,确保其能够实现可持续的增长。[⑥]

---

① See Rahul Nambiampurath & Kyle Baird, *South Korea Delays Crypto Tax Plans Again, This Time to* 2025, BeinCrypto (July 22, 2022), https://beincrypto.com/south-korea-crypto-tax-2025/.

② See Collin Brown, *Samsung Galaxy S20 Will Support Bitcoin, Ethereum and TRON (TRX)*, Crypto News Flash (Sept. 19, 2020), https://www.crypto-news-flash.com/samsung-galaxy-s20-will-support-btc-eth-trx/.

③ See Carol Gaszcz, *Kakao Launches Blockchain Platform Klaytn*, The Block (June 27, 2019), https://www.theblock.co/linked/29270/kakao-launches-blockchain-platform-klaytn.

④ David Andrews, *Oasys and Kakao Games' Metabora SG Join Forces for Blockchain Gaming*, NEF News Today (Feb. 22, 2024), https://nftnewstoday.com/2024/02/22/oasys-and-kakao-games-metabora-sg-join-forces-for-blockchain-gaming/.

⑤ See Castone Partners, *Castone Partners Official Website*, Castone Partners (July 3, 2024), https://www.capstonepartners.com/.

⑥ See DSC Investment, *DSC Investment Official Website*, DSC Investment (July 3, 2024), http://www.dscinvestment.com/.

此外,韩国政府也在积极推动区块链技术在公共服务领域的应用。首尔市政府启动了多项基于区块链技术的公共项目,旨在提高公共服务的透明度和效率:

(1)首尔市民身份证系统。首尔市政府推出了一项基于区块链技术的市民身份证系统。这一系统通过区块链技术来存储和验证市民的身份信息,旨在提高身份验证的安全性和效率,减少身份信息被盗用或篡改的风险。①

(2)首尔市区块链投票系统。首尔市政府开发了一个基于区块链技术的投票系统。该系统旨在确保投票过程的透明和公正,防止投票结果被篡改或操控。区块链技术的不可篡改性和透明性,使得这一投票系统在保障选民隐私的同时,也能提供一个可信赖的投票环境。②

(三)元宇宙战略布局

元宇宙是韩国政府和企业近期关注的另一大重点领域。

2021年11月,韩国首尔市政府发布了《元宇宙首尔基本计划(2022-2026年)》[Metaverse Seoul Basic Plan(2022-2026)],宣布从2022年起分三个阶段在经济、文化、旅游、教育、信访等市政府所有业务领域打造元宇宙行政服务生态。该计划分为"起步(2022年)"、"扩张(2023年~2024年)"和"完成(2025年~2026年)"三个阶段,总投资计划为39亿韩元。③

2022年,韩国政府宣布计划到2026年成为元宇宙中心,并投入2233亿韩元扶持元宇宙产业。该计划包括培养40,000名专业人才和220家元宇宙技术公司,以应对元宇宙带来的经济和社会变化,并为未来做好准备。④

2023年,韩国科学技术情报通信部(Ministry of Science and ICT,MSIT)通过Digital New Deal 2.0计划投资元宇宙生态系统。该计划包括建立元宇宙基金,旨在帮助元宇宙初创企业和中小企业进行全球扩张。⑤

2024年,韩国国会全体会议通过了具有里程碑意义的《虚拟融合产业促进法》(Virtual Convergence Industry Promotion Act)。该法案旨在为虚拟融合产业

---

① See Brayden Lindrea, *Koreans to Have Access to Blockchain-Powered Digital IDs by* 2024, Cointelegraph (Oct. 17, 2022), https://cointelegraph.com/news/koreans-to-have-access-to-blockchain-powered-digital-ids-by-2024.

② See Clément Wardzala, «Séoul implémente la blockchain dans son système de pétition en ligne», Cryptoast (Feb. 25, 2020), https://cryptoast.fr/seoul-implemente-blockchain-dans-son-systeme-petition-en-ligne/.

③ 参见上海证券报:《要做第一个进入元宇宙的大都市? 韩国首尔市政府发布元宇宙五年计划》,载华尔街见闻2021年11月25日,https://wallstreetcn.com/articles/3645779。

④ See Kan Hyeong-woo, *Korea Aims to Become 5th-largest Metaverse Market by* 2026, The Korea Herald (Jan. 20, 2022), https://www.koreaherald.com/view.php?ud=20220120000709.

⑤ See Jack Boreham, *National Metaverse Investments: South Korea's Metaverse Leap*, Digital Twin Insider (Sept. 4, 2023), https://digitaltwininsider.com/2023/09/04/national-metaverse-investments-south-koreas-metaverse-leap/.

(包括元宇宙和相关技术)的发展提供系统的政策支持、财政补助和优化的规制框架。该法案的核心内容包括税收减免、财政支持以及设立“元宇宙支持中心”等,以推动技术创新和产业发展。① 这些政策和举措显示了韩国政府对元宇宙产业发展的高度重视和支持,旨在推动技术创新,拓展应用场景,并在全球元宇宙产业中占据领导地位。

(四)韩国独特的加密货币市场与文化

加密货币市场的势头吸引了韩国投资者的注意,导致该国加密货币交易所的交易量曾在某些时段超过以韩国综合股价指数(Korea Composite Stock Price Index,KOSPI)为代表的股票市场。例如,2021 年 5 月 19 日,韩国加密货币交易所的加密货币日交易量约为 23.7 万亿韩元,超过了韩国股市交易的股票价值②;2024 年 3 月初,韩国的加密货币交易量达到了 160 亿美元,而韩国综合股价指数的总交易量为 80 亿美元③。这一趋势凸显了韩国民众对加密货币的浓厚兴趣。

韩国加密货币市场在一个限制性的监管框架内运作,市场参与主要限于国内人口。值得注意的是,想要在韩国主要加密货币交易所进行交易的个人必须满足特定条件,包括持有本地居住证、拥有注册在本地电信服务提供商名下的手机,并维护一个实名制的交易账户。这些监管措施意味着国内加密货币交易所实际上主要服务于国内用户,从而将交易量限制在本地人口范围内。

事实上,韩国年轻人,尤其是所谓的“N - Po 一代”,对加密货币的兴趣激增,这背后有着深刻的经济和文化背景。“N - Po 一代”指的是 20 ~ 39 岁的年轻人,他们正面临经济挑战和社会压力,但在蓬勃发展的数字市场和 Web3 技术的承诺中找到了安慰和机遇。这一代人的困境始于 1997 年,当时韩国正遭遇严重的货币危机,导致韩元大幅贬值,并需要国际货币基金组织的救助。在一个充斥着通货膨胀和高房价的社会中,仅凭固定收入越来越难以满足基本生活需求。非精英的大多数——占人口的 97%——面临着有限选择,催生了“N - Po一代”的出现。他们坚信自己能够通过投资高风险资产来实现经济逆

---

① See Digital Policy Alert, *Republic of Korea: Adopted Virtual Convergence Industry Promotion Act (Bill No. 2126443)*, Digital Policy Alert (June 24,2023), https://digitalpolicyalert.org/event/17681 - adopted-virtual-convergence-industry-promotion-act-bill-no - 2126443.

② See L. Yoon, *Daily Trading Volume of Cryptocurrencies and Stocks South Korea 2021*, Statista (Jan. 23,2024), https://www.statista.com/statistics/1261181/south-korea-daily-trading-volume-of-cryptocurrencies-and-stocks/#statisticContainer.

③ See Binance News, *Cryptocurrency Trading Volume in South Korea Sometimes Surpasses Stock Market*, Binance Square (May 23,2024), https://www.binance.com/en/square/post/2024 - 05 - 23 - cryptocurrency-trading-volume-in-south-korea-sometimes-surpasses-stock-market - 8480685645778.

转,并最终突破困境。

此外,被称为“网民王国”的韩国,拥有广泛的互联网文化,年轻人花费更多时间在数字领域而非现实中。在这种环境下,凭借传统手段赚钱变得困难,社会种种限制和互联网的巨大影响力使得寻求合法收入的途径变得有限,导致人们越来越多地转向在线平台来宣泄其在现实世界中所遭遇的挫折与苦楚,这引发了人们对于加密货币的投机心理。研究表明,韩国人具有较高的风险偏好,倾向于以小博大,更偏爱投资山寨币(Altcoin)和迷因币(Memecoin),而对于比特币和以太坊这类主流币的兴趣较低。

二、韩国加密货币及 Web3 监管态势

(一)立法层面

早在 2017 年 9 月,韩国金融服务委员会宣布禁止首次代币发行,以防止投机行为和潜在的金融风险。2018 年年初,韩国实施了禁止匿名交易的政策,要求加密货币交易所执行严格的“了解你的客户”和反洗钱规定,以防止洗钱和其他非法活动。同年,韩国国会通过了《特定金融交易信息报告和使用法》(Act on Reporting and Using Specified Financial Transaction Information,以下简称《特定金融交易信息法》,Specific Financial Information Act)修正案,将上述“了解你的客户”和反洗钱要求正式纳入法律,进一步巩固了对加密货币交易所的监管。这一修正案旨在防止洗钱和恐怖主义融资,确保交易的透明度和合法性。2022 年 3 月 25 日,韩国成为较早在虚拟资产交易中实施旅行规则的国家,该规则依据《特定金融交易信息法》正式生效。根据这项规定,当虚拟资产服务提供商转移价值超过 100 万韩元的虚拟资产时,发送方服务提供商必须向接收方服务提供商提供并存储相关信息,包括发送方和接收方的姓名、虚拟资产地址等。旅行规则最初指的是金融机构在进行国际转账时必须记录发送方信息的规定,该规定旨在遵循全球银行间金融电信协会的要求。为了应对虚拟资产洗钱的全球性问题日益突出,金融行动特别工作组在 2019 年提出将旅行规则的适用范围扩展至虚拟资产领域,敦促各国将其应用于虚拟资产服务提供商。目前,旅行规则在韩国仅适用于其国内虚拟资产服务提供商之间的转账。韩国的四大交易所(Upbit、Bithumb、Coinone、Korbit)正在使用像 VerifyVASP(Upbit)和 Code(Bithumb、Coinone、Korbit)这样的解决方案来遵守该规则。但韩国国内交易所与外国交易所或个人钱包之间的转账并不在该规定的范围内。因此,韩国国内交易所正在遵循韩国金融服务委员会的指导方针,自主采用白名单方法,

力图将旅行规则适用于韩国国内交易所与外国交易所或个人钱包之间的转账。截至2023年,旅行规则在韩国的适用尚未发生重大变化。2024年,扩大旅行规则的适用范围以涵盖个人钱包之间的转账的呼声正日益高涨,业界也在积极采取措施以应对这一需求。

2020年3月,韩国国会再次通过了《特定金融交易信息法》修正案。这一修正案不仅包括加密货币交易所,还扩展到所有提供虚拟资产相关服务的机构,为虚拟资产服务提供商设立了法律框架和监管标准。这是为了符合国际反洗钱金融行动特别工作组的指南——《基于风险的虚拟资产和虚拟资产服务提供商方法指南》(Guidance for a Risk-Based Approach to Virtual Assets and Virtual Asset Service Providers),并确保虚拟资产交易的透明度和合法性。该法案修正案明确了虚拟资产的相关概念,规定虚拟资产具有经济价值,可以通过电子交易或转移的电子凭证进行交易,并承认加密货币为虚拟资产,将其纳入现行金融监管范畴,为处于灰色地带的加密货币提供了系统的法律依据。这意味着虚拟资产服务提供商受到与传统金融机构相同监管标准的约束,即要求交易账户必须实名,至少遵守相关的反洗钱和"了解你的客户"法规以及数据保护要求。修订后的法律对虚拟资产服务提供商提出了以下主要要求:

(1)完成实名验证,并与当地银行合作;

(2)从信息安全管理系统(Information Security Management System,ISMS)获得安全证书,并在韩国互联网和安全局(Korea Internet & Security Agency,KISA)注册;

(3)虚拟资产服务提供商或其任何代表董事和管理人员均未曾因违反《特定金融交易信息法》或其他金融法规而受到任何罚款或有更严重的处罚记录,且其执行或解除未超过5年;

(4)向韩国金融情报机构(Financial Intelligence Unit,FIU)提交报告。

出于保护消费者的目的,监管框架还要求虚拟资产服务提供商拥有一定程度的资本储备,并定期进行审计和报告,以证明其以安全合规的方式运营。2023年2月,韩国金融服务委员会发布了关于证券型代币发行的指南,为证券型代币的发行和分销合法化做准备。该指南旨在明确哪些数字资产有资格作为证券型代币,并规定如果数字资产具有符合《金融投资服务和资本市场法》(Financial Investment Services and Capital Markets Act,FSCMA)所定义的证券特征,则将作为证券进行监管。这是对数字范式转变的认可,因为韩国原本的法律体系不允许证券型代币发行。

2023年6月30日,韩国国会通过了《虚拟资产用户保护法》(Act on the

Protection of Virtual Asset Users),该法将于 2024 年 7 月 19 日生效实施。该法案侧重用户保护,制定了一系列虚拟资产服务提供商必须遵守的规则,以确保用户资产的安全。具体要求如下:

(1)虚拟资产服务提供商必须将其客户的虚拟资产交易保证金与自身资产分开管理;

(2)虚拟资产服务提供商必须将客户拥有的虚拟资产与其持有的虚拟资产分开管理;

(3)虚拟资产服务提供商必须实际持有用户委托的虚拟资产的相应种类和数量,并在冷钱包中存储至少 80% 的用户虚拟资产,以确保资产的安全性和降低未经授权访问的风险(具体比例由总统令确定);

(4)虚拟资产服务提供商需要具备保险计划或预留储备金,以应对可能的黑客攻击或网络故障等风险,保险金额或储备金应至少为客户虚拟资产总价值的 5%;

(5)虚拟资产服务提供商需要将虚拟资产交易记录保存 15 年,以便追踪和验证交易历史。

该法案的一个重要特点是其引入了对不公平交易活动(Unfair Trade Practices)的严格监管和严厉惩罚。关于不公平交易活动,该法案规定禁止不当使用未公开重大信息、操纵市场价格和欺诈交易活动(例如虚假报告、故意遗漏等),同时限制虚拟资产服务提供商交易自行发行的虚拟资产。

虚拟资产服务提供商还需要定期监控异常活动,例如涉及价格和交易量剧烈波动的交易,并采取适当措施保护用户权益。当发现可疑交易活动时,虚拟资产服务提供商需要立即向韩国金融服务委员会和相关调查机构报告。

该法案为赋予韩国金融服务委员会监督和制裁权奠定了明确的法律基础。特别是,不公平交易活动可处以最低一年监禁或不当得利三倍以上五倍以下的罚款。不公平交易活动的收益将被没收,如果无法做到,当局将追缴等值金额。[①] 总体而言,该法案旨在保护虚拟资产用户的权益,细化了用户保护措施,强化了对具体虚拟资产交易行为的规范,并对虚拟资产服务提供商提出了具体的要求和规范。

与此同时,韩国还计划于 2024 年 6 月颁布《数字资产基本法案》(Digital Asset Basic Act,DABA)。该法案旨在提供一个全面且健全的法律框架,提出了 17 项立法提案,覆盖了从交易所运营透明度到交易公平性的各个方面,以平衡

① See Financial Services Commission, *Government to Ensure Virtual Asset User Protection, Transaction Transparency and Market Discipline*, Financial Services Commission (June 30, 2023), https://www.fsc.go.kr/eng/pr010101/80317.

数字资产发展与投资者保护，规范整个数字资产市场。[①] 该法案的主要目标是通过确保虚拟资产服务提供商遵守更高的安全性和透明度标准来保护投资者、促进金融技术的创新和稳定。具体而言，该法案主要包括以下几个方面：

(1)储备要求和资本充足率。所有虚拟资产交易所需要满足特定的储备金要求，以确保在市场动荡时能保障投资者资产的安全。

(2)增强交易透明度和公平性。立法要求虚拟资产交易所公开其交易规则，包括价格设定机制和交易费用，以及任何可能影响市场公平性的交易算法。

(3)打击市场操纵和内幕交易。提案中强调了禁止任何形式的市场操纵行为，如虚假交易、价格操纵等，以及严格禁止交易所内部人员利用未公开信息进行交易。

(4)广告和宣传的规范。为防止误导性宣传和虚假广告，提案中要求所有虚拟资产相关的广告必须清楚标明潜在风险，且广告内容需要得到相关监管部门的批准。

(5)用户资金保护。提案要求所有交易所必须通过银行等受信任的金融机构，为用户资金提供托管服务，并确保资金的安全存放，如使用冷钱包等技术手段保护资金安全。

此法案的制定反映了韩国政府既支持金融技术创新，又致力于加强投资者保护和维护市场稳定性的双重目标。[②] 2024 年 6 月 17 日，有报道称韩国金融监督服务局(Financial Supervisory Service，FSS)指示包括 Upbit、Bithumb 和 Gopax 在内的注册加密货币交易所评估其平台上的多种代币。这一指令与《虚拟资产用户保护法》一致，该法案要求严格的合规性和定期评估已上市的代币。根据新法律，交易所必须遵循更严格的代币上市指南，并每半年重新评估现有代币。交易所需要评估发行实体的可靠性、用户保护措施、技术和安全标准，以及这些数字资产的合规性。然而，针对这些传言，金融监督服务局否认直接参与加密资产在交易所的上市或退市。监管机构强调，其仅限于制定上市标准，而非监督审查过程。金融监督服务局声明："金融当局检查虚拟资产服务提供商，但不直接审查个别代币的上市或退市。我们参与了初步流程，因为交易所请求提供支持以制定最佳实践，但公告将由交易所和数字资产交易所协会(Digital Asset

---

① See Rebecca Moen, *South Korea Embraces Blockchain: New Digital Asset Act, K-Culture Tokenization, and More*, Blockchain (July 18, 2023), https://blockchain.news/news/South-Korea-Embraces-Blockchain-New-Digital-Asset-Act-KCulture-Tokenization-and-More.

② See Cheyenne Ligon & Doreen Wang, *South Korean Lawmakers Are Gearing Up to Regulate Crypto. What Could That Look Like?*, CoinDesk (Jan. 27, 2023), https://www.coindesk.com/consensus-magazine/2023/01/26/south-korea-national-assembly-crypto-debate-regulations/.

Exchange Association,DAXA)发布。”①

此外,2024 年 6 月 10 日,韩国金融服务委员会发布针对非同质化代币的监管指引,拟对相关非同质化代币是否应认定为加密资产进行判断。根据该指引,如果相关非同质化代币可以批量生产、可公平交换、能够进行分片或用于支付商品和服务,则该非同质化代币将很可能被归类为加密货币。为此,金融当局决定首先审查涉案非同质化代币是否属于《金融投资服务和资本市场法》的适用范围,如不属于,则会进一步确定其是否属于《虚拟资产用户保护法》的适用范围。②

(二)组织层面

韩国金融监管体系旨在通过确保金融机构公平地进行金融中介活动以及促进其健全管理,来保护金融客户的财产,并促进金融交易。为实现这一目标,韩国金融监管机构承担批准金融机构设立、起草金融机构在开展业务时应遵循的法规并监督其合规性等职能。韩国采用综合金融监管体系,其中金融服务委员会和金融监督服务局几乎监管所有金融机构。金融服务委员会负责审议并决定有关金融监管的重要事项,包括金融监管政策和金融机构的许可。金融监督服务局则执行金融服务委员会的决策,并负责检查和监督金融机构的合规性。此外,韩国银行(Bank of Korea)和韩国存款保险公司(Korea Deposit Insurance Corporation,KDIC)也在有限范围内履行部分监管职能,例如请求对某些事项进行检查,并在必要时与金融监督服务局联合进行检查。

针对加密货币而言,早在 2017 年 12 月,韩国金融服务委员会与韩国金融情报机构(Financial Intelligence Unit,FIU)合作,成立专责小组,监督加密货币交易。2022 年 5 月,Luna 崩盘引起韩国数字资产市场动荡,为防止此类事件再次发生,韩国成立“数字资产委员会”(Digital Assets Committee),监督数字资产交易平台和数字资产交易,以维护市场稳定和保护投资者权益。③

韩国金融服务委员会和韩国金融情报机构是韩国虚拟资产的主要监管部门。韩国金融情报机构在其中扮演着关键角色。其主要职责如下:

(1)信息收集与分析。韩国金融情报机构负责收集各类金融机构的报告,包括银行、保险公司、证券公司以及虚拟资产服务提供商的报告。这些报告通

---

① 数字资产交易所协会(Digital Asset Exchange Association,DAXA)是韩国主要加密货币交易所的联盟,主要包括 Upbit、Bithumb、Coinone、Korbit 和 Gopax 等。该协会旨在促进行业的长期增长,并制定消费者保护措施。

② See Financial Services Commission, *Authorities Introduce Guidelines for Determining When Non-Fungible Tokens Qualify As Virtual Assets*, Financial Services Commission (June 10, 2024), https://www. yna. co. kr/view/AKR20240610071100002? input = 1195m.

③ 参见刘荣荣、罗来宽:《剪不断、理还乱的韩国炒币热潮》,载《世界知识》2023 年第 10 期。

常包括可疑交易报告和大额交易报告。韩国金融情报机构分析这些数据，以识别可能的非法金融活动。

(2)监管合作。韩国金融情报机构与其他国内外监管机构合作密切，共享情报和数据，支持跨境调查及打击跨国金融犯罪。

(3)政策制定支持。通过对收集到的数据进行分析，韩国金融情报机构为政府制定相关金融监管政策提供智力支持，旨在增强金融系统的稳定性和完整性，防止金融市场被用于洗钱和恐怖主义融资。

(4)培训与指导。韩国金融情报机构还负责对金融机构进行反洗钱和反恐融资的培训和指导，包括提供关于如何识别和报告可疑活动的指导。

韩国金融情报机构 2024 年工作计划的一部分是将实施一项严格的监管策略，专注于加强对虚拟资产服务提供商的审查和监管，包括彻底的检查，并与全球反洗钱标准保持一致。①

(三)制度/政策层面

2017 年 9 月，出于对欺诈和消费者保护的担忧，韩国金融服务委员会宣布禁止在该国进行首次代币发行。同年其又考虑取消对专业投资者的禁令，以便在一定程度上恢复市场活力。

2018 年 1 月，韩国宣布限制虚拟货币交易，要求所有虚拟货币交易平台必须对用户进行实名认证，并与银行合作开设虚拟货币账户。此外，韩国政府还要求交易平台必须报告所有交易记录，并对涉嫌洗钱等违法行为进行监管。

2022 年 9 月，韩国央行表示计划取消通过首次代币发行发行新数字资产的禁令，并将这一计划纳入《数字资产基本法》。该法案包含了关于首次代币发行的具体规定，旨在规范和制度化这一过程，以确保其合法性和安全性。过往，一些韩国公司已经通过在其他国家进行首次代币发行来规避禁令，然后返回韩国市场出售代币。韩国政府希望通过《数字资产基本法》来解决这种规避行为，并为首次代币发行设立明确的法律框架，从而促进数字资产市场的合法性和安全性。② 可以说，韩国在监管数字资产方面采取了更加积极主动的方式。事实上，行政部门一直在寻求放宽对数字资产的管制。正如前述的证券型代币发行在韩国的合法化历程，鉴于韩国的数字范式转变，法律应当保持灵活和寻求

---

① See Haseeb Shaheen, *South Korea Enhances Crypto Market Regulation with Rigorous FIU Strategy*, Cryptopolitan (Feb. 12, 2024), https://www.cryptopolitan.com/south-korea-crypto-regulation-fiu-strategy/.

② See Rebeca Moen, *South Korea Embraces Blockchain: New Digital Asset Act, K-Culture Tokenization, and More*, Blockchain (July 18, 2023), https://blockchain.news/news/South-Korea-Embraces-Blockchain-New-Digital-Asset-Act-KCulture-Tokenization-and-More.

转变。①

此外,韩国在虚拟资产透明度方面也不断出台新政策:从 2024 年开始,约 5800 名公职人员将被要求披露他们的虚拟资产持有情况。这一举措是更广泛的公共道德和透明度倡议的一部分。披露要求也扩展到虚拟资产交易平台和其他企业实体,这些实体必须遵守更新的会计标准,提供关于其虚拟资产持有情况和相关活动的详细信息。②

韩国在立法和政策上的努力,展示了其创建一个安全且透明的加密货币及 Web3 生态系统的决心,这为其他国家提供了一个平衡技术创新与合规监管的有效范例。尽管面临国际监管和全球市场的不确定性,韩国在 Web3 领域显示出了巨大的潜力和全球领导力。随着技术的进步和政策的不断完善,韩国有望在该领域扮演更加重要的角色。不过,正如韩国金融服务委员会成立的民官联合数字资产特别工作组就创建数字资产监管框架的方向确立的原则中所提到的,要确保全球监管与主要经济体、国际组织的一致性。③ Luna 崩盘引发的 Three Arrows Capital 的倒闭,以及 Celsius Network、Voyager Digital、Genesis 和 FTX 等平台的相继破产,暴露了数字资产市场的系统性风险,表明仅靠单个国家的监管不足以防止全球性数字资产市场的崩溃。这是一个无法割裂的全球生态,如果无法做到全球监管的协调一致,单个司法管辖区对于数字资产的监管尝试难以取得真正的成效和成功。越来越多司法管辖区呼吁开展国际合作,以消除监管套利,并有效监管数字资产。韩国当局也意识到全球监管协调一致的重要性,在等待全球监管标准制定之前,首先通过最低限度的必要法规制定一个保护用户的监管体系,未来将审慎考量国际监管标准的各项条例,然后通过循序渐进的立法逐步纳入适合韩国本国国情的国际监管标准。④

---

① See Guneet Kaur & Kristina Lucrezia Cornèr, *An Overview of Cryptocurrency Regulations in South Korea*, Cointelegraph (Sept. 27, 2023), https://cointelegraph.com/learn/crypto-regulations-in-south-korea.

② See Camomile Shumba, *South Korea to Make Officials' Crypto Disclosures Public*, CoinDesk (Dec. 27, 2023), https://cryptodaily.co.uk/news-in-crypto/coinspeaker:south-korea-cryptocurrency-transparency-2024.

③ See Financial Services Commission, *Government to Ensure Virtual Asset User Protection, Transaction Transparency and Market Discipline*, Financial Services Commission (June 30, 2023), https://www.fsc.go.kr/eng/pr010101/80317.

④ See Cheyenne Ligon & Doreen Wang, *South Korean Lawmakers Are Gearing Up to Regulate Crypto. What Could That Look Like?*, CoinDesk (Jan. 27, 2023), https://www.coindesk.com/consensus-magazine/2023/01/26/south-korea-national-assembly-crypto-debate-regulations/.

第四章　加密货币及 Web3 法律规制和监管的中国路径

一、中国内地与香港加密货币及 Web3 生态发展

自比特币于 2009 年诞生以来，加密货币迅速发展成为全球金融市场重要的组成部分。近年来，各类加密货币不断涌现，如以太坊、瑞波币和泰达币等，逐步丰富了这一市场的多样性。CoinMarketCap① 数据显示，截至 2024 年 6 月 12 日，加密货币市场的总市值约为 2.52 万亿美元②，大量投资者、技术开发者纷纷进入加密货币生态。加密货币交易平台、加密钱包、加密托管商等相关服务提供商也如雨后春笋般涌现，进一步推动了市场的发展。然而，加密货币市场的高波动性和高投机性也带来了诸多风险，如价格波动剧烈、市场操纵和欺诈行为频发等。

加密货币作为一种新兴的金融工具，其去中心化、匿名性和全球化的特性，使得传统的金融监管模式面临巨大挑战。首先，加密货币的去中心化和全球化的特性使得单一国家难以对其实施有效监管，这要求全球各国监管机构之间的跨境协作和协调一致。其次，加密货币的匿名性，使得追踪资金流动和识别交易者的真实身份变得困难，这增加了洗钱、恐怖主义融资等非法活动的风险，这对现行的反洗钱和反恐怖主义融资法规提出了更高的要求。最后，加密货币的技术创新速度快，监管政策往往滞后于技术发展，如何在鼓励创新与防范风险之间找到平衡，是各

---

① CoinMarketCap 是一家提供加密货币市场数据的在线平台，汇集了全球数千种加密货币的价格、交易量、市值等关键信息，被广泛用于跟踪和分析加密货币市场动态。

② See CoinMarketCap, *Global Crypto Market Cap*, CoinMarketCap (June 12, 2024), https://coinmarketcap.com/.

国监管机构面临的共同难题。

(一)加密货币在中国内地的发展

中国曾是全球比特币交易和“挖矿”的中心之一,许多中国企业和个人在这一领域表现出极大的兴趣和参与热情。2011 年 6 月,中国首个加密货币交易所比特币中国(BTC China,后更名为 BTCC)成立,随后包括欧易(OKX)、火币(Huobi)和币安(Binance)在内的加密货币交易所相继在中国成立,并飞速发展生长。2013 年 10 月 14 日,中国搜索引擎巨头百度旗下网站加速平台“百度加速乐”开始接受比特币作为支付方式,但受政策影响很快又于 2013 年 12 月 17 日停止接受比特币支付。[①] 同年,加密货币逐渐引起公众和监管机构的关注。加密货币“挖矿”活动也在中国内地如火如荼地展开,并逐渐发展成为一个行业。2013 年,作为新兴行业代表的比特大陆(Bitmain)在中国成立,并迅速成为全球领先的加密货币“挖矿”设备制造商和矿池运营商之一,其设备在全球大部分的加密货币“挖矿”活动中被使用,并运营着全球最大的比特币矿池之一——蚂蚁矿池(Antpool)。比特大陆还成为应用程序专用集成电路(Application Specific Integrated Circuit,ASIC)“挖矿”设备的领先制造商,其设备在全球范围内畅销,目前依然具备市场竞争力。加密货币“挖矿”行业在 2016 年和 2017 年继续增长。随着人们对投资潜力和技术创新的兴趣增加,加密货币在中国的受欢迎程度也在上升。尽管中国政府对加密货币交易和首次代币发行采取了严格的监管措施,如 2017 年全面禁止首次代币发行和境内交易所,但加密货币相关活动在中国内地并未完全停滞,部分企业和个人通过海外交易平台继续参与加密货币市场。与此同时,中国在区块链技术的开发和落地应用方面保持正面积极的态度,政府大力扶持区块链产业的发展,以促进实体经济的数字化转型。总体来看,加密货币的兴起对中国的金融市场、技术创新和法律监管提出了新的挑战,同时也带来了潜在的发展机遇。[②]

基于此背景,中国内地对加密货币的监管经历了从早期相对宽松到后期严格监管的显著变化(见图 4-1)。这一变化反映了政府在平衡市场风险和技术创新时,不断地调整政策取向。第一阶段是 2013 年至 2016 年,中国内地对加密货币采取的是较为宽松的政策。2013 年 12 月,中国人民银行、工业和信息化部、中国银行业监督管理委员会(已撤销)、中国证券监督管理委员会、中国保险

---

① 参见 BBC News:《百度停止接受比特币支付》,载 BBC News 2013 年 12 月 7 日,https://www.bbc.com/zhongwen/simp/china/2013/12/131207_china_baidu_bitcoins。

② 参见李柳君、鲁俊群:《中国 Web3.0 战略发展路径浅析》,载《科技导报》2023 年第 15 期。

监督管理委员会(已撤销)《关于防范比特币风险的通知》(银发〔2013〕289号)正式发布,首次明确了比特币的法律地位,强调比特币作为虚拟商品的属性,并禁止金融机构和支付机构参与比特币交易,但允许个人在风险自担的前提下自由买卖比特币。[①] 这一时期,加密货币交易所和相关企业在中国内地野蛮生长,加密货币生态发展迅猛。

第二阶段是2016年至2017年,内地对加密货币采取的监管政策开始收紧。随着加密货币市场的迅速扩张和投机行为的增多,监管机构开始关注市场风险,并强调投资者保护。2016年,中国人民银行等部门开始对部分加密货币交易平台进行检查,并要求其遵守反洗钱等相关规定。2017年年初,央行对中国内地主要的加密货币交易平台进行了专项整治,暂停了加密货币提现功能,进一步加强了对加密货币市场的监管。[②]

第三阶段是2017年至今,内地对加密货币相关活动持严格监管的态度。2017年9月4日,中国人民银行等七部委联合发布《关于防范代币发行融资风险的公告》,[③]全面禁止首次代币发行和境内加密货币交易平台的运营。该公告明确指出,任何形式的首次代币发行都是非法金融活动,要求已完成的首次代币发行项目退还投资者资金。此外,境内所有加密货币交易平台被要求停止运营,境内交易活动转移到场外或境外。2021年9月3日,国家发展改革委等部门《关于整治虚拟货币"挖矿"活动的通知》正式发布[④]。随后,多个省份如内蒙古、新疆、青海和四川等出台了相关政策对虚拟货币"挖矿"进行整顿清理。许多比特币"矿场"关闭或迁移至境外,禁令对全球比特币"挖矿"格局也产生了重大影响。2021年9月15日,中国人民银行等十部门发布了《关于进一步防范和处置虚拟货币交易炒作风险的通知》,明确指出虚拟货币不具有与法定货币等同的法律地位,任何与虚拟货币相关的业务活动为非法活动,并要求金融机

---

① 参见中国人民银行、工业和信息化部、中国银行业监督管理委员会(已撤销)、中国证券监督管理委员会、中国保险监督管理委员会(已撤销):《关于防范比特币风险的通知》,载中国政府网,https://www.gov.cn/gzdt/2013-12/05/content_2542751.htm。

② 参见新华社:《央行在北京、上海对比特币交易平台开展现场检查》,载中国政府网,https://www.gov.cn/xinwen/2017-01/11/content_5159030.htm。

③ 参见中国人民银行、中央网信办(已变更)、工业和信息化部、国家工商总局(已撤销)、中国银行业监督管理委员会(已撤销)、中国证券监督管理委员会、中国保险监督管理委员会(已撤销):《关于防范代币发行融资风险的公告》,载中国政府网,https://www.gov.cn/xinwen/2017-09/04/content_5222657.htm。

④ 参见国家发展改革委、中央宣传部、中央网信办(已变更)、工业和信息化部、公安部、财政部、中国人民银行、国家税务总局、国家市场监管总局、中国银行保险监督管理委员会(已撤销)、国家能源局:《关于整治虚拟货币"挖矿"活动的通知》,载中国政府网2021年9月3日,https://www.gov.cn/zhengce/zhengceku/2021-09/25/content_5639225.htm。

构和非银行支付机构不得为虚拟货币相关业务活动提供服务。[①] 这些措施均反映了中国政府在打击加密货币投机活动、防范金融风险方面的决心和力度。

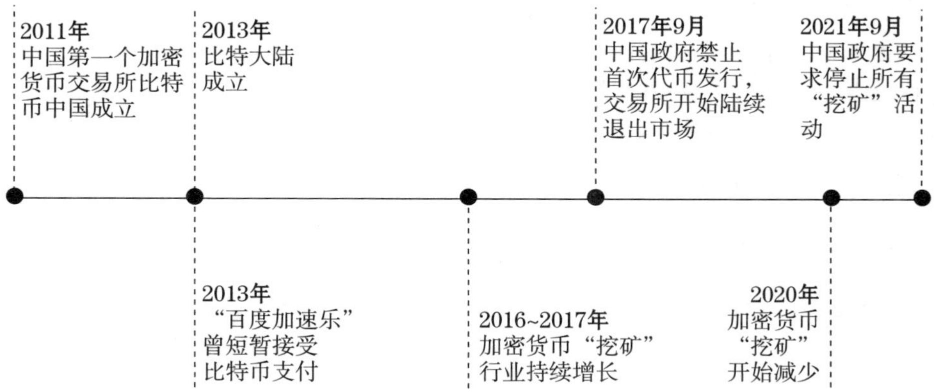

图 4-1 中国(内地)加密货币发展史

（二）加密货币在中国香港的发展

香港的金融服务业是该城市经济的重要支柱，巩固了其作为国际金融中心的地位。随着金融业的不断发展，探索能够推动其发展的创新技术并保持城市竞争优势至关重要。为了实现这一愿景，香港正在积极塑造其作为国际创新和科技中心的竞争力，这一努力得到了《中华人民共和国国民经济和社会发展第十四个五年规划纲要和 2035 年远景目标纲要》（"十四五"规划）的明确支持。

香港金融发展局（Financial Services Development Council，FSDC）已将区块链确定为重点关注领域，因为它能够简化流程、降低成本并改善客户体验，从而提升城市的全球竞争力。2024 年 2 月 28 日，香港特区财政司司长陈茂波正式公布香港特别行政区政府《2024—2025 年度财政预算案》[②]，计划在 2024 年至 2025 年推出一百多项数字化举措，以推动数字政府和智慧城市的发展。近年来，香港在 Web3 行业不断取得进展，一个显著的例子是采用区块链技术进行某些许可证和证书的电子发行和验证。这些举措展示了香港特区政府在前沿技术应用方面的努力以及其促进城市创新的承诺。

---

① 参见中国人民银行、中央网信办、最高人民法院、最高人民检察院、工业和信息化部、公安部、国家市场监督管理总局、中国银行保险监督管理委员会（已撤销）、中国证券监督管理委员会、国家外汇管理局：《关于进一步防范和处置虚拟货币交易炒作风险的通知》，载中国政府网 2021 年 9 月 15 日，https://www.gov.cn/zhengce/zhengceku/2021-10/08/content_5641404.htm。

② See Deloitte，*The* 2024-25 *Budget*：*Well-Rounded*，*Forward-Looking Proposals to Revive Economic Vitality*，Deloitte（Feb. 28，2024），https://www2.deloitte.com/cn/en/pages/tax/articles/pr-hk-budget-2024-2025.html.

香港金融发展局已组建了一个由行业专家组成的专门工作组，以探索区块链技术在推动香港金融服务业，特别是在企业间（B2B）交易和互动中的潜力。香港在金融服务业的各个领域已经看到了区块链技术成功实施的案例。例如，在2023年2月，香港特区政府在政府绿色债券计划下首次发行了8亿港元的代币化绿色债券，这是特区政府首次在全球范围内进行此类发行。这些代币化绿色债券是通过私有区块链网络进行结算的，展示了区块链技术在绿色金融领域的潜力。另一个重要进展是，2023年6月中银国际在以太坊区块链上发行了2亿元人民币全数字结构性票据，使其成为首家在香港提供代币化证券的中国金融机构。香港金融管理局也在积极探索数字货币和代币化存款的潜力。香港金融管理局已启动多项研究项目，研究数字货币在批发、跨境和零售支付中的潜力。

与区块链和加密货币产业的发展相适应，香港对加密货币的监管态度相对开放且务实，旨在平衡金融创新与风险管控。香港特别行政区政府及其监管机构，如香港证券及期货事务监察委员会（Securities and Futures Commission，SFC）和香港金融管理局，积极推动金融科技发展，同时确保市场稳定和投资者保护。香港证券及期货事务监察委员会于2018年发布了《有关针对虚拟资产投资组合的管理公司、基金分销商及交易平台营运者的监管框架的声明》（Statement on regulatory framework for virtual asset portfolios managers，fund distributors and trading platform operators），[①]明确指出，若虚拟资产被视为证券或期货合约，其交易和相关活动需遵守香港现行的《证券及期货条例》（Securities and Futures Ordinance，SFO）。这包括要求平台营运者获取相应的牌照，以便在香港合法营运。同时，该声明还强调了确保交易平台的营运透明度和安全性的重要性，以及需遵守反洗钱和反恐怖主义融资的相关法律和规定，确保交易的合法性和合规性。此外，香港特区政府鼓励区块链技术的应用，支持合法合规的加密货币业务发展，以促进金融市场的创新和竞争力。[②] 总体而言，香港采取的是一种渐进且灵活的监管方式，以适应迅速变化的加密货币市场环境。

香港的加密货币监管路径经历了从早期的宽松政策到后来更加系统和更

---

① 参见香港证券及期货事务监察委员会：《有关针对虚拟资产投资组合的管理公司、基金分销商及交易平台营运者的监管框架的声明》，载香港证券及期货事务监察委员会2018年11月1日，https://www.sfc.hk/TC/News-and-announcements/Policy-statements-and-announcements/Statement-on-regulatory-framework-for-virtual-asset-portfolios-managers。

② 参见夏乐：《香港打造全球数字金融中心的机遇和挑战》，载《中国外资》2023年第15期。

具针对性的监管框架这一显著的转变。

2013 年至 2017 年,香港特区对于加密货币的监管较为宽松。在这一阶段,香港特区政府主要关注加密货币及其底层技术区块链的创新潜力,未对加密货币交易和相关活动进行过多限制。2014 年,香港金融管理局发布声明,将比特币等加密货币视为"虚拟商品",并表示不计划对其进行监管。[①] 此后几年,政府主要采取观望态度,鼓励金融科技的发展。

2017 年至 2018 年,香港特区对于加密货币的监管政策开始收紧。随着全球范围内加密货币热潮的兴起及其伴随的风险问题(如欺诈和市场操纵、洗钱与恐怖主义融资等)日益显现,香港特区监管机构开始关注加密货币市场的潜在风险。2017 年,香港证券及期货事务监察委员会发布《有关首次代币发行的声明》(Statement on initial coin offerings),强调部分首次代币发行可能涉及证券发行,需遵守《证券及期货条例》。首次代币发行发行方和中介机构必须确保其活动符合香港特区现行的法律和监管规定,包括反洗钱和反恐怖主义融资的要求。[②] 同年,香港金融管理局警告投资者关注加密货币投资的风险。

2018 年至今,面对加密货币市场的进一步发展和演变,香港特区政府开始为加密货币搭建更加系统和更具针对性的监管框架,以保障市场稳定和投资者权益。香港证券及期货事务监察委员会陆续发布了《证监会阐述有关虚拟资产的新监管方针》(2018 年 11 月 1 日)、《适用于管理投资于虚拟资产的投资组合的持牌法团的条款及条件》(2019 年 10 月 4 日)、《立场书:监管虚拟资产交易平台》(2019 年 11 月 6 日)、《有关不受规管的虚拟资产平台的警告声明》(2021 年 7 月 16 日)、《证监会提醒投资者注意非同质化代币的相关风险》(2022 年 6 月 6 日)、《适用于虚拟资产交易平台营运者的指引》(2023 年 6 月 1 日)、《适用于虚拟资产交易平台营运者的发牌手册》(2023 年 6 月 1 日)、《有关不受规管的虚拟资产交易平台的警告声明》(2023 年 9 月 13 日)、《有关中介人从事代币化证券相关活动的通函》(2023 年 11 月 2 日)、《有关证监会认可基金投资虚拟资产的通函》(2023 年 12 月 22 日)、《有关中介人的虚拟资产相关活动的联合通函》(2023 年 12 月 22 日)、《证监会就虚拟资产交易平台的不违反期间结束

---

① 参见香港金融管理局:《虚拟商品的相关风险》,载香港金融管理局 2014 年 1 月 9 日,https://www.hkma.gov.hk/media/chi/doc/key-information/guidelines-and-circular/2014/20140109c1.pdf。

② 参见香港特别行政区立法会:《证券及期货条例》,载香港特别行政区立法会 2002 年,https://www.legco.gov.hk/yr01-02/chinese/ord/ord005-02-c.pdf。

发表声明》(2024 年 5 月 28 日)等一系列监管声明①。这一时期,香港特区的监管机构通过一系列政策文件和指导方针,逐步完善对虚拟资产市场的监管体系。这些措施不仅强调了对市场透明度和安全性的要求,还注重对投资者保护和反洗钱措施的落实,显示出香港特区在虚拟资产监管方面以风险为本的稳健监管方针,香港特区也逐渐形成了较为全面、完善的监管框架。

综上所述,全球加密货币市场的迅速发展及其独特的监管挑战,对中国内地和香港的监管路径提出了不同的要求。下文将进一步深入探讨中国内地与香港关于加密货币的监管框架。

二、中国内地与香港加密货币及 Web3 监管态势

(一)中国内地

1. 概述

中国内地监管机构以“虚拟货币”指代加密货币,在此部分亦使用“虚拟货币”指代加密货币。对于“虚拟货币”的定义和特征,目前只有《关于进一步防范和处置虚拟货币交易炒作风险的通知》(银发〔2021〕237 号)对其进行了相对清晰的界定,即“虚拟货币不具有与法定货币等同的法律地位。比特币、以太币、泰达币等虚拟货币具有非货币当局发行、使用加密技术及分布式账户或类似技术、以数字化形式存在等主要特点,不具有法偿性,不应且不能作为货币在市场上流通使用”②。不同于中国香港,中国内地并未将虚拟货币相关活动作为合法活动采取发牌制度等方式进行监管,而是在既有的金融监管框架下,通过规范性文件将其定性为“非法金融活动”等。总体而言,中国内地监管主要集中于打击非法金融活动、非法外汇交易以及淘汰高耗能产业这几个方面。相比之下,中国内地对区块链技术采取了支持和鼓励的态度,比如国务院《关于印发“十四五”数字经济发展规划的通知》(国发〔2021〕29 号)明确提出要加快推动区块链技术与产业创新发展,支持区块链技术在数字经济中的广泛应用。以下将简述近年来中国内地虚拟货币监管情况。

---

① 参见香港证券及期货事务监察委员会:《与虚拟资产相关的其他实用资料》,载香港证券及期货事务监察委员会 2024 年 6 月 3 日,https://sc.sfc.hk/gb/www.sfc.hk/TC/Welcome-to-the-Fintech-Contact-Point/Virtual-assets/Other-useful-materials。

② 参见中国人民银行、中央网信办、最高人民法院、最高人民检察院、工业和信息化部、公安部、国家市场监督管理总局、中国银行保险监督管理委员会(已撤销)、中国证券监督管理委员会、国家外汇管理局:《关于进一步防范和处置虚拟货币交易炒作风险的通知》,载中国政府网 2021 年 9 月 15 日,https://www.gov.cn/zhengce/zhengceku/2021-10/08/content_5641404.htm。

2. 打击非法金融活动

我国对于虚拟货币的监管呈现出监管范围扩大、监管手段趋严的趋势，从早期禁止金融机构从事相关业务逐渐升级为将相关活动界定为非法金融活动。

2013 年 12 月 5 日发布的中国人民银行、工业和信息化部、中国银行业监督管理委员会（已撤销）、中国证券监督管理委员会、中国保险监督管理委员会（已撤销）《关于防范比特币风险的通知》①，强调比特币不具有货币属性，但尚未明确将其交易、清算、结算等业务界定为非法金融活动，只在以下四个方面设置了监管要求：

（1）各金融机构和支付机构不得开展与比特币相关的业务；

（2）加强对比特币互联网站的管理；

（3）防范比特币可能产生的洗钱风险；

（4）加强对社会公众货币知识的教育及投资风险提示。

2017 年，受全球范围首次代币发行热潮的影响，中国人民银行等七部门于 9 月 4 日发布了《关于防范代币发行融资风险的公告》（以下简称 94 公告），明确将“代币发行融资”认定为一种未经批准非法公开融资的行为，并指出其涉嫌非法发售代币票券、非法发行证券以及非法集资、金融诈骗、传销等违法犯罪活动。在此基础上，明确规定任何组织和个人不得非法从事代币发行融资活动。94 公告亦对代币融资交易平台从事其他虚拟货币相关活动提出了禁止要求，即“不得从事法定货币与代币、‘虚拟货币’相互之间的兑换业务，不得买卖或作为中央对手方买卖代币或‘虚拟货币’，不得为代币或‘虚拟货币’提供定价、信息中介等服务”②。然而，对于前述活动，94 公告并未明确定性为非法金融活动。94 公告颁布后，币安等境内虚拟货币交易所纷纷宣布出海，将公司注册地和服务器迁至海外，但并未停止向中国用户开展业务。③

2021 年 9 月 15 日，中国人民银行等十部门发布了《关于进一步防范和处置虚拟货币交易炒作风险的通知》（银发〔2021〕237 号），前所未有地强化了对虚拟货币相关活动的监管。该通知首次将虚拟货币相关业务活动定性为非法金融活动，明确指出“虚拟货币相关业务活动属于非法金融活动。开展法定货币

---

① 参见中国人民银行、工业和信息化部、中国银行业监督管理委员会（已撤销）、中国证券监督管理委员会、中国保险监督管理委员会（已撤销）：《关于防范比特币风险的通知》，载中国政府网，https://www.gov.cn/gzdt/2013-12/05/content_2542751.htm。

② 参见中国人民银行、中央网信办、工业和信息化部、国家工商总局（已撤销）、中国银行业监督管理委员会（已撤销）、中国证券监督管理委员会、中国保险监督管理委员会（已撤销）：《关于防范代币发行融资风险的公告》，载中国政府网，https://www.gov.cn/xinwen/2017-09/04/content_5222657.htm。

③ 参见财联社区块链日报：《比特币再次去中国化》，载财联社 2021 年 9 月 26 日，https://m.cls.cn/detail/842261。

与虚拟货币兑换业务、虚拟货币之间的兑换业务、作为中央对手方买卖虚拟货币、为虚拟货币交易提供信息中介和定价服务、代币发行融资以及虚拟货币衍生品交易等虚拟货币相关业务活动涉嫌非法发售代币票券、擅自公开发行证券、非法经营期货业务、非法集资等非法金融活动,一律严格禁止,坚决依法取缔。对于开展相关非法金融活动构成犯罪的,依法追究刑事责任”。同时,该通知进一步明确“境外虚拟货币交易所通过互联网向我国境内居民提供服务同样属于非法金融活动。对于相关境外虚拟货币交易所的境内工作人员,以及明知或应知其从事虚拟货币相关业务,仍为其提供营销宣传、支付结算、技术支持等服务的法人、非法人组织和自然人,依法追究有关责任”。该通知出台后,大量境外虚拟货币交易所关闭中国境内的注册和访问权限。①

3. 打击非法外汇交易

中国人民银行等七部门《关于防范代币发行融资风险的公告》、中国人民银行等十部门《关于进一步防范和处置虚拟货币交易炒作风险的通知》发布之后,从事虚拟货币兑换、代币融资业务的团队纷纷出海,并停止向中国用户提供服务。基于此背景,除打着虚拟货币的幌子开展的集资诈骗、非法集资等犯罪活动外,从事相关活动而被依法定罪的情形并不多见。目前,虚拟货币更多和电信诈骗、非法外汇交易等非法活动联系在一起。

就非法外汇交易而言,最高人民检察院、国家外汇管理局于 2023 年 12 月发布了《惩治涉外汇违法犯罪典型案例》,公示了涉虚拟货币的外汇违法犯罪典型案例。其中,在赵某等人非法经营案中,浙江省杭州市西湖区人民检察院指控赵某及其团伙从事了非法买卖外汇行为,构成非法经营罪。具体而言,2019 年 2 月至 2020 年 4 月,赵某组织赵某鹏、周某凯等人,在阿联酋和国内提供外币迪拉姆与人民币的兑换及支付服务。该团伙在阿联酋迪拜收进迪拉姆现金,同时将相应人民币转入对方指定的国内人民币账户,后用迪拉姆在当地购入“泰达币”(与美元锚定的稳定币),再将购入的泰达币通过国内的团伙即时非法出售,重新取得人民币,从而形成国内外资金的循环融通。通过汇率差,该团伙在每笔外币买卖业务中可获取 2% 以上的收益。经查,赵某等人在 2019 年 3 月至 4 月期间兑换金额达人民币 4385 万余元,获利共计人民币 87 万余元。对案例后续的评述认为,“以虚拟货币为媒介,实现人民币与外汇兑换的行为,构成非

① 参见财联社区块链日报:《比特币再次去中国化》,载财联社 2021 年 9 月 26 日,https://m.cls.cn/detail/842261。

法经营罪”。[①]

4. 淘汰高耗能产业

为有效防范处置虚拟货币“挖矿”活动盲目无序发展带来的风险隐患，深入推进节能减排，助力如期实现碳达峰、碳中和目标，国家发改委等十一部门于2021年9月3日发布了国家发展改革委等部门《关于整治虚拟货币“挖矿”活动的通知》（发改运行〔2021〕1283号）。该通知在“双碳目标”的背景下推出了整治虚拟货币“挖矿”活动的方案，要求全面梳理排查虚拟货币“挖矿”项目、严禁新增项目投资建设、加快存量项目有序退出等。在该通知发布后，“挖矿”合同的效力在司法实践中亦被否定。例如，在新疆维吾尔自治区克拉玛依市中级人民法院的一起买卖合同纠纷案件中，法院认为“挖矿”合同与《民法典》第9条“绿色原则”相悖，且由于虚拟货币相关业务活动属于非法金融活动，亦不符合公序良俗，从而据此认定该“挖矿”合同无效。[②]

（二）中国香港特别行政区

1. 概述

香港特别行政区政府致力于打造稳健而透明的规管环境，以鼓励金融创新，发挥香港特别行政区作为金融中心的优势。[③] 近年来，为应对虚拟资产活动在投资者保障以及洗钱和恐怖分子筹集资金方面的风险，香港特别行政区采取风险为本的稳健监管方针，秉持“相同活动、相同风险、相同监管”（Same Activity, Same Risk, Same Regulation）的原则，形成了较为全面、完善的监管框架。[④]

2. 监管框架概述

（1）虚拟资产的界定

香港特别行政区监管机构以“虚拟资产”指代加密货币，下文亦均使用“虚拟资产”指代加密代币。根据《证券及期货条例》第53ZRA条，虚拟资产是指加密保护的数码形式价值，表现为计算单位或经济价值的储存形式，且具有以下特征之一：①作为或拟作为公众接受的交易媒介，用于支付货品或服务、清偿债务或进行投资；②提供投票权利、资格或途径以参与管理、运作或治理相关事

① 参见最高人民检察院、国家外汇管理局：《惩治涉外汇违法犯罪典型案例》，载中华人民共和国最高人民检察院2023年12月27日，https://www.spp.gov.cn/xwfbh/wsfbt/202312/t20231227_638215.shtml#2。

② 参见田小美：《“挖矿”能致富？假的！小心“赔了夫人又折兵”》，载中国法院网2024年3月14日，https://www.chinacourt.org/article/detail/2024/03/id/7847203.shtml。

③ 参见香港财经事务及库务局：《虚拟资产监管新阶段》，载香港财经事务及库务局2024年2月2日，https://www.fstb.gov.hk/sc/blog/blog020224.htm。

④ 参见香港证券及期货事务监察委员会：《虚拟资产》，载香港证券及期货事务监察委员会2023年9月28日，https://sc.sfc.hk/TuniS/www.sfc.hk/TC/Welcome-to-the-Fintech-Contact-Point/Virtual-assets/Overview。

务。此外,虚拟资产必须能够通过电子方式转移、储存或买卖,并符合香港证券及期货事务监察委员会通过在宪报刊登的公告所订明的其他特征。

然而,以下数码形式价值不属于虚拟资产的定义:①由金融管理局或政府发行的数码货币;②有限用途的数码代币(例如游戏内数字资产);③构成证券或期货合约的数码形式价值;④储存在储值支付工具中的金额;⑤香港证券及期货事务监察委员会通过在宪报刊登的公告所订明的其他特征。同时,对于非同质化代币,上述定义并没有明确其是否属于该条例项下的虚拟资产,因此仍需要根据其实际功能和用途予以具体判断。[①] 此外,财经事务及库务局(Financial Services and the Treasury Bureau,FSTB)局长可通过公告规定某些数码形式价值是否属于虚拟资产或排除其在虚拟资产定义之外。[②]

(2)监管机构

香港特别行政区的虚拟资产监管机构包括香港证券及期货事务监察委员会、金融管理局以及财经事务及库务局。

其中,香港证券及期货事务监察委员会负责香港证券及期货市场的监管。就虚拟资产而言,其是主要司法管辖区内最先就广泛虚拟资产相关活动引入全面的监管制度的少数监管机构之一。其监管制度旨在涵盖公众接触到虚拟资产的所有界面,从而保障投资者的利益和维护市场的廉洁稳健,以及管控金融机构的主要风险。[③] 具体而言,包括提供投资者保护、维护市场完整性以及管理金融机构的关键风险。香港证券及期货事务监察委员会根据《证券及期货条例》和《打击洗钱及恐怖分子资金筹集条例》(Anti-Money Laundering and Counter-Terrorist Financing Ordinance,AMLO)对从事虚拟资产相关活动的持牌或注册中介机构进行监管。这些机构包括虚拟资产交易平台营运者、虚拟资产基金经理、就虚拟资产进行交易或提供意见的中介人以及分销虚拟资产相关产品的中介人。[④] 其中,自 2023 年 6 月 1 日起,只提供非证券型代币的虚拟资产交易平台亦被纳入香港证券及期货事务监察委员会的监管范围。

---

① 参见宋海燕、董美孝:《NFT 的法律属性及司法实践》,载金杜律师事务所 2023 年 5 月 15 日,https://www.kwm.com/cn/zh/insights/latest-thinking/nft-legal-attribute-and-judicial-practice-a-comparative-study-of-us-eu-uk-chinese-mainland-and-hong-kong.html。

② 参见香港特别行政区立法会:《证券及期货条例》,载香港特别行政区立法会 2002 年,https://www.legco.gov.hk/yr01-02/chinese/ord/ord005-02-c.pdf。

③ 参见香港证券及期货事务监察委员会:《虚拟资产》,载香港证券及期货事务监察委员会 2023 年 9 月 28 日,https://sc.sfc.hk/TuniS/www.sfc.hk/TC/Welcome-to-the-Fintech-Contact-Point/Virtual-assets/Overview。

④ 参见香港证券及期货事务监察委员会:《其他虚拟资产相关活动》,载香港证券及期货事务监察委员会 2023 年 9 月 28 日,https://sc.sfc.hk/TuniS/www.sfc.hk/TC/Welcome-to-the-Fintech-Contact-Point/Virtual-assets/Other-virtual-asset-related-activities#intermediaries-dealing-in-or-advising-on-virtual-assets。

金融管理局是香港的金融监管机构，其主要职能包括货币、储备管理、银行体系以及国际金融中心四个方面。就虚拟资产的监管而言，其与香港证券及期货事务监察委员会共同进行监管，发布联合通函。金融管理局具体的监管领域包括银行与虚拟资产服务提供商的业务关系、稳定币、虚拟资产托管服务等。[①]

财经事务及库务局的职责在于巩固香港特别行政区作为国际金融中心、财富及资产管理中心，以及离岸人民币业务枢纽的地位，并在绿色金融和金融科技发展方面寻求突破。[②] 就虚拟资产的监管而言，财经事务及库务局的职责包括制定并阐明虚拟资产的政策立场、实施反洗钱和打击恐怖主义融资制度等。[③] 其中，财经事务及库务局于 2022 年 10 月 31 日发表了《有关虚拟资产在港发展的政策宣言》，阐明了政府为在香港特别行政区发展具有活力的虚拟资产行业和生态系统而制定的政策立场和方针。自该政策宣言发布之后，虚拟资产市场不断发展，产品推陈出新，个别加密货币价格出现大幅波动，国际组织及各地监管机构亦明确表示加强监管虚拟资产。凡此种种，令人认为虚拟资产步入“寒冬”，亦有人在 JPEX 事件后问及政府对虚拟资产的政策是否会转变。对此，财经事务及库务局于 2024 年 2 月 2 日作出回应，发表了《虚拟资产监管新阶段》，明确指出：香港特别行政区虚拟资产的方针是注重以风险为本的稳健监管，通过秉持“相同活动、相同风险、相同监管”的原则并落实全面的规管，应对虚拟资产活动在投资者保护以及洗钱和恐怖分子融资方面的风险。我们相信，通过提供稳健而透明的监管环境，方可有效鼓励金融创新。[④]

3. 牌照制度

香港针对虚拟资产交易平台和虚拟资产服务提供商制定推行了牌照制度。

其中，2022 年修订的《打击洗钱及恐怖分子资金筹集条例》为虚拟资产服务提供商设置了强制发牌制度。具体而言，任何人在取得虚拟资产服务提供商牌照前，不得在香港特别行政区经营提供任何虚拟资产服务的业务，或显示自己经营提供任何虚拟资产服务的业务，否则将构成犯罪。[⑤] 目前，《打击洗钱及

---

① See Joyce Chan, *Hong Kong Virtual Assets Regulatory Update: Joint Circular on Intermediaries' Virtual Asset-Related Activities*, Clyde & Co (Jan. 3, 2024), https://www.clydeco.com/en/insights/2024/01/hong-kong-virtual-assets-regulatory-update-joint-c.

② 参见许正宇：《欢迎辞》，载香港财经事务及库务局 2024 年 4 月 11 日，https://www.fstb.gov.hk/sc/aboutus/welcome_msg.htm。

③ 参见香港财经事务及库务局：《打击洗钱及恐怖分子资金筹集制度》，载香港财经事务及库务局 2024 年 4 月 11 日，https://www.fstb.gov.hk/tc/financial_ser/anti-money-laundering-and-counter-financing-of-terrorism-regime.htm。

④ 参见香港财经事务及库务局：《虚拟资产监管新阶段》，载香港财经事务及库务局 2024 年 2 月 2 日，https://www.fstb.gov.hk/tc/blog/blog020224.htm。

⑤ 参见香港特别行政区政府：《第 615 章〈打击洗钱及恐怖分子资金筹集条例〉》，载香港特别行政区政府 2023 年 11 月 2 日，https://www.elegislation.gov.hk/hk/cap615！zh-Hant-HK。

恐怖分子资金筹集条例》仅将经营虚拟资产交易所纳入虚拟资产服务的范畴。[①]此外,场外虚拟资产交易活动及虚拟资产经纪活动并不属于《打击洗钱及恐怖分子资金筹集条例》制度的涵盖范围。

受限于虚拟资产相关业务的性质,《证券及期货条例》的发牌制度亦将适用。根据《证券及期货条例》,任何不属于授权金融机构的人士或机构从事受规管活动,必须取得适当的牌照,否则将构成违法行为。《证券及期货条例》附件五列出了十种受规管活动,包括证券交易、期货合约交易、杠杆外汇交易、证券投资建议、期货投资建议、公司融资建议、提供自动交易服务、证券保证金融资、资产管理及信用评级服务。[②]

2018 年以来,香港证券及期货事务监察委员会针对判断虚拟资产相关业务是否构成受规管活动从而适用相关发牌制度和监管制度提供了相关指引,以下为简要介绍。

(1)虚拟资产投资基金经理

对于虚拟资产投资基金经理的管理,若投资的虚拟资产不构成"证券"或"期货合约",则相关管理活动不构成《证券及期货条例》下的受规管活动。然而,若持有或须申领第 9 类受规管活动(提供资产管理)牌照的公司亦管理完全或部分投资于并不构成"证券"或"期货合约"的虚拟资产的投资组合,受限于最低额豁免规定,其仍须履行相关发牌程序下的义务。具体而言,其首先须通知香港证券及期货事务监察委员会其是否正在管理或计划管理投资于虚拟资产的投资组合,香港证券及期货事务监察委员会相应地将审查公司的业务活动以确保其符合监管标准。如果公司符合监管标准,香港证券及期货事务监察委员会将为从事相关虚拟资产投资组合管理活动的公司提供所适用的拟议条款和条件。无论管理者为牌照申请者还是现有持牌公司,其均须同意这些拟议条款和条件,否则其牌照申请将被拒绝或必须在合理时间内解除其虚拟资产组合管理。而一旦达成一致,这些拟议条款和条件将作为牌照条件强制执行。这意味着公司必须遵守这些条件,否则将面临合规问题,例如牌照被吊销或其他处罚。[③]

---

① 参见香港特别行政区政府:《第 615 章〈打击洗钱及恐怖分子资金筹集条例〉》,载香港特别行政区政府 2023 年 11 月 2 日,https://www. elegislation. gov. hk/hk/cap615! zh-Hant-HK。

② See Hong Kong Securities and Futures Commission, *Do You Need a Licence or Registration*?, Hong Kong Securities and Futures Commission (Feb. 9, 2022), https://www. sfc. hk/en/Regulatory-functions/Intermediaries/Licensing/Do-you-need-a-licence-or-registration.

③ 参见香港证券及期货事务监察委员会:《有关针对虚拟资产投资组合的管理公司、基金分销商及交易平台营运者的监管框架的声明》,载香港证券及期货事务监察委员会 2018 年 11 月 1 日,https://sc. sfc. hk/TuniS/www. sfc. hk/TC/News-and-announcements/Policy-statements-and-announcements/Statement-on-regulatory-framework-for-virtual-asset-portfolios-managers。

(2)分销虚拟资产相关产品的中介人

对于在香港特别行政区分销完全或部分投资于虚拟资产的投资组合的公司,无论其涉及的虚拟资产是否为证券型代币,均须持有第 1 类受规管活动(证券交易)的牌照。

(3)就虚拟资产进行交易或提供意见的中介人

向客户提供虚拟资产交易及/或咨询服务属于受规管活动,须就第 1 类(证券交易)及/或第 4 类(就证券提供意见)受规管活动取得发牌或注册。特别是针对虚拟资产所衍生的特定风险,香港证券及期货事务监察委员会根据《虚拟资产交易或咨询条款及条件》为相关中介的牌照施加了特定条款及条件。[①]

(4)虚拟资产交易平台营运者

对于虚拟资产交易平台营运者,若其运用可配对客户交易指示的自动化交易系统提供证券型代币交易服务,并随同该等交易服务提供附加的保管服务,则其须取得第 1 类受规管活动(证券交易)及第 7 类受规管活动(提供自动化交易服务)的牌照。[②] 对于未上架证券型代币的虚拟资产交易平台,香港证券及期货事务监察委员会亦建议取得上述牌照。香港证券及期货事务监察委员会指出,虚拟资产可能因其条款和特点的演变而在非证券型代币和证券型代币这两种类型之间相互转化。因此,香港证券及期货事务监察委员会建议为符合发牌制度的规定及确保业务得以持续运作,虚拟资产交易平台应同时申领《证券及期货条例》及《打击洗钱及恐怖分子资金筹集条例》项下的牌照。[③]

4. 监管制度

(1)虚拟资产交易平台营运监管

2023 年 6 月,香港证券及期货事务监察委员会发布了《适用于虚拟资产交易平台营运者的指引》,为虚拟资产交易平台营运者提供了全面的指引,涵盖了持牌代表的适当性和胜任标准、平台营运者的业务操守、财务稳健性、业务营运、预防市场操纵及违规活动、与客户进行交易、保管客户资产、管理、监督及内部监控、网络安全、利益冲突、记录保存等多个方面。其中,在业务营运方面,规

---

① 参见香港证券及期货事务监察委员会:《其他虚拟资产相关活动》,载香港证券及期货事务监察委员会 2023 年 9 月 28 日,https://sc. sfc. hk/TuniS/www. sfc. hk/TC/Welcome-to-the-Fintech-Contact-Point/Virtual-assets/Other-virtual-asset-related-activities#intermediaries-dealing-in-or-advising-on-virtual-assets。

② 参见香港证券及期货事务监察委员会:《虚拟资产交易平台营运者》,载香港证券及期货事务监察委员会 2023 年 6 月 1 日,https://sc. sfc. hk/TuniS/www. sfc. hk/TC/Welcome-to-the-Fintech-Contact-Point/Virtual-assets/Virtual-asset-trading-platforms-operators。

③ 参见香港证券及期货事务监察委员会:《虚拟资产交易平台营运者》,载香港证券及期货事务监察委员会 2023 年 6 月 1 日,https://sc. sfc. hk/TuniS/www. sfc. hk/TC/Welcome-to-the-Fintech-Contact-Point/Virtual-assets/Virtual-asset-trading-platforms-operators。

定了平台营运者制定代币纳入准则、对虚拟资产实施尽职审查的义务。此外，该指引明确平台营运者可向零售投资者提供服务，同时亦规定了相应的投资者保护措施，包括对潜在投资者的虚拟资产知识进行全面评估、在提供任何虚拟资产以供其零售客户买卖前采取一切合理步骤以确保该虚拟资产不构成证券并具有高流通性等。①

(2)反洗钱监管

2023 年 6 月，香港证券及期货事务监察委员会根据《打击洗钱及恐怖分子资金筹集条例》第 7 条和第 53ZTK 条以及《证券及期货条例》第 399 条发布《打击洗钱及恐怖分子资金筹集指引(适用于持牌法团及获证监会发牌的虚拟资产服务提供者)》。该指引明确了持牌法团及获香港证券及期货事务监察委员会发牌的虚拟资产服务提供商应采取的打击洗钱和恐怖分子资金筹集措施，包括客户尽职调查、记录保存、员工培训、可疑交易报告等。②

三、中国内地与香港加密货币监管政策的未来

一般认为，中国内地对加密货币实施全面禁令具有代表性。中国内地对加密货币采取严格立场，因为政策制定者认为这会在其扩大经济的时期导致货币不稳定，并且引发金融风险和炒作。然而，中国内地对加密货币的全面禁令并没有终结其存在——相反，这一禁令为政府支持和认可的官方数字货币打开了大门。在我国的第十四个五年规划中，着重讨论了金融部门改革，其中包括开发数字货币。中国一直在权衡创建自己的央行数字货币，并参与加密货币监管发展工作。其中，中国香港一直致力于探索和采用尖端技术、凭借强大的金融基础设施和支持性的监管环境，使其能够巩固作为国际金融中心和技术创新中心的地位。随着香港不断将区块链技术融入其金融科技生态系统，必将能够强化其作为金融领域创新、投资和技术进步的繁荣中心的地位。香港金融服务业的未来无疑与区块链技术的采用和进步密切相关。通过抓住这一变革性技术带来的机遇并共同努力推进其整合，中国香港有望在区域和全球范围内塑造金

---

① 参见香港证券及期货事务监察委员会:《适用于虚拟资产交易平台营运者的指引》，载香港证券及期货事务监察委员会 2023 年 6 月，https://www.sfc.hk/-/media/TC/assets/components/codes/files-current/zh-hant/guidelines/Guidelines-for-Virtual-Asset-Trading-Platform-Operators/Guidelines-for-Virtual-Asset-Trading-Platform-Operators_Chi.pdf?rev=722176b53f6a46d6b5713cedddc59483。

② 参见香港证券及期货事务监察委员会:《打击洗钱及恐怖分子资金筹集指引(适用于持牌法团及获证监会发牌的虚拟资产服务提供者)》，载香港证券及期货事务监察委员会 2023 年 6 月，https://www.sfc.hk/-/media/TC/assets/components/codes/files-current/zh-hant/guidelines/guideline-on-anti-money-laundering-and-counter-financing-of-terrorism/AML-Guideline-for-LCs-and-SFC-licensed-VASPs_TC_1-Jun-2023.pdf?rev=77578ce554fb4e45bc8b3006375f1e69。

融的未来。

尽管中国内地和香港在加密货币监管上存在差异，但在全球化进程、技术创新和市场需求等多重因素的推动下，内地和香港的监管政策或将逐渐趋同。国际组织如金融稳定委员会和国际证监会组织制定了统一的监管标准，中国内地和香港作为国际金融市场的重要参与者，可能会逐步采纳这些标准，以提升监管的有效性和协调性。此外，中国内地和香港在应对跨境交易和资金流动时，需要加强信息共享和联合监管，以有效打击洗钱和恐怖主义融资，确保金融市场的透明性、稳定性与安全性。

成功的产业发展和监管政策整合需要政府、监管机构、行业参与者和学术界之间的合作，共同营造有利于创新的环境。与此同时，通过监管沙盒，内地和香港可以积累经验，优化加密货币监管政策，逐步推广成功模式，促进监管趋同。内地在严格监管基础上或将引入更灵活的监管措施，而香港则在现有基础上进一步完善监管框架。通过不断优化调整，内地和香港的监管政策有望逐步趋同，并最终实现殊途同归。这不仅有助于提升中国市场的竞争力和吸引力，也为全球加密货币市场的健康发展提供了有益借鉴。展望未来，中国内地和香港的协同监管将为亚太地区乃至全球的金融科技创新树立标杆，并推动整个 Web3 及加密货币生态的健康发展和持续繁荣。